U0470426

国家哲学社会科学成果文库
NATIONAL ACHIEVEMENTS LIBRARY OF PHILOSOPHY AND SOCIAL SCIENCES

长寿的宏观经济效应及对策研究

汪伟 等 著

科学出版社

内 容 简 介

长寿是经济社会发展的一个重要特征，中国在享受着长寿带来的红利的同时，也将面临长寿带来的巨大挑战。本书构建了一个完整的分析框架，综合运用多学科视角和前沿分析方法，深入系统地研究了预期寿命延长通过影响储蓄、人力资本投资、生育、老年劳动供给、劳动生产率、收入不平等、养老金收支与养老保险制度设计所产生的宏观经济效应，从"避害"和"趋利"两个维度提出中国科学应对长寿风险的政策建议。本书将微观经济主体的行为决策与宏观经济变量的动态响应有机结合，厘清了长寿的宏观经济效应及影响机制，在理论和实证研究方面取得了重要的突破与创新，丰富了人口经济学、宏观经济学、社会保障和风险管理等相关理论，同时为中国积极应对人口老龄化的挑战提供了政策参考。

本书可供从事宏观经济学、人口经济学、养老金经济学等学科领域的高校教师、科研机构人员和研究生等阅读，也可作为高年级本科生的参考读物。

图书在版编目（CIP）数据

长寿的宏观经济效应及对策研究 / 汪伟等著. —北京：科学出版社，2023.5

（国家哲学社会科学成果文库）

ISBN 978-7-03-074921-5

Ⅰ. ①长⋯ Ⅱ. ①汪⋯ Ⅲ. ①养老–服务业–经济发展–研究–中国 Ⅳ. ① F726.99

中国国家版本馆 CIP 数据核字（2023）第 030025 号

责任编辑：魏如萍　方小丽 / 责任校对：贾娜娜
责任印制：霍　兵 / 封面设计：有道设计

科学出版社 出版
北京东黄城根北街16号
邮政编码：100717
http://www.sciencep.com

北京中科印刷有限公司 印刷
科学出版社发行　各地新华书店经销

*

2023年5月第 一 版　开本：720×1000 1/16
2023年5月第一次印刷　印张：55 1/4　插页：2
字数：760 000

定价：298.00元
（如有印装质量问题，我社负责调换）

《国家哲学社会科学成果文库》
出版说明

  为充分发挥哲学社会科学优秀成果和优秀人才的示范引领作用，促进我国哲学社会科学繁荣发展，自 2010 年始设立《国家哲学社会科学成果文库》。入选成果经同行专家严格评审，反映新时代中国特色社会主义理论和实践创新，代表当前相关学科领域前沿水平。按照"统一标识、统一风格、统一版式、统一标准"的总体要求组织出版。

全国哲学社会科学工作办公室
2023 年 3 月

序

  在人口老龄化加速发展的大趋势下，预期寿命延长是影响未来经济社会发展的重要因素之一。与发达国家不同，我国当前经济发展呈现出"未富先老"的特征，且人口与经济政策的调整滞后于人口年龄结构的快速转变，预期寿命延长在给我国带来长寿红利的同时，也将给国民经济的发展带来巨大的挑战。

  长寿对宏观经济的影响机制十分复杂，既需要厘清宏观经济效应产生的微观机理，又需要讨论政策和制度层面存在的风险隐患。从理论与现实来看，生命周期延长使人们面临更长的老年期，养老资源可能存在不足的风险，但理性行为人具有协调生命周期资源的能力，会充分考虑预期寿命延长所带来的影响，并相应调整其生育、消费（储蓄）、退休等生命周期行为，这会影响物质资本的积累、劳动供给和就业，从而对宏观经济增长产生影响。寿命延长也意味着人们可以接受更长时间的教育，工作年限也可以相应延长，从而能够获得更高的人力资本投资收益。而且，随着人们受教育年限的延长，劳动人口的人力资本结构将会得到优化，从而提高劳动生产率并促进经济增长。但教育年限延长也意味着教育投资成本的增加，寿命延长可能导致人们增加储蓄以备未来养老而减少对子代的教育投资，从而可能对人力资本积累和经济增长产生不利影响。预期寿命的不断延长会加速人口年龄结构的老化，造成劳动力短缺，使劳动、资本等不同生产要素的相对回报率发生改变，进而对收入分配、技术创新以及劳动生产率产生影响。长寿风险的冲击也会使得我国在高生育率、低寿命背景下建立的养老保障体系的收支平衡难以为继，给政府带来沉重的财政负担，社保基金可能会面临巨大的缺口，如果不能及时调整政策去积极应对，那么未来养老保障体系的再分配功能很可能失效，个人和社会福利会受损。在资本市场上，虽然近年来我国养老保险基金入市工作在有序推进，一定程度上通过资本市场的资源配置和投资收益化解了部分长寿风险，但由于我国资本市场尚不成熟，开放程度不高，对全球资源的配置能力有限，且政府和相关金融机构对长寿风险的分散与管理缺乏经验，因此，养老金的投资收益率并不高，其优化资产配置的功能也未能充分发挥，目前仍然面临着如何扩展养老保险基金投资领域、提高投资回报率、实现保值增值目标等方面的严峻考验。

如果不能有效分散或管理长寿带来的潜在风险，根据预期寿命和人口结构的变化来及时采取综合改革措施，那么在人口寿命提高和传统人口红利窗口逐渐关闭的情况下，未来我国经济发展的可持续性将会受到严重影响。因此，有必要从理论和政策实践上深入研究长寿所产生的宏观经济效应，并探讨其对社会经济发展所产生的冲击，找到合适的风险管理模式和应对风险的策略，确保进入高质量发展阶段的中国经济安全运行。由此可见，基于我国国情，围绕上述问题展开研究具有重大理论和现实意义。

汪伟教授是国内研究人口老龄化问题的知名学者，他所带领的团队近年来一直致力于上述问题的研究，形成了大量高水平研究成果。该书是在他主持的国家社会科学基金重大项目"长寿风险的宏观经济效应及对策研究"、国家自然科学基金面上项目"人口老龄化对中国经济增长的影响与应对策略研究"等多个国家级项目的相关研究成果基础上形成的一部学术专著。

该书在系统梳理和总结长寿的宏观经济效应的国内外相关文献与典型事实的基础上，构建了一个完整的分析框架，综合运用多学科视角和前沿分析方法，深入系统地研究了预期寿命延长通过影响储蓄、人力资本投资、生育、老年劳动供给、劳动生产率、收入不平等、养老金收支与养老保险制度设计所产生的宏观经济效应。

从"避害"和"趋利"两个维度提出了我国科学应对长寿风险的政策建议。"避害"主要是利用资本市场的风险识别和管理工具来分散与转移风险，通过人口死亡率的预测和长寿风险证券化的设计与定价，利用市场机制来应对长寿风险；"趋利"主要是积极主动地设计相关的制度，如生育政策的调整、延迟退休、养老保险的制度设计，以及充分利用理性行为人的"未雨绸缪"的预防性储蓄动机、人力资本投资动机，利用"第二次人口红利"带来的机遇来开拓经济增长的新源泉，形成应对长寿风险的长效机制。

该书针对长寿的宏观经济效应进行了一个较为详尽的分析和考察，相关研究结论可以为读者理解长寿的宏观经济效应提供经验证据。同时，考虑到当前和未来我国的生育政策、退休制度与养老保险体系等方面的调整和改革将会逐步推进，该书运用我国特有的经济制度参数进行数值模拟和实证分析，能够更好地反映预期寿命延长对宏观经济变量的动态影响，从而在我国生育率持续低迷、预期寿命延长和经济增长动力转换的背景下，为化解和对冲长寿风险、提高人民福祉以及助推国民经济的高质量发展提供更具针对性的决策参考。

该书在长寿的宏观经济效应的研究领域处于国内学术前沿，内容翔实，在理论与实证研究方面取得了重要的突破和创新，相关阶段性研究成果非常突出，是一本优秀的学术专著。著作成功入选2022年度《国家哲学社会科学成果文库》，在此我向汪伟教授及其团队表示热烈祝贺！

个人认为，该书具有以下特色。

（1）该书将预期寿命延长引入理论模型的分析框架，将微观经济主体的行为决策与宏观经济变量的动态响应有机结合，对长寿的宏观经济效应、长寿风险的识别与管理进行了系统性的考察。在该书出版前，学术界关于长寿风险宏观经济效应的研究仍然是碎片化的，关注并聚焦于中国当前这一值得研究的重大理论与现实问题，既有对现有研究的梳理与总结，又有在理论与实证基础上对中国现实的深入分析，突破了现有研究的局限，不仅在一定程度上丰富了我国长寿风险问题的研究，而且扩展了长寿风险管理的研究领域。更为重要的是，这也是目前针对我国长寿的宏观经济效应进行的首次系统性的研究，为应对长寿风险的挑战提供了新的思路。

（2）该书综合运用了多学科的研究方法。考虑到长寿的宏观经济效应与应对不仅仅只是一个理论层面的问题，同时也是一个应用层面的问题，该书综合借鉴了多个学科的研究理念及方法。比如，不仅运用了宏观经济学、人口学、风险管理学等理论经济学科的相关研究范式，而且也结合了公共经济学、社会保障学、劳动经济学、保险精算学、计量经济学等应用经济学科的研究方法。整体上看，有效融合了理论经济学、应用经济学以及管理学的方法来探讨长寿的宏观经济效应，这将有助于更全面地分析与评估长寿的宏观经济效应。

（3）该书的研究主题具有良好的理论价值和实践意义。该书研究内容聚焦，研究视角多元，对所要解决的难点与重点问题很明确，全书紧扣人均预期寿命相关主题，对相关文献的梳理清楚，从理论上对预期寿命与储蓄的关系、预期寿命与人力资本投资的关系、预期寿命与生育政策调整、预期寿命与劳动生产率关系、预期寿命与养老保险、预期寿命与劳动供给、预期寿命与收入不平等的关系等进行全面阐释，并运用现代分析工具与方法进行严谨的分析，对所要解决的问题给出了明确的结论。该书研究方法得当，逻辑清晰，结论可靠，在研究问题、视角和方法上都有非常重要的创新性。建立在理论分析基础上的对策思考针对性比较强，对我国未来的生育政策、退休制度和养老保险体系的制定与调整、长寿风险的量化与管理具有比较重要的参考价值。

（4）该书拓展了长寿风险管理相关理论。预期寿命延长使得社会养老负担加剧，养老保险基金的给付压力日益凸显，财务可持续性受到严峻挑战。该书从养老保险体系内部的制度参数优化和外部资本市场的金融工具选择两个维度探讨了如何分散与管理长寿风险，旨在为缓解养老金财务困境提供新的思路。同时，与以往关于长寿风险管理方面的研究多数聚焦于资本市场或金融领域相比，该书拓展了长寿风险的管理理论。

总之，汪伟教授及其团队的这部著作内容丰富、有理论深度，其研究成果具有创新性和很高的学术价值，所得结论与政策建议对我国深入理解长寿风险的宏观经济效应和妥善应对长寿风险的挑战具有重要的参考价值与借鉴意义。作为该书的读者和推荐者，我欣然作序，并相信该书一定会产生广泛的学术和社会影响力。

2023 年 1 月于上海

（袁志刚，复旦大学经济学院原院长、2007 年度教育部"长江学者奖励计划"特聘教授）

前　言

随着社会经济的发展、医疗技术的进步、人们生活水平的提高与健康意识的增强，人均预期寿命的延长已经成为全世界的一个普遍现象。新中国成立初期，中国人口平均寿命仅为 35 岁，而到 2021 年已经超过了 78 岁，70 多年来提高了 40 多岁，并且还有继续提高的趋势。根据联合国发布的《2019 年世界人口展望》，我国人口的平均预期寿命在 2040 年至 2045 年间将会提高到 81 岁。人均寿命的提高反映了中国经济社会发展水平的提高，但与此同时，我国人口老龄化问题也越来越严峻。从公布的第七次全国人口普查数据可见，我国 60 岁及以上老年人口数量约为 2.64 亿人，占总人口比重为 18.7%，比第六次全国人口普查上升了 5.44 个百分点。根据联合国的预测，我国将在 2030 年前后迎来人口老龄化的高峰，到 2050 年我国 60 岁以上老年人口的数量将超过 4.8 亿人，比重将达到 35%，这意味着未来一段时间中国的老龄化程度会快速加深，我国将成为世界上老年人口最多、人口老龄化速度最快的国家之一。预期寿命延长是人口老龄化的一个重要特征，中国在享受着长寿带来的红利的同时，也将面临长寿风险的巨大挑战。

在预期寿命不断延长的情况下，长寿的宏观经济效应也越来越受到政府与学界的广泛关注。预期寿命延长使人们面临为退休储备的养老金不足的风险，理性行为人具有协调生命周期资源的能力，会将预期寿命改善纳入考虑范畴，并相应调整其生育、消费、储蓄、退休等生命周期行为,这会影响物质资本的积累、劳动供给和就业,从而对宏观经济增长产生影响。预期寿命延长也意味着个人接受教育的年限可以延长从而享受人力资本投资的高收益,但同时也要付出更多的投资成本,这会改变家庭和个人的教育投资行为,从而影响人力资本积累。在劳动力市场上,预期寿命延长会加速人口年龄结构的老化,从而造成劳动力供给总量和劳动年龄人口规模的持续萎缩,使劳动、资本等不同生产要素的相对回报率发生改变,进而对收入分配、技术创新以及劳动生产率产生影响。在养老保险体系上,长寿风险的冲击又使得我国在高生育率低寿命背景下建立的养老金体制的收支平衡难以为继,这将给政府带来沉重的负担,社会保险将面临巨大的财政困境,不断扩大的收支缺口将会对社会保障体系的发展和完善产生较大的负面冲击。如何合理地设计政策制度,既解决政府的偿付困境又促进经济增长,是一个需要深入思考的问题。

预期寿命延长是当前中国经济发展中面临的重大现实问题。因此,政府与学界有必要深入研究预期寿命延长所产生的宏观经济效应,并探讨其对经济社会发展所产生的冲击,寻求管理风险的模式和应对风险的策略,确保进入高质量发展阶段的中国经济安全运行。因此,围绕上述问题展开研究具有重大的理论和现实意义。本书的主要研究内容如下。

第一章首先阐述了本书的研究背景及研究意义;其次,分别从储蓄、人力资本投资、老年劳动供给、劳动生产率、经济增长、收入不平等、养老保险基金收支等七个方面梳理长寿的宏观经济效应的典型事实;再次,综述了长寿的宏观经济效应的已有研究,包括储蓄与物质资本积累、人力资本积累、劳动供给、劳动生产率、收入不平等、养老金收支与社会保障制度、长寿风险的识别与量化等七个方面;最后,介绍了本书的研究目标、结构安排以及研究内容,提出了本书的创新和边际贡献,主要包括研究内容的创新和研究方法上的创新。

第二章构建一个死亡率连续变化的随机世代交叠(overlapping generation,

OLG）模型，尝试讨论预期寿命延长对储蓄、物质资本积累以及经济增长的影响，并结合中国现实数据进行数值模拟与实证。研究发现：预期寿命与储蓄率、物质资本积累速度及经济增长率之间均表现为倒"U"形变化关系，在达到拐点之前，预期寿命延长会提高储蓄率、物质资本积累速度与经济增长率，而在达到拐点之后，预期寿命延长则会降低储蓄率、物质资本积累速度以及经济增长率。在此基础上，该章还使用1997～2017年中国省级面板数据，利用工具变量方法进行了实证分析，也发现了与理论研究一致的结论，并且在样本期内，预期寿命延长显著提高了国民储蓄率、物质资本积累速度和经济增长率。此外，该章还对地区异质性进行了分析，发现受地区人口结构、经济等因素影响，预期寿命延长的储蓄、物质资本积累与经济增长效应在东部地区更为明显。

第三章构建了一个三期世代交叠模型，在模型中同时考虑人力资本积累的时间和物质投入、社会保障制度等现实因素，分别在市场教育和公共教育融资模式下考察了由预期寿命延长引致的人口老龄化如何影响人力资本投资与经济增长，并对两者做出比较分析。无论是基于外生还是内生生育框架，本书的理论分析与数值模拟发现：在市场教育融资模式下，预期寿命延长会提高人均受教育时间，但同时会降低家庭教育投资率，对经济增长的影响呈现出倒"U"形关系；在公共教育融资模式下，每个家庭的教育支出由政府外生给定，预期寿命延长主要通过提高人均受教育时间促进人力资本的积累与经济增长；当预期寿命较低时，市场教育融资模式能够产生高于公共教育融资模式下的经济增长速度，但当预期寿命上升到某一个临界值以后，合理税率下的公共教育融资模式则反过来能够获得高于市场教育融资模式下的经济增长速度。此外，该章还发现，在内生生育情形下，预期寿命延长会降低生育率，但公共教育融资模式下的生育率更高。

第四章构建带有随机死亡率和家庭内部双向代际转移的世代交叠模型，研究了预期寿命延长和生育政策调整对储蓄、人力资本投资以及经济增长的影响。

基于理论分析和中国现实参数的模拟发现：随着预期寿命的延长，人力资本投资水平提高，但储蓄率与经济增长呈先上升后下降的倒"U"形变化趋势，当前我国平均预期寿命已到达拐点，长寿时代的经济下行压力会逐渐增大；生育政策放松一方面会提高人力资本投资水平，另一方面会降低储蓄率、不利于物质资本积累，这两方面的影响此消彼长，最终导致经济增长率随生育率的提高先上升后下降。数值模拟结果显示，在当前的参数下，理想的总和生育率区间为 1.5～1.7，生育率过高或过低都会降低经济增速；在预期寿命不断延长的态势下，进一步放松生育政策使生育率落在 1.5 至 1.9 的区间内，将有利于经济增长；向老年一代的代际转移比例过高或过低均不利于经济增长，代际转移比例过低，则家庭对子代教育投资的动力不足，不利于人力资本的积累；代际转移比例过高则会导致金融财富过多地集中在老年人手中，也不利于经济的长期增长，代际转移比例的理想区间为 0.3 至 0.4；适当延迟退休年龄，把平均退休年龄设置在 61～62 岁的区间内，将有利于经济增长。

  第五章对预期寿命与劳动生产率之间的关系展开了研究。在宏观层面，该章使用劳均 GDP 衡量各省区市的劳动生产率，研究了预期寿命延长对劳动生产率的影响。根据门限回归结果发现，当预期寿命水平较低时，预期寿命延长会提高劳动生产率，当预期寿命达到较高的水平时，预期寿命继续延长则会降低劳动生产率。预期寿命门限阈值为 71.54 岁，当预期寿命大于 71.54 岁时，预期寿命与劳动生产率之间大致呈现出倒"U"形关系，我国目前仍处在倒"U"形曲线的左半边，预期寿命的提高对我国劳动生产率总体上仍然是正向的促进作用。进一步该章选取大学教师所发文章的数量、质量对大学教师的劳动生产率进行衡量，从微观层面验证了预期寿命与劳动生产率之间的倒"U"形关系。此外我们发现，随着预期寿命的增长，微观个体的年龄 - 劳动生产率曲线的拐点向后推移，这为"50 岁相当于 30 岁"的观点提供了劳动生产率角度的解释。以上两方面的结论表明，伴随身体健康状况的改善，年龄较大的劳动力群体仍然具有较高的劳动生产率，这为充分利用老年劳动力资源提供了现实的可能。

第六章基于历史数据和相关文献，发现包括中国在内的世界许多国家都普遍存在着一个反常现象，即劳动者预期寿命延长、受教育年限提高却提早退休。为此，该章构建了一个包含预期寿命延长、人力资本投资、退休年龄选择与生育政策放松的一般均衡世代交叠模型，尝试解释这一反常现象，并结合中国现实经济参数进行数值模拟。研究发现：由于人力资本投资能够在更长的生命周期内取得更高的投资回报，随着预期寿命延长，劳动者会在少年期接受更多的教育；人力资本积累、有效工资率上升和利率下降引起的收入效应会超过替代效应，从而引起劳动者对老年期的闲暇需求上升，提早退休意愿增强，最终会导致终生劳动供给时间下降；如果不考虑现实经济中一般均衡效应的影响，在局部均衡模型下预期寿命延长对劳动者的退休年龄和终生劳动供给的影响可能存在严重高估。进一步发现，放松生育控制政策也会使劳动者享受更多闲暇时间的意愿增强，而选择提前退休。该章还考察了劳动者退休行为的异质性，发现随着预期寿命的延长，富人和穷人都表现出提前退休意愿，但相对穷人而言，富人的退休年龄和终生劳动供给更低。

第七章构建了一个包含体制性结构与劳动者退休决策异质性的一般均衡世代交叠模型，着重考察了预期寿命、养老保险降费对老年劳动供给和社会福利的影响。研究发现：由于体制外劳动者的老年劳动供给具有灵活性，降低养老保险费率能促使他们延迟退休，有利于提高社会老年劳动供给。如果体制内劳动者也能灵活选择老年劳动时间或法定退休年龄延迟，降低养老保险费率可以更多地增加社会老年劳动供给。预期寿命延长对社会老年劳动供给的影响不确定，取决于缴费率的下调幅度。如果缴费率降至(12%，20%]区间内，预期寿命延长会引致社会老年劳动供给上升；缴费率降至12%及以下，预期寿命与社会老年劳动供给之间呈倒"U"形关系，目前生存寿命已处于拐点的右边，这意味着养老保险降费存在政策目标上的"下限"。进一步，该章证实了养老保险降费改革能否实现社会福利的帕累托改进和有效利用老年劳动力资源的双重政策目标，不仅取决于缴费率的下调幅度，而且依赖于退休年龄的上调幅度。该章还发现老年劳动效率越高，体制外劳动者越倾向于延迟退休，社会老年劳动供给的上升幅度越大。

第八章构建了三期世代交叠模型研究预期寿命延长、生育政策调整对收入不平等的动态影响，并结合我国的现实经济参数进行数值模拟。研究发现：在预期寿命延长和生育政策放松后，养老偏好、养老抚幼负担、意外遗赠的相对差异使得不同收入群体对子女的教育投资存在差异，这会使以人力资本水平衡量的子代收入不平等程度发生变化。相比寿命更低的低收入群体，预期寿命延长会更多地挤出高收入群体对子代的教育投入，两类群体子代的收入不平等下降；进一步，该章证实了当生育政策放松后，生育率的上升会使所有收入群体对每个孩子的平均教育投入（教育支出占家庭收入的比重）下降，但低收入群体相比高收入群体下降幅度更大，这意味着相比生育政策放松前，子代收入不平等的下降幅度会变小；此外，数值模拟结果显示，当成年子女向老年父母的代际收入转移增加时，两类收入群体子代的人力资本和工资差距缩小，收入不平等程度下降。

第九章构建了一个纳入人力资本异质性的三期世代交叠模型，细致刻画了中国养老保险制度设计中的"统账结合"模式和基础养老金计发方式，分别在外生和内生生育的假设下研究中国养老保险制度设计如何通过改变个体的"储蓄－教育"决策影响收入不平等，以及预期寿命延长如何通过养老保险制度设计影响收入不平等的演化。研究发现：①养老保险统筹账户养老金计发办法不仅可以缩小基础养老金收入差距，还可以激励低收入群体更多地对子代进行教育投入，从而会确定性地缩小子代人力资本差距并降低代内收入不平等；在内生生育假设下，由于还存在生育的"数量－质量"互替机制，不同收入群体的生育数量具有差异，代内收入不平等的演化方向将变得不清晰；②在外生生育假设下,预期寿命延长会降低代内收入不平等并提高代际收入不平等;在内生生育假设下,预期寿命延长对代内和代际收入不平等的影响都是模糊的;③数值模拟显示,随着预期寿命不断增长,养老保险制度对总体收入分配的正向调节作用不断弱化,总体收入不平等的下降趋势甚至可能被逆转。

第十章从预期寿命延长和技能偏向型技术进步的双重视角出发,将二者和收入不平等纳入统一的分析框架进行理论和实证研究。研究发现:随着技能偏向型技术进步的提高,收入不平等程度提高;预期寿命延长通过挤出家庭教育投入,造成了劳动力技能结构的"低端化",导致经济体中高技能劳动力比重减小,从而提高了收入不平等;预期寿命延长和技能偏向型技术进步对于收入不平等存在交互效应,预期寿命延长会强化技能偏向型技术进步对收入不平等的边际作用。这种强化作用在中西部地区以及在金融危机之后表现得更为明显,并且主要体现在死亡率较低、劳动收入份额较低、受教育程度较低以及社保支出占比较低的地区。

第十一章在利用有限数据双随机Lee-Carter死亡率模型对长寿风险背景下未来中国人口规模展开预测的基础上,通过构建养老金精算模型,测算了中国城镇职工基本养老保险基金在2020~2050年的收支结余状况。研究结果表明:如果现行的养老保险制度参数不进行调整,未来随着长寿风险的进一步增大,城镇职工基本养老保险基金很有可能在2023年消耗殆尽,并在之后出现赤字,到2050年底时,累计赤字规模会高达446.51万亿元;单独改善生育率、退休年龄以及养老保险征缴率等人口和制度参数中的某一个,虽然能够在一定程度上缓解未来养老保险基金的支付压力,但基金池在大多数情况下仍然会面临收支失衡的局面;实施一揽子组合计划后,不仅会推迟养老金当期赤字到来的时点,在降低累计赤字规模和累计赤字率方面也能取得显著的改善效果,甚至还可以帮助养老保险基金摆脱未来很有可能遭遇的偿付困境。

第十二章利用我国的死亡率数据对长寿风险进行量化,研究表明,近年来我国各年龄段的人口死亡率都呈现出下降趋势，运用HP（Heligman-Pollard）模型对2015～2019年分性别死亡率数据进行拟合，得到的结果与实际数据相吻合；运用Lee-Carter模型对数据进行分析，分别采用奇异值分解法、加权最小二乘法和极大似然法对模型进行参数估计，比较预测了死亡率与实际死亡率之间的绝对误差，发现极大似然法的预测更准确。采用极大似然法估计模型的参数，对2020～2024年的死亡率进行预测，发现各年龄人口的死亡率仍会持续下降。该章还对如何有效管理长寿风险进行了研究。通过对国外较为成熟的长寿风险管理模式进行分析，发现可以将长寿风险转移至资本市场来分散寿险公司的偿付压力，即长寿风险证券化。本书认为，中国发行长寿债券的条件是否成熟，可以借鉴瑞士再保险公司发布的Kortis长寿债券的运行机制，从中国的资本市场、寿险企业、长寿风险分歧指数、死亡率模型建立、长寿债券定价等方面进行分析。由于人口分布不均和基数较大、死亡率数据不精确等原因，中国在短期内实施寿险证券化比较困难，但从中长期来看，中国实施长寿风险证券化的条件将日趋成熟。

　　第十三章依据前面章节的分析，结合国际经验和我国宏观经济运行的实际情况，从资本市场风险管理、生育政策调整、劳动力市场改革以及养老保险制度设计等方面分别提出应对长寿风险的对策建议，并进一步从发展"银发经济"、加快人力资本积累和推动技术创新等角度，阐述了开拓未来经济增长新源泉、实现经济增长动能转变的经验与启示，从而较为全面、系统地为我国应对长寿风险、提高经济发展质量提出对策建议。

　　从资本市场风险管理来看，通过基本养老保险的市场化运营、资产管理机构协助参与企业年金设计以及长寿风险证券化，可以有效缓解养老金缺口压力，提高养老金保值增值的能力，达到分散长寿风险的效果，同时，养老金入市也可以为资本市场注入长期活水，从而促进养老金投资与资本市场的良性互动；从生育政策的调整来看，生育政策放开对长期内的人口结构优化具有重大意义，通过逐步放松生育约束，建立和完善生育支持体系，并对不同收入群体提供差异化的生育保障服务，可以降低家庭的生育成本，从而有助于提高家庭的生育意愿和生育率，增加未来劳动力数量并提高人口结构的生产性；从劳动力市场改革来看，通过实施渐进延迟退休政策及其配套改革，可以引导人们自愿延迟退休，从而有效利用老年劳动力资源，缓解长寿引发的劳动力短缺问题；从养老保险制度设计来看，通过推进征缴体系改革、健全中央调剂制度和养老保险制度参数调整，可以在缓解养老保险财务困境的同时兼顾收入分配的公平性，进而降低长寿风险对社会保障体系和居民福利水平的负面冲击。从经济增长的新旧动能转换来看，物质资本积累、劳动力数量等推动经济增长的传统动能正在逐渐式微，长远来看，发展"银发经济"、加快人力资本积累和推动技术进步是未来经济增长的主要动力源泉。一方面，顺应人口预期寿命延长和人口结构转变的趋势，发展以老年消费驱动的老龄产业或"银发经济"，有助于满足日益庞大的老年群体的消费需求并释放其消费潜力，从而为经济增长注入新的动力；另一方面，优化教育融资模式、延长义务教育年限和构建终身教育体系等，有助于促进人力资本积累和提高劳动生产率，而加大研发投入和科研基础设施建设则是提升科技创新能力与推动技术进步的重要保障，有助于实现经济增长方式从要素驱动向创新驱动转变，从而有利于做大"经济蛋糕"，为抵御未来长寿风险的冲击提供坚实的物质保障。

总体上看，通过合理的制度设计和政策调整，建立起预期寿命延长与物质资本积累、人力资本积累、劳动力供给、生育政策、养老保险制度设计之间的良性互动关系，将有利于提高宏观经济对长寿风险冲击的反应速度和修复能力，从而推动中国经济高质量发展。

第十四章对全书进行了总结并提出未来的研究方向。

目 录

序 / 001

前 言 / 007

第一章 导论
    第一节　研究背景与研究意义 / 001
    第二节　长寿的宏观经济效应的典型事实 / 009
    第三节　长寿的宏观经济效应研究进展 / 026
    第四节　本书结构安排与研究内容 / 066
    第五节　本书创新与边际贡献 / 073

第二章 预期寿命延长、储蓄与中国经济增长
    第一节　问题的提出 / 079
    第二节　相关文献回顾 / 082
    第三节　预期寿命延长影响储蓄与经济增长的理论分析 / 091
    第四节　预期寿命延长影响储蓄与经济增长的实证分析 / 106
    第五节　本章结论与启示 / 125

第三章 预期寿命延长、人力资本投资与中国经济增长

第一节 问题的提出 / 129

第二节 相关文献回顾 / 133

第三节 预期寿命延长影响人力资本投资与经济增长的理论分析 / 137

第四节 参数校准与数值模拟 / 158

第五节 进一步讨论：基于内生生育率框架的分析 / 179

第六节 本章结论与启示 / 197

第四章 预期寿命延长、生育政策调整与中国经济增长

第一节 问题的提出 / 200

第二节 相关文献回顾 / 203

第三节 预期寿命延长、生育政策调整影响经济增长的理论分析 / 212

第四节 参数校准与数值模拟 / 229

第五节 本章结论与启示 / 245

第五章 预期寿命延长与中国劳动生产率的变化

第一节 问题的提出 / 249

第二节 文献综述 / 251

第三节 预期寿命延长影响劳动生产率的理论分析 / 261

第四节 预期寿命延长影响劳动生产率的实证分析 / 264

第五节 本章结论与启示 / 286

第六章　预期寿命延长、人力资本投资与退休

第一节　问题的提出 / 289

第二节　预期寿命延长影响人力资本与退休决策的理论分析 / 296

第三节　参数校准与数值模拟 / 308

第四节　基于放松计划生育政策的分析 / 324

第五节　模型拓展与分析 / 334

第六节　研究结论与政策启示 / 351

第七章　预期寿命延长、养老保险与老年劳动供给

第一节　问题的提出 / 354

第二节　文献综述 / 358

第三节　预期寿命延长、养老保险影响老年劳动供给的理论分析 / 366

第四节　参数校准与数值模拟 / 377

第五节　中央计划者的政策目标分析 / 413

第六节　结论与启示 / 419

第八章　预期寿命延长、生育政策调整与收入不平等

第一节　问题的提出 / 423

第二节　文献综述 / 426

第三节　预期寿命延长、生育政策调整影响收入不平等的理论分析 / 439

第四节　参数校准与数值模拟 / 454

第五节　研究结论与启示 / 465

第九章　预期寿命延长、养老保险制度设计与收入不平等

第一节　问题的提出　/ 467

第二节　相关文献回顾　/ 474

第三节　预期寿命延长、养老保险制度设计影响收入不平等的理论分析　/ 480

第四节　参数校准与数值模拟　/ 515

第五节　本章结论与启示　/ 523

第十章　预期寿命延长、技能偏向型技术进步与收入不平等

第一节　问题的提出　/ 526

第二节　相关文献回顾　/ 530

第三节　预期寿命延长、技能偏向型技术进步与收入不平等理论模型　/ 542

第四节　预期寿命延长、技能偏向型技术进步与收入不平等实证分析　/ 565

第五节　结论与启示　/ 587

第十一章　长寿风险、养老金收支与养老保险制度参数动态调整

第一节　问题的提出　/ 590

第二节　相关文献回顾　/ 593

第三节　模型与方法　/ 607

第四节　长寿风险对养老金收支的影响与预测　/ 616

第五节　长寿风险与养老保险制度参数动态调整　/ 626

第六节　结论与启示　/ 637

第十二章　长寿风险的识别、量化与管理
　　第一节　问题的提出　/ 641
　　第二节　相关文献回顾　/ 644
　　第三节　长寿风险的识别与量化　/ 656
　　第四节　传统长寿风险管理办法　/ 676
　　第五节　新型长寿风险管理方法：长寿风险证券化　/ 678
　　第六节　结论与启示　/ 692

第十三章　长寿风险的应对策略
　　第一节　应对长寿风险的国际经验　/ 696
　　第二节　我国应对长寿风险的策略选择　/ 720
　　第三节　结论与启示　/ 743

第十四章　总结与未来研究展望
　　第一节　总结　/ 746
　　第二节　未来研究展望　/ 757

参考文献　/ 761

索　引　/ 837

后　记　/ 849

CONTENTS

FOREWORD / 001

PREFACE / 007

CHAPTER 1   INTRODUCTION
- 1.1   Research Background and Research Significance   / 001
- 1.2   Some Basic Facts about the Macroeconomic Effects of Longevity   / 009
- 1.3   An Overview of the Research on the Macroeconomic Effects of Longevity   / 026
- 1.4   Organization and Context   / 066
- 1.5   Marginal Contribution   / 073

CHAPTER 2   EXTENDED LIFE EXPECTANCY, SAVINGS AND ECONOMIC GROWTH
- 2.1   Introduction   / 079
- 2.2   Literature Review   / 082
- 2.3   Theoretical Analysis   / 091
- 2.4   Empirical Analysis   / 106
- 2.5   Conclusions   / 125

CHAPTER 3　EXTENDED LIFE EXPECTANCY, HUMAN CAPITAL INVESTMENT AND ECONOMIC GROWTH

3.1　Introduction　/ 129

3.2　Literature Review　/ 133

3.3　Theoretical Analysis　/ 137

3.4　Parameter Calibration and Simulation　/ 158

3.5　Further Discussion: Analysis Based on the Framework of Endogenous Fertility Rate　/ 179

3.6　Conclusions　/ 197

CHAPTER 4　EXTENDED LIFE EXPECTANCY, ADJUSTMENT OF CHILD POLICY AND ECONOMIC GROWTH

4.1　Introduction　/ 200

4.2　Literature Review　/ 203

4.3　Theoretical Analysis　/ 212

4.4　Parameter Calibration and Simulation　/ 229

4.5　Conclusions　/ 245

CHAPTER 5　EXTENDED LIFE EXPECTANCY AND THE LABOR PRODUCTIVITY

5.1　Introduction　/ 249

5.2　Literature Review　/ 251

5.3　Theoretical Analysis　/ 261

5.4　Empirical Analysis　/ 264

5.5　Conclusions　/ 286

CHAPTER 6　EXTENDED LIFE EXPECTANCY, HUMAN CAPITAL INVESTMENT AND RETIREMENT

6.1　Introduction　/ 289

6.2　Theoretical Analysis　/ 296

6.3　Parameter Calibration and Simulation　/ 308

6.4　Analysis Based on Relaxing Child Policy　/ 324
6.5　Further Discussion　/ 334
6.6　Conclusions　/ 351

CHAPTER 7　EXTENDED LIFE EXPECTANCY, SOCIAL SECURITY AND LABOR SUPPLY FOR THE OLD

7.1　Introduction　/ 354
7.2　Literature Review　/ 358
7.3　Theoretical Analysis　/ 366
7.4　Parameter Calibration and Simulation　/ 377
7.5　Analysis of the Welfare Effect in the Framework of Social Planners　/ 413
7.6　Conclusions　/ 419

CHAPTER 8　EXTENDED LIFE EXPECTANCY, RELAXATION OF CHILD POLICY AND INCOME INEQUALITY

8.1　Introduction　/ 423
8.2　Literature Review　/ 426
8.3　Theoretical Analysis　/ 439
8.4　Parameter Calibration and Simulation　/ 454
8.5　Conclusions　/ 465

CHAPTER 9　EXTENDED LIFE EXPECTANCY, PENSION INSURANCE POLICY AND INCOME INEQUALITY

9.1　Introduction　/ 467
9.2　Literature Review　/ 474
9.3　Theoretical Analysis　/ 480
9.4　Parameter Calibration and Simulation　/ 515
9.5　Conclusions　/ 523

CHAPTER 10 EXTENDED LIFE EXPECTANCY, SKILL-BIASED TECHNICAL CHANGE AND INCOME INEQUALITY

10.1 Introduction / 526
10.2 Literature Review / 530
10.3 Theoretical Analysis / 542
10.4 Empirical Analysis / 565
10.5 Conclusions / 587

CHAPTER 11 LONGEVITY RISK, PENSION INSURANCE BUDGET AND ADJUSTMENT OF PENSION SYSTEM PARAMETERS

11.1 Introduction / 590
11.2 Literature Review / 593
11.3 Model and Method / 607
11.4 The Influence and Forecast of Longevity Risk on Pension Revenue and Expenditure / 616
11.5 Adjustment of Pension System Parameters / 626
11.6 Conclusions / 637

CHAPTER 12 IDENTIFICATION, QUANTIFICATION AND MANAGEMENT OF LONGEVITY RISK

12.1 Introduction / 641
12.2 Literature Review / 644
12.3 Identification and Quantification of Longevity Risk / 656
12.4 Traditional Methods of Longevity Risk Management / 676
12.5 New Method: Longevity Risk Securitization / 678
12.6 Conclusions / 692

CHAPTER 13 POLICY RESPONSES TO LONGEVITY RISK

13.1 International Experience in Dealing with Longevity Risk / 696
13.2 Strategic Choices to Deal with Longevity Risk in China / 720
13.3 Conclusions / 743

CHAPTER 14　CONCLUSION AND FUTURE DISCUSSION
　　14.1　Concluding Remarks　/ 746
　　14.2　Future Discussion　/ 757

REFERENCE　/ 761

INDEX　/ 837

POSTSCRIPT　/ 849

第一章
导　　论

第一节　研究背景与研究意义

一、研究背景

随着经济社会的发展、医疗技术的进步、人们生活水平的提高与健康意识的增强，人口预期寿命的提高已经成为全世界的一个普遍现象。世界银行数据显示（图1.1），1960~2020年，各国人口的平均预期寿命整体上呈现出持续上升的趋势，世界人口平均预期寿命从1960年的52.3岁提高到2020年的72岁。其中，中等收入国家人口预期寿命从45岁提高到72岁，而高收入国家人口预期寿命则是从68.5岁提高到79.7岁，60年间，中等收入国家和高收入国家预期寿命的增幅分别达到27岁和11.2岁。进一步结合我国的情况来看，1960~2020年，我国人口的预期寿命已从43.7岁快速提高到78.08岁[①]，预期寿命的增幅接近35岁。而且，近年来，我国人口的预期寿命已经超越了中等收入国家以及世界平均水平，与高收入国家的差距也从1960年的24.8岁逐步缩小到1.6岁。对比之下，我国人口预期寿命的增长速度明显更快且增幅更大。

[①] 世界银行数据显示，我国人口2020年的预期寿命为78.08岁，这一数值略高于国家卫生健康委员会公布的77.93岁。

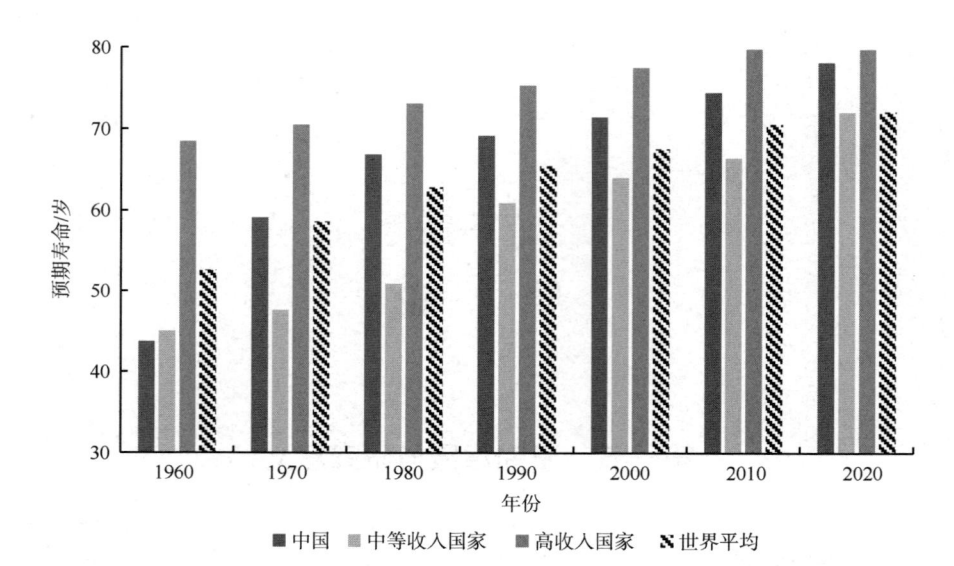

图 1.1　我国人口的预期寿命变化趋势与国际比较（1960~2020 年）
资料来源：世界银行

人口预期寿命是联合国人类发展指数的核心指标之一。预期寿命延长是经济社会发展成果的反映，是人类文明进步的标志。同时，预期寿命延长又是一把双刃剑，会给经济社会发展带来风险与挑战。从我国的现实来看，一方面，我国人口预期寿命超越了同等收入水平的国家并快速追赶上了发达国家，这无疑反映了我国经济社会发展取得的巨大成就，个人、家庭和社会享受到了长寿带来的红利。但另一方面，预期寿命延长和人口老龄化进程的加快，也会引发劳动力资源短缺、经济增长潜力下降、养老负担日益沉重和公共财政压力上升等诸多问题。与发达国家不同，我国当前经济发展呈现出"未富先老"的特征，截至 2021 年，我国人均 GDP 水平为 12 551 美元，尚未迈入高收入国家行列[①]，在"未富先老"的形势下，长寿给我国经济社会发展带来的风险与挑战可能更大。

---

① 国家统计局数据显示，2021 年，我国人均 GDP 水平为 12 551 美元，而高收入国家的人均 GDP "门槛"为 12 695 美元。

当前，我国经济进入了高质量发展阶段，如何应对长寿带来的风险与挑战是微观经济主体和宏观经济运行难以回避的现实问题，政府与学界需要认真思考长寿所引发的经济资源如何合理调整和配置，以及这种资源的调整和配置所产生的一系列宏观经济效应。从微观个体角度来看，一方面，预期寿命延长会使人们面临更长的老年期，养老资源可能存在不足的风险，因此理性个体可能会对自己不同年龄阶段的生育、消费、储蓄、退休等决策进行调整，以优化生命周期内的资源配置，主动去化解长寿风险，同时微观个体行为的改变又会影响宏观层面的物质资本的积累、劳动供给和就业，从而对宏观经济增长产生影响；另一方面，寿命延长意味着人们可以接受更长时间的教育，工作年限也可以相应延长，从而能够获得更高的人力资本投资收益。而且，随着人们受教育时间的延长，劳动人口的人力资本水平不断提高，劳动力技能结构得以优化，从而可以提高劳动生产率并促进经济增长。但由于教育年限延长也意味着教育投资成本的增加，预期寿命延长可能导致人们增加储蓄以备未来养老，减少对子代的教育投资，从而可能对人力资本积累和经济增长产生不利影响。从宏观层面来看，预期寿命的不断延长会加速人口年龄结构老化，造成劳动供给总量和劳动年龄人口规模持续萎缩，使劳动、资本等不同生产要素的相对回报率发生改变，进而对收入分配、技术创新以及劳动生产率产生影响。在养老保险体系上，由于我国的养老保险制度是建立在高生育率和低预期寿命的背景之下，长寿风险可能导致养老保险体系的收支平衡难以为继，养老金支付可能会出现巨大的缺口，政府将面临沉重的财政负担，如果不能及时调整政策去积极应对，那么现行养老保险体系将难以为继，其保障和收入再分配功能将失效，个人和社会福利会受损。在资本市场上，虽然近年来我国养老保险基金入市工作在有序推进，一定程度上把部分长寿风险分散到了资本市场当中，但由于我国资本市场尚未完善，且政府和相关金融机构对长寿风险的分散与管理缺乏经验，养老金的投资收益率并不高，优化资产配置的功能也未能充分发挥，目前仍然面临着如何拓宽养老保险基金投资领域、提高投资回报率、实现保值增值目标等方面的严峻考验。

由此可见，如果不能有效分散或管理潜在的长寿风险，根据预期寿命和人口结构的变化来及时采取综合改革措施，那么在人口预期寿命提高和传统人口红利窗口逐渐关闭的情况下，未来我国经济发展的可持续性将会受到严重影响。因此，准确把握长寿风险对宏观经济运行的影响和作用路径，厘清长寿风险的宏观经济效应是推动我国未来经济增长和化解长寿风险的题中应有之义。

二、研究意义

（一）理论意义

在我国人口老龄化加速发展的大趋势下，长寿风险必将在未来较长一段时期伴随我国的经济发展，这便需要我们及时调整相关政策，以更好地应对日益累积的长寿风险，促进经济的平稳健康发展。然而，目前的研究尚未从理论层面系统性研究预期寿命延长对储蓄、生育、人力资本投资、老年劳动供给、劳动生产率、收入不平等、养老金收支与养老保险制度设计等宏观经济方面的影响效应与传导机制。本书将预期寿命延长引入理论模型的分析框架，将微观经济主体的行为决策与宏观经济变量的响应有机结合，探讨预期寿命延长对宏观经济运行的影响机理，这不仅为我国应对未来长寿风险的挑战以及制定长寿风险管控措施提供了一定的理论支撑，同时也在一定程度上扩展了相关研究的外延边界，丰富了人口经济学、宏观经济学和风险管理理论。

第一，预期寿命延长会通过影响储蓄，改变物质资本积累水平，从而对经济增长产生影响。根据生命周期理论，理性行为人在老年期往往是进行负储蓄，即消费较多而收入较少，在预期寿命延长导致老年人口比重提高的情况下，储蓄率可能会随之下降；但是，预期寿命提高后，健康余寿的不确定性增加，人们可能面临更大的长寿风险，"未雨绸缪"的储蓄动机更强烈，从而也可能使储蓄率上升。以往的研究聚焦于人口寿命延长带来的负担效应，即在预期寿命与实际生存年龄相等的前提假设下考察经济增长的变化，而忽略了实际生存年龄可能超出预期寿命所带来的效应。因此，本书尝试从理论上分析这两种不同效应的共同作用如何影响储蓄以及经济增长，为已有研究提供有益的补充。

第二，预期寿命延长会通过教育融资模式改变人力资本积累，从而对经济增长产生影响。预期寿命延长后，人口年龄结构快速老化，使得传统依靠人口数量与结构优势推动经济增长的发展模式难以为继，人口质量尤其是人力资本积累的重要性日益突出。教育投资是人力资本形成与积累的重要方式，随着预期寿命的延长，家庭养老负担加重，不同教育融资模式可能会对家庭教育投资决策产生不同影响，最终影响到人力资本积累。本书将市场教育和公共教育融资模式引入理论模型进行分析，揭示不同教育融资模式下预期寿命延长对人力资本投资和经济增长的作用机制，为从教育融资视角制定应对长寿风险的相关政策提供理论依据。

第三，预期寿命延长和生育政策的调整会通过影响家庭教育投资来影响经济增长。从理论上看，子女具有家庭耐用消费品和投资品的双重属性，在生育数量受到限制的情况下，父母出于利他或利己动机会增加对子女的教育投资，促进人力资本积累；当生育限制放松后，子女数量增加既可能促使家庭增加对子女的教育投资，促进人力资本积累，又可能因子女质量-数量的互替效应，降低对子女的教育投资。当预期寿命延长时，养老负担的加重既可能促使成年父母减少对子女的教育投资，又可能促使成年父母提高子代培养质量以获得更多的养老资源从而增加对子女的教育投资。放松生育政策的目的是应对人口老龄化与促进经济增长，因此，本书将预期寿命延长和生育政策放松纳入同一分析框架，从理论上探讨放松生育政策能否对冲预期寿命延长带来的负面影响，研究结论能够为完善我国生育政策设计提供政策启示。

第四，较高的劳动生产率是经济增长的关键，在人口平均预期寿命持续延长的情况下，劳动人口年龄结构会加速老化，如何提高劳动生产率对经济发展至关重要。理论上看，年龄的变化本身会引起个人劳动生产率的变化，老年劳动力的身体素质和认知能力都处于衰退阶段，在劳动力年龄结构日渐老化的情况下，生产率水平会趋于下降。然而随着预期寿命的延长，人们的健康状况得到改善，身体机能衰退和认知能力下降的年龄都可能会推迟，劳动生产率并不一定迅速下降。基于此，本书考察了预期寿命延长如何影响年龄与生产率之间的关系，并与预期寿命水平较低时的情形进行对比，从而补充预期寿命延长如何影响劳动生产率的经验研究，同时也为我国老年劳动力资源的开发利用以及开拓"第二次人口红利"提供理论依据与经验证据。

第五，在预期寿命延长和劳动年龄人口结构持续老化的情况下，老年劳动供给对经济增长显得至关重要，近年来我国人口的预期寿命和人均受教育时间均显著提高，但实际退休年龄却不升反降，呈现出提前退休的趋势。从经济发展角度来看，这不仅会造成人力资源的巨大浪费，而且也不利于老年人力资本的有效利用。为此，本书通过构建动态一般均衡框架下的世代交叠模型，考察预期寿命延长对劳动力人力资本投资、退休年龄选择的影响机制，并结合养老保险制度设计考察了预期寿命提高对老年劳动供给的影响，从理论层面分析并解释了在寿命延长的情况下人们提前退休这一反常现象，进而为如何提高老年劳动参与和提高人们延迟退休的积极性提供政策参考。

第六，预期寿命的延长会通过生育政策调整、养老保险制度设计和技能偏向型技术进步影响收入不平等程度。从我国生育政策的调整出发，本书将预期寿命延长和生育政策调整结合起来，考察两者如何共同影响我国的收入不平等；从我国养老保险制度设计中的"统账结合"模式和基础养老金计发方式出发，结合养老保险制度内在的收入关联机制和收入再分配功能，以及代际收入转移和跨期平滑效应，本书探讨了预期寿命和养老保险制度设计对代内收入不平等和代际收入不平等的作用机理；从我国技能偏向型技术进步的特点出发，本书探讨了预期寿命延长如何通过改变劳动力技能结构，影响技能偏向型技术进步对收入不平等的边际作用。通过这三个方面的探讨，不仅可以厘清预期寿命影响收入不平等的内在逻辑，为理解和分析我国的收入不平等问题提供新的思路，而且也为在预期寿命延长的背景下应当如何降低收入不平等程度提供较为丰富的理论借鉴。

第七，预期寿命延长使得社会养老负担加重，养老保险基金的给付压力日益凸显，财务可持续性受到严峻挑战。本书从养老保险体系内部的制度参数优化和外部资本市场的金融工具选择两个维度探讨如何分散与管理长寿风险，旨在为缓解养老金财务困境提供新的思路。同时，与以往关于长寿风险管理方面的研究多数聚焦于资本市场或金融领域相比，本书扩展了长寿风险的管理理论。

总体上看，当前对于如何应对我国长寿风险的探讨还比较少，且已有的理论主要集中在风险管理理论这一领域，大多数的研究聚焦于保险公司年金、寿险产品、长寿风险证券化等方面，而没有将长寿风险的管控与微观主体的行为决策以及长寿对宏观经济运行的影响结合起来，研究的范围和领域较为狭窄。本书针对长寿的宏观经济效应进行了详细探讨，并在风险分散与管理工具的选择上进行了国内外比较分析，有助于弥补现有研究的不足，丰富和扩展长寿风险管理理论的相关研究。

（二）实践意义

在经济社会不断发展，生活水平日益提高，医疗卫生条件持续改善的情况下，可以预见，预期寿命延长将会成为世界各国人口发展的一个主要特征，而预期寿命延长也是影响未来经济增长、收入分配、劳动生产率与技术进步的重要因素之一。因此，分析长寿的宏观经济效应具有极为重要的现实意义。

从现实来看，我国的人均预期寿命显著提高并有进一步延长的趋势，长寿所产生的诸多宏观经济影响必将长期伴随我国的经济发展。相比西方主要发达国家，由于我国当前经济发展呈现出"未富先老"的特征，且人口与经济政策的调整滞后于人口年龄结构的快速转变，预期寿命延长为我国带来长寿红利的同时，也将给国民经济的发展带来巨大的冲击和挑战。政府与学界有必要对长寿所产生的宏观经济效应展开深入探讨，厘清应对长寿风险的思路，找到分散和管理长寿风险的有效策略，以促使中国经济在步入新的发展阶段之后继续持续增长。为此，本书针对长寿的宏观经济效应进行了一个较为详尽的分析和考察，相关研究结论可以为政府与学界理解长寿的宏观经济效应提供经验证据。

同时，考虑到当前和未来我国的生育政策、退休制度与养老保险体系等方面的调整和改革将会逐步推进，本书运用我国特有的经济制度参数进行数值模拟和实证分析，能够更好地反映预期寿命延长对宏观经济变量的动态影响，从而在我国生育率持续低迷、预期寿命延长和经济增长动力转换的背景下，为化解和对冲长寿风险、提高人民福祉以及助推国民经济的高质量发展提供更具针对性的决策参考。

另外，从长寿风险的量化与管理来看，由于我国过去的养老保险制度设计并没有考虑到长寿风险的影响，而且利用资本市场分散长寿风险的实践经验较少，导致我国目前对长寿风险的管控能力不足且管理方式单一。本书基于宏观经济效应视角来探讨如何进行长寿风险的管理与应对，在参考西方发达国家运用资本市场量化和分散长寿风险的方法与相关风险管理工具的基础上，对我国的长寿风险进行了量化，不但可以减少长寿风险的管理盲区，为相关政策的制定与调整提供有益借鉴，而且也有助于为未来利用养老保险基金在资本市场中进行价值投资创造良好的政策环境。

总体上看，预期寿命的持续延长和老龄化程度的不断加深已经成为我国经济进入高质量发展阶段后的重要特征之一，如何应对"未富先老"的挑战，实现经济增长的动力转换是当前中国经济发展需要面临的重大现实问题。本书考察长寿的宏观经济效应，试图从"避害"与"趋利"两个维度探讨我国科学应对长寿风险的政策建议。从"避害"角度出发，主要是利用资本市场特有的风险识别与管理工具来量化、分散和转移长寿风险，通过改进死亡率模型和选择合适的长寿风险证券化产品有效规避与对冲长寿风险；从"趋利"角度上看，主要是在考虑长寿风险潜在影响的前提下，积极调整相关制度以促使长寿风险向长寿红利转变，如通过人力资本积累和技术进步来培育经济增长的新动能，从而形成应对长寿风险的长效机制，或是通过生育政策调整、退休制度改革、养老保险制度优化，以及充分利用微观个体"未雨绸缪"的预防性储蓄动机、人力资本投资动机来充分调动促进经济发展的积极因素，从而找到开拓"第二次人口红利"的有效路径，在政策实践上为抵御长寿风险提供新的解决方案。

第二节　长寿的宏观经济效应的典型事实

我国目前正处在人口发展的关键转折时期，随着预期寿命的进一步延长，我国的人口老龄化程度会继续加深，未来的经济发展必将面临更大的长寿风险冲击。因此，准确把握预期寿命延长的宏观经济效应的重要特征，不仅有助于更好地应对未来长寿风险的挑战,而且对制定合适的经济发展战略和调整相关政策,以及促进未来经济的健康发展都有非常重要的理论与现实意义。基于此,本节从储蓄、人力资本积累、老年劳动供给、劳动生产率、经济增长、收入不平等、养老保险基金收支七个方面对预期寿命延长的宏观经济效应的典型事实进行刻画。

一、预期寿命延长与储蓄

储蓄是影响一国经济增长的重要因素之一,根据生命周期理论,预期寿命延长会导致人口年龄结构老化和人们生命周期内的消费-储蓄行为改变,从而引起储蓄率的变化,进一步影响物质资本积累和经济增长。从图 1.2 可见,1995～2020 年,我国人口的预期寿命在不断延长,而国民储蓄率则总体呈现出先上升后下降的变化趋势。2000 年,我国开始进入老龄化社会,国民储蓄率首先呈现出快速上升的趋势,到 2010 年达到峰值 51.5%,随后开始缓慢下降,

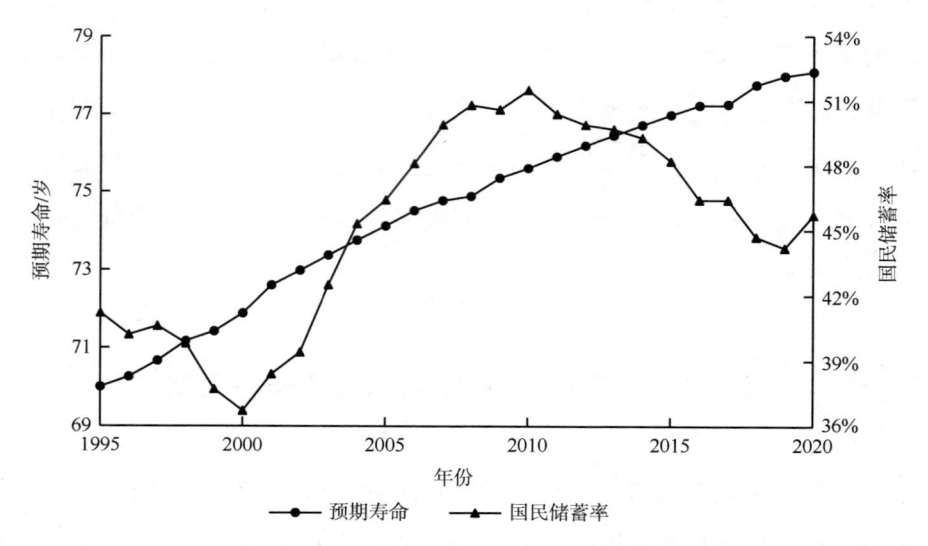

图 1.2 我国人口的预期寿命与国民储蓄率历年变化情况
资料来源:预期寿命数据来自世界银行,国民储蓄率数据来自国家统计局

但下降幅度相对较小，储蓄率水平一直保持在44%以上。总体上看，我国的国民储蓄率水平长期在高位徘徊。从预期寿命和国民储蓄率的变化情况来看，两者之间可能不是简单的正向或负向关系，在经济发展的不同历史阶段，预期寿命对国民储蓄率的影响可能存在差异。

已有研究指出，预期寿命的延长会激发个人"未雨绸缪"的储蓄动机（Bloom et al., 2003；杨继军，2016），使人们增加工作期的储蓄而减少消费，因此国民储蓄率会随着预期寿命的延长而上升。在我国，预期寿命延长诱致人们进行储蓄的一个重要原因是人们对少子化和当前社会保障水平的考虑，在社会保障水平较低或者不完善的情况下，人们无法依靠社会保障制度保障老年生活，少子化导致传统家庭养老的功能弱化，在面临长寿风险的情况下，这将迫使理性行为人增加储蓄（汪伟，2010a；袁志刚和宋铮，2000；刘生龙等，2012；汪伟和艾春荣，2015）。然而，预期寿命的不断延长也会促使人口年龄结构老化，处于负储蓄状态下的老年人口规模的扩大，家庭和社会养老负担加重会导致储蓄率下降，因此预期寿命延长对储蓄率的影响并不确定。也有研究指出，预期寿命与储蓄率呈现非线性关系，在不同的经济发展时期，预期寿命对储蓄率的影响方向可能不同，在一定时期内预期寿命的提高会使储蓄率上升，当到达某个临界点以后，预期寿命的继续提高则会导致储蓄率下降，二者呈现出倒"U"形关系（Barro，1991）。随着老龄化进程的加快，老年人口比重的增加可能抵消了预期寿命延长对储蓄的正向效应，从而出现国民储蓄率随预期寿命延长而下降的趋势（Li et al., 2007；汪伟和艾春荣，2015）。根据我国储蓄率变化的客观事实来看，如图1.3所示，预期寿命与国民储蓄率之间的关系是非线性的，即随着预期寿命的提高，我国的国民储蓄率总体上首先是逐渐上升的，且上升速度逐渐放缓，当预期寿命到达76岁左右时，国民储蓄率开始出现下降的趋势。

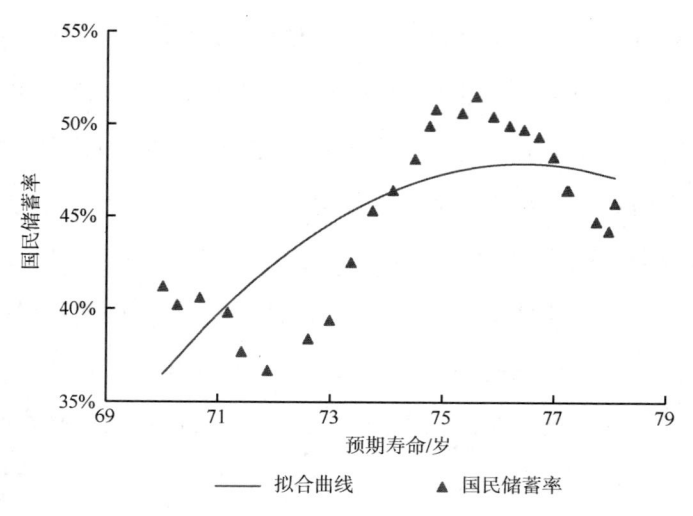

图 1.3 我国人口的预期寿命与国民储蓄率关系图
资料来源：预期寿命数据来自世界银行，国民储蓄率数据来自国家统计局

二、预期寿命延长与人力资本积累

根据内生经济增长理论，人力资本积累是影响技术创新的关键因素，对经济社会发展具有非常重要的意义（Lucas，1988）。一方面，较高的人力资本水平有利于提高企业的技术创新能力，推动技术进步（Romer，1990），从而有利于提高全要素生产率和促进经济增长；另一方面，对于劳动力而言，增加人力资本投资有利于个人收入水平的提高，由于人力资本具有知识外溢效应（Barro，1991），劳动力市场上高技能劳动力数量的增加将进一步提高社会整体的劳动生产率水平，从而对经济发展产生正向影响。

从理论上看，预期寿命延长可能通过影响家庭生育行为和家庭教育投资，进而对人力资本积累产生影响。在生育子女数量减少的情况下，父母通常会增加对子代的教育投资，以期望在老年期能获得更多的养老回报（袁志刚和宋铮，2000），这会促进人力资本积累。但也有研究认为，预期寿命延长使资源过多地向老年一代转移，会形成对年轻一代教育资源的挤占效应，从而对人力资本投资不利（Pecchenino and Pollard，2002；汪伟，2017）。

改革开放以来，伴随义务教育制度的普及和高等教育事业的发展，人们的受教育程度得到了较大提高，2020年第七次全国人口普查数据显示，我国人口的人均受教育时间与2010年第六次全国人口普查相比，从9.08年提高到了9.91年。与之相对应的是劳动人口受教育水平的显著提高，《中国人力资本报告2020》数据显示，1985~2019年，我国劳动人口的人均受教育时间从6.2年提高到10.5年，其中高中及以上学历人口的占比从11.6%提高到41.6%，大专及以上学历人口占比从1.0%提高到20.6%，且十年间（2010~2019年）我国劳动人口的人力资本总量的年均增长率达到8.0%。结合第七次全国人口普查数据来看，截至2020年我国劳动人口人均受教育时间提高到了10.75年，这意味着人力资本将会在我国未来的经济发展过程中发挥更为重要的作用，劳动力素质的显著提高为我国开发"第二次人口红利"奠定了基础。图1.4反映了我国人口预期寿命与人均受教育时间的变化情况，由图

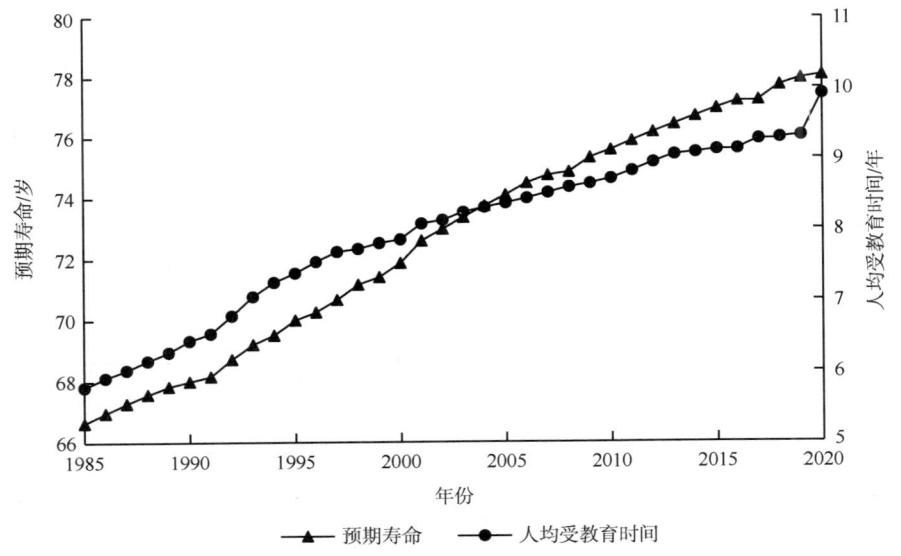

图1.4 我国人口的预期寿命与人均受教育时间的变化情况

资料来源：预期寿命数据来自世界银行，人均受教育时间数据来自国家统计局

可见，随着我国人口预期寿命的延长，人均受教育时间也在逐年增加，但人均受教育时间的增长速度略低于预期寿命的增长速度。

通常情况下，公共教育投资和家庭教育投资是微观个体进行人力资本积累的主要方式，而不同的教育融资模式会影响家庭教育投资成本，同时也是影响人力资本积累的重要因素（Zhang et al.，2003）。预期寿命的延长为人们受教育时间的延长或接受更高水平的教育创造了良好的条件，但接受更高的教育也意味着承担更高的教育成本。由于目前我国非义务教育阶段采取的是市场教育融资模式，高中及以上的教育支出主要由个人及家庭承担，对于收入水平较低的群体而言，接受更高水平的教育将面临较大的教育支出压力，加之预期寿命的延长本身也会加剧家庭的养老负担，如果家庭资源更多向老年人倾斜，那么便会部分挤出家庭教育投资，不利于人力资本的积累。结合图 1.4 和图 1.5 来看，尽管 2010 年以来我国人口的预期寿命和人均受教育时

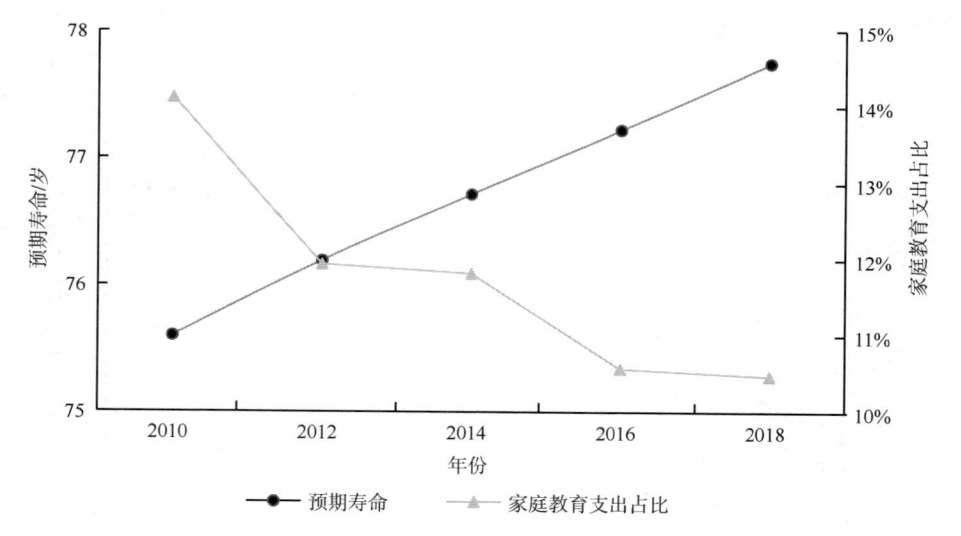

图 1.5　我国人口的预期寿命与家庭教育支出占比的变化情况

资料来源：预期寿命数据来自世界银行；家庭教育支出占比根据中国家庭追踪调查（China Family Panel Studies，CFPS）2010 年、2012 年、2014 年、2016 年和 2018 年的数据计算得到

间都在不断提高，但家庭教育支出占比却呈现出明显的下降趋势，这意味着预期寿命的延长可能加剧了家庭养老负担，挤占了一部分教育投资。在预期寿命继续延长的态势下，原有的教育融资模式可能需要进行相应的调整，以缓解养老负担加重对家庭教育投资以及人力资本积累的负面影响。

三、预期寿命延长与老年劳动供给

在过去40多年间，我国经济的迅速发展受益于劳动年龄人口数量增长带来的人口红利，但随着预期寿命的不断延长和社会老龄化进程的加快，传统人口红利的窗口正在关闭。2020年第七次全国人口普查数据显示，我国16~59岁劳动年龄人口为8.8亿人，相比2010年第六次全国人口普查减少了4000多万人，与此同时，劳动年龄人口的占比也在下降。根据人力资源和社会保障部的预测，"十四五"期间我国劳动年龄人口数量的下降幅度还会进一步扩大，劳动年龄人口预计减少3500万人。从整体趋势上看，未来我国的劳动年龄人口数量和比例仍将继续走低，预期寿命延长给劳动力市场带来的一大挑战便是劳动力数量的锐减，如果不能有效挖掘老年人力资源，那么未来我国将会面临劳动力短缺的巨大挑战。

同时，预期寿命的增长也对劳动人口的年龄结构产生了影响，我国劳动人口中的老年劳动力占比在持续上升。图1.6反映了2010~2020年我国45岁及以上中老年劳动力占比的变化情况，由图可见，我国50~59岁年龄段的劳动人口占比从2010年的15.4%上升到2020年的20.9%，十年间提高了5.5个百分点，如果将年龄范围扩大到45~64岁，则对应年份和年龄段的劳动力占比从2010年的31.6%上升到2020年的38.8%，提高了7.2个百分点，老年劳动供给的变化非常明显。类似地，可以得到45岁及以上的劳动人口占比的变化情况，即从 2010 年的 35.1%上升至 2020 年的 45.5%，短短十年间上升了 10.4 个百分点。由此可以推断，随着预期寿命的不断增加，我国劳动力年龄结构的老化速度可能会进一步加快，在中青年劳动力数量和比重下降的大趋势下，提高老年人的劳动供给对我国未来的经济增长有着十分重要的意义。

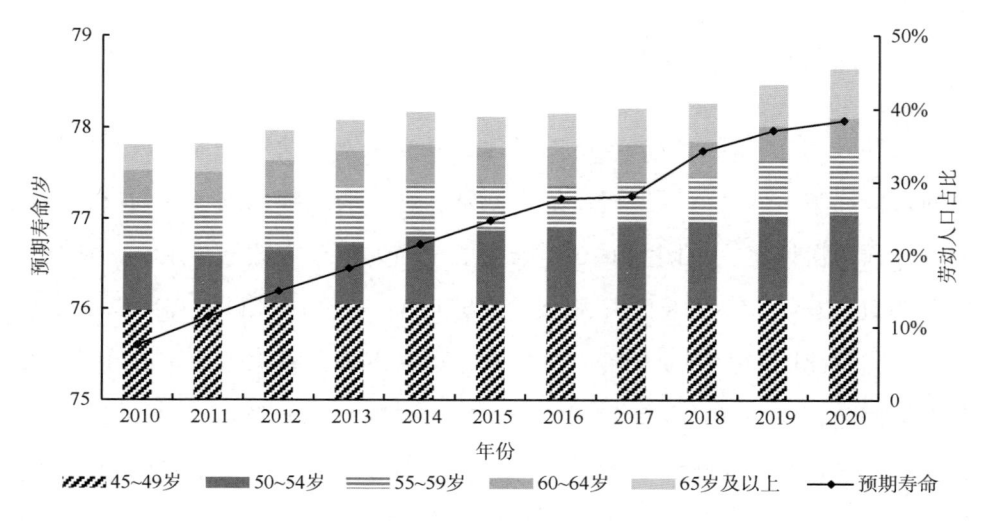

图 1.6　我国人口的预期寿命与中老年劳动人口占比的变化情况

资料来源：预期寿命数据来自世界银行；各年龄段劳动人口比重根据历年《中国人口和就业统计年鉴》整理得到

同时，也应注意的是，长期以来我国老年人口的劳动参与率始终低于世界其他主要发达国家。如图 1.7 所示，与世界上主要发达国家相比，中国老年人口劳动参与率低的问题较为突出。在 50 岁及以上的任意年龄阶段，我国城镇地区 50 岁及以上人口的劳动参与率与主要发达国家相比，都处于相对较低的水平。对比经济合作与发展组织（Organization for Economic Cooperation and Development，OECD）国家而言，我国城镇地区 50～54 岁、55～59 岁、60～64 岁以及 65 岁以及上这 4 个年龄段的劳动参与率分别低了 7.03 个百分点、12.68 个百分点、25.54 个百分点和 2.4 个百分点。其中，经验丰富、有技能优势且身体状况相对较好的 64 岁及以下年龄段人口的劳动参与率差距较大，这说明在很大程度上，我国丰富的老年人力资源优势还未能得到有效的利用。

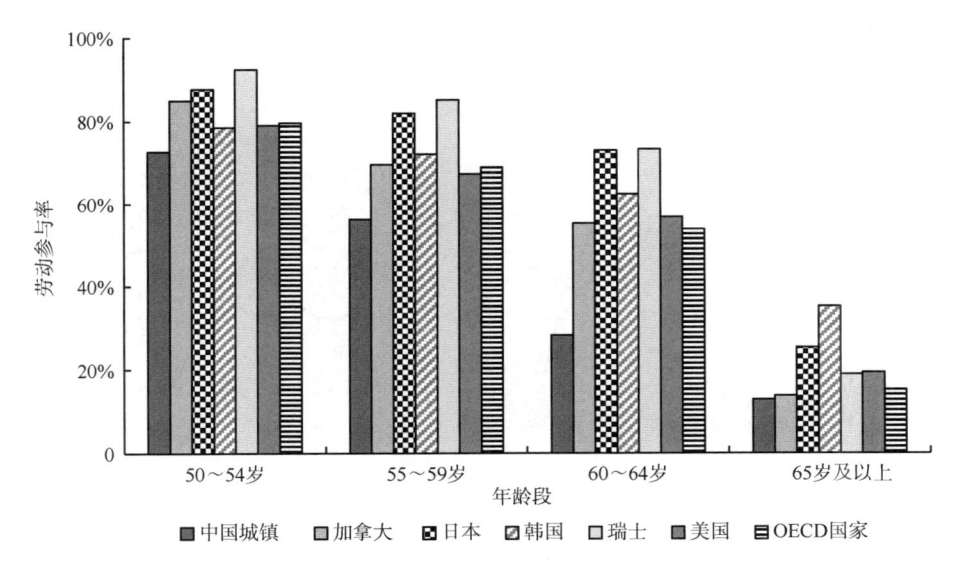

图 1.7　2020 年中国与主要发达国家 50 岁及以上人口的劳动参与率

资料来源：主要发达国家老年人口劳动参与率数据来自 OECD 就业数据库；中国城镇地区的 50 岁及以上人口劳动参与率数据由《中国人口和就业统计年鉴 2021》和《中国统计年鉴 2021》相关数据整理计算而得，城镇劳动参与率=城镇就业人口/城镇总人口

在预期寿命延长的情况下，退休年龄过低可能是导致我国老年人口劳动参与率低的重要原因。目前我国法定退休年龄为男性 60 周岁、女干部 55 周岁、女工人 50 周岁，而欧美国家的退休年龄大多在 65 周岁以上。并且，我国劳动力的实际平均退休年龄明显低于法定退休年龄，劳动力市场上的"未老先退"现象十分突出，这将难以实现老年人口劳动力资源的有效利用。图 1.8 反映了我国人口历年预期寿命与实际退休年龄的变化规律，预期寿命与实际退休年龄之间整体呈现出反向变动的关系，即随着预期寿命的提高，实

际退休年龄反而更早,这说明我国还有开发"第二次人口红利"的巨大潜力。在预期寿命不断延长和老年人的健康状况日益改善的背景下,我国在延迟退休、增加老年劳动供给方面还有很大的调整空间,这将会为我国未来劳动生产率的提高和经济增长源泉开拓提供新的突破口。

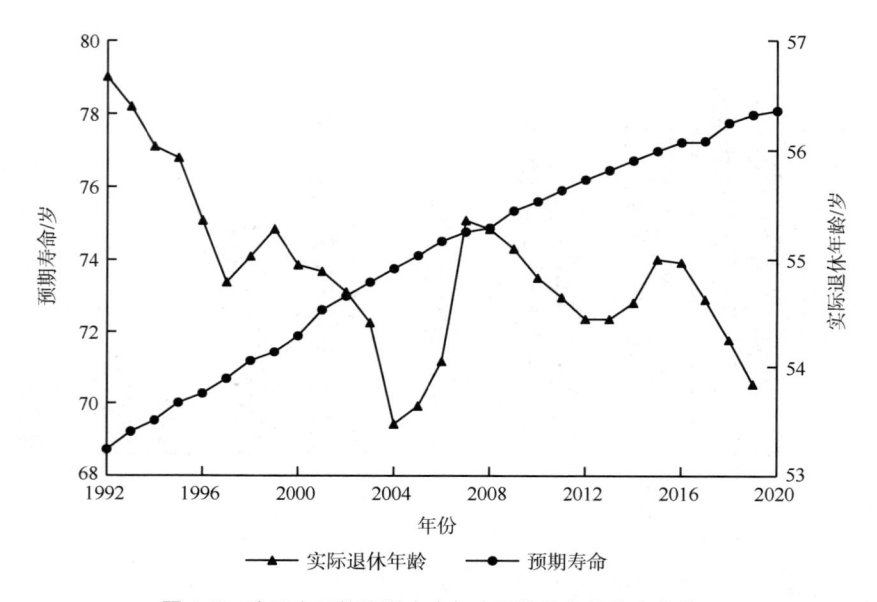

图 1.8　我国人口的预期寿命与实际退休年龄的变化情况

资料来源:预期寿命数据来自世界银行;中国人口实际退休年龄,2004 年前的数据摘自文献梁玉成(2007),2005 年及以后的数据是根据相关文献资料、中国健康与养老追踪调查(China Health and Retirement Longitudinal Study,CHARLS)和中国劳动力动态调查(China Labor-force Dynamics Survey,CLDS)等微观调查数据以及趋势性变化估算得到

四、预期寿命延长与劳动生产率

劳动生产率是影响经济增长的重要因素。改革开放后四十多年来,我国经济的快速增长与劳动生产率水平的迅速提高是密不可分的。目前我国正处于经济增速放缓、产业结构调整和劳动年龄人口减少的发展阶段,随着人口平均预期寿命的继续延长,如何提高劳动生产率,促进经济向高质量发展,

是当前政府与社会广泛关注的问题。从已有研究看，预期寿命的延长对劳动生产率的影响主要体现在两个方面。一是对微观个体而言，年龄的变化本身会引起劳动生产率的变化。伴随年龄增长，人们的认知能力和工作经验都会相应提高，这会促进劳动生产率的提高，但当超过一定的年龄以后，身体机能的快速衰退和认知能力的下降又会对劳动生产率产生消极影响，年龄与劳动生产率之间可能呈单峰（Adams，1946；van Heeringen and Dijkwel，1987）或双峰型（Bayer and Dutton，1977；Eagly，1974）关系。随着预期寿命和健康余寿的延长，老年人认知能力下降的时间会被推移到更高的年龄段（Brown et al.，2013），从而有利于提高劳动生产率。二是从宏观角度来看，预期寿命延长后，劳动人口中具有丰富经验的老年劳动力占比提高，并且由于人们的受教育时间可能会随寿命的延长而相应延长，因此劳动力的人力资本水平可能也会提高，这会部分抵消劳动人口老龄化对生产率的负面影响，有助于提高社会整体的劳动生产率水平。

图1.9和图1.10反映了我国人口历年预期寿命、劳动生产率及劳动生产率增长率的变化情况，随着预期寿命的延长，劳动生产率也在不断提高，这说明目前我国的预期寿命与劳动生产率之间存在正向变动的关系。然而，劳动生产率的增长率却呈现出波动下降的趋势，尤其是2006年以后，劳动生产率的增幅出现了明显下滑，这意味着寿命的延长仍然对劳动生产率的增速造成了一定程度的冲击。长期内，我国人口的预期寿命仍然会维持上升趋势，劳动人口的年龄结构将进一步老化，如何减少预期寿命延长对劳动生产率的负面冲击，充分利用老年劳动力的比较优势，提高我国的劳动生产率水平，将是未来经济发展需要面临的挑战之一。

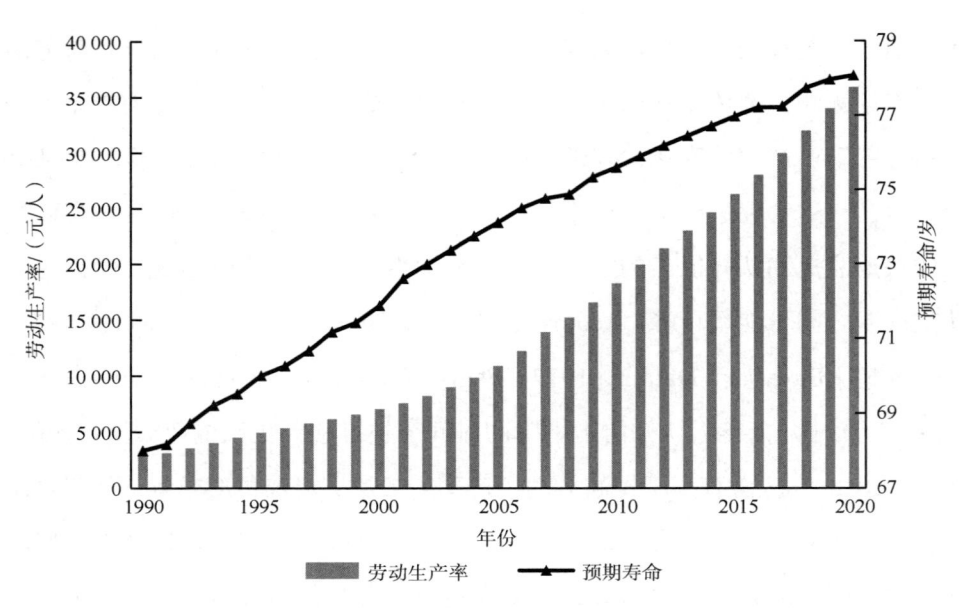

图 1.9　我国人口的预期寿命与劳动生产率的变化情况

资料来源：预期寿命数据来自世界银行；劳动生产率根据国家统计局相关数据计算得到，采用 1990 年不变价

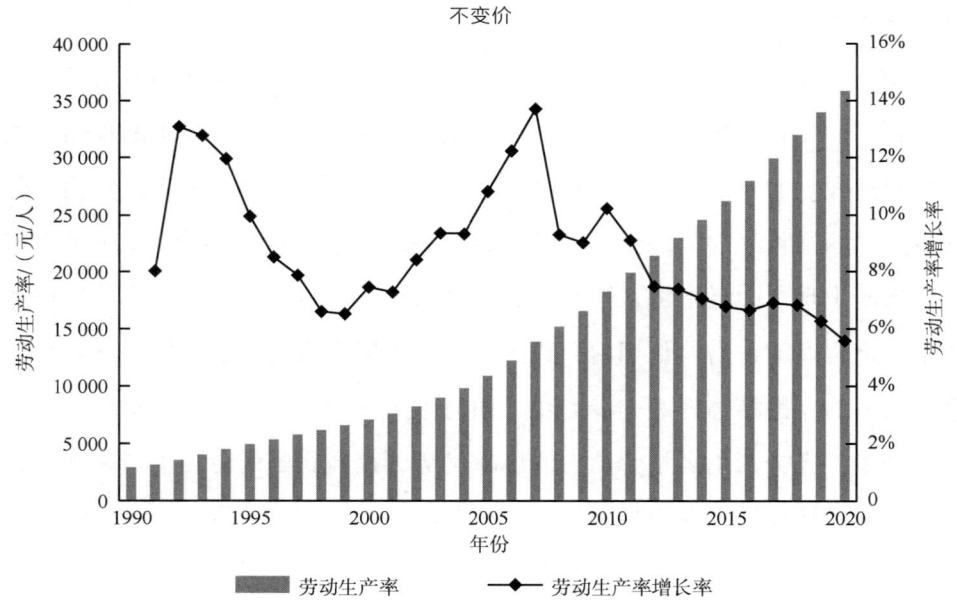

图 1.10　我国劳动生产率及劳动生产率增长率的变化情况

资料来源：劳动生产率及其增长率根据国家统计局相关数据计算得到，采用 1990 年不变价

五、预期寿命延长与经济增长

预期寿命与经济增长之间的逻辑关系较为复杂，从已有研究来看，人口预期寿命的变化会通过不同影响机制作用于经济增长（汪伟等，2018）。正如前文指出，从劳动力角度来看，随着预期寿命延长，劳动力数量会减少，劳动年龄人口也将趋于老化，劳动力的投入水平与生产性会下降，劳动力短缺，劳动参与率下降等现象将不可避免；人到老年后生理机能开始衰退，体力和精力也开始下降，接受新知识和新技术的能力较低，预期寿命延长可能引起劳动生产率下降，这些都不利于经济增长。但健康老年人口的经验、技能如果能够得到充分利用，劳动生产率与经济增长并不一定随着预期寿命的延长而下降。从储蓄与物质资本积累的角度来看，预期寿命延长对经济增长的影响不确定。从教育和人力资本积累来看，预期寿命延长对经济增长的影响也不确定。也有一些学者认为，从长期来看，预期寿命延长对经济增长并没有显著影响（Acemoglu，2007），短期内寿命延长和健康状况改善带来的老年人口数量增加会使人均产出下降。但在生育率降幅相对较小的情况下，长期内劳动素质提高和资本积累会带来更高的产出水平，这会抵消预期寿命延长对经济增长的负面效应。从现有的研究综合来看，预期寿命延长对经济增长的影响并不确定。

根据图1.11可得，1995年以来我国经济增长率的波动性较大，并且经济增长率在近几年呈现出不断下降的趋势，这说明我国的经济增长正逐渐放缓。与此同时，我国人口的预期寿命则在不断上升。从两者的变化趋势来看，从2007年开始，我国人口的预期寿命与经济增长率总体呈现出了反向变动的特征。随着预期寿命的进一步增加，经济增长率可能会继续下降，我国的经济增长将面临较大的下行压力。

进一步由图1.12显示的预期寿命与经济增长率的关系可见，我国人口的预期寿命和经济增长率之间呈现倒"U"形关系，即随着预期寿命从70岁

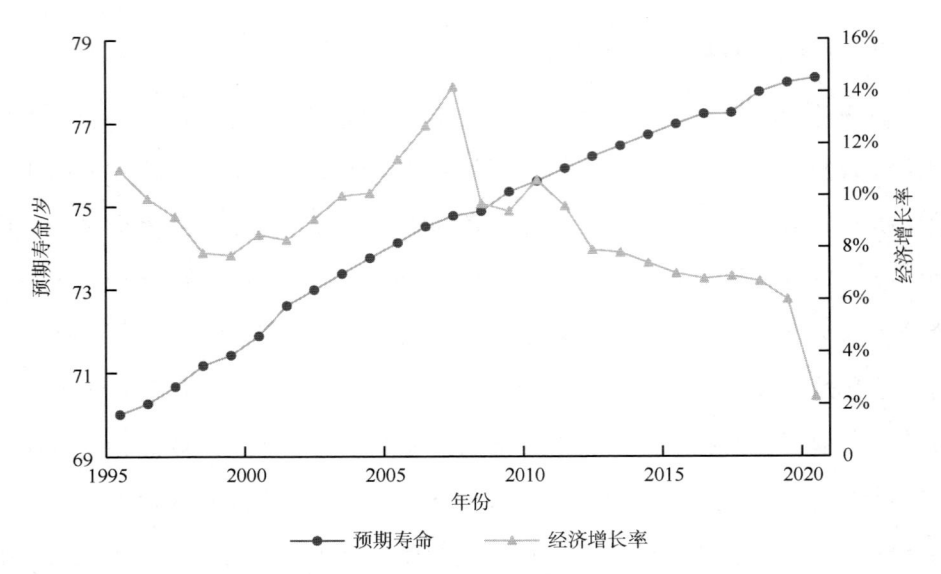

图 1.11　我国人口的预期寿命与经济增长率的变化情况
资料来源：预期寿命数据来自世界银行，经济增长率数据来自国家统计局

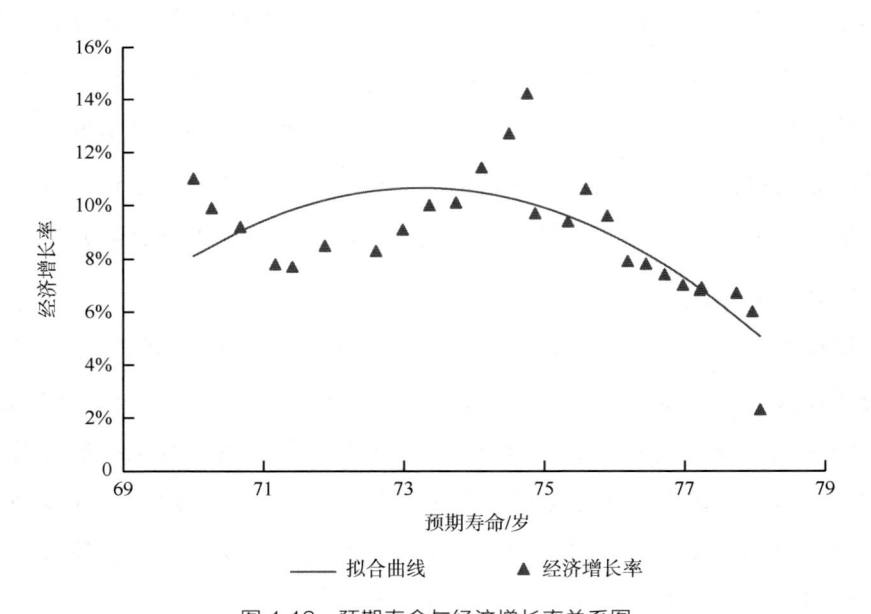

图 1.12　预期寿命与经济增长率关系图
资料来源：预期寿命数据来自世界银行，经济增长率数据来自国家统计局

增长到 77 岁，我国的经济增长率总体上经历了一个先升后降的过程。这侧面反映出在预期寿命上升的不同阶段，预期寿命影响经济增长的各因素的相对重要性在不断变化，当预期寿命提高到某一临界值之后，预期寿命延长对经济增长的抑制效应将超过它对经济增长的促进效应，从而导致经济增速下滑。

六、预期寿命延长与收入不平等

改革开放以来，我国经济在快速发展的同时，也出现了收入差距扩大、收入不平等程度加深等问题。根据库兹涅茨假说，收入不平等与经济增长是倒"U"形的关系。也就是说，在经济增长初期，收入不平等的扩大往往与经济增长相伴出现，而当经济发展到一定程度时，收入不平等程度逐渐缩小。现有研究证实了收入不平等与我国经济增长的倒"U"形关系（尹恒等，2005）。反过来，经济中的收入分配状况也会影响经济增长，过高或过低的收入不平等都不利于经济增长（刘生龙，2009）。当前，我国即将进入高收入国家的行列，但收入分配状况却并未得到根本改善。过高的收入不平等不仅会使低收入或弱势群体处于更为不利的地位，造成更大的社会贫富分化，增加经济发展的不确定性，同时，收入差距过大也可能影响人力资本的积累，不利于我国的经济增长。

在收入不平等程度居高不下的同时，我国人口平均预期寿命则在不断延长。从理论上看，由于同一年龄群体在受教育程度和工作经验等方面存在差异，收入水平可能不同，且随着年龄的增长，同龄人内部的这种收入差距还会继续扩大（Deaton and Paxson，1994），因此预期寿命的延长很可能会加剧收入不平等。另外，预期寿命延长带来的老年人口数量和占比的增加也会影响劳动供给，使劳动、资本等生产要素的相对回报率发生变化，间接影响收入不平等。从图 1.13 可见，1995 年以来我国人口的预期寿命在持续增加，但人均可支配收入的基尼系数在 1999 年下降到 0.397 的最低值以后，又逐渐回升到了 0.4 以上，2019 年人均可支配收入的基尼系数为 0.465，高于国际警戒线 0.4，这说明我国的收入不平等程度可能随着预期寿命提高而上升。在预期寿命进一步延长的趋势下，如何减少寿命延长对收入不平等的负面影响，是未来经济发展需要关注的问题。

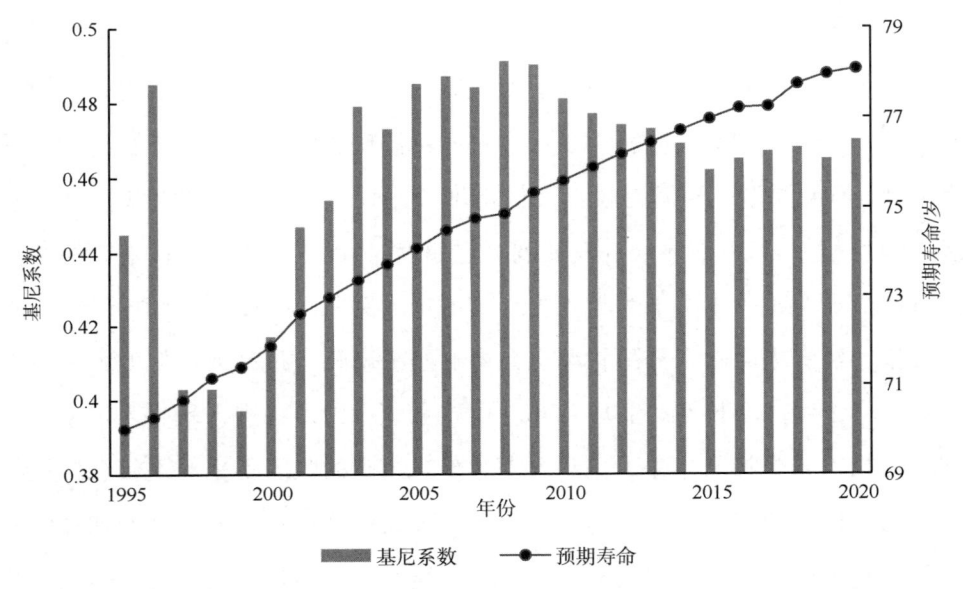

图 1.13 我国人口的预期寿命与基尼系数的变化情况

资料来源：预期寿命数据来自世界银行，基尼系数数据来自国家统计局

七、预期寿命延长与养老保险基金收支

随着预期寿命的不断延长，日益庞大的老年人口给社会和家庭带来了巨大的养老压力，更长的生命周期所引发的长寿风险将会给中国养老保险基金的财政可持续性带来巨大冲击。从图 1.14 可见，随着预期寿命的延长，2010～2019 年我国养老保险基金的收入和支出都呈现出逐年上升的趋势，但在 2019～2020 年，基金收入与支出则呈现出"一升一降"的变化趋势。2019～

2020年，基金收入规模骤降至 49 229 亿元，而支出则仍然保持增长趋势，上升至 54 656 亿元，养老保险基金开始出现赤字[①]。随着预期寿命的继续延长，养老保险基金给付可能会持续承压。

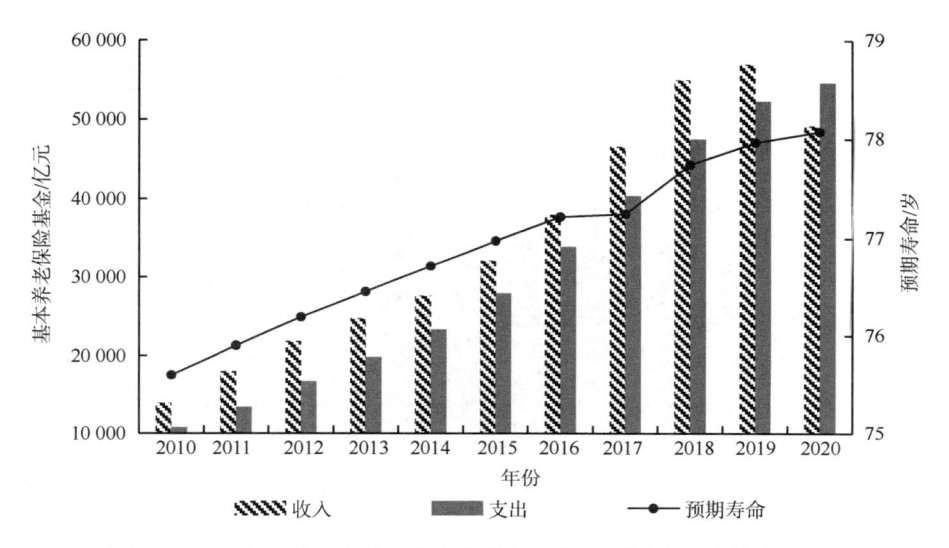

图 1.14　我国人口的预期寿命与基本养老保险基金收入与支出的变化情况
资料来源：预期寿命数据来自世界银行；养老保险基金收入与支出数据来自人力资源和社会保障部

同时，结合我国养老保险基金中占比最大的城镇职工基本养老保险的收入与支出状况来看（图1.15），2010~2019年，城镇职工基本养老保险基金收入和支出都呈现逐年上升的趋势，但在2019~2020年，城镇职工基本养老保险基金收入出现了明显回落，而城镇职工基本养老保险基金支出仍然保持上涨趋势，2020年城镇职工基本养老保险基金收入为 44 376 亿元，同期的支出则达到 51 301 亿元，城镇职工基本养老保险基金开始出现赤字。在预期寿命继续延长的态势下，随着青壮年劳动力占比的持续减少和老年人口规模的不断扩大，养老保险制度内赡养率会进一步提高，未来城镇职工基本养老

---

① 如果不考虑政府的财政补贴、国有资本划拨养老保险基金等收入，我国养老保险体系在2014年就已经收不抵支。

保险基金的收支状况不容乐观。

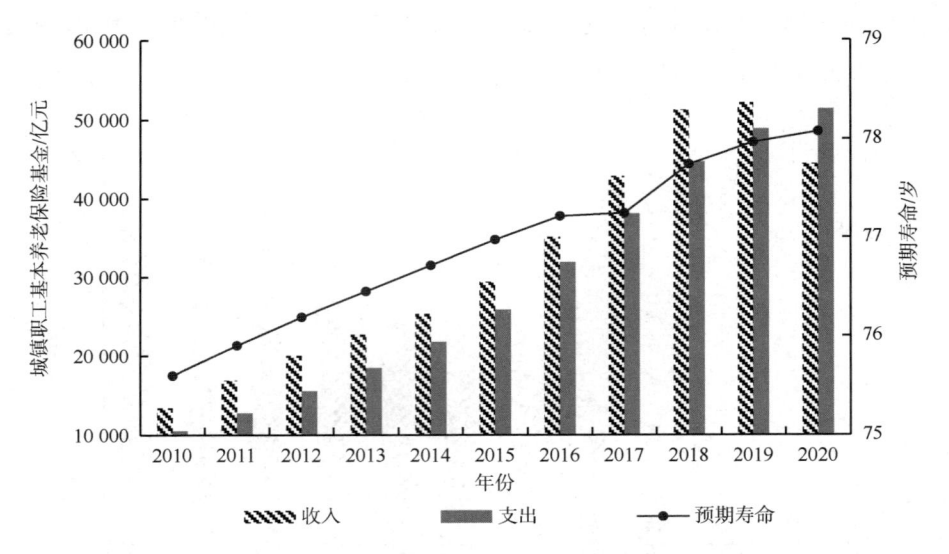

图 1.15 我国人口的预期寿命与城镇职工基本养老保险基金收入与支出的变化情况
资料来源：预期寿命数据来自世界银行；城镇职工基本养老保险基金收入与支出数据来自人力资源和社会保障部

第三节 长寿的宏观经济效应研究进展

一、长寿对储蓄和物质资本积累的影响

物质资本积累与经济增长的重要途径是经济体中个人的储蓄行为。生命周期理论认为，理性行为人在其生命周期内的消费–储蓄行为可以划分为工作期的储蓄和退休期的负储蓄两大阶段。当人们预期自己活得更长时，会相应调整自己生命周期阶段的储蓄和消费决策，从而影响物质资本积累和经济增长。目前已有丰富的文献从长寿风险、社会保障制度、子代与父代之间的代际联系和互动、长寿与人口年龄结构转变对储蓄和物质资本积累的不同影响等方面展开研究。

（一）寿命延长、长寿风险与储蓄

随着预期寿命的延长，人们在老年期可能会面临储蓄不足以维持消费水平的风险，为了应对这一风险，理性个体可能会在成年期增加自己的储蓄。已有文献从这一角度研究长寿与物质资本积累的关系，在理论和实证研究方面均取得了较多的成果。

在理论研究方面，Yaari（1965）较早构建理论模型讨论理性个体在寿命不确定情形下的消费储蓄行为，研究发现个体为了保持老年期的消费水平不下降，会相应地增加工作期的储蓄，这种"未雨绸缪"的储蓄动机被视为资本积累和经济增长的"第二次人口红利"的来源（Lee and Mason，2006）。Zhang 等（2003）在理论分析中引入了利他偏好，假设理性行为人关心子孙后代的福利，所构建的王朝效用函数世代交叠模型也得到了与上文相似的研究结论。Sheshinski（2006）、Cocco 和 Gomes（2012）、de Nardi 等（2009）也利用不同结构的模型证实了长寿对老年人口的储蓄行为有显著的影响，预期寿命的延长会导致储蓄率上升。此外，也有一些研究得到了不同的结论，如 Bloom 等（2003）在分年龄段的生命周期储蓄模型中加入长寿因素，认为预期寿命的延长使得工作期各年龄段的人的储蓄都有所提高，加总的储蓄率会因此而上升。但 Bloom 等（2003）同时发现，寿命延长也会导致出现负储蓄状态的老年人口的数量和比重上升，从而抵消工作期各年龄段人口增加的储蓄，所以寿命延长使得总储蓄率上升的效应是暂时的。Post 和 Hanewald（2013）则从个体主观生存预期的角度构建理论模型，发现理性行为人尽管意识到了长寿风险，但总体上并不会增加储蓄，他们给出的解释是寿命不确定性降低了储蓄的有效回报率。Slavov 等（2017）则认为，在寿命不确定情形下理性行为人不会增加储蓄的原因是其缺乏有效对冲长寿风险的工具。

在实证研究方面，大部分研究都得出了预期寿命与储蓄率正相关的结论。

Hurd 等（1998）基于 AHEAD（Assets and Health Dynamics Among the Oldest Old）的微观调查数据证实，储蓄率随着寿命的延长而增加。Lee 等（2000）利用我国台湾地区的数据研究发现，寿命延长对储蓄率上升具有很强的解释力，人口预期寿命的提高推动了东亚地区储蓄率的快速上升。Pieroni 和 Aristei（2006）以意大利南北地区的数据为研究样本，也发现寿命延长是储蓄率上升的主要原因。Bloom 等（2007）运用 1960～2000 年的跨国面板数据发现，在退休动机的影响下，稳态储蓄率提高了 2～3 个百分点。Barro 和 Sala-i-Martin（2003）、de la Croix 和 Licandro（1999）、Ehrlich 和 Lui（1991）、Kinugasa 和 Mason（2007）、Doshi（1994）等运用跨国数据的研究也得出了预期寿命延长会提高储蓄率的结论。Skinner（1985）基于美国数据的研究则得出了相反的结论，他发现储蓄率随着预期寿命的提高而下降。Bloom 等（2003）利用 1960～1997 年的跨国面板数据证实了其理论模型的结论，寿命延长带来的正储蓄效应很大，但是这种效应会随着人口老龄化最终消失。此外，部分文献发现了预期寿命与储蓄率的非线性关系，如 Barro（1991）使用 1970～1985 年的跨国数据发现，预期寿命与储蓄率之间的关系接近倒"U"形，即随着预期寿命的延长，储蓄率一开始会上升，但当预期寿命超过某个临界值后，储蓄率会下降。Pascual-Sáez 等（2018）使用欧洲国家 1960～2005 年的面板数据也得到了与 Barro（1991）相类似的发现。

一些实证研究中发现的预期寿命延长对储蓄率没有影响甚至有负面影响的证据可能与健康状况随着寿命的上升发生变化有关。Fogel（1994）研究发现，在美国的历史中，伴随着寿命延长的是丧失劳动能力的老年人数量的减少，健康状况的改善使得老年人的工作期变长从而允许储蓄率降低。Bloom 和 Canning（2005）认为如果工作年限与寿命成比例上升，寿命延长对储蓄率不会有影响，但预期寿命通常是不确定的，退休年龄上升的比例与寿命上升的比例通常不一致，因此储蓄率可能会下降。此外，生命周期不同阶段的健康状况是不一样的,目前这方面的理论与实证研究还比较欠缺。

(二)寿命延长、社会保险制度与储蓄

在社会保障制度不完善的情况下,预期寿命延长可以通过影响理性行为人的生命周期决策来影响储蓄与物质资本积累。Bloom 和 Canning(2005)通过建立最优退休和储蓄行为的生命周期模型研究发现,在没有社会保障和资本市场完美的情况下,人们对寿命延长的最优反应是延长工作期的长度而非增加储蓄。当经济体中具备较为完善的社会保障制度时,理性行为人可以利用社会保障制度来应对长寿风险。Hubbard 和 Judd(1987)通过一个局部均衡模型证明,在个人寿命不确定而且缺乏向这种不确定提供保险的市场时,养老保障制度的引入会减少理性行为人的预防性储蓄。Visco(2006)也指出,生命周期的延长会促使理性行为人增加预防性养老储蓄,但这些行为会受经济体中制度激励的影响,当养老保障和年金体系等制度非常健全时,行为人倾向于降低储蓄。这些文献认为养老保障制度具有保险功能,养老金财富可以完全替代私人储蓄。

一些研究认为,虽然养老保障体系提供的养老金财富可以替代私人储蓄,但养老保障制度也会诱使理性行为人提早退休(Feldstein,1974)。所以,个人必须在更短的工作期中积累更多的储蓄,这样从理论上讲社会保障制度的储蓄效应就难以判断了。也有文献对养老资产之间的可替代性展开研究。Samvick(1995)认为养老保险财富是一种不能流动的资产,并不能一对一地替代私人储蓄,即使存在养老保障制度安排,理性行为人的私人养老储蓄也不会明显下降。Zhang 等(2001)通过建立一个两部门模型研究发现,理性行为人尽管享受到了社会保障福利,但社会保障并不足以应对长寿风险,为了保持老年期的消费水平,理性行为人仍然会增加预防性养老储蓄。Bloom

等（2007）也持类似的观点，他们的解释是，社会保障制度的设计往往与强制性的退休制度联系在一起，行为人必须在一个固定的年龄退休。即使社会保障制度是完善的，但如果政策阻止或不鼓励延迟退休，预期寿命延长会使得人们处于退休状态的年限增加，在"未雨绸缪"的动机影响下，理性行为人在退休前会储蓄更多。因此，社会保障制度会促使理性行为人降低储蓄的观点并非没有争议（Slavov et al.，2017）。

（三）寿命延长、代际联系与储蓄

在应对预期寿命延长带来的风险时，不应该只关注长寿风险对个人储蓄行为的影响，还应该考虑代际交易行为。特别是在家庭养老仍然是当前一种重要的养老方式的情况下，子代会与父代一起分担长寿风险，在研究预期寿命延长对储蓄与物质资本积累的影响时，代际联系这一因素不容忽视。馈赠性遗产以及子代与父代之间的相互扶持是代际联系的两种表现形式，当考虑到了这两种代际联系的影响后，预期寿命延长与储蓄和物质资本积累之间的关系变得模糊（Visco，2006）。

Ehrlich 和 Lui（1991）将父母与子女之间的抚养和赡养关系看作家庭内部与代际的交易行为和保险机制，由于子女具有养老功能，基于自利动机的理性行为人倾向于增加对子女的支出并降低储蓄。但理性行为人往往也具有利他动机，在其老年期常常会给子女留下一笔馈赠性遗产，因此理性行为人会为了预留馈赠性遗产而在成年期增加储蓄（Miyazawa，2006）。Miyazawa（2009）通过建立一个纳入遗赠动机的世代交叠模型分析了寿命延长的两种效应：一方面，寿命延长使行为人面临更长的退休期，更多的生命周期资源被消费，能够留给下一代的馈赠性遗产会减少；另一方面，由于子女需要等待更长的时间才能得到这笔馈赠性遗产，"等待期"变长使得遗产的价值缩水，这两种因素都会影响理性行为人的储蓄。Zhang 等（2003）通过建立带有遗赠动机的两部门内生增长模型也得到了类似的发现：在考虑了理性行为人的遗赠行为后，寿命延长并不必然带来储蓄的增加，二者可能呈现倒"U"形关系。这为 Kelley 和 Schmidt（1995）关于发展中国家与发达国家预期寿命延长对储蓄率的不同影响的经验事实提供了理论解释。Kunze（2014）则认为寿命延长与储蓄和经济增长的倒"U"形关系与模型的假设有关，这些假设涉及行为人的利己或利他动机以及遗产转移是否可行。此外，子代与父代的双向代际转移和储蓄行为可能由于社会保障制度的存在而产生李嘉图等价定理效应，但这方面的研究目前还比较少。

（四）寿命延长、人口年龄结构转变与储蓄

伴随着预期寿命的延长，经济体中人口的年龄结构也在发生变化，这也会对储蓄产生影响。当一个国家的人口年龄结构逐渐老化时，正储蓄的年轻人口相对减少而负储蓄的老年人口相对上升，加总的储蓄率将下降。

为了检验生命周期理论，大量文献开展了实证研究。在最早的实证研究中，Leff（1969）利用 1964 年跨国截面数据验证了生命周期假说关于老年抚养负担上升会对国民储蓄率产生负面影响的预测。Loayza 等（2000）以 102 个国家的数据为样本研究发现，老年抚养比每上升 3.5%，国民储蓄率会下降 2%。Bosworth 和 Chodorow-Reich（2007）、Andersson（2001）、Horioka（2010）以及 Pascual-Sáez 等（2018）使用跨国数据进行研究也发现了老年抚养比上升导致国民储蓄率下降的证据。在时间序列数据方面，Hayashi（1989）、Horioka（1989）使用日本第二次世界大战之后到 20 世纪 80 年代的数据研究发现，抚养负担减轻显著提高了日本的储蓄率。此外，Campbell（2008）等也得出了相似的结论。在利用微观调查数据开展的研究方面，Wakabayashi 和 Hewings

（2007）、Hurd（1990）、Horioka（2006）等利用日本的家庭调查数据进行研究发现，家庭养老支出增加导致储蓄率下降。

考虑了在人口年龄结构转变的情况下，预期寿命延长对储蓄率的影响变得更加复杂。Bloom等（2003）指出，预期寿命延长带来的高储蓄率是暂时的，预期寿命对储蓄率的提高作用会被人口年龄结构转变带来的低储蓄率所抵消，当人口年龄结构处于均衡状态时，净储蓄为零。Li等（2007）构建了一个同时考虑预期寿命延长和人口抚养负担的世代交叠模型进行研究发现，人口抚养负担对储蓄率具有负向影响而预期寿命延长对储蓄率具有正向影响，储蓄率的变化取决于两种对立效应的相对强弱。Graff等（2008）构造了半结构模型，将Li等（2007）的研究进一步拓展到开放经济情形，并使用1980~2004年74个国家的面板数据得到了与其基本一致的实证结果。

从现有关于预期寿命、人口年龄结构变化如何影响储蓄、物质资本积累的理论与实证文献来看，研究结论往往取决于模型的假设、变量设定、数据处理、样本构成以及估计的方法，学术界对寿命延长与人口年龄结构变化究竟会对储蓄及物质资本积累产生怎样的影响仍存在一些争议。

二、长寿对教育和人力资本积累的影响

随着预期寿命的不断延长，更长的生命周期如何影响教育与人力资本投资决策也越来越受到研究者的关注。寿命延长意味着个人接受教育的年限可以延长从而享受未来的人力资本投资高收益，但接受更长年限的教育也需要付出更多的投资成本，这会改变家庭与个人的教育投资行为，从而影响人力资本积累。个人生命周期的教育与人力资本投资决策通常与一个经济体中的养老保障制度、人口年龄结构、生育水平与死亡转变等众多因素有关，如果将这些因素考虑进来，寿命延长对教育与人力资本积累的影响机制将变得错综复杂,大量文献从不同的角度对此进行了探讨。

(一)寿命延长、养老保障制度与人力资本投资

养老保障制度作为一种强制性的制度安排,会改变个人和代际生命周期的资源分配,从而对寿命延长的人力资本投资效应产生影响,21世纪90年代以来,这方面的理论与实证研究文献大量涌现。Zhang(1995)认为,当父母非常关心子女的福利时,现收现付的养老保障制度会激励活得更长的理性行为人降低生育并增加子女的人力资本投资。Zhang J 和 Zhang J S(1998)进一步考察了现收现付制的社会保险计划与生育的交互效应,发现寿命延长仍然会促进人力资本积累与经济增长。Zhang J 和 Zhang J S(2004)则进一步通过62个国家1960~2004年的面板数据找到了支持他们结论的经验证据。

Sinn(2004)通过考察代际交易机制和道德风险时发现,当社会保障制度不健全时,由于道德风险的存在,寿命延长会减少父代对子代的教育投资,社会保障制度作为一种制度安排建立了代际交易行为与保险机制,会激励上一代对下一代进行更多的人力资本投资。Kemnitz 和 Wigger(2000)将寿命与人力资本积累的外部性纳入理论模型中,考察了不同的养老保障制度下寿命延长对人力资本积累的影响。研究结果发现,在基金积累制和没有养老保险的自由放任经济中,寿命延长均会造成人力资本积累的不足;而在现收现付制的养老保险体系下,寿命延长会促使人力资本投资达到最优水平。Kaganovich 和 Zilcha(2011)从政治经济学和代际合同的角度探讨了公共教育与现收现付制社会保障制度的关系。研究结果发现,在现收现付制下,寿命延长会激励父代对子代的教育投资,引入现收现付制的社会保障制度导致的因物质资本积累降低所产生的增长负效应超过了因提高人力资本积累所产生的增长正效应。

从现有文献来看，预期寿命延长如何通过社会保障制度影响人力资本投资的研究结论不尽相同，依赖于保险制度的选择方式、生育率是否内生选择、对未来一代的教育投资是私人提供还是政府提供、教育投资的目的是利己还是利他等因素。

（二）寿命延长、人口年龄结构与人力资本投资

随着寿命的延长，人口年龄结构会逐步老化，养老负担加重会对人力资本投资产生冲击。Rubinfeld（1977）、Miller（1996）和 Poterba（1997）等均认为在投票过程中，如果老年人口的占比提高，那么公共资源会更多地流向与养老相关的一些项目，这会削弱政府在公共教育方面的财政支出，所以寿命延长对人力资本积累有负面影响。Harris 等（2001）通过美国各州和行政区（district）层面的面板数据也印证了寿命延长对公共教育支出的抑制效应，但发现行政区层面的影响要远小于州层面的影响。他们认为调查对象的覆盖范围会显著地影响研究结果，州层面的数据高估了寿命延长对教育支出的负效应。Gradstein 和 Kaganovich（2004）通过统计数据研究发现，随着人口预期寿命的延长，美国和其他 OECD 国家的公共教育支出并不会相应地下降。据此，他们认为，为了应对长寿风险的冲击，政府倾向于减少教育等公共服务支出，将更多财政支出投入社会保障的传统观点可能并不成立。他们建立了一个简单的世代交叠模型，其中每一期人口包含工作人口和退休人员，并且组成了投票群体来决定对年轻一代的教育投资水平，退休人口由于已经享受不到教育投资的回报，所以倾向于将教育投资减少到一个最低的水平，工作人口则倾向于增加教育投资。模拟结果发现，寿命延长有利于公共人力资本的积累。

以往研究常常忽略了预期寿命延长对个人用于工作和人力资本形成之间

时间分配的影响，事实上，活得更长的理性行为人在提供劳动和进行教育投资方面的权衡与决策会对生产要素回报率产生显著的影响，而这些变化又会进一步影响到生产能力。Fougère等（2009）通过构建一个可计算的动态世代交叠模型考察了加拿大人口老龄化对劳动供给和人力资本投资的影响，模拟结果发现，年轻人在教育上花费较多的时间，起初会使社会整体的生产能力降低，但当这些教育水平较高的年轻一代成长进入劳动力市场以后，生产能力便会得到显著提高，最终人力资本的积累效应弥补了人口老龄化的负担效应。从长期来看，寿命延长有利于人力资本积累。他们认为加拿大20世纪六七十年代的人口转变冲击能够很好地解释八九十年代教育投资水平的显著上升。Ludwig等（2012）在标准的世代交叠模型中加入内生的人力资本积累，理论分析与数值模拟结果均表明，人力资本积累的增加能大幅减轻人口结构老化对经济增长的负面影响。在预期寿命不断延长的社会中，劳动供给会不断减少，物质资本则会变得相对丰富，利率也会下降，但与人力资本积累带来的积极影响相比，这些效应将变得微不足道。根据他们的研究，如果人力资本积累不能调整，那么美国2005年的代表性行为人的福利会减少12.5%，而如果人力资本可以及时调整，这一损失最大不会超过8.7%。Cervellati和Sunde（2011）则认为，预期寿命变化对经济增长的影响主要取决于人口结构转型。在人口结构转型前，预期寿命延长会导致人口增长，降低人均GDP的增长率；但在人口结构转型后，预期寿命延长会抑制人口增长，促进人力资本积累。Cervellati和Sunde（2015）的实证研究证实了预期寿命延长对人口转型的影响和不同国家之间人力资本积累与经济增长的异质性。由于不同国家的文化传统、社会制度、人口政策等存在较大差异，人口转变的进程大相径庭，因此寿命延长、人口年龄结构转变与人力资本投资的关系可能存在巨大差异，从现有文献来看，这方面的研究还比较欠缺。

（三）寿命延长、生育与人力资本投资

新家庭经济学理论认为，生育率和人力资本积累之间的相互作用导致人口转变，从而影响经济增长（Becker et al.，1990）。生育率的下降意味着家庭可以对子女进行更多的教育投资，社会可以为新增人口配置更多资源，从而提高人力资本积累并促进经济增长（Becker and Barro，1988；Barro and Becker，1989）。成熟劳动力的增加会提升有工作经验劳动力的比例和人力资本存量，但寿命延长也迫使家庭必须为未来养老预留更多资源，这会对人力资本投资产生挤出效应（Pecchenino and Pollard，2002）。因此，20世纪90年代以来许多模型将生育、寿命、人力资本积累与经济增长放在一个框架之中进行讨论。

Ehrlich和Lui（1991）将父母对子女的教育投资看作家庭内部和代际的交易行为与保险机制，认为父母出于养儿防老的自利动机而重视子代的教育，在数量和质量互替机制下，寿命延长会导致生育率的下降与人力资本投资增加。虽然与Ehrlich和Lui（1991）的假设不同，但Zhang等（2001）研究发现，在父母的利他动机偏好下，寿命延长仍然会促使家庭降低生育和提高子女的培养质量。Soares（2005）的模型同时考虑了理性行为人对自己和下一代的人力资本投资行为，研究结果发现，寿命延长带来的生育率下降会激励成年人对自己和下一代的人力资本进行投资，从而提高稳态下的各代人力资本积累的增长速度，经济增长率随着人力资本的积累而上升，作者以1970～2000年的跨国数据为样本证实了模型的研究结论。Hazan和Zoabi（2006）指出寿命延长对人力资本积累的影响取决于是否存在控制生育的政策，根据其模型，父母同时对生育率水平和子女的受教育水平做出决策，只有在生育受到控制的前提下，预期寿命才会通过人力资本积累渠道促进经济增长；若生育没有受到控制，预期寿命延长几乎不会影响人力资本积累。Fanti和Gori

（2012）则在一个生育率内生、小型的开放经济中研究了寿命延长和政府生育补贴政策对家庭生育与人力资本积累（主要是通过公共教育形成）的影响，研究结果发现，预期寿命延长会导致生育率下降，发放育儿津贴等政策不仅无法提高实际生育率，而且还会对人力资本积累产生消极影响。

从现有研究来看，文献中关于预期寿命延长如何通过家庭的生育决策影响人力资本投资得出了不同的结论，这主要取决于生育政策、对未来一代的教育投资是私人提供还是政府提供、父母对子女培养的动机等因素。

（四）寿命延长、死亡与人力资本投资

许多文献从死亡率下降的角度探讨了寿命与人力资本积累之间的关系。Becker 等（1990）构建了内生经济增长模型，在子代人力资本存量是父代教育投资的线性函数的假设下研究发现，当人力资本超过某一特定值后，经济会达到高增长、低生育率、低死亡率的均衡状态。Kalemli-Ozcan 等（2000）在一个死亡概率为常数的连续时间世代交叠模型框架下，考察了死亡率下降（预期寿命延长）对个体人力资本积累与劳动供给的影响，数值模拟显示，个体的人力资本水平将随着死亡率下降（预期寿命延长）快速递减，这会促使行为人退出劳动力市场。Kalemli-Ozcan（2003）进一步引入了个体的生育决策，发现死亡率的下降会激励家庭增加对子代的教育投资。Zhang 等（2003）通过对成年人死亡率和公共教育投资关系的研究发现，二者之间是倒"U"形关系。究其原因，在死亡率下降的初期，通过增加人力资本投资来增加退休的收益超过了生命周期延长需要更多消费而被迫减少人力资本投资造成的损失，而当死亡率进一步下降时，两个效应的力量对比将完全逆转。因此，从数据中可以观察到，对于发展中国家而言，较高的死亡率逐渐下降时，净效应是促进经济增长，而对于发达国家而言，死亡率已经较低，如果再进一步下降，其净效应将是抑制经济增长。Kunze（2014）认为，预期寿命通过人力资本影响经济增长的机制需要考虑代际财富的转移，在理性行为人的利他主义偏好下，如果遗产转移不可行，预期寿命与经济增长的关系才会呈现倒"U"形，否则预期寿命延长会降低人力资本投资从而对经济增长不利。

此外，Fougère 和 Mèrette（1999）通过构建一个同时引入了人力资本和物质资本的世代交叠模型，得到人口老龄化会使资本回报率降低，而劳动要素回报率提高，未来工资水平的提高会激励年轻一代增加教育投资。Heijdra 和 Romp（2009a）则指出预期寿命延长（死亡率下降）对人力资本投资的影响存在长期和短期的差异，预期寿命延长后，人们会延长受教育时间以获得更高的未来收入，因此，在人力资本形成时期，劳动参与率会有所下降，人力资本积累水平降低。但从长期来看，随着完成正规教育的高学历群体进入劳动力市场，劳动参与率提高，人力资本会稳定在一个稍高于原来的水平。Minchung 等（2018）也同样发现预期寿命延长会使人们进行更多的储蓄并且激发家庭投资子代教育的积极性，这将有利于人力资本的积累和获得更高的收入水平。

在实证分析方面，Sala-i-Martin 等（2004）运用跨国面板数据发现，死亡率下降对人力资本投资与经济增长率有正向影响。Jayachandran 和 Lleras-Muney（2009）认为死亡率下降带来的投资确定性上升是激励行为人增加人力资本投资的主要原因。他们以斯里兰卡1946~1953年的数据为样本，找到了死亡率下降会通过上述渠道促进人力资本积累的证据，研究结果发现，孕产妇死亡率的突然下降使得女性的预期寿命在15岁时增加了4.1%，并提高了生育女孩的教育回报；与男孩相比，女孩的识字率增长了2.5%，受教育时间提高了4.0%。与 Jayachandran 和 Lleras-Muney 使用孕产妇死亡率数据不同，Hansen 和 Strulik（2017）利用美国20世纪70年代心血管疾病死亡率大幅下降作为对预期寿命的一次意外冲击，运用双重差分估计方法评估了寿命延长对教育的影响，研究结果发现，死亡率的下降带来了更高的入学率和教育回报率。

从现有文献来看，随着预期寿命的延长或死亡率的下降，理性行为人面临的人力资本投资的不确定性会降低，人力资本投资的有效回报率会上升，但行为人的人力资本投资决策事实上是和制度与政策等其他因素联系在一起的，这方面的研究仍有待深入。

三、长寿对劳动供给、就业与退休决策的影响

预期寿命的延长可能会促使人们改变工作和劳动供给决策，通过延迟退休和增加老年期的劳动参与来获取更多的收入以应对养老资源不足的风险。寿命延长所带来的劳动力市场效应也会对政府如何设计合理的工作与退休制度产生重要影响。

（一）长寿对就业的影响

长寿会加重家庭照料老人的负担，从而对子女就业产生影响。Bolin 等（2008）利用包含欧洲 50 多个国家的健康、老龄化与退休调查（Survey of Health, Ageing and Retirement in Europe，SHARE）数据研究发现，照料年迈父母的责任对成年女性的就业造成了显著的负面影响，对成年男性的就业却并不造成影响，这一发现在各个国家都是一致的。Liu 等（2010）则利用1993～2006 年的中国健康与营养调查（China Health and Nutrition Survey，CHNS）数据得到了一个有趣的发现，已婚女性照料公婆对其劳动参与和工作时间产生负面影响，但照料自己父母对其工作无显著影响。寿命延长所带来的另一个问题是老年人工作期的延长可能会对青年人的就业产生负面影响，

流行的看法是老年人延迟退休会占据青年人的就业岗位，持这种观点的主要理由是，工作岗位的数量固定以及不同质劳动力的可替代性（Kalwij et al.，2009）。然而，Butrica 等（2006）的实证研究表明，提高退休年龄不仅不会排挤青年人的就业，相反，在现行养老金制度下，鼓励推迟退休的行为和改革会影响退休人员的个人福利，提高养老保险基金的偿付能力，这在一定程度上减轻了企业和职工的缴费负担，更有利于青年人的就业。Gruber 等（2009）使用12 个 OECD 国家的数据研究了高年龄段人口对青年人就业的影响，也得出了类似的结论，即并没有证据显示增加老年人就业将减少青年人的就业机会，也没有迹象表明增加老年人的就业将会增加青年人的失业率。Martins 等（2009）通过使用雇员-雇主微观数据对荷兰的退休年龄改革效果进行实证研究发现，在延迟女性退休年龄之后，老年女性工人的工资和工作时间长度几乎没有改变，但是公司会显著减少对年轻女性工人的雇佣。

随着人口预期寿命的延长，老年人为社会继续贡献价值的时间得以延长，这是老年人继续参与工作或者再就业的客观基础。Lee（2007）对 1955～2000年韩国老年男性的劳动力参与率进行了估计，并分析了几个决定因素对老年人劳动参与决策的影响。他指出，与大多数 OECD 国家的历史经验形成鲜明对比的是，从 20 世纪 60 年代中期之后，韩国 60 岁以上老年男性劳动参与率大幅上升，主要原因是年轻男性的选择性迁移带来农村地区人口老龄化的加速，工业化进程中的农村老年人难以退休。Koning 和 Raterink（2013）使用1999～2008 年荷兰的失业保险费用登记数据，经验性地评估了针对老年人的两种不同再就业政策效应的相对重要性，基于群组的政策效应的分解研究发现，求职义务使年龄较大的男性再就业概率增加 5%左右，而潜在受益期限的减少使符合条件的男性再就业概率上升 3%。

综合文献中的讨论，目前还无法确定老年人口就业和年轻人口就业之间究竟是替代还是互补，但几乎可以肯定的是，预期寿命延长使得老年人的劳动参与率上升了。

（二）长寿对退休的影响

在面对预期寿命延长带来的风险时，致力于调整工作年限的延迟退休政策是重要应对方法之一。针对长寿与退休决策的研究主要可以分为两个方面，分别是预期余寿对最优退休年龄的影响和长寿风险对退休决策的影响。

对最优退休年龄的研究主要从社会和个体两个角度出发。Tucker（2009）在综合考虑社会保障因素和个人储蓄因素后认为，62岁应该是最优退休年龄，寿命延长使得人们面临养老资源不足的风险，潜在退休人员将会选择延迟退休。Lacomba和Lagos（2009）针对影响法定退休年龄的政治经济因素展开分析，并使用生命周期模型研究了收入再分配对确定最优退休年龄的影响，研究结论认为，在现行保障体系的框架下再分配水平的提高将推迟法定退休年龄。在个体异质性方面，Tacchino（2013）针对影响最优退休年龄的因素提出了一个清单，逐项分析每个因素应该考虑的基本问题，在影响因素清单的基础上建立决策模型，包括评估退休的财务可行性，公民再就业能力，影响退休决策的心理因素等。关于长寿风险对退休决策的影响，Heijdra和Romp（2009b）构建了一个能够描述死亡过程的世代交叠模型，在综合考虑工资、税金和公共养老金制度后研究发现，代表性行为人会选择最佳退休年龄，死亡率的变化会影响最优退休年龄，养老金制度改革对代表性行为人的退休决策有重大影响。Wang等（2016）使用Lee-Carter模型和城镇职工养老金水平的预测值评估了长寿风险的冲击效应，结果表明，这种冲击的大小会受到退休年龄和退休金调整指数的显著影响，也会受到城镇化率等其他因素的影响。Vogel等（2017）提出，人口预期寿命延长带来的人口结构变化将会减少适龄劳动人口的数量；基于标准的世代交叠模型研究发现，这些变化将带来资本-劳动比率的上升;为此,他们还提出了三个重要的调整渠道以遏制人口变化带来的不利影响,分别是延迟退休年龄、增加海外投资和内生人力资本形成。

关于延迟退休问题,还需要评估其对不同群体和社会的整体福利的影响,从理论上看,延迟退休年龄尽管有助于社会福利的整体改进,但是部分群体的利益可能会遭受损失,这方面的量化分析还不够充分,有待进一步研究。

四、长寿对劳动生产率的影响

劳动生产率是衡量劳动对产出贡献程度的重要指标,由于中老年劳动力在身体素质、认知能力、工作经验和创新能力上与青壮年劳动力有较大差异,不同年龄人口的生产效率和对经济发展的贡献也会有所不同。预期寿命的延长以及伴随寿命延长而带来的劳动人口年龄结构的老化是否会对劳动生产率和经济增长率产生负面影响是目前学界广泛关注的问题之一,已有文献主要从寿命延长对劳动生产率的影响和寿命延长对劳动生产率的影响机制两个方面进行研究。

(一)寿命延长对劳动生产率的影响研究

国外文献对这一问题的讨论较为丰富。对微观个体而言,研究个体劳动生产率如何随着寿命延长而发生改变,首先应明确随着人们年龄的改变,劳动生产率会呈现出怎样的变化特征。这一点可以从不同情况下的"年龄-劳动生产率"曲线得到。一些研究发现,随着年龄的增长,劳动生产率呈现出倒"U"形的变化趋势,并且当劳动力处于不同工作领域或行业时,其劳动生产率到达最高点的年龄有很大差异,而且在到达劳动生产率顶峰之后下降的速度也存在较大差别(Adams,1946;van Heeringen and Dijkwel,1987)。也有研究认为"年龄-劳动生产率"曲线具有两个峰值，第一个峰值出现在 30 岁上下，第二个峰值则出现在 50 岁左右（Eagly，1974），而在考虑了人口寿命普遍延长的情况下，劳动生产率达到峰值的年龄时点可能还会发生改变。

寿命的延长也使得年龄与劳动生产率的关系发生改变，预期寿命的延长尤其是健康余寿的延长意味着人们的健康状况得到了一定程度的改善，身体机能的衰老速度也在相应变缓，因此在同样的老年时期，预期寿命更长的群体其劳动生产率可能会更高。例如，Holger 和 Katherine（2016）研究指出，平均预期寿命每延长 1 岁，人们的健康预期寿命也会相应提高大约 1 岁，因此在预期寿命提高的情况下，现在的 50 岁可能相当于过去的 30 岁，这说明寿命延长后，同样年龄的老年群体的劳动生产率可能会大大提高。其他一些学者也得出了预期寿命延长可能不会降低劳动生产率水平的类似结论。比如，Mahlberg 等（2013）研究指出，由于寿命延长后人们的劳动生产率随年龄增长而衰退的时点会向后推移，因此在预期寿命延长的情况下，如果退休年龄推迟，则可以把生产效率较高的老年劳动力留在劳动力市场，进而使社会整体的劳动生产率随着老年劳动人口占比的增加而提高。Börsch-Supan 和 Weiss（2016）研究指出，由于年龄较大的劳动力往往具备更多的工作经验，在工作中犯错或出现较大失误的概率可能相对比较小，因此人们寿命的普遍延长不太会对劳动生产率产生较大的负面冲击。Kim（2019）运用韩国企业的面板数据研究发现，在寿命延长的情况下，老年劳动力的劳动生产率往往被低估，相比年轻员工而言，年龄较大的员工的生产效率并没有显著降低，劳动力老龄化不会使企业的生产效率下降。Lee 等（2022）运用韩国微观个体层面的数据发现，教育水平较高或在技术密集型行业工作的老年劳动力具有较高的劳动生产率，在寿命延长的情况下，这些老年劳动力将给劳动生产率的提高带来更大的积极影响，并且相比其他年龄段的劳动力而言，如果给 50～64 岁年龄段的劳动力提供获得信息技术方面技能的培训，将会使他们保持更高的生产力。

从宏观的视角来看,研究寿命延长影响边际产出或劳动生产率的文献还很少,而且结论存在分歧。一些研究指出虽然预期寿命延长之后,劳动人口的年龄结构会进一步老化,导致某些行业的劳动生产率下降,但从整体上看,老年劳动力的生产率水平可能会高于年轻劳动力的生产率水平,并且对经济增长产生更大的积极作用(Robinson et al.,1984)。例如,McMillan 和 Baesel(1990)通过美国人口普查数据得出 35 岁到 64 岁年龄段的劳动力对劳动生产率的提高以及经济增长都有显著的正向影响,随着人口寿命的进一步延长和身体机能老化速度的减慢,这一正向效应可能会更大。Lindh 和 Malmberg(1999)研究指出,伴随人口寿命的延长以及生育率水平的下降,OECD 国家中老年劳动力的劳动生产率相对更高,并且这一群体在提高劳动生产率和促进经济增长方面的积极影响更大。Skans(2008)采用瑞典的数据进行分析也得到了类似的结论,即退休年龄附近的老年劳动力规模的扩大将有利于生产率水平的提升。因此,寿命延长将会进一步提高劳动生产率。此外,Prskawetz 和 Fent(2007)比较分析了奥地利不同年龄组劳动人口之间的替代弹性,并刻画了不同的年龄-劳动生产率曲线,研究发现随着人们寿命的延长,劳动生产率的高低更多取决于年龄-劳动生产率曲线的形状以及不同年龄组的劳动人口的可替代性,老年劳动力人力资本水平的提高可以在一定程度上缓解劳动力年龄结构老化给劳动生产率带来的负面影响。Manton 等(2007)研究指出,在科技进步和医疗卫生事业发展的背景下,美国劳动力的健康寿命得到延长,这便为那些身体更健康、受过专业训练且工作经验丰富的老年人继续留在劳动力市场提供了很好的客观条件,进而有利于提高劳动生产率,保持美国在全球经济发展中的竞争优势。

也有一些研究发现,人口预期寿命的延长会对劳动生产率产生负面影响。Acemoglu 和 Johnson(2007)研究指出,预期寿命延长会降低劳动生产率,不利于长期的经济增长。Guest（2011）对美国和澳大利亚的研究发现，预期寿命延长和人口老龄化将导致劳动生产率下降，但相比年轻人而言，老年劳动力往往有更多的工作经验，这会在一定程度上缓解年龄增长对劳动生产率的负向冲击，使得劳动生产率随寿命延长的下降速度变慢。Maestas 等（2016）研究指出，随着美国 60 岁及以上人口比重的上升，人均 GDP 增速会下降，并且有一半以上的变化可以用寿命延长后劳动人口年龄结构的老化所引起的劳动生产率下降来解释，同时，由于老年劳动力的人力资本水平相对较低，因此在预期寿命继续延长的情况下，未来劳动生产率和经济增长的下降速度都会加快。

国内关于寿命延长会如何影响劳动生产率这一问题的探讨很少，多数文献还是聚焦在年龄和劳动生产率之间的关系上，或者直接考察劳动人口年龄结构的老化会如何影响劳动生产率水平。徐升艳和周密（2013）比较了我国东中西部地区劳动力的生产率随年龄增长的变化情况，研究发现中东部地区劳动力的生产率会在退休前的一段时间出现明显的回升，并且高于 20 岁左右劳动力的生产率。因此，在预期寿命继续延长和人们健康水平不断改善的情况下，老年劳动力规模的扩大可能会促进劳动生产率的提高。冯剑锋等（2019）利用我国的省级面板数据研究得出，在人口寿命普遍延长的背景下，人口老龄化的阶段不同，寿命延长对劳动生产率的影响大小和影响方向也有较大的区别，在老龄化初期，寿命延长会有利于劳动生产率的提高，而在老龄化程度较严重的时期，劳动生产率会随着人口寿命的延长而下降。汪伟等（2019）利用中国人口普查数据考察了不同年龄段劳动力的年龄与生产率之间的关系，研究发现在劳动力的不同年龄阶段，他们的边际劳动生产率具有很大差异，相比之下，劳动力在中老年阶段的边际劳动生产率水平最低。那么，随着预期寿命的继续延长，老年劳动力规模会更为庞大，劳动生产率的下行压力可能会进一步增大。李竞博和高瑷（2020）研究指出，预期寿命延长后老年人延迟退休或重返劳动力市场的可能性增大，而技术进步使得劳动力市场需求发生了改变，从微观层面看，老年劳动力不得不通过增加人力资本投资来适应技术创新后新的生产方式，这会间接地促进劳动生产率的提升。

（二）寿命延长对劳动生产率的影响机制

从现有文献看，认知能力和受教育程度的高低、身体机能的变化、工作经验的积累和所处行业的特征都会对人们的劳动生产率水平产生不同程度的影响，并且对于不同年龄阶段的劳动力而言，上述这些因素本身也会呈现出不同特征，因此寿命延长可能会通过认知能力、受教育程度、身体机能和工作经验等间接影响劳动生产率。Sturman（2001）研究指出尽管老年劳动力通常具备较为丰富的工作经验，但由于老年期人们的身体机能本身就处于衰退时期，并且学习能力也在逐渐下降，很难适应新的工作要求，劳动生产率会下降。但是，当预期寿命和健康预期寿命均增加时，老年人的健康期延长，身体机能下降的速度会变缓，因此人们进入老年期后，劳动生产率可能仍然可以维持在较高的水平。Costa（2002）研究发现随着人们预期寿命的提高，美国50~64岁年龄段的男性人口中有日常生活活动（activity of daily living，ADL）困难的老年人从1900年的44%下降到1994年的8%，与更早的年代相比，新一代的老年人体能和身体素质更高，丧失劳动能力的老年人数量在大幅减少，这有利于劳动生产率的提高。

寿命延长也会通过影响人们的认知能力进一步影响劳动生产率。Schaie（1994）指出人们的认知能力会随着人们寿命长短的变化而发生变化。Horn和Cattell（1967）认为通过知识积累提高的能力（如理解能力和语言表达能力等）受年龄增长的负面影响较小，寿命延长后这些能力丧失的可能性也比较小，因此，如果老年人从事的工作主要是需要运用这些方面的能力时，老年劳动力的生产率水平可能并不会随寿命的延长而下降。Avolio 和 Waldman（1994）研究发现美国 20 世纪七八十年代的白人劳动力的六大认知能力会在 30 岁左右达到顶峰并随后快速下降，寿命延长可能会使这些认知能力的衰退时间推后。Brown 等（2013）指出，随着预期寿命的延长，人体老化速度变慢，认知能力的下降可能被推移到更高的年龄段，这在一定程度上减少了人口老龄化对劳动生产率的负面影响。因此，尽管随着年龄的增长，认知能力下降最终是无法避免的，但在预期寿命和健康预期寿命都较高时，老年人可能具备青壮年的认知能力，从而有利于劳动生产率的提升。Chung 等（2015）对韩国重工业企业中 55 岁以上劳动工人的年龄、工作年限、认知能力和工作能力进行分析后发现，人们的认知能力会随着年龄的增长而提高，老年员工的工作能力与其认知能力呈显著的正相关关系。因此，寿命延长不一定会导致劳动生产率下降。

寿命延长可能通过影响人力资本积累进而对劳动生产率和经济增长产生影响。Fougère 等（2009）利用加拿大的数据研究发现年轻一代劳动力的受教育时间增加，虽然短期内可能造成劳动生产率的下降，但随着他们进入劳动力市场，劳动生产力会显著提高。在更长的时期内，寿命延长会促使这一部分受教育水平较高的劳动力继续留在劳动力市场，从而促进劳动生产率的提高，缓解人口老龄化的负面影响。Ludwig 等（2012）研究发现在预期寿命不断延长且生育率低迷的情况下，如果人力资本积累可以得到有效的提高，人口老龄化对劳动生产率的消极影响会相应变小。因此，提高人力资本积累水平可以在一定程度上缓解寿命延长对劳动生产率的负面效应。Prettner（2013）利用 188 个国家的面板数据研究得出随着预期寿命的延长，人们会增加教育和健康投资以应对长寿风险，最终使得人们的教育水平和经验技能得到提高，从而有利于劳动生产率的提高。Burtless（2013）利用美国人口普查数据进行分析，研究发现随着老年人受教育程度的普遍提高，与年轻人相比，老年劳动力的教育水平将不再是劣势，加之老年劳动力本身具有更多的工作经验，60～74 岁的老年劳动力可能比 25～59 岁年龄段的劳动力具有更高的生产力，而且更高的人力资本积累也可以削弱长寿风险对劳动生产率的负面效应。Heijdra 和 Reijnders（2016）指出人力资本折旧速度会随着人们年龄的增长而加快，因此随着预期寿命的延长，人们会增加受教育时间以便积累更多的人力资本，减缓由技能缺失和身体素质下降导致的劳动生产率的下降。此外，也有研究指出虽然老年劳动力数量上升后，会提高劳动力市场上有丰富工作经验的劳动力的相对占比，从而增加人力资本存量，但寿命延长也将促使家庭为未来养老留出更多的资源，这会挤占一部分用于下一代教育投资的家庭资源（Pecchenino and Pollard，2002），从而可能不利于劳动生产率的持续提高。

寿命延长也会通过人们的工作经验间接影响劳动生产率，一般而言，工作经验会随着人们工作年限的增加而提高，资历较老的劳动力往往具有较为丰富的工作经验。在预期寿命尤其是健康预期寿命延长的情况下，工作经验丰富的老年劳动力占比增加可能会促进劳动生产率水平的提高。Salthouse（1984）研究发现在打字员这一职业中，年老的打字员往往会比年轻的打字员更有效率，因为他们具备更为丰富的工作经验，且善于使用策略和技巧。预期寿命的延长为这部分经验丰富的老年人继续留在劳动力市场提供了可能性，从而可以减轻年龄因素对劳动生产率的不利影响。Skirbekk（2008）对美国 20 世纪 60 年代到 90 年代影响劳动生产率的主要指标的重要性进行了评估，通过打分评估的方式得出工作经验的得分最高，并且在 30 年间一直保持稳定。由于老年人往往比年轻人具备更加成熟的心智和更多的工作经验（Ilmarinen and Rantanen，1999），在寿命延长的情况下，有丰富经验的老年劳动力规模将不断扩大，劳动生产率也会相应提高。

从现有文献来看，大量研究探讨了年龄或人口年龄结构老化如何影响劳动生产率，少量文献提及了预期寿命延长可能影响劳动生产率的作用机制，但直接探讨预期寿命延长后，长寿风险增加将如何影响我国劳动生产率的文献还很少。由于预期寿命延长会对微观个体、家庭和企业的经济行为产生复杂的影响，加之我国劳动生产率与人口流动、技术创新、地区经济发展等宏观因素的联系十分紧密，这在一定程度上增加了研究寿命延长影响劳动生产率的机制这一问题的难度，未来这一方面的研究有待进一步探讨。

五、长寿对收入不平等的影响

预期寿命延长会改变人口年龄结构从而对收入不平等产生影响。一方面，同一年龄段的群体内部，由于受教育水平、工作技能和经验积累等个体差异，其收入水平也存在着明显差异，并且这种差异通常会随着年龄增加而扩大（Deaton and Paxson，1994）；另一方面，不同年龄段的群体之间面临的经济社会发展环境不同，随着技术进步水平的变化，收入水平也存在很大不同，预期寿命延长引起不同年龄段相对人口规模发生改变，收入不平等程度必然会相应改变。关于预期寿命延长影响收入不平等的机制，现有文献主要围绕生育、养老保险制度、技术进步的方向等方面展开研究。

（一）预期寿命延长、生育与收入不平等

预期寿命延长和生育率下降会共同导致人口年龄结构的老化，并通过影响不同群体的生育、人力资本投资、消费（储蓄）决策对收入不平等产生影响。近年来，我国人口老龄化进程加快，收入不平等程度有扩大的趋势，预期寿命延长、生育政策和生育行为的变化有助于理解收入不平等的变化。

首先，人力资本水平的差异往往是造成收入差距的重要原因，因此，在分析生育政策和家庭生育决策影响收入不平等的机制时，首先需要厘清子女在人力资本积累中的作用。Becker（1960）指出子女作为家庭的耐用消费品，其数量和质量都会影响父母的效用水平，而父母对于子女进行人力资本投资往往会受到父母的利他动机和利己动机的影响。Becker和Barro（1988）、Arrow和Levin（2009）、汪伟（2010b）、郭凯明等（2013）指出父母在养育子女的过程中通常具有利他主义偏好，即父母能够从培养子女的过程中获得效用。由于子代的人力资本水平往往决定了其自身未来的福利水平，在有限预算的约束下，具有利他偏好的父母会减少生育子女的数量，而增加对子女的时间投入或教育投资，以促进子女的人力资本积累，提高子女未来的收入水平。另外，子女对于家庭而言，不仅具有消费品的属性，同时也具有投资品属性（Ehrlich and Lui，1991），父母的生育行为也可能是基于利己动机，中国"养儿防老"的传统思想就反映了这一生育动机，增加子女的人力资本投资有助于在老年时期收获更多来自子女的养老资源或更好的家庭养老保障（袁志刚和宋铮，2000；郭庆旺等，2007）。

其次，随着预期寿命的不断延长，家庭养老负担增加以及随之产生的长寿风险也会在一定程度上影响家庭的教育投资决策。不同收入家庭所面临的养老负担往往不同，这会导致家庭对子女的教育投资存在差异，从而影响不同收入家庭的人力资本积累水平。一方面，预期寿命延长会使人们面临更长的老年期，养老资源可能存在不足的风险，相比高收入家庭，低收入家庭更可能减少年轻时期的消费，通过更多的储蓄将生命周期资源转移到老年期，以规避老年期的收入风险。同时，对于借贷约束较强的低收入家庭而言，预期寿命的延长会使他们赡养老人的负担更重，家庭资源需要更多地向老人倾斜（Davey and Eggebeen，1998），从而更多地挤出他们对子代的教育投资，这会对他们子代的人力资本积累造成不利影响，从而扩大经济中的收入不平等。另一方面，由于"养儿防老"动机的存在，成年子女的收入水平直接关系其对老年父母的赡养水平，预期寿命延长后，相比高收入家庭，低收入家庭也可能更多地增加对子代人力资本的投资,以期未来从成年子女那里获得更多的代际支持(Zhang et al.,2001),这可能缩小其子代与高收入家庭子代的人力资本差距,从而降低经济中的收入不平等。Kalemli-Ozcan(2003)研究发现预期寿命延长(死亡率下降)后,家庭对子女的数量需求会降低,由于不同收入家庭对子女的数量需求不同,子女的培养质量也会不同,在这一机制下预期寿命延长也会导致经济中的收入不平等发生变化。

最后,生育政策的改变会通过影响家庭生育子女的数量从而使家庭对子代的教育投资发生改变,并进一步对收入不平等产生影响。我国在较长一段时期内实施了独生子女政策,使得家庭生育数量普遍受到约束,在子女数量偏低的情况下,无论是出于自利动机还是利他动机,父母都会更加注重子女质量,从而加大对子女的教育投资(汪伟,2017)。然而近年来预期寿命的延长使得家庭的赡养负担加重,这可能会对子女教育投资形成挤出效应(李超,2016),在生育政策放宽的情况下,这将更不利于低收入家庭子女人力资本的提高,从而可能会加剧收入不平等。从目前研究生育对收入不平等的影响的文献来看,生育子女数量或生育率对收入不平等的影响方向并没有得到一致结论。

关于家庭生育行为的经典理论认为,家庭生育存在"数量-质量"互替关系(Becker,1960;Becker and Lewis,1973),不同家庭会对生育子女的数量与质量做出权衡,经济中的收入不平等程度也会受到家庭生育决策的影响。Li(2008)证实了家庭生育中这种"数量-质量"互替关系的存在,研究发现在我国生育子女数量的增加会使子代人力资本水平显著下降,尤其是在公共教育事业发展落后的地区,这种互替现象更为明显。de la Croix 和 Doepke(2003)研究发现,低收入家庭往往比高收入家庭生育更多的子女,而对子女的教育投资相对更少,由于低收入家庭有更高的生育数量和更低的人力资本水平,因此他们的子代与高收入家庭子代的收入差距可能会进一步扩大,经济中的不平等随着时间的推移会进一步加剧。郭剑雄（2005）探讨了中国市场化改革以来的城乡收入差距、人力资本差距和生育率差异三者之间的关系，发现中国农村地区仍然处于生育率较高，但人力资本存量和积累速度却较低的状况，相比城市地区的低生育率和高人力资本水平而言，农村居民很难获得与高教育水平相挂钩的高收入就业机会，城乡之间人力资本和生育率的差距可能是导致城乡居民收入不平等的因素之一。郭凯明和颜色（2017）指出，由于不同收入群体对子女养老的依赖程度不同，低收入群体对子女养老的依赖更强，因此会偏好生育较多的子女，同时，因为高生育率会造成教育投资的影子价格偏高，低收入群体面临的教育成本可能更高，这会导致子女数量较多的低收入群体更不愿意对子女进行教育投资，从而形成人力资本与收入不平等的恶性因果循环。

然而，也有一些研究发现，即使实施限制生育的政策，收入不平等仍然可能会加剧。赖德胜（2001）从收入分配的角度分析了计划生育政策实施的城乡差异，研究指出计划生育政策实施过程中的超生罚款制度会对农村地区的物质资本和人力资本积累产生负面影响，从而使城乡收入差距扩大。Yu 等（2020）研究发现中国的独生子女政策会扩大几代人之间的收入不平等，独生子女政策使得代际收入流动性下降了 32.7%～47.3%。在中国的农村地区尤其是在生活困难家庭，受生育政策的限制较少，人们通常会生育较多的子女但却不会对每个子女进行较多的教育投资。由于人力资本是收入的主要决定因素，子女的受教育水平较低使得收入不平等在几代人之间不断加剧。刘小鸽（2016）指出中国的计划生育政策对不同收入家庭的影响有很大区别，虽然家庭规模缩小能够显著提高低收入家庭的代际收入流动性，但计划生育政策在生活困难地区相对宽松，这意味着生活困难地区的家庭并不会因计划生育政策而减少生育子女数量，从而也很难通过家庭规模的缩小而获得更多社会经济地位上升的机会，因此收入不平等还是无法缩小。此外，也有学者指出计划生育政策会通过限制生育数量提高低收入家庭子代的教育水平，使不同收入家庭子代的人力资本差距缩小，从而降低收入不平等（梁超，2017）。

总体上看，在探讨人口老龄化影响收入不平等的机制时，已有较为丰富的文献考察了生育对收入不平等的影响，但很少有文献区分预期寿命延长与生育率下降对收入不平等的不同影响。近年来，中国政府加快了生育政策调整步伐，生育政策逐步放开意味着家庭有了更多的生育选择空间。在家庭生育逐渐从外生转向内生的情况下，却没有文献对人口老龄化如何通过影响不同收入家庭的"储蓄-教育"决策、生育的"数量-质量"决策来影响收入不平等展开深入研究。

（二）预期寿命延长、养老保险制度设计与收入不平等

预期寿命延长会通过养老保险制度设计影响收入不平等。在其他条件不变的情况下，随着人口结构老化，退休人口规模会不断扩大，在职人口不断缩小，从而导致养老保险制度内的赡养率不断提高，对个体的养老金收入和整体收入不平等产生影响。

首先，从养老保险制度设计与收入不平等的关系来看，现收现付的养老保险体系具有代际收入转移的作用，这可能在一定程度上缓解代际收入不平等程度。Casarico 和 Devillanova（2008）在考虑个体异质性和人力资本投资的情况下，利用世代交叠模型探讨了养老保险制度从现收现付制转向部分积累制后，代际收入分配效应是否会发生变化，研究发现随着基金制的引入，养老保险的代际收入再分配功能会被削弱。

其次，养老保险制度不仅具有代际收入分配功能，还同时具有代内收入调节功能，即存在从高收入群体向低收入群体的养老金收入转移。养老金的代内收入再分配功能的大小往往与养老金的计发方式密切相关，养老金计发

方式不同,养老保险制度对收入不平等的影响路径和方向也会不同(汪伟和靳文惠,2022)。von Weizsäcker(1995)首次将养老保险制度设计引入人口老龄化与收入不平等的理论分析,研究发现人口老龄化会通过改变退休者规模以及养老金收入影响收入不平等,而且养老金计发方式决定了人口老龄化与收入不平等之间的关系。现收现付式养老保险制度的养老金计发方式通常是国民养老金模式,由于养老金的缴费率与养老金收益没有直接的关联,低收入群体往往可以享受到相对较高的养老金待遇,从而有利于缩小代内收入不平等(Brown and Prus,2004)。Korpi 和 Palme(1998)的研究则发现在国民养老金模式计发方式下,养老保险制度的收入再分配效应较弱,难以有效降低代内收入不平等,而与缴费受益部分相关联的计发方式则可以对在职参保者产生工作激励,反而起到减少贫困和降低收入不平等的效果。然而也有研究得出相反的结论,即与缴费受益部分相关联的计发办法对代内收入不平等的调节作用不如国民养老金模式(Buyse et al.,2015)。Huggett 和 Ventura(1999)指出,如果将现收现付制下的养老金计发办法调整为两个层级的结构:第一级是缴费确定型的,保障人们退休后的养老金收入;第二级则对养老金收入的最低值进行限定,旨在为收入极低的退休者提供最低收入保障。该两级结构的养老金收入再分配效应会损害中等收入群体的福利,低收入者和高收入者则可以从中受益,而且对低收入者的收入再分配效应更强。

另外,从中国的情况来看,2005 年中国调整了原来的养老金计发模式,现行的养老金计发办法具有多缴费多受益的特征,这意味着个人缴费水平与养老金收入的关联性增强。彭浩然和申曙光(2007)利用精算方法比较了养老保险制度改革前后的收入再分配效应,研究发现改革之后的养老保险制度对代内收入再分配的调节作用明显下降,尤其是在工资率较高且利率水平较低时,新的养老保险制度不仅会对代内收入再分配产生消极影响,而且也不利于代际收入再分配,导致收入不平等加剧。张熠(2010)研究发现,随着人口老龄化程度加剧，只有当国民养老金和与缴费受益部分相关联的养老金计发方式下的替代率以同样的速度下降时，才能较好地维持养老金收支的平衡，与国民养老金模式相比，在面临日益严峻的长寿风险时，中国目前的养老金计发模式的收入调节效应较弱。曲丹和李如兰（2018）考察了中国城镇职工养老保险的收入调节效应，发现养老保险的收入再分配效应会随人们预期寿命的延长而削弱，在人口结构日益老化的情况下，目前的养老金制度可能会加剧代际收入不平等。然而，也有研究发现随着人口老龄化，养老保险的收入再分配效应会增强，长寿人群从现行养老保险制度中的受益较大（王晓军和康博威，2009），在其他条件保持不变的情况下，人口老龄化可能会有利于养老保险的收入调节功能发挥出更大的作用，从而有利于缓解收入不平等。

已有文献在养老保险制度设计的收入分配效应上进行了大量探讨，并且，由于养老保险个人账户一般不具备收入再分配的属性（Diamond，1977），现有研究大多聚焦于养老保险统筹账户的收入分配效应和人口老龄化对统筹账户养老金的负面影响上，却忽略了人口老龄化可能会通过同时影响统筹账户和个人账户养老金对收入不平等产生影响。研究中国养老保险制度影响收入不平等机制的文献，还主要是在国民养老金模式下构建世代交叠模型展开分析（张迎斌等，2013；严成樑，2016；景鹏和郑伟，2019），鲜有研究探讨人口老龄化如何通过中国养老保险"统账结合"模式、养老金计发方式等具有中国特殊的制度设计影响收入不平等，也没有结合生育政策的调整进行分析，更没有区分养老保险制度设计对在职者、退休者代内和代际收入不平等的影响，这为本书研究提供了可拓展的空间。

（三）预期寿命延长、技能偏向型技术进步与收入不平等

预期寿命延长会通过资源跨期配置改变劳动力内部不同技能的供给结构，

影响技术进步的技能偏向和收入不平等。一方面,对于同辈人而言,由于不同个体的受教育水平、工作技能和工作经验等方面存在差异,人们的收入水平也可能不同,并且收入上的差距会随着年龄的增长而变大(Deaton and Paxson,1994),而预期寿命的延长无疑会扩大同代人的收入差距,进而加剧同一年龄群体内部的收入不平等。另一方面,预期寿命的变化也会通过影响劳动人口的年龄结构对收入不平等产生间接影响。对于不同年龄段的人而言,由于时代的变迁和经济社会环境的变化,不同年龄群体之间的受教育程度也有较大差异,预期寿命延长会使劳动人口的年龄结构发生变化,年长劳动力的人均受教育程度一般比年轻劳动力低,加之教育水平和收入水平通常是正相关关系,因此不同年龄人群之间的收入差距可能会扩大。同时,由于寿命延长和生育率下降的双重影响,劳动力市场上的劳动供给数量和劳动力技能结构都将发生改变,这会在一定程度上对收入不平等产生影响(Chen et al.,2018)。在预期寿命进一步延长的趋势下,老年人口的规模会继续扩大,更加老化的人口结构可能会加剧收入不平等程度(Ohtake and Saito,1998;Karunaratne,2000;Luo et al.,2018)。

从技术进步来看,Solow(1957)在经济增长理论中曾指出技术进步是中性的,劳动和资本的边际技术替代率不会随着技术进步而发生改变,在技术进步的情况下,各生产要素的边际产出水平会按照某个固定的比例增长,两者的分配份额不会发生变化,因此技术进步不会导致劳动与资本要素之间的替代,也不会影响收入分配的格局。现实中的技术进步通常不是要素中性的,而是偏向于某类要素,如资本、劳动或知识技能等(Hicks,1932),生产要素相对价格的变动会促使要素生产技术发生相应的变化,技术进步会偏向于相对稀缺的生产要素,从而会提高该生产要素的边际产出水平(Acemoglu,2002),使得各生产要素的收入分配份额发生改变。早期技术偏向的研究视角聚焦在不同要素之间,如资本-劳动要素之间的技术进步偏向性。然而，随着时间的推移，劳动力内部结构的分化日益明显，在产业结构优化升级的过程中，受教育程度较高的劳动力和受教育程度较低的劳动力之间的工资差距，以及高技能和低技能劳动力的相对收入份额差异不断扩大（Berman and Machin，2000；Acemoglu and Autor，2011），技术进步呈现出技能偏向性特征。从我国的情况来看，改革开放以来我国的技术进步呈现出明显的技能偏向性（宋冬林等，2010；王林辉等，2014；姚毓春等、2014），高技能劳动力和低技能劳动力存在较强的替代性，技术进步使得市场对高技能劳动力的需求不断增加，并产生技能溢价，从而加剧了不同技能劳动力之间的收入差距。理论上看，如果保持技术水平不变，高技能劳动力的供给增加会使技能溢价降低，那么技能偏向性技术进步将不会加剧社会整体的收入不平等，然而，在预期寿命延长和劳动人口的年龄结构趋于老化的情况下，由于不同年龄群体的人力资本水平差距较大，人口结构的变化不仅会影响不同技能劳动力的供给规模和结构，而且也会改变要素之间的相对稀缺程度，从而影响技术进步的偏向（Irmen and Klump，2009），从而进一步对技能溢价和收入不平等产生影响。

国外的研究对技能偏向性技术进步会如何影响技能溢价和工资溢价问题进行了较为广泛的探讨，多数研究认为技能偏向型技术进步会导致劳动力需求的变化，从而使技能溢价发生改变。Davis 和 Haltiwanger（1992）研究发现技能偏向性技术进步是 20 世纪 80 年代以来不同技能工人之间收入差距拉大的主要原因，随着技术水平的提高，高技能工人的相对工资率也在增加。Katz 和 Murphy（1992）分析了美国 20 世纪 60 年代至 80 年代期间大学毕业生的工资结构变化，发现毕业生的工资溢价的变化与毕业生的劳动供给增长率有较强的相关性,这在一定程度上反映出技术进步偏向技能的特征。此外，Bound 和 Johnson（1992）也指出，在 20 世纪 80 年代，美国受过高等教育的劳动力的相对工资大幅提高，这在很大程度上是因为技能偏向性技术进步导致劳动力市场对高技能劳动力的需求增加。Entorf 和 Kramarz（1998）使用个人及其公司数据匹配的面板数据，通过横截面估计和个体固定效应估计来研究新技术使用对工资的影响，实证结果表明，有能力的工人偏向使用基于计算机的新技术，计算机技术的使用提高了其生产率，进而促进了工资的增长。此外，Haskel 和 Heden（1999）研究也指出，在20世纪八九十年代，英国制造业的平均技能溢价提高了约13%，其中计算机技术的运用和发展对技能溢价变化的贡献度达到了一半以上。

也有一部分研究探讨了偏向性技能溢价对收入不平等或收入差距产生的影响，但并未得到一致的结论。从国外的研究来看，一部分研究指出，技能偏向性技术进步会使收入差距增长，从而加剧收入不平等。比如，Fernandez（2001）通过对食品加工厂的设备更新案例进行研究发现，随着设备的全面更新，工厂对技能劳动力的需求也在增加，并且设备更新之后工人们的工资不平等程度变大。Card 和 DiNardo（2002）研究发现，在以计算机衡量的技术进步不断发展的情况下，工资差距到了20世纪90年代后较为稳定，这意味着技能偏向性技术进步对工资收入不平等的负面影响会随着时间的推移逐渐消失。然而，也有一些研究指出，技能偏向性技术进步不一定会加剧收入不平等。Moore 和 Ranjan（2005）研究发现，经济全球化导致了技能密集型产品的相对价格上涨，技能偏向性技术进步会提高技能劳动力的相对边际产品价值，两者共同导致了工资不平等程度的加深。Iacopetta（2008）研究得出技术变革不一定会扩大工资不平等，仅当技术进步表现为产品创新的形式时，才会加剧收入不平等程度。而且，降低成本的技术创新将有利于缓解工资收入的不平等，研究发现20世纪70年代以来，技术创新导致耐用品价格的迅速下降，使得收入不平等程度得到缓解。Weiss（2008）也同样指出，技能偏向性技术进步不一定会导致工资不平等加剧，他认为过去的研究忽略了生产要素的边际收益等于边际生产率与产出品价格之积这一重要条件。尽管低技能工人无法从技术进步中直接获益,但可以通过商品价格的变化而间接受益。比如,当技术含量较低的产品的相对价格上升时,低技能人员的工资水平可能会相应提高,因此收入差距不一定会扩大。

从国内的研究来看,姚先国等(2005)研究发现由于我国企业的技术进步具有技能偏向性的特点,企业对高技能劳动力的需求增加会推高高技能劳动力的收入水平和收入份额。邵敏和刘重力(2010)对我国工业行业工资不平等问题进行研究发现,随着出口贸易规模的上升,技能偏向型技术进步的程度越高,行业内部的工资收入不平等程度会越深。董直庆等(2013)研究发现,偏向性技术进步是造成我国技能溢价水平提高的原因,并且当前技能溢价还有进一步扩大的发展趋势。我国的技能和非技能劳动力存在替代关系,加大教育投入,提高劳动力整体的受教育程度不仅有利于抑制技能溢价的扩大,减少劳动力报酬的分化,而且能够推动技术创新并提高社会整体的劳动力报酬,从而缩小收入差距。陆雪琴和文雁兵(2013)研究指出,技能溢价不仅受到技术进步偏向的影响,也取决于不同技能劳动力间的替代弹性和相对供给,他们通过构建全要素生产率指数来度量技术进步偏向发现,在1997~2002年,我国的技术进步偏向与技能溢价呈现出倒"U"形关系,而在2003~2010年这一关系却完全倒转。陈勇和柏喆(2018)考察了技能偏向型技术进步与集聚效应如何共同影响不同技能劳动力的工资收入差距,研究发现技能偏向性技术进步会使高技能劳动力的相对供给增加、工资收入提高,而同时也会导致低技能劳动力的收入下降。此外,他们还发现,相比欠发达地区而言,发达地区内不同技能劳动力之间的工资差距更大,在集聚效应的强化作用下,这一收入差距还会进一步扩大。

从现有的文献来看,目前的研究大多只探讨了技术进步如何通过影响劳动力的工资水平进而对收入不平等或收入差距产生影响,关于预期寿命延长如何影响技术进步的技能偏向性的研究几乎没有,也鲜有文献探讨预期寿命延长如何通过技术进步的技能偏向性对劳动力工资差距或收入不平等产生影响，这为本书研究提供了进一步扩展的空间。

六、长寿对养老金收支和社会保障制度的影响

长寿会对养老金收支以及养老保障体系安全运转产生重要影响，如何评估与预测长寿风险对养老金收支的影响，并通过合理的制度设计从而既能解决政府的偿付困境又能提高经济增长和促进社会福利，这些是当前学者研究的焦点。

（一）长寿与养老金收支的研究

Sin（2005）认为，中国社保统筹账户一直入不敷出，2002~2031 年中国社保个人账户仍然会有结余，使用完个人账户累计资金后，2032 年后社保个人账户会开始出现赤字，养老金面临个人账户和统筹账户的双重支付压力。依据 2012 年国际货币基金组织的研究报告，2010~2050 年如果人口实际寿命超过预期寿命 3 年，那么国家平均每年需要增加的额外养老金支出占 GDP 的比重为 1%~2%。为应对支付缺口，折现到 2010 年，发达国家要为此储蓄当年 GDP 的 50%，新兴国家需要储蓄当年 GDP 的 25%。Haan 和 Prowse（2014）通过建立生命周期模型考察了现行公共养老金制度下的最佳就业、退休和消费模式，结果显示，在德国的社保体系下，延迟 4.34 年的养老金领取年龄可以抵消其后 40 年因 65 岁以上老年人预期寿命延长 6.4 年带来的养老金财政危机。从现有的各种估算来看，在长寿风险的冲击下，养老金收支缺口将呈现不断扩大的趋势，但这种缺口的大小因预期寿命的预测精度和模型的参数假设不同而有所差异。

（二）长寿与养老保障政策参数研究

在养老保险缴费（税）率方面，学者有较多的研究。Hubbard 和 Judd（1987）、Kotlikoff（1989）从社会福利最大化角度考察发现，社会最优保险率为零或接近于零时，寿命的变化会影响到最优的社会保险费率。Arjona（2000）将人口增长率和寿命不确定等因素纳入世代交替动态均衡模型之中进行研究发现，西班牙的最优养老保障缴费率与寿命、生育率、贴现率以及物质资本和人力资本生产函数中的诸多相关参数有关。Zhang J 和 Zhang J S（2007）构建了一个包含储蓄、遗产赠予以及内生生育的动态模型，其数值模拟得到的最优社会保险费率介于 10%～20%。Yew 和 Zhang（2009）将生命周期的储蓄、遗赠、人力资本投资、生育决策纳入动态模型之中，求解出最优社会保险缴费率区间为 12%～22%，寿命延长将导致最优社会保险费率上升。此外，大部分学者认为目前中国现行制度缴费率高于最优缴费率，如 Feldstein 和 Liebman（2006）研究指出，中国养老保障缴费率过高，导致企业和个人逃避缴费，使得社保基金收入不足理论值的 1/3，这在很大程度上阻碍了社会保险体系的有效运行，并降低了经济效率，而且尽管人均预期寿命在不断延长，中国的缴费率仍然存在下调的空间。从现有文献来看，养老保障最优缴费率随着预期寿命延长而提高应当是没有争议的，但不同国家的人口结构、退休年龄差异很大，最优养老保障缴费率的差异也很大，寿命延长是一个动态的过程，缴费率也应当根据模型的现实参数进行动态调整。

（三）长寿与养老保障制度选择的研究

应对长寿风险是社会养老保险制度改革的主要目标之一（Barr and Diamond，2006），为此，推进我国养老保险制度改革是管理与应对长寿风险的一个重要组成部分。当前的大量研究主要关注现收现付制与基金积累制的经济效应或经济效率。Samuelson（1958）、Diamond（1965）等早期的研究认为，为应对死亡风险的不确定性，引入现收现付制能够提高社会福利水平。然而，随着人口预期寿命的延长，现收现付制的缺陷日益凸显，寻求养老保险制度改革的呼声也随之涌现。Lassila 和 Valkonen（2001）等分析了基金积累制的宏观经济效应与福利水平，认为基金积累制可以解决现收现付制的不足，建议改革养老保险制度。Jensen 和 Nielsen（1995）、Eskesen（2002）、Puhakka（2005）、van Ewijk 等（2006）基于跨国样本数据研究发现，在人口老龄化大潮的冲击下，现收现付制存在偿付困境和运行风险，迫切需要进行改革，其所开出的药方是转向基金积累制。但也有一批学者支持现收现付制，如 Chybalski（2011）从投资和产出最大化视角指出，现收现付制要比基金积累制更优越。Gayane（2015）研究指出，相对于现收现付制，基金积累制的养老资金更容易受到通货膨胀的影响，并面临缩水风险。Barr（2000）则指出，解决养老保险问题的关键在于提高经济产出，现收现付制和基金积累制仅仅是老年一代获取产出的模式差异，二者在应对人口年龄结构变化、长寿风险方面并没有本质上的区别。Feldstein（1999）基于发达国家资本市场的经验与优势理论，认为我国建立基金积累制养老保险能够获取较高的资本边际收益率。也有学者认为我国更适应部分基金积累制（partially funded）——"统账结合"的模式。例如，刘遵义（2003）提出中国应当设计一个由社会基本养老金和个人账户积累两部分相结合的养老保障体系；Williamson 和 Deitelbaum（2005）认为我国"统账结合"的养老保险是正确的改革方向，但会受到区域分割、收入差距和制度等方面的制约。

从现有的研究来看，养老保障制度改革如何同时吸收具有积累功能的养老保险制度和具有再分配功能的养老保障制度的优点，既能解决政府的偿付困境又能促进经济增长，还能兼顾社会公平，是研究者关注的重点，也是制度设计的依据。我国的养老保障制度改革也应当遵循这些基本的原则。

七、长寿风险的识别与量化的相关研究

研究长寿的宏观经济效应的重要一环就是如何准确、合理地识别与量化长寿风险,就目前的主流文献来看,长寿风险识别和量化的最基础与最核心工作就是死亡率建模方法和人口数据预测方面的研究。在如何管理长寿风险方面,将长寿风险证券化,通过资本市场转移与规避风险是当前的研究热点。

(一)长寿风险的识别与量化研究

关于长寿风险识别与量化的方法,目前相关文献研究主要聚焦在保险、寿险行业方面,并且普遍采用死亡率模型或人口数据进行预测,其大致可划归为静态死亡率模型与动态死亡率模型(随机死亡率)两种方法。静态死亡率模型是最早出现的一类死亡率预测模型,此方面相关研究成果主要包括 de Moivre 模型(de Moivre,1725)、Gompertz 指数模型(Gompertz,1825)、Weibull 模型(Weibull,1939)、Heligman-Pollard(HP)模型(Heligman and Pollard,1980)以及 Carriere(1992)提出的 Carriere 模型等。这些模型的共同特征是仅考虑了死亡率的年龄因素,而忽略了时间波动效应。由于其不能刻画出死亡率的动态演变特征,无法有效估测出未来死亡率的变动趋势情况,因此具有局限性,需要发展动态化的预测模型。

动态死亡率模型较好地改进了静态死亡率模型无法预测的缺陷,其主要分为离散随机动态死亡率和连续随机动态死亡率两大类。在离散时间型模型方面,Lee-Carter 模型是目前最为典型的动态死亡率预测模型。Lee 和 Carter(1992)首次将中心死亡率分解为年龄效应、时间效应与年龄改善部分,构建出一个简洁易行的离散动态模型,同时他们运用这个模型对美国 90 年间的时间序列数据进行了预测研究。此后,学者在该模型基础上进行了扩展、改进与应用研究。例如,Renshaw 和 Haberman(2006)在 Lee-Carter 模型的基础

上考虑加入队列效应（cohort effect），提出了队列效应模型，并基于1961~2003年英格兰和威尔士人口死亡的历史数据进行了检验和预测。也有不少学者在连续时间型模型方面进行了研究，例如，Milevsky和Promislow（2001）在Duffie和Singleton（1999）理论的基础上首次提出用连续时间型模型来预测死亡率，其主要贡献是，将死亡率作为瞬时利息率，然后借鉴利率模型来构建动态随机预测模型。Biffis（2005）首次引入金融市场和死亡率模型来建立连续型保险市场模型，通过仿射跳跃—扩散过程来描述人口因素与金融风险的演化，进而提出死亡率—放射随机动态模型，并以实际数据对模型进行了预测和比较。Bravo和Nunes（2021）则在连续时间仿射跳跃扩散模型（同时考虑了队列死亡率和利率）下，采用傅里叶变换方法对欧式长寿期权进行定价，结果表明长寿掉期价格将随着长寿风险扩散后的市场价格上升，这尤其对老年群体的影响格外显著。近期，动态死亡率建模方法主要是从队列效应、不同的分布函数、误差项的异质性、不同的参数估计方法等方面进行了理论方面的扩展（d'Amato et al.，2014；Danesi et al.，2015；Hatzopoulos and Haberman，2015；Villegas et al.，2017；Shang and Haberman，2017）。值得说明的是，连续型模型在实际应用中的研究还较为匮乏，此方面的研究文献有待丰富。

（二）长寿风险的管理

预期寿命延长所引发的长寿风险给寿险企业带来了新的挑战与机遇。长寿风险的管理方法主要有自留风险、自然对冲、寿险产品设计和长寿风险证券化。目前自留风险和自然对冲是大多数现存养老金机构和寿险机构采用的风险管理方式，而寿险产品设计和长寿风险证券化这两种方法仍然处于探索阶段。首先，从自留风险方面看，对于中短期内面临的长寿风险而言，寿险企业完全可以自行承担并消化长寿风险即自留长寿风险，因此不需要借助外部的资本力量来进行调节（王志刚等，2014）。但如果长寿风险的性质不能直接判断，那么寿险企业选择自留长寿风险将可能会低估资金需求，一旦发生长寿风险，寿险企业将会面临巨大的偿付压力（陈钰滢，2019）。其次，自然对冲是指寿险企业通过调整企业内部的产品组合以对冲不同的产品风险，实现对长寿风险的管理。例如，Cox 和 Lin（2007）指出寿险产品与年金产品的组合管理能够对寿险企业的长寿风险进行对冲；Mao 等（2008）则认为可以通过出售变额年金来对冲寿险公司的长寿风险；谢世清（2011）提出长寿债券和死亡率债券之间也存在自然对冲的可能性，这为寿险公司对冲长寿风险提供了一个新的思路。曾燕等（2015）通过构建基于价格调整的自然对冲模型，探讨了利用价格工具实现自然对冲的最佳配比，同时给出了寿险产品和年金产品最优的定价策略。由于自然对冲的风险管理策略并不完全依赖于市场，因此在市场不发达的情况下，自然对冲长寿风险这一方式被运用得较多，但是在自然对冲时，也可能会由于期限错配而造成沉没成本增多、经营风险加大等问题（钱进，2019），并且自然对冲也难以解决长寿风险导致的资金不足问题。另外，寿险公司可以通过自身产品的定价设计来分散长寿风险，如对风险较高的保单确定更高的费率、确定其最高支付的年龄等，张元萍和王力平（2014）研究指出购买者不仅可以用相对较低的价格来购买长寿风险覆盖面很高的长寿指数延迟年金，而且这一年金也能在一定程度上满足购买者的流动性需求和遗产需求。然而，风险较高的保单如何确定费率和规定最高的支付年龄对寿险企业来说本身难度较大（张钦，2012），且市场对新型产品的接受程度也会影响到寿险产品分散长寿风险的效果（陈钰滢，2019）。

由于未来死亡率下降的不确定性，使得基于大数法则的传统保险管理工具难以奏效，寿险企业面临着巨大的偿付和盈利压力。为此，不少学者开始探讨长寿风险证券化的研究，尝试用高效的资本市场来转移寿险企业的长寿风险。长寿风险证券化，简言之，就是在资本市场上发售与死亡率相关联的金融产品或衍生品。Blake 和 Burrows（2001）开创性地提出，可发行生存债券来对冲聚合性长寿风险，该债券的票息随生存概率的变化而波动，进而实现套期保值。自此之后，关于长寿风险证券化的产品形式、发行定价等方面的研究文献层出不穷。Wang（2002）提出了一种适用于金融和保险风险定价的统一方法，即 Wang 转换方法。Lin 和 Cox（2005）将 Wang 转换方法引入长寿风险的市场价格测度，从理论上探讨了年金产品和长寿产品的互换机制，并设计、推导出了触发型长寿债券的息票公式，丰富了长寿债券的市场定价理论。Milevsky 等（2006）首先提出评估风险溢价报酬的瞬时 Sharpe 比率方法。在风险中性定价方法方面，代表性的研究如 Milevsky 和 Promislow（2001）、Cairns 等（2006a）将风险中性定价方法应用于死亡率指数衍生证券定价。Bauer 等（2010）对长寿风险证券化的各种定价方法给出了一个比较全面的评述。钱进（2019）构建了 Lee-Carter 模型和单因子 Wang 转换的长寿债券定价模型，对我国的死亡率进行预测并得出我国长寿风险债券的市场价格。关于长寿风险证券化的实践，Blake 等（2006）一方面总结了瑞士再保险公司发行生存债券的成功经验，另一方面详细剖析了欧洲投资银行和法国巴黎银行联合发行债券失败的主要原因。随着理论的不断发展和完善，长寿风险证券化的实践经验也日益丰富起来（Hanewald et al.，2013；d'Amato et al.，2018）。

第四节 本书结构安排与研究内容

一、本书主要结构安排

预期寿命延长会产生一系列经济效应。从微观层面上看，预期寿命延长会改变个体及其家庭在消费、储蓄、劳动供给、生育以及子女教育投资等方面的决策，从而对人们的福利水平产生影响；从宏观层面上看，预期寿命延长会影响物质资本和人力资本的积累、劳动生产率、劳动力市场的供求关系、养老金的收支和社会保障体系的运转、技术进步以及社会收入不平等程度，从而对经济增长和整个宏观经济的运行产生影响。在预期寿命持续延长和人口老龄化进程加快的背景下，如何通过合理的制度设计或运用恰当的风险管理工具去规避与化解长寿风险，并确保宏观经济的正常运行，是本书尝试去解决的问题。

基于此，本书共设计了十四章，除去第一章的导论和第十三章、第十四章的应对策略与未来研究展望以外，中间的十一章系统地考察了预期寿命延长通过储蓄、人力资本投资、生育、老年劳动供给、劳动生产率、收入不平等、养老金收支与养老保险制度设计所产生的宏观经济效应，为应对长寿风险寻求有效的理论依据与经验证据。全书的主要结构安排如下。

首先，从经济增长视角去考察长寿的宏观经济效应，对应第二章至第五章的内容，分别从储蓄与物质资本积累、人力资本投资、生育政策调整和劳动生产率来展开讨论。第一，储蓄及物质资本的积累为经济增长奠定了坚实的物质基础，是应对长寿风险的重要手段，微观个体增加储蓄不仅有助于自身抵御长寿风险，也有利于整个经济的物质资本积累，从而使长寿风险能够转化为促进经济增长的动力。第二，丰富的人力资本不仅是推动经济增长的引擎，也是抵御长寿风险的重要一环，人力资本投资和生育政策调整分别是从质量与数量两个维度来提高人力资本水平，前者是以提升现有劳动力质量为出发点，后者则涉及如何延续传统劳动力数量优势的问题。第三，保持较高的劳动生产率是实现经济可持续增长的关键，预期寿命的延长以及寿命延长引发的劳动力年龄结构老化是否会对劳动生产率形成冲击、如何去应对这些冲击等一系列问题都会影响我国经济的持续健康发展，尤其是在劳动力存量不足的情况下，提升劳动生产率来拉动经济增长变得越发重要。因此，该部分从上述角度去分析预期寿命延长影响经济增长的主要机制,并探讨抵御长寿风险的可行办法。

其次,从老年劳动供给角度考察长寿的宏观经济效应,对应第六章和第七章的内容,主要从人力资本投资和养老保险费率调整两个维度对老年劳动供给(退休行为)展开讨论。从理论上看,寿命延长会促使人们延长工作年限和增加老年期的劳动参与,但目前我国却出现了预期寿命延长、受教育时间提高但老年人劳动参与率反而下降的趋势。因此,该部分内容旨在厘清上述反常现象背后的机制,并进一步探讨如何通过劳动力市场改革和相关配套措施(如养老保险降费改革)来激发老年人继续工作的积极性,从而对现有劳动力存量形成有效补充,这也是长寿风险冲击下我国能否成功开拓"第二次人口红利"的关键所在。

再次,从收入不平等角度考察长寿的宏观经济效应,对应第八章至第十章的内容,分别从生育政策的调整、养老保险的制度设计和技能偏向型技术进步三个维度展开讨论。第一,预期寿命延长和生育政策放松会使不同家庭的养老负担和生育决策发生改变,并通过影响家庭资源在养老、抚幼、储蓄(消费)和人力资本投资方面的分配,最终对收入不平等程度产生影响。第二,预期寿命延长也会通过养老保险制度模式和养老金计发方式对收入不平等产生影响,随着长寿风险的日益凸显,现行的养老保险制度的收入再分配功能正在逐步弱化,这将影响到社会整体的收入不平等程度。第三,由于我国的技术进步具有偏向技能的特征,预期寿命延长在加速劳动人口年龄结构老化的同时,也会导致劳动力技能结构的变化和技能溢价的提高,促使高低技能劳动力之间的收入差距扩大,进而引发收入不平等问题。因此,该部分从这三个维度诠释预期寿命延长影响收入不平等的主要机理,并探讨如何通过相关的制度设计或政策调整来降低预期寿命延长背景下的收入不平等程度,从而为中国经济在高质量发展过程中更好地兼顾效率与公平提供政策启示。

最后，从长寿风险管理的角度进行探讨，对应第十一章和第十二章的内容。该部分主要从养老保险的制度参数调整和资本市场的风险管理工具选择这两个维度展开讨论，前者旨在分析如何通过优化养老保险制度内的相关参数，去化解长寿风险所造成的养老金支付危机；后者则是利用资本市场的优势，旨在分析如何选择合适的金融工具来分散与对冲长寿风险，在多支柱养老保险体系形成与发展的过程中，养老保险基金的经营管理与资本市场的有机结合不仅是实现养老金保值增值以及化解长寿风险的重要策略，而且规模庞大的养老保险基金对资本市场也有着强大的支撑作用，有助于推动资本市场的稳定发展。

整体上看，本书按照"文献综述理清思路—现状分析提出问题—理论机制与实证检验分析问题—政策建议解决问题"的技术路线对长寿的宏观经济效应进行系统性评估并提出应对长寿风险的策略。

本书研究框架如图1.16所示。

二、本书研究内容

本书对应章节的主要内容如下。

第一章梳理长寿的宏观经济效应的典型事实，从长寿对储蓄和物质资本积累、教育和人力资本积累、劳动供给与就业和退休决策、劳动生产率、收入不平等、养老金收支和社会保障制度的影响以及长寿风险的识别与量化共七个方面对现有文献进展进行归纳和总结，并结合现有研究的优势和不足寻找切入点，提出了本书需要重点研究的问题。

第二章探讨预期寿命延长对储蓄率与中国经济增长的影响。在理论分析部分，通过构建一个包含死亡率连续变化的随机世代交叠模型，考察了预期寿命对储蓄率、资本积累和经济增长率的影响；在实证分析部分，综合使用面板固定效应模型、随机效应模型和工具变量分析方法检验模型中的经济机制。

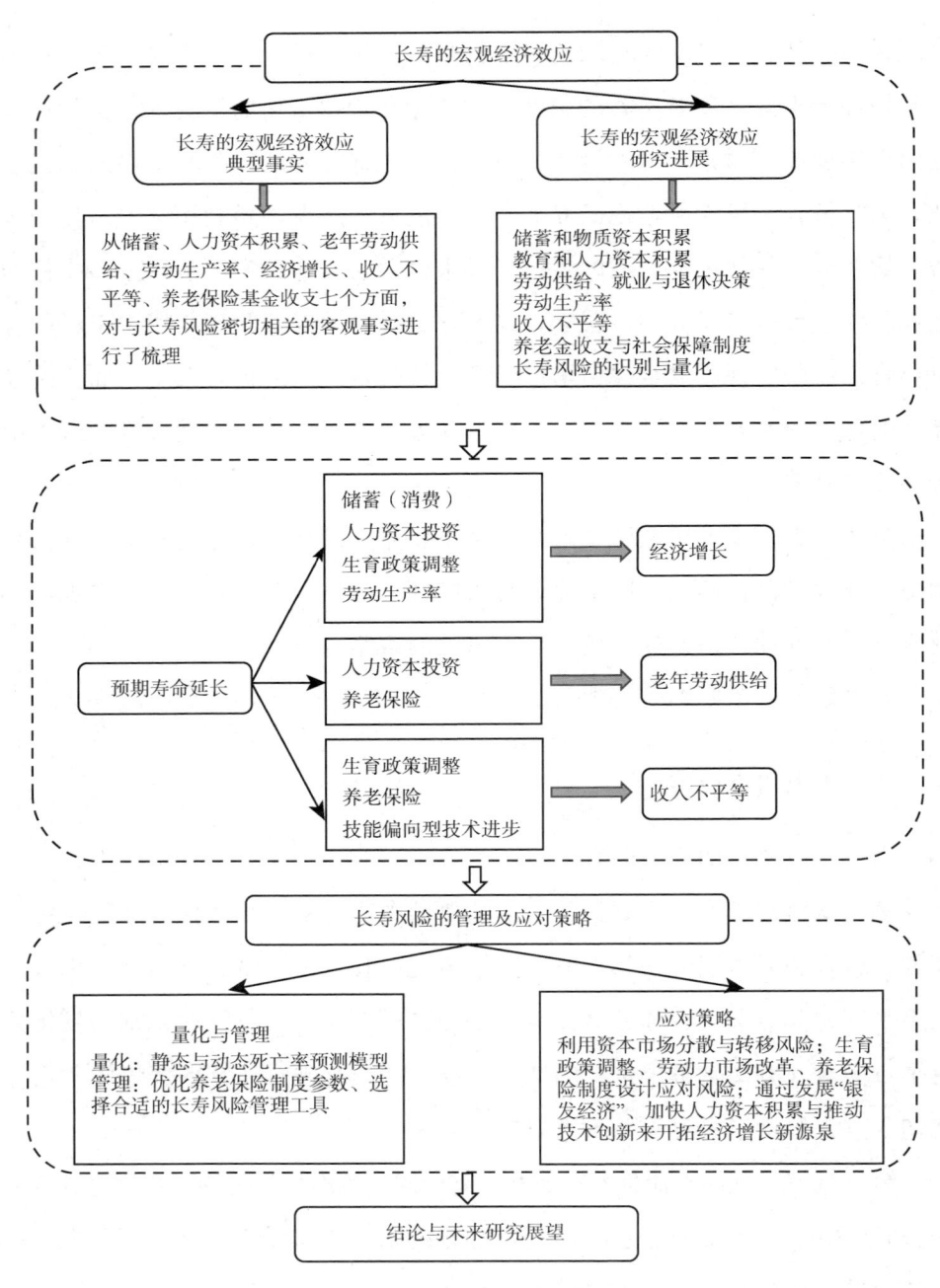

图 1.16　研究框架图

第三章探讨预期寿命延长对人力资本投资与中国经济增长的影响。将市场教育和公共教育两种教育融资模式纳入三期世代交叠模型的分析框架，通过对理论模型的分析求解，以及参数校准和数值模拟，考察不同教育融资模式下，预期寿命延长对人力资本积累与经济增长的作用机理。

第四章探讨预期寿命延长、生育政策调整对中国经济增长的影响。通过构建带有随机死亡率的世代交叠模型，从理论层面分析预期寿命延长和生育政策调整如何通过影响中国的家庭储蓄与人力资本投资决策影响经济增长，并进一步利用我国近年来各年龄人口实际死亡率对理论模型进行数值模拟。

第五章探讨预期寿命延长与我国劳动生产率的关系。首先，从年龄对劳动生产率的影响、劳动生产率的影响因素以及预期寿命与劳动生产率的关系三个维度对已有研究进行梳理并提出本书的实证假说。其次，将宏观数据与大学教师所发文章的数量、质量等微观数据相结合，实证检验预期寿命与劳动生产率的倒"U"形关系，并进一步探讨对应的拐点如何随着预期寿命延长而变化的问题。

第六章探讨预期寿命延长对人力资本投资和退休行为的影响。首先，通过动态一般均衡世代交叠模型，从理论层面分析了预期寿命延长对人力资本投资、退休时点决策和终生劳动供给的影响机制。其次，在对模型进行参数校准、数值模拟以及相关参数的稳健性检验的基础上，比较分析了局部均衡与动态一般均衡框架下的结果。最后，对理论模型进行扩展，进一步考察预期寿命延长对人力资本投资和退休行为的异质性影响。

第七章探讨预期寿命延长、养老保险对老年劳动供给的影响。首先，通过构建包含体制内外劳动力和两部门结构的动态一般均衡世代交叠模型，从理论层面分析预期寿命延长和养老保险缴费率下降、退休年龄调整会如何通过影响不同类型劳动力的退休决策从而影响到整个社会的老年劳动供给。其次，结合我国的现实参数进行数值模拟，探讨提高老年劳动供给和实现社会福利帕累托改进双重目标的可行办法。

　　第八章探讨预期寿命延长、生育政策调整对收入不平等的影响。首先，通过构建包含双向代际转移的三期世代交叠模型，讨论预期寿命延长和生育政策放松对家庭人力资本投资、储蓄与消费决策的作用机理。其次，利用中国的参数对理论模型进行数值模拟，讨论在预期寿命延长和生育政策放松的情形下收入不平等的变化趋势。

　　第九章探讨预期寿命延长、养老保险制度对收入不平等的影响。在包含老年期生存概率和人力资本异质性的三期世代交叠模型的理论框架下，分析我国"统账结合"的养老保险制度的基础养老金收入关联机制如何通过影响个体的"储蓄-教育"决策和生育的"数量-质量"决策影响收入不平等，并同时考察预期寿命变化经由养老保险制度影响代内、代际和总体收入不平等的动态演化过程。

　　第十章探讨预期寿命延长和技能偏向型技术进步对收入不平等的影响。通过构建三期世代交叠模型，在外生和内生两种不同技能偏向性技术进步与不同技能替代弹性的假设下，从理论层面分析人口老龄化如何通过改变技能结构和技能偏向性技术进步来影响收入不平等，并在校准现实参数的基础上对模型进行数值模拟，最后还运用省级面板数据做了进一步的实证检验。

　　第十一章探讨长寿风险对养老金收支的影响以及养老保险制度参数的动态调整。首先，通过构建有限数据双随机 Lee-Carter 死亡率模型，对长寿风险下我国未来人口规模进行预测；其次，结合养老金精算模型，测算我国城镇职工基本养老保险基金在 2020～2050 年的收支结余状况，对未来养老金收支缺口进行预测；最后，探讨相关制度参数的调整对养老金收支的影响。

　　第十二章探讨长寿风险的量化与管理工具。首先，在系统性总结目前国内外关于长寿风险管理的相关研究成果的基础上，分析预期寿命延长的情况下如何利用资本市场有效分散长寿风险。其次，在量化我国长寿风险的基础上，结合我国的资本市场发展现状，就如何选择长寿风险管理工具的问题给出了相应建议。

第十三章遵循规范分析方法，在前面各个章节的理论分析和实证检验结果的基础上，结合国际经验和我国宏观经济运行的实际情况，从资本市场风险管理、生育政策调整、劳动力市场改革、养老保险制度设计等方面提出应对长寿风险的对策建议，并进一步从发展"银发经济"、加快人力资本积累和推动技术创新等角度，阐述开拓未来经济增长新源泉、实现经济增长动能转变的经验与启示，从而较为全面、系统地为我国应对长寿风险、提高经济发展质量提出对策建议。

第十四章对全书的研究结论进行归纳总结并对未来研究进行展望。

第五节　本书创新与边际贡献

一、本书研究问题选择上的创新

我国人口的平均预期寿命近年来呈现出持续增长的趋势，长寿风险开始成为一类新型的、日益严重的社会风险。因此，我们迫切需要分析长寿所产生的宏观经济效应，并寻求识别与管理长寿风险的有效方式，以确保未来宏观经济的正常运行。总的来看，长寿对宏观经济的影响机制十分复杂，既需要理清楚宏观经济效应产生的微观机理，又需要讨论相关政策和制度层面存在的风险隐患，这些问题相互交织且错综复杂，需要构建一个完整的分析框架。然而，目前针对长寿风险的研究还有很大的局限性，已有研究主要是从两个方面来展开讨论：一是从对长寿风险的影响以及长寿风险管理方法的定性分析方面，二是从对长寿风险的测算以及如何分散长寿风险的量化分析方面。就研究内容来看，现有的研究要么是通过构建不同的死亡率预测模型来评估长寿风险,要么是对分散长寿风险的金融衍生产品进行国际比较与评价,大多数研究都是从保险精算角度出发,侧重于探讨寿险公司应如何选择合适的风险管理手段来应对长寿风险的问题,这在一定程度上忽视了长寿对整个宏观经济运行的重要影响。

本书从长寿的宏观经济效应出发,不仅结合我国目前的经济增长态势、生育政策、退休制度、劳动力技能结构以及养老保险制度设计的实际情况,详细探讨了预期寿命延长会如何影响国民储蓄率、人力资本投资、生育、劳动生产率、老年劳动供给(退休决策)和收入不平等的问题,而且也对长寿风险冲击下的养老金收支缺口展开了预测,探讨了如何调整养老保险制度参数来保障养老保障体系财务可持续性的问题,并且,也结合我国资本市场的特点,对长寿风险量化与管理工具的选择进行了分析。整体上看,本书从微观和宏观的双重视角对长寿的宏观经济效应、长寿风险的识别与管理进行了更为深入且系统性的考察,突破了现有研究的局限。不仅扩展了长寿风险管理的研究领域,丰富了我国长寿风险问题的相关研究,而且,更为重要的是,本书也是目前第一个针对我国长寿的宏观经济效应所展开的较为全面与系统性的研究,有助于更为深刻地把握我国的长寿风险,并为应对长寿风险的挑战提供新的思路。

二、本书研究视角与学术观点方面的创新

(一)从经济增长角度提出应对长寿风险的新方向

面对日益严峻的长寿风险,本书首先围绕储蓄与物质资本积累、人力资本积累和劳动生产率这三个方面,就如何继续发挥经济增长的传统优势并开拓经济增长新源泉等问题展开探讨。第一,维持较高的储蓄率优势有利于增加物质资本积累,从而促进未来的经济增长。在分析长寿对储蓄率的影响时,

摒弃了现有研究基于死亡率固定假设下构建理论模型的做法，将连续型死亡率引入随机世代交叠模型，并利用重新构建的反映死亡率变化的新生命表来进行数值模拟，以此考察预期寿命变动对储蓄率、物质资本积累速度和经济增长率的影响。第二，人力资本积累是预期寿命延长背景下经济增长的重要驱动力。在分析长寿对人力资本积累的影响时，一方面，从我国教育融资模式的独特视角出发，考察了在预期寿命延长及老龄化发展的不同阶段，教育融资模式对人力资本积累以及经济增长的影响，并结合我国教育融资模式转轨等现实因素，综合分析了长寿所带来的人力资本积累效应和经济增长效应，从理论上充实了转型经济中预期寿命延长通过人力资本积累影响经济增长的作用机制；另一方面，从我国独特的生育政策及其调整等视角出发，在考虑内生人力资本和家庭内部双向代际转移的基础上分析了寿命延长、生育政策放松对人力资本积累及经济增长的影响，为当前我国逐步放开生育管控以应对长寿风险的政策调整提供理论支撑。第三，劳动生产率的提高有利于打破预期寿命延长背景下劳动力要素短缺的桎梏，从而推动经济增长。在分析长寿对劳动生产率的影响时，突破现有研究大多着眼于年龄与劳动生产率关系的局限，探讨了预期寿命延长如何影响劳动生产率，不仅使用门限模型从宏观视角分析了预期寿命与劳动生产率之间的关系是否会因预期寿命的高低存在差异，而且也利用高校科研人员在不同年龄段所产出的论文数量及质量数据从微观视角分析了预期寿命延长对年龄与劳动生产率之间关系的影响，填补了现有研究的空白。

（二）为延迟退休政策和我国劳动力市场改革提供了理论与实证研究成果

本书围绕劳动力市场上老年劳动力的供给问题探讨了在预期寿命延长的

背景下应如何继续挖掘人口红利。一方面，打破了以往研究采用局部均衡模型仅能分析单一个体经济决策行为的局限性，通过构建满足动态一般均衡条件的世代交叠模型，更为细致地考察了预期寿命延长对劳动力退休年龄的内在传导机制以及退休行为的个体异质性，同时也较好地解释了寿命延长后人们提前退休的反常现象；另一方面，基于我国特殊的体制结构，构建了包含体制内外劳动力和两部门结构的世代交叠模型，从利用老年劳动力资源和改善社会福利权衡的双重视角出发，厘清了预期寿命延长、养老保险降费对社会老年劳动供给的作用机理，以及调整法定退休年龄对体制外劳动力退休决策的异质性影响，为预期寿命延长背景下合理设计养老保险费率和延迟退休政策以激励和引导劳动力延迟退休提供了理论依据。

（三）为预期寿命延长背景下冲击如何降低收入不平等提供丰富的理论借鉴

本书从生育政策调整、养老保险制度设计和技能偏向型技术进步的视角出发，考察了预期寿命延长对收入不平等的影响，探讨了如何通过降低预期寿命延长对收入不平等的负面影响来平衡效率与公平的问题。第一，将预期寿命延长、生育政策调整和收入不平等三者有机结合，从预期寿命延长和生育政策放松两个角度考察了人口结构变化对收入不平等可能产生的影响，对该领域的理论研究进行了有益补充。第二，从"统账结合"的养老保险制度模式和基础养老金计发方式两个角度出发，探讨了预期寿命延长通过中国养老保险制度设计影响收入不平等的新机制，并厘清了我国养老保险制度设计对代内、代际和总体收入不平等的影响机制，对预期寿命延长影响养老保险收入分配效应的相关研究进行了有益补充。第三，将技能偏向型技术进步和收入不平等问题结合起来，考察了预期寿命延长通过劳动力技能结构影响收入不平等的直接效应,并同时分析了预期寿命延长通过影响技能偏向型技术进步影响收入不平等的间接效应,从而拓宽了预期寿命延长对收入不平等的影响机制,丰富了收入不平等形成机制的相关研究。

(四)充实了长寿风险识别与量化方面的相关研究

本书从养老保险体系和资本市场两个方面探讨了长寿风险的识别、量化与管理问题。一方面,从我国当前的社保征缴体制改革和养老保险基金统筹账户降费改革出发,对长寿风险背景下未来养老金的财务可持续性进行分析与预测,提高了预测结果与现实情况的契合度,同时,把我国的人口迁移、财政补贴等因素纳入考虑范围,也进一步增强了评估结果的可信度和有效性。另一方面,在综合考虑我国资本市场、寿险企业、长寿风险分歧指数、死亡率模型建立、长寿债券定价等方面发展现状与前景的基础上,利用Lee-Carter模型来量化我国的长寿风险,并对长寿风险的传统管理办法和新型资本市场管理工具(即长寿风险证券化)进行比较分析,有助于找到符合我国国情的长寿风险识别工具与风险管理方法,一定程度上充实了长寿风险量化管理领域的研究内容。

三、本书研究方法和分析工具的创新

(一)关键性问题的研究方法改进与创新

在关键性问题的具体分析上,针对不同的研究角度进行了研究方法及分析工具上的改进和创新。比如,在考察预期寿命延长通过储蓄和生育影响经济增长的研究中,使用连续变化的死力来表示生存概率,改变了以往研究中使用固定生存概率的做法,从而更好地刻画了我国人口的实际变动情况;在

分析预期寿命延长对老年劳动供给的影响研究时，不仅从局部均衡拓展到了一般均衡的分析框架，而且还考虑了寿命延长对异质性个体的影响，把对微观主体行为决策的探讨和对宏观经济各项指标的考量结合起来，有助于更为细致且全面地把握预期寿命变化对宏观经济运行的作用机理；在预测养老保险收支缺口和量化我国长寿风险的过程中，结合我国的制度背景及国情对传统 Lee-Carter 死亡率建模方法进行了改进，从而有助于提高对我国死亡率的预测能力。

（二）多学科综合性研究方法的运用

考虑到长寿的宏观经济效应与如何应对长寿风险既是理论层面的问题，同时也是应用层面的问题，因此，本书综合借鉴了多个学科领域的研究理念及方法，不但采用了宏观经济学、人口学、风险管理学等理论经济学科的相关研究范式，同时也参考了公共经济学、社会保障学、劳动经济学、保险精算学、计量经济学等应用经济学科的研究方法。整体上看，本书在分析长寿的宏观经济效应过程中有效融合了理论经济学、应用经济学以及管理学的研究方法和相关理论，从而有助于更为全面系统地分析与评估长寿的宏观经济效应。

综上，本书通过理论分析和实证检验相结合、微观基础与宏观政策相联系，对现有研究进行了有益补充、扩展与创新。不仅较为清晰地、完整地呈现了长寿影响宏观经济运行的作用机理，为理解和解决长寿风险下的经济发展问题提供理论支撑。同时，也为预期寿命延长趋势下，宏观经济政策的调整和人民福祉的改善提供了新的经验证据与政策启示。

第二章
预期寿命延长、储蓄与中国经济增长

第一节 问题的提出

改革开放以来，随着经济和社会的发展，人们生活水平的提高，我国人口的预期寿命在不断延长。预期寿命的提高反映了中国经济社会发展水平的提高，但也带来了人口老龄化等一系列社会问题。进入 21 世纪以来，我国老龄化程度不断加剧，如图 2.1 所示，我国人口老年抚养比已经从 1997 年的

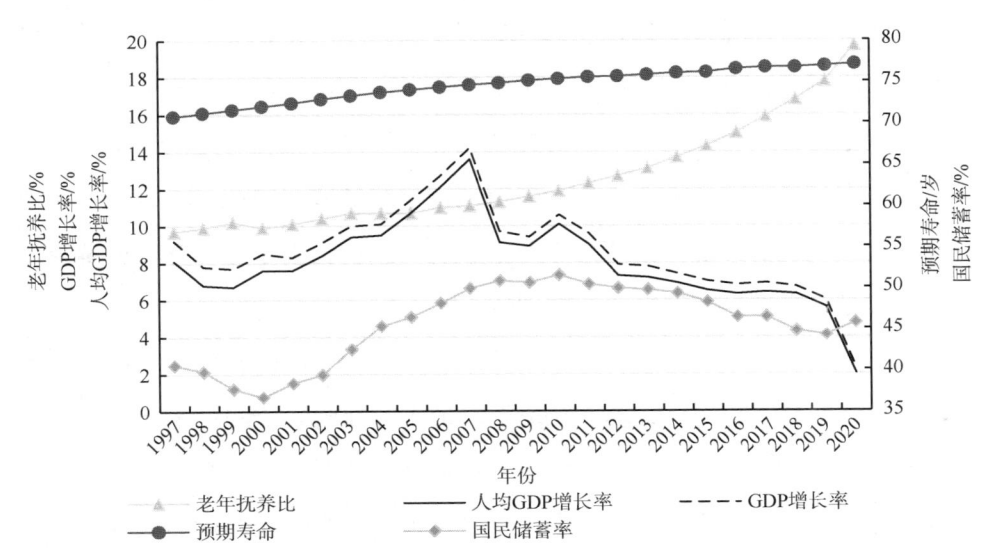

图 2.1 预期寿命、老年抚养比、国民储蓄率、GDP 增长率、人均 GDP 增长率历年变化情况

资料来源：预期寿命数据来自世界银行；老年抚养比、国民储蓄率、GDP 增长率和人均 GDP 增长率数据来自国家统计局

9.7%急速上升到 2020 年的 19.7%。中国在享受着长寿带来的红利的同时，也面临着长寿风险。

长寿问题之所以受到广泛关注，在很大程度上就是由于人们担忧寿命延长所带来的老龄人口增加会消耗过多的社会资源，阻碍再生产，进而影响经济增长。生命周期理论认为，理性行为人在其生命周期内的消费-储蓄行为可以划分为工作期的正储蓄和退休期的负储蓄两大阶段（Modigliani and Brumberg，1954），即理性行为人在成年期工作并进行储蓄，而到老年期依靠年轻时的储蓄进行消费，因此，个人的储蓄倾向会随着年龄的增长呈现先上升后下降的趋势。如果真如理论所预料，中国的国民储蓄率会随着预期寿命的延长而进入下降通道。但自 2000 年进入老龄化社会后，中国的国民储蓄率经过一段上升期后至 2010 年达到峰值，其后始终维持在高位，并没有出现明显的下降趋势，2020 年中国国民储蓄率仍然高达 45.7%（图 2.1）。同时，在 20 多年的时间里，中国经济保持年均 8% 的高速增长。这种老龄化程度加深与高储蓄率、高经济增速并存的现象与生命周期理论预测不符。从地区分布来看，改革开放以来东部地区、中部地区以及西部地区储蓄率的变化与其人口老龄化进程呈现出高度一致的梯度差异，即老龄化程度越高的地区，储蓄率反而更高，这同样不能用生命周期理论进行解释。因此，在老龄化快速加深的背景下，如何对中国的高储蓄率和高经济增长现象进行有效的解释，是一个具有重要理论与现实意义的问题。

本章认为，寿命延长所带来的储蓄效应可以为中国的高储蓄、高经济增长提供一个可能的解释。在理想状态下，即不存在长寿风险的情况下，根据生命周期理论，由于理性行为人按照人均预期寿命平滑一生消费，将成年期的储蓄留待老年进行消费，那么个人在达到预期寿命时，储蓄会恰好消耗殆尽。然而，现实情况却是，理性行为人的实际生存年龄可能会超过预期寿命，这就可能引发长寿风险。在意识到长寿风险的情况下，为了确保在自身生存年龄超过预期寿命后的生活仍有保障，理性行为人会增加储蓄以应对漫长的退休生活。这种"未雨绸缪"的储蓄动机实际上就是诱发"第二次人口红利"的源泉，从而有利于经济增长（Lee and Mason，2006）。因此，对整个社会来说，作为应对寿命延长的主要手段，增加储蓄并进行物质资本积累既符合微观个体的意愿，又会成为推动整个宏观经济增长的重要一环，长寿风险在宏观上也可能转化为经济增长的动力。

综上可知，预期寿命的延长将对储蓄和经济增长产生两种效应。一种表现为老年负担效应，即人口寿命延长将会带来老龄化问题，老年人不工作，只进行消费而不储蓄，从而会消耗过多的社会资源，降低资本积累并阻碍经济增长。另一种表现则为预防性储蓄效应，人均预期寿命的延长，可能会产生长寿风险，为了使自身生存年龄超过人均预期寿命时仍有稳定的生活保障，理性行为人会增加预防性养老储蓄，从而有利于加快资本积累，并最终转化为推动经济增长的动力源泉。但是从现有研究来看，大多数文献仍聚焦于人口老龄化带来的老年负担效应，较少考察长寿带来的预防性储蓄与增长效应，而后者正是本章关注的焦点问题。

为此，本章从理论和实证两个方面考察预期寿命延长对储蓄、物质资本积累以及经济增长的影响。本章的理论研究发现，预期寿命与国民储蓄率、物质资本积累速度及经济增长率之间均表现为倒"U"形变化关系。具体地，在达到门槛年龄值之前，预期寿命延长将会提高储蓄率、促进物质资本积累并推动经济增长，而在达到门槛年龄值之后，预期寿命继续延长则会对储蓄、物质资本积累以及经济增长产生负面影响。针对理论研究的结果，本章使用1997年至2017年中国省级面板数据，利用面板固定效应和随机效应模型以及面板工具变量法进行实证检验，证实了人口平均预期寿命与国民储蓄率、物质资本积累速度以及经济增长率之间存在的倒"U"形关系，并且在所选样本期内，预期寿命延长对国民储蓄率、物质资本积累速度和经济增长率均具有显著的正向影响。此外，本章还进行了地区异质性分析，发现受地区人口结构、经济等因素的影响，预期寿命延长的储蓄、物质资本积累与经济增长效应在东部地区更为明显。本章认为，尽管中国的高储蓄率现象可能还会持续一段时间，但是在长寿的冲击下，中国的高储蓄率优势正在逐步丧失，这意味着在预期寿命持续延长的社会发展阶段，"高储蓄（高投资）、高增长"的经济发展模式是难以为继的。因此，要应对长寿风险，开拓未来的增长源泉并加快经济增长动力的转换是我国的当务之急。

本章剩下部分安排如下，第二节为相关文献回顾并引出本章的贡献，第三节通过构建一个包含死亡率连续变化的随机世代交叠模型进行理论分析，第四节使用中国分省面板数据进行实证检验，第五节对研究结论进行总结并结合国外应对长寿风险的经验提出相关政策建议。

第二节　相关文献回顾

预期寿命延长会通过多个渠道影响经济增长。结合本章的研究主题，下面主要梳理预期寿命延长影响储蓄率、物质资本积累与经济增长的相关文献。

一、预期寿命延长与储蓄

目前，已有大量学者从不同角度研究了预期寿命延长对储蓄的影响，但并没有形成一个统一的结论。

一些研究认为，预期寿命延长会提高储蓄率（de la Croix and Licandro，1999；Barro and Sala-i-Martin，2003），其核心观点是，预期寿命延长会激发个人的预防性储蓄，以应对更长的老年期和不确定（Yaari，1965；Bloom et al.，

2003；Sheshinski，2006；de Nardi et al.，2009；Cocco and Gomes，2012）。在我国，长寿诱致人们进行储蓄的一个重要原因是人们对当前社会保障水平的考虑。在社会保障制度水平较低或者不完善的情况下，人们不能依靠社会保障制度保障老年生活，在面临长寿风险的情况下，这将迫使理性行为人增加储蓄（袁志刚和宋铮，2000；李婧和许晨辰，2020）。同样地，Zhang 等（2001）将社会保障因素纳入世代交叠模型中，研究表明，随着预期寿命的延长，即使受到社会保障，代表性行为人并没有出现减少储蓄的行为，反而更倾向于增加储蓄。也有文献通过实证研究提供了预期寿命延长会显著提高储蓄率的证据。比如，郑长德（2007）利用 1989 年至 2005 年中国省级面板数据，发现储蓄率随着预期寿命延长而上升。刘生龙等（2012）则通过 1990 年至 2009 年中国省级面板数据发现，人均预期寿命延长对中国家庭储蓄率存在显著的正向影响，具体地，人口平均预期寿命在从 68.6 岁上升至 72.1 岁的过程中，中国的家庭储蓄率增加了 4.2%，预期寿命延长可以解释这段时间家庭储蓄率上升的 42.9%。范叙春和朱保华（2012）同样使用中国省级面板数据进行实证研究，也得到了预期寿命延长会提高国民储蓄率的结论。汪伟和艾春荣（2015）在系统分析人口老龄化的寿命效应和负担效应的基础上，通过构建三期世代交叠模型，并使用中国省级面板数据，从理论和实证两个方面，证实了预期寿命延长对储蓄率的上升具有显著影响，"未雨绸缪"的预防性储蓄动机可以解释中国储蓄率的上升以及区域间的梯度差异。杨继军（2016）基于生命周期理论和中国省级面板数据，从理论和实证两个方面讨论了预期寿命延长对居民储蓄率的影响，发现预期寿命延长会促使居民增加储蓄，并且在样本期内，预期寿命延长导致的居民储蓄率上升可以解释总储蓄率上升的 36.91%。章元和王驹飞（2019）基于 2005 年至 2013 年地级市面板数据研究发现，预期寿命延长提高了城镇居民的家庭储蓄率，并且预期寿命每延长 1 年，城镇居民家庭储蓄率将上升 3.7%。黄玲丽（2019）使用 1997

年至 2006 年中国省级面板数据研究发现，人口平均预期寿命每延长 1 年，中国居民储蓄率会提高约 0.289 个百分点。王树和吕昭河（2019）在把代际因素纳入世代交叠模型进行理论分析的基础上，利用 1989 年至 2016 年我国省级面板数据进行了实证检验，同样也发现了预期寿命延长对居民储蓄率的正向影响。

也有一些研究表明，预期寿命延长可能会降低储蓄率。预期寿命延长的同时也会改变人口年龄结构，一个突出的特征是老年人口在总人口中的比重上升。根据生命周期理论，代表性行为人通常在成年期获得工资收入进行消费和储蓄，在老年期不工作只消费，处于负储蓄状态。那么，从生命周期理论的思路出发，随着老年人口的增加，赡养负担加重，国民储蓄率将趋于下降（Leff，1969；Hurd，1990；Andersson；2001；Horioka，2006；Wakabayashi and Hewings，2007）。在实证研究方面，Loayza 等（2000）以 1965 年至 1994 年 102 个国家的数据为研究样本，发现老年抚养比与国民储蓄率存在负相关关系，老年抚养比每提升 3.5 个百分点，国民储蓄率将会减少 2 个百分点。同样地，Bosworth 和 Chodorow-Reich（2007）使用 1960～2005 年 85 个国家的面板数据也发现，当老年抚养比上升时，国民储蓄率会出现下降。Horioka（2010）使用中国和日本数据研究发现，预期寿命延长导致老年人口比重上升，不仅降低了家庭储蓄率，同时也降低了私人、政府以及整个国家的储蓄率。杨继军和张二震（2013）使用中国省级面板数据研究发现，居民预期寿命延长所带来的老年人口比重上升会降低居民储蓄率。在理论研究方面，Skinner（1985）提出了一个消费和遗赠模型，研究发现，虽然在生命周期理论框架下，预期寿命延长会提高储蓄率，但在考虑遗赠动机以后，预期寿命延长对储蓄的正向影响会被抵消，甚至会变为负向影响。在生命周期模型的基础上，Bloom 等（2003）认为，在劳动的负效用比较低的情况下，理性行为人能够获得一个更长的工作期，如果个体工作年限与寿命成比例上升，那么寿命延长对储蓄率不会有影响,但由于退休年龄上升的比例通常小于寿命上升的比例,所以寿命延长将会使储蓄率下降。Bloom 等（2007）则将养老保障制度因素考虑在内,通过构建理论模型发现,在无社会保障制度和完美资本市场的情形下,人们对寿命延长的最优反应是延长工作期的长度,对储蓄率则没有影响或者是负向影响。然而,当一国的社会保障制度提供了较强的退休激励而退休年龄却固定不变时,更长的寿命会使退休后的生活时间变长,进而会激励理性行为人在退休前增加储蓄。

还有一些研究指出,预期寿命延长对储蓄率的影响可能是非线性的或者是异质性的,并且在考虑了其他因素后,预期寿命延长对储蓄率的影响也是不确定的。许非和陈琰（2008）把寿命不确定性引入世代交叠模型,通过数值模拟发现在一定的预期寿命年龄区间内,储蓄率会随着预期寿命的延长而提高,但超过该年龄段以后,预期寿命延长则会降低储蓄率,因此,预期寿命与储蓄率之间表现为倒"U"形关系。范叙春和朱保华（2012）使用 1990 年至 2009 年省级面板数据研究发现,预期寿命的延长对国民储蓄率的影响存在长期和短期差异,短期内老年抚养比上升会提高国民储蓄率,而长期内老年抚养比上升则会降低国民储蓄率。赵文哲和董丽霞（2013）基于 1960 年至 2011 年跨国面板数据研究表明,老年抚养比上升一开始会提高储蓄率,经过一定时期之后,老年抚养比继续上升会导致储蓄率下降。李猛（2020）使用 2000 年至 2016 年 127 个国家和地区的面板数据研究发现,中青年预期寿命的延长会提高储蓄率,而老年预期寿命的上升则会降低储蓄率。在考虑其他因素的情况下,蔡兴（2015）利用 2002 年至 2013 年中国省级面板数据进行研究后指出,虽然中国人口平均预期寿命延长会提升居民储蓄率,但在考虑了养老保险因素后,预期寿命延长对储蓄率的正向作用会随着养老保险水平和覆盖率的提高而被削弱。王亚章（2016）把隔代抚养因素引入世代交叠模型,研究发现,当老年人没有提供隔代照料时,预期寿命延长会促使个人储备更多的养老资源以平滑其一生的消费,结果是储蓄率会上升,而当老年人提供隔代照料时,由于子女会给予老年人一笔赡养费,因此个人用于养老的储蓄会相应减少。

二、预期寿命延长与物质资本积累

关于预期寿命延长对物质资本积累的影响,现有研究也没有得出一致结论。

一些研究指出,预期寿命延长会促进物质资本积累,相关文献主要从预防性储蓄视角来进行探讨。Yaari(1965)较早构建理论模型讨论理性个体在寿命不确定情形下的储蓄行为,研究发现个体为了防止老年期消费水平下降,会相应地增加工作期的储蓄,这种"未雨绸缪"的储蓄动机将会促进物质资本积累(Lee and Mason,2006)。胡仕强和许谨良(2011)将连续死亡率和我国"统账结合"的养老保险制度纳入世代交叠模型,考察了长寿对物质资本积累的影响,通过数值模拟发现,无论养老保险制度因素是否存在,预期寿命延长都会带来物质资本积累水平提高。康传坤和楚天舒(2014)通过构建一个包含养老保险社会统筹缴费率的一般均衡世代交叠模型,理论分析发现预期寿命延长会提高劳均资本存量。王有鑫和赵雅婧(2016)将人口生育率与预期寿命加入包含两部门的世代交叠模型当中,研究发现,为了保障退休期的消费需要,预期寿命延长会促使理性个体在工作期进行更多的储蓄,从而促进物质资本积累。严成樑(2017)通过数值模拟发现,预期寿命延长会刺激理性个体在年轻时期增加储蓄,从而提高均衡状态下的资本存量水平。Hsu等(2018)将生育、教育投资等因素纳入世代交叠模型中,认为预期寿命延长会提高储蓄率,从而促进物质资本积累。

另一些研究指出,预期寿命延长会阻碍物质资本积累。现有文献主要从经济资源挤占角度展开讨论。李军（2013）研究认为预期寿命延长带来的老龄人口增多会挤占更多经济资源，这将降低用于资本积累的产出，从而不利于物质资本的积累。陈东升（2020）认为，长寿将导致老龄人口比重上升，这意味着分享资源的人口比例增加，社会用于生产投资的产出比例相对下降，在宏观层面上将会降低国民储蓄率，阻碍物质资本积累水平的提升。类似地，Ono 和 Uchida（2016）也认为，伴随着预期寿命的延长，政府将会投入更多的公共资源用于公共养老支出以应对长寿风险，这将挤占生产性公共支出，阻碍物质资本积累。

此外，也有研究认为，预期寿命延长对物质资本积累的影响不确定。例如，耿志祥等（2016）通过构建一个考虑资产价格内生的世代交叠模型，考察了预期寿命对物质资本积累的影响，研究发现预期寿命延长会提高物质资本积累水平。在长期中，预期寿命延长对物质资本积累的影响取决于资本产出弹性的大小，当资本产出弹性较小时，预期寿命延长将会增加物质资本积累；当资本产出弹性较大时，预期寿命与物质资本积累之间表现为倒"U"形关系。

三、预期寿命延长与经济增长

关于预期寿命延长对经济增长的影响，现有文献的研究结论也并不一致。

一些研究认为，预期寿命延长将会促进经济增长。预期寿命延长将促使理性行为人"未雨绸缪"，增加预防性储蓄，从而加快资本积累，进而促进经济增长。Zhang J 和 Zhang J S（2005）通过构建一个考虑生存不确定性的增长模型发现，预期寿命延长将会提高储蓄率和经济增长率，同时利用 76 个国家的截面数据验证了其理论分析的结果。Li 等（2007）建立了一个考虑预期寿命延长和人口抚养负担的世代交叠模型，并使用世界银行 1963～2003 年

150 个国家的面板数据，分析了预期寿命延长对储蓄与经济增长的影响，研究发现预期寿命延长显著地提高了经济增长率。Anderson（2005）在经济核算过程中，将人口平均预期寿命因素考虑在内，讨论了 20 世纪 90 年代非洲预期寿命与经济增长的关系，发现预期寿命延长促进了非洲的经济增长。此外，Shafi 和 Fatima（2019）基于七国集团数据的实证研究也支持了预期寿命延长会促进经济增长的结论。

罗凯（2006）基于中国第 3～5 次全国人口普查数据以及 1977～2002 年省级面板数据，实证研究发现预期寿命每延长 1 岁，GDP 增长率将提高约 1.06 至 1.22 个百分点。蒋萍等（2008）利用我国 1957～2006 年健康与经济增长相关数据发现，预期寿命延长对经济增长具有显著的促进作用，并且这一促进作用主要通过物质资本积累渠道实现。刘长生和简玉峰（2011）通过建立一个考虑预期寿命的三期世代交叠模型，并利用我国 1994 年至 2009 年省级面板数据，考察了预期寿命与内生经济增长之间的关系，研究发现预期寿命延长将会引起私人储蓄以及物质资本存量增加，这将有助于促进经济增长。张琼和白重恩（2011）利用我国 2000～2007 年县级层面数据发现，2000 年人均预期寿命比全国平均水平高 1%的县市在 2000 年至 2007 年的经济增长率高出全国平均 4.6 个百分点。毛毅（2013）通过构建一个考虑死亡率的三期世代交叠模型发现，预期寿命延长对经济增长的影响是模糊的，但利用中国现实参数进行数值模拟后发现，预期寿命延长促进了经济增长。黄玲丽（2019）基于 1997～2006 年省级面板数据研究发现，预期寿命每延长 1 年，居民储蓄将提高约 0.289 个百分点，对经济增长的贡献度将达到 13%。张颖熙和夏杰长（2020）基于 1960～2016 年 84 个国家面板数据实证研究发现，预期寿命延长对经济增长具有正向作用，并且主要通过劳动力、物质资本等渠道影响经济增长，但是伴随预期寿命的延长，这些渠道的作用将趋于弱化。

也有一些研究认为，预期寿命延长会阻碍经济增长。预期寿命延长将会增加老年人口数量，根据生命周期理论，个体通常在工作期进行正储蓄，退休期进行负储蓄，那么老年人口增多将会降低国民储蓄率，从而不利于经济增长。并且，与老年人相比，年轻人具有更高的劳动生产率，而预期寿命延长将可能稀释年轻人口比重，进而降低社会平均劳动生产率，这也会抑制经济增长。此外，在财政支出不变的情况下，预期寿命延长引发的老年人口增多将会促使财政支出向养老、医疗等老年福利倾斜，从而可能挤出生产性公共支出，阻碍物质资本积累，进而抑制经济增长。Hosoya（2001）通过建立一个考虑技术变革的内生增长模型，研究认为，预期寿命延长引发的老年人口增多降低了物质资本积累与劳动生产率，这为西方国家经济增长放缓现象提供了合理解释。Ashraf等（2008）研究认为，预期寿命延长所带来的老年人口增长速度超过了物质资本等生产要素的增长速度，产生了资本稀释效应，从而降低人均GDP增速，Hosoya（2001）、Acemoglu和Johnson（2007）、Hansen和Lønstrup（2015）的理论研究也支持这一结论。Lawal等（2020）将预期寿命引入新古典生产函数中进行理论分析，研究发现预期寿命延长将会阻碍经济增长。景鹏和郑伟（2020）把财政支出考虑进世代交叠模型中，考察预期寿命延长对经济增长的影响，研究发现，预期寿命延长将会提高财政养老保险支出占比，降低劳均产出和总产出。

还有一些研究发现，预期寿命与经济增长之间存在非线性关系。Barro和Wolf（1989）利用170个国家跨国样本研究了预期寿命与经济增长的关系，发现预期寿命对经济增长的影响是非线性的，只有当预期寿命处在60~69岁时，预期寿命延长才会提高人均GDP增长率，而当预期寿命超过70岁之后，预期寿命延长将会降低人均GDP增长率。Boucekkine等（2002）同样认为预期寿命对经济增长的影响存在阈值，当预期寿命处于较低水平时，预期寿命延长将会促进经济增长，当预期寿命超过特定阈值后，预期寿命延长将会抑制经济增长。Echevarría 和 Cruz（2002）基于时间连续型世代交叠模型研究发现，预期寿命与人均 GDP 增长率呈现倒"U"形变化。许非和陈琰（2008）通过构建一个考虑寿命不确定性的世代交叠模型，经过数值模拟后发现，在特定年龄段，预期寿命延长将会促进经济增长，当预期寿命超过特定年龄值时，预期寿命延长将会阻碍经济增长，即预期寿命与经济增长之间也是呈现倒"U"形关系。

四、文献评述

已有文献从不同角度考察了预期寿命延长对储蓄、物质资本积累及经济增长的影响，这为本章的研究提供了重要的理论参考与经验证据。从我国的国情来看，人口结构快速转变的同时也伴随着储蓄率的上升，而高储蓄率又是保证我国经济维持高增长的一个重要源泉，预期寿命延长对储蓄率与经济增长的影响在时间和空间上将会呈现出什么样的阶段性特征？在经济发展方式转变之前我国是否仍然能够保持高储蓄率的优势？这一系列问题都需要进行深入研究。遗憾的是，目前鲜有学者对上述问题做出回应。此外，伴随着预期寿命的延长，人口死亡率也会发生动态变化（胡仕强和许谨良，2011），但是现有研究却普遍使用死亡率固定的离散世代交叠模型来分析预期寿命的经济效应，这与现实情况明显不符。

为此，本章试图开展以下工作：首先，在理论分析方面，改变现有文献基于死亡率固定假设下构建理论模型的做法，转而将死亡率设定为连续变化的情况，在此基础上构建一个随机世代交叠模型，并将家庭的消费和储蓄、养老抚幼等因素引入模型中，从而推导出均衡条件下储蓄率和物质资本积累以及经济增长率的对应关系，然后再利用反映死亡率变化的新生命表数据，通过数值模拟得到均衡时国民储蓄率、物质资本积累速度以及经济增长率方程的数值解,并进一步讨论预期寿命延长对国民储蓄率、物质资本积累速度和经济增长率的影响。其次,本章还将利用我国 1997 年至 2017 年的省级面板数据对理论模型的结论进行检验,采用固定效应模型和随机效应模型以及工具变量方法等进行实证分析。最后,在理论与实证结果的基础上,从储蓄或物质资本积累的角度提出应对长寿冲击并促进经济增长的政策建议。

第三节 预期寿命延长影响储蓄与经济增长的理论分析

一、理论模型设定

（一）个体决策

在个体层面,假设个体在 v_0 时刻出生,所以个体在整个生命周期的期望效用为

$$\Lambda(v_0, v_0) = \int_{v_0}^{\infty} [1 - \Phi(\tau - v_0)] U[c(v_0, \tau)] e^{\theta(v_0 - \tau)} d\tau \quad (2.1)$$

其中,$U[\cdot]$ 表示瞬时效用,为简化起见,本章将瞬时效用函数设定为对数效用函数形式,即 $U[c(v_0, \tau)] = \ln c(v_0, \tau)$；$c(v_0, \tau)$ 表示 v_0 时刻出生的个体在 τ 时刻的消费,其中 $\tau \geq v_0$；θ 表示时间偏好因子,为简化起见,将其设定为常数,且 $\theta > 0$。

$\Phi(\tau - v_0)$ 为 v_0 时刻出生的个体在 τ 时刻发生死亡的概率,所以 $1 - \Phi(\tau - v_0)$ 为 v_0 时刻出生的个体在 τ 时刻仍然存活的概率。那么,根据精算数学可知,年龄为 s 的个体所面临的瞬时死力为 $m(s) = \dfrac{\phi(s)}{[1 - \Phi(s)]}$,其中 $\phi(\cdot)$ 和 $\Phi(\cdot)$ 分别表示死力的概率密度函数和概率分布函数,所以累计死力为

$M(\tau-v_0)=\int_0^{\tau-v_0}m(s)\mathrm{d}s$，由此可知，$1-\Phi(\tau-v_0)=\mathrm{e}^{-M(\tau-v_0)}$。因此，个体的终生期望效用式（2.1）又可以转变为

$$\Lambda(v_0,v_0)=\int_{v_0}^{\infty}\ln c(v_0,\tau)\mathrm{e}^{-[\theta(\tau-v_0)+M(\tau-v_0)]}\mathrm{d}\tau \quad (2.2)$$

进而可以知道，v_0 时刻出生的个体在 t 时刻依然存活的条件下（$t<\tau$），其期望效用为

$$\Lambda(v_0,t)=\mathrm{e}^{M(t-v_0)}\int_t^{\infty}\ln c(v_0,\tau)\mathrm{e}^{-[\theta(\tau-t)+M(\tau-v_0)]}\mathrm{d}\tau \quad (2.3)$$

在个人预算约束方面，借鉴 Yaari（1965）和 Blanchard（1985）的研究，本章将个人预算约束设定为

$$\begin{aligned}\dot{a}(v_0,\tau)=&[R+m(\tau-v_0)]a(v_0,\tau)+L(v_0,\tau)w(v_0,\tau)(1-n\kappa)\\&+\gamma n[1-L(v_0,\tau)]L(v_1,\tau)w(v_1,\tau)-c(v_0,\tau)\end{aligned} \quad (2.4)$$

在个人预算约束式（2.4）中，假设个体一生中的收入只来源于工作时的工资以及退休后子女的赡养费，并且个体在生命周期内不存在遗赠动机和借贷行为，同时个体在生命结束时恰好将个人财富消耗殆尽。$a(v_0,\tau)$ 为个人实际金融财富，根据精算平衡原则，收益取决于死力和市场利率。当 $v_0=\tau$ 时，$a(v_0,v_0)=0$ 且 $a(v_0,v_0+T)=0$，T 为个体可以存活的最大年龄。R 为外生给定的实际利率，$L(v_i,\tau)$ 表示 v_i 时刻参加工作的个体在 τ 时刻的劳动供给，当个体处于工作期时，$L(v_i,\tau)$ 为 1，当个体处于退休期时，$L(v_i,\tau)$ 等于 0。个体工作期获得的工资除用于自身消费外，还有 κ 比例的工资用于养育子女，子女数量为 n。个体在退休期获得的赡养费源自子女 γ 比例的工资。

根据式（2.3）和式（2.4），求解个体效用最大化问题，本章构建如式（2.5）所示的汉密尔顿函数：

$$H = \ln c(v_0,\tau) e^{\{-[\theta(\tau-v_0)+M(\tau-v_0)]\}}$$
$$+ \lambda(v_0,\tau)\{[R+m(\tau-v_0)]a(v_0,\tau) + L(v_0,\tau)w(v_0,\tau)(1-n\kappa)$$
$$+ \gamma n[1-L(v_0,\tau)]L(v_1,\tau)w(v_1,\tau) - c(v_0,\tau)\} \quad (2.5)$$

在式（2.5）中，λ 为拉格朗日乘子。那么通过对式（2.5）两边求 $c(v_0,\tau)$ 的偏导，可以得到：$\dfrac{\partial H}{\partial c(v_0,\tau)} = \dfrac{e^{-[\theta(\tau-v_0)+M(\tau-v_0)]}}{c(v_0,\tau)} - \lambda(v_0,\tau) = 0$，即

$$e^{-[\theta(\tau-v_0)+M(\tau-v_0)]} = \lambda(v_0,\tau)c(v_0,\tau) \quad (2.6)$$

将式（2.6）代入式（2.5），即消掉式（2.5）中的 $c(v_0,\tau)$，最大化的汉密尔顿函数可以转变为

$$H = -[\theta(\tau-v_0)+M(\tau-v_0)+ln\lambda(v_0,\tau)]e^{-[\theta(\tau-v_0)+M(\tau-v_0)]}$$
$$+ \lambda(v_0,\tau)\{[R+m(\tau-v_0)]a(v_0,\tau) + L(v_0,\tau)w(v_0,\tau)(1-n\kappa)$$
$$+ \gamma n[1-L(v_0,\tau)]L(v_1,\tau)w(v_1,\tau) - c(v_0,\tau)\} - e^{-[\theta(\tau-v_0)+M(\tau-v_0)]} \quad (2.7)$$

根据式（2.5），可以得到关于 λ 的微分方程：$\dot{\lambda}(v_0,\tau) = -\dfrac{\partial H}{\partial a(v_0,\tau)} = -\lambda(v_0,\tau)[R+m(\tau-v_0)]$，即

$$\frac{\dot{\lambda}(v_0,\tau)}{\lambda(v_0,\tau)} = -[R+m(\tau-v_0)] \quad (2.8)$$

式（2.6）两边对 τ 求偏导数，并结合式（2.8），可以得到个体对应的消费欧拉方程：

$$\frac{\dot{c}(v_0,\tau)}{c(v_0,\tau)} = R - \theta \quad (2.9)$$

根据式（2.9）可以知道，消费的增长率取决于个体所面临的市场利率和自身时间偏好之间的比较。当市场利率超过时间偏好因子时，个体更加偏好当前消费，消费增长率上升；反之，个体更倾向于未来消费，消费增长率下

降。进一步，对式（2.9）两边求积分可以得到：

$$c(v_0,\tau) = c(v_0,t)e^{(R-\rho)(\tau-t)} \tag{2.10}$$

根据个人预算约束式（2.4），令

$$F(v_0,t,\tau) = e^{-[R(\tau-t)+M(\tau-v_0)-M(t-v_0)]} \tag{2.11}$$

对式（2.11）两边求τ的偏导数，可以得到：

$$\frac{\partial F(v_0,t,\tau)}{\partial \tau} = -[R+m(\tau-v_0)]F(v_0,t,\tau) \tag{2.12}$$

根据式（2.4），得到：

$$F(v_0,t,\tau)\{\dot{a}(v_0,\tau) - [R+m(\tau-v_0)]a(v_0,\tau)\}$$
$$= F(v_0,t,\tau)\{L(v_0,\tau)w(v_0,\tau)(1-n\kappa) + \gamma n[1-L(v_0,\tau)]L(v_1,\tau)w(v_1,\tau) - c(v_0,\tau)\} \tag{2.13}$$

式（2.13）右边可以转化为

$$\frac{\mathrm{d}a(v_0,\tau)F(v_0,t,\tau)}{\mathrm{d}\tau} = F(v_0,t,\tau)\{L(v_0,\tau)w(v_0,\tau)(1-n\kappa) + \gamma n[1-L(v_0,\tau)]L(v_1,\tau)w(v_1,\tau) - c(v_0,\tau)\}$$

$$\int_t^\infty \mathrm{d}a(v_0,\tau)F(v_0,t,\tau) = \int_t^\infty F(v_0,t,\tau)\{L(v_0,\tau)w(v_0,\tau)(1-n\kappa) + \gamma n[1-L(v_0,\tau)]L(v_1,\tau)w(v_1,\tau) - c(v_0,\tau)\}\mathrm{d}\tau \tag{2.14}$$

又由于，

$$\lim_{\tau\to\infty}a(v_0,\tau)F(v_0,t,\tau) - a(v_0,t) = \int_t^\infty F(v_0,t,\tau)\{L(v_0,\tau)w(v_0,\tau)(1-n\kappa) + \gamma n[1-L(v_0,\tau)]L(v_1,\tau)w(v_1,\tau) - c(v_0,\tau)\}\mathrm{d}\tau \tag{2.15}$$

根据禁止庞氏博弈条件可知，个体在生命结束时个人的真实财富恰好消耗殆尽，即财富为0，所以式（2.15）可以简化为

$$\int_t^\infty F(v_0,t,\tau)c(v_0,\tau)\mathrm{d}\tau = \int_t^\infty F(v_0,t,\tau)\{L(v_0,\tau)w(v_0,\tau)(1-nk)+\gamma n[1-L(v_0,\tau)]$$
$$L(v_1,\tau)w(v_1,\tau)-c(v_0,\tau)\}\mathrm{d}\tau + a(v_0,t)$$

（2.16）

将式（2.10）代入式（2.16）得

$$c(v_0,t) = \left(a(v_0,t)+\int_t^\infty F(v_0,t,\tau)\{L(v_0,\tau)w(v_0,\tau)(1-n\kappa)\right.$$
$$\left.+\gamma n[1-L(v_0,\tau)]L(v_1,\tau)w(v_1,\tau)-c(v_0,\tau)\}\mathrm{d}\tau\right)\bigg/\int_t^\infty \mathrm{e}^{-\theta(\tau-t)-[M(\tau-v_0)-M(t-v_0)]}\mathrm{d}\tau$$

（2.17）

在式（2.17）中，令 $t=v_0$，可以得到出生于 v_0 时刻的个体消费为

$$c(v_0,v_0) = \frac{\int_{v_0}^{v_0+T}\mathrm{e}^{-R(\tau-v_0)-M(\tau-v_0)}\{L(v_0,\tau)w(v_0,\tau)(1-n\kappa)+\gamma n[1-L(v_0,\tau)]L(v_1,\tau)w(v_1,\tau)\}\mathrm{d}\tau}{\int_{v_0}^{v_0+T}\mathrm{e}^{-\theta(\tau-v_0)-M(\tau-v_0)}\mathrm{d}\tau}$$

（2.18）

根据式（2.4）至式（2.18），可以得到预期生命周期内个体实际拥有的金融财富的变化路径为

$$a(v_0,\tau)\mathrm{e}^{-R(\tau-v_0)-M(\tau-v_0)} = \int_{v_0}^\tau w(s)\mathrm{e}^{-[R(\tau-v_0)+M(\tau-v_0)]}\mathrm{d}s$$
$$-c(v_0,v_0)\int_{v_0}^\tau \mathrm{e}^{-\theta(s-v_0)-M(s-v_0)}\mathrm{d}s$$

（2.19）

（二）企业决策

假设市场结构是完全竞争的，企业对应的生产函数设定为

$$Y_i(t) = A(t)K_i(t)^\alpha L_i(t)^{1-\alpha}$$

（2.20）

其中，α 表示物质资本产出弹性，并且 $0<\alpha<1$。$Y_i(t)$ 表示企业 t 期的产出，总产出为 $Y(t)=\sum_i Y_i(t)$；$K(t)$ 表示 t 期的资本投入量，总资本为 $K(t)=\sum_i K_i(t)$。$L(t)$ 表示 t 期的劳动供给量，总劳动供给为 $L(t)=\sum_i L_i(t)$。$A(t)$ 表示全要素水平，假设生产具有资本积累的外部性（Romer，1986），所以 $A(t)=A(0)k(t)^{1-\alpha}$，$A(0)$ 为要素初始值，$k(t)$ 为整个社会的劳均资本存量，$k_i(t)$ 为单个企业的劳均资本存量，$k_i(t)=K_i(t)/L_i(t)$，稳态时，有 $k_i(t)=k(t)=k^*$。单个企业的劳均产出为 $y_i(t)=Y_i(t)/L_i(t)=A(t)k_i(t)^{\alpha}$，整个社会的劳均产出为 $y(t)$，稳态时有 $y_i(t)=y(t)=y^*$。

在完全竞争市场中，经济中不存在失业和闲置资本，各要素按照边际产品获得报酬，在企业生产过程中，劳动获得工资收入 $w_i(t)$，并且我们假定工资以 g 的速度增长，即 $w_i(t)=w_i(v)\mathrm{e}^{g(t-v)}$，资本获得回报 $R_i(t)$，所以企业利润可以表示为

$$\pi_i(t)=Y_i(t)-w_i(t)L_i(t)-R_i(t)K_i(t) \qquad (2.21)$$

求解单个企业利润极大化问题，可以得到

$$w_i(t)=(1-\alpha)A(t)k_i(t)^{\alpha} \qquad (2.22)$$

$$R_i(t)=\alpha A(t)k_i(t)^{\alpha-1} \qquad (2.23)$$

根据式（2.20）和式（2.23），可以得到整个市场的平均工资以及平均资本回报：

$$w(t)=(1-\alpha)y(t) \qquad (2.24)$$

$$R(t)=\alpha A(0) \qquad (2.25)$$

稳态时，

$$w^* = (1-\alpha)A(0)k^* \quad (2.26)$$

$$R^* = \alpha A(0) \quad (2.27)$$

根据式（2.25）和式（2.27），$R(t)=R^*$，即资本回报率 R 在任何时刻都相等，都仅取决于资本产出弹性 α 和要素初始水平 $A(0)$。

（三）人口因素

由于个体的死力是一个随时间变化的量，那么，人口数就不再是一个确定的常数。因此，本章考虑将连续变化的死力纳入人口变化模型中，刻画实际人口数变化。假设 v_0 时刻的出生人口数为 $B(v_0)$，那么在 τ 时刻的总人口数则为 $B(\tau)=B(v_0)\mathrm{e}^{n(\tau-v_0)}$。

考虑到长寿风险所带来的寿命不确定性情况，对总人口数方程两边同时乘以生存概率，就可以得到寿命不确定性下的人口数。根据精算数学可知，生存概率可以用死力表示，即 $p_{v_0}^{\tau}=\mathrm{e}^{-M(\tau-v_0)}$，$p_{v_0}^{\tau}$ 表示 v_0 时刻出生的人活过 τ 时刻的概率。那么 v_0 时刻出生的人口在 τ 时刻 $B(\tau)=B(v_0)\mathrm{e}^{n(\tau-v_0)-M(\tau-v_0)}$。

由于劳动供给函数 $L(\tau)$ 为瞬时劳动供给函数 $L(v_0,\tau)$ 的积分，所以，

$$L(\tau)=\int_{v_0}^{\tau}L(v_0,\tau)\mathrm{d}u=B(\tau)\int_{0}^{Tr}\mathrm{e}^{-nx-M(x)}\mathrm{d}x \quad (2.28)$$

同时可以得到 τ 时刻的总消费量和总金融财富水平：

$$C(\tau)=\int_{\tau-T}^{\tau}B(\tau)\mathrm{e}^{-nx-M(x)}c(v_0,\tau)\mathrm{d}x \quad (2.29)$$

$$a(\tau)=\int_{\tau-T}^{\tau}B(\tau)\mathrm{e}^{-nx-M(x)}a(v_0,\tau)\mathrm{d}x \quad (2.30)$$

二、理论模型分析

（一）预期寿命与储蓄

根据式（2.18），右边多项式中分子包括个体工作时的工资收入以及退休后来自子女的赡养费，由于工资收入只有个体在成年期参加工作后才能获得，赡养费则在个体退休期获得，所以式（2.18）又可以写成如式（2.31）的形式：

$$c(v_0, v_0) = \frac{\int_{v_0+T_w}^{v_0+T_r} e^{-Rx-M(x)} L(v_0, \tau) w(v_0, \tau)(1-n\kappa) dx + \int_{v_0+T_r}^{v_0+T} e^{-Rx-M(x)} \gamma n \left[1 - L(v_0, \tau)\right] L(v_1, \tau) w(v_1, \tau) dx}{\int_{v_0}^{v_0+T} e^{-\theta x - M(x)} dx} \quad (2.31)$$

稳态时，个体在 v 时刻的消费率为

$$\frac{c(v,v)}{w(v)} = \frac{(1-n\kappa)\int_{v+T_w}^{v+T_r} e^{-R^*x+gx-M(x)} dx + \gamma n \int_{v+T_r}^{v+T} e^{-R^*x+gx-M(x)} dx}{\int_{v}^{v+T} e^{-\theta x - M(x)} dx} \quad (2.32)$$

在全社会劳均消费率上，由于 $c(\tau) = C(\tau)/A(\tau)L(\tau)$，同时结合式（2.29），在任意时刻 τ，可以得到：

$$\frac{c(\tau)}{w(\tau)} = \frac{\left[(1-n\kappa)\int_{\tau+T_w}^{\tau+T_r} e^{-R^*x+gx-M(x)} dx + \gamma n \int_{\tau+T_r}^{\tau+T} e^{-R^*x+gx-M(x)} dx\right]}{\int_{\tau}^{\tau+T} e^{-\theta x - M(x)} dx}$$

$$\times \frac{\int_{\tau}^{\tau+T} e^{-(\theta+n+g-R^*)x - M(x)} dx}{\int_{\tau}^{\tau+T_r} e^{-nx - M(x)} dx} \quad (2.33)$$

令式（2.19）除以式（2.24），可以得到 τ 时刻的储蓄率为

$$ssr(\tau) = \frac{a(\tau)}{w(\tau)} = \int_{\tau}^{\tau+T} e^{-(n+g)x - M(x)} \frac{a(v, v+x)}{w(v)} dx \quad (2.34)$$

其中，根据式（2.19）可知，

$$\frac{a(v, v+x)}{w(v)} = e^{Rx + M(x)} \left\{ \int_{v}^{v+x} e^{-(R-g)x - M(x)} dx - \frac{c(v,v)}{w(v)} \int_{v}^{v+x} e^{-\theta x - M(x)} dx \right\} \quad (2.35)$$

从式（2.34）和式（2.35）可以看出，储蓄率表达式较为复杂并且包含的参数较多，难以直接通过求导进行比较静态分析。不过从式（2.34）可以看出，储蓄率的变化依赖于式（2.35）的变化。式（2.35）中的消费取决于个体工作时的工资收入以及退休后来自子女的赡养费。当个体处在年轻阶段时，个体的经济来源是工作获得的工资收入，伴随预期寿命的延长，个体将会"未雨绸缪"，积累更多储蓄，从而引起储蓄率上升。当个体进入退休期后，处于负储蓄阶段，年轻时候的储蓄与子女的赡养费成为个体退休后的主要经济来源，寿命延长将会增加子女的赡养负担，从而引起储蓄率下降。因此，预期寿命延长对储蓄率的影响是不确定的，取决于上述两种效应的相对强弱。

（二）预期寿命与物质资本积累和经济增长

由于市场均衡时，个人金融财富的总和等于物质资本积累，所以 $a(t) = k(t)$，那么根据式（2.34），可以得到资本-工资比率：

$$\frac{k(t)}{w(t)} = \int_{t}^{t+T} e^{-(n+g)x - M(x)} \frac{a(v, v+x)}{w(v)} dx \quad (2.36)$$

同时，根据式（2.30），可以得到瞬时金融财富水平为

$$\dot{a}(t) = (R - n)a(t) + w(t)(1 - n\kappa + \gamma n) - c(t) \quad (2.37)$$

所以由式（2.37）得到稳态时的经济增长率为

$$g=\frac{\dot{k}(t)}{k(t)}=\frac{\dot{a}(t)}{a(t)}=R^{*}-n+\frac{w(t)}{k(t)}\left[(1-n\kappa+\gamma n)-\frac{c(t)}{w(t)}\right] \quad (2.38)$$

由于式（2.38）的右边是经济增长率 g 的隐函数，所以考察预期寿命对经济增长的影响还需要通过数值模拟进行检验。同样，式（2.34）、式（2.36）也由于模型表达式较为复杂并且包含的参数较多，难以直接通过求导进行比较静态分析。所以，接下来本章将通过数值模拟，考察预期寿命对储蓄率、资本-工资比率以及经济增长率等宏观经济变量的影响。

三、数值模拟

（一）相关参数设定

虽然本章通过推导获得了储蓄率、资本-工资比率以及经济增长率的求解结果，但并不能明显看出预期寿命在其中发挥的作用，因此，为了明确预期寿命对储蓄率、资本-工资比率以及经济增长率的影响，本章进一步通过数值模拟进行检验。对于参数的设定，本章主要依据已有文献的研究结论及中国宏观统计数据进行确定，从而避免参数设置的随意性并使参数设定值更加与现实情况相符。根据推导公式可知，需要设定的参数分别是 α、θ、κ、γ、R^{*}、n、$A(0)$、T、T_r、T_w。

具体来看，α 是产品生产函数中物质资本产出弹性。在现有文献中，王小鲁和樊纲（2000）估算的资本产出弹性为 0.4，张军（2002）估算的资本产出弹性为 0.5，蔡昉等（2002）测算出的物质资本所占份额为 0.454，刘永平和陆铭（2008b）将资本产出弹性值设定为 0.4，汪伟（2012）设定的资本产出弹性值为 0.4，耿志祥等（2016）将资本产出弹性值设定为 0.3 和 1/3。结合现有研究来看，资本产出弹性值设定基本处于 0.3 至 0.5 之间。本章将物质资本产出弹性值设定为 0.3。

θ 是时间贴现因子,在连续时间变化模型中,Heijdra 和 Reijnders(2013)通过参数校准获得个体每年的时间贴现因子为 0.53%左右,于是本章将时间贴现因子 θ 设置为 0.0053。

κ 表示子女养育成本。严成樑(2018)将其设定为 0.3641。杨华磊(2019)参考 Liao(2013)的做法,将养育一个子女支出占工资的比例设为 0.8。于也雯和龚六堂(2021)将子女养育成本设定为 0.3,万春林等(2021)将其取值为 0.19,景鹏等(2021)将其取值为 0.08。参考以上文献,本章将 κ 取值为 0.3。

γ 表示赡养支出。已有研究表明,在我国成年子女向父母提供养老资源的模式相当稳定,个体通常拿出个人收入的 30%左右以实物或现金的形式用于支持老年父母的退休生活(刘永平和陆铭,2008b;汪伟,2017),本章将赡养支出比例设置为 0.3。

R^* 是市场利率,Heijdra 和 Reijnder(2013)将市场利率设定为 0.05。根据历年我国平均存款基准利率数据,本章将市场利率 R^* 设定为 0.05。

n 是人口增长率,Heijdra 和 Reijnder(2013)基于荷兰数据,将人口增长率设定为 0.01。考虑到中国情况,本章将中国 1979 年至 2019 年的人口增长率取均值,将人口增长率设定为 0.066。

$A(0)$ 是要素初始值,由于 $R^*=\alpha A(0)$,所以,根据前文对资本产出弹性 α 和市场利率 R^* 的设定,$A(0)=R^*/\alpha$,即 $A(0)$ 为 0.167。

T、T_r、T_w 分别表示个体的最大存活年龄、开始工作年龄和退休年龄。在最大存活年龄设定上,本章将个体的最大存活年龄 T 设定为 100 岁。在个体开始工作年龄和退休年龄设定上,根据我国法律规定,居民法定劳动年龄是年满 16 周岁至退休年龄,在退休年龄规定中,男性在 60 岁退休,女干部在 55 岁退休,女工人在 50 岁退休。为简化起见,本章将个体开始工作的年龄 T_w 设定为 16 岁,将退休年龄 T_r 统一设定为 60 岁(不考虑男女的异质性)。

所有参数设定如表 2.1 所示。

表 2.1 参数校准

参数	表示意义	取值
α	物质资本产出弹性	0.3
θ	时间贴现因子	0.0053
κ	子女养育成本	0.3
γ	赡养支出比例	0.3
n	人口增长率	0.066
R^*	市场利率	0.05
$A(0)$	要素初始值	0.167
T	最大存活年龄	100
T_r	退休年龄	60
T_w	开始工作年龄	16

（二）死力值模拟

除了上述参数需要设定外，还有死力 $M(x)$ 需要设定。根据精算数学公式，$p_x = e^{-M(x)}$，即个体活过 x 岁的生存概率可以用死力 $M(x)$ 表示，所以得到 $M(x) = \ln \dfrac{1}{p_x}$。那么只需要知道个体在不同年龄段的生存概率，就可以得到死力 $M(x)$。为此，借鉴 Boucekkine 等（2002）与 Heijdra 和 Reijnder（2013）的研究，设定如式（2.39）所示的人口生存概率拟合方程：

$$p_x = \beta \frac{\rho_0 - e^{\rho_1 x}}{\rho_0 - 1} \tag{2.39}$$

所以，死力表达式为

$$M(x) = -\ln\left(\beta \frac{\rho_0 - e^{\rho_1 x}}{\rho_0 - 1}\right) \tag{2.40}$$

本章使用《中国人寿保险业经验生命表（2010—2013）》对生存概率和瞬时死力进行拟合，拟合图形如图 2.2 和图 2.3 所示。从图 2.2 和图 2.3 可以看出，伴随着预期寿命的延长，个体的生存概率不断下降，特别是从 60 岁左右开始，下降速度加快。与个体的生存概率相反，预期寿命增加，对应的瞬时死力则不断增加，这种增加的速度同样也在 60 岁左右开始加快。

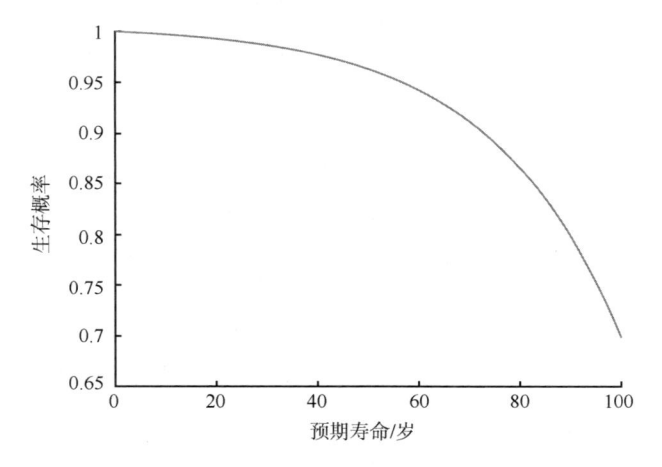

图 2.2 预期寿命与生存概率

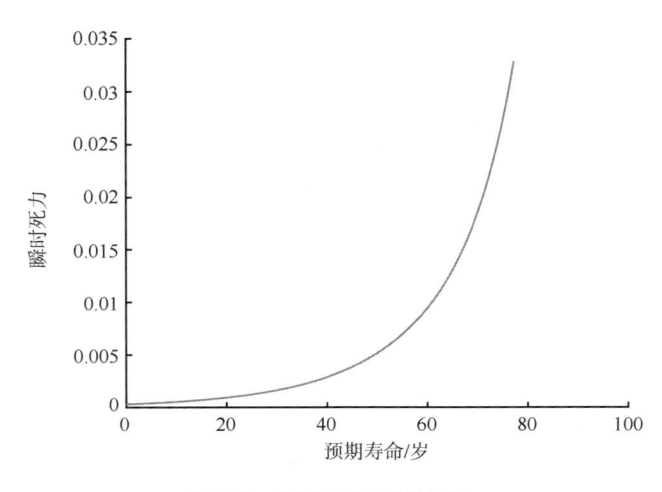

图 2.3 预期寿命与瞬时死力

（三）数值模拟结果分析

数值模拟情况如图 2.4 所示，预期寿命和储蓄率之间呈现倒"U"形关系。当预期寿命上升时，储蓄率随之上升，并且上升的速度很快，当预期寿命达到临界值 77 岁时，储蓄率达到最高，这可以部分解释我国长期以来保持的高储蓄现象。不过，当预期寿命达到拐点值并进一步上升时，储蓄率将开始下降。当前，我国人均预期寿命为 78.2 岁，恰好处在拐点值附近，那么按照图 2.4 的变化趋势，在当前参数下，如果预期寿命继续延长，那么我国储蓄率即将进入下降轨道。储蓄率产生上述变化的原因在于，当预期寿命处于较低水平时，养老负担较轻，此时"未雨绸缪"的储蓄效应大于老年负担效应，从而引起储蓄率上升。当预期寿命继续延长并迈过拐点后，养老负担加重，此时老年负担效应将会大于"未雨绸缪"的储蓄效应，加总的国民储蓄率将会随之下降。同样，预期寿命与资本-工资比率之间也存在倒"U"形关系，如图 2.5 所示。原因在于，资本来源于储蓄，那么资本-工资比率的变化也会受到储蓄率变化的影响，从而呈现出类似的变化趋势。

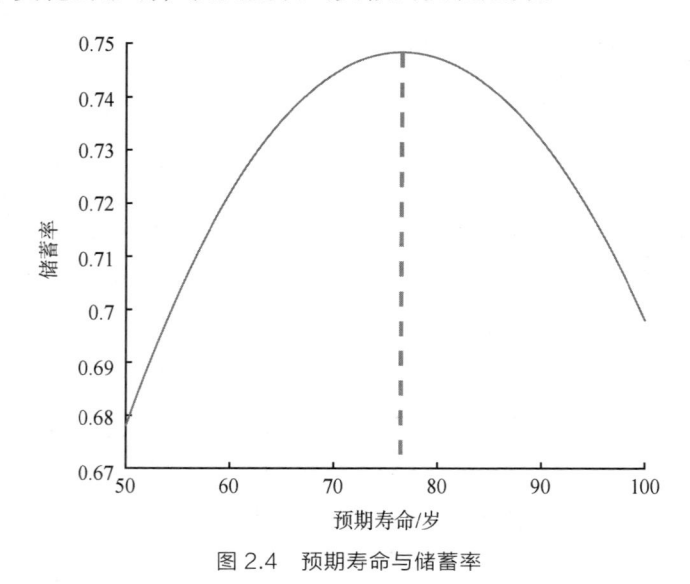

图 2.4 预期寿命与储蓄率

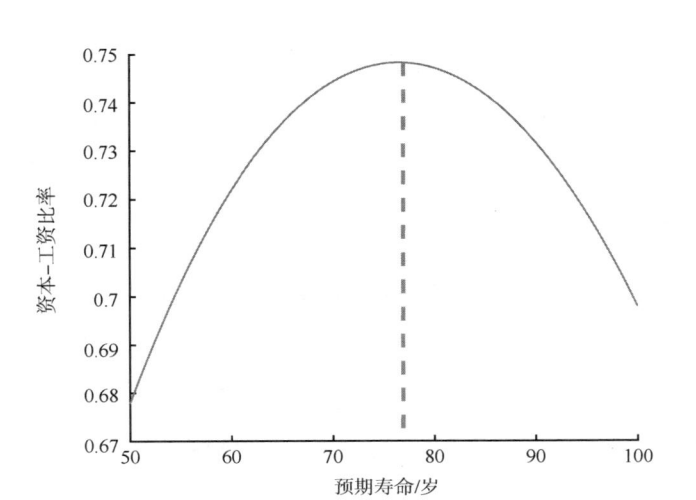

图 2.5　预期寿命与资本-工资比率

图 2.6 显示，预期寿命与经济增长率之间也表现为倒"U"形关系，拐点大致处在 76 岁，略早于储蓄率对应的拐点值。在预期寿命到达拐点之前，经济增长率随预期寿命的延长而不断提高，这可以部分解释我国最近几十年来经历的经济高增长现象。目前，我国人均预期寿命正处在拐点值附近，这表明，未来伴随预期寿命的增加，中国经济增速将随之放缓。原因在于，在当前人均

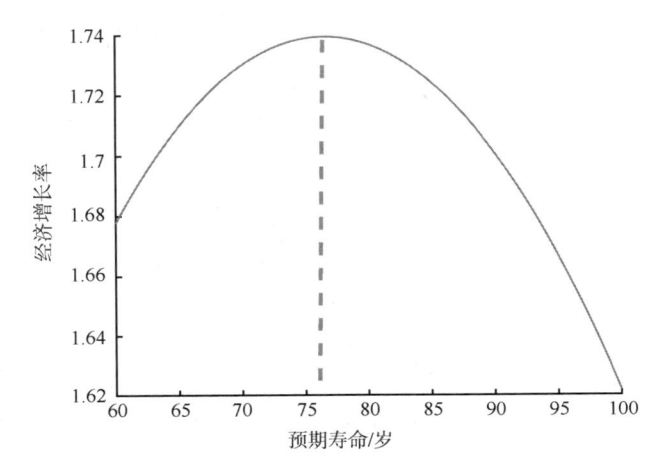

图 2.6　预期寿命与经济增长率

预期寿命水平下，寿命继续延长带来的老年负担效应将可能大于"未雨绸缪"的储蓄效应，从而引起储蓄率下降，阻碍物质资本积累，进而降低经济增速。

第四节 预期寿命延长影响储蓄与经济增长的实证分析

根据前文理论分析，预期寿命与各宏观经济变量可能存在非线性关系，本章将从数据经验层面，对前文结论做进一步的验证。

一、计量模型设定

在模型设定方面，由于本章的主要目标是讨论预期寿命延长对于国民储蓄率、物质资本积累速度及经济增长率的影响，因此，可建立如式（2.41）所示的面板模型：

$$Y_{it} = \beta_0 + \beta_1 \text{life}_{it} + \beta_2 \text{life}_{it}^2 + \beta_3 X_{it} + \mu_i + \vartheta_t + \varepsilon_{it} \qquad (2.41)$$

其中，下标 i 表示省份；下标 t 表示时间；μ_i 表示地区固定效应；ϑ_t 表示时间固定效应；ε_{it} 表示随机扰动项。式（2.41）中被解释变量 Y 可以表示国民储蓄率、物质资本积累速度及经济增长率；life 表示人口平均预期寿命；X 是一组潜在的影响国民储蓄率、物质资本积累速度及经济增长率的控制变量。并且，由于本章理论分析部分发现预期寿命与国民储蓄率以及经济增长率之间均存在倒"U"形非线性关系，所以本章还增加了预期寿命的二次项。在兼顾了预测精度和遗漏变量的考虑下，参照汪伟（2010b）、汪伟和艾春荣（2015）及何凌霄等（2015）的研究，我们控制的其他变量包括人力资本、城市化率、通货膨胀率、老年抚养比、少儿抚养比等。本节分别采用固定效应模型及随机效应模型进行计量分析，进而对被解释变量给出有效的估计。

二、数据来源与描述性统计

（一）数据来源与变量设定

本章使用的数据来源于 1997 年至 2017 年中国 31 个省区市的面板数据[①]。关于被解释变量经济增长率，我们使用人均 GDP 增长率表示，具体做法是，将历年各省区市实际人均 GDP 统一折算至 1996 年价格水平，然后计算其增长率，得到各年的人均实际 GDP 增长率。关于物质资本的积累速度，我们首先计算各期资本存量，然后计算其增长率。具体来说，借鉴张军等（2004）的研究，将资本的折旧率确定为 9.6%，使用永续盘存法计算出各期的资本存量，计算公式为"当年资本存量=上年度资本存量×（1-资本折旧率）+当年资本形成总额/固定资产投资价格指数"，并在此基础上算出其增长率。在国民储蓄率方面，本节借鉴现有研究（汪伟，2010b），使用 1-最终消费率表示。

关于核心解释变量预期寿命，本节使用历次人口普查数据中各省区市在相应调查年份的人口平均预期寿命进行表示，同时为了降低数据波动性，本节对人口平均预期寿命进行取对数处理。在控制变量方面，人力资本使用人均受教育时间表示，城市化率则使用城镇人口占总人口中比重表示，通货膨胀率使用消费价格指数（consumer price index，CPI）表示，老年抚养比使用 65 岁及以上人口数与 15～64 岁人口数的比值表示，少儿抚养比使用 14 岁以下人口数与 15～64 岁人口数的比值表示。根据以上变量设定，并经过数据整理之后，本节最终获得 651 个数据样本。各变量特征如表 2.2 所示。

[①] 资料来源：《中国统计年鉴》和《中国人口统计年鉴》，由于重庆市相关数据在 1997 年之前数据存在缺少，所以本节选择数据的年份从 1997 年开始。

表 2.2 描述性统计

变量名称	变量设定	样本数	均值	标准差	最大值	最小值
国民储蓄率	1−最终消费率	651	0.467	0.091	0.089	0.659
物质资本积累速度	（当期资本存量−上期资本存量）/上期资本存量	651	0.553	0.168	0.300	1.485
经济增长率	人均 GDP 增长率	651	0.099	0.028	−0.023	0.236
预期寿命	ln（预期寿命）	651	4.277	0.054	4.088	4.385
预期寿命²	ln（预期寿命）×ln（预期寿命）	651	18.298	0.463	16.714	19.231
人力资本	人均受教育时间	651	8.175	1.281	2.948	12.503
城市化率	城镇人口占总人口的比重	651	0.439	0.182	0.138	0.896
通货膨胀率	CPI	651	1.090	0.052	0.482	1.424
老年抚养比	65 岁及以上人口/15～64 岁人口	651	0.273	0.088	0.096	0.596
少儿抚养比	14 岁及以下人口/15～64 岁人口	651	0.122	0.028	0.049	0.219

（二）预期寿命、国民储蓄率、物质资本积累速度以及经济增长率的现实特征

为了更为细致地考察人口平均预期寿命延长对我们所关注的经济变量，国民储蓄率、物质资本积累速度及经济增长率的动态影响，本节根据前文所整理的数据绘制了各变量的散点图。

1. 预期寿命的变化趋势

图 2.7～图 2.10 呈现的是我国人均预期寿命的变化趋势。从总体上看，1997 年至 2017 年的时间里，我国人均预期寿命呈现不断上升趋势，在 2000 年之前，各省人均预期寿命的变化区间为 59.64 岁至 74.9 岁，平均为 68.07 岁。在 2000 年至 2010 年，各省人均预期寿命的变化区间是 64.37 岁至 78.14 岁，平均为 69.5 岁。到了 2010 年之后，各省人均预期寿命的变化区间是 68.17 岁至 80.26 岁，平均为 74.91 岁，这说明 2010 年以后人口寿命增加的速度变

快。从各地区人均预期寿命来看①，东部地区高于中部地区和西部地区，在 2000 年之前，东部地区人均预期寿命最低为 68.57 岁，最高为 74.9 岁；中部地区人均预期寿命最低为 66.11 岁，最高为 70.15 岁；与同期相比，西部地区对应的人均预期寿命最低是 59.64 岁，最高为 68.72 岁。在 2010 之后，东部地区

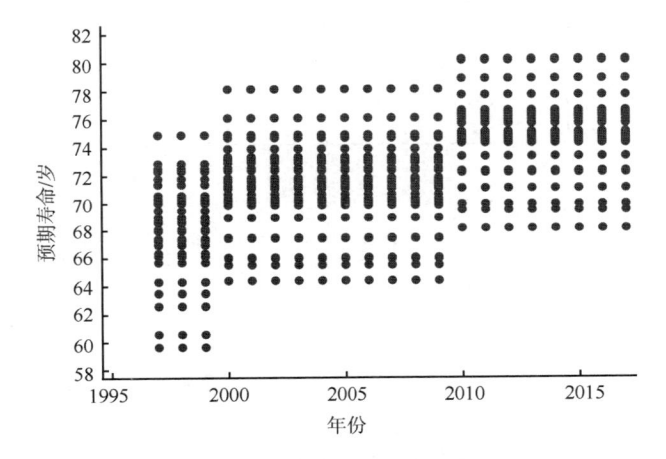

图 2.7 中国人均预期寿命

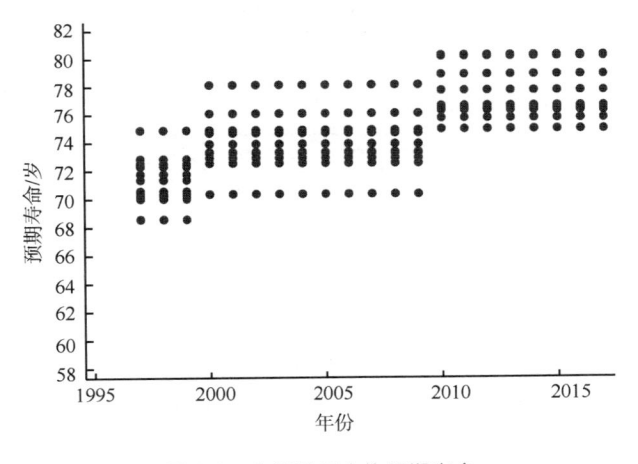

图 2.8 东部地区人均预期寿命

---

① 东部地区包括北京、天津、河北、辽宁、上海、江苏、浙江、福建、山东、广东、海南；中部地区包括山西、内蒙古、吉林、黑龙江、安徽、江西、河南、湖北、湖南、重庆；西部地区包括广西、四川、贵州、云南、西藏、陕西、甘肃、宁夏、青海、新疆。

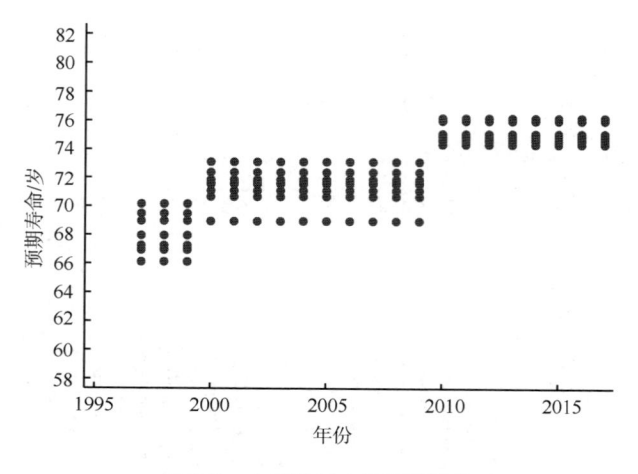

图 2.9　中部地区人均预期寿命

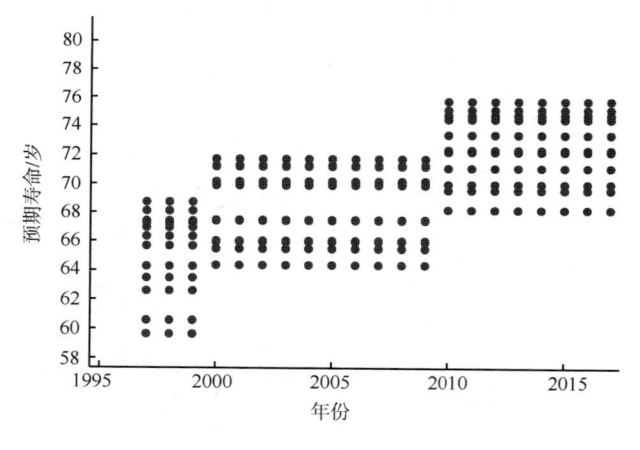

图 2.10　西部地区人均预期寿命

人均预期寿命最低为 74.97 岁，最高为 80.26 岁；中部地区人均预期寿命最低为 74.33 岁，最高为 76.18 岁；西部地区人均预期寿命最低是 68.17 岁，最高为 75.7 岁。总体来看，一方面，各地区的人均预期寿命呈上升趋势，并且这种上升趋势在明显加快；另一方面，从地区人均预期寿命的异质性来看，各地区的人均预期寿命呈现阶梯状分布，具体地，东部地区最高，中部地区次之，西部地区最低。

2. 国民储蓄率的变化趋势

图 2.11～图 2.14 呈现的是我国国民储蓄率的变化趋势。从全国层面上看，在 1997 年至 2017 年，我国国民储蓄率并没有出现较为明显的下降趋势，总体上保持在 40% 至 60%，远超过世界的平均国民储蓄率。从地区国民储蓄率的异质性来看，东部地区国民储蓄率在 1997 年至 2017 年一直处于 40% 至 60% 之间，整体趋势存在微弱下降；中部地区和西部地区的国民储蓄率在

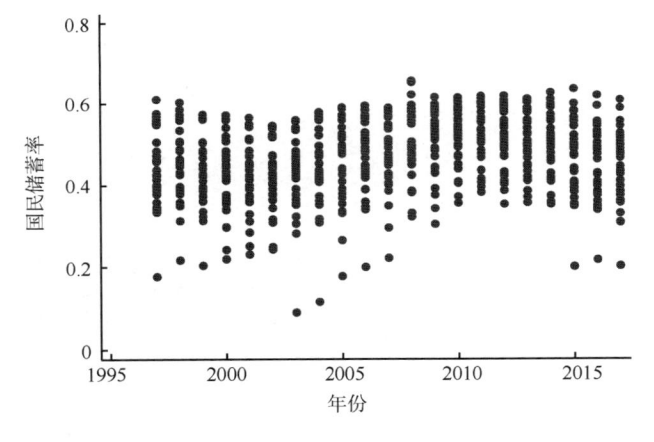

图 2.11 中国国民储蓄率

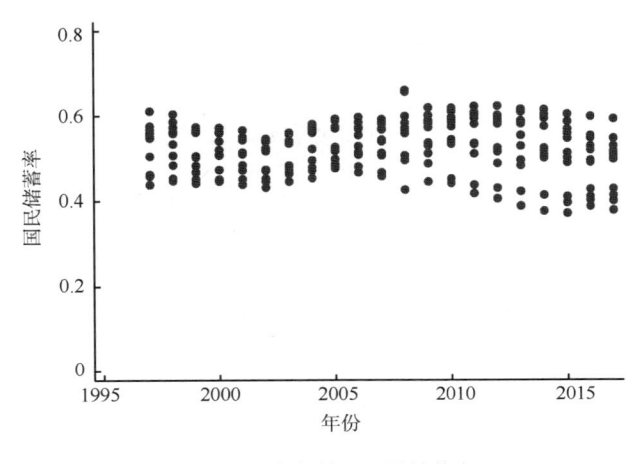

图 2.12 东部地区国民储蓄率

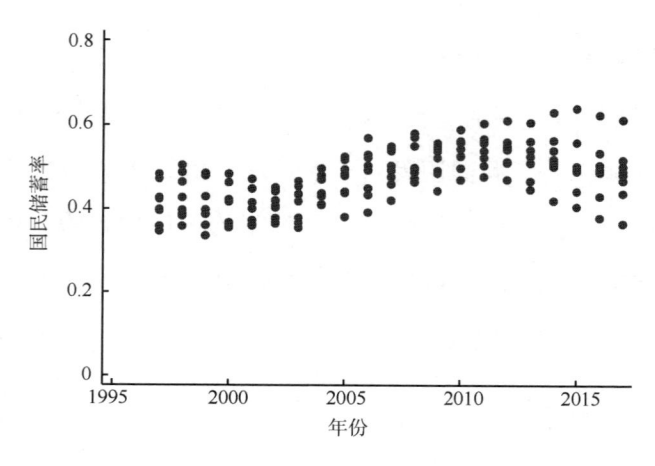

图 2.13　中部地区国民储蓄率

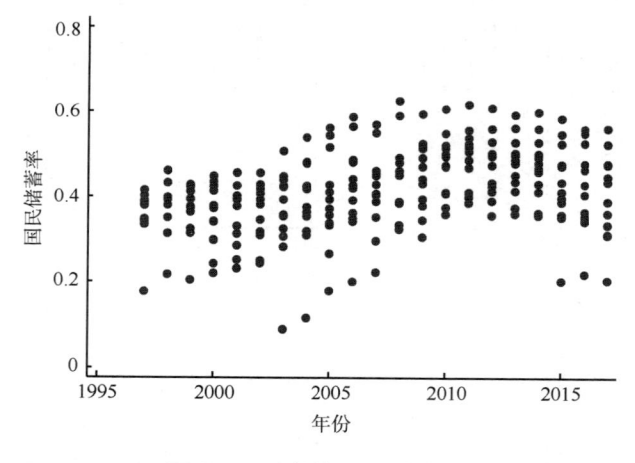

图 2.14　西部地区国民储蓄率

1997 年至 2017 年总体呈上升趋势，大多数地区的国民储蓄率也基本集中在 40% 至 60% 之间。最后，相对来看，中部地区和西部地区的国民储蓄率总体上低于东部地区，各地区也存在明显的阶梯状分布。

3. 物质资本积累速度的变化趋势

图 2.15～图 2.18 呈现的是我国物质资本积累速度的变化趋势。可以看到，无论是全国层面还是地区层面，在 1997 年至 2017 年，物质资本积累速度变

化总体均呈现下降趋势,在 2000 年之前,物质资本积累速度较快,而在 2000 之后,物质资本积累速度明显降低并逐渐保持稳定。从地区差异来看,在 2000 年之前,东部地区各省区市物质资本积累速度普遍高于中部地区和西部地区各省区市,在 2000 年之后,各地区物质资本积累速度大致相近,不过东部地区物质资本积累速度略微低于中部地区和西部地区。

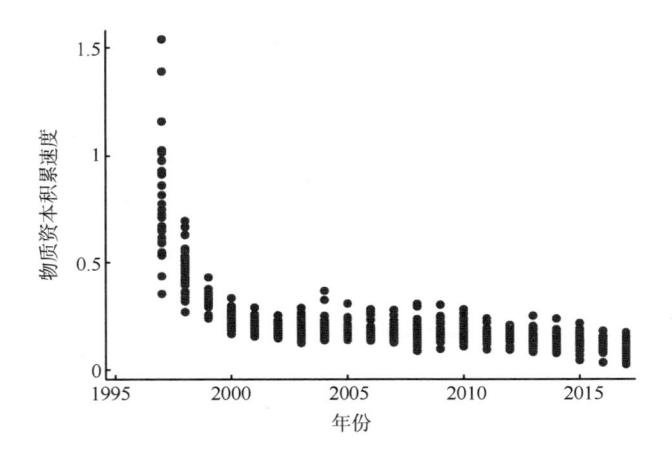

图 2.15 中国物质资本积累速度

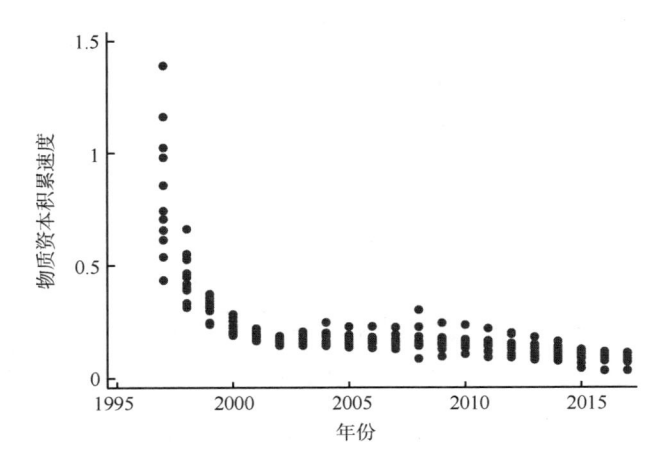

图 2.16 东部地区物质资本积累速度

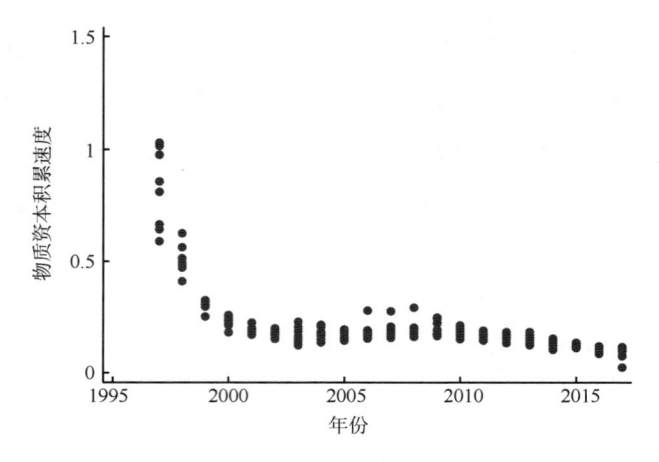

图 2.17　中部地区物质资本积累速度

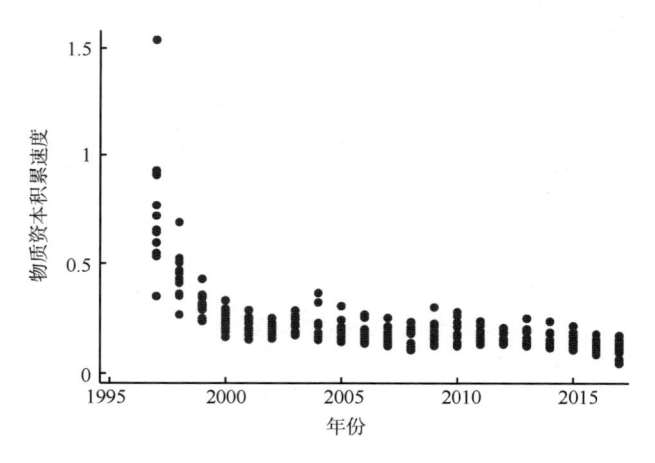

图 2.18　西部地区物质资本积累速度

4. 经济增长率的变化趋势

图 2.19～图 2.22 呈现的是我国经济增长率（这里为人均 GDP 增长率）的变化趋势。在全国层面上，从绝对数量来看，剔除和整体差异大的数据，各省区市人均 GDP 增长率最低在 5%，最高在 15%左右，1997 年至 2017 年，全国人均 GDP 平均增长率为 10%。从变化趋势上看，大致可以以 2008 年（世界金融危机爆发年份）为分界点，各省区市人均 GDP 增长率基本呈现一个先

上升后下降的变化趋势。从各地区来看,总体变化趋势与全国一致,都存在先上升后下降的变化趋势。各地区间的主要差别在于人均 GDP 增长率变化拐点所对应的时间不同,从图中可以看到,东部地区人均 GDP 增长率在 2005 年左右达到最高,中部地区大致在 2008 年,而西部地区则在 2010 年前后。

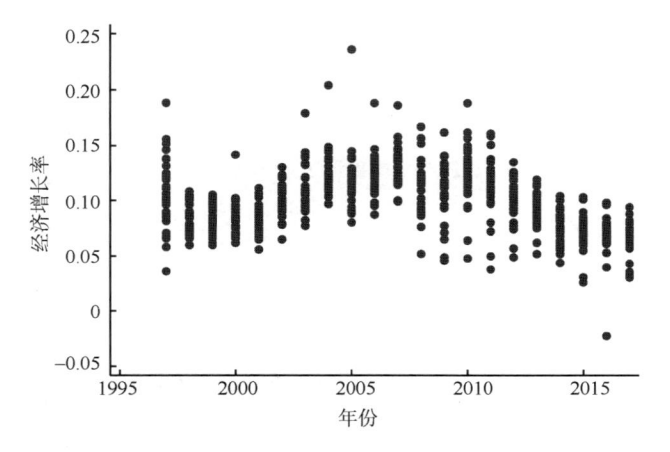

图 2.19　中国经济增长率

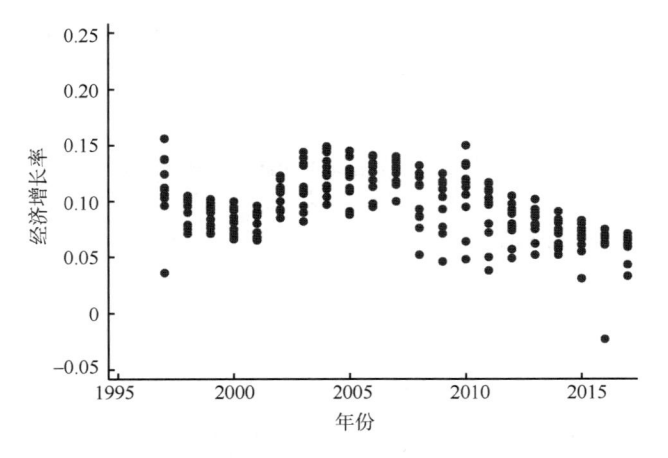

图 2.20　东部地区经济增长率

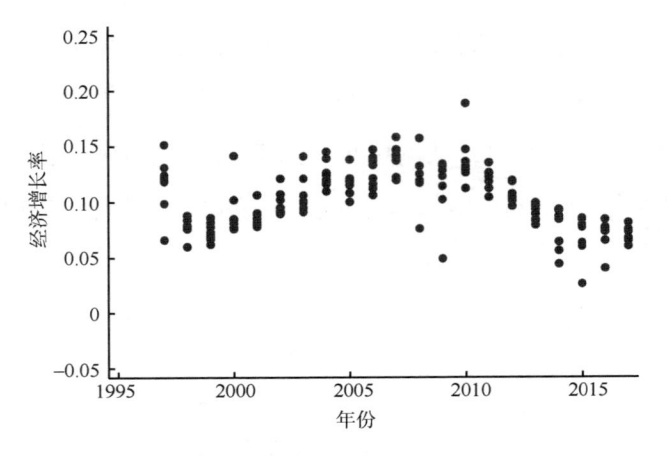

图 2.21　中部地区经济增长率

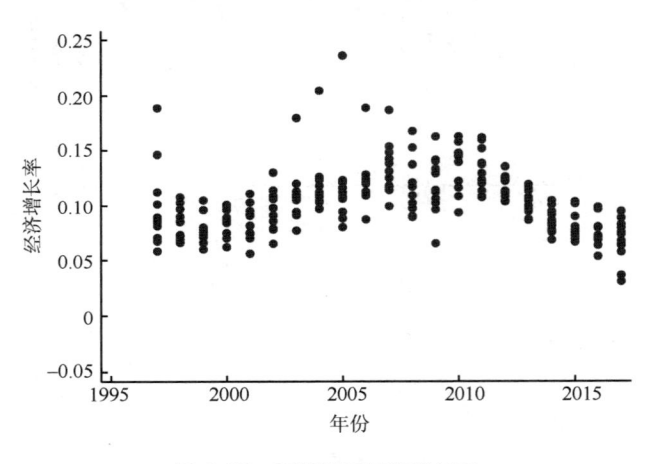

图 2.22　西部地区经济增长率

三、估计结果与讨论

（一）预期寿命与国民储蓄率

表 2.3 呈现了预期寿命延长对国民储蓄率的回归结果。第（1）列和第（2）列没有加入任何控制变量，Hausman 检验支持随机效应估计结果。估计结果表明，人口平均预期寿命延长提高了我国的国民储蓄率，具体地，人口平均预期寿命每上升 1%，国民储蓄率大约将会提高 0.971%。根据生命周期理论，

人们在工作期进行储蓄，老年期进行负储蓄，那么人口平均预期寿命的延长应该会带来国民储蓄率的下降。然而本节估计的结果同生命周期理论预测的结论却是相反的，这说明在2007~2017年，"未雨绸缪"的储蓄效应一直占据着主导地位，老年负担效应尚未真正显现。在生育率持续下降与社会保障尚不完善的情况下，我国人口平均预期寿命的延长可能导致人们增加预防性养老储蓄（汪伟和艾春荣，2015），以应对养老资源可能不足的风险。

表2.3 预期寿命对国民储蓄率影响的估计结果

类别	（1）	（2）	（3）	（4）
被解释变量	FE	RE	FE	RE
	国民储蓄率	国民储蓄率	国民储蓄率	国民储蓄率
预期寿命	0.716***	0.971***	0.560**	0.481***
	（0.221）	（0.150）	（0.219）	（0.164）
控制变量	否	否	是	是
Hausman检验	0.294		0.002	
样本数	651	651	651	651
R^2	0.338	0.337	0.417	0.414

注：FE和RE分别表示固定效应和随机效应估计。表内括号中报告的是标准误。Hausman检验给出的是 p 值。第（1）列和第（2）列中控制了时间固定效应，没有考虑其他控制变量；第（3）列和第（4）列则考虑了时间固定效应和其他控制变量

***、**分别表示在1%、5%水平上显著

为了克服可能遗漏某些重要变量而产生的内生性问题，我们在模型中控制了影响国民储蓄率的其他潜在因素，如人力资本，用来反映国民的受教育时间对储蓄率的影响；城市化率，用来反映中国城乡二元结构对储蓄率的影响；通货膨胀率，用来反映物价与宏观经济稳定性对储蓄率的影响；少儿抚养比及老年抚养比，用来反映家庭人口年龄结构对储蓄率的影响。估计结果呈现在表2.3中的第（3）列和第（4）列中，Hausman检验支持固定效应估计结果，在增加了一系列控制变量之后，估计结果仍表明预期寿命延长会提高国民储蓄率。

从估计系数看,预期寿命每提高 1%,国民储蓄率上升 0.560%至 0.971%。

(二)预期寿命与物质资本积累速度

表 2.4 中显示了预期寿命对物质资本积累速度的回归结果。第(1)列和第(2)列没有加入任何控制变量,Hausman 检验支持固定效应估计结果,结果表明预期寿命延长提高了物质资本的积累速度,从定量关系来看,预期寿命每提高 1%,物质资本积累速度将会提升 0.998%,这一估计结果在 1%的显著性水平上显著。第(3)列和第(4)列进一步控制了其他变量。Hausman 检验结果仍然支持固定效应估计结果,虽然人口平均预期寿命的估计系数出现下降,但估计结果仍然与上述结论保持一致。产生这一结果的原因在于,在样本期内,预期寿命延长的"未雨绸缪"储蓄效应大于老年负担效应,国民储蓄率上升,从而提高物质资本的积累速度。

表 2.4 预期寿命对物质资本积累速度影响的估计结果

类别	(1)	(2)	(3)	(4)
被解释变量	FE	RE	FE	RE
	物质资本积累速度	物质资本积累速度	物质资本积累速度	物质资本积累速度
预期寿命	0.998***	−0.016	0.620**	0.331**
	(0.283)	(0.099)	(0.290)	(0.156)
控制变量	否	否	是	是
Hausman 检验	0.000		0.043	
样本数	651	651	651	651
R^2	0.848	0.845	0.856	0.855

注:FE 和 RE 分别表示固定效应与随机效应估计。表内括号中报告的是标准误。Hausman 检验给出的是 p 值。第(1)列和第(2)列中控制了时间固定效应,没有考虑其他控制变量;第(3)列和第(4)列则考虑了时间固定效应和其他控制变量。

***、**分别表示在 1%、5%水平上显著

（三）预期寿命与经济增长率

表 2.5 给出了预期寿命对经济增长率的回归结果。表 2.5 第（1）列和第（2）列中的估计结果显示，Hausman 检验结果在 1%的显著性水平上显著，表明估计结果支持固定效应。同时，预期寿命与经济增长率之间存在正向关系，并且在 1%的显著性水平上显著，从估计系数来看，人口平均预期寿命每提高 1%，经济增长率将会上升 0.243%。可能的原因是，在样本期内，老年负担较轻，预期寿命延长的正储蓄效应始终占据主导地位，所以预期寿命的延长提高了储蓄率，加快了物质资本积累，从而促进了经济增长。

表 2.5 预期寿命对经济增长率影响的估计结果

类别	（1）	（2）	（3）	（4）
被解释变量	FE	RE	FE	RE
	经济增长率	经济增长率	经济增长率	经济增长率
预期寿命	0.243***	0.019	0.182**	0.001
	（0.076）	（0.039）	（0.078）	（0.047）
控制变量	否	否	是	是
Hausman 检验	0.003		0.011	
样本数	651	651	651	651
R^2	0.574	0.568	0.603	0.597

注：括号内为标准误；FE 和 RE 分别表示固定效应与随机效应估计；Hausman 检验给出的是 p 值。第（1）列和第（2）列中控制了时间固定效应，没有考虑其他控制变量；第（3）列和第（4）列则考虑了时间固定效应和其他控制变量

***、**分别表示在 1%、5%的水平上显著

为了保证估计结果的稳健性，我们还进一步控制了教育年限、城市化率、通货膨胀率、少儿抚养比以及老年抚养比等影响经济增长的重要因素。估计结果如表 2.5 第（3）列和第（4）列所示，Hausman 检验结果在 5%的显著性水平上显著，说明相较于随机效应模型，固定效应模型更为适合，估计结果同第（1）列相比，人口平均预期寿命对经济增长率的正向影响变小，但仍在

5%的显著性水平上显著,这进一步表明本文关于人口平均预期寿命延长提高了我国经济增长率的结论是稳健的。

(四)内生性问题的处理及非线性关系检验

根据前文的实证分析,预期寿命延长提高了国民储蓄率、物质资本积累速度和经济增长率。不过,上述结论并不一定准确。原因在于,预期寿命的延长是经济社会发展的结果,国民储蓄率、物质资本积累速度和经济增长率的提高也可能会提高人口平均预期寿命,由此双向因果内生性问题就产生了,从而出现估计偏误。此外,虽然前文的估计增加了一些影响国民储蓄率、物质资本积累速度以及经济增长率的控制变量,但仍有可能遗漏一些重要的变量,也可能造成估计结果不准确。

为了保证估计结果的稳健性,借鉴蔡兴(2015)的研究,本节使用面板固定效应的工具变量法重新进行检验,选择各省区市历年的医疗机构数的对数作为工具变量。一般认为,对于工具变量的选择,需要满足:第一,所选变量与内生变量高度相关,即满足相关性要求;第二,所选变量与随机误差项无关,即满足外生性要求。在相关性要求方面,医疗机构数量是医疗保障水平的体现,医疗机构数越多,人们在生病时就医的机会就越大,对自身健康的保护就越好,人们健康水平的提高,也就促进了寿命的延长。在外生性要求方面,医疗机构的设立,更多作用于人们的身体健康,较少作用于宏观经济,从而外生性要求也能够得到满足。

除此之外,根据前文的理论分析,预期寿命与国民储蓄率、物质资本积累速度与经济增长率的关系可能是非线性的,并且大多数研究认为这种非线性关系是呈倒"U"形。为此,本节也将人口平均预期寿命的二次项加入估计方程中进行检验。

从表 2.6 的估计结果可见,在克服了可能存在的内生性后,人口平均预期寿命与国民储蓄率、物质资本积累速度及经济增长率之间存在明显的倒"U"形关系,这与数值模拟的结果相一致,即在人口平均预期寿命较低时,由于"未雨绸缪"的储蓄效应大于老年负担效应,所以寿命延长在一定程度上将会提高国民储蓄率、物质资本积累速度以及经济增长率;当人口平均预期寿命超过门槛值之后,老年负担效应开始占据主导,预期寿命继续延长将会降低国民储蓄率、物质资本积累速度及经济增长率。在样本期内,人口平均预期寿命延长仍然能够显著提高国民储蓄率、物质资本积累速度以及经济增长率。目前我国正处在倒"U"形的拐点值附近,虽然当前阶段预期寿命的延长仍然对国民储蓄率、物质资本积累速度和经济增长率具有正面影响,但是伴随预期寿命的继续延长,我们预测,国民储蓄率、物质资本积累速度和经济增长率即将进入下行轨道。

表 2.6 克服内生性问题的估计结果

类别	(1)	(2)	(3)
被解释变量	FE-IV	FE-IV	FE-IV
	国民储蓄率	物质资本积累速度	经济增长率
预期寿命	122.661***	65.805**	74.255***
	(30.148)	(32.756)	(10.989)
预期寿命 ^{2}	−14.628***	−7.812**	−8.761***
	(3.612)	(3.924)	(1.292)
控制变量	是	是	是
样本数	651	651	589
R^2	0.117	0.854	0.829

注:括号内为标准误;FE-IV 表示面板固定效应的工具变量法。由于医疗机构数的对数在经济增长率方面的工具变量检验没有通过,所以本节使用历年各省份的养老金支出作为工具变量[1]。在弱工具变量检验中,Cragg-Donald Wald F statistic 值为 31.927(国民储蓄率和物质资本积累速度)和 76.246(经济增长率),均大于 10%的临界值 16.38。在不可识别检验中,Anderson canon. corr. LM statistic 值(工具变量有效性检验指标)为 31.726(国民储蓄率和物质资本积累速度)和 68.586(经济增长率),在 1%的水平上显著。因此,本节所选工具变量在数据上支持外生性和相关性

***、**分别表示在 1%、5%的水平上显著

---

[1] 在相关性方面,老年人的养老金收入越多,保障自身健康的能力也会增强,进而有利于寿命的延长;在外生性方面,养老金支出作用于个人,个人需要经过相关经济活动才能将养老金转化为促进经济增长的动力,这是一种间接影响。

(五)地区异质性分析

在前文特征事实描述中,我们发现我国各地区的人口平均预期寿命、国民储蓄率、物质资本积累速度及经济增长率等各项指标是存在阶梯状差异的。那么在不同地区中,人口平均预期寿命对国民储蓄率、物质资本积累速度及经济增长率的影响也可能是存在差异的。所以,本节将样本划分为东部地区、中部地区及西部地区,进一步检验预期寿命延长的储蓄、物质资本积累与经济增长效应的地区差异。

1. 预期寿命对国民储蓄率影响的地区异质性分析

表 2.7 呈现了人口平均预期寿命对于不同地区国民储蓄率的影响。就东部地区来看,人口平均预期寿命延长显著提高了国民储蓄率,这同上文中的总体回归结论相一致。在中部地区和西部地区中,虽然人口平均预期寿命对国民储蓄率的估计系数为正,但并不显著。

表 2.7 国民储蓄率的地区异质性

类别	(1)	(2)	(3)
被解释变量	东部地区	中部地区	西部地区
	FE-IV	FE-IV	FE-IV
	国民储蓄率	国民储蓄率	国民储蓄率
预期寿命	173.954***	489.545	272.308
	(44.497)	(1411.404)	(247.708)
预期寿命^2	−20.196***	−44.131	−32.913
	(5.235)	(146.525)	(30.327)
控制变量	是	是	是
样本数	231	168	252
R^2	0.481	0.492	0.074

注:括号内为标准误;FE-IV 表示面板固定效应的工具变量法
***表示在 1%的水平上显著

按照前文分析，相较于东部地区，中部地区和西部地区的人口平均预期寿命较低，此时预期寿命延长的储蓄效应应当更强，然而表 2.7 的估计结果却恰恰相反，预期寿命延长的储蓄效应反而发生在预期寿命更高的东部地区。我们认为，这种反常现象可以从人口流动角度进行解释。相较于中部地区和西部地区，东部地区经济发展水平更高，从而吸引着中部地区和西部地区的年轻人流入，使得其人口年龄结构趋于年轻化，并且流动人口在收入、教育投入以及医疗支出方面的预防性储蓄倾向较高（陈斌开等，2010；汪伟和郭新强，2011），这种人口红利的虹吸效应导致人口平均预期寿命对国民储蓄率的影响反而体现在东部地区。

2. 预期寿命对物质资本积累速度影响的地区异质性分析

根据表 2.8 的估计结果，人口平均预期寿命延长显著降低了东部地区物质资本积累速度，而对于中部地区和西部地区的影响不明显，但估计参数为正，这说明寿命延长对物质资本积累速度的影响在地区间存在差异。相较于中部地区和西部地区，东部地区人口平均预期寿命更高，人口老龄化会促使经济增长方式从投资驱动向人力资本和创新驱动转变，从而导致物质资本积累速度下降。对于中部地区和西部地区而言，人口平均预期寿命相对较低，人口老龄化还不是很严重，因此物质资本积累速度并没有显著降低。

表 2.8 物质资本积累速度的地区异质性

类别	（1）	（2）	（3）
被解释变量	东部地区 FE-IV 物质资本积累速度	中部地区 FE-IV 物质资本积累速度	西部地区 FE-IV 物质资本积累速度
预期寿命	−191.443** (84.885)	5030.446 (8898.220)	770.817 (521.900)

续表

类别	（1）	（2）	（3）
预期寿命²	22.287**	−593.557	−92.257
	（9.903）	（1050.063）	（62.562）
控制变量	是	是	是
样本数	231	168	252
R^2	0.860	0.970	0.985

注：括号内为标准误；FE-IV 表示面板固定效应的工具变量法

**表示在 5% 的水平上显著

3. 预期寿命对经济增长率影响的地区异质性分析

根据表 2.9 的估计结果，人口平均预期寿命延长显著提高了东部地区和中部地区的经济增长率，但对西部地区的经济增长率并没有显著影响。可能的原因是，预期寿命延长有效提高了东部地区的国民储蓄率，预期寿命延长也促使东部地区加快人力资本积累和技术创新，这些都为东部地区的经济增长注入了动力，而中部地区的产业升级较快，而且也吸引了一部分西部地区适龄劳动人口的流入，在预期寿命相对较低的情况下，人口红利的释放使得预期寿命延长的经济增长效应较为显著。从西部地区来看，虽然人口平均预期寿命较低，但由于人口迁移特别是适龄劳动人口的流出等原因，引起人口年龄结构老化和人口红利流失，导致预期寿命延长的增长效应在西部地区不明显。

表 2.9 经济增长率的地区异质性

类别	（1）	（2）	（3）
被解释变量	东部地区	中部地区	西部地区
	FE-IV	FE-IV	FE-IV
	经济增长率	经济增长率	经济增长率
预期寿命	143.009***	155.019***	0.077
	（31.518）	（32.540）	（0.055）

续表

类别	（1）	（2）	（3）
预期寿命 ^{2}	−16.627***	−18.170***	−0.025*
	（3.651）	（3.810）	（0.013）
控制变量	是	是	是
样本数	231	168	252
R^2	0.234	0.305	0.500

注：括号内为标准误；FE-IV 表示面板固定效应的工具变量法

***、*分别表示在 1%、10%的水平上显著

第五节 本章结论与启示

一、研究结论

预期寿命延长会带来老年人口的数量和比重明显上升。根据生命周期理论，人们在老年时期会处于负储蓄，预期寿命延长会导致储蓄率下降，从而阻碍经济增长。然而进入 21 世纪以来，虽然中国人口平均预期寿命在不断延长，但中国的储蓄率依然维持在高位，并没有表现出明显的下降趋势，中国的经济增长率也一直保持在中高速水平，因此生命周期理论并不能够对中国现象给予合理解释。本章认为，生命周期理论只能解释预期寿命延长所带来的养老负担效应，而并不能解释寿命延长所带来的"未雨绸缪"的储蓄效应。要解释老龄化加深的情况下，中国高储蓄和高增长的持续，需要构建新的理论与实证分析框架。

为此，本章从理论和实证两个方面讨论了预期寿命延长对国民储蓄率、物质资本积累速度及经济增长率的影响。首先，本章构建了包含死亡率连续变化的随机世代交叠模型，并将家庭的消费（储蓄）和养老抚幼行为引入模

型中，同时考察了预期寿命延长的负担效应和预防性储蓄效应，通过模型求解，推导出均衡条件下国民储蓄率和物质资本积累速度及经济增长率对应的方程，再利用重新构建的反映死亡率变化的新生命表和数值模拟的方法给出均衡时国民储蓄率、物质资本积累速度及经济增长率方程的数值解。通过数值模拟发现，预期寿命延长与国民储蓄率、物质资本积累速度及经济增长率之间均表现为倒"U"形关系，当预期寿命在达到门槛值之前，预期寿命延长将会提高国民储蓄率、物质资本积累速度与经济增长率，而当人口平均预期寿命达到门槛值之后，预期寿命延长将会降低国民储蓄率、物质资本积累速度与经济增长率，并且我国寿命正处于倒"U"形曲线的拐点值附近。其次，本章利用1997年至2017年中国31个省区市的面板数据，使用固定效应模型和随机效应模型及工具变量方法进行实证研究，获得了同理论分析基本一致的结论，并且发现在所用样本期内，预期寿命延长显著提高了国民储蓄率、物质资本积累速度及经济增长率。最后，本章还进行了地区异质性分析，发现受地区人口结构、经济等因素的影响，预期寿命延长对不同地区的国民储蓄率、物质资本积累速度及经济增长率的影响是存在差异的。具体来看，预期寿命延长提高了东部地区的国民储蓄率，但对于其他地区则不明显；预期寿命延长降低了东部地区的物质资本积累速度，但对中部地区和西部地区影响不明显，预期寿命延长显著提高了东部地区和中部地区的经济增长率，对西部地区的影响则不明显。因此，综合来看，预期寿命延长的储蓄、物质资本积累与经济增长效应主要体现在东部地区。

二、政策启示

本章考察了预期寿命延长的储蓄与增长效应，针对经典生命周期理论不能对我国人均预期寿命延长伴随高储蓄和高增长现象进行合理解释的问题，本章的研究较好地弥补了现有研究的不足。但值得注意的是，预期寿命与国民储蓄率及经济增长率之间表现为倒"U"形关系。国家统计局数据显示，2021年我国人口平均预期寿命已经达到78.2岁，所以按照本章的测算，我国人口平均预期寿命可能处于倒"U"形曲线的拐点值附近，预期寿命延长对经济增长的负面影响正在显现。关于在长寿时代保持我国经济增长的模式与策略，结合上述研究结论，本章有以下几点思考。

第一，积极转变经济增长方式，开拓未来增长源泉。预期寿命延长带来的高储蓄与高增长只是一个相对短暂的经济发展阶段，随着预期寿命的继续延长和人口老龄化的进一步加深，未来我国储蓄率将会出现下降，我国的高储蓄率优势将会逐步丧失，继续单纯依靠高储蓄、高投资拉动经济增长的模式已经难以为继。因此，在我国储蓄率仍处在高位优势的情况下，这就需要我们抓住最后的战略机遇期，加快转变原有的经济增长模式，积极开拓新的增长源泉，通过不断加大人力资本投资，加快产业结构转型升级、提高全要素生产率与技术创新能力，从而为经济提供持久增长动力。

第二，释放老年人的消费潜力，发展"银发经济"。未来二三十年，中国将进入老龄化的深度发展期，老龄人口数量将急剧上升，未来庞大的老年群体将形成日益增长的潜在消费市场，为老龄产业的发展与创新提供广阔的市场空间和发展机遇。准确把握人口老龄化带来的市场需求变化，既是政府和企业面临的现实问题，又是中国内需拉动、经济转型中不可回避的课题（汪伟等，2015）。"银发经济"的兴起也面临一些现实障碍。中国应当在宏观经济政策上做好这方面的准备，通过政策组合提高老年人的消费能力，解除人口老龄化对消费需求的束缚（蔡昉，2020a），充分释放老年人的消费潜力，将发展"银发经济"作为新的经济增长点。

第三，缩小区域经济差距，推动区域协调发展。劳动力向经济发达地区流动是我国经济发展的一个重要特征，这导致中西部地区人口红利被东部地区吸收，而预期寿命延长和人口老龄化会放大这一影响，加剧地区间经济发展的不平衡。因此，在人口老龄化进入快速发展阶段以后，面对这种地区间发展的不公平现象，中央政府需要进行统筹规划，一方面要充分考虑中西部地区的人口结构、劳动力受教育时间与流动状况、产业结构与技术水平等实际情况制定适宜的增长策略；另一方面要兼顾地区的公平发展，通过建立利益补偿机制缩小地区间差距、推动区域协调发展。

第三章
预期寿命延长、人力资本投资与中国经济增长

第一节　问题的提出

改革开放40多年来，中国创造了世界经济增长的奇迹，这在很大程度上得益于快速人口转变所带来的"人口红利"（蔡昉，2010；汪伟，2010b）。近年来，随着中国人均预期寿命的不断延长，曾经的"婴儿潮"一代逐渐由中青年阶段步入暮年阶段，随之而来的必然结果是人口老龄化的加速发展，人口红利逐渐消失。根据联合国2017年的预测，中国60岁以上老年人口比重将在2025年上升至20%，到2050年进一步上升至35%～40%的高位，同时工作年龄（15～59岁）人口将于2050年下降到53%。人口老龄化的快速发展和人口红利的逐渐消失意味着依靠人口数量与结构优势推动经济增长的传统模式已难以为继。当前，寻找新的经济增长动力，加快新旧动能转换是进入高质量发展阶段的中国经济面临的重要任务。加快人力资本积累，将人口的数量与结构优势转变为质量优势无疑是实现经济发展方式转变和推动经济高质量发展的有效途径。

人力资本积累一般是通过接受正规教育实现的，教育融资模式通常是影响人力资本积累的重要因素之一（Zhang et al.，2003）。改革开放以后，中国逐渐对教育体制进行改革，由原来的教育经费由政府统一支付的公共教育

融资模式转变为需要由家庭和个人承担的市场（私人）教育融资模式（徐俊武和黄珊，2016）。具体来说，在1994年左右，中国的高校开始实施收费改革，使得免费上大学成为历史，同时在1999年高校实施了扩招计划，导致越来越多家庭的子女进入非义务教育阶段的高中和大学，这种教育融资模式的转轨对家庭决策行为产生了重要影响（汪伟和吴坤，2019）。刘永平和陆铭（2008b）指出，中国家庭非常重视子女的培养，子女教育是家庭支出的主要部分，在各项支出中排在首位，杨汝岱和陈斌开（2009）、汪伟（2017）的研究也有类似的发现。例如，杨汝岱和陈斌开（2009）的研究显示，全国性的高等教育改革增强了居民的预防性储蓄动机。在高等教育收费改革的过程中，无数的家庭为子女教育进行了大量的投入，使得中国国民受教育年限和劳动力质量得到了很大提升。根据《中国人力资本报告 2020》发布的数据，1985年时中国劳动力人口的人均受教育时间为6.2年，而2018年该数字已经上升到了10.4年；进一步地，高中及以上学历人口占比从1985年的11.8%上升到了2018年的39.8%，而同一时期的大专及以上学历人口占比则从1.2%上升到了19.2%。

在图3.1、图3.2中，我们给出了1995~2019年中国人口的预期寿命、中学入学率、家庭教育投资占比、经济增速、人均受教育时间情况[①]。数据显示，在教育融资方式改革初期，老龄化程度比较轻（或人口老龄化不是很严重），中国的人均受教育时间、中学入学率随着预期寿命的提高而总体呈上升趋势，同时，经济增速也与预期寿命总体呈现出同步上升的趋势，市场教育融资方式似乎有利于人力资本积累与经济增长；然而，伴随着老龄化程度的加深，虽然人均受教育时间仍然在继续上升，但家庭教育投资占比及经

---

① 资料来源：世界银行 World Development Indicator 数据库（预期寿命、中学入学率），CFPS 2010年、2012年、2014年、2016年和2018年数据（家庭教育投资占比），国家统计局（经济增速、人均受教育时间）和《中国统计年鉴2018》。

济增速均出现了明显的下滑趋势。

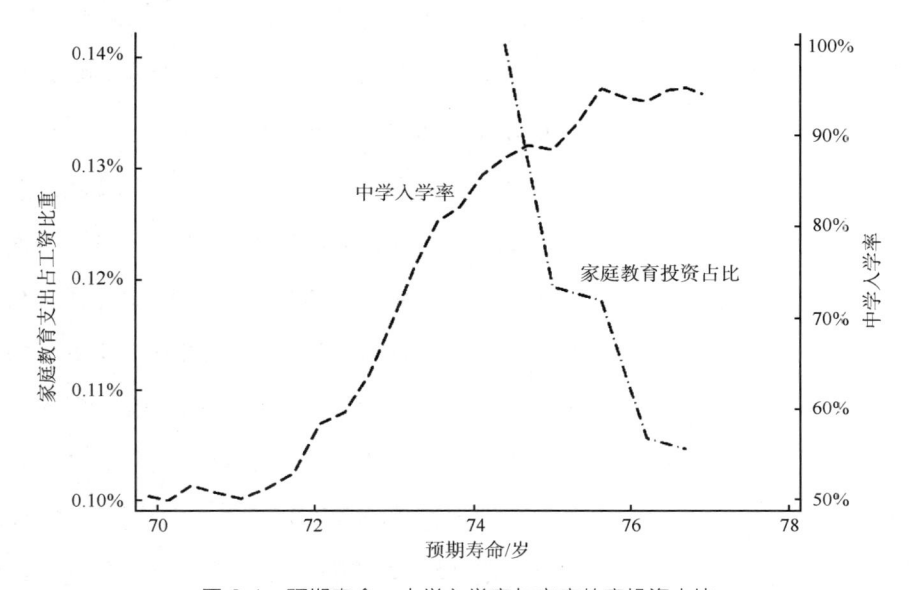

图 3.1 预期寿命、中学入学率与家庭教育投资占比
资料来源：作者根据 World Development Indicator 数据库、CFPS 数据整理得出

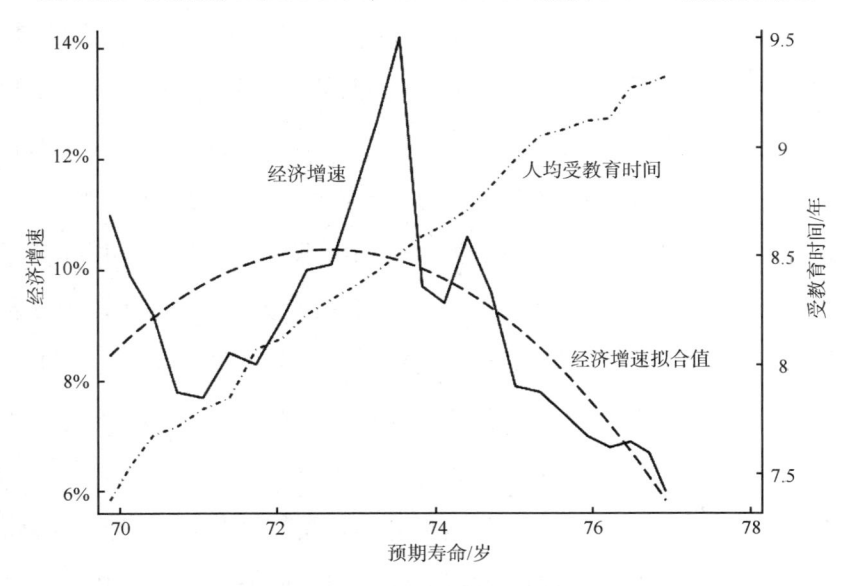

图 3.2 预期寿命、经济增速与人均受教育时间
资料来源：作者根据国家统计局和《中国统计年鉴》年度数据整理得出

因此，在人口老龄化快速发展的态势下，市场教育融资方式是否已经不利于人力资本积累与经济增长是一个需要深入思考的问题。一方面，在市场教育融资模式下，人口老龄化会加重家庭的养老负担，导致家庭向年轻一代投入的教育资源下降，从而对人力资本的积累产生挤占效应；而且，预期寿命的延长意味着退休后的生活将更长，理性行为人也会增加工作阶段的储蓄，减少对子女的人力资本投资（Pecchenino and Pollard，2002）。另一方面，根据生命周期理论，当人们寿命更长时，其接受教育的时间可以相应地延长，工作时间也可以更长，进行更多的教育投资就会有更高的回报，而更高的教育回报率反过来也会导致家庭和个人对教育投资更多，从而影响家庭和个人的长期收入。但受教育时间延长也意味着要付出更多的教育成本，这会改变家庭和个人的教育决策，从而影响人力资本积累（汪伟等，2018）。由此产生的问题是，如何在理论上解释中国20世纪90年代中期从公共教育融资模式转向市场教育融资模式后，在老龄化发展的不同阶段，人力资本积累和经济增长表现出的差异？如果当前和未来快速发展的老龄化会降低经济增速，那么是否可以通过加大公共教育投资或重回公共教育融资轨道来缓解老龄化的冲击？寻找这些问题的答案，对于深刻理解不同的教育融资模式下人口老龄化影响人力资本积累、经济增长的机制与有效制定应对人口老龄化的政策至关重要。

为此，本章借鉴已有的理论研究，分别考虑市场教育和公共教育两种教育融资模式，通过构建一个一般均衡的三期世代交叠模型尝试回答上述问题，尤为重要的是，本章将试图从人口转变的视角解释中国20世纪90年代中期的教育融资模式转轨所产生的人力资本积累和经济增长效应。无论是在外生生育率还是内生生育率框架下，本章通过理论分析与数值模拟均发现：在市场教育融资模式下，预期寿命延长会提高人均受教育时间，但同时会降低家庭教育投资，对经济增长的影响呈现出倒"U"形关系；在公共教育融资模式下，预期寿命延长主要通过提高人均受教育时间促进人力资本积累与经济增长。本章还发现，当预期寿命较低时，市场教育融资模式能够产生较高的经济增速，而当预期寿命上升到某一个临界值以后，拥有合理税率的公共教育融资模式下的经济增速更快。这些结论说明，教育融资模式转轨在相当长的一段时间内促进了中国人力资本的积累，带来了比公共教育体制下更高的经济增速，而随着人口老龄化程度的加深、预期寿命的不断延长，政府可以通过重新设计教育融资模式来应对老龄化对人力资本积累和经济增长的负面冲击。

本章的结构安排如下：第一节是问题的提出；第二节是国内外相关研究文献综述与评述；第三节是理论基础，首先给出研究基础理论模型，然后基于外生生育框架，分别在市场教育和公共教育融资模式下建立一个简单的三期世代交叠模型并对模型进行求解与分析；第四节是参数校准与数值模拟结果分析；第五节将模型拓展到内生生育情形并与外生生育情形进行对比分析；第六节是本章的结论与启示。

第二节 相关文献回顾

一、预期寿命延长与经济增长

预期寿命延长与经济增长之间的关系并无一致的定论，两者之间因果关系的检验也曾引起过比较激烈的讨论。Acemoglu 和 Johnson（2007，2014）利用工具变量法的估计认为，预期寿命延长会增加人力资本积累和劳动生产效率，但是由于死亡率的下降能够使得人口规模增加，因而寿命延长并不会提高人均收入，甚至会降低经济增速。但是，Bloom 等（2014a）三位学者挑战了上述观点，他们认为 Acemoglu 和 Johnson 之所以得到上述结论主要原因是采用了 1940~2000 年的观测值，而他们的观点认为预期寿命延长可以带来经济增长。因而，从实证角度而言，学者对该问题并未形成一致的观点。

关于预期寿命对经济增长的影响，大量学者曾建立理论模型进行研究。de la Croix 和 Licandro（1999）较早地进行了探索性分析，他们假设经济产出取决于人力资本积累，而人力资本则取决于消费者接受教育的时长和经济中的平均人力资本水平，他们的研究结果显示最优的受教育时间随着预期寿命的延长而增加，同时也会对经济增长产生正面效应，但该效应可能会被劳动人口年龄的增加而抵消。但是，也有一些研究在模型中纳入了不同的机制，得出了不一致的结论，如 Boucekkine 等（2002）认为，当个体的预期寿命延长时，代表性行为人接受教育的时间也会增加，最终预期寿命延长对经济增长率的影响具有不确定性。一些研究则认为预期寿命延长通过提高个体受教育时间，进而促进经济增长（Kalemli-Ozcan et al., 2000；林忠晶和龚六堂，2007；李佳，2015）。Zhang J 和 Zhang J S（2005）将个人受教育年限的投入决策纳入世代交叠模型，从一般均衡的角度讨论了预期寿命延长对家庭生育率、储蓄、人力资本积累及经济增长的影响，其研究结果也认为预期寿命延长能够带来个人受教育时间的延长和储蓄率的提高，从而促进经济增长，但他们的研究中没有考虑家庭的教育投资支出、养老问题及社会保障的影响。Li 等（2007）通过理论和实证分析也认为，预期寿命延长对经济中的投资率和增长率具有显著的正向影响，但他们的研究中并没有考虑到人力资本积累的影响。

二、预期寿命延长、教育融资模式与经济增长

现有的研究显示，在不同的教育融资模式下，预期寿命延长与人力资本积累和经济增长之间的关系不尽相同。在一个教育融资决策的公共投票模型中，Zhang 等（2003）与 Ono 和 Uchida（2016）的研究发现，公共教育融资模式在人均预期寿命较低时会促进人力资本积累，在人均预期寿命较高时则会降低人力资本积累，预期寿命与经济增长率之间呈现出倒"U"形关系。尽管与 Zhang 等（2003）、Ono 和 Uchida（2016）的模型构建相似，Gradstein

和 Kaganovich（2004）却发现，预期寿命延长带来的人力资本积累正效应始终强于负效应，因此，预期寿命延长会确定性地促进经济增长。基于家庭投资教育的融资模式，汪伟（2017）认为父母对子女的培养具有利他性，预期寿命延长会确定性地降低家庭的教育投资率，因此不利于人力资本积累与经济增长。Ehrlich 和 Lui（1991）认为父母基于养儿防老的自利动机而重视子代的教育，在数量与质量互替机制下，寿命延长会导致生育率下降、人力资本投资增加与经济增长。同样基于父母养儿防老的自利动机，刘永平和陆铭（2008a）的研究认为个体预期寿命的延长对经济增长和人力资本积累的影响方向是不确定的。另外，Kunze（2014）则是同时考虑了市场教育和公共教育融资模式，他的理论分析认为，当模型中不存在主动遗赠时，寿命延长对经济增长的影响为倒"U"形，而存在主动遗赠时，寿命延长会确定性地降低经济增速。

上述文献主要从人力资本积累过程中的物质投入的角度研究了预期寿命延长对经济增长的影响，却忽视了预期寿命延长可能通过影响人力资本积累过程中的时间投入从而影响经济增长。从理论上讲，接受教育进行人力资本积累是一种时间密集型活动，因此教育的时间投入在人力资本生产函数中具有重要作用（Bils and Klenow，2000；Erosa et al.，2010）。一些实证研究也印证了预期寿命延长与个体的受教育年限之间的正向因果关系（Jayachandran and Lleras-Muney，2009；Hansen and Strulik，2017；Baranov and Kohler，2018）[①]。因此，在将人力资本积累作为预期寿命延长影响经济增长机制的理论研究中，需要在构建理论模型时考虑受教育时间的作用。关于教育的时

---

① 具体而言，Jayachandran 和 Lleras-Muney（2009）利用 1946~1953 年斯里兰卡女性死亡率的突然下降作为自然实验，他们发现在女性死亡率下降更多的地区，女孩受教育年限的提高要大于男孩，从而验证了预期寿命与人力资本投资之间的因果关系。Hansen 和 Strulik（2017）利用 20 世纪 70 年代以来心血管疾病死亡率的突然下降作为准自然实验，通过双重差分方法识别因果关系，研究发现，20 世纪 70 年代以前美国心血管疾病死亡率更高的州，在该时间节点以后的预期寿命提高更多，从而高等教育招生人数就越多，进一步验证了预期寿命与受教育时间之间的因果关系。Baranov 和 Kohler（2018）则是以艾滋病治疗技术在马拉维普及的地点和时间上的差异性作为外生冲击，识别了成年人预期寿命的延长导致家庭人力资本投资和受教育时间提高的因果关系。

间投入，一类文献主要考察父母对子女教育的时间投入和自身的人力资本积累时间投入（Zhang，1995；Zhang et al.，2001；Hashimoto and Tabata，2016[①]），另一类文献侧重考察个体在少年期的最优教育时间决策（Zhang J and Zhang J S，2005；Hansen and Lønstrup，2012）。然而，这些文献均没有同时考虑到人力资本积累过程中的物质投入和时间投入，同时也并未考虑到预期寿命延长会通过社会保障对人力资本积累和经济增长产生的间接影响[②]。值得注意的是，Zhang（1995）、Zhang等（2001）发现，当父母关心子代的福利时，预期寿命延长会通过现收现付的社会保障制度促进人力资本投资与经济增长。然而，在这两篇文献中，人力资本积累过程仅考虑了父母的时间投入而忽略了更为重要的子女自身的时间投入要素，同时也没有考虑人力资本积累过程中的物质投入[③]。

通过以上文献可以看出，预期寿命延长与人力资本积累和经济增长之间的关系取决于教育融资模式，但很少有文献考察在预期寿命延长的不同阶段，不同的教育融资模式对人力资本积累和经济增长的影响孰优孰劣，因此，有必要从理论上对这一重要问题展开深入分析。此外，正如前文指出的，人力资本积累同时取决于教育的时间投入和物质投入，现有文献在人力资本积累的模型构建方面还存在诸多缺陷，需要在一个新的模型中刻画更为符合现实

[①] Hashimoto 和 Tabata（2016）建立了一个带有研发部门的世代交叠模型，研究了预期寿命延长对人力资本积累与经济增长的影响，他们发现预期寿命延长主要影响个体自身人力资本积累的时间投入，但并不影响其对子女教育的时间投入。

[②] Ono 和 Uchida（2016）是一个例外，他们在建模中的确考虑了现收现付制的养老保障制度的影响，不过他们将模型设定为政府的税收在公共教育支出与养老金支出之间进行分配（完全替代）。关于更多社会保障在经济增长方面作用的问题可参见 Zhang 等（2001）及汪伟（2012）等的研究。

[③] 当前，家庭的私人教育投资在中国非常重要。据北京大学中国教育财政科学研究所发布的 2017 年中国教育财政家庭调查数据，全国学前和基础教育阶段家庭教育支出总体规模约 19 042.6 亿元，占 2016 年 GDP 比重达 2.48%，远高于 2016 年全国教育经费统计中非财政性教育经费占 GDP 比重 1.01% 的结果，总量上相当于财政性教育经费的 60%。根据《2017 中国家庭教育消费白皮书》发布的数据来看，中国家庭教育支出占家庭年支出的 50%以上（引自新浪教育：http://edu.sina.com.cn/l/2017-11-28/doc-ifypathz6926345.shtml）。

的经济因素。为此，我们尝试在市场和公共两种不同的教育融资模式下，构建一个一般均衡三期世代交叠模型来特征化中国的经验事实，在模型中我们同时考虑人力资本积累的时间和物质投入、社会保障制度等现实因素，并试图从人口转变的视角解释中国 20 世纪 90 年代中期的教育融资模式转轨所产生的人力资本积累和经济增长效应。目前尚无文献从这一角度进行系统的考察，本章的研究丰富了转型经济中预期寿命延长通过人力资本积累影响经济增长的机制，这些构成了本章研究的边际贡献。

第三节 预期寿命延长影响人力资本投资与经济增长的理论分析

一、基础模型

在这一节中，我们首先建立一个带有代表性行为人教育时长决策的三期世代交叠模型作为基本的分析框架。在模型中，代表性行为人存活三期，分别经历少年期、成年期和老年期；进一步，我们假设个体在成年期以 p_t 的概率进入老年期，p_t 越高表示预期寿命越长（Li et al.，2007；汪伟，2017）。为简便起见，在此，我们暂且不考虑人口增长的情况，即假设 $N_t = N_{t+1} = N$。

（一）代表性行为人

在模型中，我们假设代表性行为人在少年期和成年期都具有一单位的时间禀赋，少年期的时间可以用于接受教育和闲暇，即个体在少年期进行教育决策（Zhang J and Zhang J S，2005；Hansen and Lønstrup，2012）。代表性行为人在成年期的时间禀赋将全部用于投入劳动力市场，即个体在成年期参加工作，所获得的工资水平取决于少年期形成的人力资本水平，此时，工资

收入为 $w_t h_t$；另外，个体需要在成年期做出消费或储蓄决策，其中 $c_{1,t}$ 表示个体在成年期的消费量，s_t 表示个体在成年期的储蓄量。在老年期中，为了简化分析，我们假设代表性行为人在老年时退休，不再工作，即不考虑延迟退休的情形；同时，个体将其全部收入用于老年期消费，其中 $c_{2,t+1}$ 表示个体在老年期的消费量。

由于模型假设代表性行为人以 p_t 的概率进入老年期，因此，存在个体在进入老年期或退休期之前就死亡的情况，此时，我们假定这些个体的遗产由当期的老年人平均分配（Chen and Fang，2013）。因此，代表性行为人在成年期储蓄得到的本息和为 $\rho_{t+1} s_t$，其中 $\rho_{t+1} = R_{t+1} / p_t$，而 R_t 是将资产从 $t-1$ 期持有至 t 期的利率因子。综上所述，代表性行为人在成年期和老年期的预算约束可以分别简单地表示为式（3.1）和式（3.2）：

$$c_{1,t} + s_t = w_t h_t \quad (3.1)$$

$$c_{2,t+1} = \rho_{t+1} s_t \quad (3.2)$$

参照 Zhang J 和 Zhang J S（2005）、Hansen 和 Lønstrup（2012）等已有研究，本章假设代表性行为人的效用函数为

$$U = \psi \ln(1 - e_{t-1}) + \ln c_{1,t} + p_t \beta \ln c_{2,t+1} \quad (3.3)$$

其中，ψ 表示少年期的闲暇贴现率；β 表示时间贴现因子。

关于人力资本积累函数，本章借鉴 Zhang J 和 Zhang J S（2005）的研究，认为代表性行为人的人力资本积累 h_{t+1} 与两方面因素有关：一是在少年期的时间投入 e_t，即受教育时间；二是父母自身的人力资本水平 h_t。因此，本章将人力资本积累函数设定为

$$h_{t+1} = A e_t h_t \quad (3.4)$$

其中，参数 $A > 0$。

（二）企业

在本章中，我们假设企业处于完全竞争的经济环境，企业通过在劳动力市场上雇佣劳动、在资本市场上租赁资本进行生产，其生产函数为 Cobb-Douglas（柯布–道格拉斯）形式：

$$Y_t = DK_t^\theta \left(h_t N_t\right)^{1-\theta} \tag{3.5}$$

其中，参数 $D > 0$，$\theta \in (0,1)$，Y_t 和 K_t 分别为第 t 期的总产出和总资本存量，$N_t = N$ 为劳动总投入。参照严成樑（2016）等的研究，我们假设资本的折旧率为 1，并定义劳均物质资本 $k_t = K_t / N_t$。通过求解企业的利润最大化问题，可以得到：

$$w_t = (1-\theta) D \left(\frac{K_t}{l_t N_t h_t}\right)^\theta = (1-\theta) D \left(\frac{k_t}{h_t}\right)^\theta \tag{3.6}$$

$$R_t = \theta D \left(h_t \frac{l_t N_t}{K_t}\right)^{1-\theta} = \theta D \left(\frac{h_t}{k_t}\right)^{1-\theta} \tag{3.7}$$

此时，式（3.6）、式（3.7）是企业利润最大化的边际条件，即企业雇佣的生产要素（劳动和资本）的价格分别等于其边际产品。

（三）市场出清

资本市场均衡条件。一方面，由于我们假设存在完备的年金市场，因此第 $t+1$ 期存活的老年人将获得资本收入，即 $N_t p_t \frac{R_{t+1}}{p_t} s_t$；资本的总收入为 $R_{t+1} K_{t+1}$。另一方面，$N_{t+1} / N_t = 1$，因此可得：

$$N_t R_{t+1} s_t = R_{t+1} K_{t+1} = R_{t+1} k_{t+1} N_{t+1} \tag{3.8}$$

由瓦尔拉斯定理，当资本市场均出清时，产品市场也是出清的。

二、基础模型的求解

对于每个代表性行为人来说,其在约束条件(3.1)、约束条件(3.2)和约束条件(3.4)下通过选择 e_{t-1} 和 $c_{1,t}$、s_t、$c_{2,t+1}$ 使得个体效用式(3.3)最大化。为此,我们可以对代表性行为人的决策进行求解,得到关于储蓄率 $c_{1,t}$ 和受教育时间 e_{t-1} 的一阶条件分别为

$$\frac{1}{c_{1,t}} = p_t \beta \rho_{t+1} \frac{1}{c_{2,t+1}} \tag{3.9}$$

$$p_t \beta \rho_{t+1} \frac{w_t A h_{t-1}}{c_{2,t+1}} = \frac{\psi}{1-e_{t-1}} \tag{3.10}$$

其中,式(3.9)等号的左边表示在成年期减少一单位消费的效用成本,而等号右边表示在老年期增加一单位消费效用收益的贴现;式(3.10)等号的左边表示代表性行为人增加自己的受教育时间得到的效用回报,这可以通过效用函数或增加人力资本积累(从而提高成年期收入水平)直接体现出来,等号的右边则表示为了接受教育所必须付出的效用成本。结合代表性行为人的预算约束条件(3.1)和约束条件(3.2),我们可以通过一阶条件得到:

$$c_{1,t} = \Gamma_{nc,t} w_t h_t \tag{3.11}$$

$$e_{t-1} = \frac{1+p_t \beta}{1+\psi+p_t \beta} \tag{3.12}$$

$$s_t = \Gamma_{ns,t} w_t h_t \tag{3.13}$$

其中,$\Gamma_{nc,t} = \dfrac{1}{1+p_t \beta}$ 表示代表性行为人将终生资源用于成年期消费的比重,而 $\Gamma_{ns,t} = \dfrac{p_t \beta}{1+p_t \beta}$ 则可以刻画终生资源中投入老年期储蓄的部分。

（一）最优储蓄率

通过定义最优储蓄率 $\mathrm{osr}_t = \dfrac{s_t}{w_t h_t}$，我们可以将稳态时的 osr 表示为

$$\mathrm{osr} = \Gamma_{ns} = \frac{p\beta}{1+p\beta} \tag{3.14}$$

接下来，我们对稳态时的最优储蓄率即式（3.14）关于预期寿命参数 p 进行求导，

$$\frac{\partial \mathrm{osr}}{\partial p} = \frac{\beta}{(1+p\beta)^2} \tag{3.15}$$

根据式（3.15），我们可以得到如下结论。

结论 3.1：稳态时，代表性行为人的最优储蓄率 osr 随着预期寿命 p 的延长而上升，即 $\dfrac{\partial \mathrm{osr}}{\partial p} > 0$。

预期寿命的延长意味着代表性行为人在退休期生活的时间更长，这就需要其在成年期更多地进行储蓄，以平滑整个生命周期的消费，从而使得生命周期的效用最大化，这种"未雨绸缪"的预防性养老储蓄动机会使储蓄率上升。

（二）最优受教育时间

根据式（3.12），我们可以得到稳态时代表性行为人的最优受教育时间（人均受教育时间）为

$$e = \frac{1+p\beta}{1+\psi+p\beta} \tag{3.16}$$

因此，通过对稳态时的受教育时间式（3.16）关于预期寿命参数 p 进行求导，

$$\frac{\partial e}{\partial p} = \frac{\beta \psi}{(1+\psi+p\beta)^2} \quad (3.17)$$

根据式（3.17），我们可以得到以下结论。

结论 3.2：稳态时，代表性行为人的最优受教育时间 e 随着预期寿命 p 的延长而上升，即 $\frac{\partial e}{\partial p} > 0$。

当代表性行为人预期自己可以活得更长时，意味着其无工资收入的退休期生活时间增加，因而需要增加成年期的储蓄以留作老年期消费，从而其最优选择是在少年期减少闲暇、提高个人的受教育时间以便增加自身的人力资本积累水平，在未来获得更高的工资收入。

（三）稳态经济增长率

接下来，我们将推导稳态时的经济增长率，以考察预期寿命延长对经济增速的影响。根据模型的假设，在 t 时社会总财富水平 W_t 应该等于经济中的总储蓄量，因此：

$$W_t = N_t s_t = N_t \Gamma_{ns,t} w_t h_t \quad (3.18)$$

在封闭经济中，资本市场出清条件可以简单地表示为 $K_{t+1} = W_t$。结合式（3.18），我们可以得到：

$$K_{t+1} = W_t = N_t \Gamma_{ns,t} w_t h_t \quad (3.19)$$

因而，根据式（3.19）和企业劳动要素价格即式（3.6），我们可以推导出劳均物质资本存量的动态演化方程：

$$k_{t+1} = \Gamma_{ns,t} D(1-\theta) \left(\frac{k_t}{h_t}\right)^\theta h_t \quad (3.20)$$

定义劳均物质资本存量的增长率为 $g_{k,t}$，那么根据动态演化方程（3.20）可得其增长率：

$$\frac{k_{t+1}}{k_t} = 1 + g_{k,t} = \Gamma_{ns,t} D(1-\theta)\left(\frac{k_t}{h_t}\right)^{\theta-1} \quad (3.21)$$

以上两个方程［式（3.20）和（3.21）］是基础模型中物质资本积累的关键方程。

另外，定义人力资本存量的增长率为 $g_{h,t}$，那么根据人力资本积累函数式（3.4）可得：

$$\frac{h_{t+1}}{h_t} = 1 + g_{h,t} = A e_t \quad (3.22)$$

式（3.22）是基础模型中人力资本积累的关键方程。

定义物质资本和人力资本之比为 $z_t = \frac{k_t}{h_t}$，在经济处于稳态时，经济增长率 $1+g = 1+g_h = 1+g_k$，因而，$z_t = z$。因此，根据式（3.21）和式（3.22），我们可以得到：

$$z = \Gamma_{ns} D(1-\theta) z^{\theta-1} = A\frac{1+p\beta}{1+\psi+p\beta} \quad (3.23)$$

或者，我们也可以得到稳态时的物质资本与人力资本之比为

$$z = \left\{\frac{A(1+p\beta)^2}{(1+\psi+p\beta)p\beta D(1-\theta)}\right\}^{\frac{1}{1-\theta}} \quad (3.24)$$

将式（3.24）或式（3.23）与式（3.21）结合，我们可以将稳态时的经济增长率表示为式（3.25）所示形式：

$$1+g = A\frac{1+p\beta}{1+\psi+p\beta} \quad (3.25)$$

最终，通过对稳态时的经济增长率 $(1+g)$ 关于预期寿命参数 p 进行求导，

$$\frac{\partial(1+g)}{\partial p} = A\frac{\beta\psi}{(1+\psi+p\beta)^2} \quad (3.26)$$

根据式（3.26），我们可以得到以下结论：

结论 3.3：在稳态时，经济增速1+g 会随着预期寿命的延长而提高，$\frac{\partial (1+g)}{\partial p} > 0$。

预期寿命延长之所以对经济增长的影响方向是正向的，是因为经济增长率取决于物质资本积累和人力资本积累。根据结论 3.1，预期寿命延长对物质资本积累（储蓄率）影响的净效应是正向的，而根据结论 3.2，预期寿命延长对人力资本积累（受教育时间）的影响也是正向的，从而使得预期寿命延长对经济增速的影响是正向的。

三、基础模型的拓展：纳入教育融资模式

在上述模型的基础之上，本节进一步将模型进行拓展。具体地，我们将分别考虑市场和公共两种教育融资模式，在综合借鉴 Hansen 和 Lønstrup（2012）和汪伟（2012）等研究的基础上，建立一个带有教育的时间投入、物质投入及储蓄决策的三期世代交叠模型；同时，本节还借鉴郭凯明和颜色（2017）、汪伟（2017）的研究，在模型中纳入家庭养老制度安排、个人账户和社会统筹账户相结合的混合养老保障体制，这也是中国目前实行的养老保险制度。

（一）代表性行为人

在上一小节的模型设定基础之上，本小节进一步假设代表性行为人在成年期生育子女，但在基准情形下生育的数量 n_t 由政府计划生育政策来调节，是外生给定的（后文将放松这一假设），假设生育的子女均可以存活至成年期（Zhang et al., 2001；汪伟，2017）。与前文的基础模型不同，在此，本

章假设代表性行为人成年期的时间禀赋在抚养子女和投入劳动力市场之间进行分配,个体将其子女抚养成为成年人需要花费 v 单位时间(Zhang et al., 2001)[①],因此,代表性行为人在成年期的时间禀赋满足:$l_t + vn_t = 1$,其中 l_t 为成年期的劳动时间。

个体在成年期参加工作,所获得的工资水平取决于少年期形成的人力资本水平,即工资收入为 $l_t w_t h_t$ 或 $(1-vn_t)w_t h_t$。在此,本章在基础模型中纳入教育融资模式。在市场教育融资模式下[②],代表性行为人为每个子女提供 q_t 单位的教育投资,即教育由家庭提供,需要从产品市场购买。另外,本章还引入了社会养老体系,代表性行为人将缴纳 $\tau_{s,t}$ 比例的收入税,其中政府将这部分税收用于提供社会养老保障,同时考虑到中国目前实施的是"统账结合"的混合养老保障体制,因而我们假设政府可以灵活地将这部分费用进行分配,$\mu\tau_{s,t}$ 进入社会统筹账户,$(1-\mu)\tau_{s,t}$ 进入个人账户,其中 $\mu \in [0,1]$ 称为社会统筹比例(汪伟,2012)。另外,我们在模型中还考虑家庭养老情况,假设个体在成年期将 τ_h 比例的个人收入用于赡养父母。最后,个体将收入的其余部分用于当期的消费和储蓄。因此,代表性行为人在成年期的预算约束为

$$c_{1,t} + s_t + n_t q_t + \tau_{s,t} l_t w_t h_t + p_{t-1}\tau_h l_t w_t h_t = l_t w_t h_t \quad (3.27)$$

而在公共教育融资模式下,代表性行为人不再对每个子女的教育投资进行决策,而是统一缴纳税率为 τ_e 的公共教育税,由政府统一提供教育(郭凯明等,2011),在其他方面与市场教育融资模式类似。此时,代表性行为人在成年期的预算约束为

$$c_{1,t} + s_t + \tau_e l_t w_t h_t + \tau_{s,t} l_t w_t h_t + p_{t-1}\tau_h l_t w_t h_t = l_t w_t h_t \quad (3.28)$$

其中,$c_{1,t}$ 表示个体在成年期的消费;s_t 表示成年期的储蓄量。

[①] 抚养孩子的时间也可以看作养育孩子要付出的固定成本。
[②] 在下文中,市场/公共教育融资模式即表示市场/公共教育融资模式。

为了简化分析,我们假设代表性行为人在老年期退休,不再工作,不考虑延迟退休的情形。我们假设存在完备的年金市场,即当个体在进入老年期或退休期之前就死亡的情况下,其遗产由当期的老年人平均分配(Chen and Fang, 2013)。其中的遗产分为两类,一类是死亡的老年人在成年期为维持老年生活的储蓄,另一类是其个人账户的社会保险资金,我们把这两类遗产均按照上述方式进行处理。个体退休后的收入源于三个部分,这与前文基础模型的设定不同,其中第一部分是成年期储蓄得到的本息和 $\rho_{t+1}s_t$,其中 ρ_{t+1} 和 R_t 所表示的含义同前文一致;第二部分是政府养老金的给付,而这又包括两个部分,其中一部分是返还的个人账户的本金及投资收益 $\rho_{t+1}(1-\mu)\tau_{s,t}l_tw_th_t$,另一部分是从政府部门领取的统筹养老金 T_{t+1};第三部分是子女对其转移的赡养费 $\tau_h n_t l_{t+1} w_{t+1} h_{t+1}$。个体将老年期的全部收入用于消费。因此,在两种教育融资模式下代表性行为人在老年期的预算约束均可表示为

$$c_{2,t+1} = \rho_{t+1}s_t + \rho_{t+1}(1-\mu)\tau_{s,t}l_tw_th_t + T_{t+1} + \tau_h n_t l_{t+1} w_{t+1} h_{t+1} \quad (3.29)$$

参照 Glomm 和 Ravikumar(1992)、Zhang J 和 Zhang J S(2005)等的已有研究,本文假设代表性行为人的效用函数为

$$U = \psi \ln(1-e_{t-1}) + \ln c_{1,t} + p_t\beta \ln c_{2,t+1} + \phi \ln n_t h_{t+1} \quad (3.30)$$

其中,ψ 和 β 的含义与前文一致;ϕ 表示父母对子女数量的偏好和对子女人力资本质量的重视程度。

我们在模型中同时引入了代表性行为人受教育时间和教育物资投入的决策机制,在借鉴已有研究的基础上,本章认为在市场教育融资模式下代表性行为人的人力资本积累 h_{t+1} 与三方面因素有关(Zhang et al., 2001; de la Croix and Doepke, 2004; Erosa et al., 2010):一是在少年期的时间投入 e_t,即受教育时间;二是处于成年期的父母对少年期的子女教育支出数量 q_t;三是父母自身的人力资本水平 h_t。因此,我们将人力资本积累函数设定为式(3.31)

的形式：

$$h_{t+1} = A(e_t q_t)^\alpha h_t^{1-\alpha} \tag{3.31}$$

其中，α 表示要素边际收益递减，$\alpha \in (0,1)$，同时 $1-\alpha$ 也体现了人力资本的代际转移率。

在公共教育融资模式下，我们假定由政府统一提供教育，将其规模设定为 E_t。借鉴已有文献的研究思路，本章认为代表性行为人的人力资本积累 h_{t+1} 与三方面因素有关（Zhang et al., 2003；郭庆旺和贾俊雪，2009），一是少年期接受教育的时间 e_t，二是每个子女平均可以享受到的公共教育规模 $\dfrac{E_t}{N_{t+1}}$ 及公共教育资源的拥挤度，三是父母自身的人力资本水平 h_t。据此，本章将公共教育融资模式下的人力资本积累函数设定为

$$h_{t+1} = A\left(e_t \frac{E_t}{N_{t+1}} n_t^{-\eta}\right)^\alpha h_t^{1-\alpha} \tag{3.32}$$

其中，受教育人口的规模 N_{t+1}、人口生育率 n_t 与参数 η 可以共同反映经济中公共教育的拥挤程度（郭庆旺和贾俊雪，2009；郭凯明等，2011）。

（二）企业

与前文一致，假设企业处于完全竞争的经济环境，企业通过在劳动力市场上雇佣劳动、在资本市场上租赁资本进行生产。但是，此时的劳动供给与基础模型存在差异，具体地，其生产函数为式（3.33）所示的 Cobb-Douglas 形式：

$$Y_t = D K_t^\theta (h_t l_t N_t)^{1-\theta} \tag{3.33}$$

其中，参数 $D > 0$；$\theta \in (0,1)$；Y_t 和 K_t 含义与前文一致。由于我们考虑了父母需要在抚养子女上投入时间的情形，因此，劳动总投入为 $l_t N_t$。另外，资

本的折旧率仍然为 1，并定义劳均物质资本 $k_t = K_t / l_t N_t$，通过求解企业的利润最大化问题，可以得到：

$$w_t = (1-\theta) D \left(\frac{K_t}{l_t N_t h_t} \right)^{\theta} = (1-\theta) D \left(\frac{k_t}{h_t} \right)^{\theta} \quad (3.34)$$

$$R_t = \theta D \left(h_t \frac{l_t N_t}{K_t} \right)^{1-\theta} = \theta D \left(\frac{h_t}{k_t} \right)^{1-\theta} \quad (3.35)$$

与前文一致，式（3.34）、式（3.35）是企业利润最大化的边际条件，即企业雇佣的生产要素（劳动和资本）的价格分别等于其边际产出。

（三）政府

与基础模型相比，拓展后的模型需要考虑政府部门的行为，我们假设政府部门满足预算约束平衡。根据上文中的模型设定，在市场教育融资模式下，政府将从代表性行为人成年期征得的统筹账户的税收全部用于当期活着的老年人的养老金 T_t 给付，故政府预算约束满足：

$$T_t = \mu \tau_{s,t} n_{t-1} l_t w_t h_t / p_{t-1} \quad (3.36)$$

与 Zhang 等（2001）、严成樑（2016）等研究相比，一方面，我们假设社会养老保障制度是"统账结合"的模式，这一设定更加符合中国的现实情况（汪伟，2012；郭凯明和颜色，2017）；另一方面，通过调整社会统筹比例参数 μ，我们将"现收现付制"和"完全基金制"作为特殊情形，可以同时融合不同养老制度模式下的分析，这就使得模型更加灵活多变。另外，由上述政府预算约束条件可得，$p_t \dfrac{T_{t+1}}{l_{t+1} w_{t+1} h_{t+1}} = \mu \tau_{s,t+1} n_t$。根据 Chen 和 Fang（2013）的研究，假设养老金替代率固定为常数 a，则 $a = \dfrac{T_t}{l_t w_t h_t}$，由此可得，$p_t a = \mu \tau_{s,t+1} n_t$。

在公共教育融资模式下，政府从处于成年期的代表性行为人的工资中征得收入税，这部分税收将用于两方面：提供养老金和公共教育，因此政府预算约束需同时满足式（3.36）和式（3.37）。

$$E_t = \tau_e l_t w_t h_t N_t \tag{3.37}$$

（四）市场出清

劳动力市场均衡。拓展后的模型需要考虑劳动力市场上的供求均衡，个体的劳动供给取决于劳动和抚养子女之间的时间分配，在均衡经济中的总供给等于企业的劳动总需求，即

$$N_t(1 - v n_t) = N_t l_t \tag{3.38}$$

资本市场均衡。一方面，由于我们假设存在完备的年金市场，因此第 $t+1$ 期存活的老年人将获得资本收入，即 $N_t p_t \dfrac{R_{t+1}}{p_t}\left(s_t + (1-\mu)\tau_{s,t} l_t w_t h_t\right)$。另一方面，资本的总收入为 $R_{t+1} K_{t+1}$，$N_{t+1}/N_t = n_t$，因此可得：

$$N_t R_{t+1}\left(s_t + (1-\mu)\tau_{s,t} l_t w_t h_t\right) = R_{t+1} K_{t+1} = R_{t+1} k_{t+1} l_{t+1} N_{t+1} \tag{3.39}$$

由瓦尔拉斯定理，当劳动力市场和资本市场均出清时，产品市场也是出清的。

四、外生生育、市场教育融资模式下的模型求解

对于每个代表性行为人来说，其在约束条件式（3.27）、式（3.29）和式（3.31）下通过选择 e_{t-1}、q_t 和 $c_{1,t}$、$c_{2,t+1}$、s_t 使得个体效用式（3.30）最大化。为此，我们可以对代表性行为人的决策进行求解，得到关于储蓄率 s_t、受教育时间 e_{t-1} 和其子女教育支出 q_t 的一阶条件分别为

$$\frac{1}{c_{1,t}} = p_t \beta \rho_{t+1} \frac{1}{c_{2,t+1}} \tag{3.40}$$

$$\frac{\alpha\left(1-\mu\tau_{s,t}-p_{t-1}\tau_h\right)l_t w_t h_t+\phi\alpha(1-\alpha)c_{1,t}}{e_{t-1}c_{1,t}}=\frac{\psi}{1-e_{t-1}} \quad (3.41)$$

$$\frac{\alpha\phi}{q_t}+\frac{\alpha\tau_h n_t l_{t+1}w_{t+1}h_{t+1}}{c_{1,t}\rho_{t+1}q_t}=\frac{n_t}{c_{1,t}} \quad (3.42)$$

其中，式（3.40）等号左边表示在成年期减少一单位消费的效用成本，而等号右边表示在老年期增加一单位消费效用收益的贴现；式（3.41）和式（3.42）等号左边分别表示代表性行为人增加自己的受教育时间和对子女进行教育投资得到的效用回报，这可以通过效用函数或增加人力资本积累（从而提高成年期收入水平）直接体现出来，也可以通过子女为老年期的父母提供赡养费以增加消费间接体现出来；而等号右边则表示为了接受教育、教养子女所必须付出的效用成本。

进一步，我们结合代表性行为人的预算约束条件式（3.27）和式（3.29），通过上述一阶条件可以得到：

$$c_{1,t}=\Gamma_{c,t}\left[\left(1-\mu\tau_{s,t}-p_{t-1}\tau_h\right)l_t w_t h_t+\frac{(1-\alpha)\tau_h n_t l_{t+1}w_{t+1}h_{t+1}}{\rho_{t+1}}+\frac{T_{t+1}}{\rho_{t+1}}\right] \quad (3.43)$$

$$e_{t-1}=\left[1+\frac{\psi c_{1,t}}{\alpha\left(1-\mu\tau_{s,t}-p_{t-1}\tau_h\right)l_t w_t h_t+\phi\alpha(1-\alpha)c_{1,t}}\right]^{-1} \quad (3.44)$$

$$q_t=\alpha\phi n_t^{-1}c_{1,t}+\frac{\alpha\tau_h l_{t+1}w_{t+1}h_{t+1}}{\rho_{t+1}} \quad (3.45)$$

$$s_t+(1-\mu)\tau_{s,t}l_t w_t h_t$$
$$=\Gamma_{s,t}\left[\left(1-\mu\tau_{s,t}-p_{t-1}\tau_h\right)l_t w_t h_t-\frac{\alpha\tau_h p_t\beta+(1+\alpha\phi)\tau_h}{p_t\beta}\frac{n_t l_{t+1}w_{t+1}h_{t+1}}{\rho_{t+1}}-\frac{1+\alpha\phi}{p_t\beta}\frac{T_{t+1}}{\rho_{t+1}}\right]$$
$$(3.46)$$

其中，$\Gamma_{c,t}=\dfrac{1}{1+p_t\beta+\alpha\phi}$ 表示代表性行为人将终生资源用于成年期消费的比

重，而 $\Gamma_{s,t} = \dfrac{p_t \beta}{1 + p_t \beta + \alpha \phi}$ 则可以刻画终生资源中投入老年期储蓄的部分。

（一）最优个体和社会储蓄率

进一步，结合企业利润最大化时的工资水平 $w_t = (1-\theta)D(k_t/h_t)^\theta$ 和利率水平 $R_t = \theta D(h_t/k_t)^{1-\theta}$，可以得出 w_t 与 R_t 之间存在的联系：$R_t k_t = \dfrac{\theta}{1-\theta} w_t h_t$，并将政府预算约束式（3.36）和资本市场均衡条件式（3.39）代入式（3.46）。那么，可以将式（3.46）改写为

$$s_t + (1-\mu)\tau_{s,t} l_t w_t h_t$$
$$= \Gamma_{s,t} \left\{ (1-\mu\tau_{s,t} - p_{t-1}\tau_h) l_t w_t h_t - \dfrac{\alpha \tau_h p_t \beta + (1+\alpha\phi)\left(\tau_h + \dfrac{\mu \tau_{s,t+1}}{p_t}\right)}{\beta} \right.$$
$$\left. \dfrac{1-\theta}{\theta} \left[s_t + (1-\mu)\tau_{s,t} l_t w_t h_t \right] \right\} \quad (3.47)$$

在式（3.47）中内生变量仅仅为 s_t，因而可以对其求解，得到个体最优储蓄量为

$$s_t = \left[\dfrac{\Gamma_{s,t}(1-\mu\tau_{s,t} - p_{t-1}\tau_h)}{1 + \alpha\tau_h p_t \dfrac{1-\theta}{\theta}\Gamma_{s,t} + (1-\Gamma_{s,t})\dfrac{1-\theta}{\theta}(\mu\tau_{s,t+1} + p_t\tau_h)} - (1-\mu)\tau_{s,t} \right] l_t w_t h_t$$
$$(3.48)$$

通过定义个体最优储蓄率 $\mathrm{psr}_t = \dfrac{s_t}{l_t w_t h_t}$ 和社会最优储蓄率 $\mathrm{ssr}_t = \dfrac{s_t + (1-\mu)\tau_{s,t} l_t w_t h_t}{l_t w_t h_t}$，并定义资本与劳动的产出弹性比 $\dfrac{\theta}{1-\theta} = \delta$，我们可以将稳态时 psr 和 ssr 分别表示为

$$\text{psr} = \frac{\Gamma_s \mathcal{A}}{\mathcal{B}} - (1-\mu)\tau_s, \quad \text{ssr} = \text{psr} + (1-\mu)\tau_s = \frac{\Gamma_s \mathcal{A}}{\mathcal{B}} \qquad (3.49)$$

其中，$\mathcal{A} = (1 - \mu\tau_s - p\tau_h)$，$\mathcal{B} = 1 + \dfrac{\alpha\tau_h p}{\delta}\Gamma_s + (1-\Gamma_s)\dfrac{\mu\tau_s + p\tau_h}{\delta}$。

通过对稳态时的最优储蓄率 psr 和 ssr 关于预期寿命参数 p 进行求导，我们可以得到如下结论。

结论 3.1a：在市场教育融资模式下，预期寿命延长对最优个体储蓄率和最优社会储蓄率的影响是不确定的，取决于具体的参数取值。

预期寿命延长对储蓄率的影响主要表现为：第一，预期寿命的延长意味着代表性行为人在退休期生活的时间更长，这就需要其在成年期更多地进行储蓄，以平滑整个生命周期的消费，从而使得生命周期的效用最大化，这种"未雨绸缪"的预防性养老储蓄动机会使储蓄率上升。第二，预期寿命的延长也意味着储蓄的收益率降低，跨期替代效应使得代表性行为人在成年期增加消费、减少储蓄，从而降低储蓄率。第三，预期寿命越长越会增加成年子女的养老负担，从而导致行为人的储蓄率降低。第四，预期寿命延长还意味着有越来越多的老年人领取退休金，这会使得政府的社会保障支出增加，因而需要通过提高社会保障税进行融资，这会降低个体的税后收入，从而减少可储蓄的资源，降低储蓄率。因此，寿命延长可以通过多个渠道影响储蓄率，其净效应是不确定的。

（二）最优受教育时间与教育投资率

根据式（3.43）～式（3.45），利用和最优储蓄率相同的处理方式，我们可以得到代表性行为人最优的受教育时间为

$$e_{t-1} = \left\{ 1 + \frac{\psi\Gamma_{c,t}\left(1 + \dfrac{\mu\tau_{s,t+1} + p_t\tau_h}{\delta}\right)}{\alpha\left[1 + \dfrac{\alpha\tau_h p_t}{\delta}\Gamma_{s,t} + (1-\Gamma_{s,t})\left(\dfrac{\mu\tau_{s,t+1} + p_t\tau_h}{\delta}\right)\right] + \phi\alpha(1-\alpha)\Gamma_{c,t}\left(1 + \dfrac{\mu\tau_{s,t+1} + p_t\tau_h}{\delta}\right)} \right\}^{-1}$$

$$(3.50)$$

个体对每个子女的教育投资为

$$q_t = \frac{\alpha\phi n_t^{-1}\Gamma_{c,t}\left(1-\mu\tau_{s,t}-p_{t-1}\tau_h\right)\left(1+\dfrac{\mu\tau_{s,t+1}+p_t\tau_h}{\delta}+\dfrac{\alpha p_t\tau_h p_t\beta}{\phi n_t^{-1}\delta}\right)}{1+\dfrac{\alpha\tau_h p_t}{\delta}\Gamma_{s,t}+(1-\Gamma_{s,t})\left(\dfrac{\mu\tau_{s,t+1}+p_t\tau_h}{\delta}\right)}l_t w_t h_t \quad (3.51)$$

因此，根据前文的定义，我们可以得到稳态时个体的最优受教育时间（人均受教育时间）为

$$e = \left[1+\frac{\psi\Gamma_c\left(1+\dfrac{\mu\tau_s+p\tau_h}{\delta}\right)}{\alpha\mathcal{B}+\phi\alpha(1-\alpha)\Gamma_c\left(1+\dfrac{\mu\tau_s+p\tau_h}{\delta}\right)}\right]^{-1} \quad (3.52)$$

定义代表性行为人对每个子女的教育投资率为 $\mathrm{er}_t = q_t/l_t w_t h_t$，则个体总教育投资率为 $n_t \times \mathrm{er}_t$，那么，稳态时每个子女的教育投资率可以表示为

$$\mathrm{er} = \frac{\alpha\phi n^{-1}\Gamma_c\mathcal{A}\left(1+\dfrac{\mu\tau_s+p\tau_h}{\delta}+\dfrac{p\tau_h p\beta}{\phi\delta}\right)}{\mathcal{B}} \quad (3.53)$$

因此，通过对稳态时的教育投资率 er 和人均受教育时间 e 关于预期寿命参数 p 进行求导，我们可以得到以下结论。

结论 3.2a：在市场教育融资模式下，预期寿命延长对家庭总教育投资率和每个子女的教育投资率的影响是不确定的，取决于具体的参数设定；预期寿命延长对最优受教育时间的影响也是不确定的，取决于具体的参数取值。

预期寿命延长对教育投资率的影响主要表现为以下四个方面：第一，在包含社会养老保障的经济中，预期寿命的延长意味着政府支付给老年人的养老金支出增加，而其融资方式是提高上一代社会保障税，这会使得父母倾向于减少对这种特殊消费品的消费，从而减少对子女的教育投资，即寿命延长"挤出"了家庭教育投资；第二，预期寿命的延长意味着退休期更长，个体需

要在成年期为老年期消费融资，从而更多地进行储蓄，这也会"挤出"对子女的教育投资；第三，在本章的模型中，子女是父母的家庭养老和社会养老资源，父母同时将子女作为一种"投资品"，预期寿命延长会促使个体在成年期加大对子女的教育投入，从而使自己进入老年期以后可以获得更多的家庭和政府的代际转移支付，提高老年期消费；第四，寿命延长还意味着储蓄收益率的下降，跨期替代效应使得个体增加成年期的消费支出，从而会影响其对子女的教育投资。在以上多种力量的作用下，寿命延长对教育投资率的影响是不确定的。

预期寿命延长对受教育年限的影响主要表现为以下几个方面：第一，当代表性行为人预期自己可以活得更长时，意味着其无工资收入的退休期生活时间增加，因而需要增加成年期的储蓄以留作老年期消费，从而其最优选择是在少年期减少闲暇、提高个人的受教育时间以便增加自身的人力资本积累水平，在未来获得更高的工资收入。第二，预期寿命的延长也意味着社会保障税的提高、个体的税后劳动收入减少，这会降低个体增加受教育时间获得的边际收益，同时增加受教育时间的边际成本，因此，预期寿命的延长会使代表性行为人增加受教育时间的相对收益减少，其从而会选择减少受教育时间。总的来看，预期寿命延长对代表性行为人受教育时间的影响方向也是模糊的。

（三）稳态经济增长率

接下来，我们将推导稳态时的经济增长率，以此考察预期寿命延长对经济增速的影响。根据模型假设，在 t 时期社会总财富水平 W_t 应该等于经济中的总储蓄量，因此：

$$W_t = N_t \left[s_t + (1-\mu)\tau_{s,t} l_t w_t h_t \right]$$

$$= N_t \frac{\Gamma_{s,t}(1-\mu\tau_{s,t} - p_{t-1}\tau_h)}{1 + \alpha\tau_h p_t \frac{1-\theta}{\theta}\Gamma_{s,t} + (1-\Gamma_{s,t})\frac{1-\theta}{\theta}(\mu\tau_{s,t+1} + p_t\tau_h)} l_t w_t h_t \quad (3.54)$$

在封闭经济中，资本市场出清条件可以简单地表示为 $K_{t+1} = W_t$，结合式 （3.54），我们可以得到：

$$K_{t+1} = W_t = N_t \frac{\Gamma_{s,t}(1-\mu\tau_{s,t} - p_{t-1}\tau_h)}{1 + \alpha\tau_h p_t \frac{1-\theta}{\theta}\Gamma_{s,t} + (1-\Gamma_{s,t})\frac{1-\theta}{\theta}(\mu\tau_{s,t+1} + p_t\tau_h)} l_t w_t h_t \quad (3.55)$$

因而，根据式（3.55）和工资方程［式（3.34）］，我们可以推导出劳均物质资本存量的动态演化方程：

$$k_{t+1} n_t l_{t+1} = D(1-\theta) \frac{\Gamma_{s,t}(1-\mu\tau_{s,t} - p_{t-1}\tau_h)}{1 + \alpha\tau_h p_t \frac{1-\theta}{\theta}\Gamma_{s,t} + (1-\Gamma_{s,t})\frac{1-\theta}{\theta}(\mu\tau_{s,t+1} + p_t\tau_h)} l_t \left(\frac{k_t}{h_t}\right)^\theta h_t$$

$$(3.56)$$

定义劳均物质资本存量的增长率为 $g_{k,t}$，那么根据动态演化方程（3.56）可得其增长率：

$$\frac{k_{t+1}}{k_t} = 1 + g_{k,t} = D(1-\theta) \mathrm{ssr}_t l_t \left(\frac{k_t}{h_t}\right)^{\theta-1} \frac{1}{l_{t+1} n_t} \quad (3.57)$$

以上两个方程［式（3.56）和（3.57）］是本模型中物质资本积累的关键方程。

另外，定义人力资本存量的增长率为 $g_{h,t}$，那么根据人力资本积累函数 ［式（3.31）］可得：

$$\frac{h_{t+1}}{h_t} = 1 + g_{h,t} = A\left(\frac{e_t q_t}{h_t}\right)^\alpha \quad (3.58)$$

将每个子女的平均教育投资支出和工资方程［式（3.34）］代入式（3.58）有：

$$1+g_{h,t} = A\left(\frac{e_t \text{er}_t l_t w_t h_t}{h_t}\right)^\alpha = A e_t^\alpha \text{er}_t^\alpha l_t^\alpha D^\alpha (1-\theta)^\alpha \left(\frac{k_t}{h_t}\right)^{\alpha\theta} \quad (3.59)$$

式（3.59）是模型中人力资本积累的关键方程。

定义物质资本和人力资本之比为 $z_t = \dfrac{k_t}{h_t}$，则利用式（3.57）和式（3.59）可以得到 z_{t+1} 的动态演化方程：

$$z_{t+1} = \frac{k_{t+1}}{h_{t+1}} = \frac{D^{1-\alpha}(1-\theta)^{1-\alpha} l_t \text{ssr}_t}{A e_t^\alpha \text{er}_t^\alpha l_t^\alpha l_{t+1} n_t} z_t^{\theta(1-\alpha)} \quad (3.60)$$

在经济处于稳态时，经济增长率 $1+g = 1+g_h = 1+g_k$，因而 $z_{t+1} = z_t = z^*$，根据式（3.60）我们可以得到稳态时的物质资本与人力资本之比为

$$z^* = \left[\frac{D^{1-\alpha}(1-\theta)^{1-\alpha}\text{ssr}}{A e^\alpha \text{er}^\alpha l^\alpha n}\right]^{\frac{1}{1-(1-\alpha)\theta}} \quad (3.61)$$

最终，将式（3.61）与式（3.57）或式（3.59）结合，我们便可以得到稳态时的经济增长率：

$$1+g = \frac{D(1-\theta)\text{ssr}}{n}(z^*)^{\theta-1} \quad (3.62)$$

因此，通过对稳态时的经济增长率 $1+g$ 关于预期寿命参数 p 进行求导，我们可以得到以下结论。

结论 3.3a：在市场教育融资模式下，预期寿命延长对经济增长的影响是不确定的，取决于具体的参数取值。

预期寿命延长之所以对经济增长的影响方向是模糊的，是因为人均经济增长率取决于物质资本积累和人力资本积累。根据结论 3.1a，预期寿命延长对物质资本积累（储蓄率）影响的净效应是模糊的，而根据结论 3.2a，预期寿命延长对人力资本积累（教育投资率、受教育时间）的影响也是不确定的，从而使得预期寿命延长对经济增速的影响是不确定的。

五、外生生育、公共教育融资模式下的模型求解

在公共教育融资模式下，每个代表性行为人在约束条件［式（3.28）、式（3.29）和式（3.32）］下通过选择 e_{t-1} 和 $c_{1,t}$、$c_{2,t+1}$、s_t 使得个体效用式（3.30）最大化。为此，我们可以利用与市场教育融资模式下类似的方法对代表性行为人的决策进行求解，得到公共教育融资模式下稳态的个体和社会最优储蓄率 $\mathrm{psr}^{(\mathrm{pub})}$ 和 $\mathrm{ssr}^{(\mathrm{pub})}$ 分别为

$$\mathrm{psr}^{(\mathrm{pub})} = \frac{\Gamma_s^{(\mathrm{pub})}\left(1-\mu\tau_s-\tau_e-p\tau_h\right)}{1+\left(1-\Gamma_s^{(\mathrm{pub})}\right)\dfrac{p\tau_h+\mu\tau_s}{\delta}} - (1-\mu)\tau_s \quad (3.63)$$

$$\mathrm{ssr}^{(\mathrm{pub})} = \mathrm{psr}^{(\mathrm{pub})} + (1-\mu)\tau_s = \frac{\Gamma_s^{(\mathrm{pub})}\left(1-\mu\tau_s-\tau_e-p\tau_h\right)}{1+\left(1-\Gamma_s^{(\mathrm{pub})}\right)\dfrac{p\tau_h+\mu\tau_s}{\delta}} \quad (3.64)$$

其中，$\Gamma_c^{(\mathrm{pub})} = \dfrac{1}{1+p\beta}$，$\Gamma_s^{(\mathrm{pub})} = \dfrac{p\beta}{1+p\beta}$。

公共教育融资模式下，稳态时代表性行为人最优受教育时间为

$$e^{(\mathrm{pub})} = \left[1 + \frac{\psi\Gamma_c^{(\mathrm{pub})}\left(1+\dfrac{\mu\tau_s+p\tau_h}{\delta}\right)}{\alpha\left(1+\left(1-\Gamma_s^{(\mathrm{pub})}\right)\dfrac{\mu\tau_s+p\tau_h}{\delta}\right)+\phi\alpha(1-\alpha)\Gamma_c^{(\mathrm{pub})}\left(1+\dfrac{\mu\tau_s+p\tau_h}{\delta}\right)}\right]^{-1}$$

$$(3.65)$$

公共教育融资模式下，稳态时物质资本与人力资本之比为

$$z^{**} = \left\{\frac{D^{1-\alpha}(1-\theta)^{1-\alpha}\,\mathrm{ssr}^{(\mathrm{pub})}}{A\left(e^{(\mathrm{pub})}\right)^{\alpha}\left(\tau_e\right)^{\alpha} l^{\alpha} n^{1-(1+\eta)\alpha}}\right\}^{\frac{1}{1-(1-\alpha)\theta}}$$

因此，公共教育融资模式下，稳态时的经济增长率为

$$1+g^{(\mathrm{pub})} = \frac{D(1-\theta)}{n}\mathrm{ssr}^{(\mathrm{pub})}\left(z^{**}\right)^{\theta-1} \quad (3.66)$$

最终，我们通过对公共教育融资模式下稳态时的储蓄率、人均受教育时间和经济增长率等变量关于预期寿命参数 p 进行求导，可以得到以下结论。

结论 3.1b：在公共教育融资模式下，预期寿命延长对最优个体储蓄率 $psr^{(pub)}$ 和最优社会储蓄率 $ssr^{(pub)}$ 的影响也是不确定的，取决于具体的参数取值。

与市场教育融资模式类似（结论 3.1a），预期寿命的延长对储蓄率的影响机制主要体现在"未雨绸缪"的储蓄动机、储蓄利率变化引起的跨期替代效应及社会保障制度的作用，其净效应也是模糊的。

结论 3.2b：在公共教育融资模式下，预期寿命延长对最优受教育时间 $e^{(pub)}$ 的影响是不确定的，取决于具体参数的取值。

与市场教育融资模式类似（结论 3.2a），预期寿命延长对代表性行为人受教育时间决策的影响依然存在多个渠道，其净效应也是模糊的。

结论 3.3b：在公共教育融资模式下，预期寿命延长对经济增长 $1+g^{(pub)}$ 的影响是不确定的，取决于具体的参数取值。

经济增长取决于物质资本积累和人力资本积累，根据结论 3.1b 和结论 3.2b，预期寿命延长对物质资本积累（储蓄率）影响和人力资本积累（受教育时间）影响的净效应是不确定的，从而对经济增速的影响方向也是模糊的。

第四节　参数校准与数值模拟

在第三节的分析中，我们首先建立了基础模型，发现预期寿命延长能够促进物质资本积累（最优储蓄率上升）、人力资本积累（受教育时间提高），并最终对经济增长率产生正向影响。随后，我们进一步从教育融资模式的角度对模型进行拓展，并且引入了政府的社会养老保险体系、家庭养老的制度安排及人口变动等现实因素，研究发现，预期寿命延长对物质资本积累（储蓄率）、人力资本积累（受教育时间和教育投资率）的影响方向是不确定的，因此，对经济增长率产生的影响方向也是模糊的。这就需要我们校准模型的相关参数以特征化中国的经验事实，进而通过数值模拟来进行研究。

一、参数校准

为了使得模型能够解释和预测预期寿命延长对中国储蓄率、教育投资率、人均受教育时间和经济增速产生的影响，在本小节中，我们将参照已有相关研究，通过对模型中的参数进行校准（表 3.1），然后对第三节的理论结果进行数值模拟。首先，我们需要校准模型中的两个弹性：产品生产函数中物质资本的产出弹性 θ 和人力资本生产函数中物质资本的产出弹性 α。王小鲁和樊纲（2000）测得的中国劳动与资本的产出弹性分别为 0.4 和 0.6，而张军（2002）的估计值则分别为 0.5 和 0.5。进入 21 世纪以来，随着中国储蓄率的不断上升，物质资本的丰裕程度逐渐上升，因而可以预计其产出弹性在长期中存在下降的趋势，因此，我们借鉴郭凯明等（2011）的研究，将资本的产出弹性 θ 设置为 0.43。根据王海港（2005）利用微观调查数据的测算结果，1988 年和 1995 年中国居民的代际收入弹性（可以解释为本节中的 $1-\alpha$）分别为 0.394 和 0.4235，两者相差并不大；另外，高奥等（2016）也对 α 进行过校准。本节综合上述两项研究，将 α 校准为 0.576。表 3.1 给出了各参数的取值情况。

表 3.1　参数校准

参数	表示含义	取值
θ	生产函数中物质资本产出弹性	0.43
α	人力资本生产函数中物质资本产出弹性	0.576
μ	社会统筹比例	0.75

续表

参数	表示含义	取值
τ_h	家庭养老参数（子女对父母代际转移比重）	0.10
n	代表性行为人生育率	1.50/2=0.75[a]
p	预期寿命参数	0.65
β	时间贴现因子	0.78
ϕ	子代教育投入的贴现因子	0.65
v	每个子女的照顾时间	0.15
ψ	少年期的闲暇贴现率	2.38
a	统筹账户养老金替代率	0.15
A	人力资本生产函数中的技术效率参数	15.02
D	产品生产函数中的技术效率参数	15.02
τ_e	公共教育税率	0.129[b]
η	公共教育拥挤参数	1.10

[a] 由于模型为代表性行为人模型，因而每个人的生育率大致为总和生育率的一半，即 0.75
[b] 在后面"外生生育、公共教育融资模式下的模型模拟分析"部分，我们会进一步解释该参数的校准规则

关于代表性行为人在成年期时对老年期消费的时间贴现因子 β、子代教育投入的贴现因子 ϕ 等参数的取值，现有文献中并没有统一的标准。我们参照刘永平和陆铭（2008b）等研究，将 β 设定为 0.78。在 Becker 等（1990）的经典文献中，ϕ 的取值为 0.3，此外，高奥等（2016）的研究也采用了同样的取值，但是考虑到中国传统文化中可能具有更多的利他性因素，因而在中国这个参数的取值可能更大。例如，汪伟（2017）的研究将其设置为 1，但本文的模型设定与上述文献存在一些区别，故本文取中间值，将 ϕ 设置为 0.65。关于社会统筹比例 μ，由于中国当前的社会养老保障制度是实行"统账结合"的模式，统筹账户约占总缴费比例的 75%，因此我们将 μ 校准为 0.75。

根据国家统计局公布的第七次全国人口普查数据，2015 年中国的总和生

育率降低到惊人的 1.3，远低于 2.1 的更替率。但由于中国长期以来实施严格的人口控制政策，"计划生育一票否决制"导致了在人口普查时存在明显的低报或者漏报生育现象，因此很多学者和机构都认为中国的总和生育率水平要高于 1.3。借鉴 Cai（2010）、崔红艳等（2013）研究的测算，我们将总和生育率暂且设定为 1.50[①]。对于代表性行为人存活至老年期的概率 p，根据联合国发布的《世界人口展望》2017 年修订版的数据，中国 60 岁人口的平均余寿为 19.55 年，而杨明旭和鲁蓓（2019）估计得到的中国 60 岁以上老年人的平均余寿为 19.44 岁，与联合国的数据基本类似。因此，基于以上基础数据，本章将基准情形下的 p 设为 0.65，即模型设定每一期为 30 年，当成年期结束进入老年期时，如果平均余寿为 19.50 岁，则预期寿命参数可设定为 19.50/30=0.65（景鹏和郑伟，2019）[②]。

关于家庭养老参数 τ_h，本文参照刘永平和陆铭（2008a）的研究，将其设定为 0.10。关于子女的即每个子女的照顾时间 v，郭凯明等（2011）基于 2006 年的数据将其设定为 0.065，但随着经济和社会的发展，养育成本是不断提高的，在耿志祥和孙祁祥（2020）的研究中，将子女的养育成本设定为 0.20，本文综合这两项研究，将其设定为 0.15。关于统筹账户养老金替代率，本章按照当前的社会养老保险实际缴费率进行反推，将其大致确定为 15% 左右，即 a=0.15。

为了校准生产函数和人力资本积累函数中的技术参数，本文假设经济增速为 7% 左右（在模型中，经济增速为 $1.07^{30}-1$）[③]，设定 $A=D=15.02$。另外，关于少年期的闲暇贴现率，现有文献并未给出其取值范围，我们确定该参数取值时主要是为了得到一个与中国现实相符合的人均受教育时间。利用 2010

[①] 在本章的第五节中，我们还考虑了内生生育率框架的情形。
[②] 我们假设一代的时间为 30 年，少年期为 1~30 岁，成年期为 31~60 岁，老年期为 61~90 岁。
[③] 这里假设的经济增速的高低并不会影响本章的结论。

年 CFPS 微观数据样本,姚洋和崔静远(2015)测算的人均受教育时间为 10.727。根据《中国人力资本报告 2019》的结果,2017 年全国劳动力人口的人均受教育时间为 10.2 年,而 Barro 和 Lee(2013)测算的结果显示,2010 年中国 15 岁以上人口的人均受教育时间为 8.11 年。综合以上测算结果,我们设定 ψ 的取值为 2.38,以得到人均受教育时间为 10 年左右的事实[①]。关于公共教育拥挤参数,我们假设其大于 1,即拥挤的成本是边际递增的,暂且取值为 1.10。

二、外生生育率、市场教育融资模式下的模型模拟分析

在这一小节中,我们主要根据上一小节的参数取值对第三节的理论结果进行模拟分析,讨论市场教育融资模式下,预期寿命延长对最优储蓄率、家庭教育投资率、人均受教育时间和经济增长率的影响。

(一)预期寿命延长与最优储蓄率

本节首先讨论了人口老龄化对储蓄率的影响。前文的理论分析表明,一方面,人口老龄化导致家庭和社会赡养负担加重、储蓄的跨期收益率下降,会降低储蓄率;另一方面,预期寿命延长会使理性行为人产生"未雨绸缪"的预防性动机,这可能带来储蓄率上升(汪伟和艾春荣,2015)。就现实而言,中国的人均预期寿命已超过 78 岁,但目前的退休政策没有随着预期寿命的延长而动态调整,因此,预期自己活得更长的理性行为人会为了更长的退休期而更多地进行储蓄(Bloom et al.,2007),即中国人的预防性养老储蓄动机可能更加强烈。因此,人口老龄化并不必然导致中国的储蓄率快速下降,其对储蓄率的影响可能与上述效应在不同阶段的相对强弱有关。

[①] 通过参数测试我们发现,ψ 的取值仅会影响人均受教育时间的大小,而对预期寿命变化导致的储蓄率、教育投资率、人均受教育时间及经济增长的效应具有稳健性。

图 3.3 的数值模拟结果与理论预期一致，在中国目前的参数下，预期寿命与储蓄率之间呈现倒"U"形关系，这一模拟结果也对结论 3.1a 做出了具体的回答。当预期寿命较低时，"未雨绸缪"的正储蓄效应占据主导，表现为储蓄率随着预期寿命延长而提高；而当预期寿命提高到某一数值以后，家庭和社会养老负担及跨期替代的负储蓄效应占据主导。从储蓄率的变化趋势来看，储蓄率随着预期寿命的上升先呈现一段上升期，当老年生存概率超过 0.74 以后，转向下降阶段，储蓄率会在高位持续一段时间，这一模拟结果与中国的实际数据（图 3.4）相吻合[①]，也与一些研究的发现相一致（汪伟和艾春荣，2015）。

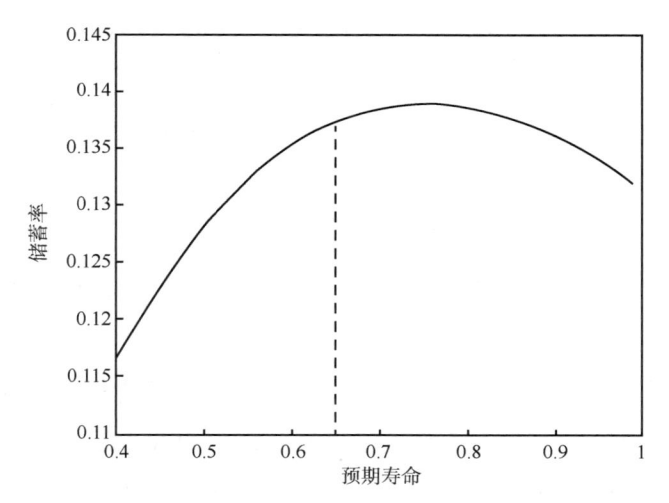

图 3.3 预期寿命与储蓄率：市场教育融资模式
资料来源：作者计算得出
图中预期寿命用老年生存概率表示

[①] 我们研究中国居民预期寿命与储蓄率变化的历史数据发现，二者呈现出与模拟结果相似的形态，参见图 3.4。

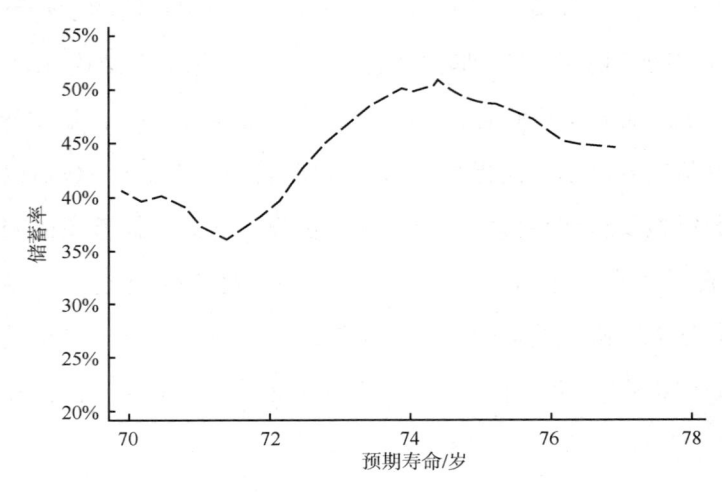

图 3.4　预期寿命与国民储蓄率：市场教育融资模式
资料来源：作者根据国家统计局和《中国统计年鉴》年度数据整理得出

（二）预期寿命延长与人均受教育时间和教育投资率

本章所建立的模型重点是内生化了代表性行为人的教育时间投入和物质投入。预期寿命对人力资本积累的影响不仅与家庭的教育投资支出有关，还与个体的时间投入有关，而以往的很多理论研究可能由于忽视了教育的时间投入而得出"预期寿命延长不利于人力资本积累"的结论，如 Pecchenino 和 Pollard（2002）等。图 3.5 的模拟结果显示，预期寿命延长提高了个体的受教育时间。这一模拟结果对结论 3.2a 做出了具体的回答，支持了预期寿命延长对受教育时间的正面影响大于负面影响的结论，这既符合经济学直觉，与前文观察到的经验事实相一致，同时也与已有研究相一致。

在理论研究方面，一些文献在世代交叠模型框架下纳入了教育选择机制，研究认为，死亡率的下降会显著提高代表性行为人的受教育时间和消费水平（Kalemli-Ozcan et al.，2000；林忠晶和龚六堂，2007；李佳，2015）。在实

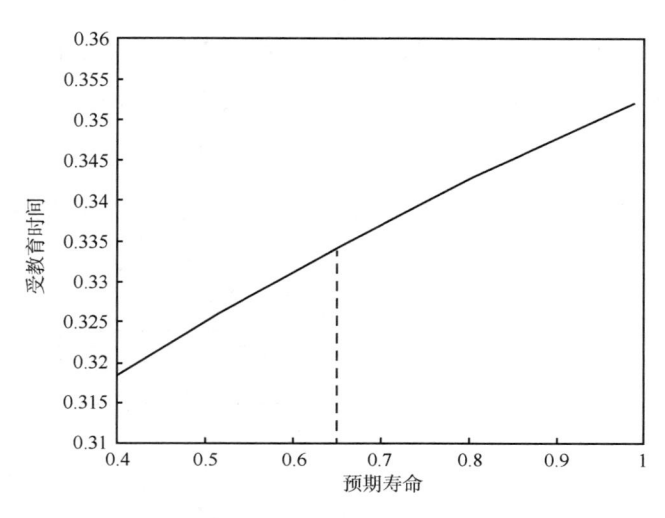

图 3.5　预期寿命与受教育时间：市场教育融资模式
资料来源：作者计算得出

证研究方面，Jayachandran 和 Lleras-Muney（2009）利用 1946～1953 年斯里兰卡女性死亡率的突然下降作为自然实验，验证了预期寿命延长与受教育时间提高之间存在显著的因果关系。Hansen 和 Strulik（2017）、Baranov 和 Kohler（2018）则分别将 20 世纪 70 年代以来心血管疾病死亡率的突然下降和马拉维艾滋病治疗技术的普及作为自然实验，通过双重差分方法也验证了该因果关系的存在。

关于市场教育融资模式下，预期寿命延长如何影响人力资本积累的物质投入，图 3.6 给出了具体模拟结果。我们发现，预期寿命延长显著地降低了代表性行为人对子女的教育投资率，这说明预期寿命延长对教育投资的负面效应占据主导。该模拟结果与一些研究利用中国省级面板数据的实证研究相一致（Liu et al.，2020），也与国内外一些实证文献的发现相吻合。例如，Harris 等（2001）利用美国各州当地的社区学校数据研究发现，65 岁人口比重的增加显著地降低了学校中的人均教育支出，Poterba（1997）利用美国州层面的数据也得到了相同的结论。Cattaneo 和 Wolter（2009）利用各年龄组瑞士选民的代表性调查数据发现，老年人并不愿意将更多的资金用于教育，而更倾向于健康和社会保障方面的支出。李超（2016）的研究也通过微观数据进行验证，他认为家庭人口年龄结构老化产生的养老压力会显著降低家庭的教育投资率。这些研究为本文的理论分析和模拟结果提供了经验证据。

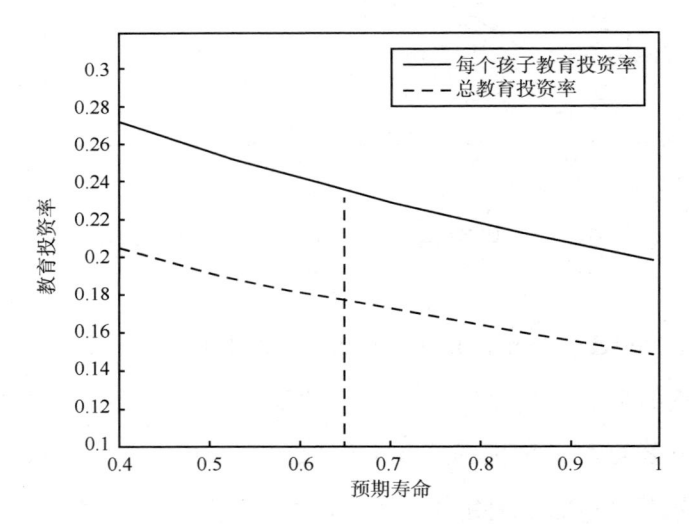

图 3.6　预期寿命与教育投资率：市场教育融资模式
资料来源：作者计算得出

（三）预期寿命延长与经济增长率

我们在之前的分析中提及，在理论层面上，预期寿命延长并不必然会对经济增长产生负面影响。图 3.7 中的数值模拟结果显示，随着预期寿命不断延长，经济增长呈现出倒"U"形变化趋势。其中的机制是：当老年死亡率相对较低时，一方面，预期寿命延长可以提高储蓄率，使得物质资本积累增加，这有利于经济增长；另一方面，预期寿命延长也可以增加个体的受教育时间，从而提高人力资本积累水平,但寿命延长也会带来教育投资率的降低，不利于人力资本积累。综合来看，当个体的预期寿命较低时，预期寿命延长所带来的物质资本与人力资本积累的正面效应大于负面效应，预期寿命延长会促进经济增长；而当预期寿命上升到一定程度后，上述效应将反转，预期寿命延长会阻碍经济增长。本节的数值模拟显示，当前的老年生存概率 p（基准值 0.65）已经接近 0.68 的临界值，随着人口老龄化程度的进一步加深，经济增长逐渐走向下行通道。

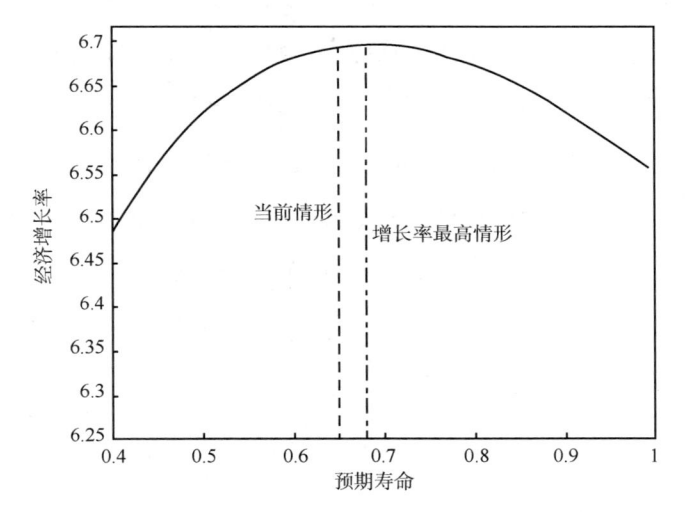

图 3.7　预期寿命与经济增长：市场教育融资模式
资料来源：作者计算得出

实际上，上述研究结论与 Zhang 等（2003）得到的结果类似，但本章的研究与他们不同，他们的研究中没有考虑到现实中存在的养老保险制度，并且也没有考虑到人力资本积累的时间投入，另外，他们的结论仅仅是在公共教育融资模式下得到的，本节的研究提供了更为丰富的理论机制。

三、外生生育率、公共教育融资模式下的模型模拟分析

在本节中，我们根据上文的理论结果，主要考察在公共教育融资模式下预期寿命延长对储蓄率、人均受教育时间和经济增长的影响[①]。

在图 3.8 中，我们模拟了公共教育融资模式下预期寿命与储蓄率之间的关系（结论 3.1b）。结果显示，两者之间依然呈现倒"U"形关系。与市场教育融资模式类似，当居民预期寿命相对较低时，"未雨绸缪"的正储蓄效应依然要强于跨期替代和社会保障的负储蓄效应，表现为储蓄率随着预期寿命延长而提高；而当预期寿命上升到某一个临界值后，两种效应发生了逆转，表现为储蓄率随着预期寿命延长而下降。在图 3.9 中，我们依然发现预期寿命延长会提高人均受教育时间。这表明，无论在何种教育融资模式下，预期寿命的延长均会激励个体增加受教育时间，这有利于人力资本积累。从这个意义上来说，预期寿命延长对经济增长的正面效应与受教育时间的增加息息相关。

---

① 在得到这些模拟结果之前需要校准政府所征收的公共教育税 τ_e。虽然一些研究根据中国公共教育支出占 GDP 比重将其校准为 0.04 [如郭凯明等（2011）]，但是我们认为公共教育融资模式下政府征收教育税与当前政府公共教育支出占 GDP 比重至少存在以下两点差距：第一，在模型中，GDP 除了工资之外，还有一部分是资本收入，即如果按照劳动份额占 57%计算，则当前公共教育支出占 GDP 4%的部分大约相当于工资收入的 7%。第二，现有的数据仅仅是在当前的教育模式下的统计数字，与本节中公共教育融资模式下政府对家庭的工资收入征税比重仍然存在很大差异，在该模式下家庭的教育支出也转化为了政府支出。北京大学发布的《2017 年中国教育财政家庭调查：中国家庭教育支出现状》数据显示，中国学前和基础教育阶段家庭教育支出占 GDP 比重为 2.5%左右，而高中等非义务教育阶段的家庭教育负担率高于学前和基础教育阶段，因而可以预计公共教育税必定高于 7%。所以，基于以上事实，并结合市场教育融资模式下的当前经济增长率水平，我们将其设定为 0.134，实际上这个数字低于市场教育融资模式下个体选择的最优教育投资率。

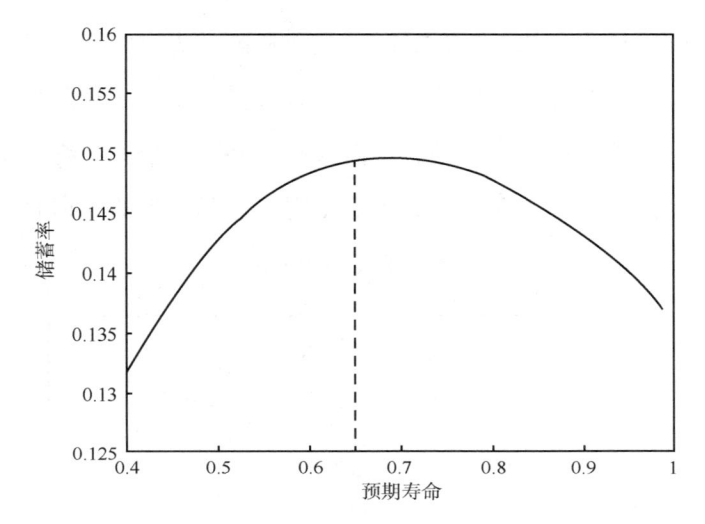

图 3.8 预期寿命与储蓄率：公共教育融资模式
资料来源：作者计算得出

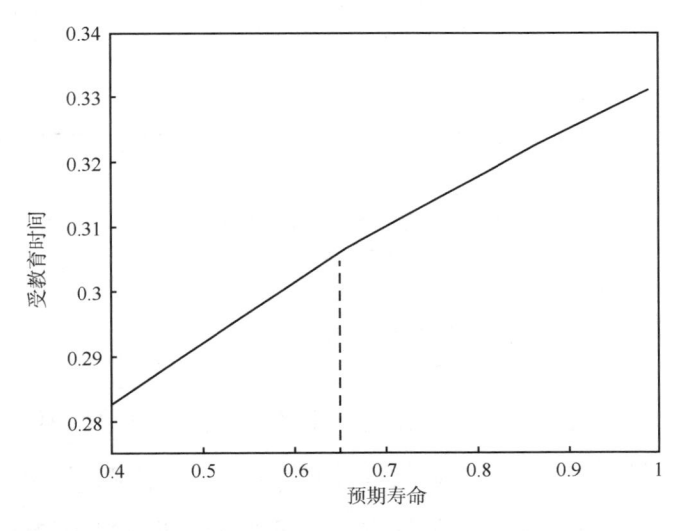

图 3.9 预期寿命与人均受教育时间：公共教育融资模式
资料来源：作者计算得出

在公共教育融资模式下，图 3.10 再次模拟了预期寿命与经济增长之间的关系（结论 3.3b）。与市场教育融资模式下的表现不同，我们发现在当前的参数设定下，预期寿命延长始终会促进经济增长。其中的主要机制是：预期寿命延长可以增加个体的受教育时间，从而提高人力资本水平，当政府设定的公共教育税率比较合理时，整个社会的教育投资率并不会降低，因而预期寿命延长对人力资本积累始终具有正面效应。因此，在公共教育融资模式下，虽然物质资本积累随着预期寿命的延长出现了下降的趋势，但是人力资本积累水平却在不断提高，成为经济增长的主要动力。

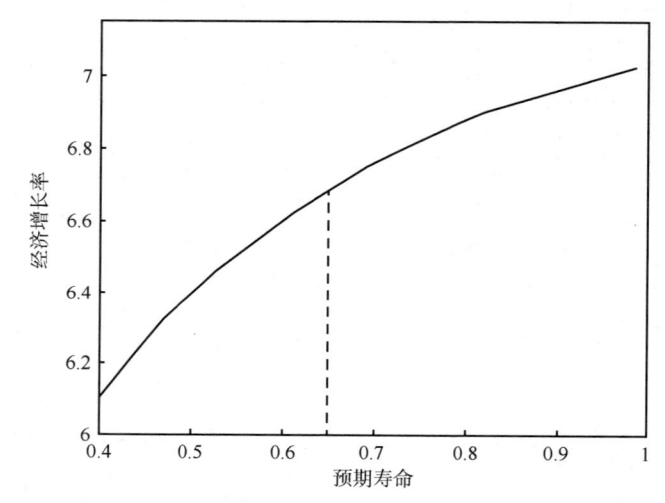

图 3.10　预期寿命与经济增长率：公共教育融资模式
资料来源：作者计算得出

四、两种教育模式的比较分析

基于前文设定的基准参数，在这一小节，我们通过数值模拟对比两种不同的教育融资模式下，预期寿命延长对储蓄率、人均受教育时间、教育投资率和经济增长率的影响差异。从受教育时间来看，图 3.11 的模拟结果显示，市场教育融资模式下的人均受教育时间更长，公共教育融资模式下的斜率更大，两种教育模式下的受教育时间差距并不大且存在收敛的趋势，这主要是因为教育税的存在改变了个体受教育年限的决策，使其更依赖政府提供的公共教育水平。在图 3.12 中，我们模拟了两种教育融资模式下个体的教育投资

第三章 预期寿命延长、人力资本投资与中国经济增长　171

率或公共教育税率。从教育投资率和公共教育税率的关系来看，即便是预期寿命不断延长，教育投资率仍然一直高于基准的公共教育税率。

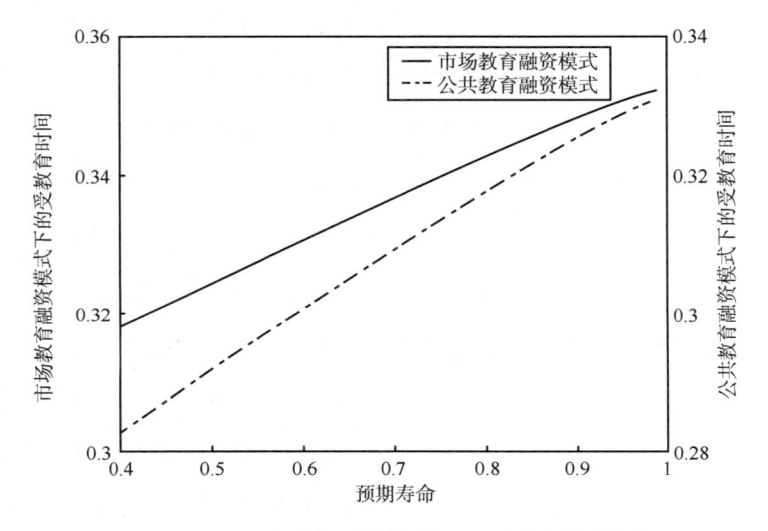

图 3.11　预期寿命与受教育时间：两种教育模式比较

资料来源：作者计算得出

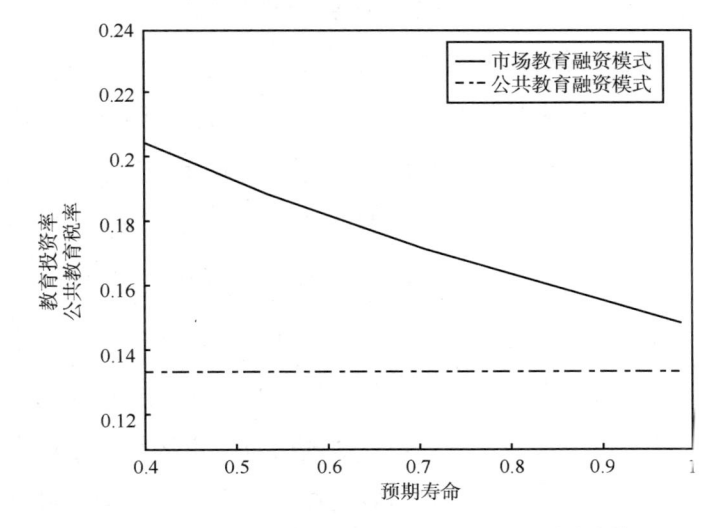

图 3.12　预期寿命与教育投资率：两种教育模式比较

资料来源：作者计算得出

具体来看，在市场教育融资模式下，人们可以根据自己的最优化行为选择最优的受教育时间和最优的人力资本投资支出（投资于子女）。当居民预期寿命较低时，家庭和社会的养老压力较小，此时退休后的时间相对较短，因此其为老年父母和自己退休期而分配的资源相对较少，出于利他主义动机等方面的考虑，代表性行为人愿意为子女的教育投资分配更多的资金（教育投资支出占劳动收入的比重较高），以获得较高的效用水平。但是，在公共教育融资模式下，人们不需要对子女的人力资本投资进行最优化，只需要缴纳固定的教育税。在本文的基准公共教育税率下，对整个社会来说，由于总的教育投资支出比例要低于市场教育融资模式下的支出比例，因而代表性行为人增加受教育时间所获得的人力资本增量要低于市场教育融资模式下的增量（效用增量不同），但此时代表性行为人所要付出的效用损失是相同的。因此，公共教育融资模式下最优的受教育时间要小于市场教育融资模式下最优的受教育时间。

随着预期寿命的进一步延长，家庭和社会的养老负担逐渐加重，为退休而储蓄的动机增强，同时储蓄的收益率也会逐渐降低，在市场教育融资模式下，这将导致家庭对子女的人力资本投资支出减少，从而导致教育投资率下降。在这个过程中，代表性行为人通过在少年期牺牲闲暇的方式增加自己的受教育时间（效用成本），但是增加的受教育时间一部分用于弥补家庭教育支出下降带来的人力资本积累的降低，剩余的部分才真正能够用来增加人力资本积累，以获得更高的劳动收入，提高生命周期消费水平（效用收益）。但是，对于公共教育融资模式来说，代表性行为人在少年期牺牲闲暇、增加受教育时间不必弥补教育投资率下降，可以直接用于积累人力资本以提高生命周期消费水平。此时，相对于公共教育融资模式而言，市场教育融资模式下的代表性行为人少年期增加受教育时间的效用损失换来的成年期和老年期的效用增加量要更低。因此，随着居民预期寿命的不断延长，代表性行为人增加受教育时间的动机不足，从而使得两种教育模式下的最优受教育时间趋于收敛。

第三章 预期寿命延长、人力资本投资与中国经济增长 173

储蓄是物质资本积累与经济增长的重要引擎。在图 3.13 中，我们还比较了两种教育融资模式下的储蓄率情况，结果显示，无论预期寿命如何，公共教育融资模式下的储蓄率均始终高于市场教育融资模式下的储蓄率。在图 3.14 中，

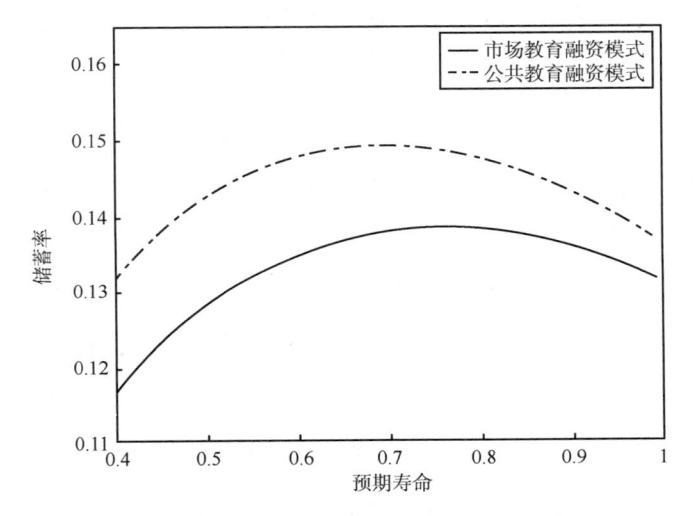

图 3.13 预期寿命与储蓄率：两种教育融资模式比较

资料来源：作者计算得出

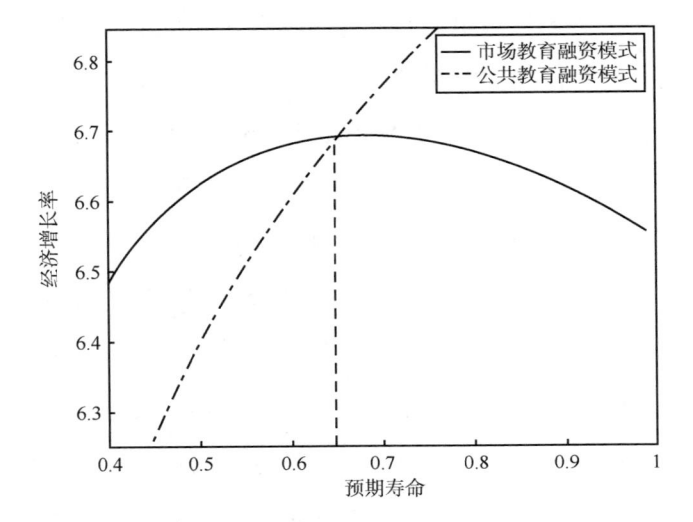

图 3.14 预期寿命与经济增长：两种教育模式比较

资料来源：作者计算得出

我们进一步模拟出了两种教育融资模式下预期寿命延长对经济增长的影响,不难发现,在预期寿命较低的情况下,市场教育融资模式下的经济增长率更高,当预期寿命超过某一临界值后,公共教育融资模式下的经济增长率更高。

上面的模拟结果进一步说明,在预期寿命较低时,公共教育融资模式下的储蓄率虽然更高,但人力资本积累水平与经济增长速度较低,市场化的教育融资模式优于公共教育融资模式;在老龄化后期,市场教育融资模式下的教育投资率不断下降,从而导致经济增长率持续下降,此时,公共教育融资模式优于市场教育融资模式。

另外,我们注意到,在外生生育率框架下,如果设定当前两种教育融资模式的经济增长率相同(即 $p=0.65$ 时),则在不同的预期寿命下个体的教育投资率均高于政府的教育税率。换言之,由于教育的公共品属性,家庭付出同样的教育支出(税收),公共教育融资模式下的经济增长率要高于市场教育融资模式下的情形,因此,从这个角度来看,当居民预期寿命进一步提高时,由市场教育融资模式转轨至公共教育融资模式更优。

本节的理论分析和模拟结果实际上从另一个角度解释了中国教育融资模式的转轨机制。资料显示,1994年之前,中国大部分的普通高等教育及中等师范院校均为公费模式,家庭教育支出很少。此后,国家逐渐对此进行改革,几乎普遍取消了公费制模式,代之以学生上大学需要交学费的模式,到1997年全国绝大部分高等学校和中等师范学校基本完成了收费改革,并且大学也逐渐进行扩招改革(汪伟和吴坤,2019)。从教育支出的公费模式转向家庭负担模式,这实际上是一种教育融资模式的市场化改革。当中国进行教育市场化改革时,中国的居民预期寿命相对较低,甚至还没有进入老龄化社会,还处于人口红逐渐释放的时间段,正如引言部分所揭示的经验事实,家庭的教育支出和人均受教育时间快速上升,这些都说明教育融资模式转轨在相当长的一段时间内促进了中国人力资本的积累,带来了比公共教育融资体制下更高的经济增长率。

然而,近年来中国的居民预期寿命不断提升,虽然中国人均受教育时间仍然在继续上升,但家庭教育支出比重、经济增长速度均出现了明显的下滑趋势,这些宏微观数据揭示的经验事实与本文的理论预测与模拟结果是高度吻合的。这也提示我们,在预期寿命不断提高的态势下,市场教育融资模式可能越来越不利于人力资本积累和经济增长。本节的模拟结果也告诉我们,在预期寿命很高的情况下,公共教育融资模式比市场教育融资模式有更高的人力资本积累水平和经济增长速度。因此,政府有必要提高公共教育支出的比例,减轻家庭的教育支出负担,同时对当前的市场教育融资模式进行改革,选择适当的时机转向公共教育融资模式,以此来提高人力资本积累速度,应对不断提高的居民预期寿命对经济增长的负面冲击。

本节内容的核心是基于外生生育率框架分析预期寿命延长对经济增长的影响,此时代表性行为人生育子女的数量由政府的计划生育政策来调节。但是,预期寿命延长对经济增长的影响也可能取决于生育率水平,因此,我们也试图给出生育率和预期寿命不同组合下的经济增速情况。

图3.15的模拟结果显示,在市场教育融资模式下,预期寿命对经济增长的影响取决于生育率水平。当生育率在0.5附近时(对应于总和生育率在1附近),经济增速随着预期寿命的延长几乎呈现出单调下降的趋势。这也说明,如果生育率不断降低,那么市场教育融资模式在应对预期寿命延长引致的人口老龄化对经济增长的负面冲击无法起到积极作用,反而会使得经济增速出现大幅下滑。当生育率处于0.6~1时(对应于总和生育率在1.2~2),预期寿命与经济增速之间呈现倒"U"形关系,这与前面的模拟结果相一致。这说明,当生育水平接近更替率水平、预期寿命相对较低时,市场教育融资模式有利于促进经济增速。另外,我们还可以发现,经济增速会随着生育率的提高而下降,这与下文中的公共教育融资模式下的结果类似。

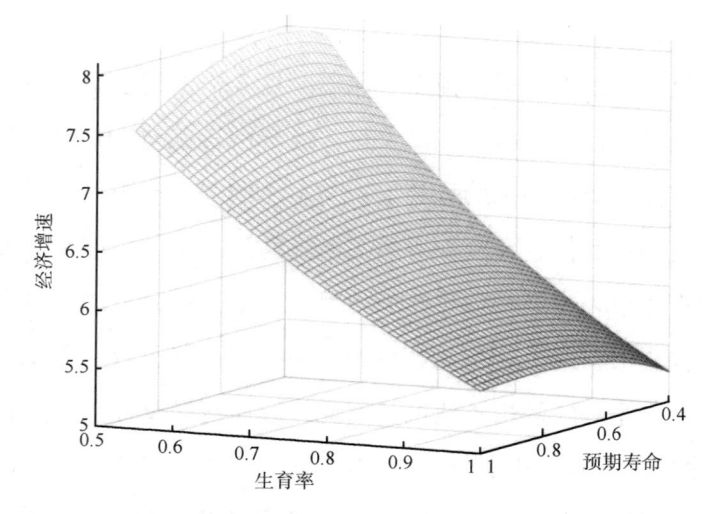

图 3.15　不同预期寿命和生育率组合下的经济增速：市场教育融资模式
资料来源：作者计算得出

在图 3.16 中，本节还模拟了公共教育融资模式下，不同生育率和预期寿命组合下的经济增速情况。与市场教育融资模式下的结果不同，我们发现，无论生育率水平如何，公共教育融资模式下预期寿命延长几乎总是能够促进经济增长，这也说明，当一个社会预期寿命很高时，公共教育融资模式更能够有效应对寿命延长引致的人口老龄化。图 3.16 的结果还告诉我们，生育率的下降会对经济增长产生正面影响，主要原因在于，生育率下降引起的底部老龄化通过提高家庭的人均教育投入有利于人力资本积累，从而对经济增长产生正面影响。但生育率过度下降会加快老龄化进程、不利于修正失衡的人口结构，也可能会对经济增长产生负面影响。

五、公共教育税率与经济增长

在上面的分析中我们指出，当代表性行为人的预期寿命不断延长时，公共教育融资模式在促进人力资本积累和经济增长方面优于市场教育融资模式，

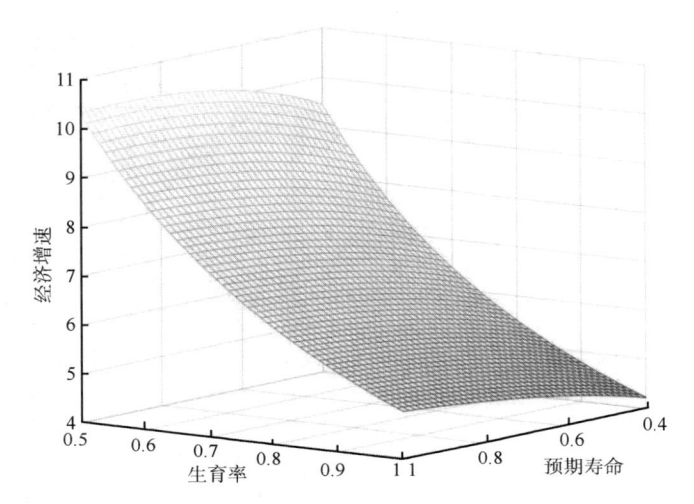

图 3.16　不同生存概率和生育率组合下的经济增速：公共教育融资模式
资料来源：作者计算得出

但是这个结论实际上仅在合理的公共教育税率范围以内成立。为此，我们在图 3.17 中模拟了不同预期寿命下公共教育税率与经济增长率之间的变化关系。

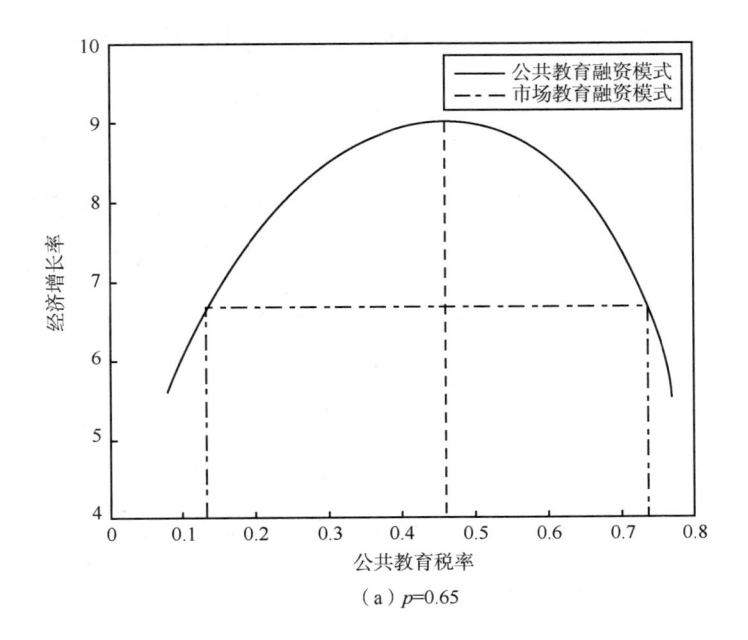

（a）$p=0.65$

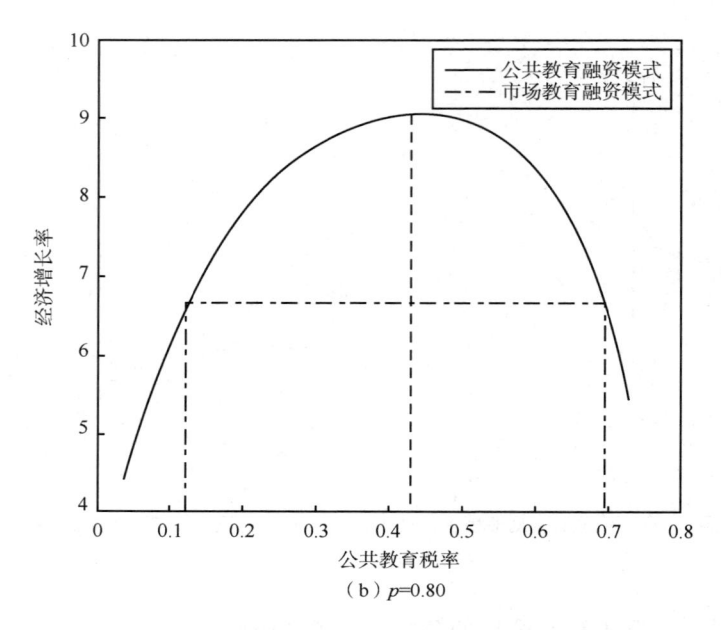

图 3.17 不同预期寿命下的公共教育税率与经济增长
资料来源：作者计算得出

图 3.17 的模拟结果显示，在不同的预期寿命下，使得公共教育融资模式可以产生最高经济增长率的最优公共教育税率为 0.45 左右[①]。当个体从成年期进入老年期的生存概率 $p=0.65$ 时，公共教育融资模式下的税率只要维持在 [0.134, 0.733] 的范围内，就可以获得不低于市场教育融资模式下的经济增长率；进一步，考虑到在当前的预期寿命下，代表性行为人选择的最优教育投资率为 0.177，因此教育融资方式由市场教育融资模式转轨至公共教育融资模式时，只要税率能够保持在 [0.134, 0.177] 的区间，就可以在不增加家庭负担的情况下促进经济增长。当预期寿命进一步延长时，如生存概率 $p=0.80$ 时，市场教育融资模式下的经济增长率下降至 6.67，此时，公共教育融资模式同样只需将税率保持在 [0.123, 0.163] 的范围内，就可以在不增加家庭负担的情

---

① 具体地，我们发现当个体从成年期进入老年期的生存概率（预期寿命）分别为 0.65 时，公共教育融资模式下产生最高经济增速的最优税率为 0.46，当生存概率为 0.80 时，最优税率则为 0.43。

况下得到高于市场教育融资模式下的经济增长率。因此，这些结果表明，政府可以在预期寿命的不同阶段选择合适的公共教育税率水平以实现优于市场教育融资模式下的经济增长率。

第五节 进一步讨论：基于内生生育率框架的分析

在第四节的分析中，我们将生育率设置为外生，但目前生育政策逐渐放开，未来也很有可能会全面放开，因此，也有必要从内生生育率框架出发，探讨不同教育融资模式下，人口老龄化如何通过人力资本积累影响经济增长。但是，在家庭可以进行生育选择的情况下，为了使模型能够得到解析解，我们需要关闭家庭养老的机制探讨[①]，即将 τ_h 设置为 0。我们虽然没有在内生生育率框架下纳入家庭养老，但家庭养老行为实际上可以看作一种非正式的小规模（家庭内部的）现收现付养老制度安排，而且社会养老已经在一定程度上替代了家庭养老（张川川和陈斌开，2014）。因此，在内生生育情形下可以将家庭养老与社会养老保险中现收现付的统筹账户合并，这一处理并不会影响本节研究的核心机制和结论。

一、内生生育率、市场教育融资模式下的模型设定

（一）代表性行为人

与第三节的模型设定类似，在内生生育率框架下的模型中，代表性行为人仍然存活三期，分别经历少年期、成年期和老年期。个体在少年期的一单位时间禀赋仍然可以用于接受教育和闲暇。与第三节模型设定不同的是，我

[①] 在模拟分析的时候，我们调整相关参数，使得外生生育率框架下的家庭养老融合到社会养老中，以使得两种框架下的结果尽量可比。

们在这里假设代表性行为人在成年期可以自由选择生育子女的数量 n_t，假设生育的子女均可以存活至成年期（Zhang et al., 2001；汪伟，2017），父母将其抚养成为成年人仍然需要花费 v 单位时间（Zhang et al., 2001）。另外，个体成年期时间禀赋的分配与前文相同。在市场教育融资模式下，代表性行为人依然为每个子女提供 q_t 单位的教育投资。代表性行为人还将缴纳 $\tau_{s,t}^{(endo)}$ 比例的收入税，其中政府将这部分税收用于提供社会养老保障，同时考虑到中国目前实施的是"统账结合"的混合养老保障体制，因而我们假设政府可以灵活地将这部分费用进行分配，$\mu\tau_{s,t}^{(endo)}$ 进入社会统筹账户，$(1-\mu)\tau_{s,t}^{(endo)}$ 进入个人账户，其中 $\mu \in [0,1]$ 称为社会统筹比例（汪伟，2012）。最后，个体将其余部分用于当期的消费和储蓄。

因此，代表性行为人的成年期预算约束可以表示为如式（3.67）所示的等式：

$$c_{1,t} + s_t + n_t q_t + \tau_{s,t}^{(endo)} l_t w_t h_t = l_t w_t h_t \quad (3.67)$$

其中，$c_{1,t}$ 表示个体在成年期的消费；s_t 表示成年期的储蓄量；$\tau_{s,t}^{(endo)}$ 表示内生生育率框架下的社会保险缴费率，其含义与外生生育率的缴费率有所不同，即 $\tau_{s,t}^{(endo)}$ 可以看作成年期的子女给老年期父母的代际转移比例和社会养老保险缴费率的结合。

成年期的代表性行为人以 p_t 的概率进入老年期。在老年期时，为了简化分析，我们假设代表性行为人在老年期退休，不再工作，不考虑延迟退休的情形。除此之外，为了模型能够得出解析解，我们假设存在完备的年金市场，即当个体在进入老年期之前就死亡的情况下，其遗产由当期的老年人平均分配（Chen and Fang, 2013）。其中的遗产分为两类，一类是死亡的老年人在成年期为维持老年生活的储蓄，另一类是其个人账户的社会保险资金，我们把这两类遗产均按照上述方式进行处理。个体退休后的收入来源于两个部分：第一部分是成年期储蓄得到的本息和 $\rho_{t+1} s_t$，其中 $\rho_{t+1} = R_{t+1}/p_t$，而 R_t 是将资产

从 $t-1$ 期持有至 t 期的利率因子；第二部分是养老金的给付，而这又包括两个部分，其中一部分是返还的个人账户的本金及投资收益 $\rho_{t+1}(1-\mu)\tau_{s,t}^{(endo)}l_tw_th_t$，另一部分是从政府部门领取的养老金 T_{t+1}。个体将全部的收入用于老年期的消费。因此，市场教育融资模式下代表性行为人在老年期的预算约束均可表示为

$$c_{2,t+1} = \rho_{t+1}s_t + \rho_{t+1}(1-\mu)\tau_{s,t}^{(endo)}l_tw_th_t + T_{t+1} \quad (3.68)$$

代表性行为人在少年期选择接受教育的时间，成年期进行消费、储蓄，并对子女的教育进行投资。与前文一致，代表性行为人的效用函数可以表示为式（3.69）所示形式：

$$U = \psi\ln(1-e_{t-1}) + \ln c_{1,t} + p_t\beta\ln c_{2,t+1} + \phi\ln n_th_{t+1} \quad (3.69)$$

其中，ψ 表示少年期的闲暇贴现率；β 表示时间贴现因子；ϕ 表示父母对子女数量的偏好和对子女人力资本质量的重视程度。

另外，人力资本积累函数与第三节相同，即将其设定为式（3.70）所示形式：

$$h_{t+1} = A(e_tq_t)^\alpha h_t^{1-\alpha} \quad (3.70)$$

其中，参数 $A > 0$；$\alpha \in (0,1)$ 反映了要素边际收益递减，同时 α 也体现了人力资本的代际转移率。

（二）企业

在内生生育率框架下，企业的设定与第三节相同，在此不再赘述。通过求解企业的利润最大化问题，可以得到：

$$\begin{aligned} w_t &= (1-\theta)D\left(\frac{K_t}{l_tN_th_t}\right)^\theta = (1-\theta)D\left(\frac{k_t}{h_t}\right)^\theta \\ R_t &= \theta D\left(h_t\frac{l_tN_t}{K_t}\right)^{1-\theta} = \theta D\left(\frac{h_t}{k_t}\right)^{1-\theta} \end{aligned} \quad (3.71)$$

（三）政府

政府部门的设定也与第三节一致。在市场教育融资模式下，政府将从代表性行为人成年期时征得的统筹账户税收全部用于当期活着的老年人的养老金 T_t 给付，故政府预算约束满足：

$$T_t = \mu \tau_{s,t}^{(\text{endo})} n_{t-1} (1 - v n_t) w_t h_t / p_{t-1} \tag{3.72}$$

另外，由上述政府预算约束条件可得，$p_t \dfrac{T_{t+1}}{l_{t+1} w_{t+1} h_{t+1}} = \mu \tau_{s,t+1}^{(\text{endo})} n_t$。根据 Chen 和 Fang（2013）的研究，假设养老金替代率固定为常数 a，则 $a = \dfrac{T_t}{l_t w_t h_t}$，由此，$p_t a = \mu \tau_{s,t+1}^{(\text{endo})} n_t$。

（四）市场出清

劳动力市场均衡。个体的劳动供给取决于劳动和抚养子女之间的时间分配，在均衡下经济中的总供给等于企业的劳动总需求，即

$$N_t (1 - v n_t) = N_t l_t \tag{3.73}$$

资本市场均衡。由于我们假设存在完备的年金市场，因此第 $t+1$ 期活着的老年人将获得资本收入，即 $N_t p_t \dfrac{R_{t+1}}{p_t} \left[s_t + (1-\mu) \tau_{s,t}^{(\text{endo})} l_t w_t h_t \right]$。资本的总收入为 $R_{t+1} K_{t+1}$，另外，$N_{t+1}/N_t = n_t$，因此可得：

$$N_t R_{t+1} \left[s_t + (1-\mu) \tau_{s,t}^{(\text{endo})} l_t w_t h_t \right] = R_{t+1} K_{t+1} = R_{t+1} k_{t+1} l_{t+1} N_{t+1} \tag{3.74}$$

由瓦尔拉斯定理，当劳动力市场和资本市场均出清时，产品市场也是出清的。

二、内生生育率、市场教育融资模式下的求解与分析

与第三节的求解方式类似，通过求解预算约束条件[式（3.67）、式（3.68）

第三章 预期寿命延长、人力资本投资与中国经济增长

和式（3.70）］下代表性行为人的效用最大化［式（3.69）］，我们可以得到关于储蓄 s_t、受教育时间 e_{t-1}、对子女的教育支出 q_t 以及生育子女数量 n_t 的一阶条件分别为

$$\frac{1}{c_{1,t}} = p_t \beta \rho_{t+1} \frac{1}{c_{2,t+1}} \qquad (3.75)$$

$$\frac{\alpha\left(1-\mu\tau_{s,t}^{(\text{endo})}\right)l_t w_t h_t + \phi\alpha(1-\alpha)c_{1,t}}{e_{t-1}c_{1,t}} = \frac{\psi}{1-e_{t-1}} \qquad (3.76)$$

$$\frac{n_t}{c_{1,t}} = \frac{\alpha\phi}{q_t} \qquad (3.77)$$

$$\frac{v\left(1-\mu\tau_{s,t}^{(\text{endo})}\right)w_t h_t + q_t}{c_{1,t}} = \frac{\phi}{n_t} \qquad (3.78)$$

其中，式（3.75）等号左边表示个体在成年期时减少一单位消费付出的效用成本，等号右边表示相应的在老年期时获得的效用收益的贴现值。式（3.76）～式（3.78）等号右边分别表示代表性行为人增加自己的受教育时间、对子女进行教育投资和生育子女得到的效用回报；而等号左边则分别表示为了接受教育、教养子女和生育子女所必须付出的效用成本。进一步结合代表性行为人的预算约束条件式（3.67）、式（3.68），我们进一步可以得到：

$$c_{1,t} = \Gamma_{c,t}^{(\text{endo})} \left[\left(1-\mu\tau_{s,t}^{(\text{endo})}\right)l_t w_t h_t + \frac{T_{t+1}}{\rho_{t+1}}\right] \qquad (3.79)$$

$$e_{t-1} = \frac{1}{1 + \dfrac{\psi c_{1,t}}{\alpha\left(1-\mu\tau_{s,t}^{(\text{endo})}\right)l_t w_t h_t + \phi\alpha(1-\alpha)c_{1,t}}}, \quad q_t = \frac{\alpha\phi}{n_t}c_{1,t} \qquad (3.80)$$

$$s_t + (1-\mu)\tau_{s,t}^{(\text{endo})}l_t w_t h_t = \Gamma_{s,t}\left[\left(1-\mu\tau_{s,t}^{(\text{endo})}\right)l_t w_t h_t - \frac{1+\alpha\phi}{p_t\beta}\frac{T_{t+1}}{\rho_{t+1}}\right] \qquad (3.81)$$

$$n_t = \frac{(1-\alpha)\phi c_{1,t}}{v\left(1-\mu\tau_{s,t}^{(\text{endo})}\right)w_t h_t} \qquad (3.82)$$

其中，$\varGamma_{c,t}^{(\text{endo})}=\dfrac{1}{1+p_t\beta+\alpha\phi}$ 表示代表性行为人将终生资源用于成年期消费的比重。

利用与本章第三节类似的求解思路，我们可以得到个体最优储蓄量为

$$s_t=\left[\dfrac{\varGamma_{s,t}^{(\text{endo})}\left(1-\mu\tau_{s,t}^{(\text{endo})}\right)}{1+\left(1-\varGamma_{s,t}^{(\text{endo})}\right)\dfrac{1-\theta}{\theta}\mu\tau_{s,t+1}^{(\text{endo})}}-(1-\mu)\tau_{s,t}^{(\text{endo})}\right]l_t w_t h_t \quad (3.83)$$

其中，$\varGamma_{s,t}^{(\text{endo})}=\dfrac{p_t\beta}{1+p_t\beta+\alpha\phi}$ 可以刻画终生资源中投入老年期储蓄的部分。

通过定义个体最优储蓄率 $\text{psr}_t^{(\text{endo})}=\dfrac{s_t}{l_t w_t h_t}$ 和社会最优储蓄率 $\text{ssr}_t^{(\text{endo})}=\dfrac{s_t+(1-\mu)\tau_{s,t}^{(\text{endo})}l_t w_t h_t}{l_t w_t h_t}$，我们可以将稳态时的 $\text{psr}^{(\text{endo})}$ 和 $\text{ssr}^{(\text{endo})}$ 表示为式（3.84）的形式：

$$\text{psr}^{(\text{endo})}=\dfrac{\varGamma_s^{(\text{endo})}\left(1-\mu\tau_s^{(\text{endo})}\right)}{1+\left(1-\varGamma_s^{(\text{endo})}\right)\dfrac{\mu\tau_s^{(\text{endo})}}{\delta}}-(1-\mu)\tau_s^{(\text{endo})}$$

$$\text{ssr}^{(\text{endo})}=\text{psr}+(1-\mu)\tau_s^{(\text{endo})}=\dfrac{\varGamma_s^{(\text{endo})}\left(1-\mu\tau_s^{(\text{endo})}\right)}{1+\left(1-\varGamma_s^{(\text{endo})}\right)\dfrac{\mu\tau_s^{(\text{endo})}}{\delta}} \quad (3.84)$$

同样，我们可以得到代表性行为人最优的受教育时间为

$$e_{t-1}=\left\{1+\dfrac{\psi\varGamma_{c,t}^{(\text{endo})}\left(1+\dfrac{\mu\tau_{s,t+1}^{(\text{endo})}}{\delta}\right)}{\alpha\left[1+\left(1-\varGamma_{s,t}^{(\text{endo})}\right)\dfrac{\mu\tau_{s,t+1}^{(\text{endo})}}{\delta}\right]+\phi\alpha(1-\alpha)\varGamma_{c,t}^{(\text{endo})}\left(1+\dfrac{\mu\tau_{s,t+1}^{(\text{endo})}}{\delta}\right)}\right\}^{-1} \quad (3.85)$$

个体对每个子女的教育投资为

$$q_t = \frac{\alpha\phi}{n_t}\frac{c_{1,t}}{l_t w_t h_t} = \frac{\alpha\phi}{n_t}\frac{\Gamma_{c,t}^{(\text{endo})}\left(1-\mu\tau_{s,t}^{(\text{endo})}\right)\left(1+\dfrac{\mu\tau_{s,t+1}^{(\text{endo})}}{\delta}\right)}{1+\left(1-\Gamma_{s,t}^{(\text{endo})}\right)\dfrac{\mu\tau_{s,t+1}^{(\text{endo})}}{\delta}} l_t w_t h_t \quad (3.86)$$

因此，根据前文的定义，我们可以得到稳态时个体的最优受教育时间（人均受教育时间）为

$$e^{(\text{endo})} = \left[1+\frac{\psi\Gamma_c^{(\text{endo})}\left(1+\dfrac{\mu\tau_s^{(\text{endo})}}{\delta}\right)}{\alpha\left(1+\left(1-\Gamma_s^{(\text{endo})}\right)\dfrac{\mu\tau_s^{(\text{endo})}}{\delta}\right)+\phi\alpha(1-\alpha)\Gamma_c^{(\text{endo})}\left(1+\dfrac{\mu\tau_s^{(\text{endo})}}{\delta}\right)}\right]^{-1} \quad (3.87)$$

定义每个子女的教育投资率为 $\text{er}_t = q_t/l_t w_t h_t$，那么，稳态时代表性行为人对每个子女的教育投资率可以表示为

$$\text{er}^{(\text{endo})} = \frac{\alpha\phi\Gamma_c^{(\text{endo})}\left(1-\mu\tau_s^{(\text{endo})}\right)\left(1+\dfrac{\mu\tau_s^{(\text{endo})}}{\delta}\right)}{n\left[1+\left(1-\Gamma_s^{(\text{endo})}\right)\dfrac{\mu\tau_s^{(\text{endo})}}{\delta}\right]} \quad (3.88)$$

在外生参数不变的情况下，代表性行为人总的教育投资率，即每个子女的教育投资率 $\text{er}^{(\text{endo})}$ 与个体生育的子女数量 n 之积是常数，即

$$\text{er}^{(\text{endo})}n = \frac{\alpha\phi\Gamma_c^{(\text{endo})}\left(1-\mu\tau_s^{(\text{endo})}\right)\left(1+\dfrac{\mu\tau_s^{(\text{endo})}}{\delta}\right)}{\left[1+\left(1-\Gamma_s^{(\text{endo})}\right)\dfrac{\mu\tau_s^{(\text{endo})}}{\delta}\right]} \quad (3.89)$$

此时，模型中便有了代表性行为人关于子女数量和质量的权衡替代机制，生育数量的提高需要以"牺牲"子女的培养质量为代价。当然，在寿命延长时，式（3.89）的等号右边也会发生变化，同时也会影响教育投资率、生育决策等，数量-质量互替机制会变得更加复杂。

另外，我们可以得到代表性行为人的生育率水平为

$$n_t = \frac{(1-\alpha)\phi}{v\left(1-\mu\tau_{s,t}^{(endo)}\right)} \frac{\Gamma_{c,t}^{(endo)}\left(1-\mu\tau_{s,t}^{(endo)}\right)\left(1+\dfrac{\mu\tau_{s,t+1}^{(endo)}}{\delta}\right)l_t}{1+\left(1-\Gamma_{s,t}^{(endo)}\right)\dfrac{\mu\tau_{s,t+1}^{(endo)}}{\delta}}$$

$$= \frac{(1-\alpha)\phi\Gamma_{c,t}^{(endo)}\left(1+\dfrac{\mu\tau_{s,t+1}^{(endo)}}{\delta}\right)l_t}{v\left[1+\left(1-\Gamma_{s,t}^{(endo)}\right)\dfrac{\mu\tau_{s,t+1}^{(endo)}}{\delta}\right]} \quad (3.90)$$

由于 $l_t = 1 - vn_t$，则可得：

$$n_t = \left\{v\left[1 + \frac{1+\left(1-\Gamma_{s,t}^{(endo)}\right)\dfrac{\mu\tau_{s,t+1}^{(endo)}}{\delta}}{(1-\alpha)\phi\Gamma_{c,t}^{(endo)}\left(1+\dfrac{\mu\tau_{s,t+1}^{(endo)}}{\delta}\right)}\right]\right\}^{-1} \quad (3.91)$$

因此，稳态时代表性行为人的生育率水平为

$$n = \left\{v\left[1 + \frac{1+\left(1-\Gamma_{s}^{(endo)}\right)\dfrac{\mu\tau_{s}^{(endo)}}{\delta}}{(1-\alpha)\phi\Gamma_{c}^{(endo)}\left(1+\dfrac{\mu\tau_{s}^{(endo)}}{\delta}\right)}\right]\right\}^{-1} \quad (3.92)$$

此外，在稳态时有

$$\tau_s^{(endo)} = \frac{pa}{\mu n} \quad (3.93)$$

根据式（3.69）和式（3.70），可以得到稳态时的生育率水平。

最后，我们推导稳态时的经济增长率。与外生生育率框架的思路类似，可以推导出劳均物质资本存量的动态演化方程：

$$k_{t+1}n_t l_{t+1} = D(1-\theta)\frac{\Gamma_{s,t}^{(endo)}\left(1-\mu\tau_{s,t}^{(endo)}\right)}{1+\left(1-\Gamma_{s,t}^{(endo)}\right)\dfrac{\mu\tau_{s,t+1}^{(endo)}}{\delta}}l_t\left(\frac{k_t}{h_t}\right)^{\theta}h_t \quad (3.94)$$

一方面，定义劳均物质资本存量的增长率为 $g_{k,t}$，那么根据动态演化方程可得其增长率：

$$\frac{k_{t+1}}{k_t} = 1 + g_{k,t} = D(1-\theta)\mathrm{ssr}_t l_t \left(\frac{k_t}{h_t}\right)^{\theta-1} \frac{1}{l_{t+1}n_t} \qquad (3.95)$$

另一方面，定义人力资本存量的增长率为 $g_{h,t}$，那么可以得到关于人力资本积累的关键方程：

$$1 + g_{h,t} = A\left(\frac{e_t \mathrm{er}_t l_t w_t h_t}{h_t}\right)^\alpha = A e_t^\alpha \mathrm{er}_t^\alpha l_t^\alpha D^\alpha (1-\theta)^\alpha \left(\frac{k_t}{h_t}\right)^{\alpha\theta} \qquad (3.96)$$

通过定义物质资本和人力资本之比为 $z_t = \frac{k_t}{h_t}$，可以得到 z_{t+1} 的动态演化方程：

$$z_{t+1} = \frac{D^{1-\alpha}(1-\theta)^{1-\alpha}\mathrm{ssr}_t l_t}{A e_t^\alpha \mathrm{er}_t^\alpha l_t^\alpha l_{t+1} n_t} z_t^{\theta(1-\alpha)} \qquad (3.97)$$

在经济处于稳态时，经济增长率 $1 + g^{(\mathrm{endo})} = 1 + g_h = 1 + g_k$，因而 $z_{t+1} = z_t = z^{***}$，从而得到稳态时的物质资本与人力资本之比为

$$z^{***} = \left[\frac{D^{1-\alpha}(1-\theta)^{1-\alpha}\mathrm{ssr}}{A\left(e^{(\mathrm{endo})}\right)^\alpha \left(\mathrm{er}^{(\mathrm{endo})}\right)^\alpha l^\alpha n}\right]^{\frac{1}{1-(1-\alpha)\theta}} \qquad (3.98)$$

最终，将式（3.98）与式（3.95）结合，我们便可以得到稳态时的经济增长率：

$$1 + g^{(\mathrm{endo})} = \frac{D(1-\theta)\mathrm{ssr}}{n}\left(z^{***}\right)^{\theta-1} \qquad (3.99)$$

通过对内生生育率、市场教育融资模式下稳态时的生育率 n 关于预期寿命参数 p 进行求导，我们可以得到以下结论。

结论 3.1c：在内生生育率、市场教育融资模式下，预期寿命延长对生育

率 n 的影响是不确定的，取决于具体的参数取值。

在内生生育率框架下，子女是正常的"消费品"，个体可以自主选择生育子女的数量。当预期寿命延长时，政府的养老金支付负担增加，因而需要通过提高社会保障税的方式融资，这会使得家庭的税后收入减少，收入效应会降低家庭的生育数量。税后收入减少也会使生育子女和工作的机会成本下降，替代效应会导致家庭更多地生育子女。同时，预期寿命延长意味着储蓄收益率的下降，使得个体更愿意减少储蓄，增加对子女的"消费"。在具有现收现付成分的现行社会保障制度下，由于多生子女可以获得更多的养老金，子女具有"投资品"属性，预期寿命延长也可能通过社会保障制度提高家庭的生育水平。因此，寿命延长对生育率的影响将取决于以上多种对立效应的相对强弱。

通过对内生生育率、市场教育融资模式下稳态时的个体最优储蓄率 $psr^{(endo)}$ 和社会最优储蓄率 $ssr^{(endo)}$ 关于预期寿命参数 p 进行求导，我们可以得到以下结论。

结论 3.2c：在内生生育率、市场教育融资模式下，预期寿命延长对代表性行为人的最优储蓄率 $psr^{(endo)}$ 和社会最优储蓄率 $ssr^{(endo)}$ 的影响也是不确定的，取决于具体的参数取值。

在内生生育率框架下，预期寿命的延长仍然可以通过"未雨绸缪"的储蓄效应、储蓄收益率变化的跨期替代效应以及社会保障制度的作用影响储蓄率，这些机制与外生生育率框架的分析类似。除此以外，预期寿命延长还可以通过影响生育率而影响家庭支出从而影响储蓄率。预期寿命延长也会影响家庭人力资本投资与劳动供给数量（理论上的影响方向不确定），从而影响家庭收入，使得家庭的可储蓄资源发生改变。综合来看，预期寿命延长对储蓄率的影响不确定，取决于上述几个渠道的综合影响。

通过对内生生育率、市场教育融资模式下稳态时的代表性行为人支出的教育投资率 er$^{(endo)}$ 和其选择的最优受教育时间 $e^{(endo)}$ 关于预期寿命参数 p 进行求导，我们可以得到以下结论。

结论 3.3c：在内生生育率、市场教育融资模式下，预期寿命延长对代表性行为人的教育投资率 er$^{(endo)}$ 和最优受教育时间 $e^{(endo)}$ 的影响是不确定的，取决于模型参数的具体设定。

预期寿命延长影响家庭教育投资率主要方式体现为：首先，预期寿命延长通过提高社会保障税的方式减少个体税后劳动收入，从而"挤出"对子女的教育投资，但子代人力资本水平越高，养老金收入水平也会越高，因此预期寿命延长也可能"挤入"对子女的教育投资。其次，预期寿命的延长也可能通过增加成年期储蓄"挤出"对子女的教育投资。再次，寿命延长还可以通过跨期替代效应影响对子女的教育投资。以上三个方面与结论 3.2a 类似。最后，在生育率内生化以后，由于个体在生育决策时存在子女数量和质量的权衡效应，因而预期寿命的延长也可以通过影响子女生育数量影响家庭的教育投资。因此，预期寿命延长对教育投资率的影响同样也是不确定的。

对于受教育时间而言，与外生生育类似，个体的预期寿命延长时，其最优选择是在少年期减少闲暇时间、增加受教育时间，以便取得更高的收入水平，从而保持更长的生命周期的消费水平不下降。预期寿命的延长会提高社会保障税，也会通过生育决策影响劳动供给，这些都会影响个体的工资收入水平，从而影响个体接受教育的收益与成本。综合来看，寿命延长对受教育时间的影响也取决于多种机制，具体的方向是不确定的。

通过对内生生育率、市场教育融资模式下稳态时的经济增长率（$1+g^{(endo)}$）关于预期寿命参数 p 进行求导，我们可以得到以下结论。

结论 3.4c：在内生生育率、市场教育融资模式下，预期寿命延长对经济增长（$1+g^{(endo)}$）的影响是不确定的，取决于具体的参数取值。

人均经济增长率取决于物质资本积累、人力资本积累及生育率，但是根据结论 3.1c、结论 3.2c 和结论 3.3c，预期寿命延长对这三个变量的影响都是不确定的，因而对经济增速的影响也是不确定的。

三、内生生育率、公共教育融资模式下的模型设定与求解

（一）代表性行为人

与前文一致，在公共教育融资模式下，代表性行为人不再对每个子女的教育投资进行决策，而是统一缴纳公共教育税 τ_e，由政府统一提供教育（郭凯明等，2011）。除此之外，模型设定的其他方面与市场教育融资模式下的模型设定类似。因此，在公共教育融资模式下，个体在成年期和老年期的预算约束为

$$c_{1,t} + s_t + \tau_{s,t}^{(\text{endo})} l_t w_t h_t + \tau_e l_t w_t h_t = l_t w_t h_t \tag{3.100}$$

$$c_{2,t+1} = \rho_{t+1} s_t + \rho_{t+1}(1-\mu)\tau_{s,t}^{(\text{endo})} l_t w_t h_t + T_{t+1} \tag{3.101}$$

另外，在公共教育融资模式下，人力资本积累函数的设定与第三节一致，可以表示为式（3.102）：

$$h_{t+1} = A\left(e_t \frac{E_t}{N_{t+1}} n_t^{-\eta}\right)^\alpha h_t^{1-\alpha} \tag{3.102}$$

（二）企业

在公共教育融资模式下，企业的设定与第三节或本节市场教育融资模式下相同，在此不再赘述。

（三）政府

在公共教育融资模式下，政府从处于成年期的代表性行为人的工资中征得收入税，这部分税收将用于两方面——提供养老金和公共教育，因此政府

预算约束需同时满足式（3.72）和式（3.103）。

$$E_t = \tau_e l_t w_t h_t N_t \tag{3.103}$$

（四）市场出清

在公共教育融资模式下，市场出清条件与第三节或本节市场教育融资模式下相同，在此不再赘述。

四、内生生育率、公共教育融资模式下模型求解与分析

利用与市场教育融资模式下类似的方法对代表性行为人的决策进行求解，得到公共教育融资模式下稳态的个体最优储蓄率 psr$^{(\text{pub, endo})}$ 和社会最优储蓄率 ssr$^{(\text{pub, endo})}$ 分别为

$$\text{psr}^{(\text{pub, endo})} = \frac{\Gamma_s^{(\text{pub, endo})} \left[\left(1 - \mu \tau_s^{(\text{endo})} - \tau_e\right) + (1-p)\delta \right]}{1 + \left(1 - \Gamma_s^{(\text{pub, endo})}\right) \dfrac{\mu \tau_s^{(\text{endo})}}{\delta}} - (1-\mu)\tau_s^{(\text{endo})} \tag{3.104}$$

$$\text{ssr}^{(\text{pub, endo})} = \text{psr}^{(\text{pub, endo})} + (1-\mu)\tau_s^{(\text{endo})} = \frac{\Gamma_s^{(\text{pub, endo})} \left[\left(1 - \mu \tau_s^{(\text{endo})} - \tau_e\right) + (1-p)\delta \right]}{1 + \left(1 - \Gamma_s^{(\text{pub, endo})}\right) \dfrac{\mu \tau_s^{(\text{endo})}}{\delta}} \tag{3.105}$$

其中，$\Gamma_s^{(\text{pub, endo})} = \dfrac{p\beta}{1+p\beta}$。

公共教育融资模式下，稳态时代表性行为人最优受教育时间为

$$e^{(\text{pub, endo})} = \left[1 + \frac{\psi \Gamma_c^{(\text{pub, endo})} \left(1 + \dfrac{\mu \tau_s^{(\text{endo})}}{\delta}\right)}{\alpha \left(1 + \left(1 - \Gamma_s^{(\text{pub, endo})}\right) \dfrac{\mu \tau_s^{(\text{endo})}}{\delta}\right) + \phi \alpha (1-\alpha) \Gamma_c^{(\text{pub, endo})} \left(1 + \dfrac{\mu \tau_s^{(\text{endo})}}{\delta}\right)} \right]^{-1} \tag{3.106}$$

其中，$\Gamma_c^{(\text{pub, endo})} = \dfrac{1}{1+p\beta}$。

公共教育融资模式下，稳态时代表性行为人的生育决策可以由式（3.107）和式（3.108）决定：

$$n^{(\text{pub})} = \left\{ v \left[1 + \dfrac{1 + \left(1 - \Gamma_s^{(\text{pub, endo})}\right)\dfrac{\mu \tau_s^{(\text{endo})}}{\delta}}{(1-\alpha\eta)\phi \Gamma_c^{(\text{pub, endo})}\left(1 + \dfrac{\mu \tau_s^{(\text{endo})}}{\delta}\right)} \right] \right\}^{-1} \quad (3.107)$$

$$\tau_s^{(\text{endo})} = \dfrac{pa}{\mu n^{(\text{pub})}} \quad (3.108)$$

在公共教育融资模式下，稳态时物质资本与人力资本之比为

$$z^{****} = \left[\dfrac{D^{1-\alpha}(1-\theta)^{1-\alpha}\text{ssr}^{(\text{pub, endo})}}{A\left(e^{(\text{pub, endo})}\right)^\alpha \tau_e^\alpha I^\alpha \left(n^{(\text{pub})}\right)^{1-(1+\eta)\alpha}} \right]^{\frac{1}{1-(1-\alpha)\theta}} \quad (3.109)$$

因此，在公共教育融资模式下，稳态时的经济增长率为

$$1 + g^{(\text{pub, endo})} = \dfrac{D(1-\theta)}{n^{(\text{pub})}}\text{ssr}^{(\text{pub, endo})}\left(z^{****}\right)^{\theta-1} \quad (3.110)$$

通过对内生生育率、公共教育融资模式下稳态时的生育率 $n^{(\text{pub})}$ 关于预期寿命参数 p 进行求导，我们可以得到以下结论。

结论 3.1d：在内生生育率、公共教育融资模式下，预期寿命延长对代表性行为人的生育率 $n^{(\text{pub})}$ 的影响是不确定的，取决于具体的参数取值。

通过对内生生育率、公共教育融资模式下稳态时的个体最优储蓄率 psr$^{(\text{pub, endo})}$ 和社会最优储蓄率 ssr$^{(\text{pub, endo})}$ 关于预期寿命参数 p 进行求导，我们可以得到以下结论。

结论 3.2d：在内生生育率、公共教育融资模式下，预期寿命延长对个体最优储蓄率 psr$^{(\text{pub, endo})}$ 和社会最优储蓄率 ssr$^{(\text{pub, endo})}$ 的影响是不确定的，取决于具体的参数取值。

通过对内生生育率、公共教育融资模式下稳态时的代表性行为人选择的最优受教育时间 $e^{(pub, endo)}$ 关于预期寿命参数 p 进行求导，我们可以得到以下结论。

结论 3.3d：在内生生育率、公共教育融资模式下，预期寿命延长化对代表性行为人的最优受教育时间 $e^{(pub, endo)}$ 的影响是不确定的，取决于具体参数的取值。

在公共教育融资模式下，由于同时存在教育的公共品属性和拥挤效应，预期寿命延长对生育率的影响仍然不确定，但机制与市场教育融资模式略有不同；预期寿命延长对储蓄率和最优受教育时间的影响机制与市场教育融资模式下获得的结论 3.1c、结论 3.2c 和结论 3.3c 所述的机制类似。

通过对内生生育率、市场教育融资模式下稳态时的经济增长率（$1+ g^{(pub, endo)}$）关于预期寿命参数 p 进行求导，我们可以得到以下结论。

结论 3.4d：在内生生育、公共教育融资模式下，预期寿命延长对经济增长（$1+ g^{(pub, endo)}$）的影响是不确定的，取决于具体的参数取值。

经济增长由物质资本积累、人力资本积累和生育率决定，根据结论 3.1d、结论 3.2d 和结论 3.3d，预期寿命延长对这三个变量的影响都是不确定的，因而对经济增速的影响方向也是模糊的。

五、内生生育率下的数值模拟分析

除了养老金替代率 a，内生生育率框架之下的参数校准与第四节的表 3.1 一致。在外生生育率框架下 $a=0.15$，而内生生育率框架下社会保障可以看作外生生育率框架下成年期的子女给老年期父母的代际转移比例和社会养老保险缴费率的结合，因而我们设定此时的 $a=0.25$。图 3.18～图 3.22 分别模拟了基于内生生育率的不同教育融资模式下，预期寿命延长对生育率、储蓄率、教育投资率、受教育时间和经济增长率的影响。

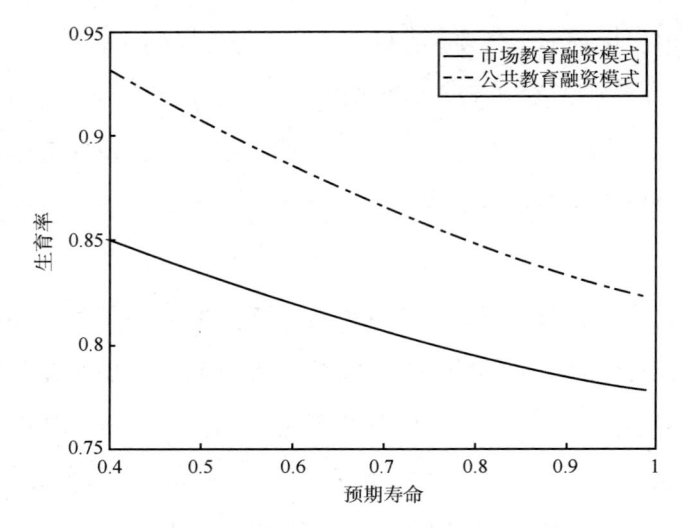

图 3.18　预期寿命与生育率：内生生育率下的比较
资料来源：作者计算得出

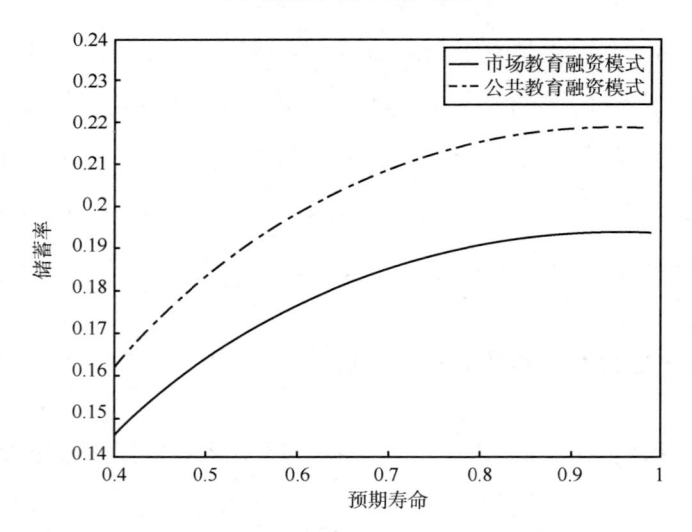

图 3.19　预期寿命与储蓄率：内生生育率下的比较
资料来源：作者计算得出

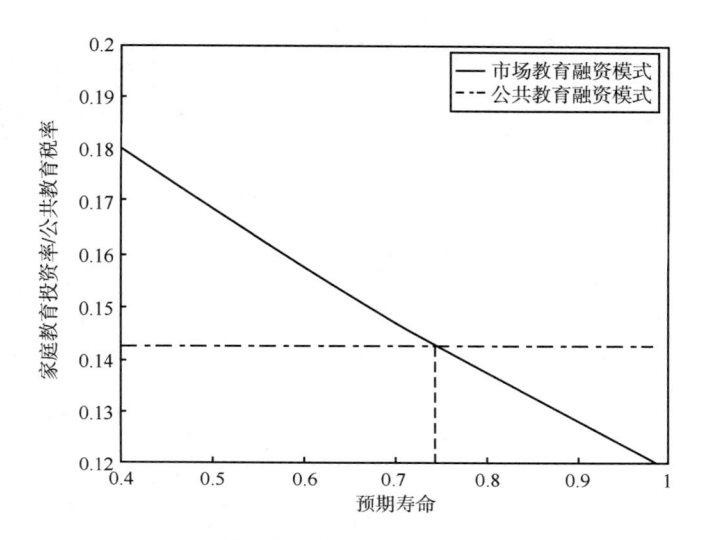

第三章 预期寿命延长、人力资本投资与中国经济增长 195

图 3.20 预期寿命与教育投资率：内生生育率下的比较

资料来源：作者计算得出

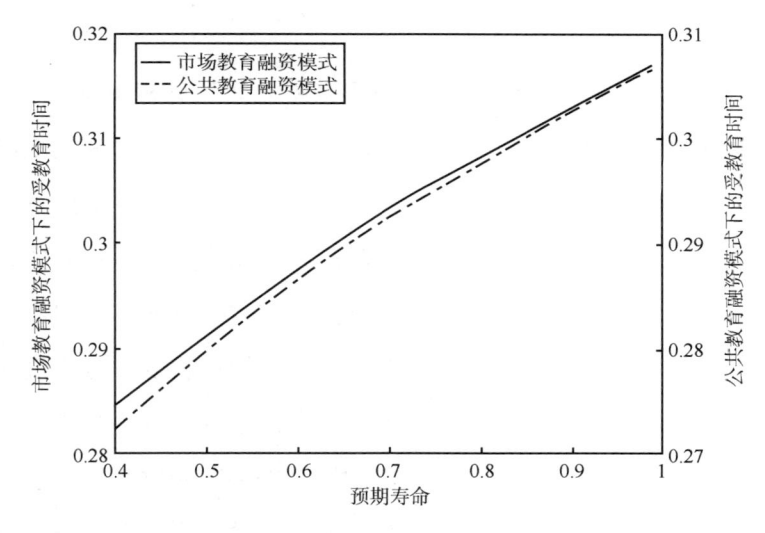

图 3.21 预期寿命与受教育时间：内生生育率下的比较

资料来源：作者计算得出

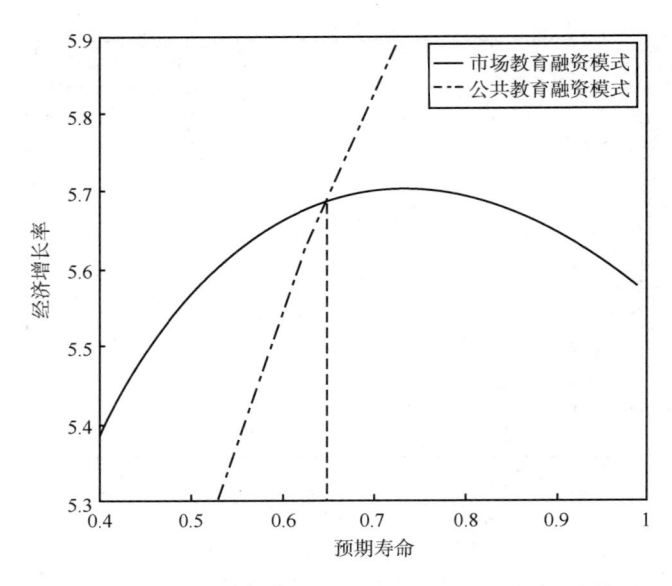

图 3.22　预期寿命与经济增长率：内生生育率下的比较
资料来源：作者计算得出

图 3.18 中的结果显示，预期寿命与生育率之间呈负相关关系，随着预期寿命的不断延长，家庭会减少生育子女的数量，这与发达国家的现实情况相吻合。值得注意的是，内生生育率框架下的生育率要高于外生生育率，并且公共教育融资模式下的生育率更高。究其原因，在公共教育融资模式下，个体不需要考虑生育的教育成本问题，仅仅需要支付抚养成本，因而个体愿意多生子女，同时，如果生育率过高，则公共教育拥挤程度非常严重，这会降低个体生命周期的效用水平，因此，个体会权衡生育的收益与成本，从而选择最优的生育水平。这些模拟结果说明，如果未来全面放开生育政策的确可能会提高生育水平。通过模拟发现，在市场教育融资模式下总和生育率大致可以从 1.5 提高至 1.65，而在公共教育融资模式下总和生育率大致可以从 1.5 提高至 1.75；但是，随着人口老龄化程度的上升，生育率会呈现下降趋势，并逐渐接近 1.5。

图 3.19 显示，预期寿命与储蓄率之间呈现倒"U"形关系，但拐点比外生生育率框架下靠后。主要原因是：在内生生育率下，存在子女的数量与质量的互替机制，子女质量下降在养老中的作用可能会超过子女数量上升的作用，因而会改变家庭的储蓄行为，使得个体"为养老而储蓄"的动机更加强烈。图 3.20 显示，教育投资率随着人口老龄化程度的提高而下降，这与外生生育率框架下的结论一致，平均每个子女的教育投资水平会下降。另外，在图 3.21 中，预期寿命与个体受教育时间（最优受教育时间）依然呈现出正向关系，这同样与外生生育率框架下的模拟结果类似，但是由于此时的个体教育投资率要低于外生生育率情形，因而个体的受教育时间（最优受教育时间）也要略低一些。

图 3.22 给出了两种教育融资模式下寿命延长对经济增长率影响的模拟结果。我们同样发现，在内生生育率情形下，当预期寿命较低、老龄化程度较轻时，市场教育融资模式下的经济增长率高于公共教育融资模式下的经济增长率，但是，当预期寿命（老龄化程度）超过某一临界值后，公共教育融资模式下的经济增长率更高，这一模拟结果与外生生育率框架一致。以上理论分析与数值模拟结果，不仅可以解释在老龄化不是很严重的情况下中国 20 世纪 90 年代开始的公共教育向市场教育融资模式的转轨为什么有效地促进了经济增长，也为在人口老龄化快速发展、生育政策调整的背景下，中国如何选择适当的教育融资模式提供了依据。

第六节　本章结论与启示

本章构建了一个三期世代交叠模型，在模型中同时考虑人力资本积累的时间和物质投入、社会保障制度等现实因素，分别在市场教育和公共教育融资模式下考察了由预期寿命延长引致的人口老龄化如何影响人力资本积累和经济增长，并对两者做出比较分析。无论是基于外生生育率还是内生生育率框架，本章的理论分析与数值模拟发现：在市场教育融资模式下，预期寿命延长会提高人均受教育时间，但同时会降低家庭教育投资率，对经济增长的影响呈现出倒"U"形关系；在公共教育融资模式下，每个家庭的教育支出由政府外生给定，预期寿命延长主要通过提高人均受教育时间促进了人力资本的积累与经济增长；当预期寿命较低时，市场教育融资模式能够产生高于公共教育融资模式下的经济增长速度，但当预期寿命上升到某一个临界值以后，合理税率下的公共教育融资模式则反过来能够获得高于市场教育融资模式下的经济增长速度。此外，本章还发现，在内生生育率情形下，预期寿命延长会降低生育率，但公共教育融资模式下的生育率更高。本章的研究，从人口转变的视角解释了中国20世纪90年代开始的公共教育向市场教育融资模式的转轨为什么有效地促进了经济增长，丰富了转型经济中预期寿命延长影响经济增长的机制。

数据显示，当前中国的人口老龄化已经进入了快速发展阶段，虽然中国人均教育年限仍然在继续上升，但家庭教育支出比重、经济增长速度均出现了明显的下滑趋势，这些宏微观数据揭示的经验事实与本章的理论预测与模拟结果是高度吻合的。这也提示我们，在人口老龄化快速发展的态势下，市场教育融资模式可能越来越不利于人力资本积累和经济增长。本章的模拟结果也告诉我们，在老龄化比较严重的情况下，公共教育融资模式比市场教育融资模式有更高的经济增长速度。因此，政府应对当前的市场教育融资模式进行改革，并选择适当的时机转向以公共教育为主的教育融资模式，这样能够有效促进人力资本积累。本章的研究发现，在生育政策逐步放开的背景下，向公共教育融资模式的转变可以获得一个相对较高的生育率，因此上述改革对于延缓中国的老龄化进程、修正失衡的人口结构也具有积极意义。

预期寿命的延长为劳动力接受更长年限的教育和培训提供了现实的可能，

因此政府应扩大基础教育的投入，提高公共教育支出的水平，让国人接受义务教育的时间随着预期寿命的延长而延长（如将九年制义务教育延长到十二年），让公共教育惠及更多的国人。预期寿命延长也意味着人力资本回报期变长，政府应以此为契机，加快构建终身教育体系，建立终身学习型社会，尽快将中国的人口数量优势转化为人口质量优势，这样才能有效应对人口老龄化的挑战。可以预见，随着人口老龄化程度的加深，家庭的养老和教育支出压力会越来越大。因此，政府也可以推出一些有针对性的公共政策，如将国有资产划转充实养老保险基金，为家庭发放教育补贴券与低息教育贷款等。上述政策可以减轻家庭的养老与教育支出压力，激励家庭更多地对下一代进行人力资本投资，这有利于经济持续增长。

第四章
预期寿命延长、生育政策调整与中国经济增长

第一节 问题的提出

改革开放以来，中国预期寿命不断延长，老年人口规模也随之增加，加剧了顶部老龄化，给经济和社会带来一系列问题与挑战。如图4.1所示，一方面，我国人均预期寿命呈逐年上升趋势；另一方面，我国人口生育率在1987年达到峰值23.33‰后急转直下并呈不断下降趋势，到2020年已低至8.5‰的水平，底部老龄化程度加深。2020年第七次全国人口普查数据显示，中国的总和生育率已降至1.3，远不及2.1的生育更替水平，持续超低的生育水平也缩小了劳动人口规模，人口红利趋于消失。预期寿命延长和生育水平下降无疑加重了家庭和社会的养老负担，可能对经济的持续增长产生不利影响。因此，在上述背景下，如何有效应对"高龄少子化"带来的风险，保证经济持续增长，一直是政府和学界关注的焦点（蔡昉，2004；陆旸和蔡昉，2014；汪伟等，2018；陈东升，2020；汪伟和咸金坤，2020；景鹏等，2021）。

长期以来，中国家庭的生育行为受到政府管控，在严格的独生子女政策下，中国的生育率一直处于相对低迷的状态。随着预期寿命的不断延长，提高生育水平似乎是解决人口年龄结构失衡与"低生育陷阱"问题的根本举措（刘永平和陆铭，2008b；汪伟，2010b；陆旸和蔡昉，2014；汪伟，2017；王

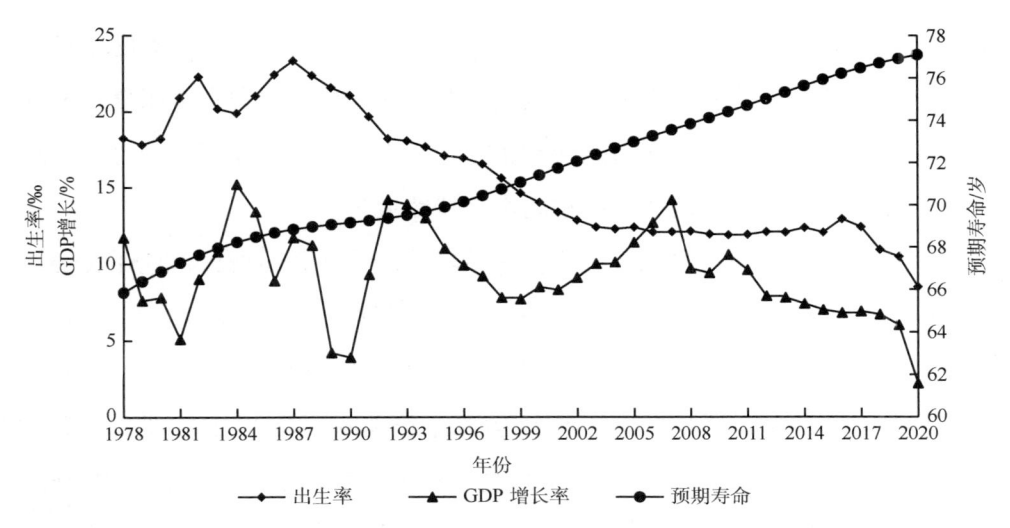

图 4.1 1978~2020 年中国人口预期寿命、生育率和 GDP 增长率变化情况
资料来源：预期寿命数据来自世界银行，生育率和 GDP 增长率数据来自国家统计局

维国等，2019）。为此，中国政府实施了一系列逐步放开生育管控的政策，并希望以此为经济增长助力。例如，在 2000 年，国家放开"双独二孩"政策，由于夫妻双方均为独生子女的家庭较少，该政策影响范围较为有限。之后在 2013 年实施"单独二孩"生育政策，也因为申请再生育的目标家庭不足，致使该生育政策的效果欠佳。于是，在 2016 年进一步实施了"全面二孩"政策，有研究表明该生育政策对提高生育率的效应已于两年内释放完毕。国家于 2021 年实施了"三孩"政策。因此，将生育选择权逐步回归家庭是大势所趋。

生育政策的调整势必影响到微观家庭的诸多经济决策，包括家庭的子代培养、养老、消费和储蓄等方面，而家庭的微观决策通过人力资本和物质资本的积累，最终会影响宏观经济增长（汪伟，2017）。然而，从现有研究看，生育政策放松对经济增长的影响并不明确（Li and Zhang，2007；Heijdra and Romp，2009a；Rosenzweig and Zhang，2009；Choukhmane et al.，2013；Prettner，2013；王维国等，2019）。一方面，生育水平提高可能通过替代效应降低家庭储蓄而阻碍物质资本积累，从而降低经济增长率。另一方面，家庭生育数量增多，提高了家庭对子女的教育投资规模，从而促进人力资本积累；生育率提高还会通过改善人口年龄结构和扩大劳动人口规模来提高生产力，由此对冲预期寿命延长带来的压力并推动经济持续增长。

预期寿命延长也可能从不同方向影响经济增长（Fougère and Mèrette，1999；Li et al.，2007；刘生龙等，2012；李军和刘生龙，2017；王维国等，2019；陈东升，2020）。一方面，预期寿命延长，使养老需求增多，从而减少了家庭的储蓄和人力资本投资，加大了经济下行压力；另一方面，随着预期寿命的延长，家庭的预防性储蓄会相应提高，从而有利于物质资本的积累和经济增长，所以预期寿命延长影响经济增长的方向是不明确的。此外，在现阶段，子女转移支付仍是我国老年群体养老资源的主要来源之一。随着向老年一代的代际转移比例的提高，成年子女的赡养负担加重，家庭的预算约束收紧，会对人力资本投资和储蓄产生挤出效应，并对经济的长期增长产生不利影响。然而，父母出于自利和利他动机，也可能增加对子代的人力资本投资，以便在未来获得更多的养老资源，从而通过人力资本积累促进经济增长。那么，放松生育政策能否对冲预期寿命延长给经济增长带来的负面影响，如何进行政策调整才会对中国经济的长期增长产生积极影响，是本章尝试讨论的主要问题。

本章试图通过构建带有随机死亡率和双向代际转移的世代交叠模型，来讨论预期寿命延长和生育政策放松对中国的人力资本投资、储蓄和经济增长的影响。基于已有文献，本章主要尝试从两方面开展工作，其一，根据我国基本国情，假设在生育政策管控下，父母出于自利和利他动机对子女进行人力资本投资，以期提高子女福利水平并获得较多的养老资源，同时考虑这种双向代际转移的经济机制，研究预期寿命、生育水平和代际转移比例的变动如何通过微观个体的教育投入与储蓄决策进而影响宏观经济增长。其二，基于我国近年来各年龄人口死亡率情况对死亡率进行建模，然后对理论模型进行数值模拟，并根据模拟结果提出相应的政策建议。研究发现：①随着预期寿命的延长，人力资本投资水平提高，储蓄率与经济增长率呈先上升后下降的倒"U"形变化趋势，当前我国人口平均预期寿命已到达拐点，长寿时代的经济下行压力会逐渐增大。②随着预期寿命的延长，需将成年子代向老年父母的代际转移比例设定在某一合理水平。代际转移比例过低，则家庭对子代教育投资的动力不足，不利于人力资本的积累；代际转移比例过高则会导致金融财富过多地集中在老年人手中，也不利于经济的长期增长。③由于中国长期处于低生育水平状态，放松生育政策将有助于经济增长。此时，生育水平提高所带来的人力资本积累正效应超过了对储蓄和物质资本积累的负效应。然而，生育水平过高或过低都会阻碍经济增长，应注意对生育水平进行适当管控，使总和生育率保持在 1.5~1.7。此外，在预期寿命和代际转移比例不断上升的态势下，通过进一步放松生育政策来提高生育率，将有助于应对"高龄少子化"对经济增长带来的挑战。④适当延迟退休年龄，能够有效缓解经济的下行压力。

本章接下来的安排如下，第二节主要回顾了预期寿命和生育政策调整通过家庭储蓄、教育投资影响人力资本和物质资本积累，最终作用于经济增长的相关文献；第三节通过构建一个包含双向代际转移并且人力资本内生的随机世代交叠模型，进行理论分析；第四节对我国各年龄人口死亡率进行建模，然后通过数值模拟得出结论并展开分析；第五节总结全文并给出政策启示。

第二节 相关文献回顾

一、预期寿命延长与经济增长

目前，已有不少文献关注预期寿命延长对经济增长的影响，主要集中于预期寿命延长通过家庭教育投资影响人力资本积累水平，通过家庭储蓄影响物质资本积累等途径最终影响经济增长。汪伟等（2018）详细梳理了寿命延长对人力资本投资和物质资本积累的影响机制。

（一）预期寿命延长、人力资本投资与经济增长

关于预期寿命延长对人力资本投资与经济增长的影响，现有的研究尚未达成共识。其一，预期寿命延长带来的"负担效应"会挤占年轻一代的教育资源，对人力资本投资造成负面影响（Poterba，1997；Harris et al.，2001；李超，2016），从而不利于经济增长。一方面，随着预期寿命的延长，家庭的赡养负担加重，同时来自老年一代的遗赠减少，在资源有限的条件下，理性行为人会在养老和子代教育投入之间进行协调，从而导致对子代的人力资本投资相应减少；另一方面，预期到自己活得更长，理性行为人出于预防性动机会提高成年期储蓄以增加老年期的养老资源，从而减少对子代的教育投入。其二，预期寿命延长也会激励人们对自身和子代进行人力资本投资，从而有利于经济增长（Hansen and Lønstrup，2012；Cervellati and Sunde，2013）。从养老制度安排来看，无论是家庭养老还是社会养老，由于子代的培养质量和收入水平决定了老年人从子代那里获得的养老资源，基于此，为维持老年期的生活水平并获得足够的养老保障，理性行为人可能会加大对子代的人力资本投资力度（Zhang et al.，2001）。Fougère和Mèrette（1999）构建了纳入人力资本与物质资本的内生增长的世代交叠模型发现，人口结构老化会降低资本回报率并提高未来的工资水平，从而激励年轻人增加自身的人力资本投资，这有助于提高有效劳动供给从而促进经济增长。Heijdra和Romp（2009a）研究发现，寿命延长对人力资本投资的影响是随时间变化的，在短期，预期寿命延长会促使人们增加自身受教育时间以获得更高的人力资本回报，劳动参与率会出现相应下降，导致人力资本积累水平降低；在长期，随着劳动参与

率的提高，人力资本会稳定在一个稍高于原来的水平。此外，随着预期寿命的延长，社会保障制度的完善也可能降低生育率水平，促进人力资本积累，这两种机制共同作用最终促进经济增长（Zhang J and Zhang J S，1998；Zhang J and Zhang J S，2004）。

（二）预期寿命延长、消费与经济增长

预期寿命也会通过消费影响经济增长，现有研究的结论也不一致。具体而言，其一，预期寿命延长使老年人口占总人口的比重不断上升，增加了对养老资源的需求和消耗，从而在整体上提高家庭的平均消费水平（李军和刘生龙，2017）。陈东升（2020）认为，在长寿经济时代，预期寿命延长会倒逼中老年人更加注重财富管理，愈发理性、专业、合理的财富管理模式可以使居民资产规模得到有效提高，从而带来家庭平均消费水平的提高，尤其是老年人消费水平的提高，通过发展"银发经济"可以释放消费潜力，提高经济增长率（汪伟等，2022）。其二，也有相当多的研究表明，预期寿命延长直接加重了家庭的养老压力，挤占了部分成年人的消费，从而降低了家庭的平均消费水平。此外，张继海和臧旭恒（2008）研究表明，预期寿命延长会通过理性行为人的预防性储蓄动机，降低消费倾向，当存在流动性约束的情况下，行为人会进一步减少消费。由于个体的教育程度、健康状况等方面存在差异，随着预期寿命不断延长，居民工资收入和消费水平的差距会逐渐扩大，社会不平等程度也会加深，这会降低经济增长，需要通过社会保障制度改革或劳动力市场制度改革来促进社会公平与经济增长（Chen et al.，2018；陈东升，2020）。

（三）预期寿命延长、储蓄与经济增长

预期寿命延长还会通过储蓄影响经济增长，相关文献的研究结论也未达成一致。一方面，从生命周期的视角来看，人们在老年期通常处于负储蓄状态，预期寿命的延长会提高老年人口的数量和比例，从而给国民储蓄率带来直接的负面效应（Fougère and Mèrette，1999）。从家庭资源配置的视角来看，老年人的寿命提高既加重了成年子女的养老负担、挤占了家庭储蓄，又因家庭照料分散了成年子女的工作时间、降低了家庭收入，最终导致家庭储蓄率降低，从而对经济增长造成不利影响。另一方面，预期寿命延长也会产生积极的储蓄效应（Zhang et al.，2003）。由于当下我国老年人的养老资源主要来源于自身储蓄，当人口预期寿命不断延长时，代表性行为人自然会在成年期增加预防性储蓄以应对更长的老年期。这种由寿命延长带来的"未雨绸缪"的储蓄效应能够有效促进物质资本积累，从而对经济增长产生积极影响（Lee and Mason，2006；Hu，2013）。在社会保障制度不完善或存在比较强的退休激励的情况下，预期寿命延长带来的储蓄效应更为明显，Bloom等（2007）利用1960年至2000年跨国面板数据对此提供了经验证据。汪伟和艾春荣（2015）通过构建世代交叠模型并利用我国宏观层面数据发现，预期寿命延长带来的"未雨绸缪"的储蓄效应可以部分解释1982～2010年中国国民储蓄率的不断提高，他们还预期，未来由人口年龄结构老化对储蓄造成的"负担效应"会使得储蓄率逐年下降。刘生龙等（2012）基于我国历年省级数据，实证研究表明预期寿命延长可以解释1990～2009年中国储蓄率上升的42.9%。然而，Li等（2007）利用各国的面板数据发现，寿命延长带来的正储蓄效应会被人口结构老化、抚养比的提高而导致的负储蓄效应所抵消。另外，由于预期寿命延长通常引致政府提高退休年龄，此时平均工资收入增加会增加整个生命周期的消费，减少储蓄率，由此可能抵消"未雨绸缪"的储蓄效应，

从而对经济增长产生负面影响（Heijdra and Mierau，2011）。

上述关于预期寿命延长与储蓄、人力资本积累与经济增长关系的理论和实证研究，对于理解我国长寿时代的经济增长问题具有启示。我国应如何对冲长寿风险，挖掘经济增长的内源动力，提高人均人力资本和物质资本积累水平，是长寿时代亟待解决的关键问题。尤其是在人均预期寿命不断提高的背景下，生育政策调整能否有助于保持我国经济增长，是需要深入研究的重要问题。

二、生育、生育政策调整与经济增长

已有文献对于生育政策调整所产生的经济增长效应的研究结论也未达成一致，同样地，本章试图考察生育和生育政策调整如何通过家庭教育投资影响人力资本积累水平，通过家庭储蓄影响物质资本积累等途径最终作用于经济增长。

（一）生育、生育政策调整、人力资本投资与经济增长

要考察生育、生育政策调整如何影响人力资本投资与经济增长，必须先明确家庭对子代进行教育投资的动机。自 Lucas（1988）开创性论文发表以后，人力资本作为经济增长的引擎已在文献中得到广泛讨论，特别是20世纪90年代以来，人力资本模型中纳入了家庭的生育选择行为，从而将传统模型中关于子女的数量与质量互替（Becker，1960；Becker and Lewis，1973）的分析范式引入了内生经济增长模型中（Becker and Barro，1988；Barro and Becker，1989；Becker et al.，1990）。关于父母重视子女质量的原因，现有的文献通常从利己或利他动机来分析。Becker 和 Barro（1988）以及 Zhang 等（2001）认为父母对子女的培养具有利他性，家庭的人力资本投资行为推动了

经济增长。Ehrlich 和 Lui（1991）以及刘永平和陆铭（2008a，2008b）将父母对子女的教育投资看作家庭内部和代际的交易行为与保险机制，认为父母出于自利动机而重视子代的教育。汪伟（2010b，2017）认为，以上文献中关于父代对子代的培养的单一动机假设可能并不完全符合中国的现实。一方面，中国家庭具有利他性儒家文化传统，父母对子女的培养常常不计回报，父母对子女的培养常常具有"消费"性质。另一方面，在社会保障制度尚未全面建立的情况下，子女的未来人力资本收益作为父母养老资源的重要性上升，父母对子女的培养也可能是基于自利动机。

家庭培养子女的动机对理解中国生育政策的变化如何影响经济增长无疑是非常重要的。在过去严格限制生育的独生子女政策的制度约束下，家庭失去了子女数量的选择权，在无法进行子女数量决策和依赖子女数量养老的传统家庭作用逐渐丧失时，无论是基于自利动机还是利他动机，父母会更加看重子女的质量，这会促使父母加大对子女的教育投资（汪伟，2017）。郭庆旺等（2007）对我国家庭的人力资本投资动机进行了考察，认为由于自利与利他两种动机的同时存在，家族教育投资和养老保障形成良性互动，从而提供了一种人力资本的内生积累机制。

当生育政策放松后，子女数量养老的作用会上升，家庭对子女的人力资本投资计划可能发生改变，父母会对子女质量与数量进行权衡，从而做出最优的选择。一些文献发现，家庭生育决策符合"数量-质量"替代理论，生育政策的放松会使家庭增加生育数量，减少对子女质量的关注，从而减少对每个子女的教育投资（Choukhmane et al., 2013），但生育数量的上升会使家庭总的教育投资率提高（Rosenzweig and Zhang, 2009；汪伟，2017），从而扩大经济中的人力资本总量。另外，从养老的角度考虑，子女数量增多意味着个人老年期的养老资源也会相应增多，理性行为人在成年期倾向于减少对子女的教育投入，这会导致人力资本积累水平下降，从而不利于经济增长（汪伟，2017）。从实证研究来看，大多数文献认为，严格限制生育的独生子女政策对平均人力资本积累的正向影响较小或没有显著影响（Rosenzweig and Zhang，2009；Li and Zhang，2017）。徐翔（2017）认为"全面二孩"政策的实施降低了家庭生育的制度成本，提高了家庭生育率，通过"养儿防老"机制促进社会总的人力资本积累，使长期经济增长率提高了约0.5%。

（二）生育、生育政策调整、消费与经济增长

已有研究关于生育和生育政策调整通过消费影响经济增长的结论尚未达成统一。当把子女视为父母的"消费品"时，由于子女的消费与自己的消费具有替代性，父母可能会降低对"子女"的消费，家庭生育子女的数量减少；当把子女看作投资品时，由于未来能够获得子女的回报，基于养儿防老动机，家庭可能会增加生育数量。当生育政策放松后，子女数量越多养老的作用越大（汪伟，2017），但是子女数量的上升会对父母的消费与闲暇产生影响，父母会权衡收益与成本从而做出最优选择，因此生育政策调整到底如何影响家庭生育行为在理论上并不确定。人是消费的主体，生育政策调整会影响家庭消费水平与消费结构。生育政策调整会通过两条路径作用于家庭消费：一是宏观路径，生育行为转变首先会影响人口年龄结构，进而影响劳动力市场及资本存量（Cutler et al.，1990），最终使家庭消费水平发生变动；二是微观路径，家庭所处的生命周期阶段会影响其消费水平（Modigliani and Brumberg，1954；Modigliani and Cao，2004），生育行为转变直接带来的家庭子女数量变动，会对家庭生命周期资源配置产生影响（Samuelson，1958），从而影响家庭的消费水平与结构。从总量变化视角来看，一方面，子女是正常的"消费品"（Becker and Lewis，1973；Zhang et al.，2003），生育政策放松后，一些家庭生育子女的数量增加，养育子女的消费支出可能会随之上升，子女也

是未来的养老资源（Ehrlich and Lui，1991），子女数量的增加会减少父母的养老储蓄，家庭倾向于增加现期消费。另一方面，生育子女会使家庭预期未来有更高的育儿支出，根据预防性储蓄理论（Zeldes，1989），为了实现未来的消费目标，家庭也可能会为未来的消费进行"预防性储蓄"，从而减少现期的消费。因此，生育数量上升到底是促进还是抑制家庭消费并无定论。

大多数已有研究发现生育政策的放松并不一定会提高消费率。例如，黄志国等（2019）基于父母的利他生育动机，通过构建外生经济增长的世代交叠模型研究发现，生育率提高对当期消费和储蓄并未产生明显影响。基于我国的实证研究，甚至有文献发现生育率的提高会导致家庭消费率下降。例如，李文星等（2008）利用1989年至2004年省级面板数据进行研究，发现了生育率与消费率负相关的经验证据。汪伟等（2020）利用双重差分方法估计了二孩政策对家庭消费的影响，发现由于"全面二孩"政策提高了非独家庭的生育率，从而挤出了生育二孩家庭的发展和享受型消费；而"单独二孩"政策未能提高生育率，对家庭消费没有显著的政策效应。

（三）生育、生育政策调整、储蓄与经济增长

生育和生育政策调整可以通过家庭储蓄率影响物质资本积累，进而影响经济增长。一方面，大多数研究表明生育率降低对经济增长产生了积极影响。在中国，独生子女政策带来的人口结构转变无疑对中国的经济增长做出了巨大贡献（汪伟，2010b）。独生子女政策通过降低生育率，使得家庭的抚养负担减轻，从而减少了家庭支出，提高了储蓄的能力。在人口迅速转型的过程中，人口政策渐渐打破了依赖子女数量养老的传统家庭的作用，从而鼓励个人进行积累，这带来了国民储蓄率的上升与物质资本积累，使我国经济在相当长的时期保持高速增长（汪伟，2010b；Choukhmane et al.，2013）。Li 和

Zhang（2007）研究发现在中国改革开放最初的二十年内，计划生育政策导致的生育率降低至少可以解释年均经济增长率的 10%。汪伟（2010b）通过构建三期世代交叠模型并利用省级面板数据，研究发现 1989~2007 年由计划生育政策导致的我国人口生育率的下降可以解释绝大部分的经济增长现象。另一方面，从生育政策放松的角度分析，生育政策放松带来的生育率提高虽然可能带来资本稀释效应，但生育率的提高容易导致家庭消费"远期化"，即包括子女教育投资在内的家庭消费通常具有滞后性和长期性，从而提高了家庭的"预防性"储蓄水平（杨继军和张二震，2013）。因此，从储蓄和物质资本积累的角度来看，生育政策放松并不一定降低经济增长。

（四）预期寿命延长、生育政策调整与经济增长

当预期寿命与生育率同时变化时，人口年龄结构和劳动人口规模均会发生相应变化，从不同方向作用于经济增长。刘永平和陆铭（2008b）发现生育率和预期寿命同经济增长率均呈倒"U"形关系，放松生育限制影响经济增长的方向取决于当前的生育率水平。在当前我国生育率极低的情况下，预期寿命延长产生的储蓄效应将由正转负，此刻放松生育政策能促进人力资本积累，有助于发挥"第二次人口红利"带来的经济增长效应（王树，2021）。由于新生人口无法在短期内成长为劳动人口，反而会增加家庭抚养压力，所以短期内生育率提高可能会给经济增长带来负面影响。然而在长期，当这部分人到达劳动年龄，则会释放生产潜力，提高社会生产力，促进经济增长（陆旸和蔡昉，2016）。Heijdra 和 Romp（2009a）认为人口生育率提高会增加劳动人口规模并提高劳动参与率，进而提高稳态时的人均物质资本积累，最终促进经济增长。王维国等（2019）的研究表明，近年来我国生育率下降主要通过替代效应提高了人力资本积累，而预期寿命延长主要通过收入效应提高了储蓄率和物质资本积累，两者共同促进了经济增长，这些可以解释 1971~

2015 年我国 GDP 年均增长率中的 2.72 个百分点。

上述文献研究了生育政策调整分别通过消费、储蓄和人力资本投资决策给经济增长带来的不同影响，但是，在预期寿命延长导致未来风险增加的背景下，关于生育政策调整如何通过家庭的微观决策影响经济增长的理论和实证研究仍比较少见。在少子化时代，单纯地依靠子女的转移支付获取养老资源已不太现实，理性的行为人会选择在养老、教育投资、消费和储蓄等生命周期行为上合理分配家庭资源。在这种情况下，生育政策调整会如何影响长寿时代的经济增长？生育率处在怎样的区间对经济增长最有利？面对预期寿命不断延长给经济增长带来的挑战，应如何进行生育政策调整才能更好予以应对，本章后续将通过理论模型和数值模拟对这些问题给予回答。

第三节 预期寿命延长、生育政策调整影响经济增长的理论分析

一、模型设定

与本章模型相关的文章主要有两篇，一篇是 Prettner（2013），另一篇是 Heijdra 和 Reijnders（2013）。首先，关于人口结构变化，本章模型主要借鉴了 Prettner（2013）的假设。Prettner（2013）的模型将家庭生育决策内生化，父母在子女数量和消费之间抉择，生育率下降使得人口平均年龄提高，通过影响技术创新人才的获得而内生作用于经济增长。但这篇文章假定死亡率是固定的，不随年龄变化，这与现实不符。随着生活和医疗水平提高，人口死亡率并非一成不变，所以本章将死亡率随机化。其次，本章模型的分析思路主要借鉴 Heijdra 和 Reijnders（2013）的生命周期世代交叠模型分析框架。Heijdra 和 Reijnders（2013）分析了长寿风险如何通过技术进步影响内生经济增长，与他们的设定不同，本章的模型考虑长寿风险如何通过人力资本影响

内生经济增长,并在此基础上考虑家庭内部的双向代际转移机制。

接下来,本章通过建立一个具有随机死亡率和家庭内部双向代际转移的世代交叠模型,分析预期寿命与生育政策调整通过微观家庭决策影响宏观经济增长的理论机制。

(一)人口结构

假设一个经济体由不同的群体组成,我们可以通过出生日期 t_0 来区分这些群体。$N(t_0, t)$ 表示出生于 t_0 时的特定群体在 t 时刻($t > t_0$)的人口规模,生育率为 β,满足 $N(t_0, t_0) = \beta N(t_0)$。假设 $\Phi(t - t_0)$ 表示出生于 t_0 时的个人在 t 时刻死亡的概率,可以得到,年龄为 s 的个人面临的瞬时死亡率为 $\mu(s) = \dfrac{\phi(s)}{[1 - \Phi(s)]}$,其中 $\phi(\cdot)$ 和 $\Phi(\cdot)$ 分别表示概率密度函数和概率分布函数。由于瞬时死亡率随年龄的增长而急剧增加,所以,$\mu'(s) > 0$,$\mu''(s) > 0$,$\lim\limits_{s \to T} \mu(s) = +\infty$,其中,$T$ 是个人所能存活的最大预期年龄。累计死亡率可以表示为 $M(t - t_0) = \int_0^{t - t_0} \mu(s) \mathrm{d}s$,$1 - \Phi(t - t_0) = e^{-M(t - t_0)}$ 则表示出生于 t_0 时刻的个人在未来 t 时刻($t > t_0$)仍然存活的概率。稳态时,人口自然增长率为 $n = \beta - \mu$(n 可以为 0)。于是,出生于 t_0 时刻的人口在 t 时刻的规模为

$$N(t_0, t) = \beta N(t_0) e^{-M(t - t_0)} = \beta N(0) e^{n t_0} e^{-M(t - t_0)} \quad (4.1)$$

其中,$N(0)$ 表示初始的群体规模。t 时刻在整个社会中,特定年龄人口所占比例为

$$n(t_0, t) = \frac{N(t_0, t)}{N(t)} = \frac{\beta N(0) e^{n t_0} e^{-M(t - t_0)}}{N(0) e^{n t}} \quad (4.2)$$
$$= \beta e^{-n(t - t_0)} e^{-M(t - t_0)} = \beta e^{-n s - M(s)}$$

其中，个人年龄小于其所能存活的最大预期年龄，即满足 $s=t-t_0 \leqslant T$；当年龄大于其所能存活的最大年龄时，相应年龄人口所占比例为 0。从式（4.2）可以看出，t 时刻特定出生队列规模占社会总人口的比重仅与其年龄有关，与所选择的时刻 t 并无直接关系。而且从式（4.2）可以看出，对于人口自然增长率、生育率和特定人口年龄比重，给定这三者之间的任意两个参数，可以获得第三个参数的值（Boucekkine et al.，2002）。进一步考察生育率同特定年龄人口所占比例的关系，即

$$\frac{\partial[n(t_0,t)]}{\partial \beta} = e^{-ns-M(s)}(1-\beta s) \quad (4.3)$$

由式（4.3）可知，年轻群体（s 较小）的人口比例与生育率 β 可能呈正相关关系，而老年群体（s 较大）的人口比例同生育率则可能表现为负相关关系。随着生育率的下降，整体的人口年龄结构会愈发老化，这与现实情况相符（Prettner，2013）。

（二）个人

出生于 t_0 时刻的个人，在 t 时刻依然存活的前提下（$t<\tau$），对未来的期望效用为

$$\begin{aligned}U(t_0,t) &= \frac{\int_t^\infty \left[\ln c(t_0,\tau) + \beta^{1-\varepsilon}\phi\ln q(t_0,\tau)\right] e^{-[\rho(\tau-t)+M(\tau-t_0)]}d\tau}{e^{-M(s)}} \\ &= e^{M(s)}\int_t^\infty \left[\ln c(t_0,\tau) + \beta^{1-\varepsilon}\phi\ln q(t_0,\tau)\right] e^{-[\rho(\tau-t)+M(\tau-t_0)]}d\tau\end{aligned} \quad (4.4)$$

其中，$c(t_0,\tau)$ 表示出生于 t_0 时刻的个人在 τ 时的消费；$q(t_0,\tau)$ 表示出生于 t_0 时的父母在 τ 时刻对子女的教育投资，假设父母培养子女不仅存在利他动机，也存在利己动机；ϕ 表示父母投资子女教育所得效用的贴现率；$1-\varepsilon$

（$\varepsilon>0$）表示父母对子女数量的偏好程度，通常父母生育子女所获得的边际效用同子女数量呈反比例关系；ρ 表示时间贴现因子，其值越大表示个人越偏好当前消费。由于寿命存在不确定性，所以个人同时考虑由时间偏好和生存不确定性导致的消费的折现率，即 $\rho+M(\tau-t_0)$；$e^{M(s)}$ 则表示一种关于累计死亡率的条件概率，如对于出生于 t_0 时刻的行为人在 t 时依然存活的前提下，存活到未来 τ 时刻的条件概率为 $e^{-M(\tau-t_0)}/e^{-M(t-t_0)}$。

假设个人拥有一单位劳动时间，而每个成年人总共需要花费时间 $v\beta$ 照顾子女（v 为照顾每个子女花费的时间），并花费时间 $\dfrac{e^{-M(s^p)}}{\beta}$ 为老年父母提供照料（s^p 为当期老年父母的年龄），所以个人真正用于工作的时间为 $l=1-v\beta-e^{-M(s^p)}/\beta$。我们假设生育率是给定的，各个出生队列的个体在劳动市场上的劳动投入时间也是相同的，与时期无关，故省略了时期 t。所以，个人在劳动力市场上获得的工资收入为 $lw(t_0,t)\left(1-\tau e^{-M(s^p)}\right)$。此外，父代和子代之间存在相互的代际转移支付，个人在成年期会投资子女的教育，相应地在老年期会收到子女的赡养费，即每个子女拿出其工资收入 $w(t_1,t)$ 的 τ 比例作为父母的养老资源。

个人的预算约束为

$$\dot{a}(t_0,t)=\left[R+\mu(t-t_0)\right]a(t_0,t)+lw(t_0,t)\left(1-\tau e^{-M(s^p)}\right) \\ -\beta q(t_0,t)+\tau\beta lw(t_1,t)-c(t_0,t)$$ （4.5）

在预算约束中，假设个人一生中的收入来源于工作的工资收入以及退休后收到成年子女的赡养费，并且在生命周期内不存在借贷行为和遗赠动机，预期在死亡时将金融财富消耗完毕。$a(t_0,t)$ 为个人拥有的金融财富或者资产，当 $t_0=t$ 时，有 $a(t_0,t_0)=0$；当个人达到最大预期年龄 $T(t=t_0+T)$ 时，有

$a(t_0, t_0+T) = 0$，实际上，a 可以看作个人的储蓄，当期所有人的储蓄加总即为社会总物质资本积累。R 为外生给定的实际利率，在平衡增长路径上利率一般保持不变，$[R + \mu(t-t_0)]$ 是考虑了死亡风险的利率，等式右边第一项表示个人预期在 t 时刻的金融财富或资产。

个人在满足个体预算约束的情况下，根据效用最大化原则，选择最优的个体消费和对子女的教育投入，结合式（4.4）和式（4.5）构建汉密尔顿函数：

$$\begin{aligned} \mathcal{H} = & \left[\ln c(t_0, t) + \beta^{1-\varepsilon} \phi \ln q(t_0, t) \right] e^{-[\rho(t-t_0) + M(t-t_0)]} \\ & + \lambda(t_0, t) \left\{ [R + \mu(t-t_0)] a(t_0, t) + lw(t_0, t) \left(1 - \tau e^{-M(s^p)}\right) \right. \\ & \left. - \beta q(t_0, t) + \tau \beta lw(t_1, t) - c(t_0, t) \right\} \end{aligned} \quad (4.6)$$

其中，$\lambda(t_0, t)$ 表示乘子。将 $\mathcal{H}$ 分别对 $c(t_0, t)$、$q(t_0, t)$ 和 $a(t_0, t)$ 求导，一阶条件为

$$\frac{\partial \mathcal{H}}{\partial c(t_0, t)} = c(t_0, t)^{-1} e^{-[\rho(t-t_0) + M(t-t_0)]} - \lambda(t_0, t) = 0 \quad (4.7)$$

$$\frac{\partial \mathcal{H}}{\partial q(t_0, t)} = q(t_0, t)^{-1} \beta^{1-\varepsilon} \phi e^{-[\rho(t-t_0) + M(t-t_0)]} - \lambda(t_0, t) \beta = 0 \quad (4.8)$$

$$\dot{\lambda}(t_0, t) = -\frac{\partial \mathcal{H}}{\partial a(t_0, t)} = -\lambda(t_0, t) [R + \mu(t-t_0)] \quad (4.9)$$

由式（4.7）和式（4.8）可得：

$$q(t_0, t) = \beta^{-\varepsilon} \phi c(t_0, t) \quad (4.10)$$

将式（4.7）移项得，$c(t_0, t) \lambda(t_0, t) = e^{-[\rho(t-t_0) + M(t-t_0)]}$。等式两边均对 t 求导，再结合式（4.9）得：

$$\frac{\dot{c}(t_0, t)}{c(t_0, t)} = R - \rho \quad (4.11)$$

式（4.11）为消费的欧拉方程，该式表明 t_0 出生队列的个人的消费增长

率只与利率和个人的时间偏好有关，当利率大于时间贴现因子时，即个人更加偏好当前消费，消费增长率上升。此外，个人消费的变化与瞬时死亡率没有直接关系，因为家庭可以在生命周期内很好地规避寿命不确定的风险（Yaari，1965）。对式（4.11）两边求积分可以得出个人最优消费的时间变化趋势为

$$c(t_0,t) = c(t_0,v)e^{(R-\rho)(t-v)} \tag{4.12}$$

下面主要根据个人的预算约束［式（4.5）］求出消费的表达式。首先，令

$$F(t_0,v,t) = e^{-[R(t-v)+M(t-t_0)-M(v-t_0)]}$$

$$\frac{\partial F(t_0,v,t)}{\partial t} = -[R+\mu(t-t_0)]F(t_0,v,t)$$

由式（4.5）整理得：

$$F(t_0,v,t)\{\dot{a}(t_0,t) - [R+\mu(t-t_0)]a(t_0,t)\}$$
$$= F(t_0,v,t)\left[lw(t_0,t)\left(1-\tau e^{-M(s^p)}\right) - \beta q(t_0,t) + \tau\beta lw(t_1,t) - c(t_0,t)\right]$$

$$\frac{\mathrm{d}a(t_0,t)F(t_0,v,t)}{\mathrm{d}t}$$
$$= F(t_0,v,t)\left[lw(t_0,t)\left(1-\tau e^{-M(s^p)}\right) - \beta q(t_0,t) + \tau\beta lw(t_1,t) - c(t_0,t)\right]$$

$$\int_v^\infty \mathrm{d}a(t_0,t)F(t_0,v,t)$$
$$= \int_v^\infty F(t_0,v,t)\left[lw(t_0,t)\left(1-\tau e^{-M(s^p)}\right) - \beta q(t_0,t) + \tau\beta lw(t_1,t) - c(t_0,t)\right]\mathrm{d}t$$

$$\lim_{t\to\infty}a(t_0,t)F(t_0,v,t) - a(t_0,v)$$
$$= \int_v^\infty F(t_0,v,t)\left[lw(t_0,t)\left(1-\tau e^{-M(s^p)}\right) - \beta q(t_0,t) + \tau\beta lw(t_1,t) - c(t_0,t)\right]\mathrm{d}t$$

根据前文关于个人资产的假设，在生命结束时个人的真实财富为 0，即

等式左边第一部分为 0，结合式（4.10）将上式简化为

$$\int_v^\infty F(t_0,v,t)c(t_0,t)(1+\beta^{1-\varepsilon}\phi)\mathrm{d}t$$
$$=a(t_0,v)+\int_v^\infty F(t_0,v,t)\left[lw(t_0,t)\left(1-\tau e^{-M(s^p)}\right)+\tau\beta lw(t_1,t)\right]\mathrm{d}t$$

等式右边第二部分积分的内部，表示出生于 t_0 时刻的个人在生命周期内获得的包括教育投资在内的所有收入。将式（4.12）代入上式可得：

$$c(t_0,v)=\frac{a(t_0,v)+\int_v^\infty F(t_0,v,t)\left[lw(t_0,t)\left(1-\tau e^{-M(s^p)}\right)+\tau\beta lw(t_1,t)\right]\mathrm{d}t}{\int_v^\infty (1+\beta^{1-\varepsilon}\phi)e^{-\rho(t-v)-[M(t-t_0)-M(v-t_0)]}\mathrm{d}t}$$

令 $v=t_0$，根据前文的假设有 $a(t_0,t_0)$ 等于 0，于是得到出生于 t_0 时刻的个人消费为

$$c(t_0,t_0)=\frac{\int_{t_0}^{t_0+T}le^{-[R(t-t_0)+M(t-t_0)]}\left[w(t_0,t)\left(1-\tau e^{-M(s^p)}\right)+\tau\beta w(t_1,t)\right]\mathrm{d}t}{\int_{t_0}^{t_0+T}(1+\beta^{1-\varepsilon}\phi)e^{-\rho(t-t_0)-M(t-t_0)}\mathrm{d}t} \quad (4.13)$$

根据式（4.13）可以得到，预期个人在生命周期内实际拥有的金融财富的变化路径为

$$a(t_0,t_0)e^{-R(t-t_0)-M(t-t_0)}=\int_{t_0}^t le^{-[R(v-t_0)+M(v-t_0)]}\left[w(t_0,v)\left(1-\tau e^{-M(s^p)}\right)+\tau\beta w(t_1,v)\right]\mathrm{d}v$$
$$-c(t_0,t_0)(1+\beta^{1-\varepsilon}\phi)\int_{t_0}^t e^{-\rho(v-t_0)-M(v-t_0)}\mathrm{d}v$$

（4.14）

式（4.14）满足我们关于个人所拥有金融财富的假设，即出生（$t=t_0$）或者死亡（$t=t_0+T$）时，个人拥有的金融财富均为 0。

此外，假设当期个人的人力资本，取决于父母的人力资本水平以及父母

对其进行的教育投入。人力资本积累的形式为

$$h(t+1) = Aq(t)^{\alpha} h(t)^{1-\alpha} \tag{4.15}$$

其中，参数 A 表示人力资本生产技术；α 表示人力资本生产中的物质资本产出弹性，$0<\alpha<1$。

（三）企业

在生产技术的设定方面，假设市场是完全竞争的，借鉴汪伟（2017）关于企业生产函数的设定形式：

$$Y(t) = DK(t)^{\theta} \left[h(t)l(t)N(t) \right]^{1-\theta} \tag{4.16}$$

其中，$Y(t)$ 表示 t 期的总产出；$K(t)$ 表示 t 期的资本存量；$l(t)N(t)$ 表示 t 期经济中的劳动投入；生产技术参数 D 满足 $D>0$；资本产出弹性 θ 满足 $0<\theta<1$。

在完全竞争市场中，假设资本在一期内全部折旧，经济中不存在失业和闲置资本，各生产要素按照其边际产品获得相应报酬，个人进行劳动投入获得工资报酬 $w(t)$，资本要素获得投资回报 $R(t)$，当满足企业利润最大化时，有

$$w(t) = (1-\theta) De(t)^{\theta} h(t) \tag{4.17}$$

$$R(t) = \theta De(t)^{\theta-1} \tag{4.18}$$

其中，$e(t) = \dfrac{k(t)}{h(t)}$，有效劳均资本为 $k(t) = \dfrac{K(t)}{l(t)N(t)}$。由式（4.17）得：

$$e(t) = \left[\dfrac{w(t)}{h(t)(1-\theta)D} \right]^{1/\theta} \tag{4.19}$$

平衡增长路径上，人力资本 $h(t)$、物质资本 $k(t)$ 和工资 $w(t)$ 均以相同的速率增长，满足：$\dfrac{\dot{k}(t)}{k(t)} \Big/ \dfrac{\dot{h}(t)}{h(t)} = \dfrac{g_k}{g_h} = 1$，即 $g_k = g_h = g$，g 是稳态时的增长率。

$$w(t) = w(t_0)e^{g(t-t_0)} \tag{4.20}$$

于是，父代与子代所获得的工资收入之间存在如式（4.21）所示的联系：

$$w(t_1,t) = w(t_0,t)e^{g(t_1-t_0)} = w(t_0)e^{g(s+s^c)} \quad (4.21)$$

其中，s^c 表示个人生育年龄。

由于 $g_h = \dfrac{h(t+1)-h(t)}{h(t)}$，结合式（4.10）和式（4.15）可以得出人力资本的表达式满足：

$$h(t) = \left(\frac{A}{1+g_h}\right)^{1/\alpha} \beta^{-\varepsilon}\phi c(t) \quad (4.22)$$

于是，将式（4.22）代入式（4.16）可以得到，

$$Y(t) = DK(t)^{\theta}\left[\left(\frac{A}{1+g_h}\right)^{1/\alpha}\beta^{-\varepsilon}\phi c(t)l(t)N(t)\right]^{1-\theta} \quad (4.23)$$

将式（4.22）除以有效工资水平，可知，

$$\frac{h(t)}{lw(t)} = \left(\frac{A}{1+g_h}\right)^{1/\alpha}\beta^{-\varepsilon}\frac{\phi c(t)}{lw(t)} \quad (4.24)$$

代入式（4.19）得：

$$e(t) = \beta^{\frac{\varepsilon}{\theta}}\phi^{-\frac{1}{\theta}}\left(\frac{A}{1+g_h}\right)^{-\frac{1}{\alpha\theta}}\left[\frac{lw(t)}{c(t)(1-\theta)D}\right]^{1/\theta} \quad (4.25)$$

二、模型分析

（一）预期寿命、生育率、代际转移与储蓄

将式（4.21）代入式（4.13）可以得到个人消费率为

$$\frac{c(t_0,t_0)}{lw(t_0)} = \frac{\int_0^T e^{-s(R-g)-M(s)}\mathrm{d}s + \tau\beta\int_0^T e^{s^c g-s(R-g)-M(s)}\mathrm{d}s - \tau\int_0^T e^{-s(R-g)-M(s)-M(s^p)}\mathrm{d}s}{(1+\beta^{1-\varepsilon}\phi)\int_0^T e^{-\rho s-M(s)}\mathrm{d}s} \quad (4.26)$$

$$\frac{c(t_0,t)}{lw(t_0)} = \frac{c(t_0,t_0)}{lw(t_0)}e^{(R-\rho)(t-t_0)}$$

$$= e^{(R-\rho)s}\frac{\int_0^T e^{-s(R-g)-M(s)}ds + \tau\beta\int_0^T e^{s^c g-s(R-g)-M(s)}ds - \tau\int_0^T e^{-s(R-g)-M(s)-M(s^p)}ds}{(1+\beta^{1-\varepsilon}\phi)\int_0^T e^{-\rho s-M(s)}ds}$$

（4.27）

从宏观层面看，t 时的总消费为

$$c(t) = \int_{t-T}^t n(t_0,t)c(t_0,t)dt_0 \tag{4.28}$$

将式（4.2）和式（4.12）代入式（4.28），得

$$c(t) = \beta c(t_0,t_0)\int_{t-T}^t e^{-(n-R+\rho)s-M(s)}ds$$

将上式除以式（4.20）得到 t 时的消费率为

$$\frac{c(t)}{lw(t)} = \frac{\beta c(t_0,t_0)}{lw(t_0)}\int_0^T e^{-(n-R+\rho+g)s-M(s)}ds \tag{4.29}$$

由式（4.29）得瞬时消费水平为

$$\dot{c}(t) = \beta c(t,t) + (R-\rho)c(t) - \int_{t-T}^t [n+\mu(t-t_0)]n(t_0,t)c(t_0,t)dt_0 \tag{4.30}$$

t 时总的金融财富水平为

$$a(t) = \int_{t-T}^t n(t_0,t)a(t_0,t)dt_0 \tag{4.31}$$

将式（4.2）代入式（4.31），得

$$a(t) = \beta\int_{t-T}^t e^{-ns-M(s)}a(t_0,t_0+s)ds$$

将上式除以式（4.20），结合式（4.27），可以得到 t 时的储蓄率为

$$\frac{a(t)}{lw(t)} = \beta \int_{t-T}^{t} e^{-(n+g)s-M(s)} \frac{a(t_0, t_0+s)}{lw(t_0)} ds \qquad (4.32)$$

其中,

$$a(t_0, t_0+v) = e^{Rv+M(v)} \left\{ \int_0^v \left[e^{-s(R-g)-M(s)} \left(1+\tau\beta e^{s^c g}\right) - \tau e^{-s(R-g)-M(s)-M(s^p)} \right] ds \right.$$
$$\left. -c(t_0, t_0)\left(1+\beta^{1-\varepsilon}\phi\right) \int_0^v e^{-\rho s-M(s)} ds \right\}$$

由式（4.31）得瞬时金融财富水平为

$$\dot{a}(t) = (R-n)a(t) + lw(t)\left(1-\tau e^{-M(s^p)} + \tau\beta e^{gs^c}\right) - \left(1+\beta^{1-\varepsilon}\phi\right)c(t) \qquad (4.33)$$

我们将个人所拥有的金融财富与工资的比例定义为储蓄率，由式（4.14）可得 t 时期的个人储蓄率为

$$\frac{a(t_0, t)}{lw(t_0)} = e^{R(t-t_0)+M(t-t_0)} \left\{ \int_{t_0}^{t} \left[e^{-s(R-g)-M(s)} \left(1+\tau\beta e^{s^c g} - \tau e^{-M(s^p)}\right) \right] ds \right.$$
$$\left. -\frac{c(t_0, t_0)}{lw(t_0)}\left(1+\beta^{1-\varepsilon}\phi\right) \int_{t_0}^{t} e^{-\rho s-M(s)} ds \right\} \qquad (4.34)$$

这里，我们将式（4.34）分别对 T、β 和 τ 求导，并结合式（4.27）得到：

$$\frac{\partial \frac{a(t_0,t)}{lw(t_0)}}{\partial T} = -\left(1+\beta^{1-\varepsilon}\phi\right) e^{R(t-t_0)+M(t-t_0)} \int_{t_0}^{t} e^{-\rho s-M(s)} ds \frac{\partial \frac{c(t_0,t_0)}{lw(t_0)}}{\partial T}$$

$$\frac{\partial \frac{a(t_0,t)}{lw(t_0)}}{\partial \beta} = e^{R(t-t_0)+M(t-t_0)} \left\{ \int_{t_0}^{t} \tau e^{s^c g} e^{-s(R-g)-M(s)} ds - \int_{t_0}^{t} e^{-\rho s-M(s)} ds \right.$$
$$\left. \times \left[\frac{\partial \frac{c(t_0,t_0)}{lw(t_0)}}{\partial \beta}\left(1+\beta^{1-\varepsilon}\phi\right) + \frac{c(t_0,t_0)}{lw(t_0)}(1-\varepsilon)\beta^{1-\varepsilon}\phi \right] \right\}$$

$$\frac{\partial \dfrac{a(t_0,t)}{lw(t_0)}}{\partial \tau} = e^{R(t-t_0)+M(t-t_0)}\left\{\int_{t_0}^{t}\left[e^{-s(R-g)-M(s)}\left(\beta e^{s^c g}-e^{-M(s^p)}\right)\right]\mathrm{d}s\right.$$

$$\left.-\frac{\partial \dfrac{c(t_0,t_0)}{lw(t_0)}}{\partial \tau}\left(1+\beta^{1-\varepsilon}\phi\right)\int_{t_0}^{t}e^{-\rho s-M(s)}\mathrm{d}s\right\}$$

命题 4.1：预期寿命延长，生育政策放松以及成年子代向老年父代的代际转移比例对储蓄率的影响都是模糊的，取决于模型中各参数的设定。

预期寿命延长将从不同的方向影响储蓄率。一方面，预期寿命延长可能对储蓄率造成负向影响。从家庭内部代际转移的角度分析，个体的老年父母寿命越长，越会加大成年子女的养老负担，从而导致储蓄率降低，本章将这种储蓄效应称为寿命延长的负担效应。另一方面，预期寿命延长也可能产生正向的储蓄效应。预期寿命的提高意味着退休后的生活将更长，成年人预期活得更长需要增加储蓄，因此预期寿命越长储蓄率越高，本章将这种储蓄效应称为寿命延长的预防性效应。从命题 4.1 可知，预期寿命对储蓄率的影响暂无法确定，取决于对立效应的相对强弱。

生育政策调整主要从以下几个方面作用于储蓄率。首先，生育政策放松后，子女数量的增加会使家庭将收入中的更大比例用于教育投资，这会增加成年父母的支出负担，从而降低储蓄的能力，本章将这种储蓄效应称为生育政策调整的负担效应。其次，生育子女的数量增加后，每个子女的培养支出下降，这意味着子女的质量下降，而子女成年后的工资收入中的一部分是父母将来的养老资源，因此成年父母倾向于增加储蓄来应对这一养老资源的下降，本章将这种储蓄效应称为生育政策调整的子女质量养老储蓄效应。再次，生育政策放松后，父母将来赖以养老的子女数量增加，预期到这一点，因此成年父母倾向于降低储蓄，本章将这种储蓄效应称为生育政策调整的子女数量养老储蓄效应。最后，生育政策放松后，人口生育率的提高会增加未来劳动人口规模并提高人均收入水平，进而提高储蓄率，促进物质资本积累。从命题4.1可知，生育政策调整对储蓄率的影响方向是不确定的，与对立效应的相对大小有关。

　　成年子代向老年父代的代际转移比例主要通过以下几种途径作用于储蓄率。一方面，成年子代向老年父代的代际转移比例越高，即成年子女收入中用于赡养老人的比例越高，越会降低收入中用于储蓄的资源；另一方面，成年子女收入中用于赡养老人的比例越高，父母的养老资源越多，预期到这一点，成年人倾向于降低储蓄。本章将上述两种储蓄效应统称为代际转移的养老保障效应。随着代际转移比例的提高，财富越来越多地集中于老年人手中，预期寿命延长提高了老年期的生活时长，可能导致储蓄率提高。从命题4.1可知，代际转移对储蓄率的影响方向是不确定的，与对立效应的相对大小有关。

（二）预期寿命、生育率、代际转移与教育投资

　　根据式（4.10）和式（4.12），并结合式（4.26）可以得出稳态时，家庭在t期对每个子女的教育投资率为

$$\frac{q(t_0,t)}{lw(t_0)}=\beta^{-\varepsilon}\phi e^{(R-\rho)(t-t_0)}\frac{c(t_0,t_0)}{lw(t_0)}$$

即

$$\frac{q(t_0,t)}{lw(t_0)}=\frac{\beta^{-\varepsilon}\phi e^{(R-\rho)(t-t_0)}}{(1+\beta^{1-\varepsilon}\phi)}$$

$$\times\frac{\int_0^T e^{-s(R-g)-M(s)}\mathrm{d}s+\tau\beta\int_0^T e^{s^c g-s(R-g)-M(s)}\mathrm{d}s-\tau\int_0^T e^{-s(R-g)-M(s)-M(s^p)}\mathrm{d}s}{\int_0^T e^{-\rho s-M(s)}\mathrm{d}s} \quad (4.35)$$

稳态时，家庭对所有子女的教育投资率为

$$\frac{\beta q(t_0,t)}{lw(t_0)} = \beta^{1-\varepsilon}\phi e^{(R-\rho)(t-t_0)}\frac{c(t_0,t_0)}{lw(t_0)}$$

$$\frac{\beta q(t_0,t)}{lw(t_0)} = \beta^{1-\varepsilon}\phi e^{(R-\rho)(t-t_0)}\frac{\int_0^T\left[e^{-s(R-g)-M(s)}\left(1+\tau\beta e^{s^c g}\right)-\tau e^{-s(R-g)-M(s)-M(s^p)}\right]ds}{\left(1+\beta^{1-\varepsilon}\phi\right)\int_0^T e^{-\rho s-M(s)}ds}$$

(4.36)

将式（4.35）分别对 T、β 和 τ 求导，并结合式（4.26）可以得到预期寿命延长、生育率调整和代际转移比例变化如何影响家庭的教育投资行为

$$\frac{\partial\frac{q(t_0,t)}{lw(t_0)}}{\partial T} = \beta^{-\varepsilon}\phi e^{(R-\rho)(t-t_0)}\frac{\partial\frac{c(t_0,t_0)}{lw(t_0)}}{\partial T}$$

$$\frac{\partial\frac{q(t_0,t)}{lw(t_0)}}{\partial\beta} = \beta^{-\varepsilon}\phi e^{(R-\rho)(t-t_0)}\left[-\varepsilon\beta^{-1}\phi\frac{c(t_0,t_0)}{lw(t_0)} + \frac{\partial\frac{c(t_0,t_0)}{lw(t_0)}}{\partial\beta}\right]$$

$$\frac{\partial\frac{q(t_0,t)}{lw(t_0)}}{\partial\tau} = \beta^{-\varepsilon}\phi e^{(R-\rho)(t-t_0)}\frac{\partial\frac{c(t_0,t_0)}{lw(t_0)}}{\partial\tau}$$

$$= \beta^{-\varepsilon}\phi e^{(R-\rho)(t-t_0)}\frac{\beta\int_0^T e^{gs^c-s(R-g)-M(s)}ds - \int_0^T e^{-s(R-g)-M(s)-M(s^p)}ds}{\left(1+\beta^{1-\varepsilon}\phi\right)\int_0^T e^{-\rho s-M(s)}ds}$$

相应地，将式（4.36）分别对 T、β 和 τ 求导，并结合上面的式子得到：

$$\frac{\partial\frac{\beta q(t_0,t)}{lw(t_0)}}{\partial T} = \beta\frac{\partial\frac{q(t_0,t)}{lw(t_0)}}{\partial T} = \beta^{1-\varepsilon}\phi e^{(R-\rho)(t-t_0)}\frac{\partial\frac{c(t_0,t_0)}{lw(t_0)}}{\partial T}$$

$$\frac{\partial \dfrac{\beta q(t_0,t)}{lw(t_0)}}{\partial \beta} = \frac{q(t_0,t)}{lw(t_0)} + \beta \frac{\partial \dfrac{q(t_0,t)}{lw(t_0)}}{\partial \beta} = \beta^{1-\varepsilon}\phi e^{(R-\rho)(t-t_0)}\left[(1-\varepsilon\beta^{-1}\phi)\frac{c(t_0,t_0)}{lw(t_0)} + \frac{\partial \dfrac{c(t_0,t_0)}{lw(t_0)}}{\partial \beta}\right]$$

$$\frac{\partial \dfrac{\beta q(t_0,t)}{lw(t_0)}}{\partial \tau} = \beta \frac{\partial \dfrac{q(t_0,t)}{lw(t_0)}}{\partial \tau} = \beta^{1-\varepsilon}\phi e^{(R-\rho)(t-t_0)} \frac{\beta\int_0^T e^{gs^c - s(R-g) - M(s)}\mathrm{d}s - \int_0^T e^{-s(R-g)-M(s)-M(s^p)}\mathrm{d}s}{(1+\beta^{1-\varepsilon}\phi)\int_0^T e^{-\rho s - M(s)}\mathrm{d}s}$$

命题 4.2：预期寿命延长，对家庭教育投资率的影响无法判断，取决于模型中各参数的设定。生育政策放松，对家庭对每个孩子的教育投资和总的教育投资率的影响也无法确定，取决于各参数的取值。代际转移比例增加，家庭对每个子女的教育投资率或总的教育投资率的影响无法确定，取决于各参数的取值和生育水平。

预期寿命延长主要通过以下几种途径影响家庭的教育投资。一方面，预期寿命延长会对家庭的教育投资造成负面影响。首先，老年人的寿命越长，越会加大成年子女的养老负担，导致家庭以及每个子女的教育资源下降，本章将这种教育投资效应称为老龄化的负担效应。其次，预期寿命的延长意味着退休后的生活将更长，成年人预期活得更长需要更多的储蓄，从而减少对子女的教育投资，我们将这种教育投资效应称为老龄化的寿命效应。另一方面，预期寿命延长也可能对家庭的教育投资产生正向影响。由于成年子女的收入水平决定了老年父母收到的转移支付，成年人为了在未来获得足够的养老保障，可能会加大对子女的教育投资。从命题 4.2 可以看出，预期寿命对家庭人力资本投资的影响是模糊的，取决于参数的设定。

生育政策调整影响家庭教育投资的途径主要体现在以下几个方面。首先，由于子女具有投资品的功能，生育政策放松后，父母将来赖以养老的子女数量增加，预期到这一点，会促使成年人在依赖子女数量养老与子女质量养老上做出权衡，子女数量的增加将减少父母对每个子女未成年期的教育投入。其次，生育政策放松后，子女数量增加会促使成年父母降低自我养老储蓄积累，将家庭更多的收入投入子女的教育，从而使得家庭总的教育支出占家庭收入的比重会超过生育政策调整以前。最后，由于子女具有"消费品"的性质，当生育政策放松后，父母对子女的消费数量将上升，消费的边际递减效应会导致父母减少对子女的教育支出。以上几种效应均体现了生育政策调整带来的教育投入的数量与质量互替效应。从命题 4.2 可知，生育政策放松影响家庭教育投资的净效应是不确定的，取决于参数的设定。

成年子代向老年父代的代际转移比例主要通过以下几个方面影响家庭的教育投资。一方面，成年子女向老年父母的代际转移比例越高，意味着成年子女收入中用于赡养老人的比例越高，从而降低了收入中用于教育投资的资源比率，本章将这种效应称为养老对教育投资的挤出效应；另一方面，由于子女的教育具有投资品的性质，子女成年后的工资收入中的一部分是父母将来的养老资源，子代对父母的代际转移比例越高，父母越倾向于增加每个子女的教育投入，本章将这种效应称为教育投资的养老回报效应。

（三）预期寿命、生育率、代际转移与经济增长

由于当期个人金融财富的总和等于社会总的物质资本积累，所以当期储蓄率也等于劳均物质资本积累水平。由式（4.33）得劳均物质资本增长率为

$$g_k = \frac{\dot{k}(t)}{k(t)} = \frac{\dot{a}(t)}{a(t)} = R - n + \frac{lw(t)}{k(t)}\left[1 - \tau e^{-M(s^p)} + \tau\beta e^{gs^c} - (1+\beta^{1-\varepsilon}\phi)\frac{c(t)}{lw(t)}\right] \quad (4.37)$$

其中，由式（4.17）等式两边同乘以 $\dfrac{l}{e(t)}$ 得到：

$$\frac{lw(t)}{k(t)} = (1-\theta)De(t)^{\theta-1}l \tag{4.38}$$

由式（4.13）、式（4.22）和式（4.30），可以得出人力资本增长率为

$$g_h = \frac{\dot{h}(t)}{h(t)} = \frac{\dot{q}(t)}{q(t)} = \frac{\dot{c}(t)}{c(t)} = R - n - \rho + \frac{\beta c(t,t)}{c(t)} - \frac{\int_{t-T}^{t} \mu(t-t_0)n(t_0,t)c(t_0,t)\mathrm{d}t_0}{c(t)} \tag{4.39}$$

在平衡增长路径上，劳均物质资本增长率与人力资本增长率相等，于是有

$$\begin{aligned}
(1-\theta)De(t)^{\theta-1}l &\left[1-\tau e^{-M(s^p)} + \tau\beta e^{gs^c} - (1+\beta^{1-\varepsilon}\phi)\frac{c(t)}{lw(t)}\right] \\
&= -\rho + \frac{lw(t)}{c(t)} \cdot \frac{\beta\int_0^T \left[e^{-s(R-g)-M(s)}\left(1+\tau\beta e^{s^c g} - \tau e^{-M(s^p)}\right)\right]\mathrm{d}s}{(1+\beta^{1-\varepsilon}\phi)\int_0^T e^{-\rho s-M(s)}\mathrm{d}s} \\
&\quad - \frac{lw(t)}{c(t)} \cdot \frac{c(t_0,t_0)}{lw(t_0)} \beta\int_0^T \mu(s)e^{-(n-R+\rho+g)s-M(s)}\mathrm{d}s
\end{aligned} \tag{4.40}$$

命题 4.3：预期寿命延长、生育率和代际转移比例对经济增长的影响都是模糊的，取决于各个参数的设定。

预期寿命延长对经济增长的影响是模糊的。首先，预期寿命延长通过储蓄影响物质资本积累，进而影响经济增长。从命题 4.1 可知，预期寿命延长对储蓄同时存在"预防性效应"和"负担效应"，对储蓄的净效应是模糊的，于是对经济增长的影响也无法确定。其次，预期寿命延长通过家庭的教育投资影响人力资本投资与积累，进而作用于经济增长。从命题 4.2 可以看出，预期寿命延长对家庭教育投资同时存在多种效应，其净效应是模糊的，于是对经济增长的影响不能确定。总之，预期寿命延长对经济增长的净效应取决于模型中的参数。

生育政策调整对经济增长的影响是不确定的。首先，生育政策调整通过储蓄影响物质资本积累，进而对经济增长发挥作用。从命题 4.1 中可知，生育政策调整对储蓄存在多种效应，暂时无法确定对储蓄率的净效应，所以对经济增长的影响也是不确定的。其次，生育政策调整通过家庭的教育投资影响人力资本的投资与积累，进而影响经济增长。从命题 4.2 可知，生育政策调整对家庭的教育投资存在多种影响，其净效应尚不能确定，因此对人力资本积累的影响也暂时无法确定。因此，在不考虑其他因素的情况下，生育政策的放松对经济增长的影响是模糊的。

成年子代向老年父代的家庭内代际转移比例对经济增长的影响也是模糊的。首先，代际转移比例将通过储蓄影响物质资本积累，进而影响经济增长率。根据命题 4.1，代际转移比例对储蓄存在多种效应，净效应尚不能确定，因此对经济发展的影响也是模糊的。其次，代际转移比例通过家庭教育投资影响人力资本投资和积累，进而作用于经济增长。从命题 4.2 可知，代际转移比例对教育投资水平的影响与生育率有关，对经济增长的影响也不能确定。总之，代际转移比例对经济增长的净效应取决于模型中的参数。

第四节　参数校准与数值模拟

一、构建死亡率模型

近年来，随着医疗科技的快速进步和生活水平的不断提高，我国的人均预期寿命不断延长。国家卫生健康委员会《2021 年我国卫生健康事业发展统计公报》数据显示，2021 年我国人均预期寿命已增至 78.2 岁，同时我们利用我国 2010 年至 2020 年的分年龄人口死亡率数据，对个体在不同年龄的死亡率情况进行建模。本章借鉴 Boucekkine 等（2002）关于死亡率模型的设定形式构建死亡率模型，即任意时期年龄为 s 的个体的存活率为

$$e^{-M(s)} = \frac{\eta_0 - e^{\eta_1 s}}{\eta_0 - 1} \tag{4.41}$$

其中，年龄 s 不超过最大预期年龄 T，即满足 $0 \leqslant s \leqslant T = \ln(\eta_0)/\eta_1$，$\eta_0 > 1$，$\eta_1 > 1$。

由式（4.41）可得，瞬时死亡率的表达式为

$$\mu(s) = \frac{\eta_1 e^{\eta_1 s}}{\eta_0 - e^{\eta_1 s}} \tag{4.42}$$

式（4.42）同样满足本章第三节中关于人口瞬时死亡率的假设条件。图 4.2 和图 4.3 展示了不同预期寿命下个体的存活率及瞬时死亡率，从中可以看

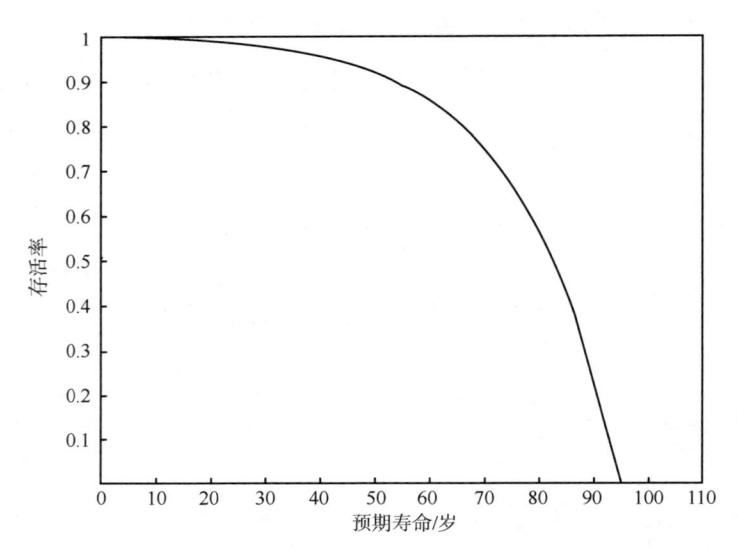

图 4.2　预期寿命与存活率

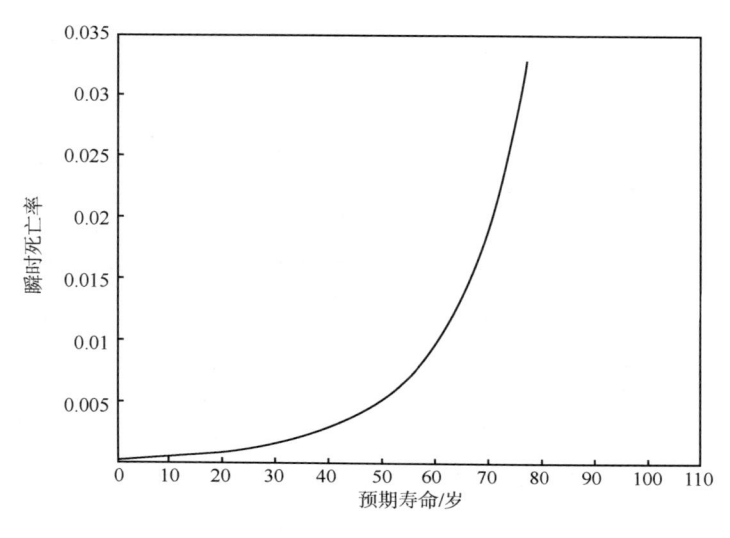

图 4.3 预期寿命与瞬时死亡率

出,随着年龄的增大,个体的存活率从 1 开始先缓慢降低,到达一定年龄后存活率急速下降,到达最大预期年龄时存活率为 0;相应地,个体的瞬时死亡率呈指数型增长,到达一定年龄后瞬时死亡率急速升高。

二、参数校准

前文已构建了适合我国人口动态变化情况的随机死亡率模型,接下来根据已有研究,我们尝试确定模型中各参数的取值,使其尽量符合我国社会现实情况或满足理论推断。根据 2020 年第七次全国人口普查结果,我国的总和生育率已降至 1.3,远低于 2.1 的自然更替水平,考虑到潜在的瞒报漏报等情况,该总和生育率可能偏低。此外,世界银行统计数据显示,2015~2019 年我国总和生育率超过 1.6,综合已有文献做法,本章将生育率 β 设置为 1.5(汪伟,2017)。在平衡增长路径上,利率水平保持不变,根据文献普遍的取值水平,本章将其设置为 0.05(Heijdra and Reijnders, 2013)。根据现有文献普遍做法(刘永平和陆铭,2008b;汪伟,2017),本章将人力资本生产函数中物

质资本的产出弹性 α 设置为 0.628。而产品生产函数中，物质资本的产出弹性 θ 一般介于 0.4~0.6（刘仁和等，2018），通过将模型与现实情况进行校准，本章将其设置为 0.5，与张军（2002）已有研究的参数设置相同。此外，将人力资本技术参数 A 和物质资本技术参数 D 设置为 6.8（汪伟，2017），根据本章模型进行参数校准，发现这两个参数的数值大小并不影响本章的主要结论。Heijdra 和 Reijnders（2013）通过参数校准获得代表性行为人每年的时间贴现因子为 0.53%左右，于是在文中将行为人的时间贴现因子 ρ 设置为 0.0053。

在家庭代际转移方面，已有研究表明，我国成年子女向父母提供养老资源的模式相当稳定，成年子女通常拿出个人收入的 30%左右以实物或现金的形式用于支持老年父母的退休生活（刘永平和陆铭，2008b；汪伟，2017），本章模型中将基准的代际转移比例 τ 设置为 0.3。父母具有利他动机和利己动机，可以直接从培养子女中获得效用和赡养费，其中，投资子女教育与自身消费可以获得同等程度的效用，即对子女教育投资的贴现因子 φ 设为 1（汪伟，2017）。同时，父母也可以从生育子女数量上获得效用，所获得的边际效用 $1-\varepsilon$ 通常随子女数量的增多而降低，因此我们认为该参数小于 1，将其设置为 0.9，即 $1-\varepsilon$ =0.9。由于个人生育子女后需要花费不到 1 年的时间进行照料，大约占个体总劳动时长的 3%，所以将父母对每个子女的照料时间 v 设为 0.03（刘永平和陆铭，2008b；汪伟，2017）。此外，本章在模型中引入了退休期老年父母的年龄 s^p，假设当父母到达一定年龄后，需要成年子女在物质财富方面给予支持，不妨假设老年父母在退休后便需要成年子女给予支持。当前我国退休年龄普遍是男性 60 岁、女干部 55 岁、女工人 50 岁，为便于分析，本章中将该年龄 s^p 统一设为 60 岁，后续将对这个参数做敏感性分析。从另一个角度看，成年子代到达一定年龄 s^c 后，则应当给予父母物质方面的支持，作为父母培养子女长大成人的回报，不妨假设成年子女进入劳动力市场赚取工资收入后，便将劳动所得的一部分回馈给父母，在本章中将该年龄 s^c 设置为 30 岁。本章模型的具体参数取值见表 4.1。

表 4.1 参数含义及取值

参数	含义	取值
β	生育率	1.5
R	稳态时的利率	0.05
α	人力资本生产函数中物质资本产出弹性	0.628
θ	产品生产函数中物质资本产出弹性	0.5
A	人力资本生产技术参数	6.8
D	物质资本生产技术参数	6.8
ρ	时间贴现因子	0.0053
τ	代际转移比例	0.3
φ	子女教育贴现因子	1
$1-\varepsilon$	子女数量权重	0.9
v	对每个子女的照料时间	0.03
s^p	老年父母退休年龄	60
s^c	成年子女工作年龄	30

三、数值模拟结果分析

（一）预期寿命对储蓄、人力资本投资和经济增长的影响

从图 4.4 中可以看出，随着预期寿命的提高，个体在生命周期内的储蓄率先增加后减少，总体上呈倒"U"形分布。根据前文的理论分析，当预期寿命延长时，储蓄率随之上升，并且上升的速度很快，当预期寿命达到临界值 78 岁左右时，储蓄率达到最高，当预期寿命进一步增加时，储蓄率开始下

降。当人们越来越长寿时，理性行为人不得不在成年期就开始增加储蓄并谋划未来的养老资源，这会导致老龄化初期的储蓄率上升；但随着生育率的下降和人口老龄化的加深，家庭的养老负担加重，从而减少了家庭的储蓄资源，并导致储蓄率降低，这符合我们模型的预测。当前我国人均预期寿命 78.2 岁正好处在拐点附近，随着预期寿命的进一步延长，储蓄率将很快进入下降轨道。

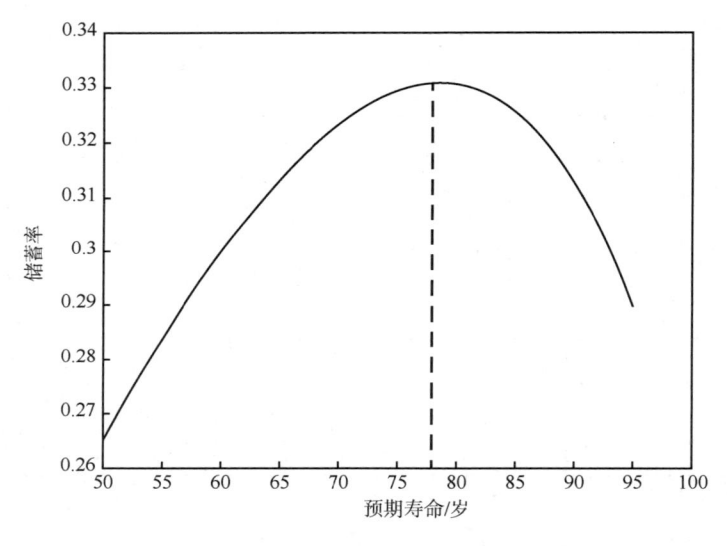

图 4.4 预期寿命与储蓄率

从图 4.5 和图 4.6 中可以看到，随着预期寿命的增加，家庭对每个子女的教育投资率和家庭总教育投资率都呈不断上升趋势。这说明，父母出于自利和利他动机对子女进行教育投资的正向影响，超过了由家庭养老负担加重和预防性储蓄增加等对子女教育投资造成的负向影响。该结论与汪伟（2017）关于预期寿命延长会降低家庭对每个子女的教育投资率的结论不一致。可能的原因主要有，父母的自利动机较强，预期寿命延长增加了未来的养老需求，而养老资源在很大程度上取决于子女未来的收入水平，于是为应对长寿风险，家庭会加大对子女的教育投资，从而有利于人力资本的积累。

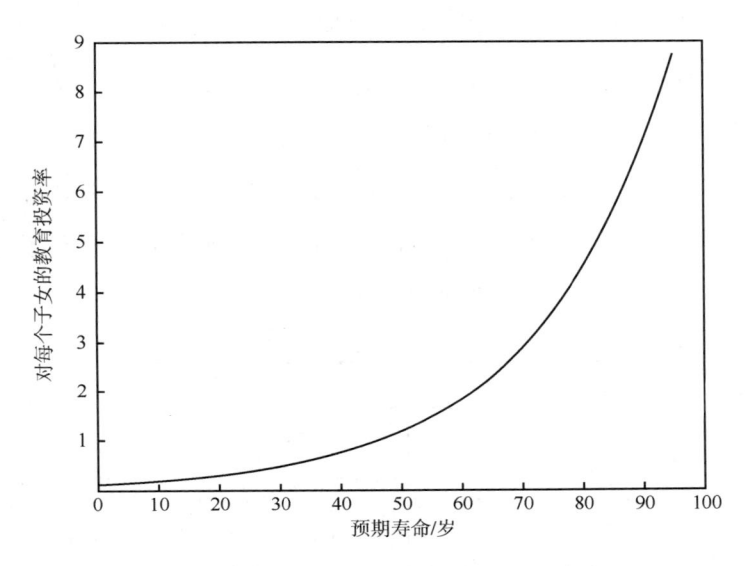

图 4.5　预期寿命与对每个子女的教育投资率

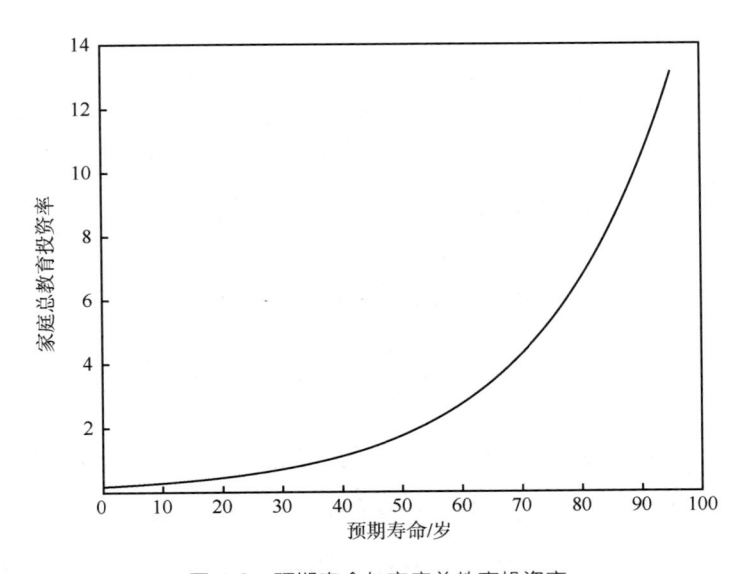

图 4.6　预期寿命与家庭总教育投资率

从图 4.7 中可以看出，随着人均预期寿命的增加，经济增长率呈先上升后下降的倒"U"形。在人均预期寿命达到 78 岁时，经济增长率最高。在预期寿命到达拐点之前，经济增长率随预期寿命的延长而不断提高，这可以解释我国近几十年来经历的经济高速增长现象。目前我国人均预期寿命为 78.2 岁，正好处在拐点附近，这说明在未来随着人均预期寿命的增加，中国经济发展速度将随之放缓。主要原因可能在于，预期寿命延长将导致储蓄率下降，并影响物质资本的积累，从而降低经济增长率。

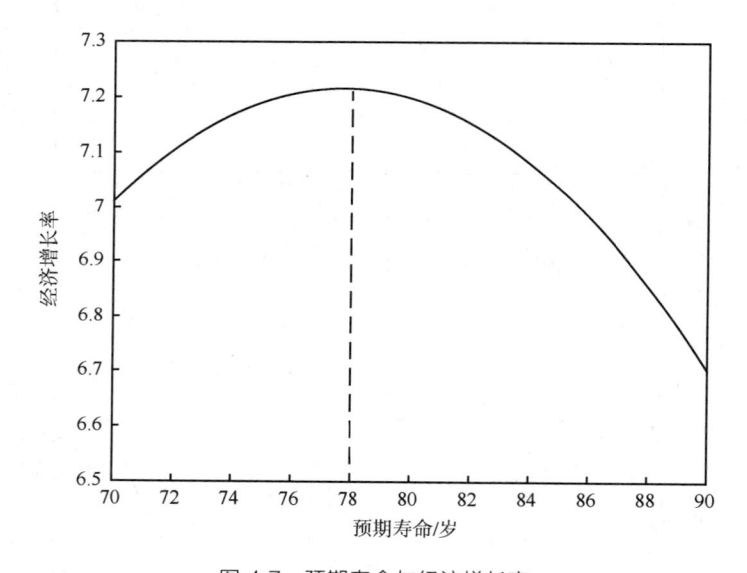

图 4.7 预期寿命与经济增长率

（二）生育政策调整对储蓄、人力资本投资和经济增长的影响

从图 4.8 中可以看出，随着生育率的提高，储蓄率呈下降趋势，这与实际相吻合。从中国家庭储蓄率的变化来看，改革开放和计划生育政策执行以前，家庭储蓄率不到 5%，但改革开放与计划生育政策执行以后，家庭储蓄率迅速上升（Modigliani and Cao, 2004），文献中关于中国家庭储蓄率为什么上升的分析颇多，人口政策无疑是一个有力的解释（汪伟，2010b）。近年

来家庭储蓄率已经大大超过了正常水平，无论是政府还是学界都在寻找降低家庭储蓄率、启动消费需求的有效政策，模拟结果发现，当前的生育政策放松，有利于避免过度储蓄，扩大消费需求。此外，当生育率提高到一定水平时，由后文模拟结果得知当生育率超过 1.7 的水平时，家庭储蓄率将处于一个较低的水平，这会对物质资本积累产生较大的负面影响，可能不利于经济增长。

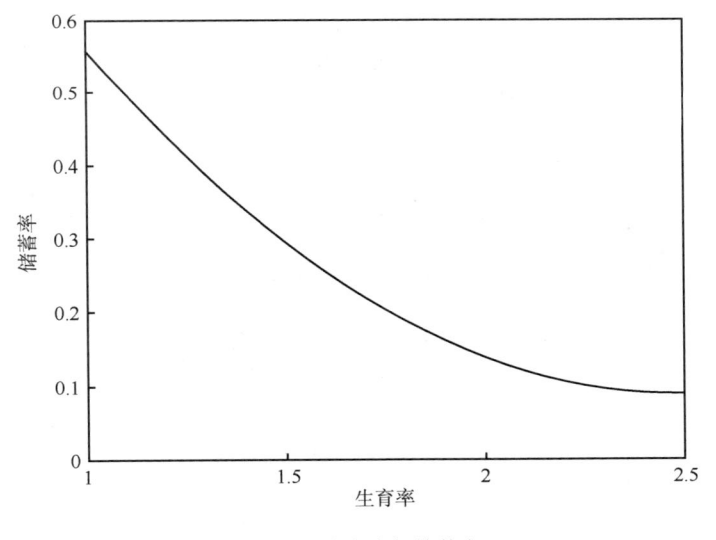

图 4.8 生育率与储蓄率

从图 4.9 和图 4.10 中可以分别看到，无论是家庭对每个子女的教育投资率还是家庭总教育投资率，均随生育率的上升而上升。这说明在生育受到约束时，具有利他文化传统的父母会更加重视子女的质量，这会促使父母增加对子女的教育投资，在社会保障制度尚未全面建立的情况下，子女的未来人力资本收益也是将来的养老资源，因此基于自利动机也会加大对子女的教育投资，这正好能够解释当前家庭对每个子女高人均教育投资与家庭高储蓄率并存的现象（刘永平和陆铭，2008a，2008b）。同时生育政策放松也可能在一定程度上修复我国失衡的人口年龄结构，这有利于经济增长。

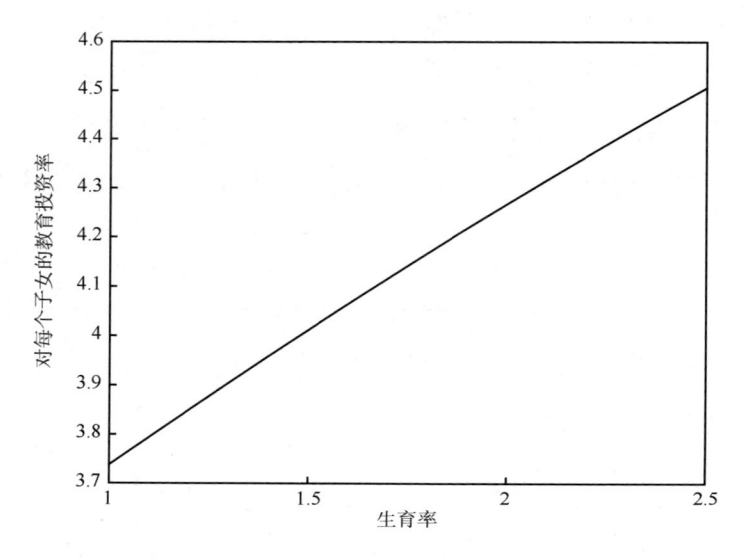

图 4.9 生育率与对每个子女的教育投资率

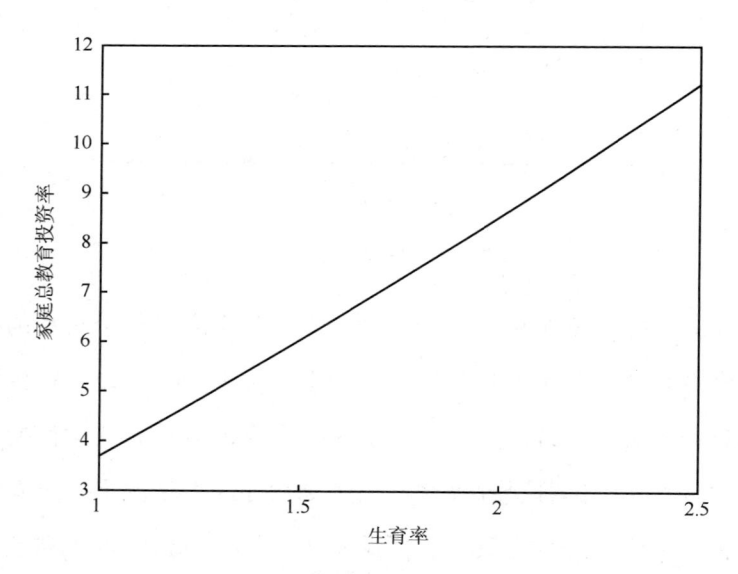

图 4.10 生育率与家庭总教育投资率

从图 4.11 中可以看出，随着生育水平的提高，经济增长率呈先上升后下降的倒"U"形分布，生育率拐点在 1.6 左右。这一模拟结果与我们的理论预测相一致，也与当前中国的现实相吻合。新中国成立初期的人口政策导致中国的生育率大幅上升，20 世纪 70 年代初的总和生育率达到 5.81（邬沧萍等，2003），意味着一个家庭要养活约六个子女，家庭收入中的绝大部分要用于子女抚养，多张嘴要"吃饭"也降低了家庭的储蓄能力，意味着每个子女能够获得的教育投资有限，父母主要依赖于子女数量而非子女质量养老。过高的生育率常常使经济增长掉入马尔萨斯陷阱，低经济增长率通常与低储蓄率、低教育投资率相伴而生，这正好是我国计划生育政策实施前的图景。改革开放以后，政府严格执行计划生育政策，生育率迅速下降，人均收入水平也开始快速上升，中国开始逐步进入由高储蓄、高人均教育投资率主导的经济增长黄金期（汪伟，2010b）。但近年来，生育率过度下降，生育控制政策对经济增长的负面影响逐步显现，经济增长呈现出下滑的趋势，因此当前放松生育政策恰逢其时。我们的模型和数值模拟结果为中国过去四十多年的生育政策的变化与调整提供了逻辑解释。

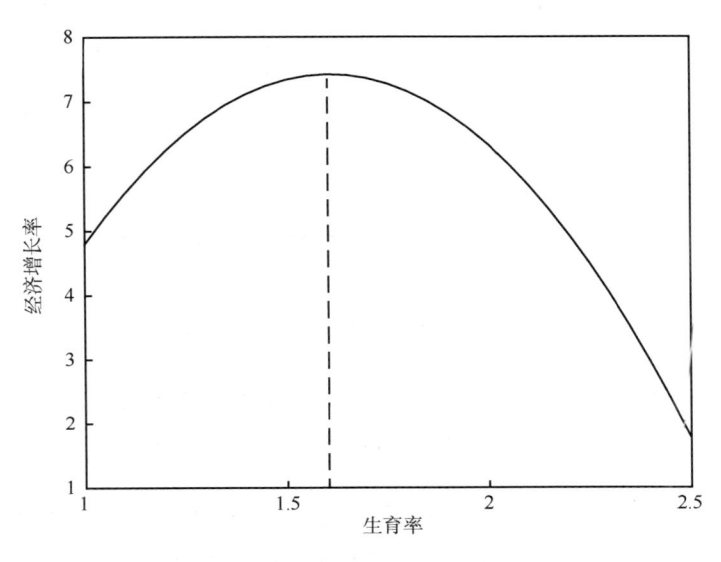

图 4.11 生育率与经济增长率

(三)代际转移比例变动对储蓄、人力资本投资和经济增长的影响

从图 4.12 中可以看出,在整个生命周期内,储蓄率随代际转移比例的增加而上升,此时,金融资产过多地集中在老年人手中,这种由代际转移比例过高导致的储蓄率高企的问题,可能不利于经济的可持续发展。此处的研究结论不同于已有研究(汪伟,2017)的结论,可能的原因在于对储蓄率的界定上,在汪伟(2017)的研究中,假设行为人只在成年期将部分工资收入作为储蓄供老年期使用,而老年期的储蓄即为负值。在本章中假设不存在借贷行为,个人在整个生命周期内拥有的金融财富随年龄的增大先提高后降低,但始终大于等于零,金融财富与工资的比值即储蓄率,所以储蓄率呈现出不同的走势,但内在机理是一致的。

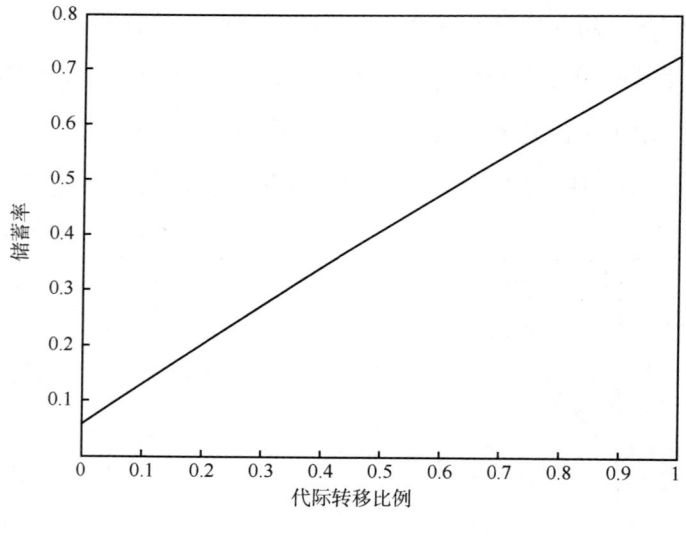

图 4.12 代际转移比例与储蓄率

从图 4.13 和图 4.14 中可以看出家庭对每个子女的教育投资率和总教育投资率随成年子代向老年父代的代际转移比例的增大而提高。由命题 4.3 可知,当生育率水平相对较高时,代际转移比例增加会使个人对未来实际拥有的金融财富形成乐观的预期,从而提高对子代的教育投资和子代未来的工资收入,进而增加转移给老年

人的养老资源，从而有利于人力资本的积累和经济增长。但是，由于子代的人力资本水平部分取决于父代的人力资本积累水平，这种家庭内部的代际互动可能会加剧收入不平等（胡伟华，2013），所以代际转移比例应当维持在一个适当的水平。

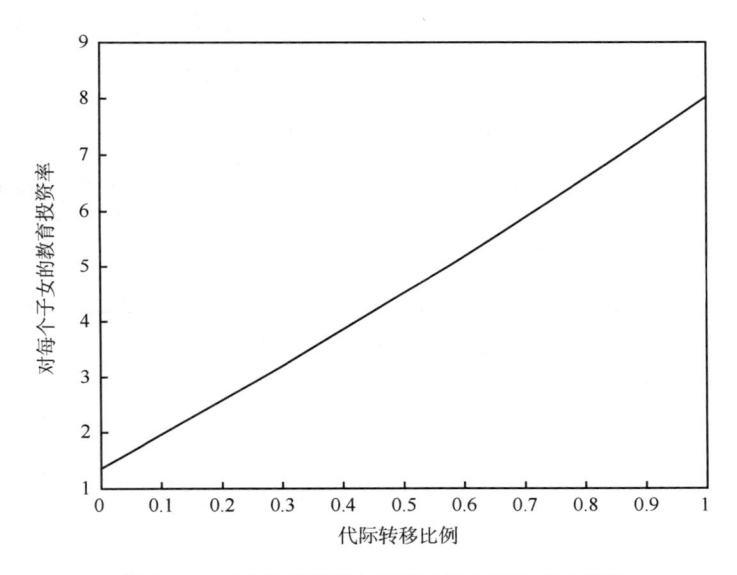

图 4.13　代际转移比例与对每个子女的教育投资率

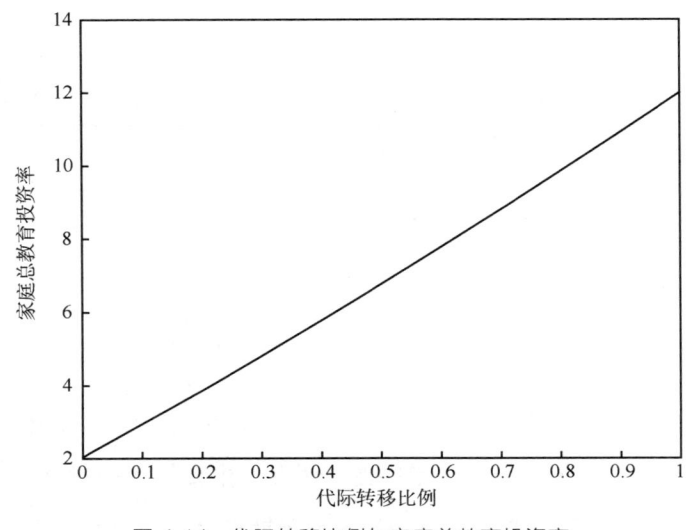

图 4.14　代际转移比例与家庭总教育投资率

从图 4.15 中可以看出，随代际转移比例的增加，经济增长率先提高后降低，当代际转移比例为 0.3 至 0.4 之间时，经济增长率出现峰值，与已有研究所得结论基本一致（Zimmer and Kwong, 2003；刘永平和陆铭, 2008b；汪伟, 2017）。然而，当转移比例超过 0.4 时，金融资产过多地从成年人转移到老年人手中，导致储蓄率过高，反而不利于经济增长。所以，根据本章结论，将代际转移比例维持在 0.3～0.4 的合理区间内可以有效促进经济增长，而目前我国现实情况是正好处于该理想区间。未来中国的人口老龄化会越来越严重，这一比例需要动态调整。

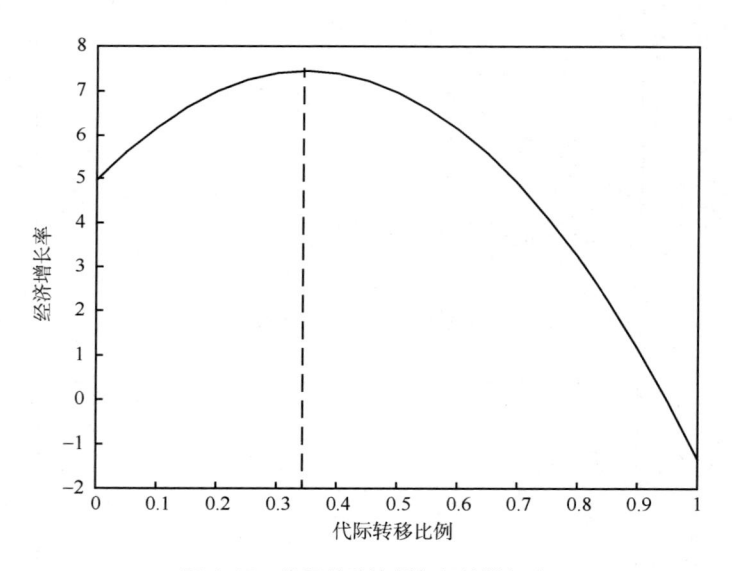

图 4.15　代际转移比例与经济增长率

（四）进一步分析

1. 退休年龄

本章还有一个问题值得关注，即个人何时退休并开始接受子代的转移支付，这本质上是个人最优退休年龄问题。为此，本章接下来对这一问题进行初步探讨。保持其他条件不变，在当前的人均预期寿命下，总和生育率为 1.5，代际转移比例为 0.3 时,我们考察不同的退休年龄和工作年龄对经济增长的影响。从图 4.16 可以看出,当个人的退休年龄在 61.5 岁左右时,对于经济增长的促进效应最大。对于退休年龄而言,一方面,过早退休会使退休期生活延长,同时年纪较轻的老年人的生存概率也较高,这些都使得养老资源的需求规模和老年照料需求增加,无疑会加剧成年人的养老负担,并减少他们投入劳动力市场的工作时间,这会降低收入水平,进而通过影响个体的储蓄和教育投资等,对经济增长造成负向影响。另一方面,退休过晚,退休生活时长将被缩短,理性行为人预期到这种情况会相应降低预防性储蓄,同样不利于物质资本积累与经济增长。此外,退休年龄过高,还可能导致生育率下降,因为处于退休期的父母可以为孙辈提供隔代照料,从而减轻成年子女生育与工作的冲突(封进等,2020)。所以,为提高生育水平并促进经济增长,将退休年龄设置在 61~62 岁的区间内是比较合理的选择,也比较符合我国近期即将实施渐进式延迟退休政策的实际情况。在人均预期寿命不断延长的情况下,利用适当的延迟退休政策来应对"高龄少子化"带来的问题和挑战是可行的,有利于经济持续增长(曾燕等,2013)。

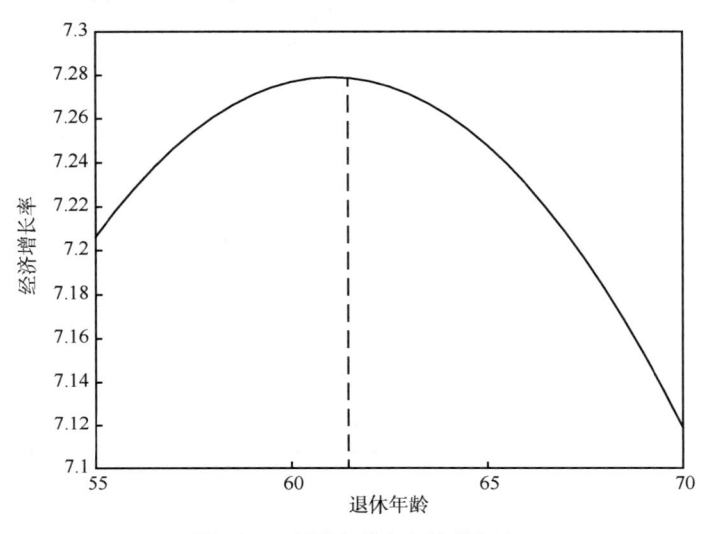

图 4.16 退休年龄与经济增长率

2. 生育政策的动态调整

前文基于中国当前的现实参数对生育政策放松产生的经济效应进行了分析。由于预期寿命延长和人口老龄化是一个不可逆转的过程，代际转移比例等因素也需要根据养老负担的加重不断调整，所以接下来本章继续分析在各因素发生变化的情况下，应如何对生育政策进行调整以应对未来的挑战。我们将数值模拟中的预期寿命参数由 78.2 岁增至 80 岁，将代际转移比例参数由 0.3 增至 0.35，以考察生育水平变动对经济增长的影响。从图 4.17 中可以看出，在预期寿命延长和代际转移比例提高后，随着生育政策的放松，经济增长率仍呈现倒"U"形特征。但是，与基准情况相比，使经济增长处于高速发展状态的生育率的拐点有所提高，理想的生育率区间也相应提高为 1.5 至 1.9 的水平。因此，在未来，由预期寿命延长带来的风险将逐渐增大，全面放开生育政策并充分鼓励生育可能成为一种应对之策。要注意生育水平过高或过低，经济增长速度均会相对减缓，所以重要的是使生育率处于理想的区间范围内，以保持经济的长期稳定增长。

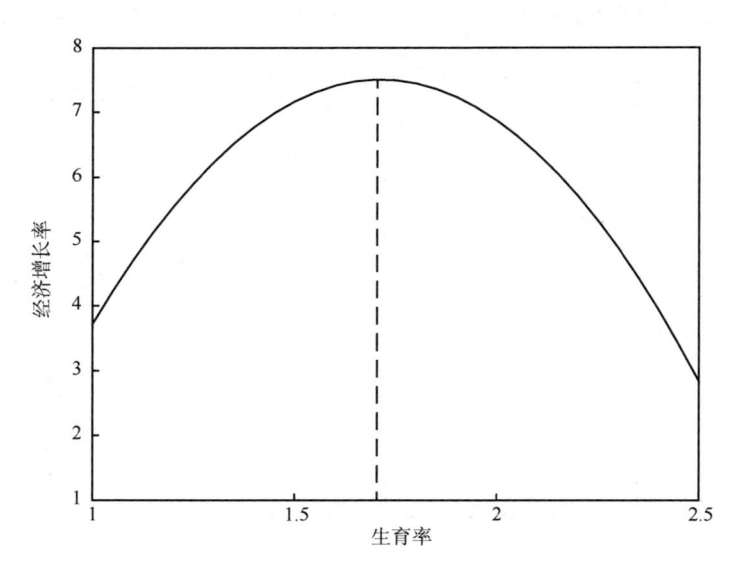

图 4.17 生育率与经济增长率

第五节　本章结论与启示

一、结论

人口结构的"高龄少子化"给中国经济社会发展带来了严峻挑战。究竟放松生育政策能否降低"高龄少子化"所带来的风险，并且如何进行生育政策调整才能有助于长期经济增长，是本章尝试解决的主要问题。为此，本章通过构建带有随机死亡率的世代交叠模型，从理论上分析预期寿命延长和生育政策调整如何影响我国家庭的储蓄和人力资本投资等决策，进而影响宏观经济增长。基于我国国情，在本章的模型中，我们假设家庭生育受到计划生育政策的约束，家庭内部存在双向代际转移，成年父母出于自利和利他动机对子女进行人力资本投资并在老年期获得子女的转移支付。基于上述假设，我们对模型进行求解与分析，并利用当前中国的现实经济参数对模型进行了数值模拟。

本章得到了如下主要研究结论：①预期寿命延长会促使父母提高对子代的教育投资，从而促进人力资本积累；预期寿命延长会带来"未雨绸缪"的"储蓄效应"，同时也会加重养老负担从而对储蓄形成挤出，储蓄率呈先上升后下降的倒"U"形变化趋势；随着预期寿命的延长，经济增长率呈先上升后下降的倒"U"形变化趋势，其对应的拐点在 78 岁左右，目前的实际生存寿命已达拐点，未来在长寿时代我国的经济增速将逐渐放缓。②向老年一代的代际转移比例过高或过低均不利于经济增长，代际转移比例过低，则家庭对子代教育投资的动力不足，不利于人力资本的积累；代际转移比例过高则会导致金融财富过多地集中在老年人手中，也不利于经济的长期增长，代际转移比例的理想区间为 0.3 至 0.4。③生育政策放松一方面会提高人力资本投资水平，另一方面会降低储蓄率、不利于物质资本积累，这两方面的影响此消彼长，经济增长率随生育率的提高先上升后下降。在当前的现实参数下，理想的总和生育率区间为 1.5~1.7，生育率过高或过低都会降低经济增速；在预期寿命不断延长的态势下，进一步放松生育政策使生育率处于 1.5 至 1.9 的区间内，将有助于应对"高龄少子化"对经济增长带来的挑战。④适当延迟退休年龄，将平均退休年龄设置在 61~62 岁的区间内，有利于经济增长。

二、政策启示

为更好地应对预期寿命延长给经济和社会所带来的风险，本章基于理论分析结论和数值模拟结果，并结合中国的现实，提出如下几点政策建议。

第一，全面放松生育政策管控，将生育选择权逐步交还给家庭。根据本章的发现，将生育率水平提高至 1.5~1.7 的理想区间内，能够有效缓解经济下行压力，保持经济长期稳定增长；在未来预期寿命和向老年人的转移支付比例同时提高的情境下，理想生育率上限进一步扩展至 1.9。当生育率水平低于下限时，劳动人口规模不足和人力资本含量较低均不利于经济的可持续增长；而总和生育率高于上限时，较低的家庭储蓄水平会对物质资本积累造成负面影响，从而加剧经济下行压力。在我国当前总和生育率较低的情况下，放松生育政策、提高生育率，对于避免掉入"低生育率陷阱"，具有极其重要的现实意义。同时，生育政策的放松在一定程度上可以修复失衡的人口年龄结构，延缓人口老龄化进程，在中国经济增长新的内生动力尚未形成之前，可以为提高全要素生产率与经济转向创新驱动赢得时间。然而，从已实施的二孩政策所取得的实际效果来看，放松生育限制并未使生育率持续提高。当前，政府已经全面放开家庭生育三孩，但具体的政策效果还有待观察。面对咄咄逼人的"老龄少子化"趋势，着眼于人口数量控制的传统计划生育政策思维需要进行根本性的转变。在新的生育政策的制定和实施过程中，中国应通过构建与生育相关的政策支持体系,充分发挥传统"隔代抚养"文化鼓励生育的功能(郭凯明等,2021),利用多元化的福利配套政策,降低年轻一代的生育成本与养老负担,拓展家庭资源预算曲线,可以预期会提高家庭的生育意愿并使生育率朝着更替水平反弹,从而跳出"低生育率陷阱"(蔡昉,2022)。

第二,适当延迟退休年龄,激发老年人的生产潜力,降低家庭和社会的养老负担。在长寿经济时代,如何对劳动力市场的相关制度做出调整,以适应劳动人口规模和占比逐渐下降,老年人口规模和比重逐步提高的社会人口年龄结构的动态变化趋势,是目前我们需要关注的焦点问题。根据数值模拟结果,出台延迟退休年龄的政策以应对由预期寿命延长带来的问题和挑战是切实可行的,但需要将平均退休年龄设定在61~62岁的理想区间内。过早退休会造成劳动力资源浪费,个人退休期生活延长也会加剧社会和家庭的养老负担,对经济增长产生不利影响。退休年龄过高时,退休生活期限相应缩短,储蓄会相应减少,这会降低物质资本积累与经济增长。同时,退休年龄过高会导致老年人无法为孙辈提供隔代照料,从而导致生育水平下降。综合来看,鼓励老年人适当延迟退出劳动力市场,实施渐进式延迟退休政策,有助于充分利用劳动力资源,充分发挥老年人的经济社会价值,降低社会和家庭养老压力,从而有利于缓解长寿时代的经济下行压力。

第三,推动教育体制改革,促进人力资本积累,着力发展高新技术产业,推动生产技术变革。由于人力资本积累水平几乎决定了一国经济于现在和未来的发展速度与发展质量。当前我国人力资本水平仍处于一个相对较低的水平,同发达国家相比仍存在二三十年的差距(贾珅,2020)。但中国的人口老龄化水平已非常接近发达国家的水平。因此,政府应抓住人口老龄化高峰到来之前的窗口期,加快人力资本积累,实现人力资本红利对人口数量与结构红利的替代,完成从人口数量与结构优势向人口质量优势的转变。为此,政府应着力推动教育体制改革，持续扩大公共教育支出比例，提高教育资源的公平性和可及性，提升高等教育的普及率，同时通过市场化改革消除人力资本投资回报的扭曲并形成有效的人力资本投资激励机制，为人力资本的积累和人力资本红利扫除制度性障碍（蔡昉和王美艳，2012；蔡昉，2020b）。此外，政府应加大对高新技术产业的支持力度，推动生产技术变革，在劳动人口规模和占比不断下降的情形下，以资本代替劳动，以技术创新提高社会生产力，促进产业转型升级和经济发展。在"高龄少子化"日益严重的情况下，只有真正落实人才强国和科技强国战略，才能有效应对老龄化的挑战，实现经济高质量发展。

第五章
预期寿命延长与中国劳动生产率的变化

第一节 问题的提出

我国长期以来高速的经济增长在很大程度上得益于人口的数量与年龄结构优势。从20世纪60年代中期开始，我国少儿抚养比和总抚养比开始迅速下降，人口红利日益凸显，为我国经济发展带来了强大的潜在推动力（蔡昉，2004）。改革开放后，我国依靠这一人口优势，创造了举世瞩目的"中国经济增长奇迹"。

近20年来，我国的人口老龄化日益严重并呈加速发展的趋势。其原因，一方面，计划生育政策的强制实施使得人口出生率下降，且随着经济社会发展，人们的生育意愿不可避免地降低，这两方面共同造成了我国低生育率的现状（李竞博和原新，2020），随着人口的世代更替，人口年龄结构逐渐趋向老龄化；另一方面，预期寿命的逐步提高也使得老龄化程度逐步加深。

随着老龄化进程的加快，低生育率和寿命的延长共同推动了我国人口年龄结构的巨大变动，我国人口数量与结构的优势逐渐消失。从2010年开始，我国劳动年龄人口（15~64岁）比重达到历史最高点并开始下降（蔡昉，2020b），劳动年龄人口（15~64岁）的绝对数量规模在2013年之后也开始走入下行通道（李竞博和原新，2020）。

人口红利消失后,我国经济的进一步增长需要依靠劳动生产率的提高(汪伟等,2019)。近年来,围绕老龄化和劳动生产率,学者主要关注人口年龄结构老化对劳动生产率的影响,一种观点认为,老年劳动力的体能、创新能力、学习能力等相对较弱(Oster and Hamermesh,1998),这可能使他们的劳动生产率较低于年轻劳动力,日趋老化的人口结构对劳动生产率有负面影响。另一种观点认为,老年劳动力具有更丰富的工作经验,他们的劳动生产率甚至高于年轻劳动力(Robinson et al.,1984),人口年龄结构老化并不必然降低劳动生产率。目前,大多数学者是从年龄或年龄结构与劳动生产率的关系入手展开研究的,很少有人考虑预期寿命延长这一因素对劳动生产率的影响。

在预期寿命延长的背景下,人们可以存活的时间变长,且随着现代医学技术的发展,人们的健康状况也得到较大程度的改善。但由于人均预期寿命并不能够完全反映居民的健康水平,许多发达国家开始使用健康预期寿命这一指标来反映某一国家或地区的健康水平。人均预期寿命的逐步提高,也伴随着健康预期寿命的提高。有研究指出,近一个世纪以来,平均预期寿命与健康预期寿命之间的关系接近1∶1的比例,也就是说平均预期寿命每增长一年,健康预期寿命会提高大约一年,因此伴随预期寿命提高,现在的50岁可能相当于从前的30岁(Holger and Katherine,2016)。我国的人均健康预期寿命在2018年已达68.7岁,虽然与许多发达国家还有一定差距,但也已处于较高的水平。健康预期寿命提高后,老年劳动力也能以更好的体能和状态参与劳动,劳动生产率可能在老年时期也处于较高水平,即达到"现在的50岁相当于过去的30岁"的劳动生产率水平。

考虑预期寿命这一因素后,我们十分关心寿命延长与劳动生产率的动态变化。根据世界银行和我国统计年鉴的数据计算后,我们发现自1960年起,我国的劳动生产率随预期寿命的延长呈现逐步提高的趋势,具体趋势见图5.1。

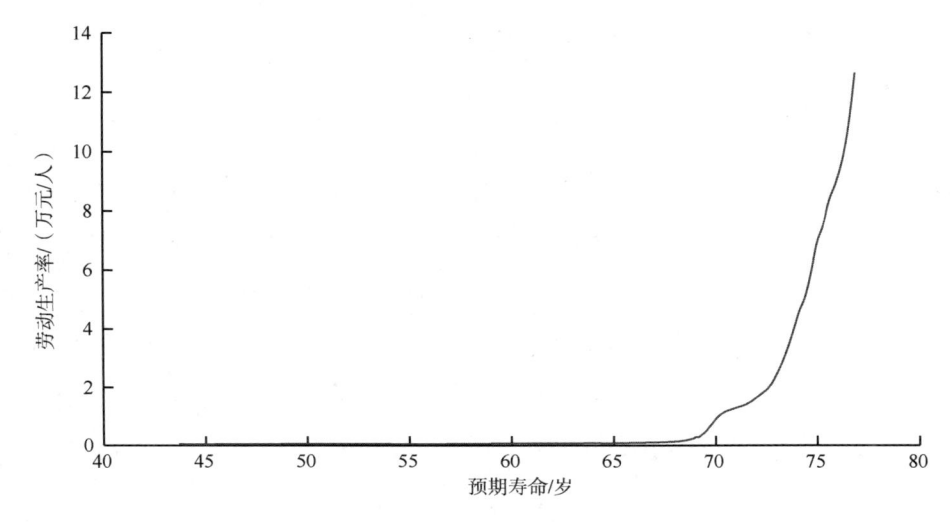

图 5.1　中国 1960～2019 年的预期寿命与劳动生产率

资料来源：预期寿命数据来源于世界银行数据库，劳动生产率数据根据历年《中国统计年鉴》数据计算整理而得

为进一步研究预期寿命延长对我国劳动生产率的影响，本章主要从两个方面进行考察：其一，从宏观层面来看，预期寿命的延长对我国总体的劳动生产率是否存在影响？其二，从微观层面来看，年龄与劳动生产率之间存在怎样的关系？而随着预期寿命的延长，年龄与劳动生产率之间的关系是否发生了改变？

第二节　文 献 综 述

在进行理论机制的阐述以及实证分析之前，我们对现有文献进行了梳理，将现有相关文献大致分为如下几个部分：首先是关于年龄与劳动生产率的关系的研究；其次是影响劳动生产率的因素的研究；最后是关于预期寿命与劳动生产率的关系的研究。

一、年龄对劳动生产率的综合影响

关于年龄与劳动生产率的关系，国外相关研究开展得较早。随着人口老龄化程度的加深，许多学者认识到人口年龄结构转变会对劳动生产率产生影响。从现有文献来看，有关老龄化与劳动生产率这一主题的研究已经相当丰富，且主要集中在年龄与劳动生产率之间的关系的探讨上。一方面，劳动力的体能、健康等会随着年龄的增加出现下降趋势，从而可能使得劳动生产率下降；另一方面，年长的劳动力相较年轻劳动力的经验也更加丰富，经验对提高生产率可能也有促进作用。总的来说，文献中关于年龄与劳动生产率的关系没有得到一致的结论。

（一）宏观层面

在宏观层面的研究中，较多现有文献探讨了年龄结构变化对总体劳动生产率的影响。

部分学者通过实证研究发现年龄结构老化可能会提高总体的劳动生产率。Cutler 等(1990)通过对比 1960~1985 年 29 个劳动生产率至少比美国高 30%的国家的数据发现，劳动力增长率每下降 1%，会导致劳动生产率提高 0.62%。Skans（2008）使用瑞典 1985~1996 年采矿业及制造业的面板数据研究了工人年龄结构对地区劳动生产率的影响，发现 50~59 岁的工人占比的提高对劳动生产率有显著的促进作用，60 岁以上的工人比例与劳动生产率则呈负向关系，但这种负向关系并不显著。

对比前一种观点，有更多的学者认为人口年龄结构老化会降低劳动生产率。Malmberg（1994）利用包含技术进步的索洛生产函数进行分析，并选取 1950~1989 年瑞典的宏观数据进行实证研究发现，劳动力年龄结构的老化会对劳动生产率产生负面影响。Beaudry 和 Collard（2003）的研究表明，如果一个国家的老年劳动力增长率每年高于平均水平1个百分点,在22年后劳动生产率大约会下降25%。Aiyar和Ebeke(2016)的研究发现,劳动力年龄结构的老化会降低全要素生产率,进而会降低总体的劳动生产率。

此外,还有部分学者认为年龄结构老化对劳动生产率的影响在不同的行业中会有不同的表现。在建筑业等对劳动力体能和耐力需求较大的行业,或者在制造业等对技术和创新要求较高的行业中,劳动力结构老化不利于劳动生产率的提升。例如,Malmberg等(2008)使用瑞典1985~1996年雇主雇员匹配数据,考察了在制造业和采矿业的工厂中,工人各年龄组所占比例与产值的关系,研究发现29岁及以下的工人所占比例与产值为负向关系,30~49岁的工人及50岁及以上工人所占比例与产值均为正向关系。而对于学术领域、法官、律师等高度依赖劳动者的工作经验和专业知识的领域,老年劳动力比例较高更有利于提高劳动生产率(Weinberg and Galenson, 2005; Backes-Gellner et al., 2011)。

(二)微观层面

微观层面的研究多集中于对年龄-生产率曲线的拟合。关于年龄-生产率曲线的形状,不同学者持有不同观点,有学者认为这二者间呈倒"U"形,即年龄-生产率曲线为单峰形状,也有学者研究发现年龄-生产率曲线为双峰形状。

在认为这二者间关系曲线为单峰形状的研究中,多数学者都指出该曲线因所处行业的不同而存在差异,并分行业进行了探讨。例如,Diamond(1986)对科研工作者的工资水平、学术产出数量及质量等随年龄会发生怎样的变化展开了研究,发现不论是产出的数量还是质量,均随年龄的变化呈现下降的趋势。Oster和Hamermesh(1998)使用来自17所顶级研究机构的208位经济学家的数据进行了研究,他们将所有样本所发表的文章数及文章质量按照获得博士学位后的 9~10 年、14~15 年及 19~20 年的时间段进行了计算，研究结果显示经济学家发表的文章数量及质量呈现逐年下降的趋势；van Ours 和 Stoeldraijer（2011）利用荷兰物理学家、化学家及经济学家的数据进行研究，发现 30 岁为一个重要的分界点，在 30 岁后其劳动生产率出现快速的下滑。Bhattacharya 和 Smyth（2011）对美国的法官这一职业展开了研究，发现法官的劳动生产率与其他很多行业相同，会随年龄的增长出现先上升后在接近退休时下降的趋势。

也有学者研究认为年龄与劳动生产率曲线为双峰曲线，但关于第二个高峰出现的时间学者并未得出一致结论。例如，Pelz 和 Andrews（1976）发现在 50~55 岁劳动者的生产率会出现第二个高峰，而 Bayer 和 Dutton（1977）的研究则认为第二个高峰出现在 40~45 岁。也有部分文献认为年龄较大的劳动力的劳动生产率并不会明显下降，如 Smith（2016）在研究高校及科研机构工作者的退休行为时指出，并没有证据表明年龄与科研工作者的能力有明显的负向关系。

此外，有学者使用荟萃分析的方法对已有研究的结果进行了进一步研究，如 Waldman 和 Avolio（1986）使用已有研究中的 18 个国家的数据样本进行荟萃分析发现，年龄对劳动者在工作中的表现仅有轻微的负面影响；McEvoy 和 Cascio（1989）回顾了 96 篇关于员工年龄对主管评估及其销售记录影响的研究，发现劳动者的年龄对管理者对其工作表现的评估没有明显的影响，Hardigree 筛选出了 91 篇研究，获得了这些研究中使用的 18 694 个样本，并且根据工作所需要的流动能力（fluid ability）及固化能力（crystallized ability）[1]对工作进行了分类，最终发现，对于更看重流动能力的工作类型，劳动者在工作中的表现将会随年龄增长而下降，但对于更为看重固化能力的工作类型，

---

[1] 这一概念由心理学家 Raymond B.Cattell（雷蒙德·B.卡特尔）提出，并后续经 John Horn（约翰·霍恩）发展，流动能力是指在独特和新奇的情境中推理和解决问题的能力，而固化能力是指运用过去的学习或经验获得知识的能力。

年龄与工作表现之间并不存在明显的关系。

（三）关于我国的研究

相对国外的研究，国内对年龄及劳动生产率的关系的研究仍然相对不足，本小节对国内已有文献进行大致总结。

国内关于年龄与劳动生产率关系这一议题的探讨非常有限。早期的一些定性研究，如王克（1987）认为，劳动年龄人口的老化会带来劳动生产率的降低，但他的这一论述仅利用国外研究进行了引证说明，并未提供更为详尽、可靠的证据。于学军（1995）也在其研究中指出，由于年龄较高的劳动者接受新事物、学习新技能的能力较差，因此老龄化必将会对社会总的劳动生产率产生负面的影响，但同样地，这一判断也缺乏数据的支持。

其后随着数据可得性的提高，近些年学者才慢慢开始转到定量研究层面上来。例如，张晓青（2009）使用1995年与2005年山东省统计年鉴的数据研究了不同年龄组的劳动力对产出的贡献度，发现所有劳动人口对产出均具有正向作用，但其中15～29岁年龄组的劳动力对产出的贡献最为显著。在劳动力非完全替代的假设条件下，有研究发现不同年龄段劳动力之间的替代弹性越小，劳动人口老化对劳动生产率的消极影响越大（袁蓓，2010）。徐升艳和周密（2013）使用我国城市数据对年龄与劳动生产率二者间的关系分地区进行了研究，发现东中部地区的劳动者随年龄增长，其劳动生产率呈现双峰形状，15岁开始增长，达到高峰后开始下降，但在50～54岁临近退休前会再次出现一个高峰。汪伟等（2019）使用我国历次人口普查与抽样调查数据，利用嵌套CES（constant elasticity of substitution，常数替代弹性）函数的Cobb-Douglas生产函数，将劳动力区分为15～29岁、30～44岁及45～64岁三个年龄段并研究其劳动生产率的高低，发现对东中部地区而言，二者呈现倒"U"形关系，但这一关系对西部地区不成立，他们认为这可能是由西部地区中青年劳动力外流导致的。赵昕东和陈丽珍（2019）使用2005~2016年的面板数据，分行业进行了研究，发现对更依赖体力的行业，年龄与劳动生产率存在倒"U"形的关系，但对脑力更为看重的行业，则不存在这种关系，且劳动生产率随年龄增长而提高。

以上文献多为使用宏观数据开展的研究，也有学者利用微观数据对年龄与劳动生产率的关系进行了探讨。例如，章铮（2011）使用2009年广东省东莞市600位农民工调查数据发现，在劳动密集型的制造业，劳动者35岁之后的生产率会随着年龄的增大而快速下降，形成一个单峰形状的年龄-劳动生产率曲线。魏钦恭等（2012）使用面向全国学术人员的抽样调查数据研究了学术产出与年龄之间的关系，发现年龄较大的学者论文产出更多，并且总体上年龄与劳动生产率表现为多峰曲线。

二、影响劳动生产率的因素

劳动者自身因素和所在企业的特征是影响劳动生产率的主要因素，而其中与劳动者年龄显著相关的因素主要是劳动者的体力、认知能力以及工作经验（Skirbekk，2004）。一般而言，劳动者的体力会随着年龄的增加而逐渐下降，且相关的研究主要见于医学领域。在年龄与劳动生产率的相关研究中，学者普遍更为关注认知能力与工作经验两大要素，因此本小节的文献梳理也主要关注这两大因素随年龄变化对劳动生产率的影响。

（一）年龄与认知能力

进入现代社会后，认知能力被普遍认为是影响个人劳动生产率的重要因素（Schmidt and Hunter，1998；Tyler et al.，2000）。Horn和Cattell（1967）

最早对认知能力进行分类，将其分为流动能力和固化能力两种，前者主要包括推理能力、空间能力、反应速度、学习效率等适应新情况的能力，后者则是语言表达能力、管理能力等通过知识和经验的积累而获得的能力，他们将297个样本分为5个不同年龄段的小组，观察发现流动能力会随着年龄的增长而快速下降，而固化能力则会一直保持较高的水平。Cai 和 Stoyanov（2016）则将认知能力按照随年龄变化趋势的不同分为年龄升值型技能（age-appreciating skill）和年龄贬值型技能（age-depreciating skill），其中年龄升值型技能与固化能力相对应，年龄贬值型技能则与流动能力相对应。

认知能力中的流动能力（年龄贬值型技能），一般会在劳动者的一生中，随着年龄的增长，先出现峰值，然后开始下降。但不同类型的认知能力的下降时间与下降速度等特征是相互独立的，且差异较大（Schaie，1994）。Lindenberger 和 Baltes（1994）通过14个测试对推理、记忆等5种认知能力进行评估，也证明了流动能力会随着人们年龄的增长而呈现显著的下降趋势。Chen 等（1994）在 Horn 和 Cattell（1967）的分类基础上研究了六大流动能力在白色人种和黑色人种之间的差异，发现白色人种虽然在六大认知能力方面的得分均高于黑色人种，但这些能力对于白色人种和黑色人种而言，均会出现随年龄增加而降低的变化趋势。Verhaeghen 和 Salthouse（1997）综合分析了91项关于年龄和各项认知能力的研究，他们发现人们的各项认知能力在18岁后便开始下降，50岁后下降速度更快，其中推理能力和情景记忆能力的下降速度是最快的。Lövdén 等（2020）的研究认为，人们即使没有检测出疾病，认知能力中的流动能力也会在成年期随着年龄的增加而出现下降趋势。

认知能力中的固化能力（年龄升值型技能），则会随着劳动者年龄的增加而出现增长的趋势，并最终保持在较高的水平上。Rönnlund 等（2005）的研究也证实了固化能力会在中年以前有增加和积累，老年期相对保持不变。

此外，也有部分研究表明，相应的针对性训练能减缓某些认知能力的下降速度。Rabbitt 等（2008）通过对 93 位 61～82 岁的志愿者进行语言学习、空间学习、运动能力等八项认知能力的训练，发现不同类型的认知能力的下降速度均能在不同程度上得到缓解和改善。

（二）年龄与工作经验

随着年龄的增长，劳动生产率会呈现先上升后下降的变化趋势，但工作经验的积累能有效缓解劳动生产率的下降速度。年长的员工相较于年轻的员工，他们通过长时间的工作经验和学习积累，具有更强的技术操作技能和解决问题的技能（Warr，1993；Grund and Westergaard-Nielsen，2008）。Bosman（1993）以打字员为例对这一理论进行了说明，他发现年老的打字员相对年轻的打字员而言，打字速度更慢，但他们具有更高效的工作策略，因而能在总体上使工作效率和年轻的打字员持平。然而，也有研究表明，工作经验对劳动生产率的促进作用是有时限的，达到某个界限后，工作经验将不能缓解劳动生产率的下降趋势。Ilmakunnas 等（2000）为此理论提供了来自芬兰的经验证明，他发现，制造业工人大约只能保持 3.8 年的持续升高的劳动生产率。

（三）不同因素的重要性

影响劳动生产率的因素是多样的，它们的共同作用使得劳动生产率上升或下降，但每一种因素的重要程度各有不同。Autor 等（2003）评估了 1960～1998 年影响美国劳动生产率的各因素的重要程度，研究发现，工作经验在这四十余年中一直是最重要的，领导力、数学思维能力的重要性呈上升趋势，而手指灵活度、身体协调能力等因素的重要性则表现出下降的趋势。此外，Mark（1957）的研究还表明，除了劳动者自身因素外，行业类别也是影响劳动生产率变化的重要因素。

三、预期寿命延长与劳动生产率

随着预期寿命的逐步提高,部分国外学者开始关注预期寿命对劳动生产率的影响。Ngepah(2012)考察了 1970~2010 年南非的预期寿命与生产率的变化情况,发现相比通常的寿命延长而言,健康寿命的延长能真正促进劳动生产率的提高,并且男性寿命的延长相比女性寿命的延长而言对提升劳动生产率的贡献更大。

国内鲜有直接研究这一主题的相关文献。但部分文献已经开始关注预期寿命延长的背景下健康、认知能力等影响劳动生产率的重要因素的变化情况。曾毅等(2017)通过对比 2008 年和 1998 年相同年龄段的高龄老人健康状况后发现,随着预期寿命的延长,高龄老人的日常自理能力和认知功能等都有较大的提升。张文娟和李念(2020)选取 CLHLS(Chinese Longitudinal Healthy Longevity Survey,中国老年健康影响因素跟踪调查)数据,利用混合效应的多层线性模型考察了在 1899~1928 年时段内,以 10 年为间隔的不同出生队列的高龄老年人的认知能力衰退情况,研究发现,对于处在预期寿命更长的出生队列的高龄老人,他们的认知能力衰退过程不断延迟。

四、文献评述

从现有文献来看,首先在年龄与劳动生产率的相关研究中,国外的研究开展得较早,已有大量文献的积累。宏观方面,国外学者对年龄结构老化与劳动生产率的关系并未得出一致结论,部分学者认为年龄结构老化会对宏观劳动生产率产生负面影响,而部分学者则认为会有正面影响,还有少部分学者认为两者之间的关系会随着经济部门和行业类别的变化而呈现不同影响效应。微观方面,学者致力于拟合年龄-劳动生产率曲线,大部分学者都认同随着年龄增长,劳动生产率会呈现先上升后下降的趋势,但在具体的曲线形态上，部分学者认为劳动生产率随着年龄增长呈现单峰变化，而另一部分学者则认为呈现双峰变化或多峰变化，并未得出一致结论。国内相关研究开展得较晚，且主要集中于宏观层面的研究，利用宏观数据考察了不同年龄组对产值的影响，进而得出年龄与劳动生产率之间的关系，而在微观层面的研究中，国内现有研究多集中于农民工等特定群体，少有文献关注其他群体。另外，关于年龄与劳动生产率二者之间关系的研究，国内外都很少有将预期寿命变化考虑在内的相关文献，而在近年来预期寿命逐步提高的情况下，年龄与劳动生产率之间的关系是否产生变化也值得我们关注。

其次，在有关年龄和劳动生产率的相关研究中，对影响劳动生产率的具体因素的研究和讨论主要集中于国外。文献取得的共识是，年龄变化对劳动生产率产生的影响主要反映在认知能力和工作经验上。学者普遍认为成年人的认知能力是会随着年龄的增长而不断下降的，但也有部分学者提出针对性训练能缓解推理能力、记忆力等部分认知能力的下降速度。而工作经验则能直接缓解劳动生产率的下降进程，且有证据表明，工作经验在某些行业或岗位中甚至可以提高劳动生产率。但工作经验的这种缓解下降或者促进作用是有时间限制的，到达一定界限后，便不再起作用，劳动生产率仍然会下降。可见，劳动生产率随着年龄的变化会出现先上升后下降的变化趋势，一定的针对性训练和工作经验只能减缓劳动生产率的下降速度，但不能逆转劳动生产率在职业生涯后期下降的总体趋势。

最后，我们发现，随着预期寿命的延长，已经有少部分国外学者开始关注预期寿命对劳动生产率的影响，尤其是健康预期寿命的延长对劳动生产率的促进作用。目前国内学者还鲜有关注这一主题的研究，但部分文献已经开始关注预期寿命延长的背景下健康、认知能力等影响劳动生产率的重要因素的变化情况，只不过，现有研究还局限于高龄老人的相关状况，尚未考虑预期寿命延长对劳动力的相关影响。

综上所述，目前国内少有文献直接研究预期寿命延长对劳动生产率的影响，本章将从这一主题出发展开研究，这也是本章的主要贡献和创新之处。为了更为直观地考察预期寿命延长对劳动生产率的影响，我们考虑从宏观和微观两方面出发进行实证分析。宏观方面，我们选取分省面板数据直接观察预期寿命对劳动生产率的影响，并使用门限模型考察预期寿命与劳动生产率之间的关系是否会因预期寿命的高低而产生差异。微观方面，在比较各种衡量劳动生产率的方法后，我们考虑选取个体产出的直接衡量方法，并选定高校科研人员作为研究对象，考察其在不同年龄段所产出的论文数量及质量，进而观察随年龄增加的劳动生产率如何变化；进一步地，在当前人均寿命不断延长的背景下，人们的身体健康状况得到提高，直观上来看现在同样年龄的劳动者可能会具有更高的劳动生产率，但是现有研究中却鲜有文献考虑预期寿命的变化可能对年龄-劳动生产率曲线的影响，因此我们尝试加入对预期寿命延长的考量，观察在预期寿命得到提高的情况下年龄与劳动生产率之间是否与先前有所不同，尝试为我国在长寿风险冲击下保持经济增长提供新的思路。

第三节 预期寿命延长影响劳动生产率的理论分析

一、预期寿命与劳动生产率

个人的劳动生产率主要取决于人力资本水平和与之相关的经验技能、健康与身体素质等方面。预期寿命延长能够促进人力资本的积累，进而可能对劳动生产率产生影响。具体来看，人力资本包括两个方面，一是劳动者所接受的教育培训也就是知识与技能方面，二是劳动者的身体素质方面，人均预期寿命的延长可能会在这两方面影响社会的人力资本积累。

首先，在教育培训上，根据生命周期理论，个体会根据对整个生命周期的预期来调整当期所做出的决策,随着我国平均寿命的延长,个体预计未来能够生存得更久,也就是说个体可以工作的时间以及退休后的时间都有可能得到延长,由此个体将倾向于做出延长受教育年限的决策,从而提高自身的人力资本积累,以在工作期获得更高的收入(汪伟等,2018),并进而更多地储蓄以应付更长的老年期。因此,预期寿命的延长可能会增加个体的受教育年限,从而提高社会整体的人力资本水平。而我国现实的情况也符合这一描述,当前我国的预期寿命从 1985 年的 68.97 岁增长到 2021 年的 78.2 岁,伴随着预期寿命的提高,人们的受教育年限不断增加,人力资本存量得到了很大的提高,根据《中国人力资本报告 2020》,从 1985 年到 2018 年,我国的人力资本总量实现了较大的增幅,三十余年间增长了 10 倍有余,也就是说,从现有数据来看,预期寿命与受教育年限之间的确存在正相关关系。

其次,在劳动者的身体素质方面,随着生活水平的提高,其健康状况也得到了很大的提高。在个体的整个生命周期内,其初始的人力资本积累多通过教育培训获得,而开始工作后,则能够在工作中完成工作经验的积累及技能的提升。在过去人们的预期寿命较短、健康状况也更差的情况下,个体可能较早地出现劳动生产率下降甚至做出退出工作的决策,但考虑医疗卫生、技术进步、教育投资等因素后,现今年龄较大的劳动力在具备更熟练的工作经验的同时,相比处于预期寿命较短时期的同年龄段的人而言,也具有更好的身体健康状况,并且接受了更为完善和先进的基础教育与技术训练,从而他们的劳动生产率可能并不会迅速下降,甚至出现上升的趋势。

此外,也有学者对劳动者的知识技能等与其身体素质二者间的关系展开了研究,发现它们之间也具有正相关关系。一方面受教育年限越长的劳动力,其个人对健康的重视程度也越高,同时由于自身受教育水平较高,他们可能获得的收入也较高,而收入水平的提高使得个人有能力维护自身的身体健康(Blau and Duncan,1967;Richards and Barry,1998;Ross and Mirowsky,2010);

反之，身体素质较好的劳动力群体，他们往往也有更多的精力进行人力资本投资，由此能够形成二者之间相互促进的关系（徐祖辉和谭远发，2014），从这个角度来看，随着人们健康水平的提升，教育年限和人力资本水平可能也会上升。

综合考虑以上几个角度，我们提出假设1。

假设1：随着预期寿命的延长，人口年龄结构老化，但人均受教育水平和身体素质也在普遍提升，预期寿命的延长对总体的劳动生产率可能具有正向的促进作用。

二、预期寿命与年龄-劳动生产率曲线

前文中我们阐述了宏观层面预期寿命的延长对劳动生产率可能会通过何种途径产生影响，那么在微观层面预期寿命对劳动生产率具有什么样的影响？为厘清这一问题，本小节我们分析了年龄与劳动生产率之间的关系，并在此基础上加入了预期寿命这一条件，进而判断预期寿命的延长在微观层面将会产生何种影响。

首先，对于微观个体来讲，年龄与劳动生产率之间将会呈现怎样的关系是我们想要关注的第二个问题。根据人力资本存量周期理论，人力资本存量与物质资本存量相同，也存在着从形成到报废的周期（向志强，2003；王萍，2015），纵观劳动力的一生，在个体由出生到年老及去世的整个过程中，其身体机能等方面也会逐渐发生变化，因此其劳动生产率在生命的各个阶段也应当呈现不同的水平。最初，在劳动力进入劳动市场后，由于其正处于青年时期，身体机能、学习能力等均达到一生中的顶峰，但由于经验等的缺乏，此时他的劳动生产率可能处于较低的水平。其后，随着年龄的增长，劳动力进入中年时期，在这一时期，个体的身体素质较青年期下降不明显，且因为

技能的学习以及工作经验的积累，劳动生产率一般也会达到较青年期更高的水平。最终，当劳动力处于老年期时，伴随年龄的增长劳动力可能出现两个方面的变化：一方面，劳动力的身体素质会出现明显下降，进入老年期后人体的各种器官及各项机能都会出现一定程度的衰退；另一方面，老年期后劳动力的学习能力也会大幅下降，当出现能够显著提高劳动生产率的技术进步时，老年劳动力往往不具备学习新技能的能力，从这两方面来看，老年劳动力的劳动生产率将会出现下降。据此我们提出假设2。

假设2：年龄与劳动生产率之间为倒"U"形的关系，随着年龄的增长，劳动力的劳动生产率呈现先上升后下降的形态。

其次，在得到了微观个体年龄与劳动生产率之间关系的基础上，我们想要考察加入预期寿命这一条件后，年龄与劳动生产率之间的关系是否发生了变化。伴随着经济的发展以及医疗水平的提高，预期寿命有了显著的提高，相同年龄下现在的人相比过去的人其身体素质有所提高（曾毅等，2017），认知能力衰退更为缓慢（张文娟和李念，2020），从这个角度来看，个体劳动生产率出现下降的时间也可能延后，由此，我们提出假设3。

假设3：随着预期寿命的提高，个体劳动生产率下降的拐点将会推迟。

第四节　预期寿命延长影响劳动生产率的实证分析

由前文分析可知，在当前寿命逐步提高的情况下，人们的健康状况得到了改善，从而相同年龄下有可能具有更高的劳动生产率，那么寿命延长对劳动生产率的关系究竟如何，本节将针对这一问题进行实证分析。首先，本节利用宏观数据对预期寿命与劳动生产率二者间的关系进行实证研究，尝试观察随预期寿命的提高，我国宏观层面的劳动生产率会发生何种变化。其次，我们将使用微观个体的数据，探究随着寿命延长以及人们健康状况的改善，微观层面上年龄与劳动生产率之间的关系是否发生了变化，为预期寿命的延长与劳动生产率间的关系提供微观证据。

一、模型设置及变量说明

为了考察宏观层面寿命延长与劳动生产率间的关系，本章构建如下计量模型：

$$\ln y_{it} = \beta_1 \text{life}_{it} + \beta_2 \ln K_{it} + \beta_3 \ln H_{it} + \beta_4 \text{olddep}_{it} + \beta_5 \text{ST}_{it} + \beta_6 \text{mig}_{it} + \mu_i + \varepsilon_{it} \quad (5.1)$$

其中，下标 i 表示省份；下标 t 表示时间；μ_i 表示省份固定效应；ε_{it} 表示随机扰动项。被解释变量劳均生产总值（$\ln y$）为各省的生产总值除以该省的就业人口数并取对数，用来衡量各省的劳动生产率，核心解释变量为各省各年份的人均预期寿命（life）。在控制变量方面，我们选取了可能会影响劳动生产率的变量，包括资本存量、人力资本水平、老年抚养比、产业结构以及人口迁移率，变量说明如表 5.1 所示。

表 5.1 变量说明

变量类型	变量名称	符号	变量说明
被解释变量	劳动生产率	$\ln y$	各省生产总值/就业人口的对数
解释变量	预期寿命	life	预期寿命
控制变量	资本存量	$\ln K$	资本存量的对数
	人力资本水平	$\ln H$	受教育年限的加权平均值的对数
	老年抚养比	olddep	老年人口/劳动年龄人口
	产业结构	ST	第三产业/第二产业
	人口迁移率	mig	常住人口中非本地户籍人口占比

二、数据来源与变量描述性统计

（一）数据来源

在本节宏观角度的分析中，我们的数据主要来源于国家统计局。由于西藏部分年份的数据存在缺失，且没有重庆市成为直辖市之前的数据，故最终仅选取了除这两个地区之外的共 29 个省区市的数据作为研究样本。另外，由于分省的预期寿命数据仅在人口普查年份可得，且 2020 年第七次人口普查的分省预期寿命数据暂未公布，因此我们主要使用 1982 年、1990 年、2000 年以及 2010 年这四年的人口普查数据，并通过各省政府工作报告以及官方媒体的报道等收集了 2019 年时各省的预期寿命，最终得到了 29 个省区市的 1982 年、1990 年、2000 年、2010 年以及 2019 年的五期面板数据。

在数据的整理上，计算劳动生产率时我们以 1982 年为基期对各省生产总值进行了价格统一。在资本存量方面，由于缺少 1990 年及以前的价格指数，我们将固定资产投资价格以 2000 年的价格进行了统一。关于人力资本水平，这里我们根据各省不同教育程度的群体占总人口的比重进行加权平均，用以度量该省的人力资本水平，根据国家统计局对教育水平的划分，我们分别将未上学、小学、初中、高中、大专及以上等赋值为 0 年、6 年、9 年、12 年、14 年。在产业结构方面，我们使用了第三产业增加值与第二产业增加值的比来体现各省的产业结构，第三产业占比越高说明该省产业结构越高级；由于劳动力的流动能够提高劳动力市场上供需的匹配效率，进而可能对劳动生产率产生影响，因此我们使用各省常住人口中非本地户籍的群体占总常住人口的比重这一数值代表迁移情况，此外我们还加入了老年抚养比来考察老年人占比对劳动生产率的影响。

（二）变量描述性统计

我们首先对变量进行了描述性统计，具体如表 5.2 所示。

表 5.2 描述性统计

变量名称	符号	样本量	均值	标准差	最小值	最大值	1982 年均值	2019 年均值
劳动生产率	lny	145	8.439	1.22	6.313	11.322	6.988	9.956
预期寿命	life	145	71.918	4.838	60	83.66	67.36	77.29
资本存量	lnK	145	8.84	2.561	4.398	14.375	6.279	13.217
人力资本水平	lnH	145	1.955	0.261	1.331	2.457	1.632	2.207
产业结构	ST	145	1.012	0.603	0.299	5.234	0.576	1.584
人口迁移率	mig	145	3.007	5.807	0.1	38.998	1.426	23.815
老年抚养比	olddep	145	10.759	3.978	4.38	23.8	7.605	16.876

通过表 5.2 中各变量的描述性统计，可以看出我们主要关注变量随时间所产生的变动趋势。由表 5.2 我们可以看出，劳动生产率的变动范围在 6.313～11.322，取对数前的变动范围是 551.95～82 615.31 元/人，预期寿命的变动范围为 60～83.66 岁，同时根据 1982 年与 2019 年均值的对比，我们也可以看到，随经济的发展，我国预期寿命得到了很大的提高，1982 年时我国各省平均的预期寿命为 67.36 岁，至 2019 年平均预期寿命则提高至 77.29 岁，三十余年中大约提高了 10 岁。此外，在其他控制变量方面，随着时间的推移，我国的资本存量、人力资本水平、人口迁移率以及老年抚养比等也都有所提高，产业结构的升级趋势明显。

三、实证分析

（一）基准回归

在进行基准回归前，我们通过散点图将预期寿命与劳动生产率这两个变量之间的关系进行直观的展示。

如图 5.2 所示，我们可以看到预期寿命与劳动生产率之间存在明显的正相关关系，随着预期寿命的延长，我国的劳动生产率也大幅提升。但在不同阶段二者间的正向关系也呈现出了不同的性质，在预期寿命上升的过程中，劳动生产率也一直处于增长状态，但预期寿命大于 70 岁以后，劳动生产率出现了增速减缓的趋势。在接下来的回归分析中我们首先进行全样本回归分析，观察预期寿命与劳动生产率总体上的关系，由于本处论述的"70 岁"这一分界点仅为我们通过观察散点图做出的主观判断，并无严谨的依据，因此在模型（5.1）的基准回归之后，我们进一步加入了预期寿命的二次项进行门限检验，考察不同预期寿命水平下预期寿命的提高对劳动生产率的边际作用是否存在不同。

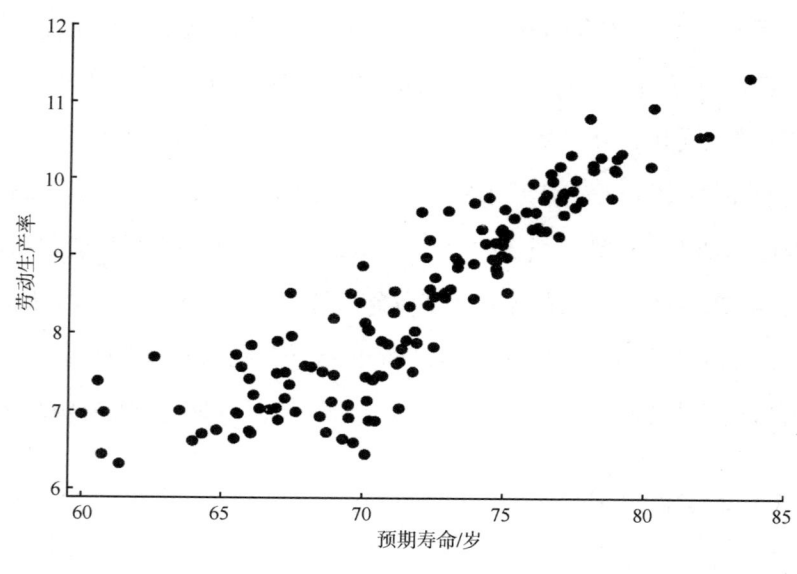

图 5.2 预期寿命与劳动生产率

我们使用模型（5.1）对五期各省份的面板数据进行回归分析，观察预期寿命与劳动生产率之间的关系，表 5.3 展示了逐步加入控制变量的回归结果。

表 5.3　基准回归

变量名称	（1） ln$y$	（2） ln$y$	（3） ln$y$	（4） ln$y$	（5） ln$y$	（6） ln$y$
预期寿命	0.272*** （0.011）	0.184*** （0.013）	0.031** （0.013）	0.031** （0.013）	0.031** （0.013）	0.027* （0.013）
资本存量		0.156*** （0.020）	0.181*** （0.012）	0.196*** （0.012）	0.191*** （0.022）	0.159*** （0.032）
人力资本水平			2.438*** （0.150）	2.432*** （0.141）	2.449*** （0.159）	2.530*** （0.177）
产业结构				−0.110*** （0.025）	−0.119*** （0.030）	−0.122*** （0.032）
人口迁移率					0.002 （0.004）	0.003 （0.005）
老年抚养比						0.018 （0.012）
常数项	−11.096*** （0.821）	−6.139*** （0.808）	−0.1222 （0.656）	−0.134 （0.650）	−0.125 （0.648）	0.052 （0.675）
观测值	145	145	145	145	145	145
R-squared	0.920	0.940	0.977	0.978	0.978	0.979
估计方法	FE	FE	FE	FE	FE	FE

注：括号内为标准误；FE 表示固定效应模型

***、**、*分别表示 p 值的显著水平为 1%、5%和 10%

我们先对随机效应模型与固定效应模型进行了 Hausman 检验，根据 Hausman 检验的结果，固定效应模型比随机效应模型更加合适，因此我们在接下来的回归中使用固定效应模型进行回归分析。从结果可以看出，在一元回归模型中，预期寿命与劳动生产率之间为显著正向的关系，随着控制变量的逐步加入，系数估计值仍然显著为正，也就是说，随着时间的推移，预期寿命的延长能够显著提高劳动生产率，可能的原因是：一方面，随着寿命的延长，人们愿意更多地对自己进行人力资本投资，积累人力资本以在未来获得更多的劳动报酬；另一方面，随着医疗技术的进步以及预期寿命的延长，我国国民的健康状况有所改善，2019年50岁左右的劳动力相较1982年同样岁数的群体，具有更好的身体素质，从而也更可能有更高的劳动生产率，从这两方面来看，预期寿命的提高对劳动生产率存在显著的促进作用。

（二）门限回归

前文中我们通过观察预期寿命与劳动生产率之间的散点图发现二者间的关系可能随预期寿命水平的不同而存在差异：当预期寿命延长到一定水平，劳动生产率随预期寿命增长而提高的速度可能会下降，但这一猜测并没有客观的依据，若仅根据主观推断选择"70岁"这一分界点进行分段回归，则得到的结论可能存在误差，因此我们使用Hansen（1999）提出的门限回归模型进行分析，尝试找出较为科学的分界点，以此为依据进行门限值前后的分析，观察预期寿命对劳动生产率的正向促进作用是否因预期寿命所处水平的不同而具有不同的增速。

门限回归模型的形式如式（5.2）及式（5.3）所示，其中，q_{it}为我们的门限变量，而γ则为我们需要寻找的门限值，当$q_{it}<\gamma$时，回归模型如式（5.2）所示，而当$q_{it}\geqslant\gamma$时，回归模型则为式（5.3）：

$$y_{it} = \alpha_1 X + \mu_i + \varepsilon_{it}, q_{it} < \gamma \quad (5.2)$$

$$y_{it} = \beta_1 X + \mu_i + \varepsilon_{it}, q_{it} \geqslant \gamma \quad (5.3)$$

考察两个变量间的关系是否会因条件不同而具有不同的性质时，较多研究使用分段回归，即首先确定一个或几个分段点后针对不同区间分别进行回归分析，观察不同区间的回归结果是否存在不同，但这种主观的划分方式较为武断，缺少证据的支撑，而本章使用的门限回归模型则可以解决这一问题。

首先门限回归模型会计算给定 γ 下回归模型的残差平方和（residual sum of squares，RSS），然后选择所有 q_{it} 中使得残差平方和最小的值，该值即为我们想要寻找的门限值。

为了检验是否存在某个门限值前后的预期寿命对劳动生产率的边际作用大小存在差异，我们需要在基准回归模型中加入二次项进行门限检验，但由于门限回归使用线性关系拟合不同门限值划分出的区间内的样本值，因此我们借鉴齐绍洲和严雅雪（2017）的做法，先使用门限回归得出门限值，然后根据门限值划分区间并加入预期寿命的二次项再进行分析。

以单一门限模型为例，具体门限模型可以写为

$$\ln y_{it} = \beta_1 \text{life}_{it} \cdot 1(\text{life}_{it} < \gamma) + \alpha_1 \text{life}_{it} \cdot 1(\text{life}_{it} \geq \gamma) + \beta_3 \ln K_{it}$$
$$+ \beta_4 \ln H_{it} + \beta_5 \text{olddep}_{it} + \beta_6 \text{ST}_{it} + \beta_7 \text{mig}_{it} + \mu_i + \varepsilon_{it} \quad (5.4)$$

式（5.4）中 1(·) 为指示函数，当括号中为真时其取值为 1，否则为 0。接下来我们采用自助抽样 300 次分别对样本数据进行了单一门限检验以及双重门限检验以确定门限值的个数，门限检验的结果如表 5.4 所示。

表5.4　门限效果自助抽样检验

检验	F 值	p 值	自助抽样次数	10%	5%	1%
单一门限检验	23.41	0.020	300	15.784	19.378	26.344
双重门限检验	12.04	0.273	300	16.151	19.488	25.715

从门限检验的结果来看，单一门限模型在 95% 的水平上显著，而双重门限模型并不显著，因此我们认为单一门限模型更加合理。表 5.5 及图 5.3 分别展示了门限估计值及其 95% 的置信区间、单一门限模型下的门限值与似然比（likelihood ratio，LR）值之间的关系，由此得出单一门限模型下的门限值为 71.54 岁，也就是说在所有样本数据中，对于预期寿命小于 71.54 岁与预期寿命大于 71.54 岁的样本，预期寿命与劳动生产率之间的关系有所不同。

表 5.5　门限值及其 95%置信区间

门限模型	门槛估计值	95%置信区间
单一门限模型	71.540	[70.770，71.650]
双重门限模型	71.540	[70.770，71.650]
	66.030	[63.660，66.110]

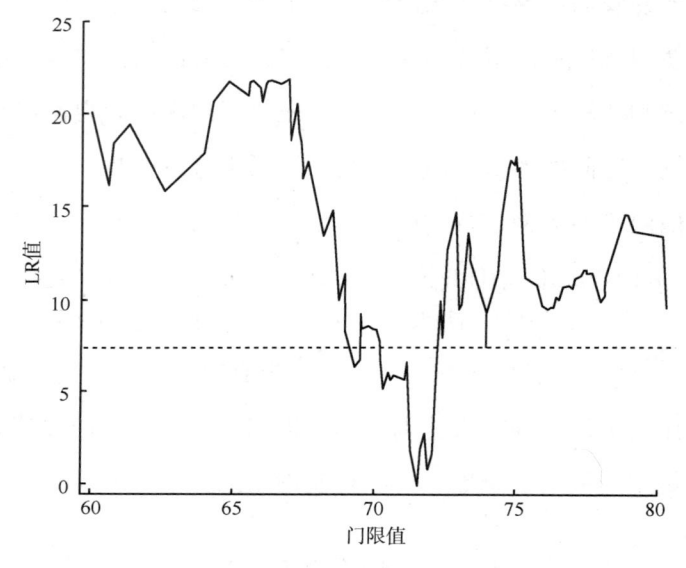

图 5.3　单一门限模型下的门限值与 LR 值

综上所述，我们采用单一门限模型，将 71.54 岁作为分界点，分别对两个区间进行回归分析，加入预期寿命的二次项后的模型如式(5.5)所示，又因为前文中我们发现固定效应模型优于随机效应模型，因此在此处的回归中我们仍然使用了固定效应模型，进而观察门限值前后的系数变化，见表 5.6。

$$\ln y_{it} = \beta_1 \text{life}_{it} + \beta_2 \text{life}_{it}^2 + \beta_3 \ln K_{it} + \beta_4 \ln H_{it} + \beta_5 \text{olddep}_{it} + \beta_6 \text{ST}_{it} + \beta_7 \text{mig}_{it} + \mu_i + \varepsilon_{it}$$
（5.5）

表 5.6　门限回归模型

变量名称	（1） 预期寿命＜71.54 岁	（2） 预期寿命≥71.54 岁
预期寿命	−0.181 （0.252）	0.965** （0.383）
预期寿命的平方	0.001 （0.002）	−0.006** （0.003）
资本存量	0.410*** （0.056）	0.056* （0.032）
人力资本水平	1.002*** （0.123）	2.391*** （0.299）
产业结构	0.328** （0.139）	−0.096*** （0.034）
人口迁移率	0.040* （0.023）	0.006 （0.007）
老年抚养比	0.053* （0.028）	0.030*** （0.010）
常数项	8.300 （8.440）	−36.927** （13.982）
观测值	67	78
R-squared	0.983	0.983
估计方法	FE	FE

注：括号内为标准误；FE 表示固定效应模型

***、**、*分别表示 p 值的显著水平为 1%、5%和 10%

从回归结果来看，当预期寿命小于门限值 71.54 岁时，加入二次项的模型未能很好地拟合我国现实的数据，但对于预期寿命大于等于门限值的样本来说，则可以较好地拟合预期寿命与劳动生产率的关系。

为了更为直观地展示这一趋势，我们使用预期寿命大于或等于 71.54 岁的样本数据绘制了拟合图，从图 5.4 我们可以看出，当预期寿命大于或等于

71.54 岁时，预期寿命与劳动生产率之间的关系呈现出倒"U"形，也就是说，当预期寿命较低时，预期寿命延长可以提高劳动生产率，而超过某一个临界值后，预期寿命继续延长则会降低劳动生产率。也应注意到，二者之间虽然呈现倒"U"形的关系，但我国当前仍处于倒"U"形的左半段，预期寿命的提高对我国劳动生产率总体上仍然表现为正向的促进作用。

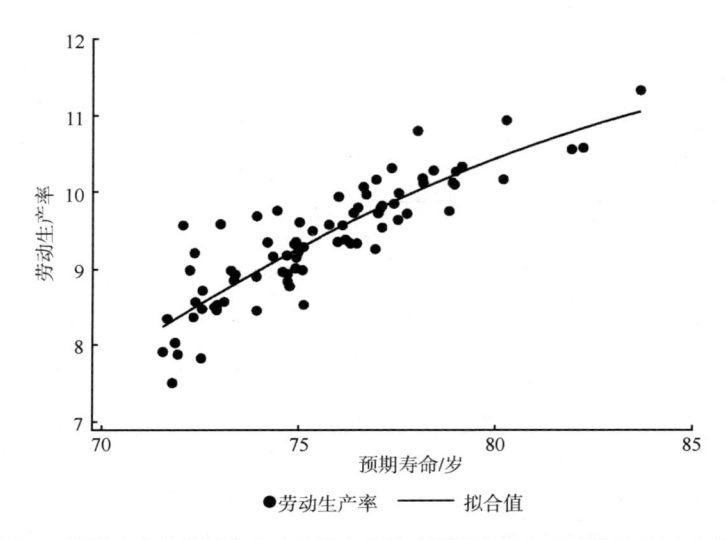

图 5.4　预期寿命与劳动生产率的拟合曲线（预期寿命大于或等于 71.54 岁）

四、微观数据分析

通过对前文中宏观数据的分析，我们可以看到，预期寿命的延长对劳动生产率具有显著的正向影响，假设 1 得以验证，那么对于假设 2 与假设 3，在微观层面，是否存在着年龄与劳动生产率间的倒"U"形关系？若存在这一关系，随着预期寿命的延长，年龄与劳动生产率的拐点是否发生了后移？针对本章的假设 2 与假设 3，我们将使用微观层面的数据进行检验。当前，我国使用微观层面的数据对年龄与劳动生产率之间的关系进行研究的文献仍然较少，且已有文献多使用劳动者的收入来衡量该劳动者的劳动生产率。但已有学者指出收入与劳动生产率之间往往存在差距，如 Lazear(1979)指出，雇主会在雇员年轻时支付给他低于其劳动生产率的工资水平，随着该雇员年龄的增长，支付的工资水平逐渐提高，并将达到高于其劳动生产率的水平，使用这样延期支付的方式激励雇员更加努力地工作，从这一方面来看，使用工资收入代替劳动生产率可能会导致结果与实际存在较大的误差。因此，为了尽量避免使用工资水平代替劳动生产率可能带来的误差，本节将微观数据部分的研究对象设置为高校教师，高校教师相较其他行业的劳动者，其劳动生产率相对来说较易观察，通过不同个体发表的论文数量及质量即可观测到。因此，考虑到数据的可得性、劳动生产率衡量的客观性等因素，在微观数据实证分析的部分，我们将样本选定在高校教师群体，通过收集高校教师群体的年龄、发表文章数量等数据对年龄与劳动生产率间的关系进行分析，由于不同学科往往具有不同的学术周期，因此本节将样本进一步限定为经管类的高校科研人员，进而探讨在预期寿命延长的条件下，年龄与劳动生产率是否发生了变化。

（一）数据来源

本节共收集了 50 所国内不同层级高校（根据 2019 年以前的划分标准，本节将高校类型划分为 985 院校、211 院校、其他院校）的 984 名经济、管理类学科教师的相应学术论文数量、质量，以及其他变量数据。在进行样本选择时，考虑到 985 院校、211 院校的校园官网信息维护较为及时、公布的信息较为全面等因素，我们选取的学校的主体为 985 院校及 211 院校，最终选取了 20 所 985 院校、20 所 211 院校以及 10 所其他院校。

主要的数据来源为各高校官方网站、中国知网，以及 EBSCO、微软学术等英文文献搜索引擎。首先根据学校的官方网站公布的现今任职于该校的教职工名单筛选出符合要求的样本，为了更好地观察不同年龄的教师的劳动生产率是否存在差异,在选定样本时我们尽量兼顾到各年龄阶段,并且考虑到退休教师的学术周期可能更为完整,我们尝试遵循"在职教师占80%,退休教师占20%的比例"这一原则,但由于多数学校并未公布已退休教职工的名单,退休教师的数量仍然偏少,因此本节使用接近退休年龄的教师进行了替代。在最终形成的数据样本中,我们选取的教师平均年龄约为48岁,总体的年龄范围在28~88岁,表5.7为全部样本的年龄分布情况,可以看出,本节选取的教师多处于40~55岁,这一年龄段占总体的比例超过55%,年龄范围位于28~39岁的教师群体与年龄在55岁以上的教师群体分别占总体的20.99%和23.41%。

表5.7 样本教师的年龄分布情况

年龄组	占比
28~39岁	20.99%
40~55岁	55.60%
55岁以上	23.41%

其次,根据该教师的姓名及所在单位在各学术搜索引擎中搜集其所发表的文章,为尽量减少重名现象造成的影响,在搜集文章时我们还注意了论文所属学科这一检索条件,将检索结果中与经管类学科相差较远的文献排除在外。

最后,教师的年龄、职称等相关信息首先来自学校官方网站公布的数据,但有相当一部分学校并未公开教师的出生年份、职称变化情况等,我们以文献中的作者简介部分为参考最大限度地完善了相应年份该教师的一系列信息。

(二)模型设置及变量说明

1. 模型设置

在模型设置上,本节依次考察论文的数量及质量两个方面,首先在论文数量方面，具体模型设置如下：

$$\text{paper\_num} = \alpha_1 \text{age} + \alpha_2 X + \varepsilon \qquad (5.6)$$

其次，在论文质量方面，具体模型设置如下：

$$\text{paper\_qua} = \beta_1 \text{age} + \beta_2 X + \varepsilon \qquad (5.7)$$

最后，我们考量教师以第一作者身份发表论文的数量，具体模型设置如下：

$$\text{paper\_fir} = \gamma_1 \text{age} + \gamma_2 X + \varepsilon \qquad (5.8)$$

在上面三个模型中，paper_num、paper_qua、paper_fir 分别表示论文发表的数量、论文发表的质量以及以第一作者身份发表论文的数量，age 表示年龄，X 表示其他控制变量，ε 表示随机误差。

2. 变量说明

本节选取的变量如下。

（1）被解释变量：本节的被解释变量分别为论文数量、论文质量以及以第一作者身份发表论文的数量（简称一作数量），论文数量即在某一年份该教师所发表的全部论文的数量，而论文质量则由其发表的期刊是否为 SSCI（Social Science Citation Index，社会科学引文索引）或 CSSCI（Chinese Social Sciences Citation Index，中文社会科学引文索引）期刊计算而得。

（2）主要解释变量：年龄，是指教师在论文发表年份对应的年龄。

（3）控制变量：分别在个体层面及所在机构层面选取，其中个体层面的变量包括性别、学历、职称、是否为博士生导师、是否为硕士生导师以及学科类型，所在单位层面的变量包括学校类型及学校所在区域。

具体变量说明如表 5.8 所示。

表 5.8 微观数据具体变量说明表

变量类型	变量名	变量说明
被解释变量	论文数量	当年所发论文数量

续表

变量类型	变量名	变量说明
被解释变量	论文质量	当年所发论文中核心期刊数量
	一作数量	当年所发论文中一作论文数量
主要解释变量	年龄	发表当年的年龄
控制变量	性别	男=1，女=0
	学历	本科=1、硕士=2、博士=3
	职称	讲师/助理教授=1、副教授=2、教授=3
	是否为博士生导师	是=1，否=0
	是否为硕士生导师	是=1，否=0
	学科类型	经济学=1，管理学=0
	学校类型	学校类型：二本=1，一本=2，211=3，985=4
	学校所在区域	东部=1，中部=2，西部=3

3. 描述性统计

从描述性统计表中可以发现，在我们统计的样本中，每位高校教师平均每年发表3.232篇论文，其中1.339篇论文发表于SSCI和CSSCI的核心期刊，2.019篇论文是以第一作者身份发表的。其余具体描述性统计情况如表5.9所示。

表5.9 微观数据描述性统计

变量名	均值	标准差
论文数量	3.232	3.257
论文质量	1.339	1.832
一作数量	2.019	2.286
年龄	40.538	8.964
性别	0.673	0.469
学历	2.736	0.519
职称	2.107	0.816
是否为博士生导师	0.337	0.473

续表

变量名	均值	标准差
是否为硕士生导师	0.641	0.48
学科类型	0.508	0.5
学校类型	3.275	0.77
学校所在区域	1.62	0.817

（三）基准回归

本节将对基准模型进行回归，分别从论文数量、论文质量以及一作数量三个方面探讨大学教师的年龄-劳动生产率曲线的变化形式。

1. 论文数量

论文发表数量是较为直观地衡量大学教师科研成果和能力的方式之一，也是大学教师职称评定、考核要求等的重要指标。因此，我们首先使用每年的论文发表数量作为衡量大学教师的劳动生产率，从而观察他们的年龄-劳动生产率曲线的变化。

在进行实证分析前，我们首先对样本不同年龄的论文发表数量进行了直观的统计与展示，见图 5.5。我们发现，大学教师的论文发表数量大致随着年龄增长而呈现倒"U"形的变化趋势，从图 5.5 中所展示的图形来看，发表论文数量的拐点大约在 45 岁，即 45 岁以前，大学教师每年发表的论文数量呈增长趋势，而在 45 岁以后论文的发表数量则开始呈下降趋势。这一分布状况也和 Kyvik（1990）认为学者学术成果产出的峰值在 35~45 岁的范围相互印证。

进一步地，我们对基准模型（5.6）进行实证分析，得出的结果见表 5.10。实证结果也验证了前文所提的相关关系，当以论文的发表数量作为劳动生产率的衡量标准时，年龄的平方这一变量前的系数显著为负，也就是说大学教师的年龄-劳动生产率曲线呈现倒"U"形分布。

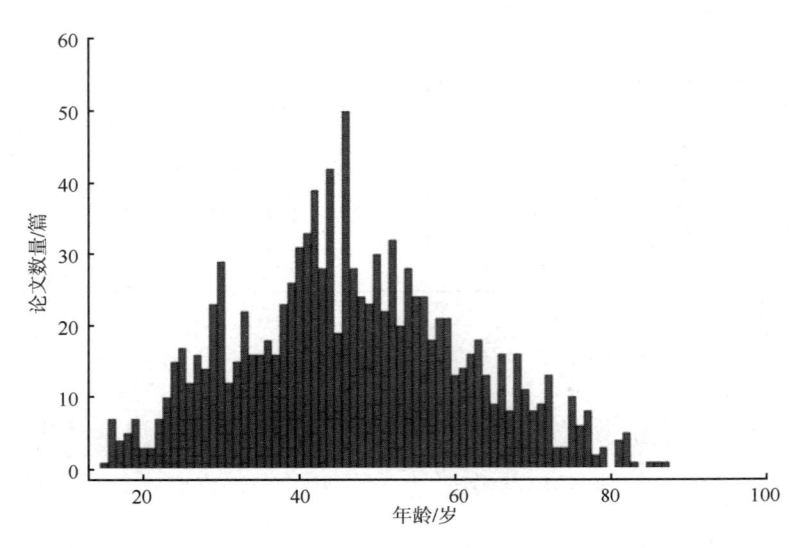

图 5.5　不同年龄的论文发表数量分布图

表 5.10　微观数据基准回归

变量名称	论文数量	论文质量	一作数量
年龄	0.124*** (0.028)	0.026* (0.015)	0.091*** (0.020)
年龄的平方	−0.001*** (0.000)	−0.000** (0.000)	−0.001*** (0.000)
性别	0.390*** (0.099)	0.238*** (0.058)	0.228*** (0.070)
学历	0.167** (0.071)	0.326*** (0.040)	0.162*** (0.052)
职称	0.172** (0.073)	0.0802** (0.040)	0.111** (0.053)
是否为博士生导师	0.962*** (0.096)	0.668*** (0.053)	0.343*** (0.070)
是否为硕士生导师	−0.010 (0.094)	−0.074 (0.052)	0.055 (0.068)

续表

变量名称	论文数量	论文质量	一作数量
学科类型	−0.023 (0.094)	0.110** (0.055)	0.142** (0.067)
学校类型	0.211*** (0.060)	0.186*** (0.035)	0.0713* (0.043)
学校所在区域	−0.007 (0.058)	−0.104*** (0.034)	0.085** (0.041)
常数项	−1.680*** (0.581)	−1.009*** (0.325)	−1.128*** (0.423)
样本量	984	984	984

注：括号内为标准误

***、**、*分别表示 p 值的显著水平为1%、5%和10%

此外，在性别因素方面，我们发现性别为男性对论文发表数量具有显著的正向影响，即男性大学教师每年发表的论文数量显著高于女性大学教师，这也与 Garg 和 Kumar（2014）的观点不谋而合，可能的原因是女性研究生毕业后离开科研事业的概率大约是男性的两倍（Preston，1994），且在我国社会中，女性往往要承担更多的家务与老幼的照料责任，从而无法将全部的精力投入到学术研究中。在学历方面，学历每上升一个等级，会使每年的论文发表数量增加 0.167 篇。在职称方面，职称每上升一个等级，也会提高大学教师每年的论文发表数量，大约为 0.172 篇，这与现有的研究结果也保持了一致，如 Gregorutti（2008）的研究发现，学术产出水平越高的大学教师，其职称也越高，但这里也可能存在反向因果的关系，举例来说，某位大学教师能够被评为教授很可能是因为其科研能力较强、产出较高。此外，作为博士生导师也会显著提升大学教师的论文发表数量，但是否为硕士生导师对教师发表论文数量的影响却不显著，这可能是因为对比硕士生，博士生的知识积累更为丰富、在校时间也更长，为科研团队学术产出所做出贡献的可能性也更大。最后，大学教师所在学校类型也会对大学教师的学术产出有较显著的影响，985、211等高等院校的大学教师论文产出数量会显著高于其他院校，这与大多数研究结论一致，正如当前其他学者所指出的，所在的机构水平越高，教师所能够获得的研究支持也越多。本节的研究结果也与谷志远（2011）的结论相似，不论是性别、学历等个体特征，还是职称等累积优势的强化因素，还是高校类型等机构因素，都是影响大学教师学术产出的重要因素。

2. 论文质量

衡量高校教师的学术产出和科研能力的另一指标是他们所发表的论文的质量，而论文质量的客观体现则是该篇文章所发表的期刊质量和等级，所以本节将用大学教师每年发表于核心期刊（SSCI、CSSCI）的论文数量作为被解释变量对基准模型进行回归。

同样地，在进行实证分析前，我们对样本的不同年龄的核心期刊论文发表数量进行了统计，见图5.6。我们发现，与论文发表数量的变化类似，大学教师的论文发表质量也随年龄增长呈现倒"U"形变化，拐点也在45岁左右，即在45岁以前，大学教师每年发表的核心期刊论文数呈增长趋势，而在45岁后，每年发表的核心期刊论文数量则呈现下降的趋势。可见，不仅大学教师的论文发表数量呈现先增后减的趋势，论文发表质量也呈现相似的趋势。

进而，我们对基准模型（5.7）进行了实证分析，具体回归结果见表5.10。实证结果也与上述图形变化趋势一致，大学教师的论文质量随年龄的变化呈现倒"U"形的变化趋势。在控制变量方面，男性大学教师发表核心期刊论文的数量依然显著多于女性大学教师；学历的提升、职称的晋升、博士生导

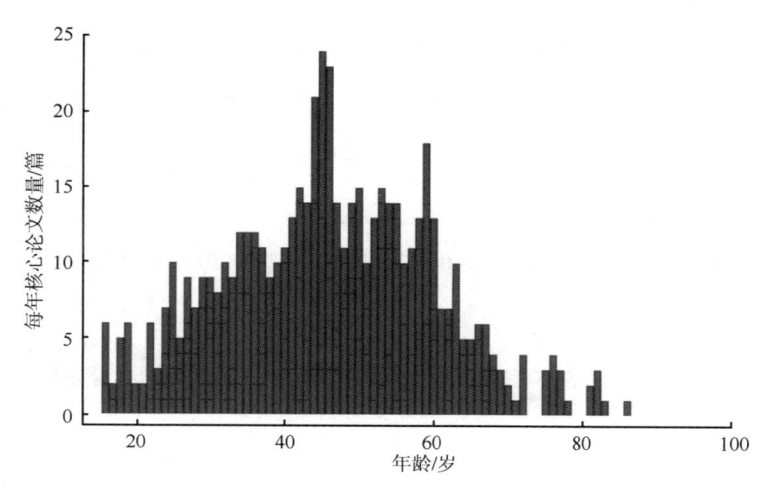

图 5.6　不同年龄的核心期刊论文发表数量分布图

师的资格同样会显著促进大学教师的核心期刊论文发表数量的增长；经济学科的大学教师相较于管理学科而言每年发表的核心期刊论文数量更多；学校类型也显著地影响了大学教师的论文质量，985 院校和 211 院校的大学教师每年发表的核心期刊论文数量更多；此外，学校所在区域也对大学教师的论文质量产生了显著影响，这一影响将在后文的异质性分析中进一步讨论。

3. 一作数量

除了论文数量、论文质量以外，是否以第一作者的身份发表论文也可以衡量高校教师的劳动生产率，本节将使用大学教师每年以第一作者身份发表的论文数量为被解释变量对基准模型（5.8）进行回归分析，具体的回归结果见表 5.10。

从表 5.10 中结果可以发现，与论文数量和论文质量的结果大致相似，大学教师每年以第一作者身份发表的论文数量也随着年龄的增长呈现倒"U"形变化。控制变量方面，与前文论文数量和论文质量变化一致的包括性别、学历、职称、是否为博士生导师，以及学校类型等变量，这些变量均对大学教师以一作身份发表的论文数量有显著的促进作用；在学科类型方面，经济学类的大学教师以一作身份发表的论文数量显著多于管理学类的大学教师；在学校所在区域方面，东部学校的大学教师以一作身份发表的论文数量更多。

综上所述，在本节基准回归中，我们采用发表的论文数量、发表于核心期刊的数量以及以第一作者的身份所发论文的数量作为被解释变量，对年龄及劳动生产率之间的关系进行了研究，发现年龄与劳动生产率之间存在倒"U"形的关系，大学教师的学术生产力随年龄的增长出现了先递增后降低的情况，这验证了前文中的假设2。

（四）不同预期寿命下的回归

通过对全部微观数据样本进行回归分析，我们验证了年龄与劳动生产率之间呈倒"U"形的关系，随着年龄的增长，个体的劳动生产率呈现出先上升后下降的特征。个体处于青年时期时，通过教育培训等进行人力资本的积累，并在壮年期通过工作经验提高自身的工作技能。当个体步入中老年期时，随着身体机能的下降、学习能力的衰减，劳动生产率将会出现下降。但在当前人均预期寿命不断延长的情况下，人们相同年龄阶段的健康状况相比过去会显著改善，年龄与劳动生产率曲线的拐点是否出现了后移的情况，这一问题是我们接下来的研究重点。

本节将在基准回归的基础上，探讨不同的预期寿命下，年龄-劳动生产率曲线是否有所变化，更准确地说，我们想要观察劳动生产率曲线开始下降的拐点是否会产生变化。考虑本节收集的样本年龄的分布特征并尽可能地覆盖较长的学术生涯从而提高估计结果的准确性，我们选取1955~1964年和1965~1975年两段时间内出生的大学教师作为对照，使用论文发表数量来衡量劳动生产率，考察在预期寿命延长的背景下，年龄-劳动生产率曲线的拐点是否会随预期寿命的延长而发生变化，具体回归结果见表5.11。

表5.11　微观数据不同寿命下的回归

变量名称	1955~1964年出生 论文数量	1965~1975年出生 论文数量
年龄	0.734*** （0.133）	0.552*** （0.114）
年龄的平方	−0.008*** （0.001）	−0.006*** （0.001）
性别	0.082 （0.472）	0.397** （0.167）
学历	−0.172 （0.342）	−0.076 （0.132）
职称	0.150 （0.255）	0.108 （0.142）
是否为博士生导师	1.622*** （0.399）	0.910*** （0.220）
是否为硕士生导师	0.233 （0.351）	−0.206 （0.155）
学科类型	0.027 （0.374）	−0.077 （0.187）
学校类型	0.758*** （0.207）	0.363*** （0.123）
学校所在区域	0.184 （0.198）	−0.079 （0.120）
常数项	−16.393*** （3.038）	−10.697*** （2.319）
观测值	2710	4482

注：括号内为标准误

***、**分别表示 p 值的显著水平为1%、5%

从表 5.11 的回归结果来看，出生时间在两个时间段内的大学教师的劳动生产率仍然随着年龄的增长呈现倒"U"形变化。通过简单的计算我们可以得知，在 1955～1964 年出生的大学教师的年龄-劳动生产率曲线的拐点为 45.32 岁，而在 1965～1975 年出生的大学教师的相应拐点为 46.36 岁。从世界银行的预期寿命数据来看，我国人口出生时的预期寿命在 1960 年为 43.73 岁，到 1975 年为 63.92 岁。可见，随着预期寿命的不断延长，大学教师的年龄-劳动生产率曲线的拐点也在向后推移，这验证了前文理论分析部分提出的假设 3。可能的原因是，现在的 50 岁可能相当于从前的 30 岁（Holger and Katherine，2016），即随着经济社会的发展与现代医学技术的进步，人们的预期寿命延长，并且处于健康状态的时间也在延长，从而使得人们的劳动生产率与以往相同年龄的人相比有所提高，因此年龄-劳动生产率的曲线随着预期寿命的增长会倾向于向后移动。

第五节　本章结论与启示

随着我国老龄化程度的进一步加深，人口红利逐渐消失，我国未来经济增长方式需要转向提高劳动生产率。以往的研究大多从人口年龄结构入手，研究人口老龄化对劳动生产率的影响，本章首次从预期寿命延长这一角度出发考察人口老龄化对劳动生产率的影响，并尝试为提高劳动生产率和促进经济增长提供新的启示。

本章首先从宏观的视角对寿命与劳动生产率之间的关系展开了研究。我们选取了 29 个省份的面板数据，使用劳均生产总值衡量各省的劳动生产率，研究了预期寿命对劳动生产率的影响。我们发现预期寿命的延长对劳动生产率存在显著的促进作用。针对这一现象，我们认为可能的解释包括如下两个方面：其一，预期寿命延长后，人们选择接受更高水平的教育，从而提高自身的劳动生产率；其二，伴随着预期寿命的延长，人们的健康状况得到了改善，现在处于中老年年龄段的劳动力群体很可能具有相较过去同年龄段劳动力群体更高的劳动生产率。同时，根据门限值分段进行回归后，我们发现当预期寿命处于较低水平时，预期寿命延长会提高劳动生产率，当预期寿命达到较高水平时，预期寿命继续延长则会降低劳动生产率。预期寿命门限阈值为 71.54 岁，当预期寿命大于或等于 71.54 岁时，预期寿命与劳动生产率之间大致呈现出倒"U"形关系，我国目前仍处在倒"U"形曲线的左半边，预期寿命延长对我国劳动生产率总体上仍然表现为正向的促进作用。

后续我们使用微观数据进行了补充性研究，尝试为"劳动生产率随着预期寿命延长而提高"这一宏观现象提供微观层面的证据。现有的相关研究中有不少文献指出，年龄与劳动生产率之间存在倒"U"形关系，本章搜集和整理了 50 所高校 984 名高校教师的学术产出数据进行实证分析，验证了这种倒"U"形关系。我们分别从文章发表数量、文章所刊登期刊的水平以及以第一作者的身份所发文章的数量这三个维度对大学教师的劳动生产率进行了衡量，发现大学教师这一群体的学术产出水平存在随年龄增长呈现先提高后下降的情况。此外，在进一步加入对预期寿命延长这一现实的考量后，我们发现，随着预期寿命的延长，微观个体的年龄-劳动生产率曲线的拐点向后推移，发现在劳动生产率方面存在"现在的 50 岁相当于过去的 30 岁"的现象。

总之，本章的研究结合了宏观及微观两个层面的分析，从预期寿命延长的角度考察了近年来我国劳动生产率的动态演化过程，并在微观个体层面验证了本章关于预期寿命的延长会使年龄-劳动生产率曲线的拐点向后移动的理论假设。本章获得的启示是：随着预期寿命的延长，个人的劳动生产率在老年期仍然能够保持在较高水平，因此老年劳动力群体还具有很大的挖掘潜力，我国应适时出台延迟退休年龄的相关政策，充分利用日益庞大的老年劳动力资源，以避免劳动力资源的巨大浪费；另外，随着预期寿命延长，虽然劳动生产率下降的拐点年龄会推迟，但劳动生产率随年龄上升而下降仍然是一个趋势，提高劳动生产率的关键是社会的平均人力资本水平提高，这也要求我国进一步深化教育改革，提高全社会的平均受教育年限，加快人力资本积累，这是老龄化社会提高劳动生产率的根本途径。

第六章
预期寿命延长、人力资本投资与退休

第一节 问题的提出

近年来,关于"延迟退休"的议题备受社会各界的广泛关注,但人们却忽视了一个普遍且突出的现象——提前退休。人的生命周期主要分为三个阶段:受教育、工作和退休。Ben-Porath(1967)在其发表的著名的人力资本与生命周期收入一文中指出,随着预期寿命的延长,劳动者的受教育年限、工作年限和退休年龄也应该相应延长[即本-波拉斯机制(Ben-Porath mechanism)]。然而,世界上许多国家却普遍存在劳动者的预期寿命与受教育年限延长,工作年限反而缩短、退休年龄反而提前的现象(Hazan,2009;Cervellati and Sunde,2013)。数据显示(图6.1),从1970~2019年,OECD国家的男性(女性)预期寿命不断提高,人均受教育年限从7.698年上升至12.45年,但几乎所有OECD国家都出现了实际退休年龄的下降与终生劳动时间的相对缩短。1970年,OECD国家的平均实际退休年龄为男性68.4岁、女性66.4岁,到2019年分别下降至约65.4岁、63.7岁,并且OECD国家的劳动者退出劳动力市场的实际年龄低于法定退休年龄(Börsch-Supan,2000)。[①]

---

① 依据OECD的定义,实际退休年龄(effective retirement age)是指在近5年时间40岁以上劳动者从劳动力市场退出时的平均年龄。

290　长寿的宏观经济效应及对策研究

(a)

─●─ OECD人均受教育年限　　─◆─ OECD男性预期寿命
─■─ OECD男性退休年龄　　　─▲─ OECD女性预期寿命
─○─ OECD女性退休年龄

(b)

─▲─ 中国人均受教育年限　　─◆─ 中国人均预期寿命
─●─ 中国退休年龄

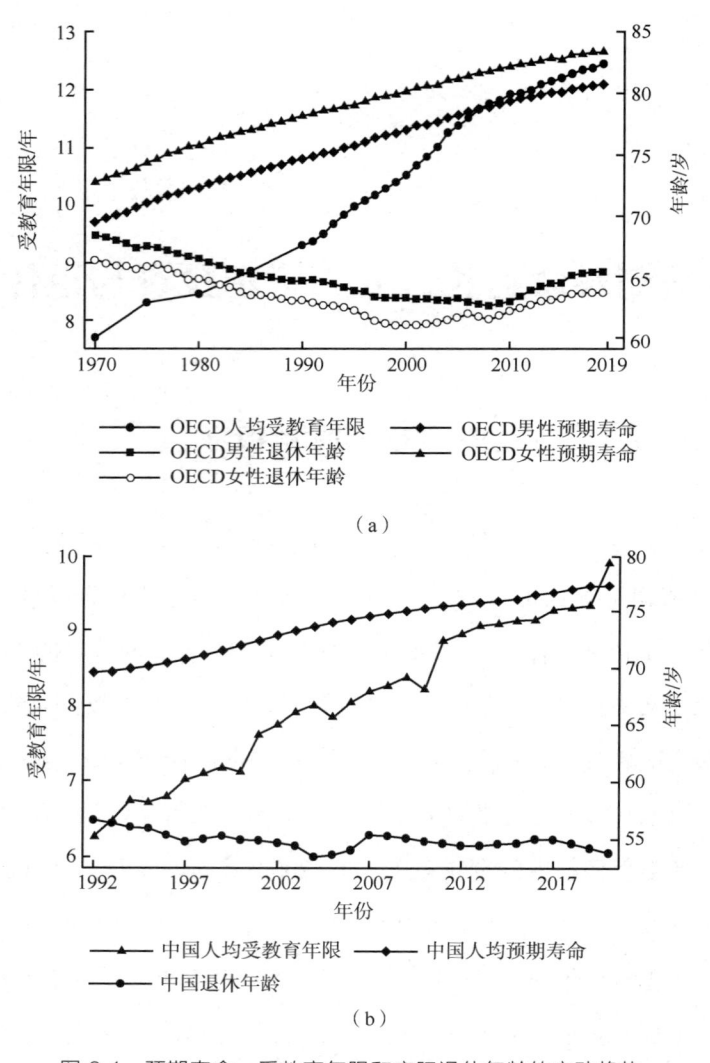

图 6.1　预期寿命、受教育年限和实际退休年龄的变动趋势

资料来源：OECD 国家人均受教育年限数据根据 Barro 和 Lee（2013）及人类发展指数报告（HDR 1990—2020）整理计算而得；中国人均受教育年限数据根据历年《中国统计年鉴》和第七次全国人口普查公报整理计算而得；预期寿命数据来自世界银行数据库；OECD 国家的实际退休年龄数据来自 OECD（2019）；中国退休年龄数据，2004 年前的数据摘自梁玉成（2007）文献，2005 年以后的数据是作者根据相关文献资料、CHARLS 和 CLDS 等微观调查数据以及趋势性变化估算而得

为缓解老年人口财政负担的压力，在过去的 10 年时间中，大多数 OECD 国家都进行了退休年龄政策改革，激励延迟退休，由此 2010 年左右开始，OECD 国家实际退休年龄表现出一定的上升趋势

中国的情况亦是如此。随着经济社会的迅速发展，中国人均预期寿命不断提升，人均受教育年限也持续提高，由 1992 年的 6.26 年上升至 2020 年的 9.91 年（图 6.1），增长速度为每年 0.12 年左右。尽管人均预期寿命与人均受教育年限呈现较快的增长趋势，但中国的法定退休年龄仍然是 20 世纪 50 年代制定的老标准：男性 60 岁、女干部 55 岁、女工人 50 岁[①]。与世界上其他主要国家相比，中国目前的退休年龄尤其是女性退休年龄比高收入国家低 7~10 岁（王天宇等，2016）。

尽管中国的法定退休年龄比较"年轻"，但大量企业或机关事业单位的职工在尚未到达法定退休年龄就提前退休。郑秉文（2011）通过对养老金收支平衡状况进行研究，认为中国的提前退休现象十分严重。封进和胡岩（2008）指出，中国城镇职工中男性和女性选择提前退休的比例分别为 54%、30%，并且 50~59 岁男性和 45~49 岁女性的退休人数与工作人数之比分别为 25%、20%。Sin（2005）的研究结果表明，中国各地区的企业员工平均退休年龄普遍较低、工作服务年限较短，平均退休年龄男性在 56 岁、女性在 50 岁，退休时的平均服务年限男性只有 27 年、女性只有 20 年。根据 2008 年北京大学国家发展研究院的调查数据，中国城镇居民退休人员中有 30% 的女性在 49 岁之前退休，一半以上的男性在 59 岁之前退休，中国城镇居民的退休年龄不但低于发达国家，还明显低于中国农村居民（Zhao，2009）。阳义南和才国伟（2012）利用 2011 年广东省 21 个地市的调查数据发现，职工具有显著的提前退休倾向，男性选择在 55 岁之前退休的占 55%，女性选择在 50 岁之前退休的占 41.2%。考虑到不同年龄具有不同的死亡风险，其进入调查样本的概率具有差异性，廖少宏（2012）以保险业经验生命表作为权重对中国综合社会调查（Chinese General Social Survey，CGSS）2008 年度数据进行加权处

[①] 法律规定，在特殊情况下劳动者的退休年龄可以早于上述规定年龄。

理来研究平均退休年龄，发现在距法定退休年龄 5～10 年时，男性提前退休率为 26.2%、女性为 13.3%，而在距法定退休年龄 5 年之内，男性提前退休率为 45.4%、女性为 41.5%。Giles 等（2015）利用 CHARLS 数据发现，中国城镇职工在 45～49 岁，女性退休率为 24%、男性为 14.1%；在 50～54 岁，女性退休率为 53.3%，男性为 20.8%。王军和王广州（2016）基于 2014 年 CLDS 数据，发现劳动者的理想退休年龄要低于法定退休年龄。李昂和申曙光（2017）认为中国的劳动者更倾向于提前退休而不是延迟退休，政府延迟退休改革会面临极大的阻力。邹红等（2019）定量分析了 CHARLS 2011 年的数据，发现已退休的城镇职工中选择提前退休的比例约为 48.29%，中国劳动者存在着低龄退休的问题。蔡昉（2020b）也认为中国的实际退休年龄明显偏低，大量的城镇劳动者很早便退出工作岗位。

中国政府也十分关注提前退休现象。2006 年劳动和社会保障部公布的调查数据显示，企业职工的提前退休情况十分严重，提前退休人员占比高达 56.8%[1]。2015 年两会期间，人力资源和社会保障部部长尹蔚民在介绍"十二五"以来中国的就业与社保事业发展时，指出中国企业职工退休时的平均年龄不足 55 岁。2017 年，人力资源和社会保障部社会保障研究所所长金维刚表示，目前中国"未老先退"问题特别突出，部分地区提前退休者占到当年退休人数的 30%，中国职工的实际退休年龄远低于法定退休年龄[2]。由于高质量的数据在国内极难获取，准确的实际退休年龄与推测的退休年龄可能存在一定的出入，但诸多文献表明，中国劳动者的实际退休年龄要明显低于法定退休年龄，也远低于世界发达国家的平均退休年龄，中国普遍存在着提前

---

[1] 在 29 个省区市（上海、西藏未参加）中，开展调查的地级及以上城市有 313 个，县级市有 21 个，实际发放问卷 1893 万份，收回有效问卷 1756 万份，问卷有效率为 92.8%。

[2] 《30%提前退休是什么梗？延退前夜养老金负担变相加重》，http://politics.people.com.cn/n1/2017/0506/c1001-29257827.html，2017 年 5 月 6 日；《提前退休占 30%：别容违规先退滋长》，http://m.xinhuanet.com/comments/2017-05/07/c_1120930220.htm，2017 年 5 月 7 日。

退休现象。这种劳动者预期寿命与受教育年限延长却提早退休的现象,一方面意味着劳动者职业生涯和人力资本回报期在缩短,导致有效劳动供给减少,造成人力资本浪费;另一方面也使得中国养老保险体系运行面临巨大的支付压力,容易引发养老金收不抵支的危机(王晓军和米海杰,2013)。

近年来,随着中国老龄化进程的加快,中国政府和学术界一直在积极酝酿新的退休制度,但民众对延迟退休政策的反映并不一致,甚至出现了一些反对的声音。那么,我们该如何解释为什么寿命越来越长的人们会花更长的时间去接受教育、增加人力资本投资,反而不想多工作呢?纵览文献,现有理论模型在分析预期寿命延长(老年生存概率上升)对教育、退休行为的影响时,大多都隐性假定预期寿命与受教育时间、退休年龄之间存在正向的因果关系(Boucekkine et al.,2002;Echevarría and Iza,2006;Zhang J and Zhang J S,2009;Prettner and Canning,2014)。其理由是,为了保持消费水平不变,如果劳动者接受更长年限的教育,则需要通过增加劳动供给,工作更长时间予以补偿。显然,上述模型的理论解释并不能令人满意。因为,这些模型得到的结论同历史经验证据和退休年龄提前的事实是相悖的。例如,Hazan(2009)通过1840~1970年出生的美国男性的连续队列数据发现,与预期寿命延长相伴的是终生工作小时数在下降,他指出以往的模型无法正确刻画终生劳动供给下降和提前退休的长期趋势。为了使理论模型与西方工业化国家过去几十年的提前退休或劳动供给减少的典型特征事实相一致,现有文献基本都是基于局部均衡框架或者小型开放经济模型(通常假定生产要素价格外生)进行理论研究的(Heijdra and Romp,2009b;Kalemli-Ozcan and Weil,2010;Hansen and Lønstrup,2012;Bloom et al.,2014b;Strulik and Werner,2016)。给出的解释是,由于预期寿命的延长,人们会通过多储蓄的方式来平滑生命周期消费,并选择提前退休。Bloom 等(2014b)将实际工资增长率视为外生,认为工资水平越高,人们越愿意更早退休,他们的模型预测,若实际工资增长率与20世纪一样高，实际退休年龄将继续下降。

国内现有文献也不乏对提早退休、延迟退休以及相关政策影响效应的研究。但值得注意的是，国内学者普遍将个人退休年龄视为政府控制的政策变量，简单地假设个人退休行为或老年劳动时间由外生决定，但这一假设与前文提到的现实并不吻合。何时退休是理性行为人需要做出的重要决策，虽然各国政府都规定了所谓的法定退休年龄作为养老金领取起始年龄点，但理性行为人仍可以通过提早退休或延迟退休等方式来调整自己的实际退休年龄和工作年限（张熠，2015；杨筠等，2018）。因此，我们需要从内生退休的视角来研究中国劳动者的退休决策。相对于假定外生退休年龄模型的研究结论而言，如果考虑个人的退休行为是内生的，那么预期寿命延长对人力资本投资、储蓄（消费）、生育与劳动供给等生命周期行为的影响机制将会发生不同程度的改变（郭凯明和颜色，2016）。传统观点认为预期寿命延长会提高人力资本投资的回报，激励人们接受更长时间的教育，从而促进人力资本积累和经济增长。然而，Hazan（2009）通过将退休决策引入到Ben-Porath（1967）模型中，发现上述作用机制成立的一个必要条件是终生劳动力供给随着预期寿命的延长而增加。不可否认，假设退休年龄为外生的理论模型在研究方法上是削足适履，存在一定的理论缺陷（张熠，2015），它并不能有效分析预期寿命延长对理性行为人的人力资本投资与退休行为的影响，依此假设提出的改革方案甚至存在缘木求鱼的可能。

那么到底如何解释现有理论与现实的巨大反差呢？Hansen 和 Lønstrup（2012）在小型开放经济条件下通过放松完美金融（年金）市场假设，试图去调和 Hazan（2009）的经验发现与本-波拉斯理论之间的冲突。然而，Hansen 和 Lønstrup（2012）对于模型核心机制的刻画始终为外生触发的。这可能是由于他们的模型拘泥于小型开放经济或局部均衡框架，无法在一般均衡框架下讨论活得更长的理性行为人的教育、储蓄（消费）、生育、退休等生命周期行为之间的相互作用机制。借此，我们沿着这一研究思路，进一步放松了约束性假设条件，并结合中国计划生育政策不断放松的现实环境，构建了一个含有预期寿命延长、人力资本投资和退休年龄选择的动态一般均衡世代交叠模型，用一个新的理论框架来刻画和剖析"伴随着预期寿命延长，个人受教育时间增加却提早退休"这一反常现象；同时，本章还对理论模型进行了拓展：一方面考察了劳动者退休行为的异质性并分析其背后的机制；另一方面在国企和私企两部门结构下，考察了劳动者的退休决策机理及影响效果。这有助于进一步厘清劳动者在老年期的退休决策机理，为如何推进退休制度改革提供理论依据。

相比以往的研究，本章构建的动态一般均衡世代交叠模型更能揭示经济现象背后的核心机制。主要理由如下：第一，局部均衡模型分析仅是单一的个体经济决策行为，对现实经济的解释显得远远不够，而一般均衡效应拓宽了理论假设条件，能够刻画个人、企业与市场均衡之间相互关联的全貌，具有更为坚实的微观行为基础。第二，小型开放经济或局部均衡分析一般都忽略或简化了内在的传导机制，这势必会掩盖或淡化不同决策主体对现实经济环境变化的反应，而一般均衡效应更能真实地揭示预期寿命延长对个体人力资本投资和退休决策的作用机制，显著增强模型的解释力、适应性及预见力。第三，关于个人预期寿命、退休年龄等高质量的微观数据在国内极难获取，难以满足计量经济回归方法对微观数据质量的要求，而动态一般均衡世代交叠模型及数值模拟方法对数据的依赖程度较低。第四，动态一般均衡模型可以从理论上考察个体退休行为异质性、企业异质性，从而使得关于劳动者退休行为的分析更符合现实。

相对于既有文献而言，本章的主要创新或贡献在于：第一，据我们所知，本章是首次在动态一般均衡世代交叠模型框架下阐释为何在预期寿命不断延长的情况下，会出现劳动者受教育年限延长却提早退休这一反常现象，拓展了现有理论文献的研究框架。本章认为，随着预期寿命的延长，由于人力资本积累水平提升，以及有效工资率上升和利率下降引起的收入效应超过了替代效应，个人对预期寿命延长的最优反应是增加受教育年限，同时倾向于选择提前退休、减少终生劳动供给时间，这很好地吻合了特征事实。第二，鲜有文献在生育政策不断放松制度环境下，探讨预期寿命延长对生育、人力资本投资和退休决策的影响。本章的研究发现，政府放松生育控制会鼓励个人提前退休，这为解释提前退休现象提供了一个新的理论视角，丰富了学术界对这一问题的认识。第三，在基准模型的基础上进一步刻画了劳动者在劳动效率（工作能力）和闲暇偏好上的异质性特征，尝试从理论上探讨不同类型劳动者的退休决策机制。同时还在基准模型中引入了国企部门和私企部门的生产特征，并在企业异质性模型框架下考察劳动者的人力资本投资和退休行为，这拓展了本章理论模型的应用范围。第四，本章的研究结论有益于厘清劳动者在老年期的退休决策机理，为如何推进退休制度改革提供理论依据。

本章余下部分的结构安排如下：第二节构建一个动态一般均衡世代交叠模型框架，求解模型的稳态均衡，并利用理论模型讨论在一般均衡时预期寿命延长对人力资本投资、退休时间决策和终生劳动供给的影响机制；第三节是模型参数校准、数值分析和解释，模型参数的稳健性检验，以及局部均衡框架与动态一般均衡框架的比较分析；第四节是基于放松计划生育政策的理论分析；第五节从个体异质性和企业异质性特征的角度对基准模型进行拓展与分析；第六节是结论与启示。

第二节 预期寿命延长影响人力资本与退休决策的理论分析

本章在 Hansen 和 Lønstrup（2012）描述的个人生命周期行为的基础上，构建了一个包含预期寿命延长、人力资本投资与退休时间决策的动态一般均衡世代叠模型。模型的基本框架如下。

一、代表性行为人

代表性行为人（简称行为人）一生经历三个阶段：少年期、成年期和老年期，分别称之为青年人、成年人和老年人。每期各拥有 1 单位的时间禀赋，同代人是同质的，并且消费单一物品。行为人在少年期将 1 单位的时间禀赋用于接受教育和提供劳动，接受教育的时间为 e_{t-1}，劳动供给的时间为 $1-e_{t-1}$，获得的劳动收入为 $w_{t-1}(1-e_{t-1})$[①]，其全部收入用于当期消费 $C_{y,t-1}$（脚标 y 表示少年期）：

$$C_{y,t-1} = w_{t-1}(1-e_{t-1}) \qquad (6.1)$$

式（6.1）意味着代表性行为人在少年期没有借贷与储蓄。上述设定的主要理由是：受教育时间越长（$e_{t-1} > 0$），行为人在下期积累的人力资本水平会越高，相应地在成年期的收入水平也将会高于少年期，根据生命周期平滑消费理论，个人在少年期最优行为应是进行借贷而不是储蓄；中国信贷市场不完善，信贷约束的限制使得行为人在少年期无法进行借贷；现实生活中，个人在少年期通常是与父母共同居住生活，劳动收入也往往用于食物、衣服、娱乐等消费方面的支出。

假定代表性行为人在成年期的劳动供给是无弹性的。t 时期，个人的人力资本水平为 h_t，在完全竞争市场条件下有效工资率为 w_t，行为人在成年期获得的劳动收入为 $w_t h_t$。行为人的收入除了满足自身的成年期消费 $C_{a,t}$（脚

[①] 假定行为人的初始人力资本水平为 1。在世代叠模型中，将个人接受教育的机会成本视为工资损失是多数文献普遍采用的建模方法，如 Hansen 和 Lønstrup（2012）、Carneiro 和 Heckman（2002）等的研究认为此假设对于少年期的行为人来说是合理的。不过，也有文献的理论模型中将个人受教育时间的机会成本设定为所放弃的闲暇享受，如 Glomm 和 Ravikumar（1992）、Zhang J 和 Zhang J S（2005）的研究。

标 a 表示成年期）外，还需要养育子女和储蓄 S_t。t 时期成年人的数量为 N_t，每个成年人生育 n_t 个子女，生育数量 n_t 由政府外生给定，其子女在 $t+1$ 时期成长为成年人，数量为 N_{t+1}，那么人口的动态增长方程为 $N_{t+1}/N_t = 1 + g_N = n_t$。在子女养育成本上，我们采用 Barro 和 Becker（1989）的设定，假设每个孩子的抚养成本是父母收入的一个固定比例 q，抚养子女的成本为 $q w_t h_t n_t$[①]。于是，行为人在成年期的预算约束为

$$C_{a,t} + S_t = w_t h_t - q_t w_t h_t n_t \tag{6.2}$$

关于人力资本积累的刻画。根据 Zhang J 和 Zhang J S（2005）、Kalemli-Ozcan（2008）、Nishimura 等（2018）等的研究的设定思路，假定人力资本的积累取决于行为人在少年期接受教育的时间以及父母的人力资本水平。个人通过努力学习、接受正规教育能够直接提高自身的人力资本水平；父母的能力、知识、智商等人力资本会通过基因遗传、家庭教育等途径有效地传递给子女。不失一般性，t 时期出生的行为人的人力资本积累函数设定如下：

$$h_{t+1} = D e_t^\gamma h_t \tag{6.3}$$

其中，$D>0$ 表示人力资本的积累参数；e_t 表示受教育时间；γ 表示人力资本对受教育时间的弹性，$0<\gamma\leq 1$；$h(e_t)'>0$，$h(e_t)''<0$，$\lim\limits_{e_t\to 0} h(e_t)' = +\infty$，$\lim\limits_{e_t\to +\infty} h(e_t)' = 0$。由人力资本积累函数可以看出，行为人在少年期的受教育时间对自身人力资本积累的边际效应大于零，并且边际效应随受教育时间严格递减。

假定代表性行为人能顺利度过少年期和成年期，但在老年期面临着生存不确定性。我们假设老年人的生存概率为 p[②]（Gradstein and Kaganovich，2004；

[①] 现实生活中子女的养育成本并不为个人工资收入的固定比例，考虑到个人决策的跨期优化问题，我们在这里采取 Barro 和 Becker（1989）等研究中的方法来设定子女的养育成本。

[②] 在本章中我们假定行为人的预期寿命（人均存活寿命）是外生的，其依赖于模型经济外部的公共健康投资，例如，疾病控制项目、环境卫生改善、医疗健康服务和意识等（Ehrlich and Chuma，1990；Chakraborty，2004），其具体决定因素在此不做讨论。

Baldanzi et al., 2019），p 越高则表示行为人的预期寿命越长。在老年期，行为人选择工作一段时间后再退休，继续工作的时间长度设为 l_{t+1}，则 $1-l_{t+1}$ 表示退休后老年人享受的闲暇时间；l_{t+1} 越大表示老年人工作的时间越长，相应的退休时间越晚。行为人在老年期的劳动收入为 $w_{t+1}h_tl_{t+1}$，储蓄本金和利息回报为 $R_{t+1}S_t$，全部收入都用于当期消费 $C_{o,t+1}$[①]（下标 o 表示老年期）。因此，行为人在老年期的预算约束满足：

$$C_{o,t+1} = w_{t+1}h_tl_{t+1} + R_{t+1}S_t \tag{6.4}$$

本章假设效用函数为对数形式，代表性行为人的效用函数为

$$U_t = \varphi\ln C_{y,t-1} + \ln C_{a,t} + \beta p\left[\ln C_{o,t+1} + \theta\ln(1-l_{t+1})\right] + \delta\ln n_th_t \tag{6.5}$$

其中，参数 $\beta, \theta, \varphi, \delta > 0$ 为常数，β 表示主观贴现因子；θ 反映了相对于老年期消费而言，行为人对退休闲暇时间的偏好程度；φ 表示少年期消费的权重，也逆向衡量对受教育时间的偏好程度；δ 表示子女成才所带来的幸福感的权重。

二、厂商

代表性厂商在完全竞争市场条件下使用物质资本和有效劳动力进行生产，生产函数形式为

$$Y_t = AK_t^{\alpha}L_t^{1-\alpha} \tag{6.6}$$

其中，$0<\alpha<1$ 表示物质资本的产出弹性；$A>0$ 表示生产技术水平的参数；Y_t 表示厂商的总产出；K_t 表示物质资本存量；$L_t = N_th_t + pN_{t-1}l_th_{t-1}$ 表示有效劳动力总投入。

[①] 由于中国目前的养老保险资本市场发展滞后，并不存在一个完善的年金市场，参考 Hansen 和 Lønstrup（2012）、Hirazawa 和 Yakita（2017）、Dedry 等（2017）等研究的做法，年金市场不完善时不妨将未被转移的意外死亡的财富视作年金市场的管理成本。为简化模型起见，本章假设模型经济中行为人不存在遗赠动机，老年人的收入全部用于自身消费。

对 Y_t、K_t 和 L_t 作如下变换:

$$y_t = \frac{Y_t}{N_t}, \quad k_t = \frac{K_t}{N_t}, \quad m_t = \frac{L_t}{N_t} = h_t + pl_t h_{t-1}/n_{t-1}$$

则生产函数可转化为如下形式:

$$y_t = A k_t^\alpha m_t^{1-\alpha} \quad (6.7)$$

一般而言,在世代交叠模型中每期平均间隔为 25～30 年,故假定物质资本在一期内完全折旧是合乎情理的。在完全竞争的要素市场下,通过求解代表性厂商的利润极大化问题,结合生产函数式(6.7)可得到:

$$w_t = (1-\alpha) A (k_t/m_t)^\alpha \quad (6.8)$$

$$R_t = 1 + r_t = \alpha A (k_t/m_t)^{\alpha-1} \quad (6.9)$$

其中,$k_t/m_t = K_t/L_t$ = 有效劳均资本。我们从式(6.8)、式(6.9)中可得到 $\partial w_t/\partial k_t = (1-\alpha)\alpha A m_t^{-\alpha} k_t^{\alpha-1} > 0$,$\partial R_t/\partial k_t = (\alpha-1)\alpha A m_t^{1-\alpha} k_t^{\alpha-2} < 0$,说明在其他条件不变时,随着 k_t 的增加,当期的工资率逐渐上升而资本收益率(利率)下降。这是因为在物质资本的积累过程中,相对于有效劳动力而言资本要素更容易获得,资本的边际报酬减少,工资率提高,此时厂商在生产过程中可能会逐渐用资本替代劳动力。

三、动态一般均衡条件

给定初始的资本存量 K_0,动态一般均衡条件定义为:总量序列 $\{K_t, L_t\}$、生产要素价格序列 $\{w_t, r_t\}$、行为人决策变量序列 $\{S_t, e_{t-1}, l_{t+1}\}$ 满足如下条件。

(1) 在要素价格 $\{w_t, r_t\}$ 给定的前提下,行为人在预算约束式(6.1)、式(6.2)、式(6.4)下,通过选择 $\{S_t, e_{t-1}, l_{t+1}\}$ 最大化自身效用。

(2) 在要素价格 $\{w_t, r_t\}$ 给定的前提下,企业选择 $\{K_t, L_t = N_t h_t + pN_{t-1} l_t h_{t-1}\}$ 最大化利润。

（3）物质资本市场的均衡条件为厂商使用的资本存量等于上一期成年人的储蓄，即

$$K_{t+1} = N_t S_t \quad (6.10)$$

其中，等式左边表示 $t+1$ 期初的总资本存量，而右边表示 t 时期成年人的总储蓄量。

四、代表性行为人最优条件

在生产要素价格既定的情况下，代表性行为人通过选择储蓄 S_t、受教育时间 e_{t-1} 以及退休时间 l_{t+1} 来最大化一生的效用水平，一阶最优条件依次为

$$C_{o,t+1} = \beta p R_{t+1} C_{a,t} \quad (6.11)$$

$$\gamma \left[\delta + \frac{(1-n_t q) w_t h_t + h_t l_{t+1} \frac{w_{t+1}}{R_{t+1}}}{C_{a,t}} \right] = \frac{\varphi e_{t-1}}{1 - e_{t-1}} \quad (6.12)$$

$$\beta p \theta C_{a,t} = (1 - l_{t+1}) h_t \frac{w_{t+1}}{R_{t+1}} \quad (6.13)$$

式（6.11）表示行为人最大化一生效用时，储蓄的边际成本等于边际收益，储蓄的边际成本是成年期减少一单位消费所带来的效用损失，边际收益是老年期增加 $\beta p R_{t+1}$ 单位消费所带来的效用改善。式（6.12）表示人力资本投资决策的等边际原则，边际成本是人力资本投资的受教育时间的相对价格（机会成本占劳动收入的比重），边际收益是接受教育使得人力资本和工资收入提高所带来的效用，其主要由两部分构成：行为人从子代人力资本提高上所获得的边际效用，以及增加一单位人力资本投资所带来的边际效用改进。式（6.13）表示在最优的退休时间选择下，老年期闲暇时间减少带来的效用损失等于老年人继续工作的工资收入所带来的效用改进。

根据式（6.11）～式（6.13）及预算约束式（6.1）～式（6.4），我们就能得到储蓄、人力资本投资和退休时间的表达式：

$$S_t = \frac{\beta p(1-n_t q) - l_{t+1} g_t^w}{1+\beta p} w_t h_t \qquad (6.14)$$

$$e_{t-1} = \frac{\gamma(1+\beta p+\delta)}{\varphi + \gamma(1+\beta p+\delta)} \qquad (6.15)$$

$$l_{t+1} = \frac{(1+\beta p) - \beta p \theta(1-n_t q)/g_t^w}{1+\beta p+\beta p \theta} \qquad (6.16)$$

其中，$g_t^w = w_{t+1}/w_t R_{t+1}$ 表示贴现后的工资增长因子。

式（6.14）的经济含义是，在给定生产要素价格和人力资本积累水平下，如果提高人口生育率，子女的养育成本将上升，由此将降低代表性行为人的储蓄水平；如果在老年期继续工作，个人的老年收入将增加，这也会带来储蓄的下降。

五、动态一般均衡求解

为了便于求解一般均衡，本章定义 $k_t = K_t/N_t$，$m_t = L_t/N_t = h_t + pl_t h_{t-1}/n_{t-1}$，于是有效劳均资本 $\tilde{k}_t = K_t/L_t = k_t/m_t$。此时根据物质资本市场均衡条件式（6.10），我们将其两端同除以第 $t+1$ 期的成年人数量 N_{t+1}，结合人口的动态增长方程，不难得到：

$$n_t k_{t+1} = S_t \qquad (6.17)$$

我们把式（6.14）代入式（6.17）中，同时两端除以 m_{t+1}，整理可得到：

$$\frac{k_{t+1}}{m_{t+1}} = \frac{\beta p(1-n_t q) w_t - l_{t+1} w_{t+1}/R_{t+1}}{(1+\beta p)(n_t D e_t^\gamma + pl_{t+1})} \qquad (6.18)$$

根据要素价格表达式（6.8）和式（6.9），以及人力资本投资和退休时间的最优性条件式（6.15）和式（6.16），我们就能得到 $\tilde{k}_t$ 的动态积累方程：

$$\tilde{k}_{t+1} = \frac{A\beta p(1-n_t q)\left[\alpha p\theta + (1-\alpha)(1+\theta)\right]}{(1+\beta p)(p+n_t D\Omega) + \beta p\theta n_t D\Omega + \dfrac{1-\alpha}{\alpha}} \tilde{k}_t^\alpha \qquad (6.19)$$

其中，$\Omega = \left[\gamma(1+\beta p + \delta)/(\varphi + \gamma(1+\beta p + \delta))\right]^\gamma$。

式（6.19）表明模型经济中存在唯一、稳定且非振荡的稳态均衡解。有效劳均资本 $\tilde{k}_t$ 将收敛于一个全局稳态均衡水平：$\tilde{k}_{t+1} = \tilde{k}_t = \tilde{k}^*$。将以上设定代入式（6.19）中，可求出经济达到稳态均衡时的有效劳均资本 $\tilde{k}^*$：

$$\tilde{k}^* = \left\{ \frac{A\beta p(1-nq)\left[\alpha p\theta + (1-\alpha)(1+\theta)\right]}{(1+\beta p)(p+nD\Omega) + \beta p\theta nD\Omega + \dfrac{1-\alpha}{\alpha}} \right\}^{1/(1-\alpha)} \qquad (6.20)$$

在此基础上，我们可以计算出稳态均衡的有效工资率和资本回报率（利率）：

$$w^* = (1-\alpha)A(\tilde{k}^*)^\alpha, \quad R^* = 1 + r^* = \alpha A(\tilde{k}^*)^{\alpha-1} \qquad (6.21)$$

结合式（6.16），我们可以得到代表性行为人在稳态均衡时的最优退休时间为

$$l^* = \frac{(1+\beta p) - \beta p\theta(1-nq)A\alpha(\tilde{k}^*)^{\alpha-1}}{1+\beta p + \beta p\theta} \qquad (6.22)$$

六、预期寿命与人力资本投资

我们将式（6.15）对预期寿命（老年生存概率 p）进行求导，整理后得到式（6.23）[①]：

[①] 本章所有结论的证明过程从略，备索。

$$\frac{\partial e}{\partial p} = \frac{\beta\gamma\varphi}{\left[\varphi + \gamma(1 + \beta p + \delta)\right]^2} \tag{6.23}$$

根据式（6.23）易知，$\partial e/\partial p$ 大于 0，说明随着预期寿命的延长，代表性行为人将增加受教育时间。具体而言，在本章动态一般均衡模型中，预期寿命对代表性行为人人力资本投资的作用机制主要体现在以下几方面。

首先，预期寿命延长使得行为人更加重视老年期的生活水平，从生命周期平滑消费的角度考虑，可能倾向于选择多储蓄（Li et al.，2007；汪伟，2010a；汪伟等，2018），这会使一般均衡状态的有效劳均资本和工资率上升，预期到工资收入增长，人力资本投资回报上升，理性行为人倾向于接受更长时间的教育。其次，在本章的模型中，教育是行为人能够平滑少年期和成年期消费的唯一工具（Hansen and Lønstrup，2012），由于预期寿命延长提高了均衡状态的有效劳均资本，一般均衡效应带来的利率下降意味着消费的现时价格（相对价格）下降，个人在年轻阶段的消费水平上升，为了维持该阶段收入和消费的平衡，理性行为人倾向于在少年期增加劳动时间，减少受教育时间。再次，预期寿命延长使得人力资本投资的预期受益时间拉长，这为行为人投资教育提供了激励（林忠晶和龚六堂，2007），从而导致受教育时间增加；预期寿命延长也意味着个人将拥有更长的生命期限，需要消耗更多的生存资源，预期到这一点，行为人也可能增加受教育时间，通过提高人力资本以便在未来获得更高的收入（Papapetrou and Tsalaporta，2020）。最后，受教育时间对人力资本积累的边际效应递减，会降低人力资本投资的吸引力，行为人对增加受教育时间的需求也会随之减少。

在上述几条机制的共同作用下，预期寿命延长对人力资本投资的正向激励效应占据主导，导致代表性行为人倾向于增加受教育时间。类似地，我们将式（6.15）对 φ、γ 等参数进行求导，可以得到：

$$\partial e/\partial \varphi < 0, \quad \partial e/\partial \gamma > 0$$

$\partial e/\partial\varphi$ 的符号为负，说明少年期消费权重提高会减少受教育时间。这是因为，少年期消费的权重越大意味着行为人越重视少年期消费所带来的效用水平，相对来说，其对受教育的偏好程度就会下降，进而引起代表性行为人将较少的时间用于人力资本投资。$\partial e/\partial\gamma$ 的符号为正，说明教育弹性 γ 越高，行为人越愿意增加受教育时间。总结以上分析，我们得到以下结论。

结论 6.1：在考虑了资本市场不完美，教育、储蓄（消费）、退休决策与要素价格的相互作用所产生的动态一般均衡效应后，当经济处于稳态时，随着预期寿命的延长，代表性行为人在少年期倾向于增加受教育时间，提高人力资本水平；教育弹性参数 γ 越大，受教育时间越长，而少年期消费权重 φ 越高，受教育时间则越短。

七、预期寿命与退休行为

在前文，我们分析了预期寿命延长影响人力资本投资的经济机理。下面我们主要从理论上考察预期寿命提高会如何影响代表性行为人的退休决策。

我们将式（6.22）对预期寿命（老年生存概率 p）进行求导，化简整理可得

$$\text{sign}\frac{\partial l^*}{\partial p} = \text{sign}\left\{-\beta\theta - \beta\theta(1-nq)R^*\left[1-(1-\alpha)(\epsilon_{wp}-\epsilon_{Rp})(1+\beta p+\beta p\theta)\right]\right\} \quad (6.24)$$

其中，$\epsilon_{Rp} = \dfrac{\partial R}{\partial p}\dfrac{p}{R}, \epsilon_{wp} = \dfrac{\partial w}{\partial p}\dfrac{p}{w}$。

根据式（6.24），$\partial l^*/\partial p$ 的符号不确定，即在一般均衡条件下，预期寿命延长对代表性行为人老年劳动时间和退休决策的影响是不确定的，具体取决于模型参数、一般均衡效应引起的有效工资率和资本回报率（利率）的变动[①]。在本章动态一般均衡模型中，预期寿命延长对理性行为人退休时间选择的作

---

① 把有效劳均资本对老年生存概率 p 进行求导，可知：$\partial \tilde{k}^*/\partial p > 0, \partial R^*/\partial p < 0, \partial w^*/\partial p > 0$。

用机制主要体现在以下几个方面。

首先,当预期寿命延长时,一般均衡效应引致的有效工资率上升会同时产生两个方向相反的作用机制:一方面,由于在单位工作时间内的工资水平为 w^*h,那么,行为人的工资收入将随着人力资本水平与有效工资率的提高而上升,收入效应使得行为人在生命周期内的消费上升,导致消费的边际效用下降,闲暇的边际效用上升,从而促使行为人在老年期倾向于更多地消费闲暇,同时,更高的收入水平允许行为人减少工作时间,有能力提早退休;另一方面,闲暇的机会成本(闲暇价格)等于工资率,工资率上升将会提高闲暇的价格,使闲暇消费变得相对较为昂贵,替代效应促使行为人减少对退休闲暇的消费,鼓励其延迟退休、增加老年劳动供给以获得更多的工资收入。其次,一般均衡效应引致的利率下降也会同时产生两个方向相反的作用机制:一方面,利率下降使居民的储蓄收益减少,行为人预期一生的收入将减少,促使其在成年期减少消费、增加预防性养老储蓄,从而在老年期的消费增多,而老年期消费增多会降低消费的边际效用,降低工作的动力,行为人可能更愿意提前退休;另一方面,利率下降会降低消费的现时价格(相对价格),替代效应将促使行为人在成年期增加消费、减少储蓄,而在老年期相对下降的消费水平会提高消费的边际效用,提高工作的动力,同时为了平滑成年期和老年期的消费,行为人也可能更有动力在老年期延迟退休,增加老年劳动时间。最后,预期寿命的延长会增加老年期劳动的负效用,直接降低行为人工作的积极性,促使其更愿意提早退出劳动力市场。我们将以上分析总结如下。

结论 6.2:在考虑了资本市场不完美,教育、消费(储蓄)、退休决策与要素价格的相互作用所产生的动态一般均衡效应后,当经济处于稳态时,预期寿命延长对代表性行为人老年劳动时间和退休决策的影响是不确定的,主要取决于有效工资率上升和利率下降引起的收入效应和替代效应的大小,若收入效应超过替代效应,则随着预期寿命的延长,代表性行为人会减少老年劳动时间,选择提前退休;反之,则相反。

八、预期寿命与终生劳动供给

由于本章理论模型将预期寿命延长定义为死亡年龄不确定性的下降,且不确定性在老年期期初便得以消除。因此,对于在老年期存活下来的代表性行为人而言,其终生劳动供给可以定义为

$$\text{TL}^* = (1-e) + 1 + l^* \tag{6.25}$$

为了考察预期寿命延长如何影响终生劳动供给,我们将式(6.25)对预期寿命(老年生存概率 p)进行求导,即

$$\frac{\partial \text{TL}^*}{\partial p} = -\frac{\partial e}{\partial p} + \frac{\partial l^*}{\partial p} \tag{6.26}$$

将式(6.23)和式(6.24)的数学表达式代入式(6.26)中,可得到:

$$\frac{\partial \text{TL}^*}{\partial p} = -\frac{\beta\gamma\varphi}{\left[\varphi + \gamma(1+\beta p+\delta)\right]^2} + \frac{-\beta\theta - \beta\theta(1-nq)R^*\left[1-(1-\alpha)(\epsilon_{wp}-\epsilon_{Rp})(1+\beta p+\beta p\theta)\right]}{(1+\beta p+\beta p\theta)^2} \tag{6.27}$$

令 $\partial \text{TL}^*/\partial p = 0$ 时的有效劳均资本存量为 $\hat{k}$,通过对式(6.27)进行化简求解,我们得到如下临界值:

$$\hat{k} = \left\{ \frac{A\alpha\theta(1-nq)\left[(1-\alpha)(\epsilon_{wp}-\epsilon_{Rp})(1+\beta p+\beta p\theta)-1\right]\left[\varphi+\gamma(1+\beta p+\delta)\right]^2}{\gamma\varphi(1+\beta p+\beta p\theta)^2 + \theta\left[\varphi+\gamma(1+\beta p+\delta)\right]^2} \right\}^{\frac{1}{1-\alpha}} \tag{6.28}$$

且有如下结论成立。

结论 6.3:在考虑了资本市场不完美,教育、消费(储蓄)、退休决策与

要素价格的相互作用所产生的动态一般均衡效应后，若经济中稳态的有效劳均资本存量高于某一门槛值 $\tilde{k}^* > \hat{k}$，则代表性行为人终生劳动供给随着预期寿命的延长反而减少；若稳态的有效劳均资本存量满足条件 $\tilde{k}^* < \hat{k}$，则代表性行为人终生劳动供给将随着预期寿命的延长而增加。

第三节　参数校准与数值模拟

一、参数校准

为了解释和预测在中国实际的经济环境下，预期寿命延长对理性行为人的受教育时间和退休决策的具体影响，本节我们将校准模型中的参数进行数值模拟。为了避免参数设置的随意性并使参数取值接近现实情况，我们依据国内外文献研究结论来确定模型中相关参数的基准值，从而保证数值模拟结果的准确性。

为便于描述行为人的退休行为和劳动供给，我们假设生命周期的每一期长度均为 25 年（即一代人的时间）①。关于跨期消费的时间偏好，在通常情况下，国内外研究文献认为 1 年期主观贴现率在 0.01 至 0.05 之间。例如，康书隆等（2017）设定的年主观贴现率为 0.05。综合现有文献的设定，本章假定老年期的主观贴现因子为 $\beta=0.78$，少年期的消费权重（逆向衡量对受教育时间的偏好程度）为 $\varphi=0.46$。关于行为人对退休闲暇时间的相对偏好程度 θ，国内很少有学者对其取值进行考究。Hirazawa 和 Yakita（2017）认为老年期退休闲暇的偏好参数相当于消费偏好的 0.3 倍，即将退休闲暇权重取值为老年期消费权重（主观折现因子）乘上 0.3，本章参照这篇文献，将参数 θ 取值为 0.3。关于受教育时间弹性 γ 和人力资本积累参数 D，我们借鉴 Hansen

---

① 需要指出的是，现有不少文献数值模拟结果的老年人劳动供给时间 l 为负数（$l<0$），显然基于此而得出提前退休的研究结论是值得商榷的。

和 Lønstrup（2012）的做法，将人力资本对受教育时间的弹性 γ 参数取值为 0.4。同时，为了使增长率与中国过去 40 多年的实际经济增长速度基本吻合（年均经济增长在 9.5% 左右），我们设定人力资本积累参数 $D=4$。关于老年生存概率 p，刘永平和陆铭（2008a）根据瞿德华（2003）编制的中国普查人口简略生命表计算得到的生存概率为 0.76。由于近十几年来中国人口的预期寿命已有较大幅度的提高，我们参考汪伟（2017）的做法，在基准情形下将老年生存概率 p 设定为 0.84，同时将 p 的取值范围设定在 0.6 至 1 之间。

关于中国物质资本的产出弹性 α，许多学者进行过研究，例如，张军和施少华（2003）估计值为 0.609；Bai 等（2006）基于收入法的测算结果认为，1978 年以来中国资本的收入份额平均在 0.53。近年来，随着第一次人口红利的消失、人力资本积累以及劳动力成本的不断攀升，中国的物质资本贡献率有所下降，彭浩然和陈斌开（2012）、郭凯明和余靖雯（2017）等都将中国物质资本产出弹性设定为 0.5，本章沿用他们的取值，将 α 的基准值确定为 0.5。关于父母生育子女的数量 n，中国第五次、第六次人口普查的总和生育率分别为 1.22、1.18，但学者普遍认为统计资料存在大量的漏报等情况，国家统计局的数据低估了中国的实际生育水平（郭志刚，2012）。Cai（2010）认为中国总和生育率应当在 1.5 以下，尹文耀等（2013）认为 21 世纪以来中国人口生育率基本上稳定在 1.5 左右。综合现有研究结果来看，我们认为中国的总和生育率范围在 1.18 至 1.5 之间。本章参考彭浩然等（2018）的做法，将总和生育率取值为 1.4，这一数值是学者普遍认可的生育率水平。在本章的代表性行为人模型中，生育率对应于现实总和生育率数据的一半，因此设定 $n=0.7$[①]。我们遵从大多数文献的做法（Zhang J and Zhang J S, 2009；严成樑, 2016），将养育子女的成本参数 q 设定为 0.1，即每个子女的抚养成本约为个

[①] 在世代交叠模型中，每个行为人代表了一个家庭，因而人口总和生育率实际上为 $2n$。

人收入的 10%。最后，我们将全要素生产率（total factor productivity，TFP）参数 A 标准化为 10。综上，本章基准模型的主要参数取值如表 6.1 所示。

表 6.1　模型参数的校准结果

参数	表示意义	取值
β	老年期的主观贴现因子	0.78
φ	少年期的消费权重	0.46
θ	个人对退休闲暇时间的相对偏好程度	0.3
γ	人力资本对受教育时间的弹性	0.4
D	人力资本积累参数	4
p	预期寿命（生存概率）	0.84
α	中国物质资本的产出弹性	0.5
A	生产部门的全要素生产率	10
n	人口生育率	0.7
q	子女养育费用占工资收入的比重	0.1

二、数值模拟结果与分析

基于上文的理论模型与参数校准，我们首先数值模拟经济处于均衡状态时，预期寿命延长对人力资本投资的影响。图 6.2 报告了具体的模拟结果，横轴表示预期寿命（老年生存概率），纵轴表示人力资本投资（受教育年限）。与理论分析结果相一致，当预期寿命延长时，行为人倾向于提高受教育年限，增加人力资本投资。在老年生存概率 $p=0.84$ 时，我们计算得到的受教育年限为 9.104 年（表 6.2）。根据《中国人口和就业统计年鉴》、《中国统计年鉴》和第七次全国人口普查公报提供的数据，2015 年、2020 年中国人均受教育年限分别为 9.12 年、9.91 年，说明中国人均受教育程度的实际数据与模型数值模拟的结果非常接近。表 6.2 的定量分析结果表明，在动态一般均衡模型中老年生存概率（预期寿命）提高 10 个百分点，行为人受教育年限的增幅为 0.3 年左右。

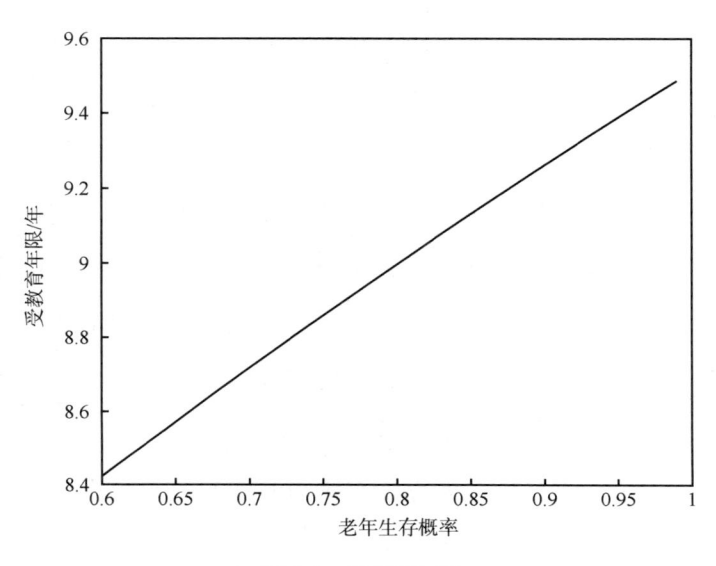

图 6.2 受教育年限

表 6.2 基准模型下预期寿命对主要经济变量的影响

变量	预期寿命（老年生存概率）						
	0.6	0.7	0.75	0.8	0.84	0.85	0.9
受教育年限 E^*/年	8.42	8.71	8.859	8.997	9.104	9.13	9.27
变动幅度 ΔE^*	—	0.29	0.149	0.138	0.107	0.026	0.14
退休年龄 L^*/岁	55.505	55.305	55.21	55.119	55.047	55.03	54.944
变动幅度 ΔL^*	—	−0.2	−0.1	−0.091	−0.072	−0.02	−0.09
有效劳均资本 $\tilde{k}^*$	0.344	0.414	0.449	0.483	0.509	0.515	0.547
资本回报率（利率）r^*	7.53	6.767	6.463	6.198	6.01	5.965	5.759
有效工资率 w^*	2.931	3.219	3.35	3.473	3.567	3.589	3.699

注：劳动者受教育年限和退休年龄的计算方法分别为 $E^* = 25 \times e^*$、$L^* = 50 + 25 \times l^*$；Δ 表示变化量

在本章的动态一般均衡模型中，预期寿命延长对理性行为人退休时间的影响，可能主要取决于收入效应和替代效应的相对强弱程度。图 6.3 展示的是一般均衡条件下预期寿命延长对行为人退休年龄影响的净效应。在中国现实经济的参数环境下，随着老年生存概率（预期寿命）的提高，行为人的退

休年龄呈现缓慢下降趋势,老年生存概率与退休年龄之间呈现负向关系,换言之,随着预期寿命的延长,行为人越来越重视老年期的退休生活,将更多的时间分配给退休闲暇期。图 6.3 显示随着老年生存概率(预期寿命)的提高,行为人的退休年龄从 55.5 岁开始缓慢下降,远未达到法定退休年龄。另外,如表 6.2 所示,当老年生存概率 p=0.84 时,模拟得到的退休年龄为 55.047 岁,符合学术界对中国平均退休年龄的普遍设定。这说明本章理论模型与参数校准具有很强的现实解释力,能够很好地模拟中国平均退休年龄的实际变动趋势。从传导机制和作用效果上看,在一般均衡条件下,当预期寿命提高时,由于人力资本积累程度、有效工资率上升和利率下降所产生的收入效应大于替代效应,这直接导致劳动者增加退休闲暇的消费,有能力和意愿提早退休,减少工作时间,这与 Sánchez-Romero 等(2016)的研究结论相似。但 Sánchez-Romero 等(2016)的研究是基于局部均衡模型,本章基于动态一般均衡模型,在考虑了资本市场不完美,教育、储蓄(消费)、退休决策与要素价格的相互作用后,也可以得到相同的结论。

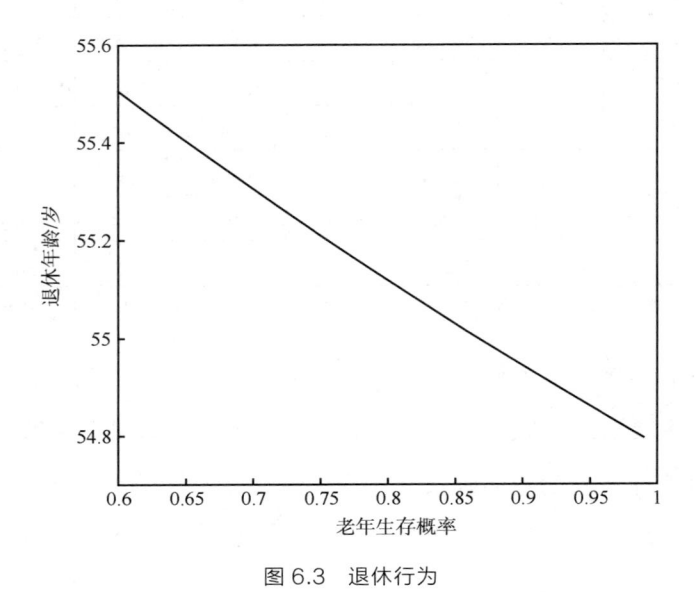

图 6.3　退休行为

图 6.4 的模拟显示，预期寿命延长（老年生存概率提高）减少了个人的终生劳动供给。相应的经济机制是：一方面，预期寿命延长使得个人增加受教育时间，这直接导致对工作时间的"挤占"，相应地推迟了进入劳动力市场的起始时间；另一方面，预期寿命延长会使个人增加预防性养老储蓄，促进物质资本积累（Bonneuil and Boucekkine，2017；张颖熙和夏杰长，2020）。当经济中资本越来越丰裕以后，资本回报率会下降，有效工资率上升，如前所述，个人老年劳动时间会随着预期寿命延长而逐渐减少（收入效应起主导作用）。因此，在上述作用机制下，基准参数环境中的有效劳均资本超过了门槛值 $\hat{k}$，预期寿命延长反而导致个人终生劳动供给减少。换句话来说，随着预期寿命延长和有效劳均资本存量提高，个人即使减少终生劳动供给也能达到原有的收入和福利水平。这个结论也得到了现有文献研究的支持（Hazan，2009；Cervellati and Sunde，2013；林忠晶和龚六堂，2007；张颖熙和夏杰长，2020）。例如，林忠晶和龚六堂（2007）采用有限生命预期的世代交叠模型，通过数值模拟发现，预期寿命提高的幅度越大，个体享受的退休闲暇时间就

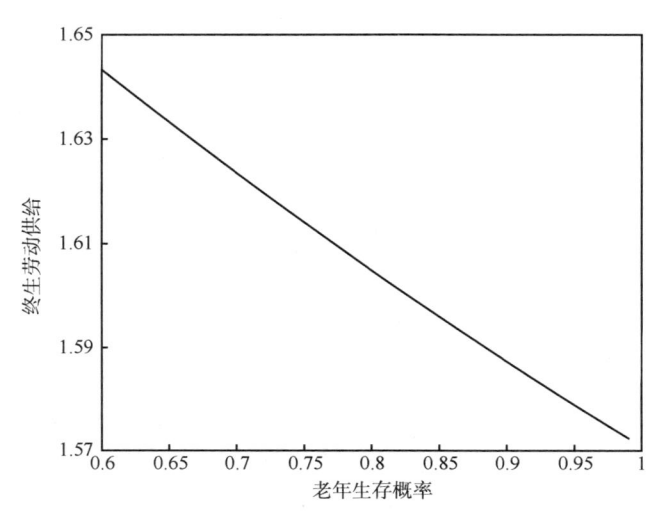

图 6.4　终生劳动供给行为

越多。张颖熙和夏杰长（2020）利用全球 84 个国家 1960~2016 年的样本数据，发现了预期寿命延长导致终生劳动供给减少的经验证据。

相较于简单的小型开放经济或局部均衡模型而言，在动态一般均衡世代交叠模型中预期寿命延长主要通过有效劳均资本、有效工资率和利率的变动来影响行为人的退休年龄选择。图 6.5 模拟显示，预期寿命延长提高了有效劳均资本存量。这一点不难理解，虽然预期寿命延长会提高个人的受教育程度，但由于人力资本积累和收入水平的提高，以及理性行为人"未雨绸缪"的储蓄动机更加强烈，这仍然能够带来更高的物质资本存量（Bloom et al.，2007），单位人力资本所拥有的物质资本增加。整个社会有效劳均资本存量的增加会引起有效工资率上升，而边际递减规律导致资本回报率（利率）下降。图 6.6 和图 6.7 分别描绘的是预期寿命延长对资本回报率（利率）和有效工资率水平的影响，表 6.2 也报告了相关定量分析结果。从图 6.6 和图 6.7 中可见，随着老年生存概率（预期寿命）的提高，资本回报率（利率）呈现缓慢

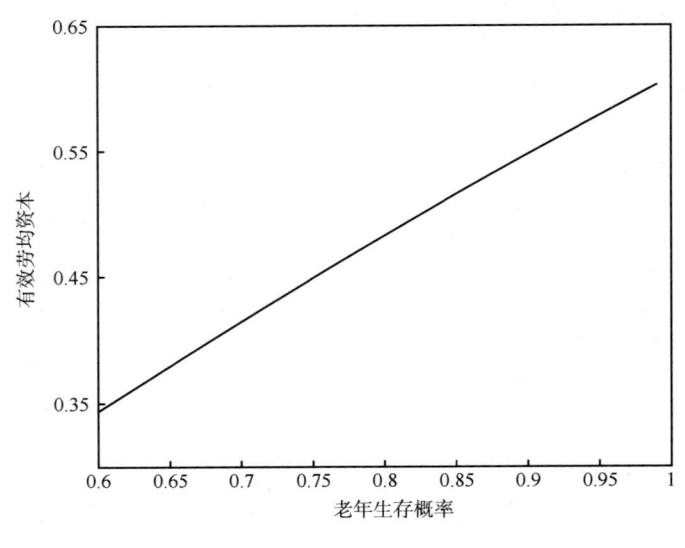

图 6.5 有效劳均资本

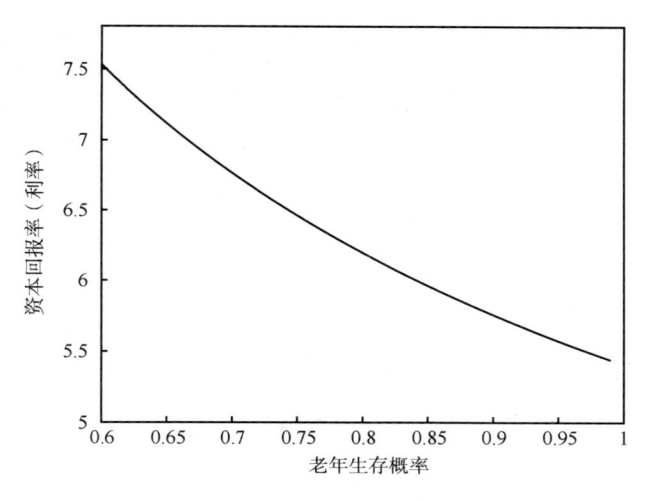

图 6.6 资本回报率（利率）

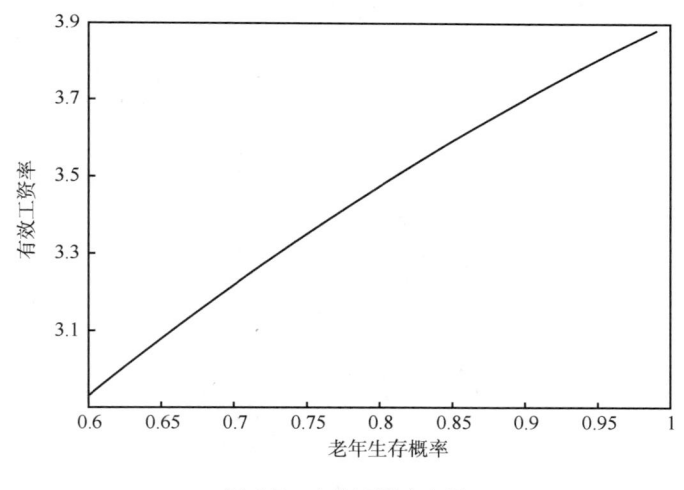

图 6.7 有效工资率水平

下降的趋势，而有效工资率则逐渐提高。在经济处于稳态，参数都取基准值时，老年生存概率每提高 1 个百分点，资本回报率（利率）下降约 5.903，有效工资率则上升约 2.56。事实上，这在一定程度上反映了预期寿命延长可以产生第二次人口红利（Lee and Mason, 2006），即预期寿命延长能够促进人力资本积累与提高有效劳均资本存量，有利于经济增长。

根据前文理论模型推导与数值模拟的结果，我们看到预期寿命和生育数量对有效劳均资本（有效工资率和利率）的影响是互补的[①]。我们绘制了两张三维图（图 6.8 和图 6.9），模拟出在不同预期寿命和生育率的组合下，有效劳均资本和退休年龄会如何变化。

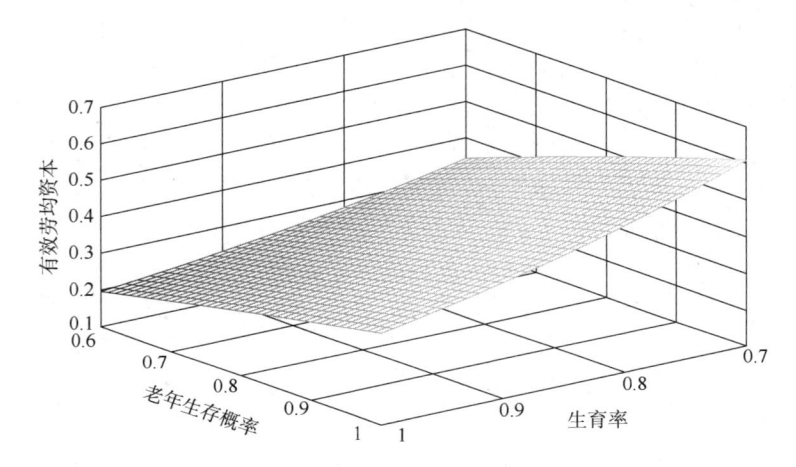

图 6.8　不同老年生存概率和生育率组合下的有效劳均资本

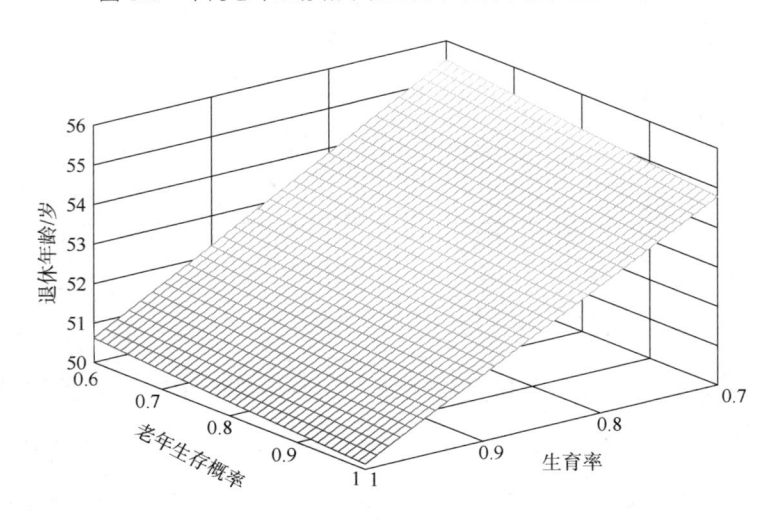

图 6.9　不同老年生存概率和生育率组合下的退休行为

---

① 将有效劳均资本对生育率 n 求导，易知：$\partial k^*/\partial n < 0, \partial R^*/\partial n > 0, \partial w^*/\partial n < 0$。

图 6.8 显示，经济中的有效劳均资本随着预期寿命的延长而提高，随着生育数量的增加而降低。我们还发现，有效劳均资本的曲面在给定老年生存概率（预期寿命）的截面上呈现出向上倾斜的曲线形状。这就意味着在该曲线上对应的每个老年生存概率水平，随着生育率水平的上升，有效劳均资本呈现出逐渐下降的趋势。由于在不同预期寿命和生育数量的组合下，有效劳均资本的变化会引起有效工资率和利率发生变化，进而可能会改变行为人对退休年龄的选择，图 6.9 描绘了行为人在不同预期寿命和生育率组合下所对应的退休年龄选择情况，结果显示，给定生育率水平，随着生存概率（预期寿命）的提高，行为人的退休年龄缓慢下降。图 6.9 还显示，给定生存概率（预期寿命），随着生育率水平的上升，行为人的退休年龄逐渐降低。

三、参数敏感性分析

上文的数值模拟结果表明，在动态一般均衡的框架下，随着预期寿命的延长，行为人的退休年龄逐渐降低，工作年限不断减少。为了检验这一结论的稳健性，这一小节我们将对决定行为人退休年龄的几个重要参数进行敏感性分析，即在保持其他参数取值不变的前提下，我们依次在一定范围内调整物质资本产出弹性 α、退休闲暇偏好 θ、受教育时间弹性 γ 和生育率 n 的参数取值，进行敏感性分析。

图 6.10 给出了改变资本产出弹性 α 取值的数值模拟结果。我们可以看到，随着 α 取不同的数值（基准值上下变动 10%），预期寿命对退休年龄的影响方向均没有变化。但提高资本产出弹性 α 会使行为人倾向于更早退休；反之，则退休年龄上升。这是因为，资本的产出份额越高，社会总产出将更多地依赖于有效劳均资本，对劳动力的需求下降。同时，行为人在老年期的资本回报越多，不需要供给过多的劳动时间就能保障退休期的生活水平不下降，于

是退休年龄越小。接下来，我们改变退休闲暇时间偏好程度 θ 的取值，图 6.11 的模拟显示，不管参数 θ 的取值如何变化，预期寿命的延长仍然会导致行为人提早退休，而且当参数 θ 的取值越大时，行为人的退休年龄越低。这背后的经济学逻辑是，θ 越大意味着行为人越偏好于退休闲暇，越倾向于减少劳动供给时间，提早退出劳动力市场。图 6.12 呈现了改变人力资本积累函数中受教育时间弹性参数 γ 的取值时，老年生存概率提高对退休年龄的影响。结果表明，在不同的参数 γ 取值下，预期寿命延长对行为人退休年龄的作用方向是一致的。但是，γ 取值增大，行为人的退休年龄下降。根据结论 6.1，参数 γ 的值越大，受教育时间越长，人力资本水平越高。在有效工资率上升时，随着人力资本积累的影响逐渐增强，收入和财富增长所产生的收入效应会处于主导作用，导致退休年龄下降。通过改变人口生育率 n 的取值进行稳健性检验，图 6.13 的结果显示，随着生育率 n 取不同参数值，预期寿命延长导

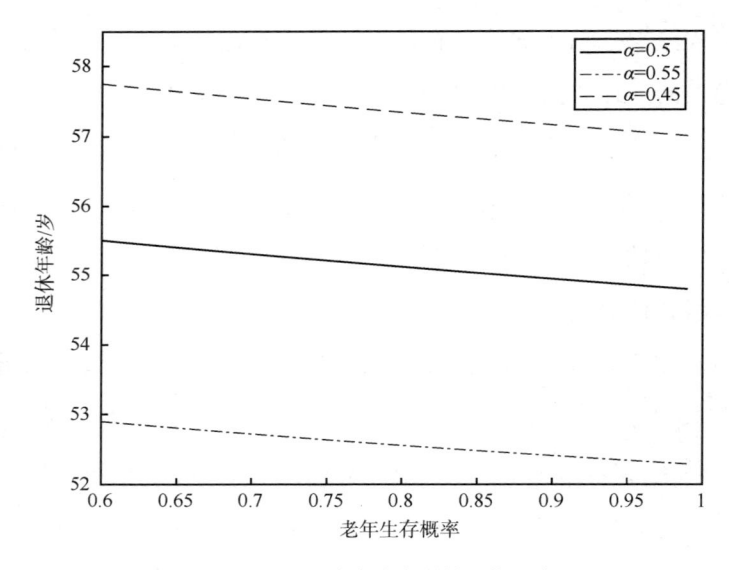

图 6.10　不同资本产出弹性 α 的影响

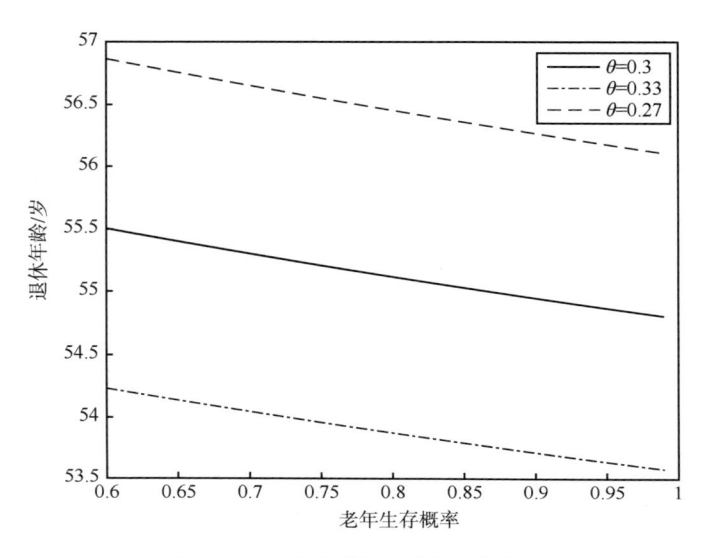

图 6.11　不同退休闲暇偏好 θ 的影响

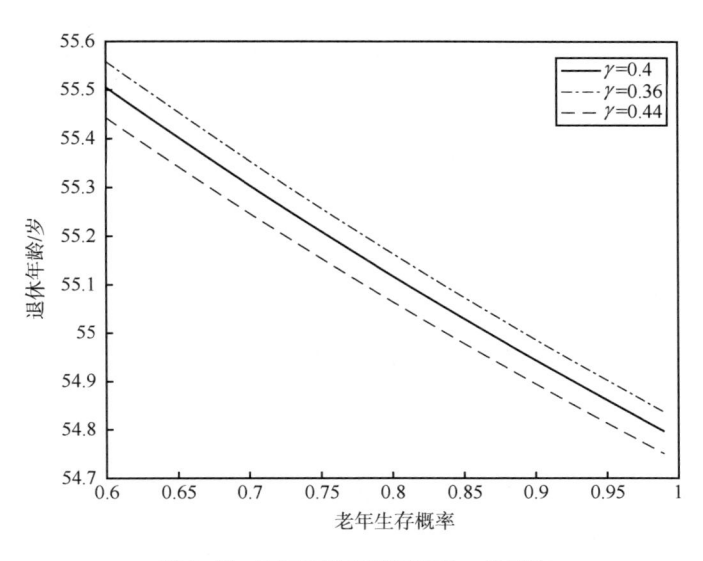

图 6.12　不同受教育时间弹性 γ 的影响

致行为人提前退休的结论均成立，并且参数 n 取值越大，相应老年生存概率下的退休年龄越低。这与图 6.9 的模拟结果相一致，提高生育率 n 会鼓励行为人减少工作年限，降低老年劳动供给。

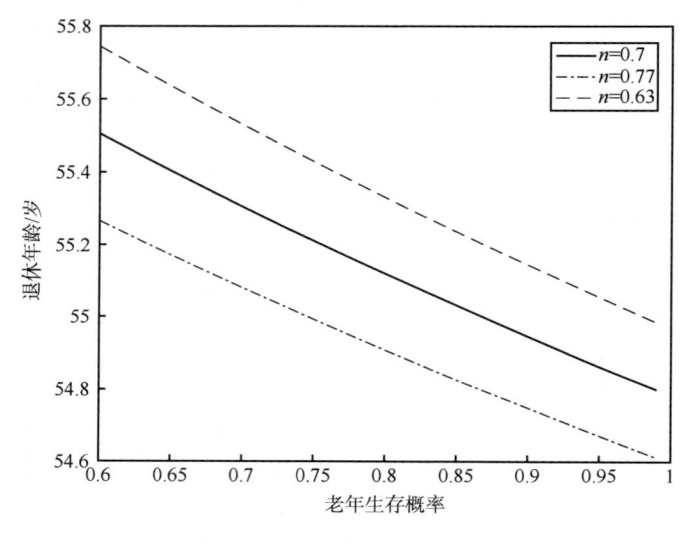

图 6.13 不同生育率 n 的影响

总之,敏感性分析结果表明,不管参数 α、θ、γ、n 的取值如何改变,预期寿命的延长始终会导致行为人提早退休,与基准参数环境下的结论相同,但是最优退休年龄的水平值会发生变化。因此,政府在研究制定退休政策时,需要充分考虑到物质资本产出弹性、居民退休闲暇偏好、受教育年限对人力资本形成的影响以及人口生育率的变化情况等因素。

四、局部均衡与一般均衡的比较分析

上文都是在分析经济处于稳态均衡时的情况,这一部分考虑将局部均衡与动态一般均衡模型的结论做比较分析,以更好地认识一般均衡框架下预期寿命延长对人力资本积累与退休行为的影响及核心机制。

局部均衡模型本质上是静态分析,通常将要素价格、人力资本投资回报、个体收入、厂商生产行为等视为外生的(Chamley,1985),无法考察这些因素的内生变化所带来的影响。在局部均衡模型中,我们考察家庭部门(代表性行为人)的最优化问题,构建拉格朗日函数可以很容易地求解出预期寿命

与受教育时间的关系：

$$\frac{\partial e_{t-1}}{\partial p} = \frac{\beta\gamma\varphi}{\left(\varphi+\gamma(1+\beta p+\delta)\right)^2} \quad (6.29)$$

首先对比式（6.29）与式（6.23），可以观察到在这两种模型框架下预期寿命延长对代表性行为人受教育时间的影响是相同的。进一步，将式（6.16）对预期寿命（老年生存概率 p）进行求导，则预期寿命对退休行为的局部均衡效应为

$$\frac{\partial l_{t+1}}{\partial p} = \frac{-\beta\theta\left[1+(1-nq)\dfrac{w_t R_{t+1}}{w_{t+1}}\right]}{(1+\beta p+\beta p\theta)^2} = -\beta\theta\frac{1+\dfrac{R_{t+1}(1-nq)}{w_{t+1}}}{(1+\beta p+\beta p\theta)^2} < 0 \quad (6.30)$$

其中，$R_{t+1}=1+r_{t+1}$ 表示外生给定的资本回报率（利率）；w_{t+1}/w_t 表示外生的两代人工资比率。

接下来，我们通过数值模拟的方法对这两种均衡效应进行比较分析。假设基准参数取值与一般均衡模型相同，基准的两代人工资比 w_{t+1}/w_t 为 1.4，基准的资本回报率（利率）为 0.104[①]。考虑到两种框架下预期寿命影响人力资本投资行为（受教育时间）的表达式相同，这里就不再报告受教育年限的数值模拟结果。

图 6.14 中，实线和虚线分别描述局部均衡和动态一般均衡框架下退休年龄如何随预期寿命延长而变化。可以看出，在两种框架下退休年龄均随预期寿命延长而下降，但局部均衡框架下退休年龄的下降幅度更大、下降趋势更明显。

[①] 关于两代人工资比 w_{t+1}/w_t，现有不少文献直接将贴现后的成年人和老年人的工资比率取值为 1（Hansen and Lønstrup, 2012；Bairoliya et al., 2018），从人力资本进步的角度来看，这种设定方式是有待商榷的。根据 CFPS 的成年人数据，计算结果表明成年人工资收入约为老年人的 1.4 倍，故而本章将两代人工资比 w_{t+1}/w_t 校准为 1.4。关于市场资本回报率 r_{t+1}，Qiao 和 Wang（2019）将中国物质资本的年化收益率校准为 0.104，本章亦如此设定。

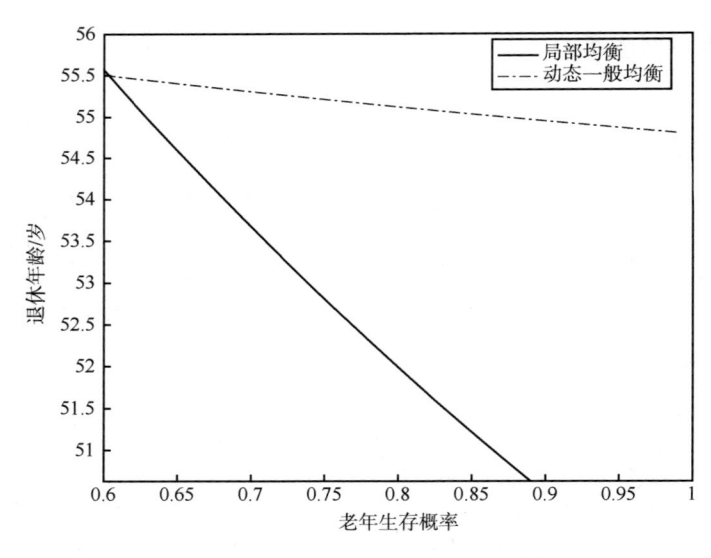

图 6.14 两种框架下退休行为的比较

例如，当老年生存概率取基准值 0.84 时，动态一般均衡模型模拟得到的退休年龄为 55.05 岁，与中国的实际平均退休年龄非常接近，但局部均衡模型模拟得到的退休年龄只有 51.37 岁，与中国的实际平均退休年龄相差甚远。在现实中，预期寿命延长对退休年龄的影响是通过资本市场不完美，教育、消费（储蓄）、要素价格、收入、劳动供给等多个传导渠道共同作用下的总量均衡效应（Banerjee et al., 2014；张颖熙和夏杰长，2020）。在资本市场不完美的情况下，关闭一般均衡效应的局部均衡模型忽略了活得更长的理性行为人的教育、储蓄（消费）、退休等生命周期行为与要素价格变化之间的相互反馈。因此，如果不考虑现实经济中的一般均衡效应的影响，就可能对预期寿命延长如何影响理性行为人的退休行为做出错误的判断。

图 6.15 给出了局部均衡模型和动态一般均衡模型中理性行为人的终生劳动供给如何随预期寿命（老年生存概率）的变化而变化。我们假设基准老年生存概率按照大体相同的幅度变化，对比图中实线和虚线的变化幅度，显然局部均衡框架下对应的终生劳动供给变化幅度要大于一般均衡框架下的变

化幅度。这进一步印证了一般均衡效应在刻画个人理性行为模型中可能具有重要的作用，与预期寿命延长对代表性行为人退休年龄的影响类似，局部均衡模型中预期寿命延长对代表性行为人终生劳动供给的影响可能存在严重的高估。

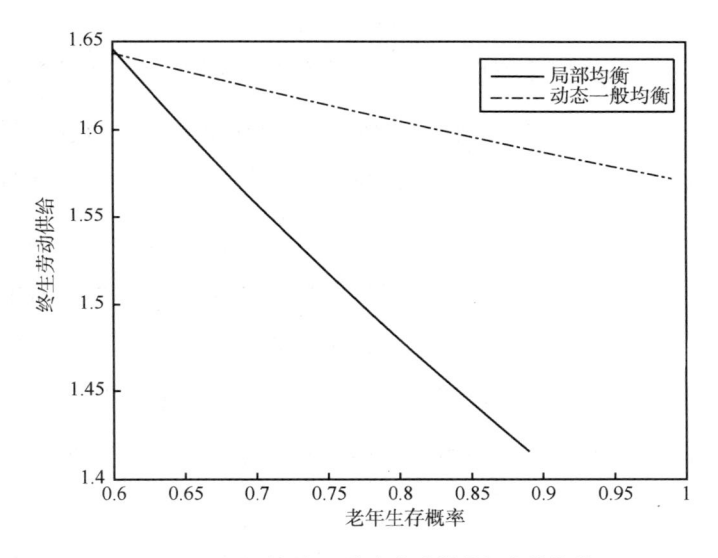

图 6.15　两种框架下终生劳动供给行为的比较

综上，比较分析关闭一般均衡效应的局部均衡模型和允许一般均衡效应存在的动态一般均衡模型，预期寿命对人力资本投资的影响是一致的，但在这两种模型框架下，代表性行为人的退休决策和终生劳动供给存在较大差别。在局部均衡模型中，预期寿命延长会使代表性行为人提早退休、减少终生劳动供给；但在动态一般均衡模型中，当经济处于稳态均衡时，预期寿命对退休决策和终生劳动供给的影响方向是不确定的。数值模拟结果显示，在这两种框架下，随着预期寿命不断延长，代表性行为人的退休年龄和终生劳动供给都在下降，但是生存概率变化相同的幅度，局部均衡框架下对应的退休时间和终生劳动供给下降幅度要大于动态一般均衡框架下的变化幅度。此外，允许一般均衡效应的理论框架可以探讨不同的人口生育政策对理性行为人退休决策的影响机制,而在关闭一般均衡效应的局部均衡框架下无法实现。

第四节 基于放松计划生育政策的分析

本节进一步放松基准模型中生育完全外生的假设,主要是基于以下两方面的考虑:第一,中国政府目前已实施了三孩政策,即一对夫妇可生育三个孩子,未来很可能将全面取消生育限制,这意味着理性行为人面临的生育约束和经济激励将会发生改变;第二,在现实经济中,老年劳动供给是个人在老年阶段的一个重要收入来源。随着生育政策逐渐放松,预期寿命延长通过一般均衡效应可能会影响理性行为人的生育选择以及老年劳动供给与闲暇之间的时间配置。因此,本节将拓展本章第二节的基准模型框架,在生育政策逐渐放松的制度环境下,考察预期寿命延长对家庭生育、人力资本投资和退休行为的影响。

与中国现行生育政策相一致,本书假设政府实行计划生育政策,对于每个家庭来说,生育孩子的数量不能超过 $\bar{n}$,代表性行为人面临的生育约束可以表示为

$$n_t \leqslant \bar{n} \tag{6.31}$$

给定工资、利率,代表性行为人通过选择储蓄 S_t、受教育时间 e_{t-1}、退休时间 l_{t+1} 和生育数量 n_t 来最大化一生效用水平[式(6.5)]。由于行为人最优化问题的约束条件中出现了不等式($n_t \leqslant \bar{n}$),此时需要应用库恩–塔克定理(Kuhn-Tucker theorem,KTT),得到 S_t、e_{t-1}、l_{t+1}、n_t 的一阶最优性条件:

$$C_{0,t+1} = \beta p R_{t+1} C_{a,t} \tag{6.32}$$

$$\gamma \left[\delta + \frac{(1-n_t q)w_t h_t + h_t l_{t+1}\frac{w_{t+1}}{R_{t+1}}}{C_{a,t}} \right] = \frac{\varphi e_{t-1}}{1-e_{t-1}} \qquad (6.33)$$

$$\beta p \theta C_{a,t} = (1-l_{t+1})h_t \frac{w_{t+1}}{R_{t+1}} \qquad (6.34)$$

$$\frac{\delta}{n_t} \geqslant \frac{q w_t h_t}{C_{1t}} \qquad (6.35)$$

$$\left(\frac{\delta}{n_t} - \frac{q w_t h_t}{C_{a,t}} \right)(n_t - \bar{n}) = 0 \qquad (6.36)$$

式（6.35）表示，在代表性行为人最优生育决策下，多养育一个子女所带来的边际效用的增加不小于成年期消费下降所引起的边际效用的减少。当生育数量 n_t 小于 $\bar{n}$ 时，式（6.35）的等号才能成立。

根据 Kuhn-Tucker 条件，当政府放松计划生育政策后，将会出现两种情形：一是生育控制政策调整后，生育上限提高，但对代表性行为人仍然是紧约束，代表性行为人的生育数量因而仍为外生给定的；二是生育政策放松后，代表性行为人选择的最优子女生育数量小于生育上限，或者说生育上限并不对代表性行为人生育行为产生实际影响，代表性行为人的生育约束是松弛的。接下来，我们将基于这两种情形分别进行讨论。

一、从独生子女政策到二孩政策

中国政府放松生育限制政策，并将独生子女政策调整为全面二孩政策时，代表性行为人的生育行为事实上依然会受到限制（Liu J and Liu T，2020；Bairoliya et al.，2018；王丽莉和乔雪，2018）。根据 2015 年中国综合社会调查（CGSS 2015）数据计算得到的中国家庭的平均生育意愿为 2.127 个[①]，高于二孩政策限定的生育数量。陈欢和张跃华（2019）的研究表明，2010 年以来中国家庭愿意生育孩子的平均数量保持在 2.05 个到 2.1 个之间，农村地区的生育意愿更高。事实上，由于二孩政策生育数量的限制，中国很多家庭的生育意愿并未转化为生育行为，这在一定程度上形成了生育缺口（Zeng and Hesketh, 2016）。基于此，在二孩政策下，我们完全有理由认为代表性行为人面临的生育上限约束是紧的，即 $n_t = \bar{n}$。

在生育上限束紧的情形下，由于 $n_t = \bar{n}$[②]，则有 $\delta / n_t > qw_t h_t / C_{1t}$ 成立，那么，根据式（6.32）~式（6.34）和代表性行为人的预算约束方程式（6.1）~式（6.4），可得如下储蓄和退休时间的决定方程：

$$S_t = \frac{\beta p(1-\bar{n}q)w_t h_t - h_t l_{t+1}\frac{w_{t+1}}{R_{t+1}}}{1+\beta p} \tag{6.37}$$

$$l_{t+1} = \frac{(1+\beta p) - \beta p \theta(1-\bar{n}q)w_t \frac{R_{t+1}}{w_{t+1}}}{1+\beta p + \beta p \theta} \tag{6.38}$$

厂商的生产函数和利润最大化问题与基准模型的求解相同，同时结合物质资本市场均衡条件，易得到关于有效劳均资本（$\tilde{k}$）的稳态均衡解：

$$\tilde{k}^* = \left\{ \frac{A\beta p(1-\bar{n}q)\left[\alpha p\theta + (1-\alpha)(1+\theta)\right]}{(1+\beta p)\left[p + \bar{n}D\left(\frac{\varpi}{\varphi+\varpi}\right)^\gamma\right] + \beta p\theta \bar{n}D\left(\frac{\varpi}{\varphi+\varpi}\right)^\gamma + \frac{1-\alpha}{\alpha}} \right\}^{1/(1-\alpha)} \tag{6.39}$$

其中，$\varpi = \gamma(1+\beta p + \delta)$。

---

① CGSS 居民问卷中询问了"如果没有政策限制的话，您希望有几个孩子？"的问题。该问题的回答清晰地展现了居民依据自身情况选择生育数量的意愿。CGSS 2015 调查数据有 10 968 个原始样本，剔除"不知道"、"拒绝回答"以及信息缺失的样本后，获得有效样本量为 8535 个。

② $\bar{n}$ 表示独生子女政策或二孩政策外生给定的生育数量。

将均衡状态的有效劳均资本代入式（6.38）中，可得代表性行为人在二孩生育政策下最优退休时间的表达式：

$$l^* = \frac{1+\beta p}{1+\beta p+\beta p\theta}$$

$$-\frac{\alpha\theta(1+\beta p)\left[p+\overline{n}D\left(\frac{\varpi}{\varphi+\varpi}\right)^\gamma\right]+\alpha\beta p\theta^2\overline{n}D\left(\frac{\varpi}{\varphi+\varpi}\right)^\gamma+(1-\alpha)\theta}{(1+\beta p+\beta p\theta)\left[\alpha p\theta+(1-\alpha)(1+\theta)\right]}$$

（6.40）

接下来，基于上文模型推导和基准参数值，我们模拟了全面二孩政策情形下，预期寿命延长和生育上限放松对均衡状态下的有效劳均资本、退休年龄、有效工资率与资本回报率（利率）的影响，结果如表 6.3 所示。

表 6.3 全面二孩生育政策情形下的模拟结果

情形	变量	老年生存概率 p						
		0.6	0.65	0.7	0.75	0.8	0.85	0.9
二孩政策情形	$\tilde{k}^*$	0.171	0.188	0.206	0.223	0.240	0.256	0.272
	L^*	55.158	55.062	54.968	54.878	54.792	54.707	54.626
	w^*	2.065	2.170	2.268	2.361	2.448	2.530	2.608
	r^*	11.109	10.524	10.023	9.591	9.213	8.881	8.587
基准情形	$\tilde{k}^*$	0.344	0.379	0.414	0.449	0.483	0.515	0.547
	L^*	55.505	55.403	55.305	55.210	55.119	55.030	54.944
	w^*	2.931	3.079	3.219	3.350	3.473	3.589	3.699
	r^*	7.530	7.119	6.767	6.463	6.198	5.965	5.759

注：$\tilde{k}^*$、L^*、w^*、r^* 分别表示经济处于均衡状态时的有效劳均资本、退休年龄、有效工资率和资本回报率（利率）

表 6.3 给出了模拟结果，该情景下允许每个家庭生育 2 个孩子（$\overline{n}=1$）。通过与基准参数情形进行对比，可以观察到，随着生育控制政策由独生子女政策放松为全面二孩政策，相应预期寿命下的劳均资本和工资水平会下降，

资本回报率（利率）上升。当老年生存概率（预期寿命）为 0.85 时，均衡状态的有效劳均资本为 0.256，相当于基准情形有效劳均资本的一半左右，均衡状态的有效工资率为 2.530，明显低于相应基准情形的工资水平；均衡状态的资本回报率（利率）为 8.881，则高于基准情形的资本回报率（利率）水平。由式（6.40）可知 $\partial l^*/\partial \bar{n} < 0$，说明在经济系统达到动态一般均衡状态时，生育上限放松将诱使代表性行为人减少老年劳动时间。例如，当老年生存概率（预期寿命）为 0.85 时，全面二孩政策情形下的退休年龄为 54.707 岁，明显低于基准模型情形的 55.030 岁。因此，由独生子女政策调整为全面二孩政策会引致代表性行为人提前退休，减少老年劳动供给。

二、三孩及以上生育政策

根据前文研究和现有文献的观点，对于中国家庭的生育意愿而言，当政府实施三孩及以上生育政策时，生育上限（$\bar{n}$）约束是松弛的，家庭的生育实际上没有受到限制。

在生育上限（$\bar{n}$）约束松弛的情形下，生育率由行为人内生最优决策决定。根据式（6.32）～式（6.36）和行为人的预算约束式（6.1）～式（6.4），可得如下储蓄、人力资本投资、生育率和退休时间的决定方程：

$$S_t = \frac{\beta p(1-n_t q)w_t h_t - h_t l_{t+1}\dfrac{w_{t+1}}{R_{t+1}}}{1+\beta p} \tag{6.41}$$

$$e_{t-1} = \frac{\gamma(1+\beta p+\delta)}{\varphi + \gamma(1+\beta p+\delta)} \tag{6.42}$$

$$n_t = \frac{\delta\left(w_t + \dfrac{w_{t+1}}{R_{t+1}}\right)}{qw_t(1+\beta p+\beta p\theta+\delta)} \tag{6.43}$$

$$l_{t+1} = \frac{(1+\beta p+\delta)-\beta p\theta w_t \frac{R_{t+1}}{w_{t+1}}}{1+\beta p+\beta p\theta+\delta} \quad (6.44)$$

由式（6.43）我们注意到，在给定生产要素价格下，随着预期寿命延长，代表性行为人倾向于减少生育子女的数量。当其他参数不变时，生育率主要由工资增长率与利率之比（$w_{t+1}/(w_t R_{t+1})$）决定，该比率上升使行为人生育子女的数量增加。从式（6.44）等号右边的分子部分可以看到，工资增长率与利率之比也影响着代表性行为人的退休决策。只有 $w_{t+1}/(w_t R_{t+1}) > \beta p\theta/(1+\beta p+\delta)$ 时，才能使 l_{t+1} 为正，即行为人在老年期会继续工作。当其他参数不变时，该比率上升会引致代表性行为人倾向于增加老年劳动时间；反之，则降低老年劳动供给水平。

遵循与基准模型相同的推导过程，我们将代表性行为人效用最大化条件、厂商利润最大化条件与市场出清条件结合起来，就能得到两个关于状态变量（$\tilde{k}_t$，n_t）的动态积累方程：

$$\left\{(1+\beta p)\left[(1+\beta p+\beta p\theta+\delta)n_t D\left(\frac{\varpi}{\varphi+\varpi}\right)^\gamma + p(1+\beta p+\delta)\right] + \frac{1-\alpha}{\alpha}(1+\beta p+\delta)\right\} \tilde{k}_{t+1} = A\beta p\left[(1-\alpha)(1-n_t q)(1+\beta p+\beta p\theta+\delta) + \theta(1-\alpha+\alpha p+\alpha\beta p^2)\right]\tilde{k}_t^\alpha \quad (6.45)$$

$$\delta\frac{1-\alpha}{\alpha}\tilde{k}_{t+1} = \left[n_t q(1+\beta p+\beta p\theta+\delta)-\delta\right]A(1-\alpha)\tilde{k}_t^\alpha \quad (6.46)$$

当经济收敛到均衡状态时，状态变量满足条件：$\tilde{k}_{t+1}=\tilde{k}_t=\tilde{k}^*$，$n_{t+1}=n_t=n^*$，将其代入上述两个动态积累方程式（6.45）和式（6.46）中。那么该经济在稳态均衡下的有效劳均资本 $\tilde{k}^*$ 和生育率 n^* 满足如下两个条件：

$$(\tilde{k}^*)^{1-\alpha} = \frac{A\beta p\left[(1-\alpha)(1-n^* q)(1+\beta p+\beta p\theta+\delta)+\theta(1-\alpha+\alpha p+\alpha\beta p^2)\right]}{(1+\beta p)\left[n^* D(1+\beta p+\beta p\theta+\delta)\left(\frac{\varpi}{\varphi+\varpi}\right)^\gamma + p\Lambda\right] + \frac{1-\alpha}{\alpha}\Lambda} \quad (6.47)$$

$$(\tilde{k}^*)^{1-\alpha} = \frac{A\alpha\left[(1+\beta p+\beta p\theta)n^*q - \delta(1-n^*q)\right]}{\delta} \quad (6.48)$$

其中，$\varLambda = (1+\beta p+\delta)$。

联立方程式（6.47）和式（6.48），我们就能得到稳态的有效劳均资本 $\tilde{k}^*$ 和生育率 n^*，它们是预期寿命（老年生存概率 p）的函数。考虑到方程组判别的复杂性，我们通过图形进行描述（图 6.16）[①]，以直观地展示生育放宽到"三孩及以上"情形下的均衡状态。

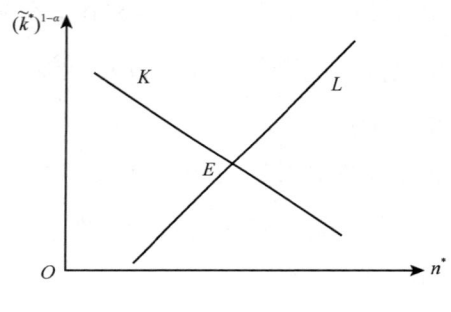

图 6.16　稳态均衡点

方程（6.47）决定了描述资本市场均衡的 K 曲线。由方程（6.47）的分子和分母部分可以看出，随着生育率 n^* 的增加，$(\tilde{k}^*)^{1-\alpha}$ 严格递减，K 曲线向下倾斜，这意味着更高的生育率导致更低的有效劳均资本存量。方程（6.48）决定了描述最优生育率决策的 L 曲线。由方程（6.48）可以看出，$(\tilde{k}^*)^{1-\alpha}$ 随着 n^* 的增加严格单调递增，L 曲线向上倾斜，说明更低的有效劳均资本将引致生育率下降。上述两条曲线结合起来必然相交于一点，这样可以唯一地确定均衡状态 $(\tilde{k}^*, n^*)$，即在生育并没有受到实质性约束（三孩及以上生育政策）的情形下，经济系统存在唯一的稳态均衡点。

[①] 为简化起见，我们只考察方程（6.47）和方程（6.48）所决定的物质资本与生育率反应曲线的单调性，而不考虑凹凸性，显然，这并不会影响本章的结论。

需要说明的是，由于方程的复杂性，我们无法用解析方法求出预期寿命（老年生存概率 p）与有效劳均资本、退休年龄、生育率、要素价格等内生变量之间的显性表达式。下面我们通过数值模拟方法展示预期寿命变化对这些变量的影响。

表 6.4 给出了三孩及以上生育政策下，老年生存概率 p 从 0.6 提高至 0.9 时各重要经济变量的数值模拟结果。与基准情形相比，均衡状态的生育数量会发生反弹，例如，老年生存概率（预期寿命）为 0.85 时，生育率水平为 1.091 左右，高于二孩政策的生育约束上限。这表明生育控制政策进一步放松，有助于提高生育率。当人力资本积累不变时，均衡状态的有效劳均资本和有效工资率更低，资本回报率（利率）更高。例如，老年生存概率（预期寿命）为 0.85 时，有效劳均资本和有效工资率水平分别为 0.212、2.302，均低于相应的基准情形，而资本回报率（利率）为 9.859，超过了基准情形。对比表 6.4 中的上下两部分可以发现，当其他参数不变时，代表性行为人的老年劳动时间和退休年龄均低于基准情形，即便与表 6.3 相比，其也小于相应预期寿命下的二孩政策情形。例如，老年生存概率（预期寿命）为 0.85 时，基准情形和二孩政策情形的退休年龄分别为 55.030 岁、54.707 岁，而在三孩及以上生育政策下的退休年龄则提前至 54.383 岁。以上模拟结果说明，政府实施三孩及以上生育政策后，代表性行为人提前退休的意愿会进一步增强。综合上述各种情形的分析，我们可以得到如下结论。

表 6.4　三孩及以上生育政策情形下的模拟结果

情形	变量	老年生存概率 p						
		0.6	0.65	0.7	0.75	0.8	0.85	0.9
三孩及以上政策情形	$\tilde{k}^*$	0.117	0.135	0.153	0.172	0.192	0.212	0.233
	n^*	1.210	1.184	1.159	1.135	1.113	1.091	1.070
	L^*	53.275	53.559	53.767	53.983	54.204	54.383	54.574

续表

情形	变量	老年生存概率 p						
		0.6	0.65	0.7	0.75	0.8	0.85	0.9
三孩及以上政策情形	w^*	1.710	1.837	1.956	2.074	2.191	2.302	2.414
	r^*	13.618	12.608	11.783	11.056	10.411	9.859	9.358
基准情形	$\tilde{k}^*$	0.344	0.379	0.414	0.449	0.483	0.515	0.547
	L^*	55.505	55.403	55.305	55.210	55.119	55.030	54.944
	w^*	2.931	3.079	3.219	3.350	3.473	3.589	3.699
	r^*	7.530	7.119	6.767	6.463	6.198	5.965	5.759

注：n^* 表示经济处于均衡状态时的生育率水平

结论 6.4：在家庭生育受限的经济中，政府放松生育控制政策后，经济会收敛到新的稳态均衡。当经济处于新的稳态时，均衡状态的有效劳均资本和有效工资率会下降、资本回报率（利率）会上升，代表性行为人降低老年劳动时间和提前退休的意愿反而增强。

在本章的模型设定下，政府放松计划生育政策（生育率上限提高）主要是通过以下三个渠道对劳均资本、工资率和资本回报率（利率）产生影响：首先，相对于独生子女（一胎）生育政策来讲，政府放松人口生育控制政策后，生育率上升会直接降低有效劳均资本存量，带来资本稀释效应（Li et al., 2007）；其次，政府放松生育限制，经济中劳动人口规模和劳动供给的上升会引致有效劳动的边际生产率下降，导致有效工资水平下降；最后，政府放松生育上限，代表性成年父母需要抚养更多的后代，家庭消费支出增加、储蓄减少，从而导致经济中的资本存量减少，资本的边际生产率上升，资本收益率（利率）随之提高。

在本章模型中，计划生育政策的放松（生育率上限提高）对代表性行为人老年期劳动供给和退休决策的影响主要体现在以下四个方面。首先，放松生育政策会提高均衡的资本回报率（利率）水平，更高的储蓄回报可能会鼓励行为人在成年期增加养老储蓄，储蓄的财富效应使得老年期的消费增加，消费的边际效用下降，闲暇的边际效用上升，代表性行为人因而可能更注重享受退休闲暇；其次，放松生育政策亦会使均衡的有效工资率下降，退休作为一种闲暇，更低的工资水平会降低闲暇的价格，使闲暇消费变得相对便宜，这可能激励代表性行为人在老年期增加对退休闲暇的需求，减少老年劳动供给；再次，给定人力资本积累水平，当资本回报率上升、工资率下降时，个人在老年期劳动收入的现值会减少，老年劳动供给的回报下降，预期到这一点，代表性行为人可能有动力增加老年劳动供给时间、推迟退休；最后，放松生育约束会使家庭子女数量增加，增加家庭的养育成本，维持家庭的消费水平会抑制个人对退休闲暇的需求，从而使代表性行为人在老年期做出延迟退休的决策。

均衡分析结果表明，在上述几条机制的共同作用下，前两种效应可能起到了主导作用。因此，随着政府逐渐放松计划生育管控政策，代表性行为人反而更倾向于提前退休和减少老年劳动供给。上述结论得到了一些文献研究的佐证，如 Hochman 和 Lewin-Epstein（2013）通过欧洲健康、老龄化和退休调查数据（Survey of Health, Ageing and Retirement in Europe，SHARE）实证研究发现，每个家庭生育孩子的数量越多，老年阶段继续工作的可能性就越低，提前退休的可能性越高，平均实际退休年龄也越低。廖少宏（2012）基于中国综合社会调查数据的研究也有类似的经验发现。Cipriani（2016）基于一般均衡世代交叠模型研究了生育率与退休年龄的关系，数值模拟结果证实了退休年龄会随着生育率的上升而下降。Chen（2018）基于养老金财富的研究也发现生育率的上升会导致老年人的退休年龄下降。Qiao 和 Wang（2019）也认为放开生育政策会诱致中国居民提早退休，减少老年劳动供给时间，降低老年劳动参与率。

第五节 模型拓展与分析

一、拓展分析：包含个体异质性的情形

前文在基准模型的设定下，探讨了一般均衡时预期寿命延长和人力资本投资是如何影响劳动者退休行为的，但并未考虑个体异质性特征。在现实世界中，劳动者间的收入财富、劳动效率和闲暇时间偏好存在着差异（İmrohoroğlu and Kitao，2012）。为表述方便，我们假设模型经济中存在富人和穷人两类个体，用上标 i 区分个体类型，$i=1$ 表示富人，$i=2$ 表示穷人。假定个体间的异质性主要体现为劳动效率 ϱ^i 和闲暇偏好 θ^i 的不同。

从劳动效率的角度来看，已有研究表明富人比穷人拥有更多的信息、资源和健康人力资本，其劳动生产率更高、工作能力更强。Matsuo 和 Tomoda（2012）理论模型显示，相对于穷人而言，富人的劳动效率和人力资本更高。邹铁钉和叶航（2014）运用公平决策模型和中国 1978～2012 年的经验数据，发现高收入者的劳动生产率高于低收入者。从闲暇偏好的角度来看，很多文献证明了富人和穷人都是理性的，他们对时间禀赋具有不同的偏好结构，穷人一般具有较低的闲暇偏好。Gustman 和 Steinmeier（2005）认为个人的闲暇偏好具有异质性，其通过一个包含退休和财富的结构生命周期模型，发现不同的时间偏好率与财富状况相关，财富较低的老年劳动者，其闲暇偏好也较低。郭凯明和余靖雯（2017）认为受老年闲暇与生育数量替代关系的影响，中国低收入群体对老年闲暇时间的偏好程度也较低。基于上述文献和现实情况，本章认为相对穷人而言，富人的劳动效率和闲暇偏好较高（$\varrho^1 > \varrho^2$，$\theta^1 > \theta^2$）。[①]此时，个体 i 的终生效用函数可以表示为

[①] 为简化起见，我们假设富人和穷人的预期寿命相同。

$$U_t^i = \varphi \ln C_{y,t-1}^i + C_{a,t}^i + \beta p \left[\ln C_{o,t+1}^i + \theta^i \ln\left(1 - l_{t+1}^i\right) \right] + \delta \ln n_t h_{t+1} \quad (6.49)$$

其中，$C_{y,t-1}^i$ 表示个体 i 少年时期的消费；$C_{a,t}^i$ 表示个体 i 成年时期的消费；$C_{o,t+1}^i$ 表示个体 i 老年时期的消费；l_{t+1}^i 表示个体 i 的退休时间；$1 - l_{t+1}^i$ 表示个体 i 退休后享受的闲暇时间；θ^i 表示相对消费而言，个体 i 对老年时期闲暇时间的偏好程度。

在考虑了劳动效率和闲暇偏好的异质性以后，个体 i 在少年期、成年期和老年期分别面临如下预算约束方程：

$$C_{y,t-1}^i = \varrho^i w_{t-1} (1 - e_{t-1}) \quad (6.50)$$

$$C_{a,t}^i + S_t^i = \varrho^i w_t h_t - q \varrho^i w_t h_t n_t \quad (6.51)$$

$$C_{o,t+1}^i = (1 + r_{t+1}) S_t^i + \varrho^i w_{t+1} h_t l_{t+1}^i \quad (6.52)$$

其中，ϱ^i 表示个体 i 的劳动效率；S_t^i 表示个体 i 在成年时期的储蓄水平；其他各变量的经济含义与基准模型相同。

（1）厂商。由于异质性模型中富人和穷人两类个体的工作能力和劳动效率存在差异，因此需将厂商生产函数改写为

$$Y_t = A K_t^\alpha \left(\sum_{i=1}^2 N_t h_t \phi^i \varrho^i + \sum_{i=1}^2 p N_{t-1} h_{t-1} \phi^i l_t^i \varrho^i \right)^{1-\alpha} \quad (6.53)$$

其中，厂商雇用的总有效劳动力 $L_t' = \sum_{i=1}^2 N_t h_t \phi^i \varrho^i + \sum_{i=1}^2 p N_{t-1} h_{t-1} \phi^i l_t^i \varrho^i$，具体包括两部分：两类成年人的有效劳动供给 $\sum_{i=1}^2 N_t h_t \phi^i \varrho^i$，两类老年人提供的有效劳动力 $\sum_{i=1}^2 p N_{t-1} h_{t-1} \phi^i l_t^i \varrho^i$。$\phi^i$ 表示某类个体占经济总人口的比重，且满足 $\phi^1 + \phi^2 = 1$。

（2）动态一般均衡条件。根据理论模型，在考虑个体异质性特征后，物质资本市场的均衡条件变为

$$K'_{t+1} = \sum_{i=1}^{2} \phi^i N_t S_t^i \quad (6.54)$$

（3）异质性模型的均衡求解。为简化模型求解，定义个体异质性模型框架下的有效劳均资本 $\tilde{k}'_t = K'_{t+1}/L'_t$，$m'_t = L'_t/N_t = \sum_{i=1}^{2} h_t \phi^i \varrho^i + \sum_{i=1}^{2} ph_{t-1} \phi^i l_t^i \varrho^i / n$。参考基准模型的求解过程，将富人和穷人的最优化条件、厂商利润最大化条件以及一般均衡条件结合起来，重新计算一般均衡，整理得到关于有效劳均资本的两期变化方程：

$$\tilde{k}'_{t+1} = \frac{A\beta p(1-nq)\left(\Theta_2 \phi^1 \varrho^1 \Xi_1 + \Theta_1 \phi^2 \varrho^2 \Xi_2\right)}{\Theta_1 \Theta_2 \left(\phi^1 \varrho^1 + \phi^2 \varrho^2\right) nD\Omega + \left[p(1+\beta p) + \frac{1-\alpha}{\alpha}\right]\left[\Theta_2 \phi^1 \varrho^1 + \Theta_1 \phi^2 \varrho^2\right]} (\tilde{k}'_t)^\alpha$$

其中，$\Theta_1 = (1+\beta p + \beta p\theta_1)$；$\Theta_2 = (1+\beta p + \beta p\theta_2)$；$\Xi_1 = \alpha p\theta_1 + (1+\theta_1)(1-\alpha)$；$\Xi_2 = \alpha p\theta_2 + (1+\theta_2)(1-\alpha)$。

根据新古典增长理论的均衡条件：$\tilde{k}'_{t+1} = \tilde{k}'_t = \tilde{k}'$，通过简单计算可以求得个体异质性模型中稳态均衡的有效劳均资本：

$$\tilde{k}' = \left\{\frac{A\beta p(1-nq)\left(\Theta_2 \phi^1 \varrho^1 \Xi_1 + \Theta_1 \phi^2 \varrho^2 \Xi_2\right)}{\Theta_1 \Theta_2 \left(\phi^1 \varrho^1 + \phi^2 \varrho^2\right) nD\Omega + \left[p(1+\beta p) + \frac{1-\alpha}{\alpha}\right]\left[\Theta_2 \phi^1 \varrho^1 + \Theta_1 \phi^2 \varrho^2\right]}\right\}^{\frac{1}{1-\alpha}}$$

（6.55）

式（6.55）刻画了个体异质性模型的经济均衡状态。一般均衡时富人和穷人两类个体的受教育时间和退休时间可表示为

$$e^1 = e^2 = \frac{\gamma(1+\beta p + \delta)}{\varphi + \gamma(1+\beta p + \delta)} \quad (6.56)$$

$$l^1 = \frac{(1+\beta p) - \beta p\theta_1(1-nq)A\alpha(\tilde{k}')^{\alpha-1}}{1+\beta p + \beta p\theta_1} \quad (6.57)$$

$$l^2 = \frac{(1+\beta p) - \beta p\theta_2(1-nq)A\alpha(\tilde{k}')^{\alpha-1}}{1+\beta p+\beta p\theta_2} \qquad (6.58)$$

将异质性模型中稳态均衡的有效劳均资本 $\tilde{k}'$ 代入式（6.57）和式（6.58）中，并对老年生存概率 p 进行求导：

$$\text{sign}\frac{\partial l^1}{\partial p} = \text{sign}\left\{-\beta\theta_1 - \beta\theta_1(1-nq)R'\left[1-(1-\alpha)\left(\epsilon'_{wp}-\epsilon'_{Rp}\right)(1+\beta p+\beta p\theta_1)\right]\right\}$$

$$\text{sign}\frac{\partial l^2}{\partial p} = \text{sign}\left\{-\beta\theta_2 - \beta\theta_2(1-nq)R'\left[1-(1-\alpha)\left(\epsilon'_{wp}-\epsilon'_{Rp}\right)(1+\beta p+\beta p\theta_2)\right]\right\}$$

其中，$\epsilon'_{wp} = \frac{\partial w'}{\partial p}\frac{p}{w'}$；$\epsilon'_{Rp} = \frac{\partial R'}{\partial p}\frac{p}{R'}$；$R' = 1+r' = \alpha A(\tilde{k}')^{\alpha-1}$；$w' = (1-\alpha)A(\tilde{k}')^{\alpha}$。

上述公式表明，在个体异质性模型框架下，富人和穷人的受教育时间相同，而老年期的劳动时间存在差异，并且预期寿命（老年生存概率 p）对两类个体退休时间的影响是不确定的，其取决于闲暇偏好程度、有效工资率、资本回报率（利率）以及模型参数设定。由于有效劳均资本和退休（老年劳动）时间的数学表达式较为复杂且涉及参数较多，我们难以直观判别和比较分析。为此，我们通过数值模拟方法定量考察在基准模型中引入个体异质性后，预期寿命提高对富人和穷人退休行为的影响效果。关于决定老年劳动供给中两类个体异质性特征的参数取值，目前缺乏直接的经验研究进行估算。借鉴 Li 和 Lin（2015）、Bosi 等（2016）的研究思路，我们设定如下基准参数值：$\varrho^1 = 3, \varrho^2 = 1, \phi^1 = 0.3, \phi^2 = 0.7, \theta_1 = 0.33, \theta_2 = 0.29$，分别对应现实经济中富人和穷人的劳动效率、人口比重和闲暇偏好程度。需要说明的是，改变这些模型参数取值并不会对本章传导机制和研究结果产生影响。

将参数基准值代入理论模型，我们可以考察预期寿命延长后富人和穷人的退休年龄和终生劳动供给、有效工资率和资本回报率（利率）等经济变量的变化情况。图6.17给出了个体异质性模型框架下富人和穷人退休年龄的对比，其中实线表示富人的变动情况，虚线表示穷人的变动情况。不难发现，伴随预期寿命的延长（老年生存概率提高），均衡状态的富人和穷人退休年龄均呈现下降趋势。平均而言，老年生存概率每提高 1%，将导致富人和穷人的退休年龄分别下降 0.018 13 岁、0.018 07 岁（表 6.5）。预期寿命延长对富人和穷人退休行为的影响程度较为相似。图 6.18 展示了相应的终生劳动供给行为的对比，显然预期寿命延长（老年生存概率提高）使得两类个体的终生劳动供给减少，对富人和穷人的终生劳动供给都具有负向影响。以上研究表明在考虑了个体异质性特征后，本章仍然得到了与基准模型一致的结果，这也较好地印证了本章结论是稳健的。

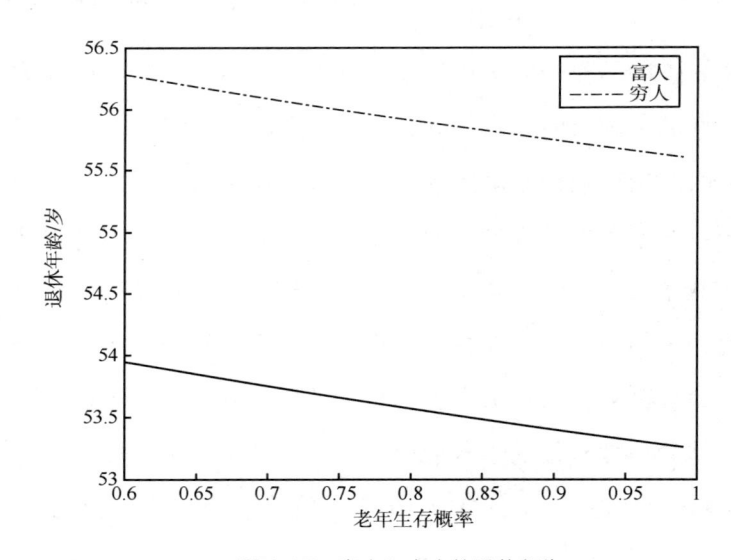

图 6.17　富人和穷人的退休行为

表 6.5　个体异质性模型框架下的模拟结果

模型	变量	老年生存概率 p					
		0.6	0.65	0.7	0.75	0.8	0.85	0.9
个体异质性模型	$\tilde{k}'$	0.358	0.4	0.433	0.469	0.504	0.539	0.573
	L^1	53.947	53.848	53.753	53.661	53.572	53.486	53.403
	L^2	56.283	56.184	56.089	55.997	55.909	55.823	55.741

续表

模型	变量	老年生存概率 p						
		0.6	0.65	0.7	0.75	0.8	0.85	0.9
个体异质性模型	T^1	1.581	1.571	1.562	1.552	1.543	1.534	1.526
	T^2	1.675	1.665	1.655	1.646	1.637	1.628	1.619
	w'	2.992	3.144	3.288	3.423	3.550	3.670	3.783
	r'	7.356	6.951	6.604	6.304	6.043	5.812	5.608
基准模型	$\tilde{k}^*$	0.344	0.379	0.414	0.449	0.483	0.515	0.547
	L^*	55.505	55.403	55.305	55.210	55.119	55.030	54.944
	T^*	1.643	1.633	1.624	1.614	1.605	1.596	1.587
	w^*	2.931	3.079	3.219	3.350	3.473	3.589	3.699
	r^*	7.530	7.119	6.767	6.463	6.198	5.965	5.759

注：$\tilde{k}'$、L^1、L^2、T^1、T^2、w'、r'分别表示在个体异质性模型框架下，经济处于稳态均衡时的有效劳均资本、富人退休年龄、穷人退休年龄、富人终生劳动供给、穷人终生劳动供给、有效工资率和资本回报率（利率）。

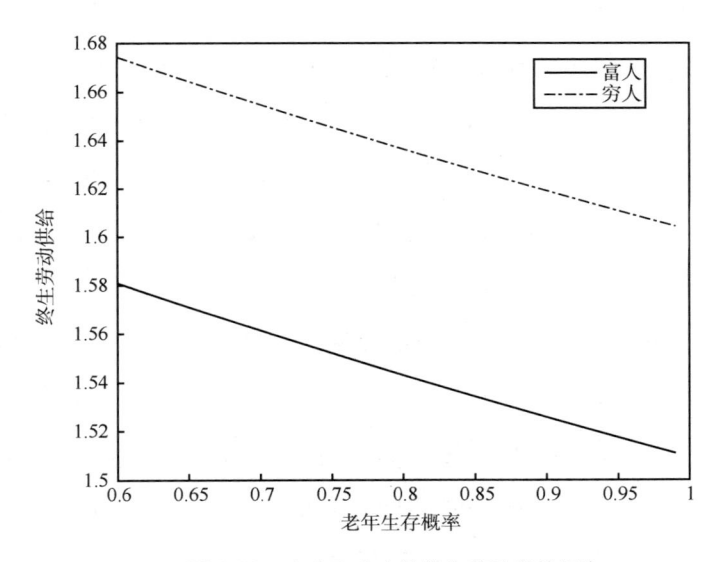

图 6.18 富人和穷人的终生劳动供给行为

根据前文的理论机制，预期寿命延长对老年劳动时间和退休时间产生了两个方向相反的影响。正向影响方面，预期寿命延长使得均衡状态的有效工资率上升、资本回报率（利率）下降，有效工资率增加使得退休闲暇时间的价格上升，从而激励劳动者增加老年劳动供给，同时资本回报率（利率）下降使得养老储蓄收入减少，劳动者倾向于选择多工作以获得更多的工资收入来满足其老年时期的消费水平。负向影响方面，预期寿命延长带来的人力资本积累增加和有效工资率上升将大幅度地提高工资收入和养老财富，这使得劳动者在生命周期内的消费上升，老年期消费的边际效用下降、退休闲暇的边际效用上升，从而诱使劳动者减少老年劳动时间。综合来看，在一般均衡状态下，预期寿命延长对富人和穷人老年劳动时间和退休年龄的负向影响大于正向影响，最终导致两类个体的终生劳动供给都下降。

下面我们对比分析富人和穷人的模拟结果。由图 6.17、图 6.18 和表 6.5 可知，当其他条件保持不变，相对于穷人的模拟结果，相应预期寿命下富人的退休年龄较早，终生劳动供给较低。例如，在个体异质性模型经济中，老年生存概率（预期寿命）为 0.85 时，穷人在老年期的退休年龄为 55.823 岁，终生劳动供给为 1.628，而富人对应的模拟结果分别为 53.486 岁、1.534，从数值上看，二者间的差异较大。[①]已有文献的研究为本章这一结论提供了理论和经验证据。在理论上，Dessing（2002）研究认为经典的老年劳动力供给理论忽视了维持生命必要消费的约束影响，根据其模型，低收入者在老年期的工作时间相对高收入者反而更长。Li 和 Lin（2015）构建了一个同时考虑个体异质性和劳动供给内生的生命周期模型，数值模拟结果显示富人的工资收入和资本更高，富人的闲暇时间比穷人更长。在经验研究上，Euwals 和 Trevisan（2014）使用 1999~2007 年荷兰卫生部门的养老基金数据考察了高

---

① 根据 CLDS 2014 的数据，中国高收入（脑力劳动）者理想退休年龄的均值为 54.2 岁，明显低于低收入（体力劳动）者理想退休年龄的平均水平（即 55.11 岁）。

低收入者的退休行为差异，发现相对高收入者来说，低收入者对财富激励更敏感，其在老年期继续工作的动机更强烈。Brown 等（2010）对美国 1992～2002 年健康与退休调查（Health and Retirement Study，HRS）数据进行经验研究，发现劳动者的财富越多，其提前退休的可能性也越高且此效应随财富规模的增加而增加。申曙光和孟醒（2014）根据中国 2000～2012 年城镇职工的微观数据考察了财富激励对不同收入群体退休行为的影响，他们得出的结论是受人力资本及收入水平约束，低收入人群的退休年龄也相对更高。牛建林（2015）也得出了相似的结论，认为高收入者和高人力资本者注重生活质量，更偏好追求闲暇。

在个体异质性模型框架下，关于影响富人和穷人退休（老年劳动）时间和终生劳动供给差异的经济机理主要有以下几个途径。

从退休（老年劳动）时间差异来看。首先，劳动效率通过影响劳动者的实际收入，使富人和穷人对劳动和闲暇时间做出不同选择。一方面，富人的劳动效率较高和工作能力较强，信息资源优势明显，其所获得的终生劳动收入较高，在收入效应作用下富人更倾向于选择更少的老年劳动供给和更多的退休闲暇时间；另一方面，穷人的劳动效率较低，老年期收入和终生劳动收入都相应较低，这可能会激励穷人延长老年工作时间。其次，劳动效率不同意味着单位时间内的实际回报存在差异，一方面，较高的劳动效率提高了闲暇时间的价格（机会成本），使退休闲暇消费变得相对较为昂贵，在替代效应作用下富人可能增加老年劳动供给；另一方面，穷人的劳动效率较低，退休闲暇时间的价格较低，从而可能使穷人增加对退休闲暇的消费，减少老年劳动时间。最后，闲暇偏好差异会使劳动者投入不同的时间来满足自己老年期的退休闲暇享受，从而影响富人和穷人对退休时间的选择。相对而言，富人具有较高的闲暇偏好程度，这会直接降低富人的退休年龄。

从终生劳动供给差异来看，前文分析表明，预期寿命延长对人力资本投资的影响是一致的，即在相同的预期寿命下，富人和穷人的受教育时间并无明显差异，但是，富人较高的劳动效率和闲暇偏好程度意味着退休时间相对较早，老年劳动供给相应减少，因此，相对穷人来讲，富人的终生劳动供给相对更低。这也提示我们，在劳动效率日益改善的今天，政府应引导劳动者合理调整自身的闲暇偏好。

图 6.19 和图 6.20 进一步给出了个体异质性模型与基准模型的有效工资率和资本回报率（利率）的对比。其中实线为个体异质性模型，虚线为基准模型，相关定量结果见表 6.5。观察易知，相比基准模型，相同预期寿命（老年生存概率）下个体异质性模型框架下的有效劳均资本和有效工资率较高，资本回报率（利率）较低。例如，老年生存概率（预期寿命）为 0.85 时，个体异质性模型框架下的有效劳均资本为 0.539，有效工资率为 3.670，均高于相应的基准模型，而资本回报率（利率）为 5.812，略低于基准情形。从经济含义上看，相对基准模型来说，在个体异质性模型框架中，一方面，富人具有较高的劳动效率，从而提高了实际的劳动收入，其在成年期的储蓄随之增加，这使得经济中的劳均人力资本和物质资本存量上升；另一方面，较高的闲暇偏好会减少老年劳动时间，在工资率、人力资本积累和劳动效率不变的条件下富人获得的劳动收入减少，导致老年期消费下降。为平滑成年期和老年期的消费，富人可能将更多预算用于预防性养老储蓄，这也会提高劳均资本。因此，一般均衡时富人较高的劳动效率和退休闲暇偏好可能通过劳均人力资本和养老储蓄两条路径作用于经济中的有效劳均资本，导致有效工资率上升、资本回报率（利率）下降。

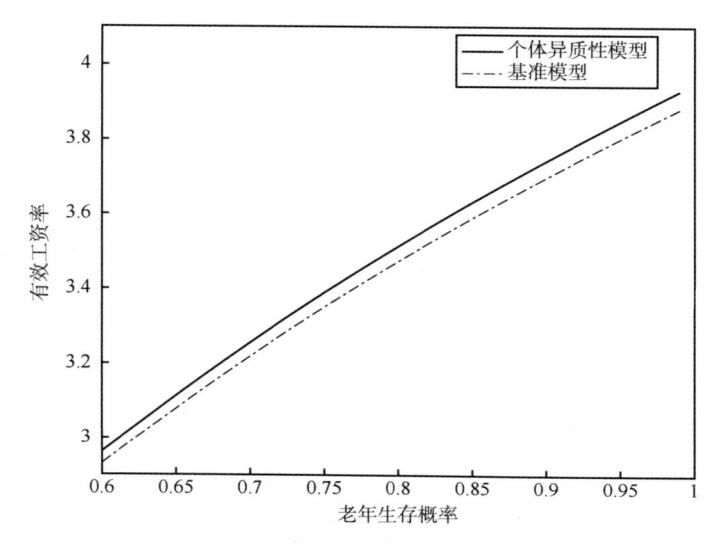

图 6.19　两种模型框架下的有效工资率

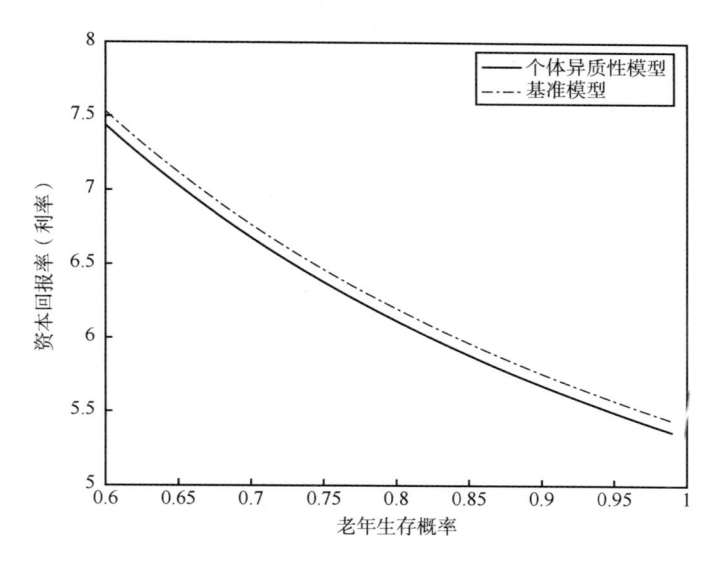

图 6.20　两种模型框架下的资本回报率（利率）

综上所述，本章通过在基准模型中引入富人和穷人的劳动效率和闲暇偏好差异以后，均衡分析和数值模拟结果表明：随着预期寿命的延长，富人和穷人都表现出提前退休的意愿，两类个体的终生劳动供给减少，并且相对穷人而言，富人的退休年龄更早，终生劳动供给更低。

二、拓展分析：包含企业异质性的情形

考虑到在中国现实生活中，部分劳动者在国有企业工作，还有部分劳动者在私人或民营企业工作，本小节从企业异质性（国企和私企）角度对基准理论模型进行拓展，分别刻画国企和私企两个部门的基本生产特征，从而建立一个含有预期寿命、人力资本投资、退休决策和企业异质性的一般均衡世代交叠模型框架。具体来讲，个体效用函数和预算约束方程与基准模型的思路相同，但在厂商设定部分，根据中国现实经济特点引入了国企和私企两部门结构，以刻画和反映国企和私企的异质性特征。假设经济中存在中间品生产部门和最终品生产部门，中间品生产部门由国企部门和私企部门构成。国企部门和私企部门分别由一个代表性厂商采用 Cobb-Douglas 型生产技术生产中间品，生产函数为

$$Y_{1,t} = AK_{1,t}^{\alpha}L_{1,t}^{1-\alpha}; \quad Y_{2,t} = \mu AK_{2,t}^{\alpha}L_{2,t}^{1-\alpha} \tag{6.59}$$

其中，$Y_{1,t}$ 和 $Y_{2,t}$ 分别表示国企部门和私企部门的产出。$K_{1,t}$、$L_{1,t}$ 和 $K_{2,t}$、$L_{2,t}$ 分别表示两个部门相应使用的物质资本和有效劳动力（人力资本）。物质资本总量 $K_t = K_{1,t} + K_{2,t}$，有效劳动力总投入 $L_t = L_{1,t} + L_{2,t}$。α 表示物质资本的产出弹性。μA 表示私企部门的全要素生产率因子，刻画了私企部门相对国企部门的生产技术进步程度。

参考 Acemoglu 和 Guerrieri（2008）的做法，假设最终品生产部门是由一个代表性厂商使用国企部门产出 $Y_{1,t}$ 和私企部门产出 $Y_{2,t}$ 作为投入，以 CES 型生产技术进行生产，即

$$Y_t = F[Y_{1,t}, Y_{2,t}] = \left[\eta Y_{1,t}^{(\sigma-1)/\sigma} + (1-\eta)Y_{2,t}^{(\sigma-1)/\sigma}\right]^{\sigma/(\sigma-1)} \tag{6.60}$$

其中，参数 $0 < \eta < 1$ 表示国企部门产出的权重；σ 衡量了国企部门和私企部

门在生产最终品时的替代弹性。若 $\sigma<1$，则两部门之间是互补的；若 $\sigma>1$，则两部门之间是替代的。

本章将最终产出品的价格标准化为 1。通过求解该代表性厂商的利润最大化问题，可以得到国企部门和私企部门的产出品价格：

$$P_{1,t}=\eta\left(Y_{t}/Y_{1,t}\right)^{1/\sigma};\quad P_{2,t}=(1-\eta)\left(Y_{t}/Y_{2,t}\right)^{1/\sigma} \quad (6.61)$$

通过分别求解国企部门和私企部门中代表性厂商的利润最大化问题，可给出两个部门资本回报率（利率）$R_{1,t}$、$R_{2,t}$ 和有效工资率 $w_{1,t}$、$w_{2,t}$ 的表达式：

$$R_{1,t}=P_{1,t}\alpha A\left(K_{1,t}/L_{1,t}\right)^{\alpha-1};\quad w_{1,t}=P_{1,t}(1-\alpha)A\left(K_{1,t}/L_{1,t}\right)^{\alpha}$$

$$R_{2,t}=P_{2,t}\alpha\mu A\left(K_{2,t}/L_{2,t}\right)^{\alpha-1};\quad w_{2,t}=P_{2,t}(1-\alpha)\mu A\left(K_{2,t}/L_{2,t}\right)^{\alpha}$$

定义国企部门使用的物质资本所占比重为 $\phi_{t}=K_{1,t}/K_{t}$。假设资本市场和劳动力市场都是完全竞争的，生产要素价格在各部门之间相等，即 $R_{1,t}=R_{2,t}=R_{t}$，$w_{1,t}=w_{2,t}=w_{t}$。于是物质资本和有效劳动力在国企部门和私企部门之间的配置满足以下条件：

$$\frac{K_{1,t}}{K_{2,t}}=\frac{L_{1,t}}{L_{2,t}}=\frac{P_{1,t}Y_{1,t}}{P_{2,t}Y_{2,t}}=\frac{\phi_{t}}{1-\phi_{t}} \quad (6.62)$$

将式（6.59）、式（6.61）代入式（6.62）中，整理后可以得到 $\phi=1/\{1+[(1-\eta)/\eta]^{\sigma}\mu^{\sigma-1}\}$。这表明国企部门和私企部门在经济中的比重取决于其产出的相对权重、相对技术进步程度以及替代弹性。进一步，根据式（6.59）到式（6.61），经济中的资本回报率（利率）R_{t} 和有效工资率 w_{t} 可表示为

$$R_{t}=1+r_{t}=J\alpha A\left(K_{t}/L_{t}\right)^{\alpha-1} \quad (6.63)$$

$$w_{t}=J(1-\alpha)A\left(K_{t}/L_{t}\right)^{\alpha} \quad (6.64)$$

求解企业异质性模型。采取与基准模型相同的推导过程，将代表性行为

人效用最大化条件，国企、私企和最终品厂商利润最大化条件以及劳动力市场和物质资本市场均衡条件结合起来，可以得到企业异质性模型在稳态均衡时的有效劳均资本 $\tilde{k}^f$：

$$\tilde{k}^f = \left\{ \frac{JA\beta p(1-nq)\left[\alpha p\theta + (1-\alpha)(1+\theta)\right]}{(1+\beta p)(p+nD\Omega) + \beta p\theta nD\Omega + \frac{1-\alpha}{\alpha}} \right\}^{1/(1-\alpha)} \quad (6.65)$$

其中，$J = \eta\left\{\eta + (1-\eta)\left[\mu(1-\eta)/\eta\right]^{\sigma-1}\right\}^{1/(\sigma-1)}$；$\Omega = \left[\gamma(1+\beta p+\delta)/(\varphi+\gamma(1+\beta p+\delta))\right]^\gamma$。

参考本章第二节的求解思路，我们很容易求解得到企业异质性模型框架下均衡状态的人力资本投资（受教育时间）e^f、退休时间 l^f、有效工资率 w^f 和资本回报率（利率）R^f。如无特别说明，本章用上标 f 表示企业异质性模型框架下的经济变量，去掉下标 t 表示相应变量在稳态均衡时的取值。

$$e^f = \frac{\gamma(1+\beta p+\delta)}{\varphi+\gamma(1+\beta p+\delta)} \quad (6.66)$$

$$l^f = \frac{(1+\beta p) - \beta p\theta(1-nq)JA\alpha(\tilde{k}^f)^{\alpha-1}}{1+\beta p+\beta p\theta} \quad (6.67)$$

$$w^f = J(1-\alpha)A(\tilde{k}^f)^\alpha \quad (6.68)$$

$$R^f = J\alpha A(\tilde{k}^f)^{\alpha-1} \quad (6.69)$$

下面我们根据校准的基准参数值和均衡状态的表达式进行数值模拟[①]，以定量考察在两种模型框架下，预期寿命对劳动者退休时点决策、经济中劳

[①] 关于技术进步参数，虽然不同文献的数据和研究方法各异，但这些研究测算的结果基本相似，国企部门的技术进步率要低于私企部门。例如，Brandt 和 Zhu（2010）利用中国宏观数据计算得到的国企部门和私企部门的技术进步率分别为 1.52% 和 4.6%，后者相当于前者的 3.03 倍；Liu 和 Cao（2011）对中国制造业企业的生产率进行了测算，他们测得的国有企业的平均生产率水平为 1.3%，非国有企业的平均生产率为 2.3%，后者大约是前者的 1.8 倍。本章将私企部门的相对技术进步程度 μ 设定为 3.03 与 1.8 的平均值 2.42。关于国企部门和私企部门之间的替代弹性 σ 与国企部门产出的权重 η，潘珊和龚六堂（2015）估计了国有部门和非国有部门的劳动力比例与实际增加值序列，得到中国两部门之间的替代弹性为 2.13，国有部门的相对份额为 0.49，据此本章将 σ、η 的基准值分别设为 2.13、0.49。根据 μ、σ、η 的基准值，本章计算得到国企部门生产使用的要素比重 $\phi = 0.253$。

均有效资本和要素价格的影响效果及结论是否具有显著差异。需要说明的是，由于企业异质性模型框架下劳动者人力资本投资（受教育时间）e^f 的数学表达式（6.66）与本章第二节基准模型框架下相应的表达式（6.15）完全相同[①]，故在这里我们不再展示预期寿命对人力资本投资影响的模拟结果。

图 6.21 至图 6.24 对比了企业异质性模型和基准模型框架下的模拟结果，其中，实线表示企业异质性模型结果，虚线表示基准模型结果，表 6.6 汇报了相关定量结果。首先关注退休行为的对比。由图 6.21 和表 6.6 可以看到，在两种模型框架下，预期寿命延长对劳动者老年劳动时间和退休年龄的影响方向及程度相同（图形上实线与虚线恰好重合）。这说明在企业异质性模型框架下，考虑到资本市场不完美，教育、消费（储蓄）、退休决策与要素价格的相互作用所产生的动态一般均衡效应后，随着预期寿命的延长，劳动者在青

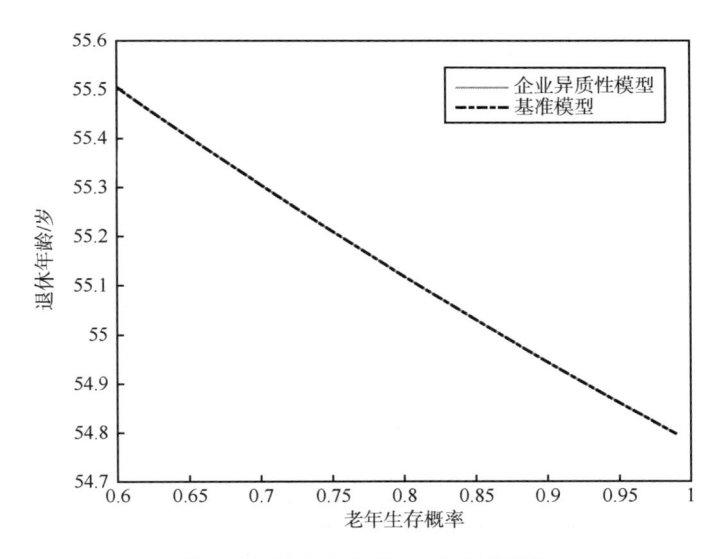

图 6.21　两种模型框架下的退休行为

[①] 从表 6.6 数值模拟的结果可以看到，劳动者的受教育年限在企业异质性和基准模型框架下是相同的，预期寿命对受教育年限的影响方向和程度也是一样的。

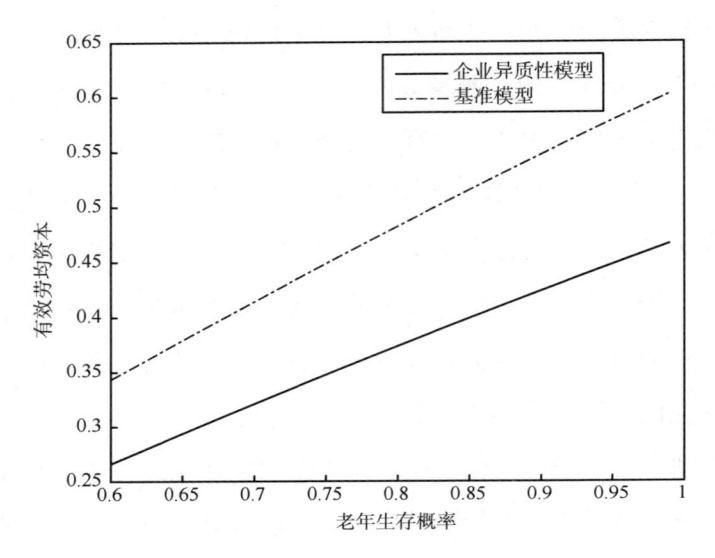

图 6.22 两种模型框架下的有效劳均资本

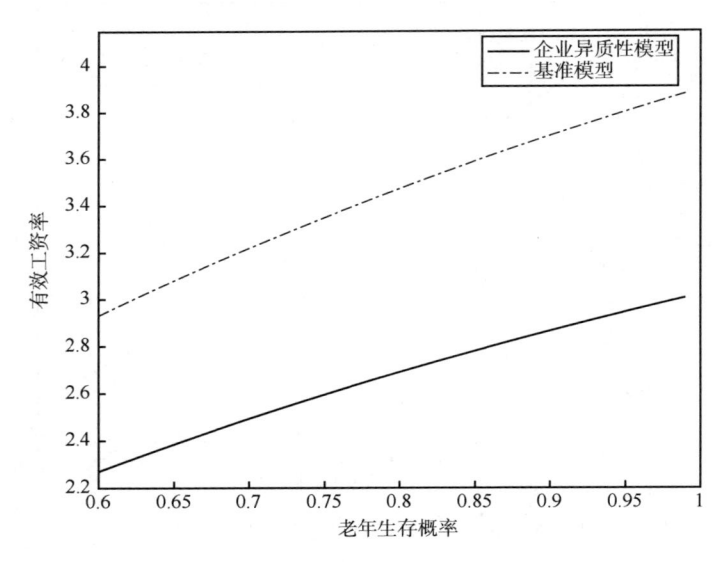

图 6.23 两种模型框架下的有效工资率

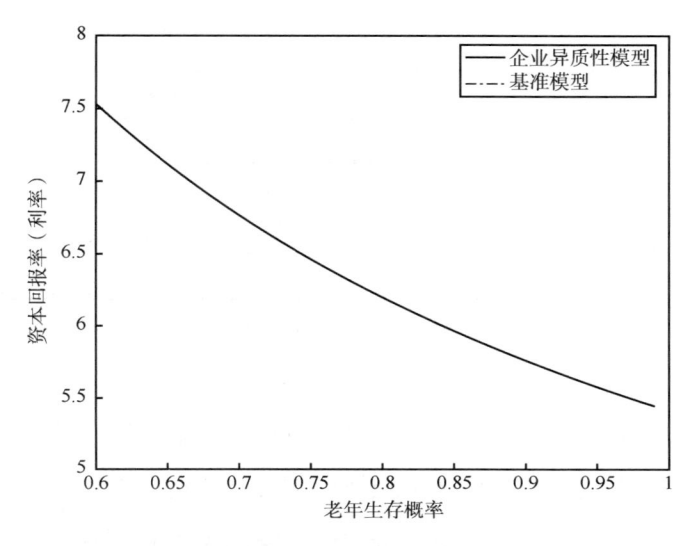

第六章　预期寿命延长、人力资本投资与退休　349

图 6.24　两种模型框架下的资本回报率（利率）

年期会增加受教育时间，提高人力资本积累，在老年期反而更倾向于提前退休，减少终生劳动供给。由此通过对比，我们可以判断预期寿命对劳动者退休行为的影响效果并不会因研究框架（企业异质性模型）不同而存在显著差异。关于在企业异质性模型框架下预期寿命延长对劳动者退休时点选择的影响机理与基准模型框架相同，此处不再一一赘述。

表 6.6　企业异质性模型框架下的模拟结果

模型	变量	老年生存概率 p						
		0.6	0.65	0.7	0.75	0.8	0.85	0.9
企业异质性模型	$\tilde{k}^f$	0.266	0.294	0.321	0.348	0.374	0.399	0.424
	E^f	8.422	8.572	8.718	8.859	8.997	9.130	9.270
	L^f	55.505	55.403	55.305	55.210	55.119	55.030	54.944
	w^f	2.271	2.386	2.494	2.595	2.691	2.781	2.866
	r^f	7.530	7.119	6.767	6.463	6.198	5.965	5.759
基准模型	$\tilde{k}^*$	0.344	0.379	0.414	0.449	0.483	0.515	0.547
	E^*	8.422	8.572	8.718	8.859	8.997	9.130	9.270

续表

模型	变量	老年生存概率 p						
		0.6	0.65	0.7	0.75	0.8	0.85	0.9
基准模型	L^*	55.505	55.403	55.305	55.210	55.119	55.030	54.944
	w^*	2.931	3.079	3.219	3.350	3.473	3.589	3.699
	r^*	7.530	7.119	6.767	6.463	6.198	5.965	5.759

注：$\tilde{k}^f$、E^f、L^f、w^f、r^f 分别表示企业异质性模型框架下经济处于均衡状态时的有效劳均资本、受教育年限、退休年龄、有效工资率和资本回报率（利率）。

其次分析有效劳均资本和要素价格的对比。由图 6.22 可以看到，随着预期寿命的延长，在两种模型框架下经济中的有效劳均资本均增加。根据前文的分析，预期寿命延长对有效劳均资本的影响取决于其对有效劳动力和物质资本的综合影响。一方面，预期寿命延长会导致劳动者增加受教育时间，提高人力资本积累，从而使经济中供给的有效劳动力上升；另一方面，预期寿命延长意味着个体在老年期的生存时间更久，为平滑成年期和老年期的消费水平，劳动者"未雨绸缪"的储蓄动机会增强，导致经济中物质资本存量增加。图 6.22 的模拟结果表明，在两种模型框架下预期寿命延长对物质资本的正向影响更高，最终提高了单位有效劳动力持有的物质资本。

图 6.22 至图 6.24、表 6.6 的模拟结果还有三点值得注意：①从劳均资本的对比来看，如图 6.22 所示，相比基准模型的结果，企业异质性模型下的有效劳均资本存量较低。平均而言，相同预期寿命（老年生存概率）下，企业异质性模型的有效劳均资本比基准模型低 27.45 个百分点。②从工资水平的对比来看，如图 6.23 所示，预期寿命延长对有效工资率的影响方向相同，影响程度也较为相似，但相比基准模型的结果，企业异质性模型下的有效工资率较低，这可能是因为企业异质性模型框架下经济中的劳均资本存量较低。平均来说，相同预期寿命（老年生存概率）下，企业异质性模型的有效工资

率比基准模型低 22.52 个百分点。③从资本回报率（利率）的对比来看，由表 6.6 可知，在两种模型框架下经济中的资本回报率（利率）相等，且预期寿命延长对资本回报率（利率）的影响方向及程度相同，在图 6.24 上表现为实线与虚线恰好重合。

综上，均衡分析和数值模拟结果表明，提前退休意愿和老年劳动供给行为仍是劳动者理性决策的最优结果，这与本章第一节中提及的典型特征事实相吻合。在企业异质性模型和基准模型框架下，预期寿命延长对劳动者人力资本投资、退休行为决策（提早退休）的影响方向及程度相同，并且预期寿命延长对有效劳均资本和生产要素价格的影响也没有发生本质变化。本章得到的理论机制和研究结论在考虑了企业异质性情形时也没有发生变化。

第六节　研究结论与政策启示

基于历史数据和相关文献，本章发现包括中国在内的世界许多国家都普遍存在着一个反常现象，即劳动者预期寿命延长、受教育年限提高却提早退休。在动态一般均衡分析框架下，本章构建了一个包含计划生育政策、预期寿命延长、人力资本投资与内生退休决策的世代交叠模型，对上述反常现象进行了理论分析与解释，并基于中国现实经济参数对模型进行了数值模拟，得到了如下主要结论：①预期寿命提高会延长人力资本投资的回报周期，劳动者在青年阶段倾向于提高受教育年限；②随着预期寿命的延长，由于人力资本积累程度、有效工资率上升和利率下降所产生的收入效应高于替代效应，这使得劳动者增加退休闲暇消费，有能力和意愿提早退休，减少终生劳动供给；③放松生育约束也会使劳动者享受退休闲暇的意愿增强，选择提前退休；④在基准模型中引入富人和穷人的劳动效率和闲暇偏好异质性后发现，随着预期寿命的延长，富人和穷人都表现出提前退休意愿，但相对穷人而言，富人的退休年龄和终生劳动供给更低；⑤在基准模型中引入国企部门和私企部门的异质性后发现，随着预期寿命的延长，理性行为人在少年期仍会增加人力资本投资，并且其退休年龄和终生劳动供给也呈现下降趋势，提前退休是理性行为人的最优决策结果。本章的研究结论很好地吻合了特征事实，有益于厘清劳动者在老年期的退休决策机理，为如何推进退休制度改革提供理论依据。

当前，中国的人口老龄化正处于快速发展阶段，如何更充分地利用人力资源、有效缓解人口老龄化的挑战，已成为中国经济转向高质量发展阶段后亟须解决的现实问题，也是中国退休政策改革的方向。本章的研究结论具有较强的政策含义。

首先，政府应当充分考虑延迟退休的负面效应。退休政策改革是一项系统性工程，涉及人力资本投资、劳动供给、消费（储蓄）、退休、养老与社会福利等诸多经济社会问题，牵一发而动全身。本章的研究结论表明，随着预期寿命延长，理性行为人最优的劳动供给决策是提前退休。因此，在退休制度改革过程中，不可操之过急，政府要充分考虑个人的劳动效率和在老年期的劳动参与意愿（闲暇偏好），针对不同劳动者群体采取不同的退休办法，最大限度地降低推行新的退休制度所带来的社会成本，避免引发严重的社会问题。2010年以来，法国政府为应对人口老龄化挑战，强力实施了渐进延迟退休政策，结果民众予以强烈抵制，法国成为推行延迟退休年龄改革的反面案例，法国退休制度改革的经验教训值得我们反思。这提示我们，简单延迟退休年龄并不是科学的做法，应更多地提供延迟退休激励来引导劳动者在老年期自发地增加工作年限。

其次，由于个人何时退出劳动力市场还取决于经济要素和养老状况的变化，因此，在调整退休年龄的同时，也要深化养老保险制度改革。政府可以考虑在预期寿命、养老保险政策和延迟退休之间建立动态联动机制，通过合理设计不同退休年龄人口的养老保险缴费率、缴费年限、待遇条件、养老金领取规则和结构，引导劳动者在目标退休年龄退休。这样既能减少非正规的提前退休安排，又能缓解退休政策改革所面临的阻力。

最后，根据本章的结论，放松生育约束上限后，生育率提高会使得均衡状态的退休年龄下降。这意味着放松生育限制与延迟退休政策在增加老年劳动供给方面可能存在冲突。因此，在设计延迟退休政策时，需要考虑生育政策的影响，以尽量减少生育政策放松对延迟退休的负面影响。需要注意的是，受教育程度高的劳动者进入劳动力市场较晚，政府应重点关注这部分人群，通过合理的制度设计来激励他们延迟退休，避免人力资源浪费。

第七章
预期寿命延长、养老保险与老年劳动供给

第一节　问题的提出

当前,中国人口老龄化进入了快速发展阶段,如何充分利用劳动力资源、有效应对人口老龄化的挑战,已经成为中国经济转向高质量发展阶段后亟须解决的现实问题。预期寿命延长是人口老龄化的一个重要特征。改革开放以来,中国人均预期寿命显著提升。预期寿命提高一方面加速了中国的老龄化程度,养老财政支出压力不断加大;另一方面也为充分利用日益庞大的老年劳动力资源,延长人口红利创造了条件。

从经济学理论来看,预期寿命延长会使个人面临养老资源不足的风险,理性行为人具有协调生命周期资源的能力,从而做出最优的劳动供给和退休决策。在预期寿命延长时,如果退休年龄能够同步增加,使工作和退休时间长度的比例保持稳定,那么通常不会对个人福利与经济中的劳动力供给造成负面影响(Chang,1991;Kalemli-Ozcan and Weil,2010)。如果存在一个较早的法定退休年龄,或养老保险制度设计存在非常强的退休激励,个人通常会较早退出劳动力市场(Gruber and Wise,1998;Bloom et al.,2004),这会影响老年劳动力资源利用。

从退休制度设计来看,中国一直沿用20世纪50年代和70年代制定的老

退休办法，大致可概述为：男性60周岁、女干部55周岁、女工人50周岁，以及特殊情形下更早的年龄可以退休。[①]与OECD国家相比，中国的退休年龄明显偏低。与较低的退休年龄相关的是中国老年劳动参与率也一直保持着偏低的水平。根据《中国人口和就业统计年鉴2020》和《中国统计年鉴2020》数据计算的结果，2019年中国60岁及以上人口的劳动参与率仅有31.43%。与世界上其他主要国家相比，中国老年劳动参与率低的问题甚为明显（表7.1）。

表7.1 2019年中国与主要发达国家各年龄组劳动参与率

国家（地区）	50～54岁	55～59岁	60～64岁	65岁及以上
中国	66.63%	50.67%	26.2%	11.65%
美国	79.9%	72.9%	57.5%	20.2%
日本	87.6%	83.7%	71.9%	25.3%
加拿大	86.1%	75.8%	56.9%	14.9%
韩国	80.1%	74.8%	62.1%	34.0%
瑞士	90.0%	85.8%	64.1%	11.3%
OECD国家平均	80.8%	73.5%	54.4%	16.0%

资料来源：(1) OECD 就业数据库。(2) 由于数据的可比性，中国的老年劳动参与率用城镇地区的老年劳动参与率表示，数据由《中国人口和就业统计年鉴2020》和《中国统计年鉴2020》相关数据整理计算而得，城镇劳动参与率=城镇就业人口/城镇总人口

过低的退休年龄和老年劳动参与率导致老年劳动力资源未能得到充分利用，不利于延长人口红利，对经济增长会产生负面影响。想要提高老年人口的劳动供给，积极利用老年劳动力资源，确保经济中活跃的劳动力数量，最常用的政策工具就是延迟退休年龄。近年来，政策制定者和学术界一直在讨论延迟退休改革方案，《中华人民共和国国民经济和社会发展第十四个五年规划和2035年远景目标纲要》提出"逐步延迟法定退休年龄"，党的二十大报

---

① 2015年人力资源和社会保障部公布的数据显示，我国实际平均退休年龄不到55岁。

告进一步明确"实施渐进式延迟法定退休年龄"①,标志着退休年龄制度改革已经被正式提上了议事日程。然而,民众对延迟退休政策的反映并不一致,甚至出现了一些反对的声音。因此,有必要厘清中国劳动者的退休决策机理,为合理设计退休年龄政策提供理论依据。

就中国的现实来看,党政机关、国有(集体)企业②和事业单位等体制内劳动者与民营企业、外资企业、合资企业、个体经营单位等体制外劳动者的退休状况差异较大。政府的法定退休年龄对体制内劳动者具有较强的约束,他们通常难以按照自己的意愿来选择退休年龄,但体制外劳动者的退休决策具有较大的灵活性,他们一般能够自主选择退休年龄(梁玉成,2007;牛建林,2015)。基于以上理论与中国的现实,我们需要弄清楚的问题是:预期寿命延长究竟是如何影响社会整体的老年劳动供给和平均退休年龄的?退休政策应当如何进行调整才能促使社会整体的劳动供给增加?

养老保险制度设计也是影响个人劳动供给与退休决策的重要因素(Gruber and Wise,2002)。经典的生命周期理论认为,强制性的养老保险制度将个人收入从青年期转到老年期,如果缴费率高于个人合意的储蓄,这种收入的转移所产生的收入效应会诱致个人更早退休,减少老年劳动供给(Feldstein,1974)。随着预期寿命不断延长,日益庞大的老年人口会加重社会的养老负担,欲将养老金替代率维持在一定范围内,需要提高养老保险体系的缴费率。但缴费率的提高可能会减少个人老年期的劳动供给,在现行退休年龄制度下,会激励老年人较早退出劳动力市场,这既不利于养老金收支平衡,也不利于充分利用老年劳动力资源。因此,合理地设定养老保险的制度费率就显得尤为重要。

---

① 《习近平:高举中国特色社会主义伟大旗帜 为全面建设社会主义现代化国家而团结奋斗——在中国共产党第二十次全国代表大会上的报告》,https://www.gov.cn/xinwen/2022-10/25/content_5721685.htm,2022年10月16日。

② 本书将在国有(集体)企业工作的劳动者也视为体制内劳动者。

中国基本养老保险统筹账户缴费率从 20 世纪 90 年代中期的制度改革以来就一直较高，法定的费率不低于 20%。自 2016 年以来，为了推进供给侧结构性改革，社会保险进入了阶段性降费，政府出台了一系列政策文件。例如，2016 年印发的《关于阶段性降低社会保险费率的通知》，规定养老保险统筹账户缴费比例超过 20% 的省区市，将缴费比例降至 20%，缴费比例为 20% 且 2015 年底企业职工基本养老保险基金累计结余可支付月数高于 9 个月的省区市，可以阶段性将单位缴费比例降低至 19%。2019 年 4 月国务院公布的《降低社会保险费率综合方案》规定，城镇职工养老保险统筹账户缴费比例可降至 16%。在社保降费改革政策下，随着缴费负担的减轻，养老金替代率也会相应调整，由于预期寿命会改变劳动者生命周期的预算约束和经济激励，促使其有意愿对老年期劳动时间进行调整，但这种调整又与其是否受到体制约束相关。那么，在预期寿命延长和体制内外不同劳动者差异化的退休决策下，中国目前正在经历的养老保险降费改革对社会整体的老年劳动供给究竟会产生怎样的影响？具体的机制是什么？在退休年龄政策改革的背景下，养老保险降费的空间究竟有多大？政府应如何通过养老保险费率和退休年龄政策的设计，在合理利用劳动力资源和增进社会福利之间取得平衡？这些关键性的问题，目前鲜有研究做出回答。

本章通过构建一个包含体制性结构与劳动者退休决策异质性的动态一般均衡世代交叠模型，探讨上述问题，并结合中国的现实经济参数进行数值模拟。研究发现：由于体制外劳动者的老年劳动供给具有灵活性，降低养老保险费率能促使他们延迟退休，有利于提高社会老年劳动供给。如果体制内劳动者也能灵活选择老年劳动时间或法定退休年龄延迟，降低养老保险费率可以更多地增加社会老年劳动供给。预期寿命延长对社会老年劳动供给的影响不确定，这取决于养老保险费率的下调幅度。如果缴费率降至（12%, 20%]区间内，预期寿命延长会引致社会老年劳动供给上升；而缴费率降至 12% 及以下，预期寿命与社会老年劳动供给之间呈倒"U"形关系，目前生存寿命已处于拐点的右边，这意味着养老保险降费存在政策目标上的下限。本章证实了养老保险降费改革实现社会福利的帕累托改进和有效利用老年劳动力资源的双重目标，不仅取决于缴费率的下调幅度，而且依赖于退休年龄的调整。进一步地定量分析表明，相对于不存在退休年龄调整机制，存在退休年龄调整机制经济所对应的社会福利水平更高。本章的政策启示是，随着预期寿命的延长，政府应顺势而为，积极探索养老保险费率与退休年龄的联动调整机制，这不仅有助于充分利用老年劳动力资源，缓解养老保险基金收支失衡压力，而且还能实现社会福利的帕累托改进。

本章结构安排如下：第二节是相关研究文献的梳理与评述；第三节建立一个包含体制内外劳动者和两部门结构的一般均衡世代交叠模型框架，求解模型的稳态均衡，并利用理论模型讨论在一般均衡时预期寿命延长、养老保险降费和法定退休年龄调整对体制内外劳动者及社会平均的老年劳动供给的影响机制；第四节是参数校准，数值模拟分析，参数敏感性分析，年轻人和老年人劳动存在异质性的模型拓展研究，以及经济动态转移路径分析；第五节是中央计划者的政策目标分析；第六节为结论与启示。

第二节　文　献　综　述

预期寿命延长对劳动供给的影响，自从生存不确定性的 Blanchard-Yaari 模型（Yaari，1965；Blanchard，1985）问世以来，国内外已有一些文献在生命周期最优化的框架下探讨了预期寿命延长对老年劳动供给的影响。

一类文献认为如果预期寿命延长，个人老年期的劳动供给也会相应延长（Ben-Porath，1967；Kotlikoff，1989；Boucekkine et al.，2002；Zhang J and Zhang J S，2009；Mizuno and Yakita，2013；Prettner and Canning，2014；Hirazawa and Yakita，2017）。Ben-Porath（1967）认为随着预期寿命的延长，行为人将增加受教育时间，工作年限和退休年龄也会相应延长。Kotlikoff（1989）认为行为人极大化来自生命周期消费与闲暇的效用，在一个简单的生命周期模型中，更长的寿命并不一定影响储蓄率，对更长生命期的最优反应是成比例地增加工作时间。Boucekkine 等（2002）假设社会平均人力资本建立在每代人特定的人力资本基础上，他们通过构建一个具有现实生存法则的世代交叠模型发现预期寿命延长对经济增长的影响是模糊的，但典型消费者的受教育年限和退休年龄会相应延长。Zhang J 和 Zhang J S（2009）从老年人退休闲暇与劳动时间权衡的视角，研究了寿命延长对资本积累和退休的影响，他们的结论是预期寿命延长会增加储蓄与物质资本积累，更高的工资水平和更低的年金回报率会促使理性行为人选择晚退休。在此基础上，Mizuno 和 Yakita（2013）在一个小型开放经济的世代交叠模型框架下考察了预期寿命延长会如何影响行为人的退休决策和生育选择，他们的理论分析结论表明，如果预期寿命延长，老年人将选择增加老年劳动时间，同时经济中的生育率并不必然下降。Prettner 和 Canning（2014）在一般均衡框架下考察了预期寿命延长对消费（储蓄）与退休决策的影响，他们认为预期寿命延长会降低老年期劳动的负效用，更长的工作期可以使个人获得更多的工资收入，从而意味着一个更高的生命周期消费水平，理性行为人倾向于提高退休年龄。Hirazawa 和 Yakita（2017）认为预期寿命延长会导致理性行为人更晚退出劳动力市场，以得到更多的劳动收入，从而负担得起生育更多孩子的成本。

另一类文献认为预期寿命延长并不必然带来老年劳动供给的增加（Kalemli-Ozcan and Weil，2010；Hansen and Lønstrup，2012；Cervellati and Sunde，2013；Bloom et al.，2014b；Nishimura et al.，2018）。例如，Hazan（2009）利用1840~1970年出生的美国男性平均劳动小时数据发现，与预期寿命延长相伴的是终生工作小时数反而在不断减少，这与 Ben-Porath（1967）

的理论机制相悖。从理论上看，这类文献大多认为最优退休年龄与最优储蓄（消费）路径是联合决定的，预期寿命的延长增加了储蓄的财富效应或工资上升产生的收入效应，导致理性行为人对闲暇的需求增加，退休年龄和终生劳动供给下降。Kalemli-Ozcan 和 Weil（2010）在连续时间世代交叠模型框架下考虑了三种不同的生存函数形式，以此来解释预期寿命在个人退休决策过程中所起的作用，他们认为随着预期寿命的延长，储蓄财富偶发灭失风险会减少，因而理性行为人倾向于通过增加储蓄的方式来满足退休闲暇的消费需求，并产生提前退休现象。Hansen 和 Lønstrup（2012）通过在局部均衡世代交叠模型中引入不完美的年金市场，发现预期寿命延长增加了储蓄回报，导致老年期消费的边际效用下降，从而促使行为人选择提早退休。Cervellati 和 Sunde（2013）研究了具有年龄异质性生存概率的 Ben-Porath 模型，从理论上证明了增加终生劳动供给对 Ben-Porath 机制而言并非必要也非充分条件，他们也得到了预期寿命延长导致终生劳动供给下降的结论。Bloom 等（2014b）拓展了 Blanchard-Yaari 模型，认为从长期来看工资上涨的影响起主导作用，预期寿命延长会导致理性行为人提前退休。Nishimura 等（2018）使用小型开放经济世代交叠模型框架，从生存寿命外生和内生的角度，也得到了相似的结论。因此，从现有文献来看，预期寿命延长是否导致老年劳动供给增加并无定论。

关于养老保险对老年劳动供给的影响，自 Feldstein（1974）开创性地提出强制性的养老保险制度具有诱致提前退休效应以后，一些文献在考虑了更为现实的因素的基础上对这一问题展开研究，依然支持了 Feldstein 的研究结论（Sheshinski，1978）。Crawford 和 Lilien（1981）构建了纳入个人内生退休决策的跨期生命周期模型，研究发现，如果存在资本市场不完美、精算不公平以及寿命不确定等情况，养老保险计划对劳动供给的影响不确定，个人可能提早也可能延迟退出劳动力市场。

后续的研究围绕着 Crawford 和 Lilien（1981）提出的三个因素，对养老保险如何影响个人的劳动供给与退休决策展开了大量的理论与实证研究（Rust and Phelan，1997；Samwick，1998；Gruber and Wise，2002；Munnell et al.，2004；Coile and Gruber，2007；van der Klaauw and Wolpin，2008；Heijdra and Romp，2009b；Nishiyama，2010；Vere，2011；Michel and Pestieau，2013；Dedry et al.，2017），得到的结论不尽相同，具体取决于养老保险的制度类型、政府退休制度与养老金获取条件、养老保险的收入再分配功能、养老金覆盖面、养老金财富的比较、养老保障激励措施、养老计划项目条款、个体偏好异质性与遗赠动机等。例如，在理论上，Heijdra 和 Romp（2009b）基于一个小型开放经济的世代交叠模型讨论了政府养老金获取条件的影响，他们的理论分析表明在考虑了死亡率变化、工资税金和养老保险制度类型后，公共养老金中的提前退休条款直接诱使大多数劳动者在正常退休年龄之前退休。Nishiyama（2010）通过一般均衡世代交叠模型分析了养老保险制度对美国夫妻劳动供给行为的影响机制，定量结果表明取消配偶的养老金会导致夫妻的老年劳动时间增长 4.3%～4.9%。Michel 和 Pestieau（2013）建立了一个劳动参与内生的世代交叠模型，结果表明养老保险覆盖规模的增加能够解释劳动参与率下降的现象。在此基础上，Dedry 等（2017）进一步对比分析了在不同养老保险制度和退休年龄制度下，人口老龄化对物质资本积累和福利的影响，他们的理论模型表明在缴费确定（defined contribution，DC）型和给付确定（defined benefit，DB）型养老保险制度下，个人自由选择退休时间的退休制度可以增进更多的福利。在经验研究上，Samwick（1998）通过期权价值模型构造了衡量退休激励的动态指标，并利用美国健康与退休调查数据进行验证，发现养老金财富的变化是决定个人退休概率的重要因素，同时他指出养老金覆盖率增加 10%，将导致劳动力参与率下降约 1 个百分点。Munnell 等（2004）使用 1994～2002 年美国健康与退休调查数据，实证考察了养老保险制度类型对退休年龄及提前退休概率的影响，发现 DC 型养老保险引致退休年龄下降了约 0.6 岁，而 DB 型养老金使得退休年龄下降了约 1.1 岁。Coile 和 Gruber（2007）使用 1992~2000 年的美国健康与退休调查数据，实证分析了养老保障效应和私人养老金激励效应对个人退休决策的影响，发现可预期性的养老保障激励措施显著提高了老年工人退出劳动力市场的概率。使用相同的微观数据集，van der Klaauw 和 Wolpin（2008）估计了一个退休与储蓄决策模型，发现社会养老保险收入上升 1/4，则将导致 62~69 岁老年人的劳动时间下降 8%~12%。Vere（2011）通过自然实验的方法比较分析了养老财富变动对退休行为的影响，在控制住个人退休偏好异质性等因素后，回归结果证实个人确实会对养老金变动做出反应，养老财富的减少导致了老年劳动时间的增加。

国内有关养老保险对退休决策影响的理论研究较少，现有文献以实证研究为主（程杰，2014；张川川和陈斌开，2014；李昂和申曙光，2017；刘子兰等，2019）。程杰（2014）使用成都市 4802 份农村住户抽样调查数据考察了养老保障对农户劳动供给的影响，工具变量的估计结果表明，农村养老保险具有较强的收入效应，并显著降低了农户老年劳动时间的供给。张川川和陈斌开（2014）采用断点回归设计和双重差分的方法，从消费、劳动供给、福利等多个维度评估了新型农村社会养老保险（简称新农保）的政策效应，发现新农保在一定程度上降低了农村老年人的劳动时间。李昂和申曙光（2017）基于 CFPS 2010 数据，实证发现养老保险对提前退休行为具有显著的正向激励效应，而且还明显降低了老年人延迟退休的可能性。刘子兰等（2019）利用 CHARLS 数据，实证考察了城镇职工养老保险和新农保对退休行为和劳动时间的影响，发现中国的养老金财富产生了引致退休效应，激励职工和农民选择提早退休。尽管这些文献使用的数据和研究的对象有所差异，但大多得到了养老保险制度会激励个人减少老年劳动供给，具有引致提前退休效应的结论。

最优养老保险费率研究的核心问题是如何设计缴费率使福利水平极大化或养老保险基金收支动态平衡。国内外文献对最优缴费率的研究可以划分为两类。一类文献主要是通过均衡理论模型来推导或测算最优的养老保险费率。Zhang J 和 Zhang J S（2009）通过一个包含投资外部性、遗赠和生育率的王朝效用模型（dynastic utility model），考察了最优的现收现付制养老保险制度，定量结果表明在投资外部性较弱的情况下，最优的养老保险费率介于 10%～20%。Yew 和 Zhang（2009）基于相同的理论框架，从人力资本外部性角度分析了现收现付制下养老保险的最优规模，发现随着人力资本外部性的增强，最优的养老保险费率也会相应提高，他们测算得到的最优养老保险费率为 12%～16%。Fanti 和 Gori（2010）在标准的新古典增长世代交叠模型框架下，考察了现收现付制养老保险费率如何影响养老金财富，发现当物质资本弹性较高、主观贴现因子较低时，养老保险费率与养老金收入水平之间具有倒"U"形关系，从而在理论上证明了最优养老保险费率存在的可能性。Miyazaki（2017）假设老年人的劳动生产效率相比年轻时会下降，他们的理论研究表明使社会福利最大化的最优社保缴费率的变动范围与老年人的劳动生产率有关。

也有一些文献从理论上探讨了中国的最优养老保险费率。彭浩然和陈斌开（2012）认为养老保险对物质资本和人力资本具有重要的影响效果，他们研究发现如果政府以缓解退休金的代际冲突为政策目标，中国现收现付制的最优养老保险费率应在 15.6% 左右。康传坤和楚天舒（2014）运用一般均衡世代交叠模型发现，人口预期寿命延长和生育率下降对缴费率的影响方向相反，其模拟结果显示最优养老保险费率的区间为 10%～19.04%。基于相同的框架，景鹏和胡秋明（2016）模拟分析了五种生育情景下不同退休年龄的养老保险费率，他们给出的最优费率区间是 10.77%～19.63%。路锦非（2016）建立了以社会福利最大化为目标的两期模型，模拟分析了 6 种情景的缴费率水平，认为最优的缴费率为15%，从而为城镇职工养老保险费率的优化调整提供了参考依据。万春林等（2021）在外生生育率世代交叠理论模型设定下，比较分析了现收现付制和基金制两种养老保险制度，基于中国的数值模拟结果显示，个人总效用最大化时的养老保险费率约为12%。

另一类文献基于养老财政基金平衡的角度，考察了中国统筹账户缴费率的调整范围及应对措施。封进（2013）认为偏高的政策缴费率对企业实际缴费存在负向影响，其模拟表明降低养老保险费率反而有利于提高基金收入。郑秉文（2016）通过拉弗曲线框架诠释了中国高缴费率与低养老金收入的现象，认为政府需要下调养老保险费率，只有这样才能确保供给侧结构性改革顺利进行。景鹏和胡秋明（2017）通过精算模型分析了统筹账户缴费率的下调空间，研究表明在优化养老保险制度参数和财政补贴的前提下，即使养老保险费率下降5.36个百分点，仍可以实现养老保险基金收支平衡。陈曦（2017）模拟测算了降费率对养老基金长期收支的影响，得到的结论是养老保险降费可以促进经济增长、提高基金收入和财政收入，进而弥补缴费率下降带来的长期收支失衡。金刚（2018）分析了养老保险覆盖率、缴费人数和缴费比例等参数对养老保险基金收支平衡的影响程度，其定量测算结果表明，若各参数回归理论值，则制度抚养比、缴费人口比例、缴费系数将分别使均衡缴费率下降 0.53~0.64 个百分点、2.78~3.37 个百分点、4.04~4.89 个百分点。曾益等（2020）使用城镇职工养老保险数据和保险精算模型，考察了在社会保险费征缴管理改革情况下缴费率的下降空间，其测算结果显示如果政府以基金收支平衡为目标，则养老保险费率可降到13.82%。杨再贵和陈肖华（2021）通过养老保险精算模型，对比分析了三种降费情形对企业养老基金结余的影响，发现降费综合方案可以缓解养老基金财务状况，同时他们提出了建立风险预警机制的政策建议。此外，《中国养老金精算报告2019—2050》的预测结果显示，在现行退休制度和财政补贴力度下，养老保险费率下降可能使中国城镇职工养老金于2028年左右出现收不抵支的状况。[①]

上述文献为深入洞察老年劳动供给与退休行为提供了重要参考，但我们同时发现，现有相关研究还在以下几方面有待完善。首先，已有文献或者单独考察老年劳动供给是否随着预期寿命的延长而提高，或者单独考察养老保险是否具有引致提前退休效应，鲜有文献结合中国退休状况与社保体系的现实情况，将预期寿命、养老保险与老年劳动供给（退休）行为置于一般均衡框架下进行研究。其次，鲜有文献基于实现社会福利的帕累托改进和有效利用老年劳动力资源的政策目标，分析养老保险费率的变化如何影响老年劳动供给，并据此确定养老保险降费的适宜区间。最后，鲜有文献关注中国最优老年劳动供给的问题，这可能是因为国内外学者简单地将劳动者的退休年龄或者视为内生决策变量或者视为政府控制的外生变量，致使考察政策变动（如社保降费）对老年劳动供给影响的研究与现实并不十分吻合。从理论和现实来看，没有考虑中国劳动者退休决策异质性的研究可能是削足适履，依此提出的改革方案甚至存在缘木求鱼的可能。

本章的边际贡献主要体现在以下三个方面：第一，考虑到中国特殊的体制结构与劳动者退休行为的异质性，本章构建了一个包含体制内外劳动者和两部门结构的世代交叠模型[②]，试图从理论上阐述预期寿命延长、养老保险降费如何影响社会老年劳动供给的机制，以及调整法定退休年龄如何影响体制外劳动者的退休决策，这拓展了中国延迟退休政策的理论研究。第二，本章从有效利用老年劳动力资源和改善社会福利权衡的双重视角，利用数值模拟方法对上述问题进行了定量分析，同时也比较分析了经济中存在退休调整

---

① 2019年4月，中国社会科学院世界社保研究中心发布了《中国养老金精算报告2019—2050》，该报告的精算对象为城镇企业职工基本养老保险的参保群体，预测期为30年。该报告还编制了"人口报告""运行报告""中国养老金发展指数""企业年金集中度指数"等内容。

② 本章建立的一般均衡理论模型融入了很多中国特色元素。个人方面，本章考虑了中国特殊的体制结构，并且针对体制内外劳动者不同的约束环境和退休状况分别做了描述和设定；生产方面，本章分别刻画了体制内部门和体制外部门的生产行为，使之更贴近中国的实际情况。

机制和不存在退休调整机制时的社会福利差异，这丰富了社保降费改革政策效应评价的相关研究。第三，从政策设计上看，本章给出了养老保险降费的适宜区间，为合理设计养老保险费率和延迟退休政策提供了依据。

第三节　预期寿命延长、养老保险影响老年劳动供给的理论分析

本节构建了一个存在体制性结构的动态一般均衡世代交叠模型。我们沿用 Miyazaki（2017）的两期模型框架，并结合中国社会的现实情况进行具体设定。为便于分析，本章假定经济中存在体制内和体制外两类部门，参与生产的劳动者具有异质性，分为体制内劳动者和体制外劳动者，并且两类劳动者按照对应的结构类型分别在体制内部门和体制外部门进行就业。模型的基本框架如下。

一、个人

假设个人在成年期和老年期都有 1 单位的时间禀赋，每期均由两类人组成，即体制内劳动者和体制外劳动者。我们参考 Baldanzi 等（2019）的做法，假设个人能生存到成年期末，但在老年期面临的生存概率为 π，π 越高表示个人的预期寿命越长。这样 t 期内成年人的数量为 N_t，老年人的数量为 πN_{t-1}。本章用上标 i 区分结构类型，$i=1$ 代表体制内，$i=2$ 代表体制外。用 φ^1、φ^2 分别表示体制内和体制外劳动者的比重，$\varphi^1+\varphi^2=1$，则所有体制内劳动者的数量为 $\varphi^1(N_t+\pi N_{t-1})$，所有体制外劳动者的数量为 $\varphi^2(N_t+\pi N_{t-1})$。

在成年期，养育子女数量 n_t 所占用的时间为 $n_t q$，个人的工作时间为 $1-n_t q$。第 i 类人获得的工资收入为 $w_t^i(1-n_t q)$，个人的工资收入主要用于满足成年期的消费 $C_{y,t}^i$、储蓄 S_t^i 以及缴纳社会养老保险费 $\tau w_t^i(1-n_t q)$，τ 表示

养老保险费率（简称缴费率）。于是，第 i 类人成年期的预算约束方程为

$$C_{y,t}^i = w_t^j(1-n_tq) - \tau w_t^j(1-n_tq) - S_t^i \tag{7.1}$$

在老年期，个人需要工作一段时间后再退休。第 i 类人继续工作的时间长度设为 l_{t+1}^i，退休闲暇的时间即 $1-l_{t+1}^i$。个人在老年期工作同样需要缴纳养老保险费，于是可获得的净劳动收入为 $(1-\tau)w_{t+1}^jl_{t+1}^i$。个人退休后还将会获得储蓄的投资收益以及政府提供的养老金 $(1-l_{t+1}^i)P_{t+1}$。简化模型，假设老年人的工资收入、养老金收入以及储蓄的本息会在死亡前全部消费完，第 i 类人在老年期的预算约束方程为

$$C_{o,t+1}^i = (1+r_{t+1})S_t^i + (1-\tau)w_{t+1}^jl_{t+1}^i + (1-l_{t+1}^i)P_{t+1} \tag{7.2}$$

其中，$C_{o,t+1}^i$ 表示第 i 类人在老年期的消费；r_{t+1} 表示资本回报率（利率）；P_{t+1} 表示单位时间内的养老金待遇。

根据中国退休状况的现实情况，体制内外劳动者受到退休政策的约束程度不同。一般来讲，体制内劳动者通常遵从法定退休年龄；退休政策对体制外劳动者限制弱，他们的退休时间选择较为灵活。据此，本章假设体制内劳动者的老年劳动时间 $l_{t+1}^1 = \bar{l}_{t+1}$，$\bar{l}_{t+1}$ 表示法定退休时间，同时假设体制外劳动者通过选择老年劳动时间 l_{t+1}^2 来最大化自身效用。

个人的福利来自成年期消费、老年期消费以及享受的退休闲暇。如此，第 i 类人的终生效用函数可表示为

$$U_t^i = \ln(C_{y,t}^i) + \beta\pi\left[\ln(C_{o,t+1}^i) + \theta\ln(1-l_{t+1}^i)\right] \tag{7.3}$$

其中，β 表示主观贴现因子，$0<\beta<1$，该指标越大意味着个人越重视老年期的消费和退休闲暇；θ 表示个人对退休时间的偏好程度，$\theta>0$，该值越大意味着个人越倾向于享受更多的退休闲暇。

二、生产部门

参考 Acemoglu 和 Guerrieri（2008）、景鹏和郑伟（2019）的两部门框架，本章假设最终产出 Y_t 是由代表性厂商使用 CES 生产技术将体制内部门产出 Y_t^1 和体制外部门产出 Y_t^2 复合而成：

$$Y_t = F\left[Y_t^1, Y_t^2\right] = \left[\psi\left(Y_t^1\right)^{(\varepsilon-1)/\varepsilon} + (1-\psi)\left(Y_t^2\right)^{(\varepsilon-1)/\varepsilon}\right]^{\varepsilon/(\varepsilon-1)} \quad (7.4)$$

其中，ψ 表示体制内部门产出的权重；ε 衡量了两个部门之间的替代弹性。我们把最终产出品的价格标准化为 1，求解该代表性厂商的利润最大化问题，则体制内部门和体制外部门产出品的价格分别为

$$P_t^1 = \psi\left(Y_t / Y_t^1\right)^{1/\varepsilon}; \quad P_t^2 = (1-\psi)\left(Y_t / Y_t^2\right)^{1/\varepsilon} \quad (7.5)$$

假设两个部门分别由一个代表性厂商通过雇用劳动力和租用资本进行生产，并且生产函数为 Cobb-Douglas 形式：

$$Y_t^1 = A\left(K_t^1\right)^{\alpha}\left(L_t^1\right)^{1-\alpha}; \quad Y_t^2 = \nu A\left(K_t^2\right)^{\alpha}\left(L_t^2\right)^{1-\alpha} \quad (7.6)$$

其中，α 表示资本的产出弹性（$0<\alpha<1$）；A 表示外生技术；ν 反映了体制外部门与体制内部门的生产技术差异；K_t^1、K_t^2 和 L_t^1、L_t^2 分别为 t 期两个部门使用的物质资本和劳动力，物质资本总量 $K_t = K_t^1 + K_t^2$，劳动力总投入 $L_t = L_t^1 + L_t^2$。

由于在世代交叠模型中每期对应的时间跨度为 25～35 年，故假设资本在一期内完全折旧。根据利润最大化原则，两个部门的工资率和资本回报率（利率）分别为

$$w_t^1 = P_t^1(1-\alpha)A\left(K_t^1 / L_t^1\right)^{\alpha}; \quad w_t^2 = P_t^2(1-\alpha)\nu A\left(K_t^2 / L_t^2\right)^{\alpha}$$

$$R_t^1 = P_t^1 \alpha A\left(K_t^1 / L_t^1\right)^{\alpha-1}; \quad R_t^2 = P_t^2 \alpha \nu A\left(K_t^2 / L_t^2\right)^{\alpha-1}$$

假定经济中的要素市场均为完全竞争，要素价格在两个部门之间相等，

$w_t^1 = w_t^2 = w_t$，$R_t^1 = R_t^2 = R_t$，则要素在两个部门之间的配置满足如下等式：

$$\frac{L_t^1}{L_t^2} = \frac{K_t^1}{K_t^2} = \frac{P_t^1 Y_t^1}{P_t^2 Y_t^2} = \frac{\varphi^1}{\varphi^2} \quad (7.7)$$

把式（7.5）、式（7.6）代入式（7.7）中，整理后可以得到 $\varphi^1 = 1 / \{1 + [(1-\psi)/\psi]^\varepsilon v^{\varepsilon-1}\}$，$\varphi^2 = [(1-\psi)/\psi]^\varepsilon v^{\varepsilon-1} / \{1 + [(1-\psi)/\psi]^\varepsilon v^{\varepsilon-1}\}$，这表明体制内部门比重与体制外部门比重分别由其产出的相对权重、替代弹性以及相对技术进步程度决定。这一结论的经济学含义是，在部门替代弹性大于 1 的情况下，产出权重相对越高并且技术进步程度越大的部门在经济中的重要性越高，相应需要投入更多的物质资本和劳动力。最后，结合式（7.4）～式（7.6），经济中的工资率 w_t 和资本回报率（利率）R_t 可进一步表示为

$$R_t = 1 + r_t = M \alpha A (K_t / L_t)^{\alpha-1} \quad (7.8)$$

$$w_t = M(1-\alpha) A (K_t / L_t)^{\alpha} \quad (7.9)$$

其中，$M = \psi \{\psi + (1-\psi)[v(1-\psi)/\psi]^{\varepsilon-1}\}^{1/(\varepsilon-1)}$。

三、养老保险

假设政府提供养老保险计划，且政府能够通过调整养老保险费率来维持养老保险基金预算平衡，相应的预算约束方程为

$$\sum_{i=1}^2 \tau \varphi^i N_{t+1} w_{t+1}^i (1 - n_{t+1} q) + \sum_{i=1}^2 \tau \varphi^i \pi N_t w_{t+1}^i l_{t+1}^i = \sum_{i=1}^2 (1 - l_{t+1}^i) \varphi^i \pi N_t P_{t+1}^i \quad (7.10)$$

式（7.10）等号的左边表示政府在 $t+1$ 期向所有体制内劳动者和体制外劳动者征缴的养老保险收入，等号的右边表示养老金的支出。式（7.10）表明个人退休后所领取的养老金收入会受到退休时间（老年劳动时间）、养老保险费率、生育率、工资水平、预期寿命、体制内和体制外部门的比重等因素的影响。

四、市场出清条件

劳动力市场均衡条件为经济中生产部门对劳动的需求等于体制内外劳动者供给的劳动力之和：

$$L_t = \sum_{i=1}^{2} \varphi^i \left[N_t (1 - n_t q) + \pi N_{t-1} l_t^i \right] \quad (7.11)$$

物质资本市场均衡条件为两部门生产所需的资本存量等于上一期体制内外两类劳动者的储蓄之和：

$$K_{t+1} = \sum_{i=1}^{2} \varphi^i N_t S_t^i \quad (7.12)$$

式（7.12）等号左侧反映了 t+1 期的物质资本存量（资本需求），等号右侧反映了 t 期两类劳动者的储蓄总额（资本供给）。

五、个人最优条件

在给定工资率、利率和养老金待遇的情况下，求解体制内外劳动者的最优化问题，可以解得关于储蓄和老年劳动供给决策的欧拉方程：

$$\frac{1}{C_{y,t}^1} = \frac{\beta \pi (1 + r_{t+1})}{C_{o,t+1}^1} \quad (7.13)$$

$$\frac{1}{C_{y,t}^2} = \frac{\beta \pi (1 + r_{t+1})}{C_{o,t+1}^2} \quad (7.14)$$

$$\frac{(1-\tau) w_{t+1}^2 - P_{t+1}}{C_{o,t+1}^2} = \frac{\theta}{1 - l_{t+1}^2} \quad (7.15)$$

式（7.13）、式（7.14）等号左边均表示在最优储蓄决策下，成年期增加一单位储蓄的边际成本，等号右边均表示老年期增加 $\beta \pi (1 + r_{t+1})$ 单位消费所带来的边际效用。式（7.15）表示体制外劳动者增加一单位退休闲暇的边际效用改进等于在老年期减少一单位工作时间带来的消费下降所引起的边际效用损失。

利用预算约束式（7.1）、式（7.2），可得到体制内外劳动者的储蓄和退休（老年劳动）时间分别为

$$S_t^1 = \frac{\beta\pi(1-\tau)(1-n_t q)w_t^1}{1+\beta\pi} - \frac{w_{t+1}^1}{(1+\beta\pi)R_{t+1}}\left[l_{t+1}^1 + \frac{n_t\tau(1-n_t q)}{\pi}\right] \quad (7.16)$$

$$S_t^2 = \frac{(1-\tau)}{1+\beta\pi+\beta\pi\theta}\left[\beta\pi(1+\theta)(1-n_t q)w_t^2 - \frac{w_{t+1}^2}{R_{t+1}}\right] \quad (7.17)$$

$$l_{t+1}^1 = \bar{l}_{t+1} \quad (7.18)$$

$$l_{t+1}^2 = \frac{(1+\beta\pi)(1-\tau)-\dfrac{n\tau}{\pi}(1-n_t q)(1+\beta\pi+\beta\pi\theta)}{1+\beta\pi+\beta\pi\theta} - \frac{\beta\pi\theta(1-\tau)(1-n_t q)}{(1+\beta\pi+\beta\pi\theta)g_{w,t}^2} \quad (7.19)$$

其中，$g_{w,t}^2 = w_{t+1}^2/w_t^2 R_{t+1}$。显然，由式（7.16）、式（7.17）可知，如果生产要素价格（工资率、利率）保持不变，那么提高养老保险费率将引致个人降低储蓄；同时，提高人口生育率，养育子女的时间成本与退休后领取的养老金都会上升，个人也会降低储蓄。式（7.18）的经济学含义是，受退休政策和体制环境的约束，体制内劳动者只能按照法定退休年龄决定老年劳动时间。

六、动态一般均衡求解

为考察动态均衡的实现过程，我们不妨先定义 $\kappa_t = K_t/N_t$，$m_t = L_t/N_t = (1-nq) + \pi\left[\varphi^1 l_t^1 + \varphi^2 l_t^2\right]/n$，于是劳均资本 $k_t = K_t/L_t = \kappa_t/m_t$。由资本市场出清条件式（7.12），结合人口的动态增长方程，不难得到：

$$\frac{\kappa_{t+1}}{m_{t+1}} = \frac{\varphi^1 S_t^1 + \varphi^2 S_t^2}{n(1-nq) + \pi\left[\varphi^1 l_{t+1}^1 + \varphi^2 l_{t+1}^2\right]} \quad (7.20)$$

将工资率、资本回报率（利率），以及两类劳动者的储蓄和老年劳动时间的表达式代入式（7.20）中，整理可得稳态均衡的劳均资本：

$$k^* = \left\{ \frac{MA\alpha\beta\pi(1-\tau)\left[\varphi^2\left(\alpha\pi\theta+(1+\theta)(1-\alpha)\right)+\varphi^1(1-\alpha)\Omega\right]}{n\Omega\left[\frac{\varphi^1(1-\alpha)\tau}{\pi}+\alpha(1+\beta\pi)(1-\tau+\varphi^1\tau)\right]+\Theta\left[\varphi^1\overline{l}\Omega+\varphi^2(1-\tau)\right]} \right\}^{1/(1-\alpha)}$$

（7.21）

其中，$M = \psi\left\{\psi+(1-\psi)\left[\nu(1-\psi)/\psi\right]^{\varepsilon-1}\right\}^{1/(\varepsilon-1)}$；$\Omega = (1+\beta\pi+\beta\pi\theta)/(1+\beta\pi)$；$\Theta = (\alpha\pi(1+\beta\pi)+1-\alpha)/(1-nq)$。

结合式（7.8）、式（7.9）、式（7.18）和式（7.19），当经济达到稳态均衡时，可得到体制内外两类劳动者老年期的平均劳动时间（简称社会老年劳动时间或供给）的表达式：

$$l^* = \varphi^1\overline{l} - \varphi^2\frac{n\tau}{\pi}(1-nq) + \varphi^2\frac{(1-\tau)}{1+\beta\pi+\beta\pi\theta}\left[1+\beta\pi - MA\alpha\beta\pi\theta(1-nq)(k^*)^{\alpha-1}\right]$$

（7.22）

可以证明，若要使劳动者在老年期存在劳动供给，τ必须低于某一临界值$\hat{\tau}$，$\hat{\tau}$的表示式为[①]

$$\hat{\tau} = \frac{\left[1-\alpha-\alpha\theta n(1-nq)\right](1+\beta\pi) - \theta\varphi^1\overline{l}\left[\alpha\pi(1+\beta\pi)+(1-\alpha)\right]}{(1-\alpha)(1+\beta\pi)\left[1+\frac{n(1-nq)}{\pi}(1+\theta)\right]} \quad (7.23)$$

结论7.1：若养老保险费率大于或等于某一门槛条件，即$\tau \geqslant \hat{\tau}$，则体制外劳动者在老年期选择完全退休；若养老保险费率满足条件$0 \leqslant \tau < \hat{\tau}$，则体制外劳动者在老年期会继续提供$l^2$单位劳动，然后再选择退休。

---

① 本章所有结论的证明过程从略，备索。

七、均衡分析

根据上文对包含体制内外劳动者和两部门结构的动态一般均衡世代交叠模型的求解，我们已得到体制内外劳动者以及社会平均老年劳动供给的表达式。那么预期寿命延长、养老保险降费和法定退休年龄调整会对社会老年劳动供给产生什么样的影响呢？本小节将给予回答。

1. 养老保险降费与老年劳动供给

我们把式（7.22）对 τ 进行求导，可以证明：

$$\frac{\partial l^*}{\partial \tau} = \frac{-\varphi^2(1+\beta\pi)(1-\alpha)\left[1+\frac{n}{\pi}(1-nq)(1+\theta)\right]}{\varphi^1(1-\alpha)(1+\beta\pi+\beta\pi\theta)+\varphi^2(1+\beta\pi)\left[\alpha\pi\theta+(1+\theta)(1-\alpha)\right]} < 0 \quad (7.24)$$

结论 7.2：降低养老保险费率 τ 将使社会老年劳动供给增加，社会平均退休年龄提高。

在本章的模型中，养老保险降费对社会老年劳动供给的影响取决于其对体制内外劳动者退休（老年劳动）时间的综合影响，具体经济机制有以下几方面。

对于体制外劳动者来说，降低养老保险费率的影响有四个渠道：其一，在缴费个体人数既定条件下，降低缴费率可能导致个人领取的养老金减少，收入效应使体制外劳动者倾向于增加老年劳动时间。其二，降低缴费率使得稳态的劳均资本和工资率上升，这意味着提高了闲暇时间的价格，使闲暇消费变得相对昂贵，替代效应使体制外劳动者减弱对退休闲暇的需求。其三，降低缴费率可能使养老金替代率随工资率上升而下降，预期到这一点，体制外劳动者可能推迟退休，以保障老年期的消费水平不下降。其四，降低缴费率引致的利率下降意味着储蓄收益减少，理性行为人在成年期会减少消费、增加养老储蓄，从而在老年期的消费增多，消费的边际效用下降，而退休闲暇的边际效用上升（Feng et al.，2011；Kaganovich and Zilcha，2012），体制外劳动者可能增加对退休闲暇的消费。在本章模型中，前三条机制起到主导作用，养老保险降费后，体制外劳动者将倾向于增加老年劳动时间。

对于按法定年龄退休的体制内劳动者来说，降低养老保险费率的影响主要包括两个方面：一方面，降低缴费率使个人在老年期的养老金财富下降，为储备充足的养老资源，体制内劳动者在成年期可能增加储蓄；另一方面，降低缴费率也使个人在老年期的可支配收入上升，从平滑两期消费来看，体制内劳动者在成年期可能将更多的预算用于个人消费，减少储蓄。在本章模型中，降低缴费率的正向影响大于负向影响，故而降低缴费率会导致体制内劳动者的预防性养老储蓄动机增强。但由于受到法定退休年龄的约束，在法定退休年龄没有调整的情况下，降低养老保险费率并不会对体制内劳动者的退休（老年劳动）时间产生影响。

综合来看，均衡分析结果表明，在体制内劳动者无法主动调整退休时间的情形下，降低养老保险费率对社会老年劳动供给的影响主要表现为体制外劳动者退休（老年劳动）时间的变动。

2. 预期寿命延长与老年劳动供给

将式（7.22）对老年生存概率 π 求导，可以证明：

$$\frac{\partial l^*}{\partial \pi} = \frac{\varphi^2 n\tau(1-nq)}{\pi^2} - \frac{\varphi^2 \beta\theta(1-\tau)\left[1+(1-nq)R\left(1-(1-\alpha)(\epsilon_{wp}-\epsilon_{Rp})(1+\beta\pi+\beta\pi\theta)\right)\right]}{(1+\beta\pi+\beta\pi\theta)^2}$$

（7.25）

其中，$\epsilon_{wp} = \frac{\partial w}{\partial \pi}\frac{\pi}{w}$；$\epsilon_{Rp} = \frac{\partial R}{\partial \pi}\frac{\pi}{R}$。

结论 7.3：预期寿命延长对社会老年劳动供给（平均退休年龄）的影响是不确定的，主要取决于模型中的参数和养老保险费率的大小。

根据式（7.25），$\partial l^*/\partial \pi$ 的符号不确定。与前文分析思路相似，在本章模型中，预期寿命延长影响老年劳动供给的机制有以下几个方面：从体制外劳动者来看，预期寿命延长的影响主要包括四个渠道：其一，预期寿命延长会直接提升老年期的消费和退休闲暇在效用函数中的权重，在闲暇为正常品的情况下，体制外劳动者可能更愿意享受退休闲暇。其二，当预期寿命延长时，均衡的劳均资本和工资率上升，一方面，工资上升使退休闲暇消费变得昂贵，替代效应可能使体制外劳动者减少对退休闲暇的消费；另一方面，工资率上升提高了个人的收入水平，收入效应可能使体制外劳动者减少老年劳动时间。其三，预期寿命延长引致均衡资本回报率（利率）下降，一方面，利率下降降低了消费的现时价格（相对价格），替代效应促使理性行为人在成年期增加消费，为平滑两期消费，体制外劳动者可能增加老年劳动时间；另一方面，利率下降使储蓄收益减少，理性行为人在成年期将减少消费、增加养老储蓄，增加的储蓄财富使个人选择享受更多的退休闲暇（Hansen and Lønstrup，2012；Bloom et al.，2014b）。其四，在现行养老保险制度下，一方面，由于预期寿命延长使同一时期内领取养老金的人数增多，养老金替代率下降，体制外劳动者可能通过提高老年期的工作时长来获取更多的收入；另一方面，由于养老保险费率下降会促使体制外劳动者增加老年劳动时间（结论 7.2），此时其可支配收入将随着工资率上升、养老保险费率下降和劳动时间增加而提高，收入效应可能使体制外劳动者增加对退休闲暇的消费。均衡分析结果表明，在上述几条机制的共同作用下，预期寿命延长对体制外劳动者退休时间的影响是模糊的，其影响方向由模型中的参数和养老保险费率决定。

从体制内劳动者来看，由于现行的退休政策和制度约束，体制内劳动者的老年劳动时间无法自行调整。如果法定退休年龄固定不变，则预期寿命延长对体制内劳动者老年劳动（退休）时间并不存在影响。根据生命周期理论，体制内劳动者只能通过相应调整自己生命周期阶段的消费和储蓄行为来应对不断延长的退休生活，最终表现为预留给老年期消费的储蓄增加，而老年劳动供给不变。此时，预期寿命延长对社会老年劳动时间（平均退休年龄）的影响主要取决于对体制外劳动者老年劳动时间的影响。因此，预期寿命延长对社会老年劳动供给的影响是不确定的，主要取决于模型中的参数和养老保险费率大小。

3. 法定退休年龄调整与老年劳动供给

将式（7.22）对法定退休年龄（时间）$\bar{l}$ 求导，可以证明：

$$\frac{\partial l^*}{\partial \bar{l}} = \frac{\varphi^1(1-\alpha)(1+\beta\pi+\beta\pi\theta)}{\varphi^1(1-\alpha)(1+\beta\pi+\beta\pi\theta)+\varphi^2(1+\beta\pi)\left[\alpha\pi\theta+(1+\theta)(1-\alpha)\right]} > 0 \quad (7.26)$$

结论 7.4：延迟法定退休年龄 $\bar{l}$ 虽然会挤出体制外劳动者的老年劳动供给，但仍然会提高社会老年劳动供给（平均退休年龄）。

在本章模型中，延迟法定退休年龄（时间）$\bar{l}$ 使得社会老年劳动时间（平均退休年龄）上升。与前文分析思路相似，延迟法定退休年龄对社会老年劳动供给的影响表现在以下几个方面。

从体制内劳动者来看，延迟法定退休年龄的影响主要有两个渠道：其一，由于体制内劳动者遵从法定退休制度，延迟法定退休年龄意味着体制内劳动者需要在老年期工作更长的时间，老年劳动供给增加。其二，在其他条件不变时，延迟法定退休年龄可以通过延长缴费时间和缩短领取时间来增加养老保险基金收入，个人领取的养老金增多，同时也使个人在老年期的净收入提高，基于平滑消费考虑，体制内劳动者在成年期可能减少储蓄。

对于体制外劳动者来说，延迟法定退休年龄的影响主要包括三个渠道：其一，如前文所述，延迟法定退休年龄使个人获得的养老金上升，增加的养老金可能诱使体制外劳动者降低老年劳动时间。其二，延迟法定退休年龄使得均衡状态的劳均资本和工资率下降。较低的工资率降低了闲暇的价格，使退休闲暇消费变得便宜，从而体制外劳动者可能将更多的时间用于享受退休闲暇。其三，延迟法定退休年龄会导致均衡利率上升，提高养老储蓄的收益，从而增加的储蓄财富可能使体制外劳动者减少老年劳动时间。在本章的模型中，延迟法定退休年龄抑制了体制外劳动者的老年劳动供给。最后，均衡分析结果表明，虽然延迟法定退休时间会挤出体制外劳动者的老年劳动供给，但也会直接提高体制内劳动者的老年劳动供给，其产生的综合效应最终表现为提高社会老年劳动供给。

第四节　参数校准与数值模拟

前文的均衡分析着重从理论上讨论了预期寿命延长、养老保险降费和法定退休年龄调整影响老年劳动供给的机制。接下来，本章结合相关文献和中国实际情况校准参数，通过数值模拟探讨预期寿命延长、养老保险费率下降与老年劳动供给之间的量化关系。其后，我们还将对主要参数做敏感性分析。

一、参数校准

本章假设世代交叠模型中每期时间跨度为 30 年。关于成年期的起始年龄，《中国人口和就业统计年鉴2019》的数据显示，年龄在 16～19 岁的就业人员占比仅为 1.3%，因此本章将 20 岁作为成年期的起始年龄。关于老年期的主观贴现因子 β，该参数反映了个人跨期消费主观意愿的替代程度，其取值越大表示个人越愿意为老年期的消费和闲暇做储蓄准备。借鉴 Yew 和 Zhang（2009）的研究，本章将每年的时间贴现因子取值为 0.98，计算得到跨期主观贴现因子 $\beta = (0.98)^{30} \approx 0.55$。参数 θ 反映了个人对退休闲暇的偏好程度，其取值在国内文献中很少受到关注，本章参考 Goraus 等（2014）的研究，将 θ 取值为 0.588。物质资本产出弹性 α 衡量了资本变化对产出变化的贡献程度，文献中通常将 α 的取值设在 0.5 左右（张军，2002；郭凯明和颜色，2016），本章沿用以往研究将 α 的基准值确定为 0.5。关于法定退休年龄，一般男性不早于 60 岁，女性不早于 50 岁，故本章将退休年龄取 60 岁和 50 岁的平均值，如此在模型中法定退休年龄可以换算为 $\bar{l}=(55-50)/30=1/6$。

关于技术进步，虽然不同文献的数据和研究方法各异，但这些研究测算的结果基本相似，体制内部门的技术进步率要低于体制外部门。例如，Brandt 和 Zhu（2010）利用中国宏观数据计算得到的体制内部门和体制外部门的技术进步率分别为 1.52% 和 4.6%，后者相当于前者的 3.03 倍；Liu 和 Cao（2011）对中国制造业企业的生产率进行了测算，他们测得的国有企业的平均生产率水平为 1.3%，非国有企业的平均生产率为 2.3%，非国有企业的平均生产率大约是国有企业的 1.8 倍。本章将体制外部门的相对技术指数 v 设定为 3.03 与 1.8 的平均值 2.42，并将生产技术参数 A 标准化为 10。关于体制内部门和体制外部门之间的替代弹性 ε 与体制内部门产出的权重 ψ，潘珊和龚六堂（2015）估计了国有部门和非国有部门的劳动力比例与实际增加值序列，得到中国两部门之间的替代弹性为 2.13，国有部门的相对份额为 0.49，据此本章将 ε、ψ 的基准值分别设为 2.13、0.49。根据 v、ε、ψ 的基准值，本章计算得到体制内部门的比重 $\varphi^1=0.253$，体制外部门的比重 $\varphi^2=0.747$。

关于预期寿命（老年生存概率）参数 π，参考汪伟（2017）的做法，本章将其基准值取为 0.84。关于人口生育率 n 的设定，《国家人口发展规划（2016—2030 年）》给出的 2015 年中国总和生育率为 1.5～1.6。陈卫和段媛媛（2019）估计了中国 2006～2017 年的生育率变动趋势，认为生育率基本在 1.4～1.7。据此本章将总和生育率取值为 1.5，由于模型中不区分性别，每个人都代表一个家庭（一对夫妇），因而模型中的生育率为总和生育率的一半，$n=1.5/2=0.75$。对于养育子女的成本参数 q，在设定的时候应该更多地考虑中国传统文化、社会习俗、家庭观念以及生育补贴制度的缺失等实际情况。根据徐翔（2017）等学者的研究，本章将 q 设定为 0.5。关于养老保险费率参数 τ，中国的养老保险统筹账户缴费率自 20 世纪 90 年代中期以来在很长的一段时间，一直维持在 20% 甚至更高的水平，近年来才开始下调，为了给养老保险降费改革提供一个分析的起点，本章将 τ 的基准值设为 0.2。综上，本章将参数基准值整理于表 7.2 中。

表 7.2 模型参数的基准值

参数	参数的描述／表示的意义	校准值
β	老年期的主观贴现因子	0.55
θ	个人对退休闲暇的相对偏好程度	0.588
α	中国物质资本的产出弹性	0.5
$\bar{l}$	法定退休年龄	1/6
v	体制外部门的相对技术指数	2.42
ε	体制内外部门之间的替代弹性	2.13
ψ	体制内部门产出在最终品部门生产中的权重	0.49
φ^1	体制内部门的比重	0.253
φ^2	体制外部门的比重	0.747
π	预期寿命（老年生存概率）	0.84
n	人口生育率	0.75
q	养育子女的成本	0.5
τ	养老保险费率	0.2
A	生产部门的技术进步和管理效率	10

二、数值模拟与分析

本小节将基于理论模型结论和参数值进行数值模拟，定量考察预期寿命延长、养老保险降费和法定退休年龄调整对储蓄率和社会老年劳动供给（退休年龄）的影响。①图 7.1 至图 7.12 中，除了预期寿命（老年生存概率）和缴费率两个变量之外，其余变量都取基准值，相关定量结果如表 7.3 所示。

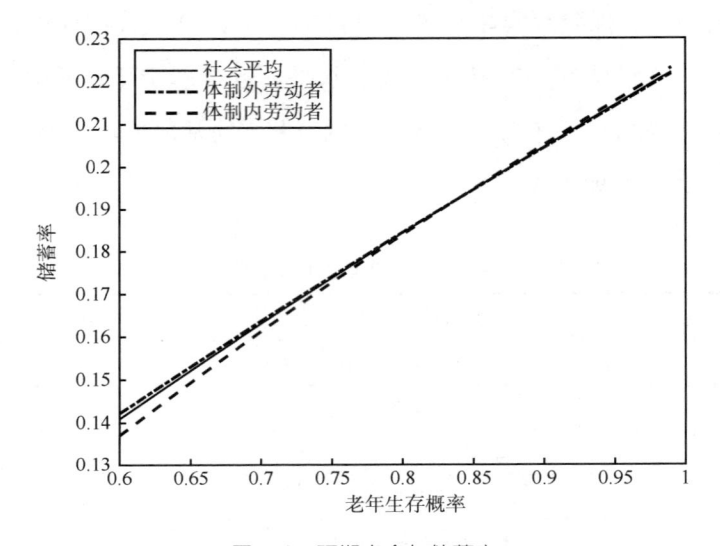

图 7.1 预期寿命与储蓄率

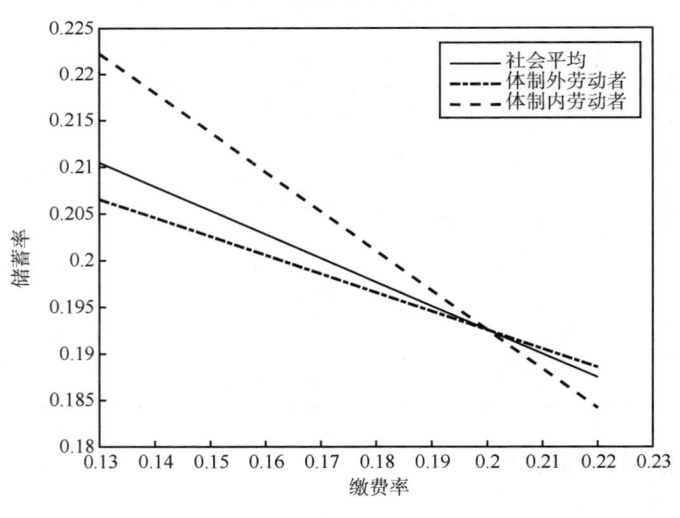

图 7.2 缴费率与储蓄率

---

① 由结论 7.1 可知，体制外劳动者在老年阶段是否提供劳动时间，主要取决于养老保险费率 τ 和临界值 $\hat{\tau}$ 的大小。当模型参数取基准值时，由式（7.23）数值计算的临界值为 36.43%，其高于养老保险实际缴费比例的基准值 20%，即满足 $\hat{\tau} > \tau$，体制外劳动者会在老年期继续工作一段时间。

第七章 预期寿命延长、养老保险与老年劳动供给 381

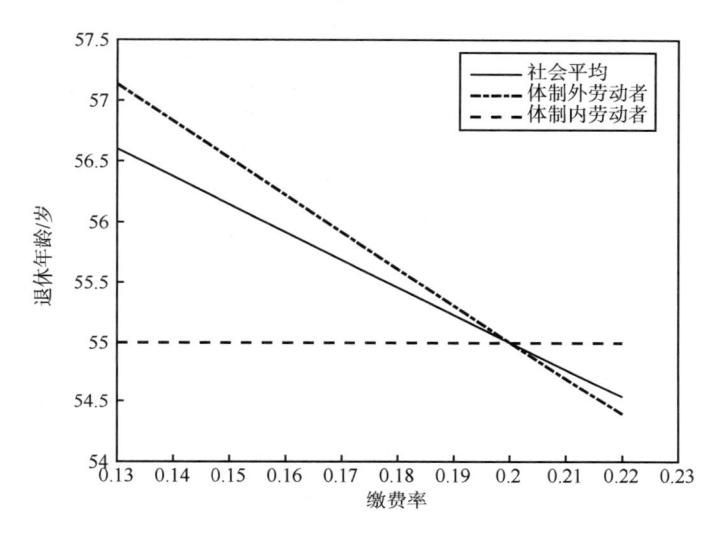

图 7.3 缴费率与老年劳动供给

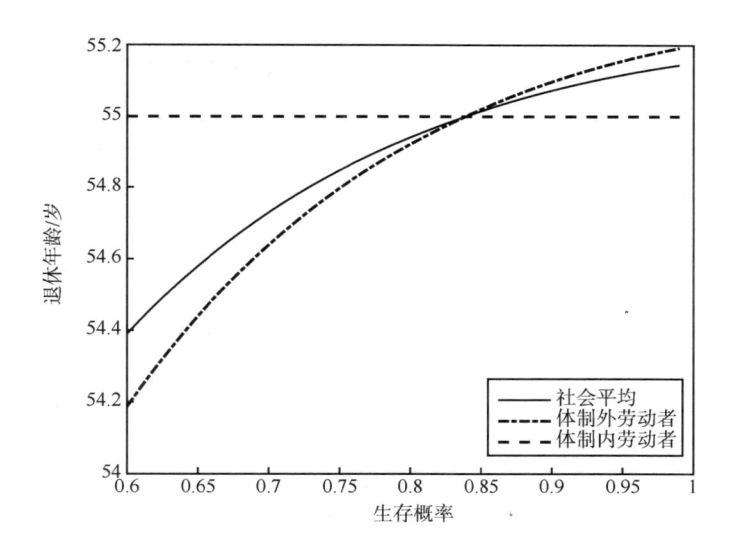

图 7.4 预期寿命与老年劳动供给（基准值）

社会平均、体制内外劳动者退休年龄的计算方法分别为：$50+30\times l^*$、$50+30\times \bar{l}$、$50+30\times l^2$

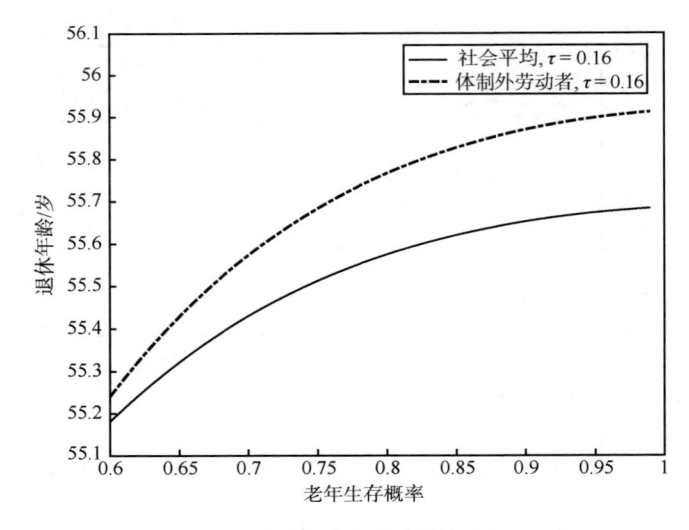

图 7.5　预期寿命与老年劳动供给（$\tau=0.16$）

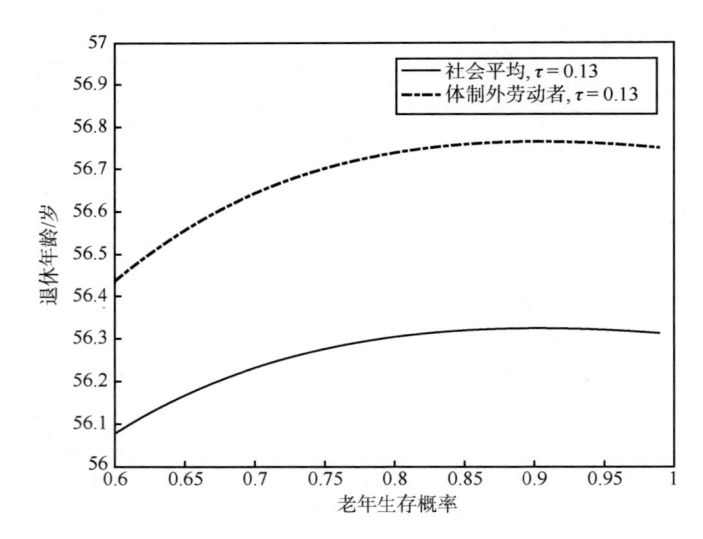

图 7.6　预期寿命与老年劳动供给（$\tau=0.13$）

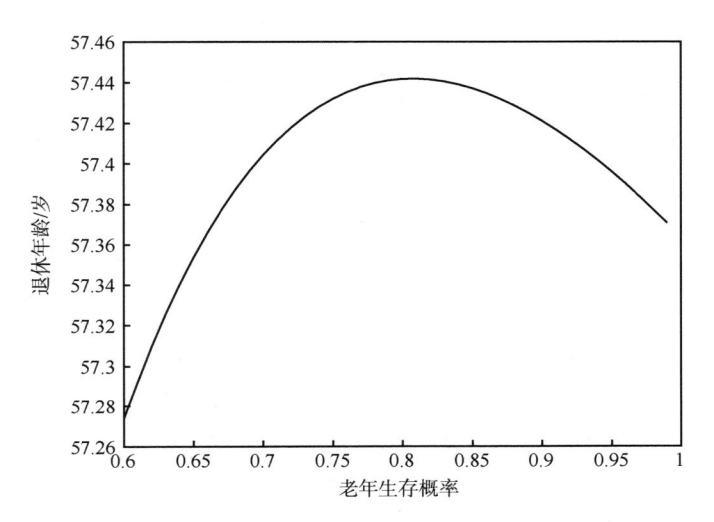

图 7.7　预期寿命与老年劳动供给（体制外劳动者，$\tau=0.12$）

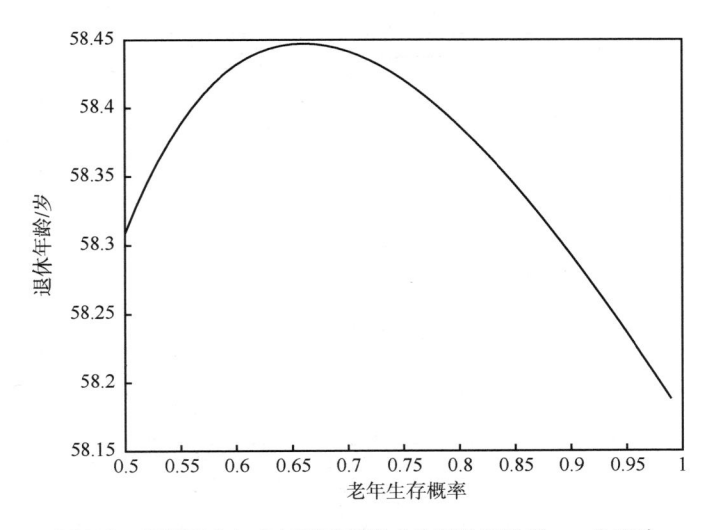

图 7.8　预期寿命与老年劳动供给（体制外劳动者，$\tau=0.09$）

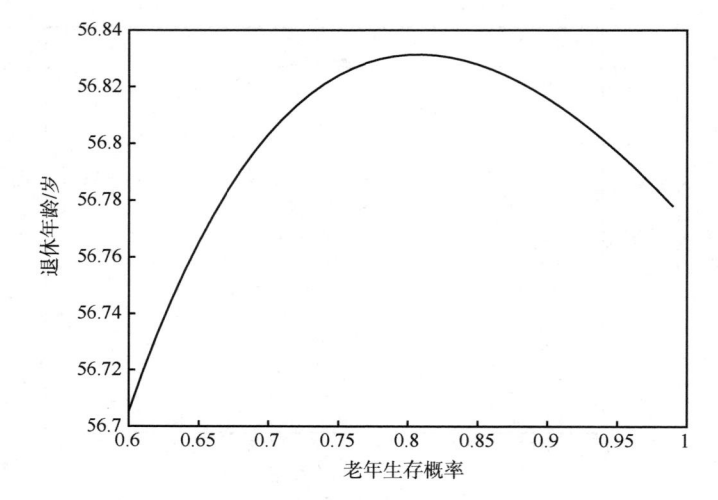

图 7.9 预期寿命与老年劳动供给（社会平均，$\tau=0.12$）（一）

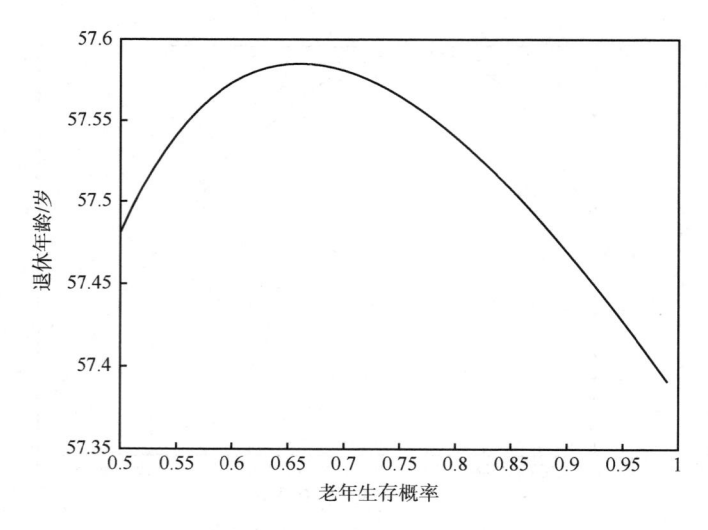

图 7.10 预期寿命与老年劳动供给（社会平均，$\tau=0.09$）（一）

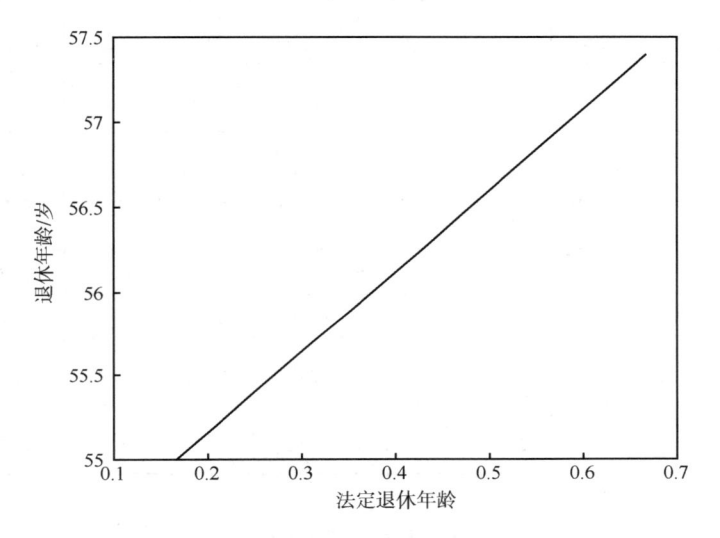

图 7.11 法定退休与老年劳动供给（社会平均）

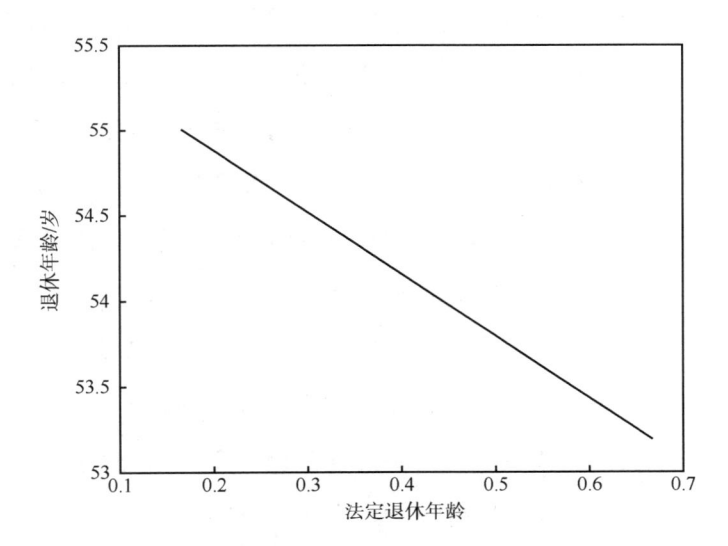

图 7.12 法定退休与老年劳动供给（体制外劳动者）

表 7.3 基准值下预期寿命延长和养老保险费率下降的影响

项目	预期寿命（老年生存概率）							
	0.6	0.7	0.75	0.8	0.84	0.85	0.9	0.95
社会平均储蓄率	14.09%	16.31%	17.38%	18.43%	19.26%	19.46%	20.46%	21.44%
社会平均退休年龄/岁	54.39	54.73	54.85	54.94	55.00	55.02	55.07	55.12
体制外劳动者退休年龄/岁	54.19	54.64	54.80	54.92	55.00	55.02	55.10	55.16
项目	养老保险费率（缴费率）							
	0.2	0.19	0.18	0.17	0.16	0.15	0.14	0.13
社会平均储蓄率	19.26%	19.51%	19.77%	20.02%	20.28%	20.54%	20.79%	21.05%
社会平均退休年龄/岁	55.00	55.23	55.46	55.69	55.92	56.14	56.37	56.61
体制外劳动者退休年龄/岁	55.00	55.31	55.61	55.92	56.22	56.53	56.83	57.14

图 7.1 给出了预期寿命延长对储蓄率的影响。可以看到，随着预期寿命的延长，体制内外劳动者的储蓄率均呈上升趋势，且变动路径也较为接近。表 7.3 显示，老年生存概率每提高 1 个百分点，将使社会平均储蓄率上升约 0.2 个百分点。预期寿命延长使得个人面临更长的老年期，为了保持退休期的消费水平不下降，体制内外劳动者在"未雨绸缪"动机的驱使下会增加工作期的储蓄（张颖熙和夏杰长，2020）。预期寿命延长引起储蓄率提高在国内外很多研究中得到了验证。Bloom 等（2003）基于 1960~1997 年跨国面板数据，实证检验了预期寿命对储蓄的影响，发现预期寿命提高具有较强的储蓄效应。Cocco 和 Gomes（2012）建立了一个包含长寿风险、储蓄、退休决策与金融资产的生命周期模型，其模型发现预期寿命的延长直接导致理性行为人增加储蓄。章元和王驹飞（2019）使用 2005~2013 年地级市面板数据，从预期寿命角度解释了城镇居民的储蓄行为，研究发现预期寿命每提高 1 年，家庭储蓄率将上升 3.7 个百分点左右。汪伟和艾春荣（2015）、汪伟等（2018）

的分析结果也表明当预期活得更久时，理性行为人"未雨绸缪"的储蓄动机会更强。

图 7.2 刻画的是养老保险降费对储蓄率的影响。可以看到，伴随缴费率的下降（图 7.2 从右到左），两类劳动者的储蓄率上升，社会平均储蓄率提高。数值模拟结果显示，缴费率每降低 1 个百分点，体制内外劳动者的储蓄率分别提高了约 0.424 个百分点、0.2 个百分点，前者相当于后者的两倍。这是因为体制内劳动者受到法定退休年龄的约束，无法灵活调整其老年劳动供给，在面对养老保险费率下降可能带来的养老金财富不足时，他们只能选择提高养老储蓄。关于养老保险对储蓄的影响，一些实证研究也表明现收现付制养老保险在一定程度上挤出了个人储蓄[1]，从而对经济增长产生负向影响。Attanasio 和 Rohwedder（2003）使用 1974~1987 年英国家庭支出调查（Family Expenditure Survey，FES）数据考察了养老金改革对储蓄的影响，发现养老金财富对私人储蓄的挤出效应在 0~0.75，不同的年龄阶段具有一定的差异性。Bottazzi 等（2006）以企业雇员和自雇型为研究对象，实证分析了意大利 1989~2002 年的家庭收入和财富调查（Survey of Household Income and Wealth，SHIW）数据，发现公共养老金对私人储蓄率具有负向影响。Lachowska 和 Myck（2018）对 1997~2003 年波兰家庭预算调查数据进行了检验，估计显示养老金财富减少 1 个单位导致私人储蓄增加了 0.3 个单位；Feng 等（2011）从养老保险制度改革角度解释了中国城市居民的高储蓄率，认为养老金财富减少导致中国居民储蓄率提高了 2~6 个百分点。进一步，图 7.2 的模拟结果还表明在目前的体制结构和养老保险制度下，养老保险降费可以通过提高经济中的储蓄率促进劳均资本积累与经济增长。

通过数值计算，社会老年劳动时间 $l=0.167$。由于本章将 20 岁视为劳动

---

[1] 国外理论研究文献证明，现收现付制养老保险的引致退休效应、居民的遗赠行为以及家庭财富，可能会部分抵消公共养老金对家庭储蓄率的挤出效应。

者参加工作的起始年龄,以每期30年计算,退休年龄相当于在55岁左右(图7.3中交点),这与中国目前城镇职工的实际平均退休年龄非常接近,也印证了本章可以较为真实地刻画中国老年劳动供给和退休年龄的实际状况。

从图7.3上看,在法定退休年龄政策没有变化的情况下,体制内劳动者无法灵活调整老年劳动时间,因此养老保险费率下降并不会影响其实际退休年龄。但是,降低养老保险费率会导致体制外劳动者退休年龄上升,并且随着缴费率的下降,体制内外劳动者的退休年龄差异显著扩大。这表明在退休年龄可以自由选择时,养老保险降费可以通过促使劳动者自觉自愿延迟退休,来延长缴纳养老保险的年限。从图7.3中还可以看出,随着养老保险费率的下降,社会老年劳动供给上升。表7.3的数值结果显示,缴费率每降低1个百分点,将使社会平均退休年龄提高约0.23岁。如果法定退休年龄可以调整,或者体制内劳动者也可以对老年劳动时间进行决策,那么在养老保险降费改革的过程中,就会有更多的劳动者在老年期提供劳动,这也意味着全社会老年劳动总供给的增加幅度将更大。

对社保降费改革政策的普遍担心是,缴费率的下降可能加重养老保险财政危机。从收支动态变化来看,相较于现行的退休年龄制度,如果法定退休年龄随着养老保险费率变化而相应地调整,则缴费率下降未必导致社保收入大幅减少,反而可能有助于养老保险基金的平衡。这是因为,适当地降低养老保险费率可以促使劳动者自觉自愿延迟退休,从而增加经济中处于缴费状态的劳动力数量,并且缴费率下降能够提高实际的工资水平和缴费基数,还可能激励更多的劳动者参保(封进,2013),养老保险资金池流入增加。与此对应,由于个人延长了工作年限,继而缩短了养老金的领取时间,养老保险资金池的流出减少。这一结论意味着,政府可以探索一种更为灵活的做法,即建立养老保险降费与退休年龄相联动的调整机制。这不仅有助于充分利用老年劳动力资源,缓解劳动力供给短缺,而且也能在一定程度上促进养老保险收支平衡，维持养老基金财务的可持续。

前文的理论分析表明，预期寿命延长对体制外劳动者和社会平均老年劳动供给（退休年龄）的影响不确定，这取决于模型参数与养老保险费率的大小。当养老保险费率取基准值 0.2 时，图 7.4 的模拟结果显示，随着老年生存概率的提高，体制外劳动者在老年期倾向于延迟退休，社会平均退休年龄也会随之上升。从数量关系上看，老年生存概率每提高 1 个百分点，体制外劳动者退休年龄延长约 0.032 年，社会平均退休年龄延长约 0.024 年。以上模拟结果表明，在缴费率较高的情况下，随着预期寿命延长，物质资本积累所带来的工资收入上升、储蓄回报下降以及个人养老金财富减少所产生的替代效应超过了收入效应，促使体制外劳动者增加老年劳动时间，从而提高了社会老年劳动供给。

近年来，中国政府加大了减税降费的力度，经过两次下调后，养老保险统筹账户缴费率已降至 16%。尽管如此，中国的养老保险缴费比例仍处于较高水平，OECD 国家中除英国外，其他国家的雇主缴费比例均低于 10%（封进，2019）。不少学者的研究结果显示中国的养老保险费率仍有很大的下调空间，可进一步降低缴费率，释放改革红利（封进，2019）。那么，若降低养老保险费率，在预期寿命不断延长的背景下，劳动者的老年劳动供给行为究竟会发生怎样的变化呢？

本章的模拟结果显示（图 7.5 和图 7.6），当养老保险费率在（12%, 20%]区间内变动时，体制外劳动者老年劳动供给与社会平均老年劳动供给仍然随着预期寿命的延长而提高，这与基准情形下的变化趋势完全相同。但是当养老保险费率降至 $\tau=12\%$ 及以下时，图 7.7 至图 7.10 显示，随着预期寿命的延长，体制外劳动者与社会平均的退休年龄先上升后下降的趋势，呈倒"U"形关系。当缴费率 $\tau=12\%$ 时，倒"U"形曲线拐点所对应的老年生存概率为 0.8 左右，随着 τ 的下降，倒"U"形曲线的拐点左移，拐点所对应的老年生

存概率 π 的数值也减小。由于目前的老年生存概率（$\pi=0.84$）已经超过拐点值 0.8，处于倒"U"形曲线的右侧，那么当缴费率降至 12% 及以下时，伴随预期寿命的延长，体制外劳动者反而选择提早退休，社会老年劳动供给水平也将下降。因此，从有效利用老年劳动力资源角度来看，缴费率降至 12% 以下并不可取，即养老保险降费存在政策目标上的下限。

从传导机制和作用效果上看，当经济处于稳态均衡时，降低养老保险费率引致体制外劳动者延长的老年劳动时间会提高其可支配收入水平，同时预期寿命延长导致生产要素价格变化，即更高的工资率和更低的资本回报率（利率）会提高老年劳动收入的回报。随着缴费率调整和预期寿命延长的影响增强，收入效应会逐渐上升。如果缴费率降至 12% 及以下并且老年生存概率超过拐点值 0.8，此时正向的收入效应将超过替代效应，体制外劳动者会增加对退休闲暇的消费，从而可能导致社会老年劳动时间减少。这一结论也得到了部分文献研究的佐证，例如，d'Albis 等（2012）在连续型世代交叠模型下，利用任意年龄点型的生存函数形式分析了预期寿命延长对退休年龄的影响，他们发现存在某一阈值，在此之前老年期生存概率上升产生的年份–消费效应更强，导致个体提高退休年龄，在阈值之后老年期生存概率上升产生的终生财富效应占据主导地位，最优退休年龄随着预期寿命的延长而下降。基于荷兰的面板数据，van Solinge 和 Henkens（2010）实证研究发现，预期寿命较高且养老保险费率较低的个人会选择提前退休。Andersen 和 Hermansen（2014）研究认为预期寿命的延长的确导致老年人选择提前退出劳动力市场。因此，政府在制订延迟退休方案的过程中，要合理设计养老保险降费幅度，避免缴费率过低对老年劳动供给带来的负面影响。

图 7.11 和图 7.12 分别给出了延迟法定退休年龄对体制外劳动者和社会平均的退休年龄影响。本章发现，延迟法定退休年龄会导致体制外劳动者老年劳动供给下降，但会提高社会总体的老年劳动供给。以上模拟结果表明，在

现行养老保险制度下，延迟法定退休年龄通过影响个人的工资、储蓄和养老金财富等生命周期资源变化产生的收入效应超过了替代效应，促使体制外劳动者更多地消费闲暇，选择提早退休。这启示我们，政府在调整体制内劳动者的退休年龄时，如果没有相应的配套政策措施进行配合，单纯延迟法定退休年龄可能会抑制体制外劳动者的老年劳动供给，从而导致社会老年劳动供给并不会同比例地增加。

三、参数敏感性分析

根据上文的分析，在均衡状态下社会老年劳动供给还可能依赖于其他参数取值的合理性。由此产生的问题是：本章的研究结论是否对其他变量的参数取值敏感。本小节在保持其他变量取值不变的基础上，对几个关键参数（物质资本产出弹性 α、退休闲暇偏好程度 θ、生育率 n）进行敏感性分析[①]，以考察本章的结论是否稳健。需要说明的是，在法定退休年龄没有调整的情况下，体制内劳动者的退休年龄始终不变，这些参数变动不会对其产生影响。

在合理范围内变动物质资本产出弹性 α 的取值后，图7.13给出了数值模拟结果。可以看到，预期寿命延长和养老保险费率下降对老年劳动供给的影响方向与基准情形的结论保持一致。随着参数 α 的下降（上升），均衡状态的社会平均退休年龄会提高（降低），并且当缴费率降至 $\tau=12\%$ 及以下时，无论参数 α 如何变化，预期寿命与老年劳动供给之间的倒"U"形关系均成立。参数 α 在基准值上下变动 1%将导致社会平均退休年龄下降 0.163 岁和提高 0.147 岁。资本产出弹性 α 越小意味着储蓄的回报越少，个人可能需要在老

[①] 本章也对其他变量的参数取值进行了敏感性检验，结果表明本章的定量结果并没有显著变化，影响机制和研究结论依然成立，限于篇幅略去汇报。

年期供给更多的劳动,积累更多的财富才能保证老年期消费水平不下降。由此,降低资本产出弹性 α 会使体制外劳动者在老年期更倾向增加劳动供给,进而引起社会平均退休年龄的提高。从社会总体来讲,经济中物质资本产出弹性下降可能有助于减小政府在推进延迟退休年龄政策过程中面临的现实阻力。

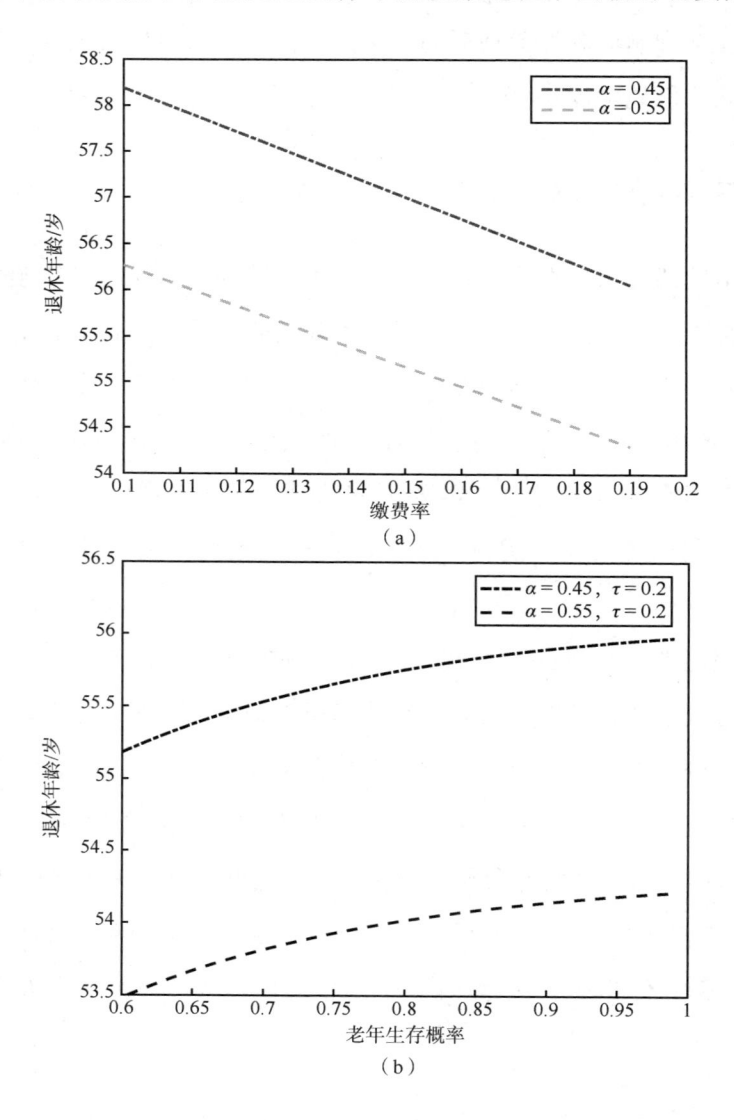

(a)

(b)

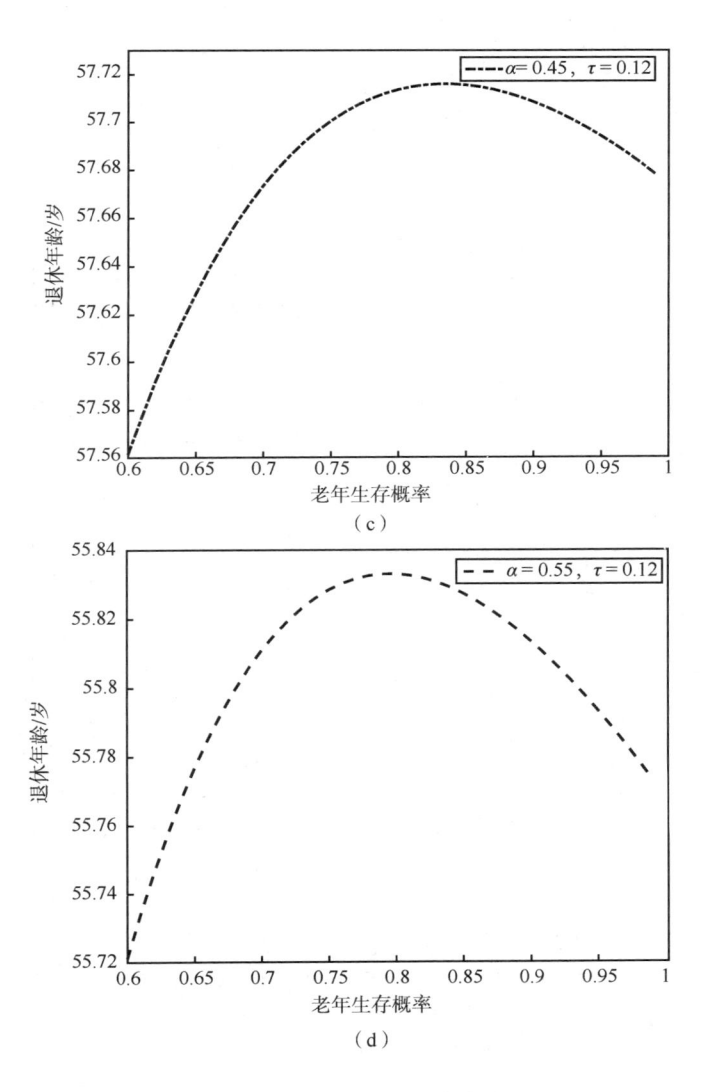

第七章 预期寿命延长、养老保险与老年劳动供给 393

(c)

(d)

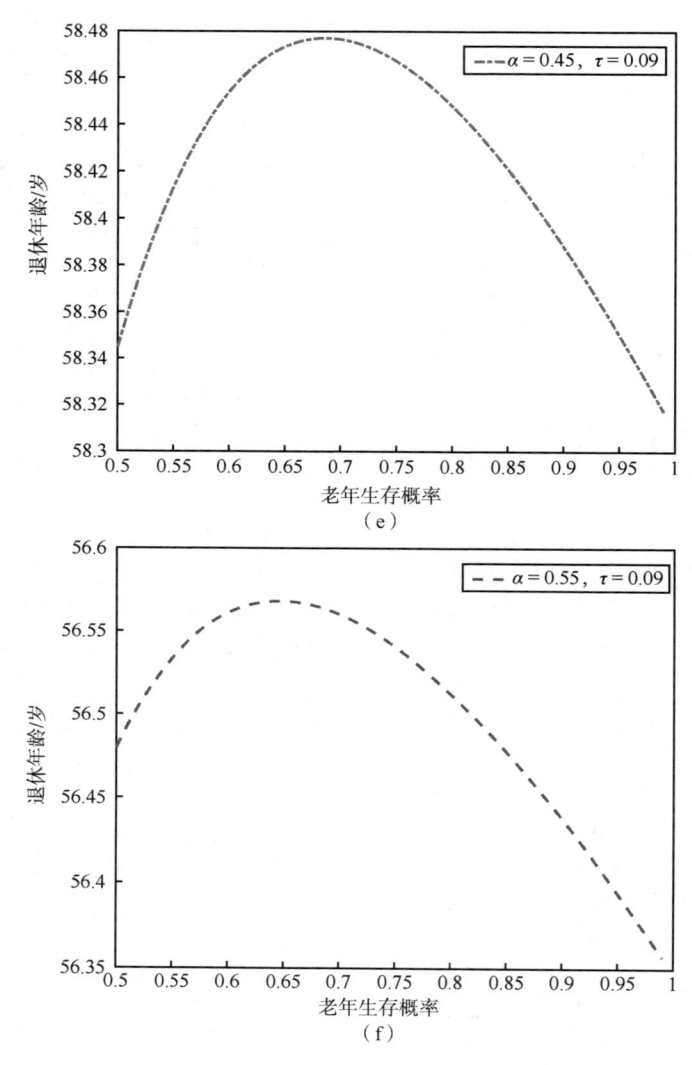

图 7.13 关于物质资本产出弹性 α 的敏感性分析（社会平均退休年龄）

与图 7.3 至图 7.10 的模拟结果相似，当物质资本产出弹性 α、退休闲暇偏好 θ、生育率 n 取值变动时，预期寿命延长、降低养老保险费率对体制外劳动者退休年龄的影响方向与社会平均退休年龄的模拟结果完全相似。本章在这里不再逐一展示体制外劳动者的数值模拟结果

图 7.14 描绘了退休闲暇偏好 θ 变化的影响。可以观察到，参数 θ 较大幅度变化后，预期寿命延长、养老保险费率下降对社会平均退休年龄的影响方向并没有改变。与图 7.13 的变化趋势相同，参数 θ 与老年劳动供给之间为反

方向变动关系。参数 θ 在基准值上下变动 1%将使社会平均退休年龄下降 0.091 岁和提高 0.102 岁。退休闲暇偏好 θ 取值越大，说明体制外劳动者越重视在老年期享受闲暇时光，也越有可能更早地退出劳动力市场，从而引起社会老年劳动供给减少；反之，θ 取值越小则社会老年劳动供给增加幅度越大。

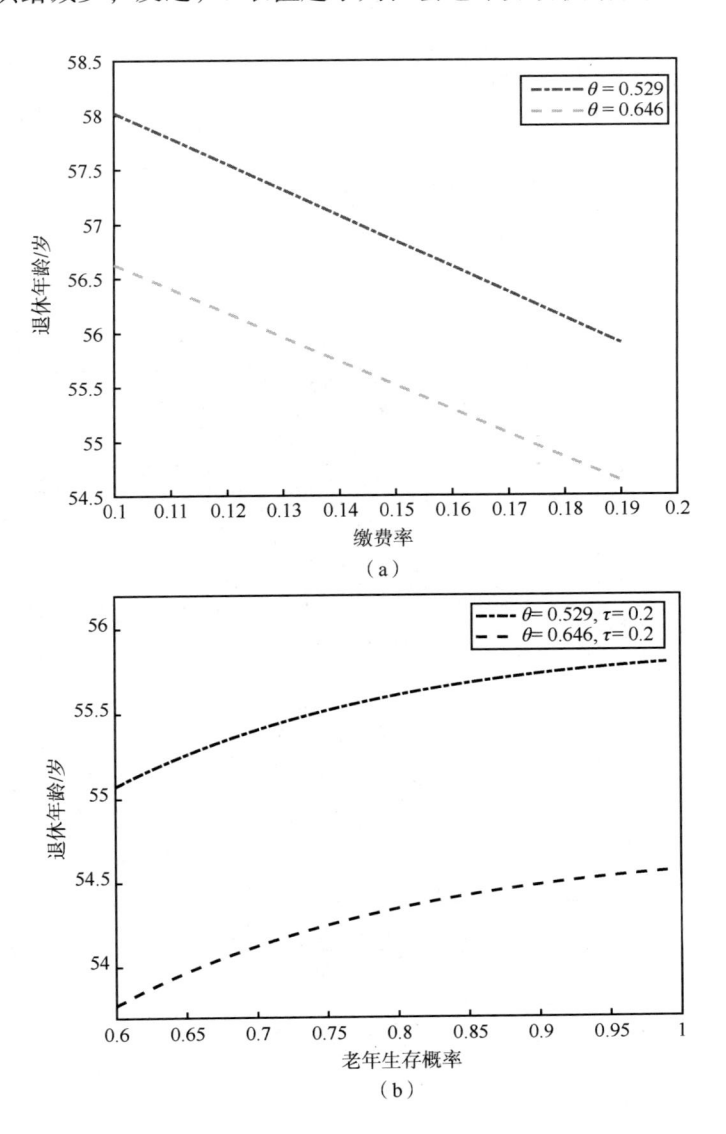

（a）

（b）

(c)

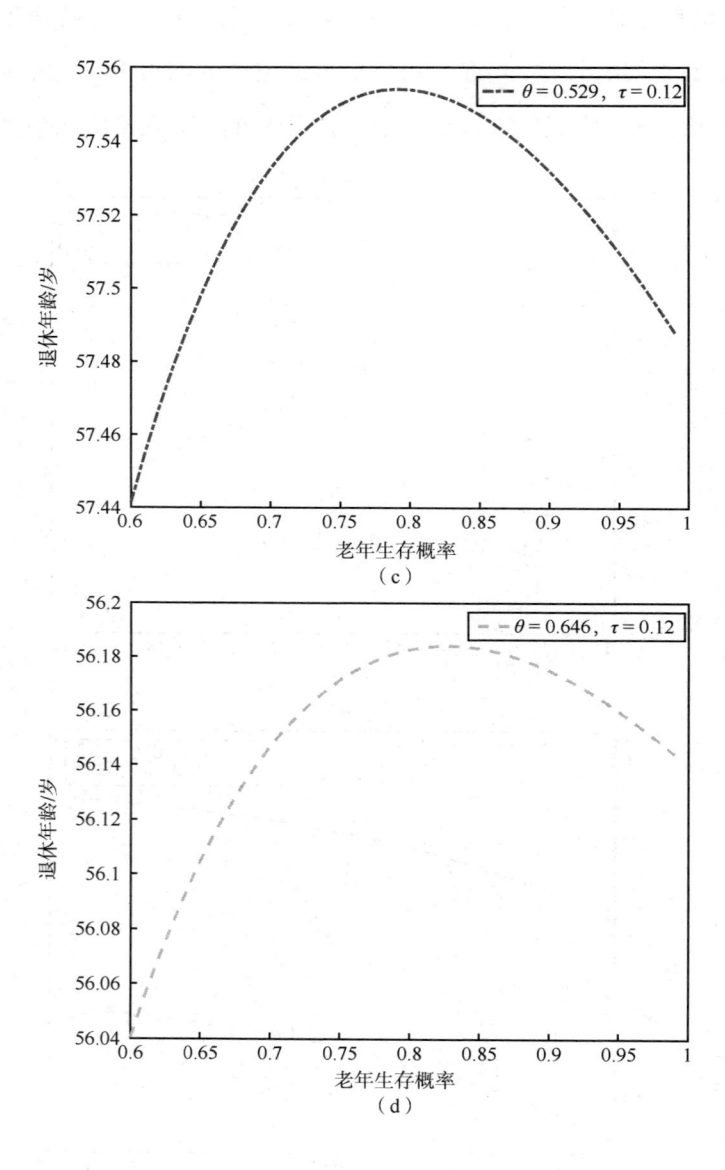

(d)

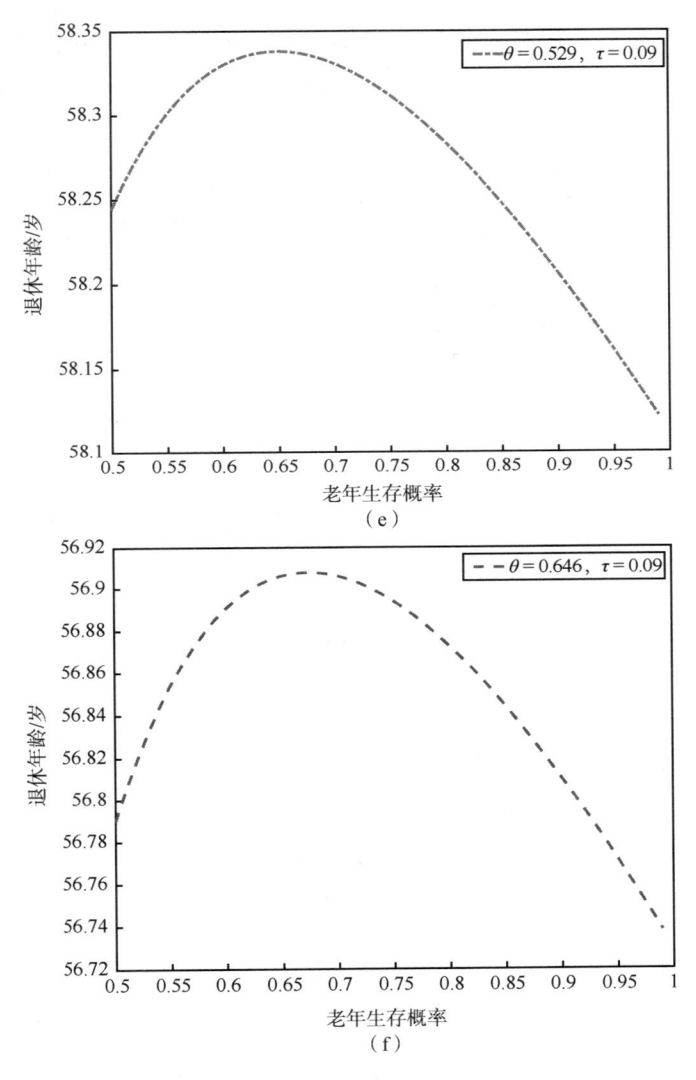

图 7.14　关于退休闲暇偏好 θ 的敏感性分析（社会平均退休年龄）

最后，考察人口生育率 n 变化的影响。图 7.15 显示随着生育率 n 取值的上升（下降），社会平均退休年龄会降低（提高），这与参数 α、θ 变化的影响相似，表明本章研究结论是稳健的。当其他参数取基准值时，参数 n 在基准值上下变动 1%将导致社会平均退休年龄下降 0.022 岁和提高 0.03 岁。政府放宽生育政策后，生育率上升会增加养老基金收入，个人在老年期领取的养老金随之上升，增加的养老财富会使体制外劳动者减少老年劳动时间，社会平均退休年龄随之下降。

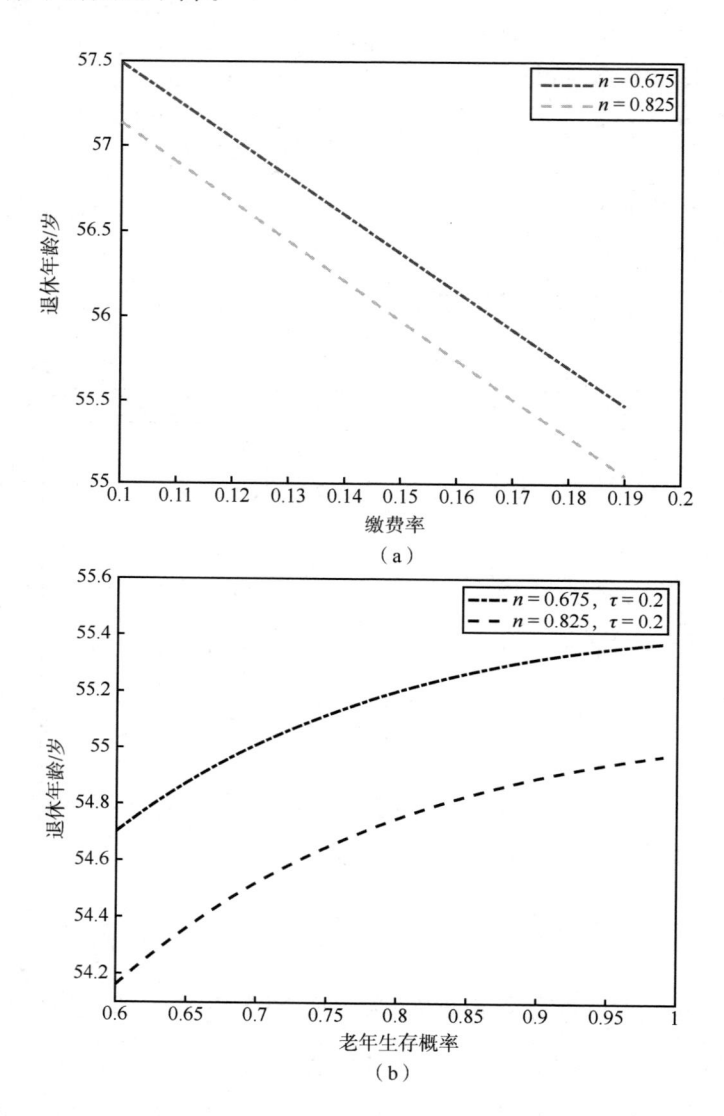

(a)

(b)

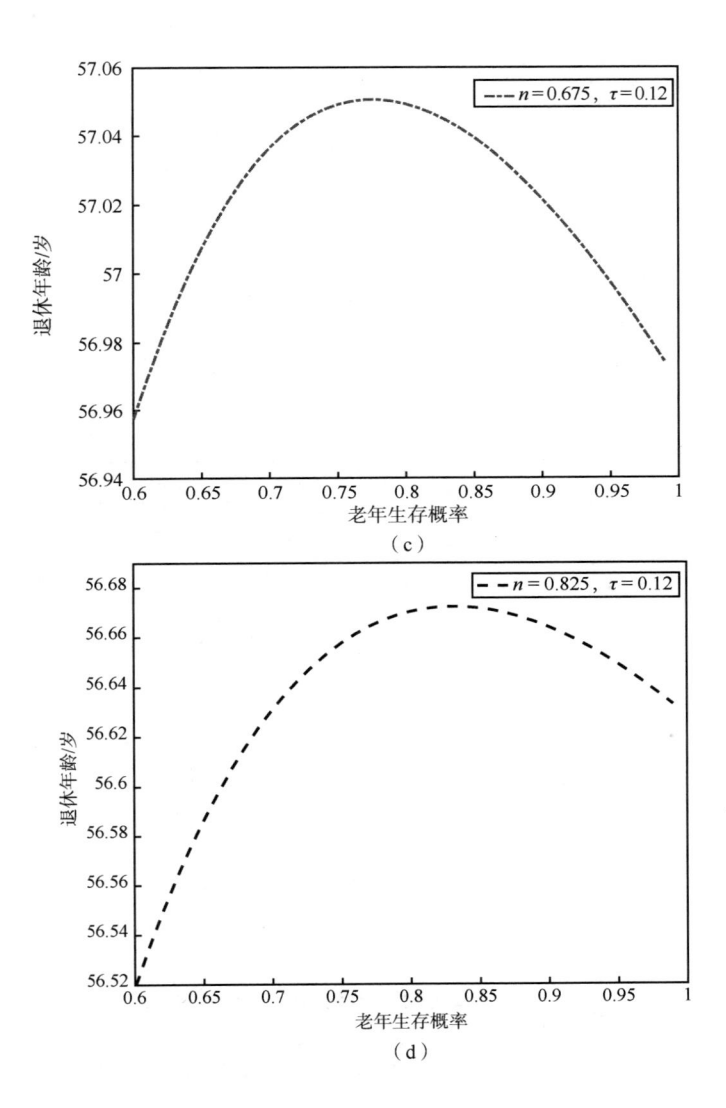

第七章　预期寿命延长、养老保险与老年劳动供给　399

（c）$n = 0.675$, $\tau = 0.12$

（d）$n = 0.825$, $\tau = 0.12$

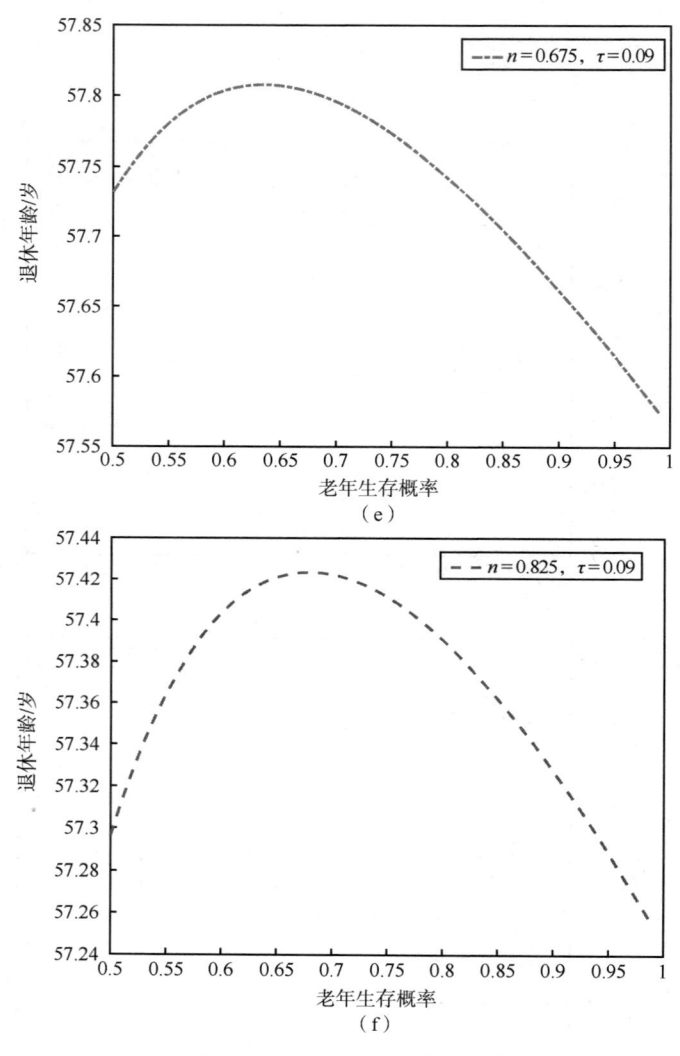

图 7.15　关于生育率 n 的敏感性分析（社会平均退休年龄）

以上敏感性分析结果表明，当参数 α、θ、n 取值发生变化时，预期寿命延长、养老保险费率下降对老年劳动供给的影响方向及传导机制均保持不变，但社会老年劳动供给（平均退休年龄）可能下降或上升。这提示政府在制定延迟退休年龄政策时不仅要考虑预期寿命延长和养老保险费率下调的影响效应,同时也要关注物质资本产出弹性、退休闲暇偏好和人口出生率的变化情况。

四、拓展分析:包含劳动效率异质性的情形

前文在包含体制内外劳动者和两部门结构的一般均衡世代交叠模型框架下,探讨了预期寿命延长和养老保险降费改革是如何影响体制内外两类劳动者的老年劳动时间以及社会老年劳动供给(社会平均退休年龄)的,但并未考虑到劳动者年轻期和老年期劳动效率的差异。事实上,现实生活中年轻人和老年人的劳动不仅具有一些不同的特点,而且生产厂商决策行为对两者的劳动需求也是有差异的。因此,本小节拓展理论模型,在基准模型设定下引入劳动者的老年劳动效率,讨论在年轻人和老年人劳动存在异质性的情况下,老年劳动效率、预期寿命和养老保险对社会平均老年劳动供给(退休年龄)的影响。

具体来讲,相对年轻期而言,我们假设劳动者老年期的劳动效率为 δ($0<\delta<1$),δ 刻画了个体老年期相比年轻期的劳动效率的下降。在考虑了老年劳动效率以后,体制内部门和体制外部门对年轻人的劳动需求为 $\varphi^i N_t(1-n_t q)$($i=1,2$),对老年人的有效劳动需求变为 $\varphi^i \pi N_{t-1} \delta l_t^i$。这样,体制内劳动者和体制外劳动者在老年期获得的总收入包括:可支配收入 $(1-\tau)\delta l_{t+1}^i w_{t+1}^j$、储蓄本息 $(1+r_{t+1})S_t^i$,以及政府提供的养老金 $(1-l_{t+1}^i)P_{t+1}$。

(1)养老保险基金。政府面临的养老保险基金预算约束方程调整为

$$\sum_{i=1}^{2}\tau\varphi^i N_{t+1}(1-n_{t+1}q)w_{t+1}^j + \sum_{i=1}^{2}\tau\varphi^i \pi N_t \delta l_{t+1}^i w_{t+1}^j = \sum_{i=1}^{2}(1-l_{t+1}^i)\varphi^i \pi N_t P_{t+1} \quad (7.27)$$

(2)市场出清条件。由于在模型中区分了劳动者年轻期与老年期的劳动效率差异,则劳动力市场出清条件演变为

$$L_t' = \sum_{i=1}^{2}\varphi^i\left[N_t(1-nq) + \pi N_{t-1}\delta l_t^i\right]$$

（3）劳动效率异质性模型的求解。体制内外劳动者的效用最大化问题、两个生产部门的生产函数和利润最大化问题都与基准模型相同。将劳动者和生产部门的最优化条件、养老基金预算约束方程（7.27）以及市场出清条件结合起来，求解可得劳动效率异质性模型在稳态均衡时的劳均资本：

$$k' = \left\{ \frac{MA\alpha\beta\pi(1-\tau)\left[\varphi^2\left(\alpha\pi\theta+(1+\theta)(1-\alpha)\right)+\varphi^1(1-\alpha)\Omega\right]}{n\Omega\left[\frac{\varphi^1(1-\alpha)\tau}{\pi}+\alpha(1+\beta\pi)(1-\tau+\varphi^1\tau)\right]+\Theta\delta\left[\varphi^1\bar{l}\Omega+\varphi^2(1-\tau)\right]} \right\}^{\frac{1}{1-\alpha}} \quad (7.28)$$

其中，$M = \psi\left\{\psi+(1-\psi)\left[v(1-\psi)/\psi\right]^{\varepsilon-1}\right\}^{1/(\varepsilon-1)}$；$\Omega = (1+\beta\pi+\beta\pi\theta)/(1+\beta\pi)$；$\Theta = \left[\alpha\pi(1+\beta\pi)+1-\alpha\right]/(1-nq)$。

在此基础上，可求解出均衡状态时的社会老年劳动时间 l'：

$$l' = \varphi^1\bar{l} + \varphi^2\left[\frac{(1-\tau)(1+\beta\pi)}{1+\beta\pi+\beta\pi\theta} - \frac{n\tau}{\delta\pi}(1-nq) - \frac{MA\alpha\beta\pi\theta(1-\tau)(1-nq)(k')^{\alpha-1}}{\delta(1+\beta\pi+\beta\pi\theta)}\right] \quad (7.29)$$

将劳均资本 k' 代入式（7.29）中，并对老年劳动效率 δ 求导：

$$\frac{\partial l'}{\partial \delta} = \frac{\varphi^2 n\tau(1-nq)}{\delta^2\pi} + \frac{\varphi^2\theta n(1-nq)\left[\frac{\varphi^1(1-\alpha)\tau}{\pi(1+\beta\pi)}+\alpha(1-\tau+\varphi^1\tau)\right]}{\delta^2\left[\varphi^2(\alpha\pi\theta+(1+\theta)(1-\alpha))+\varphi^1(1-\alpha)\Omega\right]} > 0$$

将式（7.29）对养老保险费率 τ 和老年生存概率 π 分别求导：

$$\frac{\partial l'}{\partial \tau} = \frac{-\varphi^2(1+\beta\pi)(1-\alpha)\left[\delta+\frac{n}{\pi}(1-nq)(1+\theta)\right]}{\varphi^1\delta(1-\alpha)(1+\beta\pi+\beta\pi\theta)+\varphi^2\delta(1+\beta\pi)\left[\alpha\pi\theta+(1+\theta)(1-\alpha)\right]} < 0$$

$$\frac{\partial l'}{\partial \pi} = \frac{\varphi^2 n\tau(1-nq)}{\delta\pi^2} - \frac{\varphi^2\beta\theta(1-\tau)\left\{\delta+(1-nq)R\left[1-(1-\alpha)(\epsilon_{wp}-\epsilon_{Rp})(1+\beta\pi+\beta\pi\theta)\right]\right\}}{\delta(1+\beta\pi+\beta\pi\theta)^2}$$

其中，$\epsilon_{wp} = \frac{\partial w}{\partial \pi}\frac{\pi}{w}$；$\epsilon_{Rp} = \frac{\partial R}{\partial \pi}\frac{\pi}{R}$。

从表达式上看，老年劳动效率 δ 对社会老年劳动供给的影响 $\partial l'/\partial \delta$ 符号为正；养老保险费率 τ 对社会老年劳动供给的影响 $\partial l'/\partial \tau$ 符号为负；老年生存概率 π 对社会老年劳动供给的影响 $\partial l'/\partial \pi$ 符号不确定，仍取决于模型参数和养老保险费率 τ 的大小。下面本小节对劳动效率异质性模型进行数值模拟分析，以直观地展示相关经济机理和研究结论。

首先模拟老年劳动效率 δ 变动对储蓄率的影响。图 7.16 模拟结果显示，相对于年轻人而言，老年人的劳动效率越高，体制外劳动者和社会平均的储蓄率就越低，而体制内劳动者的储蓄率略微有所上升。这表明在劳动效率异质性模型经济中，老年劳动效率 δ 通过改变体制内劳动者和体制外劳动者的储蓄（消费）对物质资本积累和经济增长产生了影响。图 7.17 描绘的是老年劳动效率 δ 与老年劳动供给之间的关系。从图形上看，由于体制内劳动者只能按照法定退休年龄选择退休，老年劳动效率上升并不会影响其老年劳动供给。但随着老年劳动效率的上升，体制外劳动者和社会平均的退休年龄会提高，社会老年劳动供给上升。这表明具有更高（低）劳动效率的体制外劳动者可能更倾向于延迟（提前）退休。

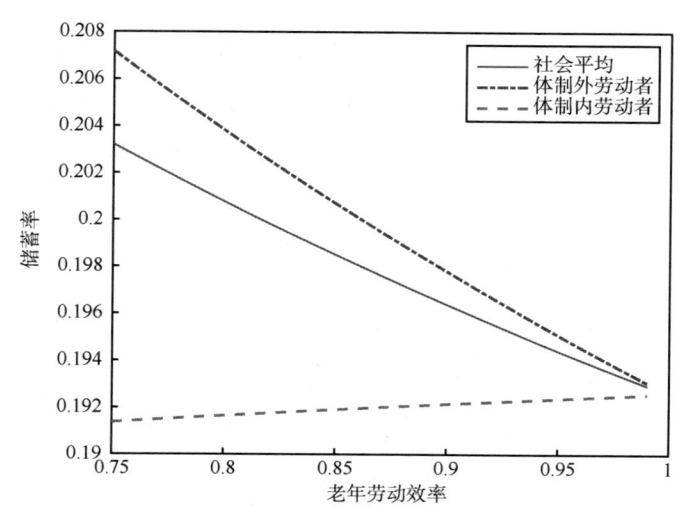

图 7.16 老年劳动效率与储蓄率

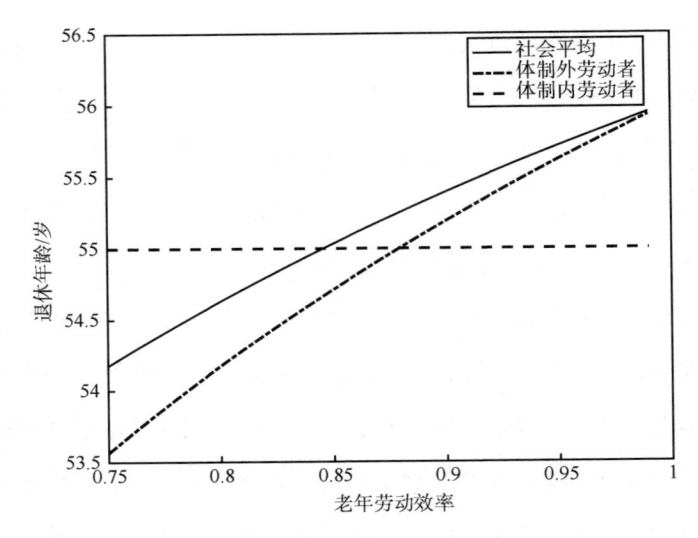

图 7.17　老年劳动效率与老年劳动供给

在劳动效率异质性模型中，老年劳动效率对社会老年劳动供给的影响取决于其对体制内外两类劳动者老年劳动（退休）时间的综合影响。与前文思路相同，提高老年劳动效率对社会老年劳动供给的作用机制体现在以下几个方面。

从体制外劳动者来看，提高老年劳动效率的影响主要有三个渠道：首先，老年劳动效率上升意味着个人在老年期的劳动收入增加，政府征缴的养老保险费上升，在预期寿命既定的情况下个人可以获得更多的养老金，增加的养老财富会诱致体制外劳动者减少老年劳动时间。其次，老年劳动效率上升使得个人的实际工资收入增加，这意味着提高了闲暇时间的价格（机会成本），使闲暇消费变得相对昂贵，替代效应使体制外劳动者增加老年劳动时间。最后，由于老年劳动效率上升会直接提升老年期的收入，预期到这一点，理性行为人在年轻期可能会将更多的预算用于个人消费，减少储蓄，从而在老年期的消费减少，消费的边际效用上升，而退休闲暇的边际效用下降，体制外劳动者减少对退休闲暇的消费。在劳动效率异质性模型中，后面两条机制占据主导地位,老年劳动效率越高,体制外劳动者越倾向于延迟退休,社会老年劳动供给的上升幅度越大;反之,则体制外劳动者的退休年龄越早,社会老年劳动供给下降越多。

从体制内劳动者来看,由于受到法定退休制度及体制的约束,体制内劳动者的退休年龄遵循法定退休政策。假如法定退休年龄固定不变,提高老年劳动效率并不会对体制内劳动者的老年劳动(退休)时间产生影响。因此,在体制内劳动者无法自行调整退休年龄的情况下,老年劳动效率对社会老年劳动供给的影响主要取决于体制外劳动者老年劳动时间的变动。均衡分析结果表明,老年劳动效率对体制外劳动者的退休时间具有正向影响,社会老年劳动供给随老年劳动效率的提高而上升。

接下来,本小节在劳动效率异质性模型下,模拟预期寿命延长、养老保险降费对社会老年劳动供给的影响。在不同的老年生存概率与养老保险费率下,表 7.4 给出了老年劳动效率参数 $\varphi=0.9$ 的模型和基准模型的社会老年劳动供给的对比结果。需要说明的是,在劳动效率异质性模型中关于体制内外两类劳动者老年劳动供给的模拟结果与前文相似,这里不再逐一展示和赘述模拟结果。

表 7.4 劳动效率异质性($\varphi=0.9$)模型和基准模型的社会老年劳动供给

劳动效率异质性情形	养老保险费率	0.2	0.19	0.18	0.17	0.16	0.15	0.14	0.13
	社会平均退休年龄 $T^{h\tau}$/岁	54.71	54.95	55.18	55.42	55.65	55.88	56.12	56.35
	老年生存概率 π	0.6	0.7	0.75	0.8	0.84	0.85	0.9	0.95
	社会平均退休年龄 $T^{h\pi}$/岁	54.03	54.41	54.54	54.64	54.71	54.73	54.80	54.85
基准情形	养老保险费率 τ	0.2	0.19	0.18	0.17	0.16	0.15	0.14	0.13
	社会平均退休年龄 $T^{*\tau}$/岁	55.00	55.23	55.46	55.69	55.92	56.14	56.37	56.61

续表

基准情形	老年生存概率 π	0.6	0.7	0.75	0.8	0.84	0.85	0.9	0.95
	社会平均退休年龄 $T^{*\pi}$ /岁	54.39	54.73	54.85	54.94	55.00	55.02	55.07	55.12

注：$T^{*\tau}$ 和 $T^{h\tau}$ 分别表示养老保险费率τ取不同数值时，基准模型与劳动效率异质性模型所对应的社会平均退休年龄；$T^{*\pi}$ 和 $T^{h\pi}$ 分别表示老年生存概率π取不同数值时，基准模型与劳动效率异质性模型所对应的社会平均退休年龄

图 7.18 给出了在劳动效率异质性模型下养老保险费率下降对老年劳动供给的影响，相关结果见表 7.4。与基准模型的结论相同，随着缴费率的下降，社会平均退休年龄会上升。由表 7.4 可以看出，相比基准情形，在模型中引入老年劳动效率后，社会平均退休年龄反而下降。例如，缴费率 τ=0.2 时，基准情形下的社会平均退休年龄为 55.00 岁，劳动效率异质性情形下对应的平均退休年龄则提前到了 54.71 岁。图 7.19～图 7.21 展示的是在不同养老保险费率下，预期寿命延长对老年劳动供给的影响。首先，当缴费率 τ 取基准值 0.2 时，图 7.19 显示随着预期寿命的延长，社会平均退休年龄（老年劳动供给）上升，这与前文中图 7.4 的结论相似。表 7.4 报告了老年生存概率 π 从 0.6 提高至 0.95 时社会平均退休年龄的数值结果。通过对比基准情形可以看出，在模型中引入老年劳动效率后，相应预期寿命下的退休年龄也出现了下降。例如，老年生存概率 π 为 0.8 时，劳动效率异质性情形下的社会平均退休年龄为 54.64 岁，低于基准情形的 54.94 岁。如前所述，由于劳动者在老年期的劳动效率下降，劳动者更倾向于提早退休，故社会平均退休年龄相对于基准模型降低。

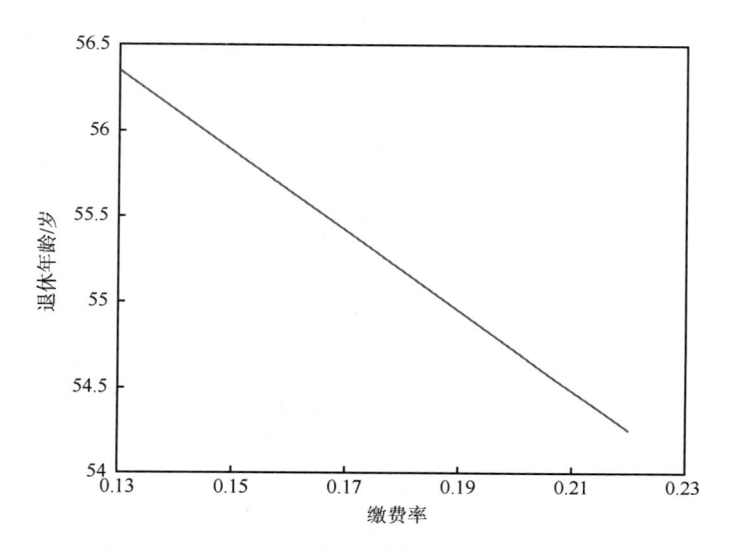

图 7.18　缴费率与老年劳动供给（社会平均）

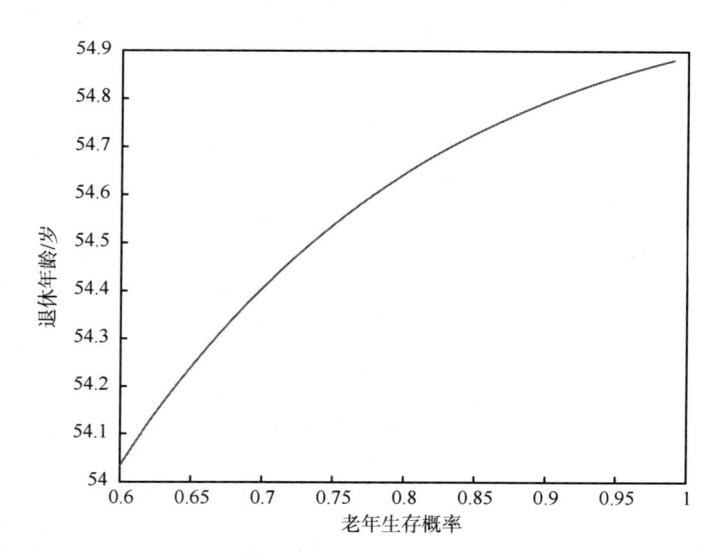

图 7.19　预期寿命与老年劳动供给（社会平均，$\tau=0.2$）

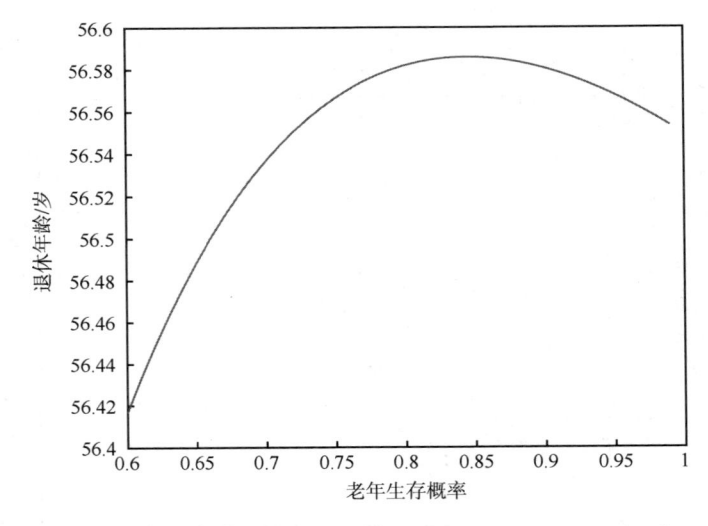

图 7.20　预期寿命与老年劳动供给（社会平均，$\tau=0.12$）（二）

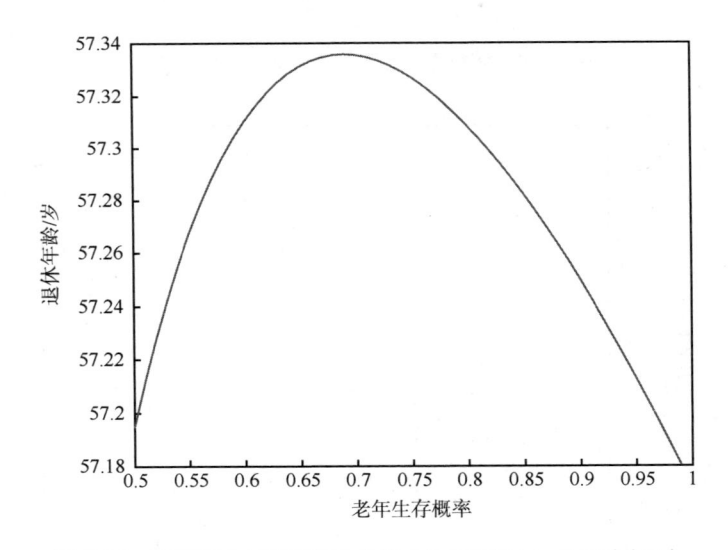

图 7.21　预期寿命与老年劳动供给（社会平均，$\tau=0.09$）（二）

其次，图 7.20 和图 7.21 显示，当养老保险费率 τ 降至 0.12 及以下时，预期寿命延长与社会老年劳动供给的倒"U"形关系依然成立，并且缴费率下降幅度越大，倒"U"形曲线拐点所对应的老年生存概率越低，这与图 7.9 和图 7.10 的变化趋势相同。从数值上看，当缴费率 τ 相同时，劳动效率异质性情形下倒"U"形曲线拐点所对应的老年生存概率略高于基准情形。例如，缴费率 $\tau=0.2$ 时，基准情形下倒"U"形曲线拐点所对应的老年生存概率为0.8，劳动效率异质性情形下相应的老年生存概率为0.82。这说明当缴费率降至12%及以下时，即使在模型中引入老年劳动效率，目前的生存寿命（$\pi=0.84$）仍处于倒"U"形曲线的右边。同样，伴随预期寿命的延长，社会老年劳动供给反而会下降。因此，基于充分利用老年劳动力资源的政策目标，养老保险费率不宜降至12%，这与基准模型的结论相同。

综上，本小节发现在基准模型中引入老年劳动效率并不会对基准模型的研究结论产生影响。相比年轻期，老年期劳动效率下降会促使劳动者更倾向于提早退休。如果老年劳动效率提高，社会老年劳动供给（平均退休年龄）将趋于上升。这提示政府在制定延迟退休年龄政策时也应关注老年劳动效率的变化。

五、预期寿命、养老保险降费对经济动态转移路径的影响

上文主要集中于稳态均衡下的理论机制和定量分析，而没有讨论经济的动态转移路径。中国当前正处于经济转型发展的关键阶段，如果不考察经济的动态变化过程，则难以全面评估中国老年劳动供给的实际状况。因此，本小节将分析预期寿命延长和养老保险降费以及两者同时变动后，经济变量如何从初始稳态转移到下一个稳态。与 Coeurdacier 等（2014）、耿志祥和孙祁祥（2017）的研究方法相似，本章把参数基准值决定的经济状态视为初始稳态，之后再模拟各变量的转移路径。

从劳均资本的变动看，如图7.22（a）所示，当老年生存概率提高至0.9时，预期寿命延长使得劳均资本存量上升，且经过4期经济会收敛到一个较高的新稳态均衡（加号虚线）。这是因为，随着预期寿命的延长，体制内外两类劳动者的预防性储蓄动机增强，经济中物质资本总量大幅度增加，最终导致劳均资本转移到较高的稳态水平上。当养老保险费率下降至0.16时，劳均资本存量也呈现上升的动态特征，但上升幅度较小，大概经过1期经济就转

移到新的稳态路径上（三角实线）。根据前文的研究结论，一方面，缴费率下降使得体制外劳动者倾向于增加老年劳动供给，而储蓄的变化幅度相对较小；另一方面，受法定退休制度束缚，缴费率下降更多地提高了体制内劳动者的储蓄，而体制内劳动者的占比相对较低。因而劳均资本存量动态路径的变化幅度非常有限。当同时提高老年生存概率和降低养老保险费率时（圆形虚线），则劳均资本存量逐渐收敛到一个更高的稳态水平，但收敛的速度较慢。

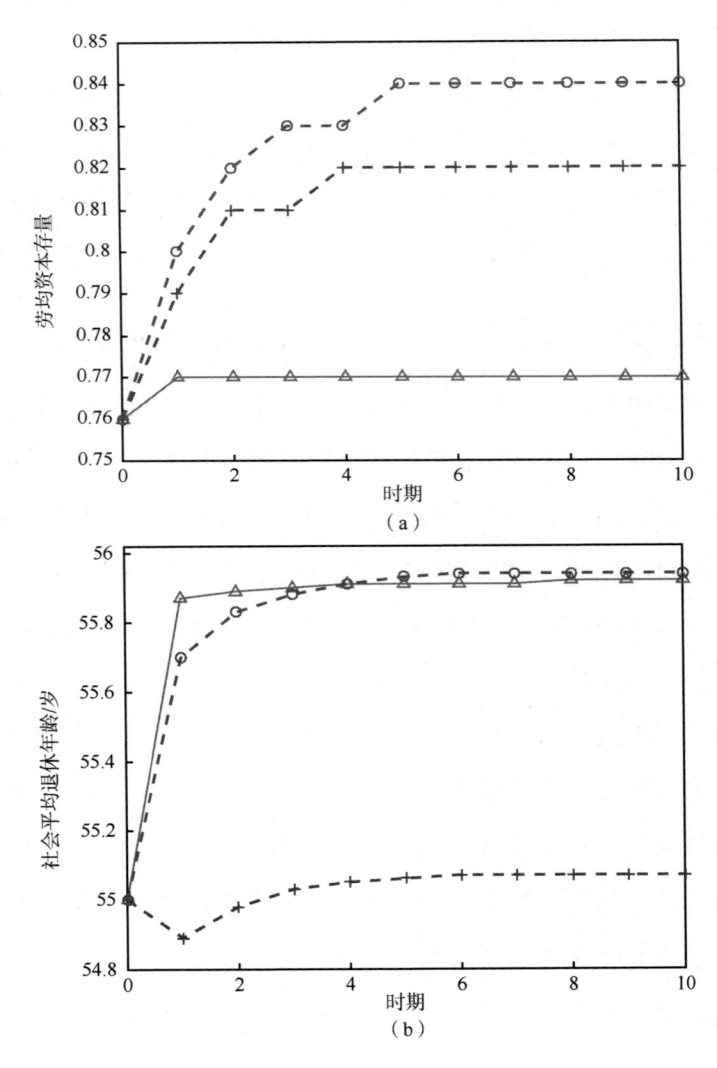

(a)

(b)

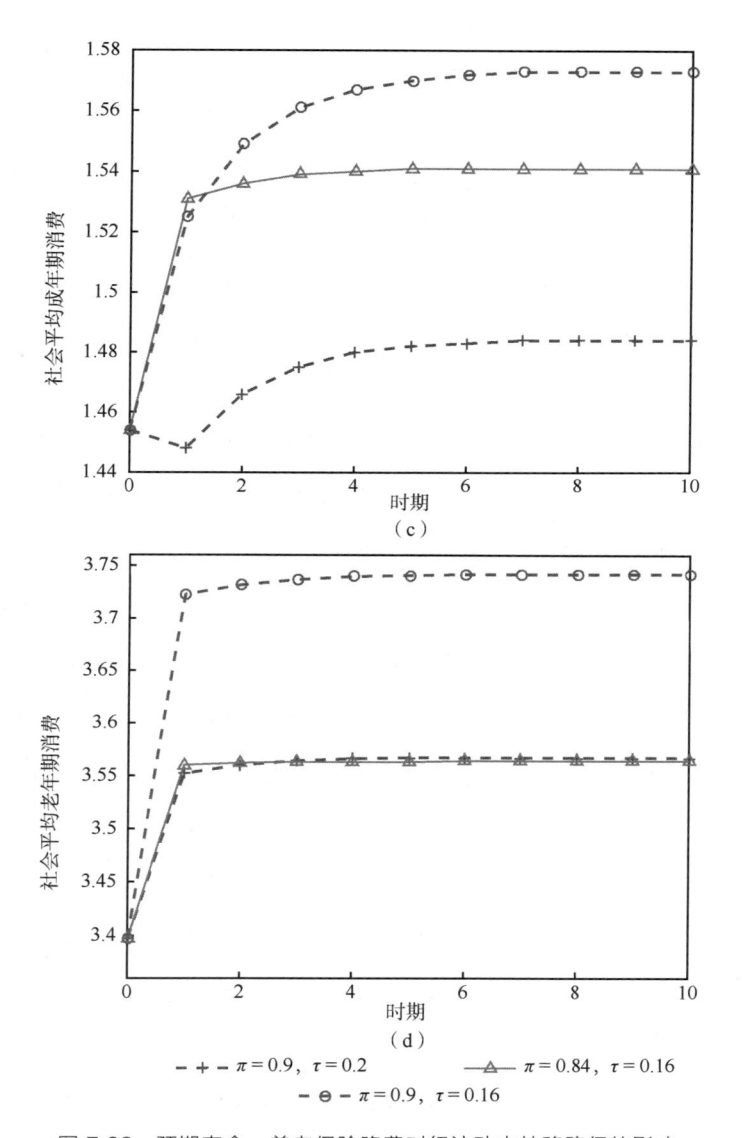

图 7.22 预期寿命、养老保险降费对经济动态转移路径的影响

图例：$\pi=0.9$, $\tau=0.2$；$\pi=0.84$, $\tau=0.16$；$\pi=0.9$, $\tau=0.16$

从老年劳动供给的变动看，如图 7.22（b）所示，其转移路径相较于劳均资本具有一定的差异。当老年生存概率提高时（加号虚线），社会平均退休年龄的变化路径呈现先下降、后上升的特征。在最初阶段，预期寿命延长通

过上升的储蓄财富效应使得体制外劳动者增加退休闲暇需求，导致社会平均退休年龄下降。其后上升则是预期寿命延长引致工资率上升和资本回报率（利率）下降所产生的替代效应逐渐显现，体制外劳动者减少退休闲暇，最终使社会平均退休年龄上升到新的稳态。当养老保险费率下降时（三角实线），社会平均退休年龄大约经过2期收敛至一个较高的稳态均衡。这是因为，根据结论7.2，缴费率下降会使养老金替代率、工资率、储蓄回报率发生变化，对个人老年劳动供给的替代效应超过收入效应，导致体制外劳动者提供更多的老年劳动供给，此时社会平均退休年龄在动态转移路径上明显高于初始稳态水平。当老年生存概率提高和养老保险费率下降同时发生时（圆形虚线），社会平均退休年龄期初会快速提高，随后呈现缓慢上升的趋势。

从成年期消费的变动看，如图7.22（c）所示，社会平均成年期消费受老年生存概率提高的影响，其转移路径开始会下降，随后缓慢提升，最后收敛到一个较低的稳态水平（加号虚线）。初期消费下降是因为在短期内，其他参数保持不变，预期寿命延长使得体制内外劳动者在成年期增加储蓄，用于当期消费的经济资源相应减少。其后提升的主要原因是，预期寿命延长带来的劳均资本存量增加导致工资率提高，这使得体制内外劳动者有更多的经济资源用于当期消费，社会平均成年期消费上升。社会养老保险费率的下降也会带来成年期消费上升，并在第2期达到一个较高的稳态均衡（三角实线）。这是因为降低缴费率会提高体制内外劳动者在成年期的可支配收入水平，劳动者进行储蓄的能力也增强，前者直接促使成年期消费上升，后者通过劳均资本存量引致的工资率上升又间接提升了成年期消费。在上述直接和间接影响的共同作用下，社会平均成年期消费在养老保险降费后经历了一个快速上升的变化路径。

从老年期消费的变动看，如图7.22（d）所示，当老年生存概率提高至0.9（加号虚线）或者养老保险费率下降至0.16（三角实线）时，社会平均老年期消费在图形上表现出了相同的动态转移路径,大约经过2期它们都收敛到一个相同的稳态均衡,并且新的稳态水平明显高于初始稳态。对于体制内劳动者来说,在现行退休年龄制度约束下,其无法调整自己的退休年龄。当预期寿命延长或养老保险降费时,虽然体制内老年劳动者领取的养老金可能下降,但其会选择大幅度增加养老储蓄,以保证老年期消费水平不下降。对于体制外劳动者来说,当预期寿命延长或养老保险降费时,一方面体制外劳动者会通过增加老年劳动时间来提高老年期的养老金财富和劳动收入;另一方面体制外劳动者也将增加养老储蓄,而储蓄和劳均资本存量的上升会导致工资率上升,这又进一步提高了终生收入。因此,在养老金、储蓄财富和劳动收入的共同作用下,社会平均老年期消费最终达到一个较高的稳态水平。与此对应,当老年生存概率提高和养老保险费率下降同时发生时(圆形虚线),社会平均老年期消费的转移路径呈现快速提高并收敛到一个更高稳态水平的趋势。

第五节 中央计划者的政策目标分析

前面主要集中于竞争经济的理论机制和数值模拟分析,而没有考察社会福利的变化。政府的重要职责是改善民生福祉,如果仅仅进行竞争经济模型分析则难以有效地全面评估社保降费的政策效果。本节将讨论政府如何实现帕累托改进以及充分利用老年劳动力资源的政策目标。

与个人决策不同,作为中央计划者,政府能够通过同时选择养老保险费率和最优退休年龄来最大化社会福利。在本节的经济环境下,社会福利最大化的目标函数为[1]

---

[1] 借鉴Hashimoto和Tabata(2016)、Miyazaki(2017)的研究思路,本节把体制内劳动者和体制外劳动者的一生效用进行加权加总,以此作为社会福利函数,这是国内外理论文献的常用处理办法。

$$\max \sum_{i=1}^{2} \varphi^{i} \left\{ \ln\left(C_{y}^{i}\right) + \beta\pi\left[\ln\left(C_{o}^{i}\right) + \theta\ln\left(1-l^{i}\right)\right]\right\} \quad (7.30)$$

中央计划者面临的总资源约束条件为

$$Y_{t} = \varphi^{1}\left(N_{t}C_{y,t}^{1} + \pi N_{t-1}C_{o,t}^{1}\right) + \varphi^{2}\left(N_{t}C_{y,t}^{2} + \pi N_{t-1}C_{o,t}^{2}\right) + K_{t+1}^{1} + K_{t+1}^{2}$$

在中央计划者经济中，体制内外两个生产部门的生产要素配置关系仍需满足等式：$L_{t}^{1}/L_{t}^{2} = K_{t}^{1}/K_{t}^{2} = \varphi^{1}/\varphi^{2}$。由此，中央计划者问题的资源约束条件用劳均形式可以表示为①

$$\left[n(1-nq) + \pi\left(\varphi^{1}l^{1} + \varphi^{2}l^{2}\right)\right]\left[\Phi A k^{\alpha} - nk\right] = \varphi^{1}\left(nC_{y}^{1} + \pi C_{o}^{1}\right) + \varphi^{2}\left(nC_{y}^{2} + \pi C_{o}^{2}\right) \quad (7.31)$$

其中，

$$\Phi = \left\{\psi\left[1\bigg/\left(1+\left(\frac{1-\psi}{\psi}\right)^{\varepsilon}\nu^{\varepsilon-1}\right)\right]^{\frac{\varepsilon-1}{\varepsilon}} + (1-\psi)\nu^{\frac{\varepsilon-1}{\varepsilon}}\left[\left(\frac{1-\psi}{\psi}\right)^{\varepsilon}\nu^{\varepsilon-1}\bigg/\left(1+\left(\frac{1-\psi}{\psi}\right)^{\varepsilon}\nu^{\varepsilon-1}\right)\right]^{\frac{\varepsilon-1}{\varepsilon}}\right\}^{\frac{\varepsilon}{\varepsilon-1}}$$

在劳均资源约束条件式（7.31）下，中央计划者通过选择体制内外两类劳动者的两期消费、老年劳动时间和下一期的劳均资本存量来实现社会福利最大化。通过求解最优化问题，我们得到如下几个一阶条件：

$$\overline{C}_{o}^{1} = \beta n \overline{C}_{y}^{1} \quad (7.32)$$

$$\overline{C}_{o}^{2} = \beta n \overline{C}_{y}^{2} \quad (7.33)$$

$$\frac{\beta\theta}{1-\overline{l}^{1}} = \frac{\Phi A \overline{k}^{\alpha} - n\overline{k}}{n\overline{C}_{y}^{1}} \quad (7.34)$$

$$\frac{\beta\theta}{1-\overline{l}^{2}} = \frac{\Phi A \overline{k}^{\alpha} - n\overline{k}}{n\overline{C}_{y}^{2}} \quad (7.35)$$

$$\Phi A \alpha \overline{k}^{\alpha-1} = n \quad (7.36)$$

根据研究目的，本章主要关注稳态时的情况。将上面几个等式代入劳均

---

① 本节在这里把时间下标 t 去掉以表示社会资源约束条件的劳均形式。

资源约束条件式（7.28）中，经过整理得到：

$$\bar{C}_y^1 = \bar{C}_y^2 = \bar{C}_y^* = \frac{\left[n(1-nq)+\pi\right](1-\alpha)(\Phi A)^{\frac{1}{1-\alpha}}\alpha^{\frac{\alpha}{1-\alpha}}n^{\frac{1}{\alpha-1}}}{1+\beta\pi+\beta\pi\theta} \quad (7.37)$$

$$\bar{C}_o^1 = \bar{C}_o^2 = \bar{C}_o^* = \beta n \bar{C}_y^* \quad (7.38)$$

$$\bar{l}^1 = \bar{l}^2 = \bar{l}^* = \frac{(1+\beta\pi) - \beta\theta n(1-nq)}{1+\beta\pi+\beta\pi\theta} \quad (7.39)$$

其中，$\bar{C}_y^*$、$\bar{C}_o^*$、$\bar{l}^*$ 分别表示中央计划者经济中稳态的两代人消费和老年劳动时间，即社会福利最大化的资源配置。

一般而言，如果没有政府的干预，由式（7.21）决定的竞争经济模型的稳态均衡是不可能使社会福利达到最优的，而本节的中央计划者经济可以获得由式（7.37）～式（7.39）所决定的社会福利最大化的资源配置。本节认为，在预期寿命延长的情况下，要实现社会福利的帕累托改进和有效利用老年的双重目标，调整养老保险费率和法定退休年龄是政府可以使用的两个重要政策工具，只有这两个政策工具相互协调，才能达到"珠联璧合"的实施效果。下面我们着重模拟分析老年生存概率、养老保险费率两者的不同组合对退休年龄和社会福利所产生的影响。

图 7.23 描绘了多种老年生存概率和养老保险费率组合对应的退休年龄。在给定老年生存概率截面上，降低缴费率使得社会老年劳动供给上升。在给定养老保险费率的截面上，提高老年生存概率对社会平均退休年龄的影响与缴费率相关。与本章第四节的模拟结果相似，当缴费率处于（12%, 20%]区间时，提高老年生存概率总能使退休年龄上升，但缴费率在 12% 及以下时，老年生存概率与退休年龄之间呈倒"U"形关系。从预期寿命延长的角度来看，如果政府更为重视充分利用老年劳动力资源，那么养老保险存在着降费的下限。图 7.24 描绘了多种老年生存概率和养老保险费率组合对应的社会福利水

平。我们观察到,若给定老年生存概率,社会福利将随着养老保险费率的下降而上升;若给定养老保险费率,社会福利将随着老年生存概率的提高而上升。结合图 7.23 和图 7.24,在给定老年生存概率及合理的参数设定下,如果要实现增进社会福利的目标,政府需要同时采取降低养老保险费率和调整法

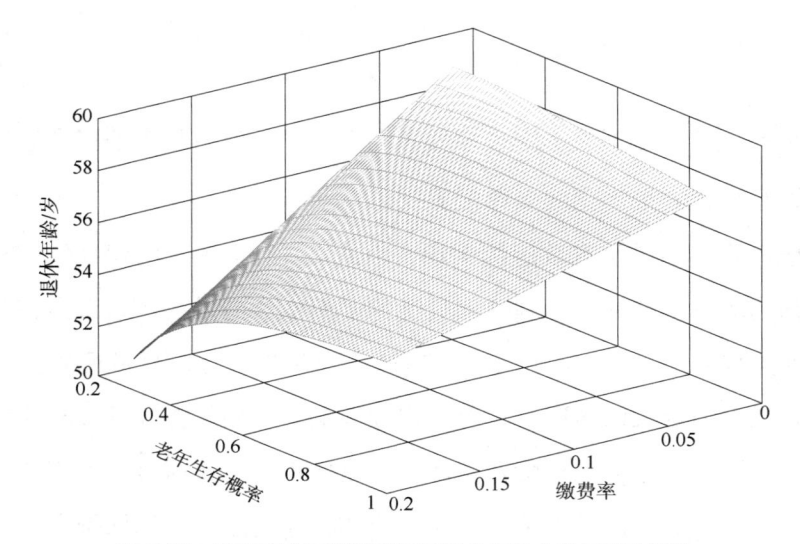

图 7.23 预期寿命和缴费率不同组合与社会老年劳动供给

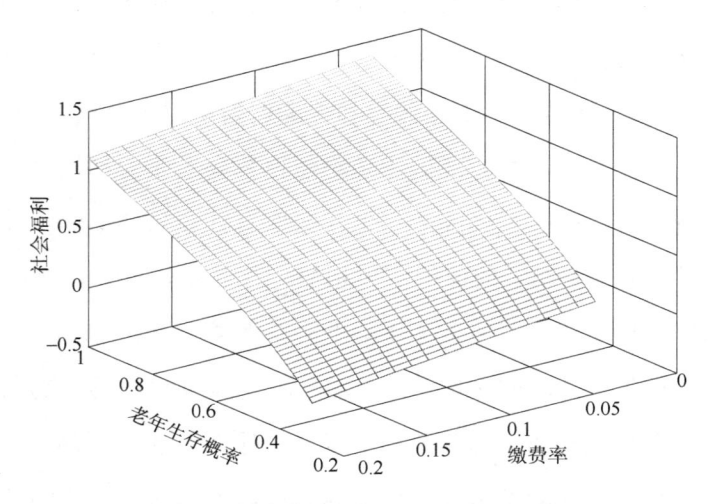

图 7.24 预期寿命和缴费率不同组合与社会福利

定退休年龄的政策组合；如果在降低养老保险费率的情况下，而不同时调整法定退休年龄，则会造成社会福利损失。

上文的理论分析表明，政府单独下调养老保险费率难以有效利用老年劳动力资源，而当引入退休年龄联动调整机制后，可以实现上述双重政策目标。下面本节对比分析政府根据养老保险降费调整退休年龄和不调整退休年龄时的社会福利水平。由于从数学表达式上难以直接判断两种情况的社会福利大小，因此通过数值模拟的方法进行分析，表 7.5 给出了养老保险率从 20% 降至 13% 的相关定量结果。[①]可以看到，养老保险费率越低，经济中的社会福利越高，并且相对于不存在退休年龄调整机制（简称不存在退休调整）的情况，存在退休年龄调整机制（简称存在退休调整）所对应的社会福利水平较高。根据模型设定，社会福利由成年消费 C_y、老年消费 C_o 和退休闲暇 $1-l$ 确定，由此本节从这三个维度来探索存在退休调整和不存在退休调整时社会福利的差异。

表 7.5　存在退休调整和不存在退休调整时缴费率下降的社会福利比较

	养老保险费率	0.2	0.19	0.18	0.17	0.16	0.15	0.14	0.13
存在退休调整	成年消费 C_y	1.454	1.472	1.490	1.508	1.526	1.545	1.563	1.581
	老年消费 C_o	3.397	3.440	3.482	3.525	3.567	3.610	3.652	3.694
	养老金 P	0.666	0.648	0.628	0.607	0.585	0.561	0.536	0.510
	退休闲暇 $1-l$	0.833	0.824	0.815	0.806	0.797	0.788	0.779	0.770
	福利水平 U	0.889	0.905	0.92	0.934	0.949	0.963	0.977	0.991
不存在退休调整	养老保险费率	0.2	0.19	0.18	0.17	0.16	0.15	0.14	0.13
	成年消费 C_y^b	1.454	1.472	1.490	1.508	1.526	1.545	1.563	1.581
	老年消费 C_o^b	3.397	3.405	3.412	3.420	3.428	3.436	3.444	3.451
	养老金 P^b	0.666	0.633	0.599	0.566	0.533	0.499	0.466	0.433
	退休闲暇 $1-l^b$	0.833	0.833	0.833	0.833	0.833	0.833	0.333	0.833
	福利水平 U^b	0.889	0.903	0.916	0.929	0.942	0.955	0.968	0.981

① 需要说明的是，中央计划者问题数值模拟的参数基准值与表 7.2 相同。

在成年消费方面，观察表 7.5 易知，随着养老保险费率的下降，两种情况的成年消费都增加，且两者相等。这意味对于中央计划者而言，经济中是否存在退休年龄调整，并不会改变养老保险费率下降对成年消费的影响效果。缴费率对成年消费的影响有三条途径：一是降低缴费率可能使政府为维持养老基金财务平衡减少养老金，预期到这一点，个人将增加储蓄和减少成年消费；二是降低缴费率会直接增加成年的可支配收入，从而个人有更多的预算用于消费；三是降低缴费率增加了经济中的储蓄，使得资本存量和工资率提高，这有助于促进消费水平的上升。表 7.5 的模拟结果显示，养老保险降费对成年消费的促进作用更大，从而提高了成年消费水平。

在老年消费方面，通过对比可以发现，随着养老保险费率的下降，两种情况的老年消费均上升，但存在退休调整的老年消费水平明显高于不存在退休调整的情况，且两者间的老年消费差距随缴费率下降而不断扩大。例如，缴费率为 0.18 时，存在和不存在退休调整的老年消费分别为 3.482、3.412，两者相差 0.07，而当缴费率降至 0.13 时，存在和不存在退休调整的老年消费分别为 3.694、3.451，差距扩大至 0.243。对于这一现象，可以结合退休调整进行说明。首先，在公共养老金上，当不存在退休调整时，一方面降低缴费率会直接减少养老保险基金的财务收入；另一方面降低缴费率会通过劳均资本存量，使得工资率和养老基金收入上升。由于经济中没有退休年龄的调整，养老保险降费最终使单位时间内的养老金财富出现大幅度下降（表 7.5），从而影响老年消费所得到的效用。当存在退休调整时，除上述两方面的影响渠道外，缴费率下降还会通过养老保险缴费年限的延长和养老金领取时间的缩短，增加养老保险基金收入。因此在有退休年龄调整的经济中，单位时间内的养老金财富下降幅度较小。其次，在可支配收入上，养老保险费率下降可以直接通过提高可支配收入从而增加老年消费。同理，存在退休调整时，由于退休年龄会随缴费率下降而相应提高，故而养老保险费率下降导致其可支配收入的上升幅度相对更高。在这几方面影响机制的共同作用下，养老保险费率下降引起两种情况下的老年消费都提高，但随着缴费率的下降，经济中存在退休调整的老年消费的增加幅度更高。

在享受退休闲暇方面，观察表 7.5 发现，当存在退休调整时，随着养老保险费率的下降，经济中老年人的退休闲暇时间将减少，从而退休闲暇消费所带来的效用下降。当不存在退休调整时，经济中老年人享受的退休闲暇时间一直保持不变。由此在存在退休调整的经济中，养老保险费率下降将通过退休闲暇的减少对社会福利产生负向影响。

综上所述，不存在退休调整的经济中，养老保险费率下降通过成年消费和老年消费的增加使得社会福利上升；存在退休调整的经济中，养老保险费率下降导致了成年消费和老年消费增加、退休闲暇时间减少，但老年消费上升引起的福利改善大于退休闲暇时间降低带来的福利损失，最终使得社会福利增进。

第六节　结论与启示

社保降费改革是供给侧结构性改革的重要内容，厘清预期寿命和养老保险降费对老年劳动供给的影响机制，对于中国延迟退休年龄政策改革和实现经济高质量发展具有较强的现实意义。本章通过构建一个包含体制性结构与劳动者退休决策异质性的动态一般均衡世代交叠模型，着重考察了预期寿命、养老保险降费对老年劳动供给和社会福利的影响，并结合中国的现实经济参数进行了数值模拟、敏感性及动态转移路径分析。

本章得到以下结论：①由于体制外劳动者的老年劳动供给具有灵活性，降低养老保险费率能促使他们延迟退休，有利于提高社会老年劳动供给。如果体制内劳动者也能灵活选择老年劳动时间或者法定退休年龄延迟，降低养老保险费率可以使更多的劳动者在老年期提供劳动,这也意味着社会老年劳动供给的增加幅度将更大。②预期寿命延长对社会老年劳动供给的影响不确定,其取决于养老保险费率的下调幅度。如果缴费率降至(12%,20%]范围内,预期寿命延长会引致社会老年劳动供给上升;而缴费率降至12%及以下,预期寿命与社会老年劳动供给之间呈倒"U"形关系,目前生存寿命已处于拐点的右边,这意味着养老保险降费存在政策目标上的下限。③本章证实了养老保险降费改革实现社会福利的帕累托改进和有效利用老年劳动力资源的双重政策目标,不仅取决于养老保险费率的下调幅度,而且依赖于退休年龄的上调幅度。相应的定量分析也表明缴费率越低,社会福利水平越高,并且相对于不存在退休调整的情况,存在退休调整的经济所对应的社会福利水平更高。④在基准模型中引入老年劳动效率并不会对本章的研究结论产生影响,并且老年劳动效率越高,体制外劳动者越倾向于延迟退休,社会老年劳动供给的上升幅度越大;反之,则体制外劳动者的退休年龄越早,社会老年劳动供给下降得越多。⑤在合理的参数设定下,养老保险降费提高了转移路径上稳态的劳均资本存量、社会老年劳动供给、社会平均成年期消费和老年期消费。预期寿命延长也提高了转移路径上的劳均资本存量和社会平均老年期消费,但使老年劳动供给和社会平均成年期消费呈现先下降、后上升的转移路径。

本章得到的研究结果可以引申出如下一些政策启示。

其一,中国应当改革目前已不合时宜的退休制度。中国现行的退休政策强制达到法定年龄的老年人退出工作岗位,这不仅没有考虑劳动者自身的实际情况,而且也严重制约了老年人的劳动参与和劳动时间,这一点在党政机关、国有(集体)企业和事业单位等体制内部门特别突出。由上文分析可以看出,预期寿命延长和养老保险降费为政府实施延迟退休年龄政策创造了可能性,且能保障养老金替代率维持在一定范围内,因此,本章建议政府适时推出弹性退休年龄政策,允许劳动者在一定范围内灵活选择老年劳动时间和退休年龄，以实现劳动者福利的帕累托改进。同时，政府制定弹性退休政策时可以考虑区分养老金领取年龄和实际退休年龄。养老金领取年龄规定的是有资格领取全额养老金的起始年龄，但并不强制劳动者必须退出工作岗位；实际退休年龄则可以由体制内外部门的用人单位与劳动者根据工作岗位特征、身体健康状况、薪酬待遇等实际情况在一定年龄范围内灵活协商决定，以更好地反映劳动力市场上的供求关系。

其二，中国应当建立退休年龄与养老保险降费的联动调整机制，优化延迟退休政策。本章的研究结论揭示适当地降低缴费率对劳动者老年期的劳动供给具有正向的激励作用。这启示我们，随着社保降费的有序推进，政府部门应顺势而为，探索建立和完善符合国情的养老保险降费和退休年龄相衔接的制度模式，通过经济激励引导劳动者在目标退休年龄退休。这既能增加劳动力供给和促进经济增长，又能在一定程度上提高劳动者获得感，减少政府实施退休年龄政策改革所面临的阻力，达到"珠联璧合"的实施效果。

其三，中国应实施差异化的退休年龄改革办法，使延迟退休政策能够有效实现老年劳动力资源的充分利用与社会福利的改善。由上文分析内容可知，具有更高（低）劳动生产率的老年人往往更倾向于延迟（提前）退休年龄，增加（减少）老年劳动供给；国企、机关事业单位等体制内职工与体制外职工所面临的制度环境具有较大的差异。因此，中国不能照搬西方发达国家的一些具体措施和做法，政府也不能仅基于养老基金财务压力问题的考量就简单地"一刀切"延迟退休年龄，而是需要采取差异化的改革思维和办法，以避免经验主义错误带来的效率和福利损失。比如对于高技能或高劳动效率的群体，政府可以实行较大幅度的延迟退休年龄来发挥其比较优势，极大化这部分群体的老年劳动力资源利用效率，并实现社会福利的增进；而对于低技能或低劳动效率的群体，政府可以保持正常退休年龄。他们较低的退休年龄对整体老年劳动力资源利用效率的损失较小，但却可以通过家庭照料等途径产生正向影响。再比如，针对同一退休年龄下的体制内外部门社会保障待遇的差异，政府可以通过转移支付或者推进体制内外社会保险制度并轨，缩小两部门之间的待遇差异，更好地发挥不同部门和劳动效率的作用。

其四，中国应尽快推出与延迟退休年龄相关的配套措施。由上文分析内容可知，实施延迟退休政策能否真正有效发挥作用，还依赖于体制内外劳动者的闲暇偏好禀赋、物质资本产出弹性、人口生育率等实际情况，因此，政府有必要尽快出台一些符合中国国情的配套措施或办法，比如实施积极的健康老龄化政策，出台生育补贴措施，同时也应引导老年人调整自身的退休闲暇偏好；在养老保险降费的基础上实现全国统筹养老保险基金，积极运用发行公债、国有资本划拨机制等途径改善基础养老金的财务状况，降低财政风险。只有在这些相关配套措施实施的基础上，政府推出延迟退休政策才能更有力地促使老年劳动者参与经济生产活动。最后，政府需加强对民众退休行为的引导，使民众充分理解并认识到延迟退休年龄是顺应预期寿命延长、养老保险降费改革的一个合理且必备的政策措施。

第八章
预期寿命延长、生育政策调整与收入不平等

第一节 问题的提出

近年来，随着人口老龄化进程的加快，我国老年人口的数量与比重逐年上升，人均预期寿命不断延长。依据联合国的相关报告（United Nations，2019），我国的人口老龄化程度将在 2030 年左右到达顶峰，至 21 世纪中叶，我国将有超过 4.8 亿年龄在 60 岁以上的老年人，在总人口中的占比达 35%，占全球老年人口的 1/4。从高龄老人来看，我国 80 岁以上的高龄老人的数量将从 2018 年的 2600 万人增加到 2050 年的 1.2 亿人，而且增长速度会明显快于 60~79 岁低龄老人的增长速度。

与此同时，如图 8.1 所示，虽然我国居民收入基尼系数从 2009 年以来保持回落，但还不足以据此认为我国的收入不平等程度已呈下降态势（杨耀武和杨澄宇，2015），在城市和农村内部、城乡之间和地区之间，我国仍然存在着由发展不均衡所导致的收入差距扩大的现象（李实和罗楚亮，2011；李实，2015）。然而，在严峻的收入不平等形势下，中国的人口红利也正在消失。2012 年我国劳动年龄人口绝对数量首次下降，老龄人口逐年增加，中国面临着未富先老的尴尬局面。为实现人口均衡发展，独生子女政策实施以来，继农村"一孩半"及"双独二孩"、"单独二孩"政策调整后，中国政府近年来加快了

生育政策调整的步伐，在 2015 年底放开非独家庭生育二孩，2021 年，中国又全面放开所有家庭生育三孩。在我国当前日益严峻的人口老龄化和并不乐观的收入分配形势下，一个自然的问题是，放宽生育限制对收入不平等到底会产生怎样的影响？回答这个问题对未来的政策走向具有重要的理论与现实意义。

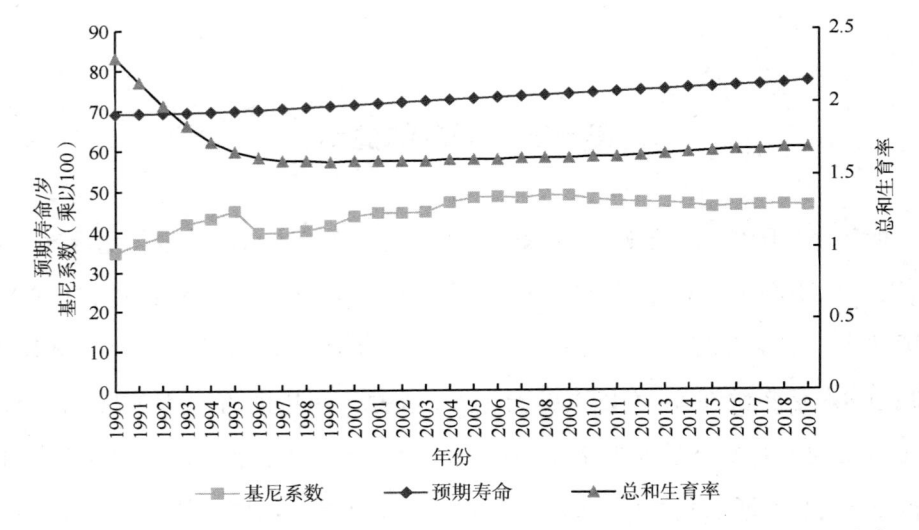

图 8.1 我国预期寿命、总和生育率与收入不平等的动态演化（1990~2019 年）
资料来源：世界银行数据库、国家统计局

从理论上看，一方面，预期寿命的延长意味着老年群体的消费增加，社会中的成年人预期未来活得越长也可能增加现阶段的储蓄，而基于传统孝文化所形成的代际转移也可能加重家庭中年轻一代的养老负担，从而对家庭的教育投入形成挤出。不同收入水平的家庭的养老负担可能存在差异，对子女的教育投入也会存在差异。另一方面，如果把孩子视作纯"消费品"（Becker，2009），生育孩子的多寡也会影响不同收入水平家庭的教育投资决策，从而影响不同家庭的子代人力资本水平，进而影响经济中的收入不平等。一些文献认为，抚育孩子多的家庭会存在支出上的规模经济，但其实际总收入相对较少，而抚育孩子少的家庭支出较少，因此拥有相对较多的实际收入（Deaton and Muellbauer，1980；Lam，1997）。所以，在预期寿命延长和生育政策放松的双重背景下，不同家庭将面临差异化的养老负担和多样化的生育决策，这很可能会使经济中的收入不平等发生变化。

本章认为：预期寿命延长、生育政策放松与收入不平等密切相关。预期寿命延长会带来"未雨绸缪"的预防性储蓄效应，对子代的教育投入形成挤出，但对不同收入群体的影响存在差异，预期寿命延长促使寿命更长的高收入群体更多地进行储蓄，以应对更长的老年期的消费增加，这将使得高收入群体对子女的教育投入相比低收入群体下降幅度更大。生育子女数量的增加意味着家庭在既定的收入水平下需要抚养更多的孩子，这将使得家庭为每个孩子投入的教育资源下降，但低收入群体家庭相比高收入群体家庭下降幅度更大；此外，当家庭中成年子女对老年父母的代际转移（赡养负担）增加时，一方面，养老负担的加重会挤出家庭对子代的教育投入，高收入群体由于预期寿命更长，向老年父母进行代际转移的概率也相对更高，其子女教育投入比例下降幅度相比低收入群体可能相对更大；另一方面，代际转移增加也意味着老年期的可支配收入水平提高，个体为此会减少成年期的预防性养老储蓄，增加对子代的教育投入，寿命更长的高收入群体更有可能在老年期得到这笔代际转移收入，其子代教育投入比例增幅也可能比低收入群体更高。因此，随着预期寿命的延长和生育政策的放松，不同收入群体差异化的储蓄、子女教育投资决策将使得以人力资本水平衡量的子代收入不平等发生变化。从理论层面分析上述机制，将有助于理解在人口老龄化和生育政策放松的背景下，不同收入群体差异化的储蓄、子女教育投资决策对收入不平等的动态影响，这对于中国在修正失衡的人口年龄结构的同时缓解收入不平等具有重要意义。

从现有研究来看，一些文献对预期寿命延长如何影响收入不平等（Ohtake

and Saito，1998；Miyazawa，2006；Cameron，2000；Karunaratne，2000；Shirahase，2015；Luo et al.，2018；Stähler，2021）和生育政策调整如何影响收入不平等进行了实证研究（赖德胜，2001；刘小鸽，2016；梁超，2017；Yu et al.，2020），但在理论上则缺乏一个系统性的建模分析。有鉴于此，本章尝试构建三期世代交叠模型，从预期寿命延长和生育政策放松这两个方面来考察人口结构变化对我国家庭收入不平等可能产生的影响，并通过中国经济数据的数值模拟得出相应的结论。

本章的研究主要从以下两个方面展开：第一，本章基于中国传统家庭特性，考虑家庭中传统的亲子关系形成的家庭养老和抚育功能，通过构建一个包含双向代际转移的三期世代交叠模型来分析讨论预期寿命延长和生育政策放松如何影响中国家庭的人力资本投资和储蓄决策，并在此基础上得出收入不平等的动态变化规律。第二，本章利用中国经济数据对理论模型进行数值模拟，根据理论模型分析和数值模拟结果得出最终结论。

本章余下的结构安排如下：第二节为文献综述；第三节为理论模型设定及其求解；第四节在理论模型结论的基础上，进行参数校准与数值模拟分析；第五节为研究结论及启示。

第二节 文 献 综 述

人口结构及收入分配问题历来受到众多学者的重视。纵观众多研究文献，相关观点主要集中在以下几个方面。

一、人口结构、生育政策调整与收入不平等

人口结构对经济社会的影响在经济发展的不同阶段存在一定差异，但总体上看，人口出生率和自然增长率的提高会导致收入不平等拉大（Kuznets，

1973；Repetto，1978；Piketty，2018）。其根源在于出生人口数量增加造成整个社会特别是低收入群体中劳动年龄人口的抚养比上升（Boulier，1982）。因中国人口老龄化的出现早于人口红利的消失，所以现有文献更多讨论人口老龄化对我国收入分配的影响，但研究结论并不完全一致。一些文献认为人口老龄化恶化了收入分配（周绍杰等，2009；Zhong，2011；董志强等，2012；蓝嘉俊等，2014），另一些文献则认为中国人口老龄化对收入分配几乎没有影响（Cai et al.，2010；曲兆鹏和赵忠，2008）。还有一些文献发现女性的生育行为可能对其在劳动市场上的报酬产生负面影响（於嘉和谢宇，2014；贾男等，2013；张川川，2011）。在城乡之间，农村低收入群体重数量、轻质量的生养观念会造成其收入增长乏力（郭剑雄，2005）。对我国计划生育政策的专项考察发现，计划生育政策扩大了我国城乡收入差距，超生罚款制度是重要原因（赖德胜，2001）。在代际影响上，生育控制政策有效地增加了子代人力资本的积累，但也削弱了生儿育女的养儿防老功能。所以综合来看，计划生育政策对收入不平等的影响并不确定，还需要进一步研究（刘小鸽和魏建，2016）。

二、人口老龄化与收入不平等

人口老龄化与收入不平等的研究主要聚焦在人口老龄化影响收入不平等的作用大小和机制上。Deaton 和 Paxson（1995）利用经典的生命周期理论和我国台湾地区的家庭调查数据，发现人口老龄化将加剧收入不平等。他们将收入不平等分解为组内不平等和组间不平等，由于人们在老年期处于负储蓄状态，组内不平等将随着年龄的增长而增加，而组间不平等（即不同年龄人群由于差异化的边际消费倾向所导致的平均消费水平的不平等）也会很高，因此，总体不平等程度将毫无疑问地随着人口老龄化而上升。他们还使用我国台湾地区1985年的家庭调查数据对理论分析进行了验证,结果表明,人口老龄化与收入不平等之间存在正相关关系,特别是在经济保持高速增长的情况下,如果人均GDP增长率为6%,人口增长率从3%下降到1%,将使基尼系数从0.309上升到0.352。随后,Deaton和Paxson(1998)利用1983年至1994年美国国民健康访问调查(National Health Interview Survey, NHIS)中20岁到70岁的样本数据和1984年至1992年美国收入动态追踪调查(Panel Study of Income Dynamics, PSID)中的家户数据,进一步验证了收入不平等会随着预期寿命的延长而加剧。此后,一些学者通过构建理论模型或进行实证分析也发现了人口老龄化会加剧收入不平等程度(Ohtake and Saito, 1998;Miyazawa, 2006; Cameron, 2000; Karunaratne, 2000)。

人口老龄化已然成为发达国家的深层次问题,而对于发展中国家而言,这恰是一个新问题。大部分学者研究发现,人口老龄化将导致收入不平等扩大。Künemund等(2005)利用德国老龄化调查的初访截面数据考察了从老年父母到中年子女的收入代际转移是否与子女这一代的收入不平等状况相关,研究发现,父母的常规经济支持(很多是数额较小的代际转移)与子女的收入变化没有明显的关系,但遗赠与子女收入状况呈正相关。因此,如果政府降低公共养老金的总体水平将可能削弱低收入群体的父母对子女的转移支付,从而加剧子代收入不平等,而对巨额转让和遗赠征收更高的税收则将产生相反的效果。Goldstein和Lee(2014)利用美国的数据估计了资本密集度、人口年龄结构变化和寿命延长对收入不平等的影响,研究发现,年龄结构变化对总体不平等的影响较小,人口增长率下降1%将使得最富有的10%的人群在总收入中的份额增加0.5%左右,原因可能在于不同年龄组内和组间不平等程度的变化会部分抵消彼此的影响。随着老年人数量的增多,高龄组内部的不平等程度就会加深,但与此同时,年轻人数量的减少会降低不同年龄组之间的不平等,而资本深化和基于寿命延长的储蓄对收入不平等的影响也不容忽视，人口增长放缓约 1%，将使收入最高的 10%的人群在社会中所占的收入份额提高约 4～5 个百分点，而如果预期寿命延长五年，社会中顶端的 10%的富人所拥有的收入和净资产则会增加大约 1%～2%。因此，如果这三种机制叠加在一起，人口老龄化将使得最富有的 10%的人群的收入增长大约 7%，这将大幅加剧收入不平等程度。Shirahase（2015）使用日本厚生劳动省在 20 世纪 80 年代中期、90 年代中期和 21 世纪头十年进行的日本国民生活基础调查的数据发现，日本的老龄化程度与收入不平等状况呈现出负相关关系，其中，家庭结构是一个关键因素，三代同堂家庭数量的减少会降低老年人在接济其他家庭成员方面的支出，抵消非老年家庭成员工资下降带来的负面影响，因此老年人的收入不平等在很大程度上是由家庭中的非老年成员造成的。Kang 和 Rudolf（2015）利用韩国 1982 年至 2011 年的家庭收支调查（Household Income and Expenditure Survey，HIES）数据研究发现，随着人口结构的迅速老化，韩国在消费和收入不平等方面经历了显著不同的世代趋势。收入不平等在过去两代人中略有上升，而消费不平等则实际上有所下降，人口老龄化将大大增加未来的总体不平等。Luo 等（2018）利用世界银行数据库中 69 个国家及地区 1975 年至 2015 年的跨国/地区面板数据，对老龄化和收入不平等之间的关系进行了研究，他们发现，老龄化对劳动供给以及工资的显著负面影响将使得劳动收入占比降低，而由于劳动收入的分配一般比资本收入更平均，因此这会加剧收入不平等。Dolls 等（2019）利用跨国税收-津贴模型和欧盟各国的调查数据，评估了预计到 2030 年欧盟 27 国的人口结构变化（主要是人口老龄化和受教育水平提高）对其收入分配的影响，并考察了税收-福利制度在其中起到的调节作用，结果表明，由于人口结构的变化，以基尼系数衡量的欧盟 27 国的平均收入不平等预计将增加 1%～2%，人口老龄化会加剧收入不平等，但欧盟的税收-福利体系能够抵消大部分预计会增加的收入不平等，这可能导致欧盟的收入不平等状况出现跨国趋同。Stähler（2021）

建立了一个生命周期模型以评估人口老龄化和自动化技术的应用如何影响宏观经济和收入不平等。模型中的代表性企业使用常规的劳动力和资本以及自动化资本(如机器人)生产最终产品,机器人可以代替常规劳动力,研究表明,人口老龄化和机器人生产率的提高都促进了机器人技术的应用。从长远来看,人口老龄化程度降低,自动化技术进步均提高了人均产出,技术进步可以弥补老龄化对劳动力供给造成的损失。然而,劳动收入、财富和消费不平等也将因此加剧。因此,即使自动化技术的进步能够减轻甚至避免总体上的产出损失,并提高每个人的消费可能性,但这是以不平等加剧为代价的,这会使得不同技能水平工人之间的技能溢价进一步扩大。在针对我国的研究中,Zhong(2011)利用中国营养与健康调查(China Health and Nutrition Survey,CHNS)1993年至2006年的面板数据研究得出,人口老龄化在很大程度上导致了21世纪初中国农村收入差距的急剧扩大。他认为,由于中国在1980年开始实施独生子女政策,生育率下降导致家庭中处于劳动年龄的人口比例下降。劳动力短缺和工业化的扩张显著提高了劳动力供给的收入弹性,同时家庭间劳动力比例的差异也会扩大不平等,两种效应的共同作用显著加剧了中国农村的收入不平等。政府应该鼓励不太富裕的地区通过发展工业,补贴低收入家庭儿童的教育支出,并为穷人建立基本养老保障制度,从而减小收入不平等。蓝嘉俊等(2014)使用1970~2011年的跨国面板数据实证研究发现,人口老龄化加剧了收入不平等的程度,特别是在收入水平较高的国家,人口老龄化对收入不平等的促进作用更加明显。Lin等(2015)利用我国台湾地区在1998~2006年22个地市县的面板数据,通过固定效应模型进行分析后发现我国台湾地区老龄化和收入不平等之间存在正相关关系。Dong等(2018)利用1996~2011年中国省际面板数据发现老龄化(表现为老年人抚养比的上升和少儿抚养比的下降)加剧了当前中国的收入不平等。

一些国内学者的研究也发现,我国的人口老龄化也加剧了收入不平等,但其影响程度相对较小。曲兆鹏和赵忠（2008）利用1988~2002年中国家庭收入调查（Chinese Household Income Project Survey，CHIP）数据发现收入不平等的老龄化效应并不显著，不平等的变化主要取决于由经验带来的年龄组内的不平等，而非由经济增长引致的组间不平等，教育和家庭规模是影响我国农村家庭之间不平等的主要因素，邹红等（2013）利用1989~2009年中国营养与健康调查数据的研究也得到了类似的结论。此外，郭继强等（2014）使用1988~2009年中国城镇住户调查（Urban Household Survey，UHS）数据研究发现，人口老龄化只解释了收入不平等变动的16.33%，年龄组内的差异是造成城镇家庭收入不平等变动的最重要因素，这种不平等将随着年龄的增加而呈现扩大的趋势。但刘华（2014）利用1989~2011年中国营养与健康调查数据的实证研究却认为，不同出生组之间不平等程度的加剧才是收入不平等的主因。

三、生育率变化与收入不平等

生育率变化与收入不平等关系的研究由来已久。Kuznets（1955）首先发现了收入不平等与经济增长之间的倒"U"形关系，即收入不平等随着经济发展呈现出先增长、后下降的变化轨迹，接下来 Kuznets（1973）又将人口因素引入倒"U"形曲线假说，验证了生育率与经济发展之间存在负相关关系。此后，学界涌现了大量关于人口增长率与收入不平等关系的研究（Ahluwalia，1976；Winegarden，1978；Repetto，1978；Dyson and Murphy，1985；Dahan and Tsiddon，1998；郭剑雄，2005；赖德胜，2001；郭凯明和颜色，2017）。Becker 和 Tomes（1976）通过在孩子质量和数量替代模型中加入代际流动性参数进行推导后发现，生育孩子的多寡将影响家庭的子女教育投资决策，从而进一步影响代际收入流动性。对低收入或中等收入家庭而言，对子女进行人力资本投资的边际回报率更高，这将有助于其实现收入增长，而高收入家庭可能由于收入水平的提高而选择生育更多的孩子，家庭规模的扩大会降低留给每个孩子的财富，两者效应相叠加将使得原有的收入不平等在几个世代后趋于缩小甚至消失。Dahan 和 Tsiddon（1998）利用包含内生生育选择的世代交叠模型讨论了生育率、收入不平等与经济增长之间的动态变化，研究得出在经济发展过程中生育率与收入不平等之间呈倒"U"形动态变化。在第一阶段，生育率提高，收入不平等扩大；而在第二阶段，生育率下降，收入不平等缩小，人力资本更加充裕，人均收入迅速增长。Kremer 和 Chen（2002）在生产函数中加入不同技能劳动者及其生育率水平的设定，运用理论模型和跨国面板数据考察了收入不平等与高技能劳动者和低技能劳动者生育率差异的关系，研究发现，不同技能水平劳动者在生育选择上的多样性是由收入水平的高低决定的，这种现象在中等收入国家最为明显，公共教育资源的投入将使得收入不平等程度较高的国家中的低技能劳动力的人力资本水平上升，有助于其生育率水平的下降，从而使一国的收入不平等程度趋向缩小。郭凯明和颜色（2017）建立了一个包含家庭收入异质性的世代交叠模型，他们的研究发现，低收入群体生育率水平较高，难以有效积累人力资本，这可能使得经济增长陷入停滞，因此政府公共服务的介入至关重要，尤其是在社会保障和公共教育领域，政府的公共政策将有助于实现对中等收入陷阱的跨越。

四、生育政策调整对收入不平等的影响

生育政策的制定和调整将使得不同家庭拥有差异化的生育意愿和生育行为，这将影响到家庭抚育孩子的成本，从而使社会的收入不平等程度发生变化。Yu 等（2020）利用 CFPS 和 CHARLS 的数据研究发现，中国的独生子女政策扩大了中国几代人之间的收入不平等，独生子女政策的实施导致代际收入流动性下降了32.7%~47.3%。与富裕家庭相比，贫困家庭受生育政策的限制较少，他们生育更多的孩子，但对每个孩子的人力资本投资较少。由于人力资本是收入的主要决定因素，因此收入不平等在几代人之间不断加剧。这与赖德胜（2001）的研究发现相一致，他指出计划生育政策通过超生罚款制度阻碍了农村家庭的物质和人力资本的积累，从而进一步扩大了城乡收入差距。但刘小鸽（2016）和梁超（2017）基于2010年CFPS数据的研究却认为计划生育政策可以部分抑制子代收入不平等的扩大，这是因为低收入家庭在做出生育选择时面临较高的收入约束，其"数量-质量"替代效应更大，因此计划生育政策会通过缩小家庭规模提高社会的代际收入流动性，最终降低收入不平等。

五、预期寿命延长与人力资本投资

预期寿命延长所导致的人口老龄化一方面可能增加家庭的养老负担，从而抑制家庭人力资本投资（Pecchenino and Pollard，2002）；另一方面预期寿命延长会降低生育率，形成孩子质量对数量的替代，从而提高人力资本的积累水平（Zhang et al.，2001）。Button（1992）研究了1987~1989年美国佛罗里达州6个县针对公立学校发行债券筹资的投票情况，研究发现55岁或以上年龄的选民反对发行学校债券的比率最高。Miller（1996）研究了1960年、1970年、1980年和1990年美国48个州的教育支出，以及1970年和1980年得克萨斯州下辖县的教育支出，她发现65岁及以上年龄的人口占比越多，该州人均教育支出越低。Poterba（1997）利用一组1961年、1971年、1981年和1991年美国各州的面板数据考察了人口结构与政府基础教育投入之间的关系，结果表明老龄化程度的增加与各州人均教育投入的减少显著相关，

65 岁及以上人口的人均教育支出弹性约为–0.25，但学龄人口规模的变化不会导致教育支出的比例发生变化。Grob 和 Wolter（2007）利用 1990 年至 2002 年期间瑞士各州的调查数据的研究也得出了与 Poterba（1997）相类似的结论。Harris 等（2001）利用美国国家教育统计中心（National Center for Education Statistics，NCES）提供的 1972 年至 1992 年期间公立学校数据的研究发现，老年人所占比例越来越大，这往往会抑制州政府的教育支出，但这种影响的效果比早期研究要小。Han 和 Lee（2020）利用韩国过去三十年的微观调查数据分析了人力资本在韩国经济增长中的作用，特别指出随着人口老龄化的加深，老年人就业率的提高，在增加可利用劳动力的同时也抑制了总人力资本的增长。

虽然已有实证研究证实了预期寿命延长会促使公共支出向老年人倾斜，进而可能使教育等其他公共物品的供给减少，但也有学者发现以寿命延长反映的人口转型对人力资本投资的总体影响是正向的。Fougère 和 Mérette（1999）建立了一个包含内生增长的世代交叠模型并利用七个 OECD 国家的现实经济数据进行数值模拟，发现预期寿命延长可以提高对后代的人力资本投资，从而促进经济增长，并显著减少人们所担心的老龄化对人均产出的负面影响。Kalemli-Ozcan（2003）利用世代交叠模型探讨了生育率与人力资本投资之间的关系，并重点讨论了死亡率下降（预期寿命延长）的影响，研究发现，随着死亡率的下降，家庭对子女的数量需求减少，此时"数量–质量"替代效应增强，将激励父母对子女进行教育投资。Gradstein 和 Kaganovich（2004）建立世代交叠模型分析发现，政府进行公共教育投资时应当同时考虑年轻人和老年人的利益，虽然寿命延长带来的老年人比例增加可能对教育投入产生挤出效应，但面对未来更长的退休生活，年轻人更希望通过提高人力资本的积累水平来增加收入，并为养老进行储蓄，研究指出第二种效应占主导地位，因此人口老龄化与教育支出之间存在正向关系，Cipriani 和 Makris（2006）

的类似研究也得到了一致的结论。Fougère 等（2009）建立了一个动态的世代交叠模型探讨了人口老龄化对加拿大劳动力供给、人力资本投资和生产率的长期影响，结果表明，预期寿命延长为年轻人创造了更多的机会去进行人力资本投资，这会导致年轻劳动力供给的减少，最初会降低生产力，加剧人口老龄化对经济增长的不利影响；然而，当更高人力资本水平的劳动者进入劳动力市场之后，又会有助于劳动生产率的整体提升，从而大大降低人口老龄化给经济带来的负面影响。Okada（2020）构建了一个含有内生生育率、死亡率、教育选择和 R&D 增长的世代交叠模型，证明在高人力资本水平的稳态下，存在高水平的研发活动、低生育率和高老年生存率。

六、生育率变化与人力资本投资

在生育政策调整的背景下，家庭差异化生育意愿和生育行为将使得人们在对孩子进行人力资本投资时面临的成本约束不尽相同。为了得出孩子数量与培养质量之间的关系，我们首先要分析家庭生育的动机。从微观经济学的边际效用分析来看，家庭生育的动机在于生下一个孩子给家庭带来的边际效用是否大于为这个孩子付出的边际成本。生育孩子的效用一般包括三类：①孩子本身作为单纯消费品能够给父母带来生活的乐趣，促进家庭关系的和谐发展，这可以被称为生育孩子的消费效用；②对孩子进行人力资本投资可以在今后为家庭提供经济帮助，这被视为生育孩子的生产效用；③在父母晚年孩子可以为他们提供养老保障，即生育孩子的保障效用。而生育孩子的成本主要是指父母为了抚养和教育孩子而花费的货币投入和时间价值，如为孩子支付的教育费用和照料孩子的衣、食、住、行所占用的时间。当收入水平发生变化时，孩子给家庭带来的边际效用和边际成本也会随之变化（Leibenstein，1975）。借鉴消费者行为理论的分析，如果把孩子当作一件正常的商品，不同收入水平家庭将由于消费能力的不同拥有差异化的孩子数量偏好；而由于孩子未来的劳动收入将给家庭带来投资收益，不同收入水平的家庭也会权衡自身的经济实力做出差异化的投资决策。因此，高收入的家庭一方面由于较高的消费能力而倾向于多要孩子，但由于生育孩子可能使得家庭成员（主要是女性）丧失工作机会，照料和培养孩子也会占用大量父母用于赚取收入的时间，而高收入家庭较高的工作回报决定了他们相较于低收入家庭面临更高的生育机会成本，这使得他们降低对孩子数量的需求，专注于优生优育；低收入家庭则因为自身生活条件的限制，无法在抚养孩子上进行更多的投资，可能通过追求孩子数量上的优势，解决未来收入增长不确定性给自己带来的生活保障问题，养儿防老动机较为强烈。总体而言，当收入水平提高时，孩子这种正常商品给父母带来的边际效用递减，而边际成本则不断攀升，基于家庭效用最大化的原则，父母可能通过消费其他商品替代从生育孩子中获得的效用，表现为家庭生育意愿的下降（Becker，1960）。

Becker 的孩子"数量-质量"替代理论认为，由于受到收入约束，父母不仅会在消费孩子这种正常商品和其他替代品之间做出选择，还会在生育的数量和孩子培养的质量之间做出权衡（Becker and Tomes，1976）。根据之前的分析，随着收入水平的增加，家庭中父母在孩子身上的投入和产出会相应发生变化。低收入家庭中为养育单个孩子所花费的成本小于孩子可能带来的收益，孩子未来可能为家庭提供的经济和生活保障使得父母对生育的数量偏好更高。当收入水平提高时，人们可能不再满足于单纯追求对拥有商品数量多寡的喜好，转而为提升自身生活品质而消费更高质量的商品。如果将孩子视作一件耐用消费品，高收入家庭中的父母更可能将从培养孩子过程中获得的满足感作为效用的主要来源，因此父母会更加看重孩子这种商品的质量属性，加大对单个孩子的资源投入，生育成本的上升将使得他们更倾向于控制孩子的数量。在家庭收入水平上升时，父母对孩子的数量需求将让位于对孩子培养质量的偏好，这种孩子"数量–质量"替代关系将使得家庭选择少生孩子，最终导致生育率下降（Lee，1990；Galor，2005）。

在研究中国家庭生育孩子数量与培养质量之间关系的经验分析中，大多数学者认为家庭差异化的抚育成本和赡养成本影响居民生育行为。一方面，生育孩子数量越多的家庭，抚育负担越重，父母越难以兼顾子女质量，因此较高的生育率往往对应较低的教育投入。黄乾（1999）的研究发现，虽然通过人力资本投资能够提高人口素质，但在我国农村地区，家庭往往因为传统的生育性别偏好、父母的教育观念和收入约束等，生育行为通常表现为数量对质量的替代。另一方面，在我国低收入的家庭和农村地区，由于对子代人力资本投资的预期回报率偏低，且更依赖于家庭养老（郭凯明和颜色，2017），赡养成本的提升将使其生育选择倾向于提高孩子的数量，可能降低对每个孩子的教育投入。中国传统文化观念中的孝道对于家庭的生育行为也有重要影响，尤其在低收入家庭和农村地区，养儿防老的观念可能使得家庭在生育选择中更加注重孩子的数量（Coeurdacier et al.，2014；宋健等，2018）。因此，低收入家庭出于对子女赡养的依赖，倾向于生育更多的孩子，而高收入家庭在生育数量增加的同时可能更有能力负担额外的教育投入，这可能导致子代的收入不平等进一步加剧，收入分配状况难以改善（de la Croix and Doepke，2004）。

七、人力资本投资与收入不平等

人力资本是收入的主要决定因素，因此家庭对后代人力资本投入的多寡将使得收入不平等在代际间不断变化。de la Croix 和 Doepke（2003）在关于收入不平等与生育行为之间关系的研究中发现，低收入家庭中生育相对于人力资本投资的价格更低，他们会在孩子数量上有明显的偏好。家庭对人力资本的投入取决于一个收入水平的临界值,低于这个临界值的家庭将会选择更少投资于教育。因此当收入不平等扩大时,低收入家庭生育率较高,而对人力资本投资却较少,这将会造成经济中技能水平较低的低收入群体的数量不断扩大,最终会加剧收入不平等,这一结论与郭凯明和颜色(2017)的研究发现相呼应。de la Croix 和 Doepke(2004)探究了不同教育模式如何通过生育行为影响经济增长和收入不平等,他们认为:①公共教育会扭曲父母的生育和教育选择,因为一旦政府免费提供教育,父母生育孩子的数量就会提高,这将对每个孩子的教育资源产生负面影响。因此在没有不平等的均衡增长路径中,私人教育的人均收入增长率更高。②当不平等程度较高时,公共教育通过减少生育差异来实现更高的经济增长。在私人教育模式下,收入低于平均水平的父母会用孩子的数量来代替孩子的质量,因此穷人的孩子教育投入很少,且数量庞大,这将加剧收入不平等,而公共教育制度可以防止这种差异的扩大,因为受教育的机会在不同收入群体之间是平等的,生育率差异的降低将使得相对群体规模保持不变,收入趋于一致。郭剑雄(2005)使用统计数据比较中国市场化改革以来的城乡收入差距、人力资本差距和生育率差异三者之间的关系,发现人力资本差距与城乡收入差距之间呈现正相关关系,而城市高于农村的人力资本差距对应着与之相反的农村高于城市的生育率差距。因此,未来降低城乡收入差距的方法应是加大对农村地区人力资本的投资并降低其生育率。

综上所述,人口老龄化、生育率变化如何影响收入不平等的大量研究并没有得出一致的结论,并且缺乏一个基于中国预期寿命延长和生育政策调整背景下的建模性分析,本章将尝试构建世代交叠模型,从上述两个方面考察人口结构变化如何影响我国收入不平等的程度,并通过中国经济数据的数值模拟得出相应的结论。

第三节 预期寿命延长、生育政策调整影响收入不平等的理论分析

一、基本假设

为了探究预期寿命延长、生育政策放松与收入不平等之间的关系，本章依据中国家庭传统的养老和抚育功能，建立了一个具有初始收入（人力资本）不平等的三期世代交叠模型。模型假设代表性成年人既需要抚育子女并对其进行人力资本投资，也需要为年迈的父母提供经济帮助和照料支持，家庭代际间的互动将影响代表性成年人对每个子女的教育投入，从而影响收入不平等。

本章在 de la Croix 和 Doepke（2003）、Zhang 等（2003）及 Cremer 等（2011）的研究基础上，构建了基于异质性行为人的模型用来区分不同收入群体人力资本水平和寿命的差异。我们假设人力资本和寿命的差异仅存在于不同收入群体之间，群体内部是同质的。人力资本是形成收入的决定性因素。不同收入群体对子代人力资本投资水平具有差异，人力资本投资水平差异会带来子代工资收入差异，从而使收入不平等状况发生变化。参考汪伟（2016）的人力资本函数设定形式，第一期的人力资本外生给定，子代的人力资本 h_{t+1}^j 取决于来自父代的教育投入 q_t^j、父代人力资本水平 h_t^j，人力资本积累函数为

$$h_{t+1}^j = A\left(q_t^j\right)^\eta \left(h_t^j\right)^{1-\eta} \quad (8.1)$$

其中，下标 t 表示时期；上标 j 表示个体所属的收入类别，$j=1,2,3,\cdots,a$，j 越小代表人力资本水平越低；η 和 $1-\eta$ 分别表示两者对人力资本形成的作用，η 越大，表示后天的教育投入对人力资本形成的影响越大；A 表示人力资本积累系数。

此处引入相对人力资本 $\left(x_t^j\right)$ 的概念，即每类群体的人力资本水平 h_t^j 与平

均人力资本水平 $\overline{h_t}$ 的比值，具体设定为

$$x_t^j = \frac{h_t^j}{\overline{h_t}} \qquad (8.2)$$

（一）个体

个体一生分为三个阶段，分别为少年期、成年期和老年期，假设个体都能存活到成年期，但成年后只能以一定的概率 ρ^j 存活到老年期，ρ^j 越高表示个人的预期寿命越长，经济中的人口老龄化程度越高。个体在少年期接受父母提供的教育，进行人力资本积累。个体在成年期工作并生育 n 个子女，生育数量受政府计划生育政策控制，假设是外生给定的。我们假设个体在成年期拥有一单位时间，并将其在抚养子代、照顾老年父母和投入劳动力市场中进行分配。每一个未成年人成长为健康成年人需要父母花费 v 单位的照顾时间，在中国老年父母通常需要成年子女共同照顾，照顾老年父母需要花费的时间为 ρ^j/n，因此个体供给到劳动力市场的时间为 $l^j = 1 - vn - \rho^j/n$。个体成年期将获得的工资收入用于消费、储蓄、子女教育以及赡养父母。在父母死亡的情况下，其父母工作时期用于维持老年生活的储蓄将成为遗产由其子女继承。个体在老年期退休，其收入来自成年期的储蓄和回报以及子女提供的赡养费，这些收入全部用于消费。个体的所有决策在成年期做出。个体生命周期的预算约束由式（8.3）和式（8.4）给出：

$$C_{1t}^j + nq_t^j + \rho^j \tau l_t^j w_t^j + s_t^j = l_t^j w_t^j + (1 - \rho^j) R_t s_{t-1}^j / n \qquad (8.3)$$

$$C_{2t+1}^j = R_{t+1} s_t^j + \tau n l^j w_{t+1}^j \qquad (8.4)$$

其中，w_t^j 表示个体基础工资 w_t 与个体人力资本 h_t^j 的乘积，个体的工资收入 w_t^j 的差异体现为人力资本 h_t^j 的不同；C_{1t}^j 和 C_{2t+1}^j 分别表示个体的成年期和老年期消费；s_t^j 和 q_t^j 分别表示个体的储蓄以及对每个孩子的教育投入；τ 表示成

年子女向老年父母进行代际转移的比率；R_{t+1} 表示资金从成年期积累至老年期的收益率。

个体一生的效用水平 U_t^j 由个体的成年期消费 C_{1t}^j、老年期消费 C_{2t+1}^j 和子代人力资本水平 q_t^j 决定，效用函数如下：

$$U_t^j = \ln C_{1t}^j + \beta \rho^j \ln C_{2t+1}^j + n^{1-\varepsilon} \phi \ln q_t^j \tag{8.5}$$

其中，β 表示老年期消费的时间贴现因子；ρ^j 表示老年期生存概率；ϕ 表示父母对子女人力资本投资的权重因子。

（二）企业

本章假定完全竞争的市场经济，企业的生产函数采用 Cobb-Douglas 形式，即满足 $Y_t = DK_t^{\alpha} H_t^{1-\alpha}$，$Y_t$、$K_t$ 和 H_t 分别表示总产出、物质资本存量和人力资本总量，且劳动力数量满足关系式：$N_{t+1} = nN_t$。人力资本总量和劳动力数量的关系为 $H_t = N_t \overline{h_t} = \sum_{j=1}^{N_t} l^j h_t^j$。假设资本在一期内完全折旧，在企业生产利润最大化的条件下，本章求解出物质资本的边际收益 R_t 和劳动的边际收益 w_t。

$$R_t = \theta D e_t^{\theta-1} \tag{8.6}$$

$$w_t = (1-\theta) D e_t^{\theta} \tag{8.7}$$

其中，$e_t = k_t / \overline{h_t}$，$k_t = K_t / N_t$，$e_t$ 表示人均物质资本和平均人力资本的比值，k_t 表示人均物质资本。

（三）市场出清

在封闭的经济系统状态中，t 期总的资本收入应该等于当期健在老年人的资本收入以及当期死去老年人子女获得的遗产之和，则有

$$\sum_{j=1}^{N_{t-1}}\left[\rho^j R_t s_{t-1}^j + (1-\rho^j) R_t s_{t-1}^j\right] = R_t K_t \tag{8.8}$$

由于 $N_t = nN_{t-1}$，$\sum_{j=1}^{N_{t-1}} s_{t-1}^j = N_{t-1}\bar{s}_{t-1}$，简化如下：

$$R_t \bar{s}_{t-1} = R_t K_t / N_{t-1} = R_t k_t n \tag{8.9}$$

其中，劳动力市场上个体用来工作的时间 l^j 应满足：

$$l^j = 1 - vn - \rho^j / n \tag{8.10}$$

（四）收入不平等

本章使用基尼系数这一指标来表示收入不平等程度，通常其计算公式为

$$\text{GINI} = \frac{\sum_{1 \leq j < i \leq n} |y_i - y_j|}{n(n-1)\bar{y}} \tag{8.11}$$

其中，$\bar{y}$ 表示样本个体收入的平均值；$|y_i - y_j|$ 表示任意两个样本个体收入的差值；n 表示样本家户数，式（8.11）清楚地表明基尼系数 GINI 的最小值为 0，此时，每个个体具有相同的收入，不存在收入不平等。当有一个个体拥有全部收入时，基尼系数 GINI 取得最大值 1，即收入不平等程度极大，因此 GINI 的取值范围为[0, 1]，GINI 数值越大，则说明收入不平等越严重。

结合基尼系数的标准定义，本章的基尼系数 G_t 可通过式（8.12）计算得到：

$$G_t = 1 - \sum_{j=1}^{a} \sigma_t^j \left(2\text{bl}_t^j - \text{br}_t^j\right) \tag{8.12}$$

其中，σ_t^j 表示每类群体人数占总人数的比重；br_t^j 表示每类群体收入占总收入的比重；bl_t^j 表示按收入从低到高排序的累计收入占比。G_t 取值越大则表明收入不平等程度越高。由于人力资本水平是形成收入的决定性因素，在模

型求解中，本章主要采用人力资本投资的差值来反映不同收入群体之间工资的差异，差值越大，则两类群体收入差距越大，经济中的收入不平等状况将越严重。

这里需要特别指出的是，本章并没有考虑养老金的跨期决策可能调节收入不平等的效应，因此本章的收入不平等将指同一时期出生的不同收入群体之间的不平等，收入不平等的下降是指第 $t+1$ 期的收入不平等程度低于第 t 期的收入不平等。

二、模型求解

个体通过选择最优的储蓄和对子女的教育投入来最大化一生的效用水平，根据式（8.5）构建拉格朗日函数：

$$U_t^j = \ln\left[(1-\rho^j\tau)l^j w_t^j + (1-\rho^j)R_t s_{t-1}^j/n - nq_t^j - s_t^j\right] \\ + \beta\rho^j \ln(R_{t+1}s_t^j + \tau n l^j w_{t+1}^j) + n^{1-\varepsilon}\phi \ln q_t^j \tag{8.13}$$

求解式（8.13）中的最优化问题，可以得到一阶最优条件：

$$\partial U_t^j / \partial s_t^j = -1/C_{1t}^j + \beta\rho^j R_{t+1}/C_{2t+1}^j = 0 \tag{8.14}$$

$$\partial U_t^j / \partial q_t^j = -n/C_{1t}^j + n^{1-\varepsilon}\phi/q_t^j = 0 \tag{8.15}$$

化简可得

$$\frac{1}{C_{1t}^j} = \frac{\beta\rho^j R_{t+1}}{C_{2t+1}^j} \tag{8.16}$$

$$\frac{n}{C_{1t}^j} = \frac{n^{1-\varepsilon}\phi}{q_t^j} \tag{8.17}$$

式（8.16）和式（8.17）反映了边际效用与边际成本之间的取舍平衡。式（8.16）表示成年人减少一单位工作期的消费所引致的效用损失相当于老年期增加消费效用的贴现值；式（8.17）表示成年人为孩子教育投入的边际成本相当于从孩子人力资本水平提升中所获得的效用,即教育投入的边际收益。

下面,我们将基于这一系列式子进行进一步推导。

(一)个体成年期的消费 C_{1t}^j

由式(8.16)、式(8.17)变形可依次得到式(8.18)、式(8.19):

$$C_{2t+1}^j = \beta\rho^j R_{t+1} C_{1t}^j \tag{8.18}$$

$$nq_t^j = n^{1-\varepsilon}\phi C_{1t}^j \tag{8.19}$$

由式(8.18)和式(8.4),可得

$$C_{2t+1}^j = \beta\rho^j R_{t+1} C_{1t}^j = R_{t+1} s_t^j + \tau n l^j w_{t+1}^j \tag{8.20}$$

$$s_t^j = \left(\beta\rho^j R_{t+1} C_{1t}^j - \tau n l^j w_{t+1}^j\right)/R_{t+1} \tag{8.21}$$

将式(8.19)和式(8.21)代入式(8.3),可得

$$C_{1t}^j = (1-\rho^j\tau)l^j w_t^j + (1-\rho^j)R_t s_{t-1}^j/n - n^{1-\varepsilon}\phi C_{1t}^j - \left(\beta\rho^j R_{t+1} C_{1t}^j - \tau n l^j w_{t+1}^j\right)/R_{t+1} \tag{8.22}$$

将式(8.22)进行变化:

$$C_{1t}^j = (1-\rho^j\tau)l^j w_t^j + (1-\rho^j)R_t s_{t-1}^j/n - \left(n^{1-\varepsilon}\phi R_{t+1} C_{1t}^j + \beta\rho^j R_{t+1} C_{1t}^j - \tau n l^j w_{t+1}^j\right)/R_{t+1} \tag{8.23}$$

$$(1+n^{1-\varepsilon}\phi+\beta\rho^j)C_{1t}^j = (1-\rho^j\tau)l^j w_t^j + (1-\rho^j)R_t s_{t-1}^j/n + \tau n l^j w_{t+1}^j/R_{t+1} \tag{8.24}$$

可以得到个体在成年期消费函数的表达式(8.25):

$$C_{1t}^j = \left[(1-\rho^j\tau)l^j w_t^j + (1-\rho^j)R_t s_{t-1}^j/n + \tau n l^j w_{t+1}^j/R_{t+1}\right]/(1+n^{1-\varepsilon}\phi+\beta\rho^j) \tag{8.25}$$

(二)个体成年期的储蓄 s_t^j

由式(8.21)可得

$$s_t^j = \beta\rho^j C_{1t}^j - \tau n l^j w_{t+1}^j/R_{t+1} \tag{8.26}$$

将个体在成年期消费函数的表达式（8.25）代入式（8.26），可得

$$s_t^j = \frac{\beta\rho^j}{(1+n^{1-\varepsilon}\phi+\beta\rho^j)}\left\{\left[(1-\rho^j\tau)l^j w_t^j+(1-\rho^j)R_t s_{t-1}^j/n\right]\right. \\ \left.+\left[\tau n l^j w_{t+1}^j/R_{t+1}-\tau n l^j w_{t+1}^j(1+n^{1-\varepsilon}\phi+\beta\rho^j)/\beta\rho^j R_{t+1}\right]\right\}$$
（8.27）

$$s_t^j = \frac{\beta\rho^j}{(1+n^{1-\varepsilon}\phi+\beta\rho^j)}\times\left[(1-\rho^j\tau)l^j w_t^j+(1-\rho^j)R_t s_{t-1}^j/n-\tau n l^j w_{t+1}^j(1+n^{1-\varepsilon}\phi)/\beta\rho^j R_{t+1}\right]$$
（8.28）

令 $\varGamma_{s,t}^j = \beta\rho^j/(1+n^{1-\varepsilon}\phi+\beta\rho^j)$，则式（8.28）可化为式（8.29），即个体在成年期储蓄函数的表达式：

$$s_t^j = \varGamma_{s,t}\left[(1-\rho^j\tau)l^j w_t^j+(1-\rho^j)R_t s_{t-1}^j/n-\tau n l^j w_{t+1}^j(1+n^{1-\varepsilon}\phi)/\beta\rho^j R_{t+1}\right] \quad (8.29)$$

由式（8.9）可得

$$R_t \overline{s_{t-1}}/n = R_t k_t \quad (8.30)$$

将式（8.30）代入个体在成年期储蓄函数的表达式（8.29），可得

$$s_t^j = \varGamma_{s,t}\left[(1-\rho^j\tau)l^j w_t^j+\frac{(1-\rho^j)R_t k_t s_{t-1}^j}{\overline{s_{t-1}}}-\tau n l^j w_{t+1}^j(1+n^{1-\varepsilon}\phi)/\beta\rho^j R_{t+1}\right] \quad (8.31)$$

由式（8.6）、式（8.7）和 $e_t = k_t/\overline{h_t}$，可得

$$R_t k_t = R_t e_t \overline{h_t} = \theta D(e_t)^{\theta-1} e_t \overline{h_t} = \theta D(e_t)^\theta \overline{h_t} = \theta w_t \overline{h_t}/(1-\theta) \quad (8.32)$$

$$w_{t+1}^j/R_{t+1} = (1-\theta)De_{t+1}^\theta h_{t+1}^j/\theta De_{t+1}^{\theta-1} = (1-\theta)e_{t+1}h_{t+1}^j/\theta \quad (8.33)$$

将式（8.32）和式（8.33）代入式（8.31），可得

$$s_t^j = \varGamma_{s,t}^j\left[(1-\rho^j\tau)l^j w_t^j+\frac{(1-\rho^j)s_{t-1}^j \theta w_t \overline{h_t}}{\overline{s_{t-1}}(1-\theta)}-\tau n l^j(1-\theta)e_{t+1}h_{t+1}^j(1+n^{1-\varepsilon}\phi)/\beta\rho^j\theta\right]$$
（8.34）

由式（8.9）可得

$$\overline{s_{t-1}} = k_t n \quad (8.35)$$

$$\overline{s}_t = k_{t+1} n \tag{8.36}$$

将式（8.35）代入式（8.34），可得

$$s_t^j = \Gamma_{s,t}^j \left[(1-\rho^j\tau)l^j w_t^j + \frac{(1-\rho^j)s_{t-1}^j \theta w_t \overline{h}_t}{k_t n(1-\theta)} - \tau n l^j (1-\theta) e_{t+1} h_{t+1}^j (1+n^{1-\varepsilon}\phi) / \beta\rho^j \theta \right] \tag{8.37}$$

令资本劳动产出弹性比 $\delta = \theta/(1-\theta)$，代入式（8.37），可得

$$s_t^j = \Gamma_{s,t}^j \left[(1-\rho^j\tau)l^j w_t^j + \frac{(1-\rho^j)s_{t-1}^j \delta w_t \overline{h}_t}{k_t n} - \tau n l^j e_{t+1} h_{t+1}^j (1+n^{1-\varepsilon}\phi) / \delta\beta\rho^j \right] \tag{8.38}$$

（三）个体成年期的子女教育投入 q_t^j

由式（8.3）可得

$$C_{1t}^j = (1-\rho^j\tau)l^j w_t^j + (1-\rho^j) R_t s_{t-1}^j / n - n q_t^j - s_t^j \tag{8.39}$$

将式（8.19）、式（8.38）和 $\delta = \theta/(1-\theta)$ 代入式（8.39），可得

$$C_{1t}^j = \left\{ (1-\Gamma_{s,t}^j)(1-\rho^j\tau)l^j w_t^j + \frac{(1-\rho^j)R_t s_{t-1}^j}{n} + \Gamma_{s,t}^j \left[\frac{\tau n l^j e_{t+1} h_{t+1}^j (1+n^{1-\varepsilon}\phi)}{\delta\beta\rho^j} - \frac{(1-\rho^j)s_{t-1}^j \delta w_t \overline{h}_t}{k_t n} \right] \right\} / (1+n^{1-\varepsilon}) \tag{8.40}$$

将式（8.40）代入式（8.19），可得个体在成年期投资子女教育的支出函数的表达式：

$$q_t^j = \frac{n^{-\varepsilon}\phi}{1+n^{1-\varepsilon}} \left\{ (1-\Gamma_{s,t}^j)(1-\rho^j\tau)l^j w_t^j + \frac{(1-\rho^j)R_t s_{t-1}^j}{n} + \Gamma_{s,t}^j \left[\frac{\tau n l^j e_{t+1} h_{t+1}^j (1+n^{1-\varepsilon}\phi)}{\delta\beta\rho^j} - \frac{(1-\rho^j)s_{t-1}^j \delta w_t \overline{h}_t}{k_t n} \right] \right\} \tag{8.41}$$

（四）经济中的收入不平等 V_t

由式（8.2）可知，高收入者和低收入者的相对人力资本分别为 x_t^2 和 x_t^1，令他们对每个孩子的教育投入占工资的比重分别为 $\sigma_{q,t}^2$ 和 $\sigma_{q,t}^1$，$\sigma_{q,t}^j = q_t^j / l^j w_t^j$，他们子代的相对人力资本分别为 x_{t+1}^2 和 x_{t+1}^1。此处以两类群体的相对人力资本之比来衡量代内收入不平等程度，父代和子代的收入不平等程度分别为 $\dfrac{x_t^2}{x_t^1}$ 和 $\dfrac{x_{t+1}^2}{x_{t+1}^1}$。收入不平等变化 V_t 如式（8.42）所示：

$$V_t = \left(\frac{x_t^2}{x_t^1}\right) \Big/ \left(\frac{x_{t+1}^2}{x_{t+1}^1}\right) \tag{8.42}$$

将式（8.2）代入式（8.42），可得

$$V_t = \left(\frac{x_t^2}{x_t^1}\right) \Big/ \left(\frac{x_{t+1}^2}{x_{t+1}^1}\right) = \left(\frac{h_t^2}{h_t^1}\right) \Big/ \left(\frac{h_{t+1}^2}{h_{t+1}^1}\right) \tag{8.43}$$

将式（8.1）代入式（8.43），可得

$$V_t = \left(\frac{h_t^2}{h_t^1}\right) \Big/ \left(\frac{h_{t+1}^2}{h_{t+1}^1}\right) = \left(\frac{h_t^2}{h_t^1}\right) \Big/ \left[\frac{A(q_t^2)^\eta (h_t^2)^{1-\eta}}{A(q_t^1)^\eta (h_t^1)^{1-\eta}}\right] \tag{8.44}$$

将式（8.44）进行变化：

$$V_t = \left(\frac{h_t^2}{h_t^1}\right) \Big/ \left[\frac{A(q_t^2)^\eta (h_t^2)^{1-\eta}}{A(q_t^1)^\eta (h_t^1)^{1-\eta}}\right] = 1 \Big/ \left[\frac{(q_t^2)^\eta (h_t^2)^{-\eta}}{(q_t^1)^\eta (h_t^1)^{-\eta}}\right] \tag{8.45}$$

$$V_t = \left(\frac{q_t^1}{q_t^2} \cdot \frac{h_t^2}{h_t^1}\right)^\eta = \left(\frac{\sigma_{q,t}^1}{\sigma_{q,t}^2} \cdot \frac{l^1}{l^2}\right)^\eta \tag{8.46}$$

由于满足 $\sigma_{q,t}^2 < \sigma_{q,t}^1$ [①]、$l^1 > l^2$、$0 < \eta < 1$、$0 < \theta < 1$ 的条件，可知 $V_t > 1$，即子代的收入不平等程度低于父代，随着世代交替，收入不平等下降。

（五）低收入群体与高收入群体对每个孩子的教育投入比例之差 I_t

为了探究收入不平等的动态变化，需要得出哪些因素会影响 V_t 中 $\dfrac{\sigma_{q,t}^1}{\sigma_{q,t}^2}$ 这一项的值，我们将低收入群体与高收入群体对每个孩子的教育投入比例之差定义为 I_t，由于低收入群体和高收入群体对每个孩子的教育投入比例分别设为 $\sigma_{q,t}^1$ 和 $\sigma_{q,t}^2$，因此 $I_t = \sigma_{q,t}^1 - \sigma_{q,t}^2$。

首先我们要得到代表性成年人对每个孩子的教育投入比例的表达式。由代表性成年人在成年期投资子女教育的支出函数的表达式（8.41）和 $\sigma_{q,t}^j = q_t^j / l^j w_t^j$，可得

$$\sigma_{q,t}^j = \frac{q_t^j}{l^j w_t^j} = \frac{n^{-\varepsilon}\phi}{1+n^{1-\varepsilon}} \left\{ (1-\Gamma_{s,t}^j)(1-\rho^j \tau) + \frac{(1-\rho^j)R_t s_{t-1}^j}{n l^j w_t^j} \right. \\ \left. + \Gamma_{s,t}^j \left[\frac{\tau n e_{t+1} h_{t+1}^j (1+n^{1-\varepsilon}\phi)}{\delta\beta\rho^j w_t^j} - \frac{(1-\rho^j) s_{t-1}^j \delta w_t \overline{h_t}}{k_t n l^j w_t^j} \right] \right\} \quad (8.47)$$

我们定义低收入者和高收入者的生存概率分别为 ρ^1 和 ρ^2，由式（8.47）可得低收入群体与高收入群体对每个孩子的教育投入比例之差 I_t 的表达式为

[①] 结合现实情况看，成年子女向老年父母进行代际转移的比率 τ 一般较小，而个体进入老年期的概率 ρ^j 则通常比较大，因此，遗赠和代际转移对家庭储蓄率和教育投资率的影响较小，即满足 $\dfrac{s_t^j}{l^j w_t^j} \approx \Gamma_{s,t}^j$，$\dfrac{q_t^j}{l^j w_t^j} \approx \dfrac{n^{-\varepsilon}\phi}{1+n^{1-\varepsilon}}(1-\Gamma_{s,t}^j)$。由 $\rho^1 < \rho^2$，易知 $\Gamma_{s,t}^1 < \Gamma_{s,t}^2$，从而可得高收入群体的储蓄率高于低收入群体，而教育投资率则低于低收入群体，即有 $\dfrac{s_t^2}{l^2 w_t^2} > \dfrac{s_t^1}{l^1 w_t^1}$，$\sigma_{q,t}^2 < \sigma_{q,t}^1$。

第八章　预期寿命延长、生育政策调整与收入不平等

$$I_t = \sigma_{q,t}^1 - \sigma_{q,t}^2 = \frac{n^{-\varepsilon}\phi}{1+n^{1-\varepsilon}} \left\{ \left[(1-\Gamma_{s,t}^1)(1-\rho^1\tau) + \frac{(1-\rho^1)R_t s_{t-1}^1}{nl^1 w_t^1} - \frac{\Gamma_{s,t}^1(1-\rho^1)s_{t-1}^1 \delta w_t \overline{h_t}}{k_t nl^1 w_t^1} \right. \right.$$
$$\left. + \frac{\Gamma_{s,t}^1 \tau n e_{t+1} h_{t+1}^1 (1+n^{1-\varepsilon}\phi)}{\delta\beta\rho^1 w_t^1} \right] - \left[(1-\Gamma_{s,t}^2)(1-\rho^2\tau) + \frac{(1-\rho^2)R_t s_{t-1}^2}{nl^2 w_t^2} \right.$$
$$\left.\left. - \frac{\Gamma_{s,t}^2(1-\rho^2)s_{t-1}^2 \delta w_t \overline{h_t}}{k_t nl^2 w_t^2} + \frac{\Gamma_{s,t}^2 \tau n e_{t+1} h_{t+1}^2 (1+n^{1-\varepsilon}\phi)}{\delta\beta\rho^2 w_t^2} \right] \right\}$$

（8.48）

三、模型分析

（一）预期寿命延长、不同收入群体对子代的教育投入差异与收入不平等

命题 8.1：随着预期寿命的延长，低收入群体相比高收入群体会将收入的更大比例投资于子代教育（I_t 增加，$\dfrac{\sigma_{q,t}^2}{\sigma_{q,t}^1}$ 取值变小），这意味着子代的收入不平等下降幅度进一步变大（V_t 取值变大）。

结合上文分析可知：预期寿命延长将使个体更多地进行老年期储蓄，收入中用于子女教育投入的比例相对下降。由于高收入群体的预期寿命高于低收入群体，预期寿命的延长将使得高收入群体更多地进行储蓄，以应对寿命延长所带来的老年期消费增加，这将使得高收入群体对子女教育的投入比例相比低收入群体下降幅度更大。预期寿命延长也会改变家庭内部的代际收入转移，随着预期寿命延长，成年个体继承到遗产的概率变小，同时向老年父母提供代际转移的概率变高，收入中用于子女教育投入的比例下降。高收入群体预期寿命高于低收入群体，与低收入群体相比，预期寿命延长将使高收入群体继承到遗产的概率下降更多，同时向老年父母提供代际转移的概率提高更多，因此收入中用于子女教育投入的比例也下降更多。这意味着当预期寿命延长时，低收入群体将收入的更大比例投入孩子的教育，其子代的人力

资本水平将逐渐上升,而高收入群体则可能相应减少对每个子女的教育投入,其子代的人力资本水平将逐步下降,由于人力资本水平是形成工资的必要条件,这将使得两类群体的后代在劳动力市场中的工资差距进一步缩小,经过若干世代之后,社会中的收入不平等状况将得到改善。

(二)生育政策放松、不同收入群体对子代的教育投入差异与收入不平等

命题 8.2:在外生生育的假设下,生育政策放松将使得家庭生育孩子的数量 n 上升,此时低收入群体与高收入群体对每个孩子的教育投入比例差值 I_t 减少,$\partial I_t / \partial n < 0$,$\dfrac{\sigma_{q,t}^2}{\sigma_{q,t}^1}$ 取值变大,这意味着子代的收入不平等下降幅度进一步变小(V_t 取值变小)。

根据式(8.5)的设定,个体对成年期消费、老年期消费和子代教育投入的重视程度分别为 1、$\beta\rho^j$ 和 $n^{1-\varepsilon}\phi$。高收入群体的预期寿命比低收入群体高,因此相较于成年期消费和子代教育投入,高收入群体对老年期消费的重视程度要比低收入群体高。当生育政策放松以后,随着生育率的上升,高收入群体和低收入群体对子代教育投入的重视程度都会提高。相较于低收入群体,高收入群体更为重视老年期消费,即子代教育投入的相对重视程度比低收入群体低,因此当生育率上升时,高收入群体的子代教育投入重视程度的提高幅度要比低收入群体高。这意味着生育政策放松后,高收入群体的子代教育投入增幅要高于低收入群体,这会扩大高收入群体和低收入群体子代的人力资本差距。由于人力资本水平是形成工资的必要条件,这将使得两类群体的后代在劳动力市场中的工资差距进一步扩大,经过若干世代之后,社会中的收入不平等状况将可能恶化。

(三)生育政策放松与不同收入群体所有孩子的教育投入差异

此时,我们将低收入群体与高收入群体对所有孩子的教育投入比例差值

定义为 P_t，$P_t = nq_t^1/l^1w_t^1 - nq_t^2/l^2w_t^2$。由式（8.47）可得低收入群体与高收入群体对所有孩子的教育投入比例之差 P_t 的表达式为

$$P_t = \frac{n^{1-\varepsilon}\phi}{1+n^{1-\varepsilon}}\left\{\left[\left(1-\Gamma_{s,t}^1\right)\left(1-\rho^1\tau\right) + \frac{\left(1-\rho^1\right)R_t s_{t-1}^1}{nl^1 w_t^1} - \frac{\Gamma_{s,t}^1\left(1-\rho^1\right)s_{t-1}^1\delta w_t \overline{h_t}}{k_t nl^1 w_t^1}\right.\right.$$
$$\left.+\frac{\Gamma_{s,t}^1 \tau n e_{t+1} h_{t+1}^1\left(1+n^{1-\varepsilon}\phi\right)}{\delta\beta\rho^1 w_t^1}\right] - \left[\left(1-\Gamma_{s,t}^2\right)\left(1-\rho^2\tau\right) + \frac{\left(1-\rho^2\right)R_t s_{t-1}^2}{nl^2 w_t^2}\right.$$
$$\left.\left.-\frac{\Gamma_{s,t}^2\left(1-\rho^2\right)s_{t-1}^2\delta w_t \overline{h_t}}{k_t nl^2 w_t^2} + \frac{\Gamma_{s,t}^2 \tau n e_{t+1} h_{t+1}^2\left(1+n^{1-\varepsilon}\phi\right)}{\delta\beta\rho^2 w_t^2}\right]\right\} \quad (8.49)$$

命题 8.3：在外生生育的假设下，生育政策放松将使得家庭生育孩子的数量 n 上升，此时低收入群体与高收入群体对所有孩子的教育投入比例差值 P_t 增加，$\partial P_t / \partial n > 0$。

高收入群体的预期寿命相对较高，其倾向于将更高比重的收入用于储蓄，而低收入群体则倾向于将更高比重的收入用于子女教育投入。对单个孩子而言，低收入群体的教育投入比例要高于高收入群体，满足 $I_t > 0$；在外生生育假设下，高收入群体和低收入群体的子女数量是相同的，对家庭中的所有孩子而言，低收入群体对所有孩子的教育总投入占其收入的比重同样要高于高收入群体，满足 $P_t = nI_t > 0$。当生育政策放松时，家庭生育孩子的数量 n 上升，P_t 也会相应增加。

（四）代际转移增加、不同收入群体对子代的教育投入差异与收入不平等

命题 8.4：当家庭中成年子女向老年父母进行代际转移的比率 τ 上升时，低收入群体与高收入群体对每个孩子的教育投入比例差值 I_t 的变化大小并不确定，这意味着子代的收入不平等变化方向也不能确定。

代际转移对低收入群体与高收入群体对每个孩子的教育投入差异的影响并不确定。一方面，代际转移用于赡养父母，这将增加当期代表性行为人的

收入约束,代际转移的增加将使成年个体在投资子女教育时面临更高的成本,从而减少子女教育投入。高收入群体由于预期寿命更长,其向老年父母进行代际转移的概率也相对更高,当代际转移增加时,高收入群体的子女教育投入比例的下降幅度相对更大,这将使得低收入群体与高收入群体对每个孩子的教育投入比例差值增大,从而有利于降低收入不平等。另一方面,代际转移增加也意味着老年期的可支配收入水平提高,成年个体为此会减少成年期的预防性养老储蓄,这将会促进子代教育投资。高收入群体的预期寿命比低收入群体长,其更有可能在老年期得到这笔代际转移收入,因此高收入群体的子代教育投入比例增幅也将比低收入群体高,这将使得低收入群体与高收入群体对每个孩子的教育投入比例差值减小,这不利于降低收入不平等。因此,代际转移对低收入群体与高收入群体对每个孩子的教育投入比例差值和收入不平等的影响并不确定,这取决于以上两种效应的相对大小。

(五)预期寿命延长与不同收入群体家庭储蓄率差异

此时,我们将高收入群体与低收入群体家庭储蓄率差值定义为 M_t,$M_t = s_t^2 / l_t^j w_t^2 - s_t^1 / l_t^j w_t^1$。由式(8.38)可得高收入群体与低收入群体家庭储蓄率之差 M_t 的表达式为

$$M_t = \frac{s_t^2}{l^2 w_t^2} - \frac{s_t^1}{l^1 w_t^1}$$

$$= \Gamma_{s,t}^2 \left[(1-\rho^2\tau) + \frac{(1-\rho^2)s_{t-1}^2 \delta w_t \overline{h_t}}{k_t n l^2 w_t^2} - \frac{\tau n e_{t+1} h_{t+1}^2 (1+n^{1-\varepsilon}\phi)}{\delta \beta \rho^2 w_t^2} \right] \quad (8.50)$$

$$- \Gamma_{s,t}^1 \left[(1-\rho^1\tau) + \frac{(1-\rho^1)s_{t-1}^1 \delta w_t \overline{h_t}}{k_t n l^1 w_t^1} - \frac{\tau n e_{t+1} h_{t+1}^1 (1+n^{1-\varepsilon}\phi)}{\delta \beta \rho^1 w_t^1} \right]$$

命题 8.5:预期寿命的延长将使得高收入者和低收入者的老年生存概率 ρ^2 和 ρ^1 提升,$\rho^2 > \rho^1$,此时高收入群体与低收入群体家庭储蓄率差值 M_t 的

变化大小并不确定。

预期寿命的延长对高收入群体与低收入群体家庭储蓄率差值的影响是模糊的。结合命题 8.1 的分析可知：预期寿命延长会直接促使家庭更多地进行储蓄，同时成年个体继承到遗产的概率下降，向老年父母进行代际转移的概率提高。一方面，当预期寿命延长时，高收入群体和低收入群体的储蓄率都将提高，但高收入群体的预期寿命较高，其会更多地进行储蓄以满足老年期消费。高收入群体与低收入群体的家庭储蓄率差值将扩大。另一方面，父代对子代的遗赠对于子代至关重要，而寿命延长以后，成年个体继承到父代遗产的概率将下降，而且预期寿命延长还会提高成年个体向老年父母进行的代际转移，这都将降低家庭中成年个体的储蓄资源。由于高收入群体的预期寿命比低收入群体高，其基于家庭内部的代际转移而获得的储蓄资源下降幅度也更大，此时，高收入群体与低收入群体的家庭储蓄率差值将缩小。因此，预期寿命对高收入群体与低收入群体的家庭储蓄率差值的影响并不确定，这取决于以上两种效应的相对大小。

（六）生育政策放松与不同收入群体家庭储蓄率差异

命题 8.6：在外生生育的假设下，生育政策放松将使得家庭生育孩子的数量 n 上升，此时高收入群体与低收入群体家庭储蓄率差值 M_t 的变化大小并不确定。

放松生育政策对高收入群体与低收入群体的家庭储蓄率差值的影响并不确定。一方面，生育政策放松后，孩子数量的增加使家庭更为重视子代教育，家庭对教育的投入增加，则家庭储蓄率相应降低，但高收入群体由于预期寿命长，储蓄水平也相对较高，其储蓄率下降的幅度要比低收入群体低，此时，高收入群体与低收入群体的家庭储蓄率差值将缩小；另一方面，当生育子女的数量增加时，每个子女分得的遗产将减少，这将使得成年子女用于储蓄的资源减少，高收入群体因预期寿命长而需要更多的养老储蓄，因此高收入群体的储蓄率增幅要高于低收入群体，此时，高收入群体与低收入群体的家庭储蓄率差值将扩大。因此，放松生育政策对高收入群体与低收入群体的家庭储蓄率差值的影响并不确定，这将由以上影响低收入群体和高收入群体的储蓄效应的相互作用最终决定。

（七）代际转移增加与不同收入群体家庭储蓄率差异

命题 8.7：代际转移增加将使得家庭中成年子女向老年父母进行代际转移的比率 τ 上升，此时高收入群体与低收入群体家庭储蓄率差值 M_t 减小，$\partial M_t / \partial \tau < 0$。

代际转移增加将使得高收入群体与低收入群体的家庭储蓄率差值变小。在存在代际转移时，代际转移越多，赡养支出的增加将挤占家庭用于储蓄的资源，相较于低收入家庭而言，高收入群体的预期寿命更长，家庭代际转移的概率也相对更高，其家庭储蓄率下降更多，因此两者之间储蓄率的差异会缩小。此外，代际转移也可以看作子女向父母提供的养老资源，预期未来养老资源增加将使代表性行为人在当期减少储蓄，高收入群体由于预期寿命较长，储蓄水平也比低收入群体高，当代际转移的比例增加时，高收入家庭储蓄率降低的幅度相对较大，此时高收入群体与低收入群体的家庭储蓄率差值将变小。

第四节 参数校准与数值模拟

在本节中我们将依据已有文献中的研究参数来校准模型中的相关参数以

对理论模型的结论进行数值模拟,从而揭示预期寿命延长、生育政策放松对于收入不平等的影响。

一、参数校准

根据汪伟(2017)的相关设定,我们将资本产出弹性 θ 设为 0.4。由于模型中每期持续 30 年,我们令父母花费在单个子女照料上的时间 $v=0.03$,老年期消费的贴现因子 $\beta=0.78$。参照学界普遍认可的总和生育率在 1.5 左右,我们将模型中的生育率 n 设定为 0.75。一些文献(汪伟,2017)认为,由于长期受到计划生育政策的影响,中国家庭对于子女数量的偏好高于西方国家家庭,借鉴上述文献,我们令子代数量权重因子 $1-\varepsilon=0.9$。预期寿命是我们模型中的重要参数,当前我国已经进入中度老龄化社会,平均预期寿命超过 78 岁,老年人的生存概率相对较高,借鉴汪伟和咸金坤(2020)的做法,将所有个体进入老年期的平均生存概率设为 0.65,考虑到不同收入群体的老年期生存概率的差异,将高收入群体和低收入群体的老年期生存概率 ρ^2 和 ρ^1 分别设为 0.67 和 0.63。在分析预期寿命延长对子女教育投入差异、储蓄率差值和代内收入不平等的影响时,假设平均生存概率的增速为 0.0015,高收入群体和低收入群体的生存概率增速分别为 0.002 和 0.001。借鉴一些文献(刘永平和陆铭,2008a),将成年子女向老年父母的代际转移的比例 τ 设为 0.3,人力资本函数中父母教育投入对于人力资本形成的产出弹性 α 的值设为 0.628。借鉴汪伟(2017)的研究,将人力资本积累系数 A 和物质资本积累系数 D 均设为 6.8。考虑中国传统文化中的利他生育动机,我们假定父母将子女教育投入与自身在成年期的消费视为同等重要,子女教育投入的贴现因子 $\phi=1$。此外,借鉴汪伟和靳文惠(2022)的研究,我们将高收入和低收入两类群体的初始相对人力资本设定为 1.61 和 0.39。具体参数定义与取值见表 8.1。

表 8.1 参数校准值

参数	含义	取值
θ	产品生产函数中的资本产出弹性	0.4
v	单个子女的照料时间	0.03
β	时间贴现因子	0.78
n	生育率	0.75
$1-\varepsilon$	子代数量权重因子	0.9
(ρ^1, ρ^2)	低收入群体和高收入群体老年期生存概率	(0.63, 0.67)
τ	代际转移的比例	0.3
α	教育投入对人力资本形成的产出弹性	0.628
A	人力资本积累系数	6.8
D	物质资本积累系数	6.8
ϕ	子代人力资本贴现因子	1
(x^1, x^2)	初始的相对人力资本	(0.39, 1.61)

二、模拟结果

（一）预期寿命延长、不同收入群体单个子女的教育投入差异与收入不平等

在图 8.2 中我们呈现了预期寿命延长与不同收入群体单个子女教育投入差异的关系，数值模拟显示两者之间为单调正相关。预期寿命延长使得老年期的生存概率提高，为应对更长的生命周期所带来的老年期消费增加，生存概率更高的高收入群体将更多地在成年期进行储蓄，从而相对更多地减少对每个子女的教育投入，因此低收入群体与高收入群体对每个孩子的教育投入比例差值增加。

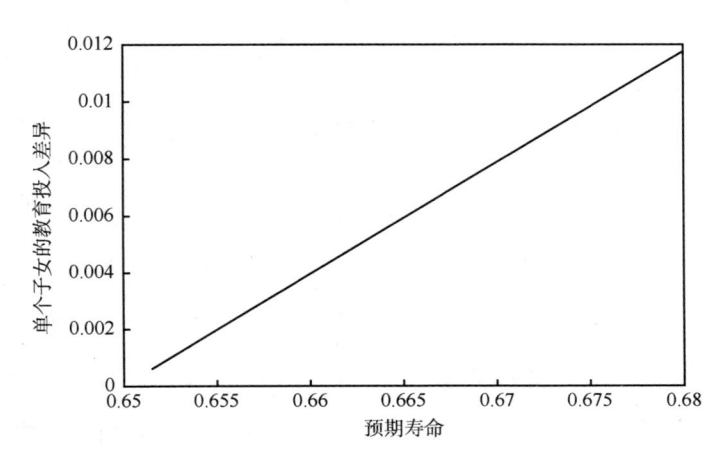

图 8.2　预期寿命延长与单个子女的教育投入差异

我们在图 8.3 中展示了预期寿命延长与收入不平等的关系，预期寿命延长将使得低收入群体与高收入群体对每个孩子的教育投入比例差值增加，这意味着低收入群体与高收入群体子代的人力资本差距缩小，而子女的人力资本水平将最终决定他们在劳动力市场上能够获取的收入，所以二者后代的工资差距将进一步缩小，子代的收入不平等下降幅度进一步变大，这将使得社会中收入不平等的状况得到改善。

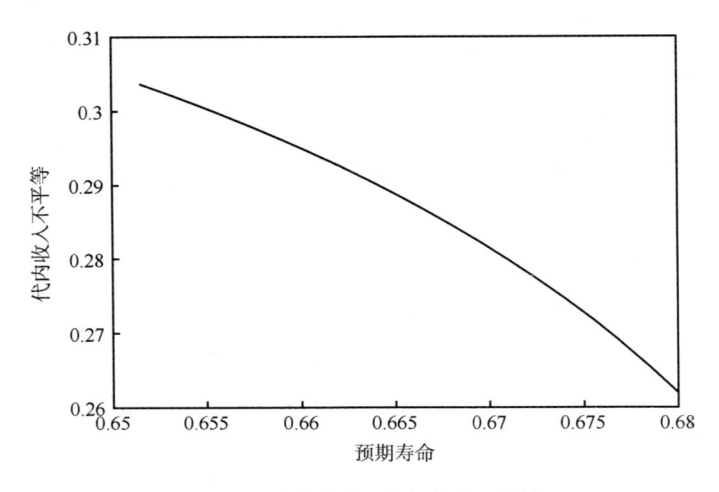

图 8.3　预期寿命延长与收入不平等

（二）生育政策放松、不同收入群体单个子女的教育投入差异与收入不平等

在图 8.4 中我们呈现了生育政策放松与不同收入群体单个子女教育投入差异的关系，数值模拟显示两者之间为单调负相关，这意味着生育政策放松以后，低收入者和高收入者生育孩子的数量增加，对每个孩子的教育投入比例差值缩小。2016 年全面二孩政策和 2021 年全面三孩政策实施以来，生育率并没有出现明显的反弹，究其缘由，主要还是高生育、养育和教育成本制约了广大中低收入群体生育意愿的释放，而高收入群体相较于低收入群体而言选择生育的相对价格较高，而选择投资教育的相对价格较低，这将使得高收入群体对每个孩子的教育投入比例上升，这两种不同的子女教育投资决策将使得高收入群体与低收入群体子代的人力资本差距扩大。

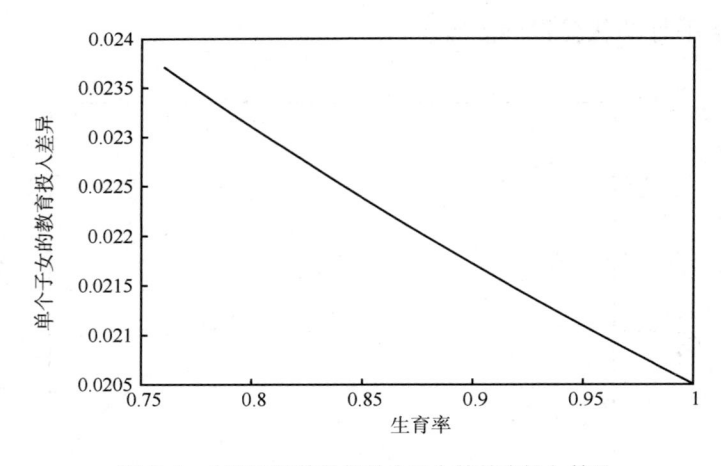

图 8.4　生育政策放松与单个子女的教育投入差异

我们在图 8.5 中展示了生育政策放松与收入不平等的关系。在外生生育假设下，生育政策放松将在一定程度上提高家庭的生育率，使得低收入群体与高收入群体对每个孩子的教育投入比例差值缩小，这会进一步缩小两类群体之间教育投资率的差距，而子女的人力资本水平将最终决定他们在劳动力市场上能够获取的收入，所以二者子代的工资差距将进一步扩大，子代的收入不平等下降幅度进一步变小，这将恶化社会的收入不平等状况。

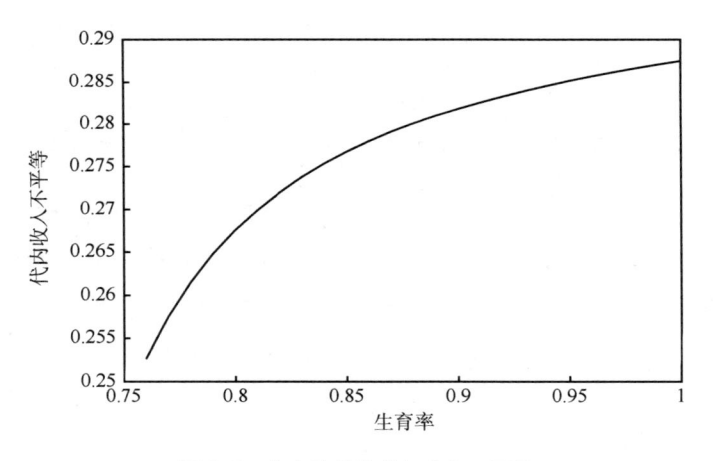

图 8.5　生育政策放松与收入不平等

（三）生育政策放松与不同收入群体所有子女的教育投入差异

虽然生育政策放松以后，低收入群体与高收入群体对每个孩子的教育投入比例差值缩小，但由于生育水平的提高，家庭对所有子女的教育投入占工资收入的比例仍然会增加。在图 8.6 中我们呈现了生育政策放松与所有子女教育投入差异的关系，数值模拟显示两者之间为单调正相关，这意味着生育政策放松以后，生育孩子数量的增加使得低收入和高收入家庭总的教育投入比例差值增加。

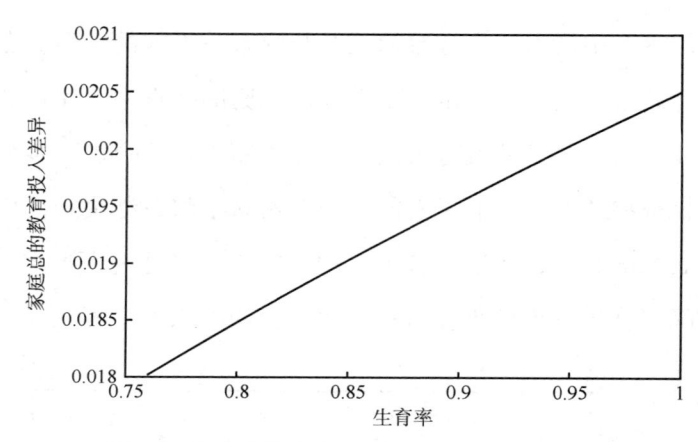

图 8.6 生育政策放松与所有子女的教育投入差异

为了增强数值模拟的现实参考性，我们在图 8.7 中运用 CFPS 的 2010～2016 年的家户数据，比较了按人均家庭收入五等分的不同收入水平家庭平均教育负担。[①]从图 8.7 中我们可以发现，低收入家庭的教育负担要明显高于中高收入家庭，这意味相较于高收入家庭而言，低收入家庭将收入的更大比例投资于子女的教育，这与数值模拟的结果相呼应。

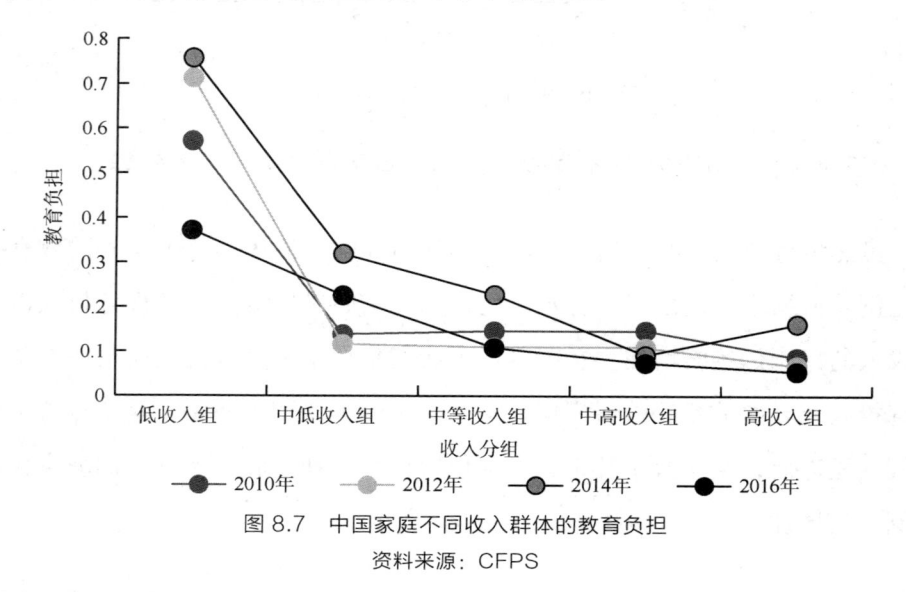

图 8.7 中国家庭不同收入群体的教育负担
资料来源：CFPS

---

① 这里的家庭平均教育负担是指一年内家庭教育支出占收入的比重。

（四）代际转移增加、不同收入群体单个孩子的教育投入差异与收入不平等

我们在图 8.8 中呈现了代际转移增加与不同收入群体单个子女教育投入差异的关系，数值模拟显示两者之间为单调正相关，这意味着当成年子女的养老负担增加时，低收入群体与高收入群体对每个孩子的教育投入比例差值扩大。根据前文的分析，代际转移对家庭教育投入会产生两种相反的效应，一种是老年负担对教育投入的挤出效应，另一种是养老回报对教育投入的挤入效应，代际转移带来的养老负担对高收入群体家庭教育投入的挤出效应高于低收入群体家庭，而代际转移带来的养老回报对高收入群体家庭教育投入的挤入效应要高于低收入家庭。从本小节的模拟来看，前一种效应占据主导，导致低收入群体与高收入群体对每个孩子的教育投入比例差值扩大。

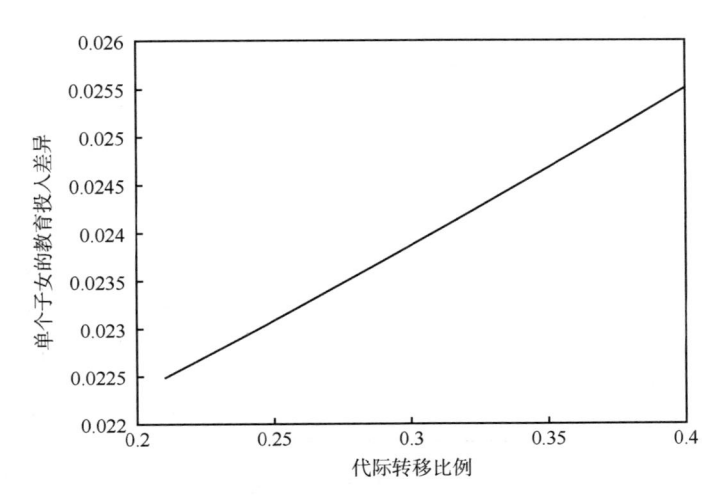

图 8.8　代际转移增加与单个子女的教育投入差异

从中国的现实来看，预期寿命延长使得养老问题越发突出，当老年人的养老服务需求无法通过其自身收入增长和社会保障获得满足时，势必会增加子女的经济负担与照料压力（Leeson，2018）。2014 年中国老年社会追踪调

查（China Longitudinal Aging Social Survey，CLASS）提供的数据显示，中国有约八成子女需要向老年父母提供经济支持（杜鹏等，2016；孙鹃娟，2017），一些研究也证实了子女资助是老年人生活的重要经济来源（陈华帅和曾毅，2013；张川川和陈斌开，2014）。因此，预期寿命的不断延长和家庭养老负担的日益沉重很可能导致家庭在资源分配上做出差异化的决策，从而降低低收入群体家庭与高收入群体家庭的子代教育投入差距。

我们在图 8.9 中展示了代际转移增加与收入不平等的关系。代际转移增加将使得低收入群体与高收入群体对每个孩子的教育投入比例差值增大，这意味着低收入群体与高收入群体子代的人力资本差距缩小，而子女的人力资本水平将最终决定他们在劳动力市场上能够获取的收入，所以二者后代的工资差距将进一步缩小，子代的收入不平等下降幅度进一步变大，这将使得社会中收入不平等的状况得到改善。

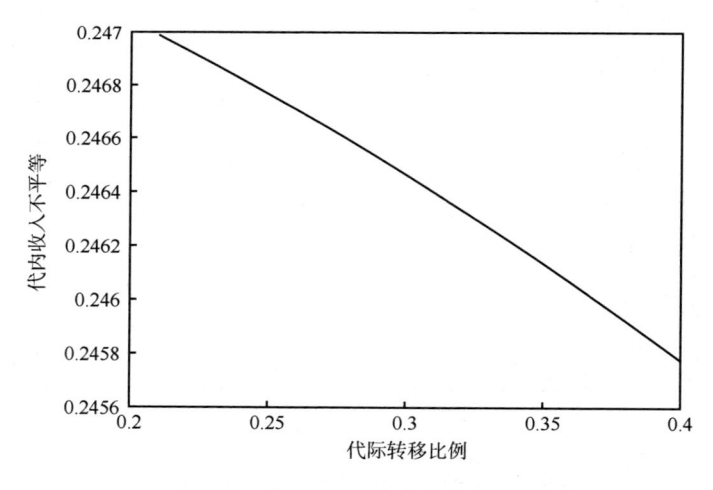

图 8.9　代际转移增加与收入不平等

（五）预期寿命延长与不同收入群体家庭储蓄率差异

我们在图 8.10 中呈现了预期寿命延长与家庭储蓄率差值的关系，数值模拟显示两者之间为单调正相关。老年生存概率的提高使得个人生命周期变长，为了应对可能出现的养老资源不足，预期寿命更长的高收入群体相比低收入群体会更多地在成年期储蓄，此时，高收入群体与低收入群体的家庭储蓄率差值将扩大。随着中国经济的发展，中等收入群体越发庞大，收入水平的提高和预期寿命的延长无疑使得他们的储蓄率上升，这可以解释在中国出现的"高储蓄之谜"现象（汪伟，2010a；甘犁等，2018）。

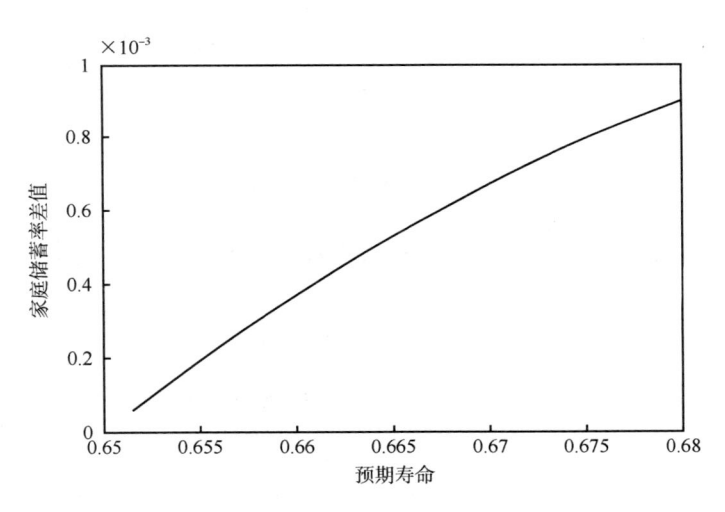

图 8.10　预期寿命延长与家庭储蓄率差值

（六）生育政策放松与不同收入群体家庭储蓄率差异

我们在图 8.11 中展示了生育政策放松与家庭储蓄率差值的关系，数值模拟显示两者之间为单调负相关。在外生生育的假设下，生育政策放松将使得家庭生育孩子的数量上升，此时家庭会增加对教育的投入，并相应降低储蓄，但高收入家庭由于预期寿命更长和储蓄水平更高，其储蓄下降的幅度更低，此时，高收入群体与低收入群体的家庭储蓄率差值将缩小。

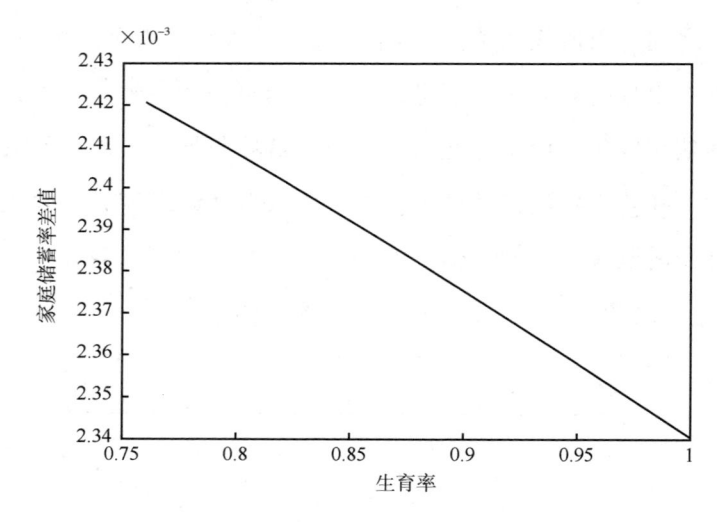

图 8.11　生育政策放松与家庭储蓄率差值

（七）代际转移增加与不同收入群体家庭储蓄率差异

我们在图 8.12 中呈现了代际转移增加与家庭储蓄率差值的关系，数值模拟显示两者之间为单调负相关，这与理论模型的推导结论相一致。代际转移

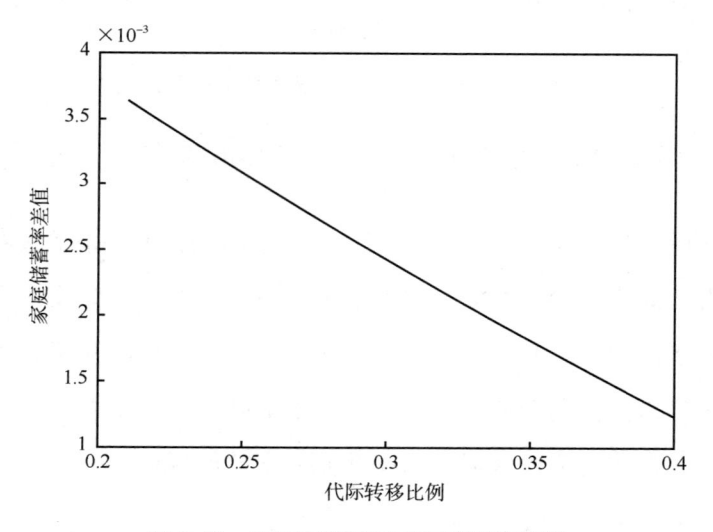

图 8.12　代际转移增加与家庭储蓄率差值

支出增加，意味着成年子女的赡养负担加重，会挤出家庭的储蓄，高收入群体相比低收入群体的预期寿命更长，代际转移支出增加会更大幅度地降低高收入家庭的储蓄率。代际转移增加也意味着老年期的养老资源增多，预期到这一点，个人在成年期会降低预防性养老储蓄，这也会更大幅度地降低高收入家庭的储蓄率。在上述两种效应的作用下，高收入家庭与低收入家庭储蓄率的差值将变小。

第五节 研究结论与启示

本章在文献分析的基础上，构建三期世代交叠模型研究了预期寿命延长、生育政策调整对收入不平等的动态影响，并结合我国的现实经济参数进行了数值模拟。研究发现：在预期寿命延长和生育政策放松后，养老偏好、养老抚幼负担、意外遗赠的相对差异使得不同收入群体对子女的教育投资存在差异，这会使以人力资本水平衡量的子代收入不平等程度发生变化。相比寿命更低的低收入群体，预期寿命延长会更多地挤出高收入群体对子代的教育投入，两类群体子代的收入不平等下降；进一步，本章证实了当生育政策放松后，生育率的上升会使所有收入群体对每个孩子的平均教育投入（教育支出占家庭收入的比重）下降，但低收入群体相比高收入群体下降幅度更大，这意味着相比生育政策放松前，子代收入不平等的下降幅度会变小；此外，数值模拟结果显示，当成年子女向老年父母的代际收入转移增加时，两类收入群体子代的人力资本和工资差距缩小，收入不平等程度下降。

本章通过理论模型分析发现：在预期寿命延长和生育政策放松后，不同收入家庭面临差异化的养老负担和生育数量将使其对子女的教育投资决策不尽相同，这将导致以人力资本水平衡量的子代收入不平等程度发生变化。政府应密切关注人口老龄化和生育率变化对我国家庭收入不平等的动态影响，充分利用预期寿命延长后不同收入群体在子女教育投资决策上的差异，加大对低收入群体进行人力资本投资的支持力度，帮助其缩小与高收入群体的收入差距，从而改善社会的收入不平等状况，在保证生育政策放松实施效率的同时着力防范可能引致的收入差距扩大；建议政府充分考虑不同收入水平家庭差异化的养老和抚养负担，加大针对低收入群体的公共教育和养老保障投入，以缩小其与高收入群体的收入差距；政府还应特别关注放松生育政策后不同群体生育意愿的差异化释放可能对收入不平等产生的影响。

具体的政策启示有以下三方面。

第一，预期寿命延长后，寿命更高的高收入群体相对更倾向于储蓄以应对寿命延长所带来的老年期消费增加，而寿命较低的低收入群体相对更倾向于投资子代教育，这种养老和教育偏好方面的差异有利于降低子代的收入差距。因此，政府应该推进教育公平与优质教育资源供给向低收入群体适当倾斜，通过转移支付更多地对低收入家庭进行补贴，这样一方面可以直接降低家庭间收入差距，另一方面可以引导低收入家庭加大子女教育，有助于进一步缩小子代的收入不平等。

第二，生育政策放松，生育多个孩子带来的更高抚养成本会更多地挤出低收入家庭的教育投入，从而导致收入不平等扩大。因此，政府在鼓励生育的同时，应特别关注不同群体生育意愿的差异化释放可能对收入不平等产生的影响。为了避免生育对低收入家庭的冲击，政府应根据家庭收入水平提供差异化的育儿补助金、托幼与保育等公共服务，让低收入家庭获得更多的补贴，这样可以有效降低生育负担对低收入家庭教育投入的挤出，避免家庭间收入差距的扩大。

第三，应当看到，随着预期寿命延长，家庭的养老负担会越来越沉重，这会促使家庭提高预防性养老储蓄，从而可能挤出对子代的教育投入。因此，政府也应当高度重视养老保障制度建设，切实降低家庭的养老负担。养老保障制度建设一方面可以调节收入分配，另一方面也有利于降低低收入家庭的预防性养老储蓄，提高低收入家庭对子代的教育投入，从而改善经济中的收入不平等状况。

第九章
预期寿命延长、养老保险制度设计与收入不平等

第一节 问题的提出

近年来，不断延长的人均预期寿命和严峻的收入不平等问题受到了政府和学界的广泛关注。从人口预期寿命的变化趋势来看，过去20多年间中国居民人均预期寿命一直以较快的速度增长并有继续延长的趋势，根据联合国的人口预测数据，中国出生人口预期寿命在2025~2030年、2045~2050年和2095~2100年将分别提高至78.31岁、81.52岁和87.61岁。随着预期寿命的不断延长，中国或将在2050年左右成为世界上人口老龄化速度最快的国家（United Nations，2019）。

从收入分配形势来看，中国目前的收入不平等状况显然不容乐观，基尼系数始终位于国际警戒线0.4之上；2008~2015年的基尼系数虽呈现出下降态势，近年来基尼系数却又有重新走高趋势（图9.1）。中国目前的收入再分配政策效果并不如预期，通过比较按收入等级划分的城镇居民人均收入和可支配收入数据计算而得的基尼系数①，可以发现（图9.1），2003~2008年的人

---
① 按收入等级分居民收入数据中，将家庭划分为最低收入户（10%）、较低收入户（10%）、中等偏下户（20%）、中等收入户（20%）、中等偏上户（20%）、较高收入户（10%）和最高收入户（10%），本章将中等偏下户、中等收入户和中等偏上户这三类每类扩充为两个收入相同的家庭，使得这些数据符合按收入十等分的家庭收入数据，并依此计算基尼系数。另外，按收入等级划分的人均收入数据公布到2012年，因此图9.1数据最新为2012年。

均可支配收入基尼系数仅小幅低于人均收入基尼系数，2009~2012年的人均可支配收入基尼系数甚至略高于人均收入基尼系数，比如，2012年的人均收入基尼系数和人均可支配收入基尼系数分别为0.3022和0.3032，经过再分配后的收入差距反而有所拉大，这表明中国的收入再分配政策在一定程度上是失效的。蔡萌和岳希明（2016）的研究发现，中国与发达国家之间的初次分配收入基尼系数差距并不大，政府收入再分配政策效果不明显是导致目前居民收入不平等状况较发达国家严重的主要原因。

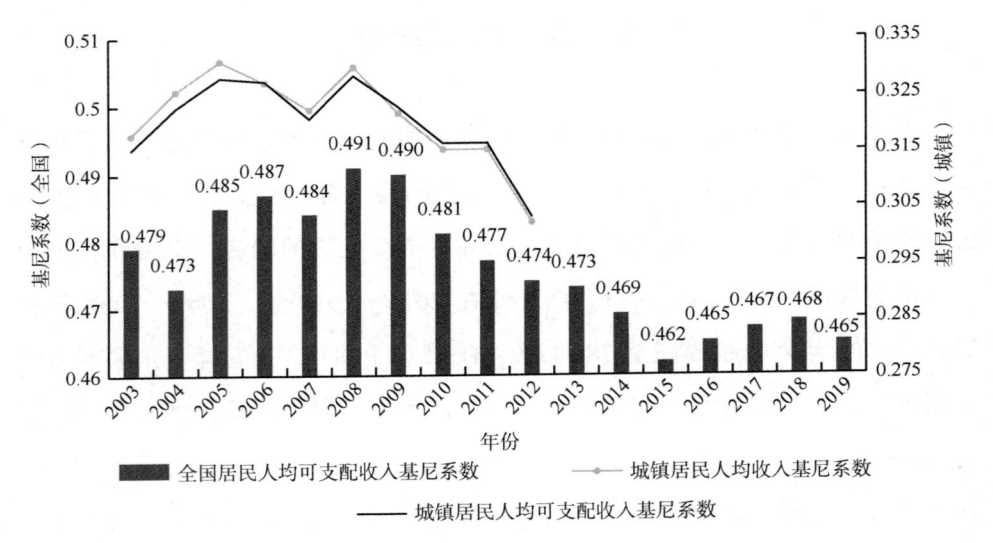

图 9.1 中国居民收入不平等的变迁

资料来源：全国居民人均可支配收入基尼系数源自国家统计局网站；城镇居民人均收入基尼系数和可支配收入基尼系数是根据国家统计局发布的年度数据（2003~2012年）计算而得

居民收入差距扩大会影响社会稳定，不利于经济高质量发展，也对政府改善收入分配、促进社会公平正义提出了挑战（卢德之，2017）。当今中国社会的主要矛盾已经转为人民日益增长的美好生活需要和不平衡不充分的发展之间的矛盾，如何通过调节收入分配缩小收入不平等、促进共同富裕是摆在政府与学界面前的一个重要课题。养老保险一直被视为调节收入分配的重要制度工具，在预期寿命不断延长的背景下，日益庞大的老年人口给社会造成了巨大的养老压力，对中国养老保险制度的可持续性构成了巨大挑战，养老保险制度设计的收入分配功能会发生怎样的变化？预期寿命延长对养老保险调节收入分配的政策效果是否具有重要影响？这显然是值得深入思考的理论与现实问题，我们有必要对此深入探讨。

预期寿命延长会直接影响退休者规模和养老保险制度内赡养率，进而可能改变个体的养老金收入和整个社会的收入不平等（von Weizsäcker，1995）。从图9.2中可以明显看出，中国的预期寿命和制度内赡养率呈同向变动趋势①，预期寿命的延长使得老年人口数量和占比上升，进而导致制度内赡养率不断提高。尽管经历了多次改革，中国的养老保险制度设计仍然在很大程度上具有现收现制的特征，养老保险缴费率在相当长的时间不变并于近年来开始下调的情况下，制度内赡养率的提高必然会导致养老金平均替代率水平的下降（左学金，2001；汪伟和靳文惠，2022）。从图9.2中也可以看出，近些年来中国基本养老金平均替代率和制度内赡养率（或预期寿命）呈现出明显的反向变动趋势，基本养老金平均替代率从2000年的79.96%下降至2019年的47.19%，而2000~2019年的制度内赡养率则从30.34%提高到39.48%。养老金平均替代率的下降不仅会直接影响老年群体的福祉，更关乎整个社会的收入不平等状况和代际公平。

在养老保险制度框架下，既有文献研究发现养老金收入会影响家庭的生育行为（Danzer and Zyska，2020；Fenge and Scheubel，2017；Boldrin et al.，2015），而不同家庭的生育决策对收入不平等同样具有重要影响（de la Croix and Doepke，2003），这意味着预期寿命延长可能通过改变养老金收入和家庭

---

① 制度内赡养率是指当年的离退休参保人数与在职参保人数的比值，这可以反映养老保险制度内的支付压力，制度内赡养率越高，养老金支付压力越大。基本养老金平均替代率是指当年离退休参保者的平均养老金收入占上年度城镇在岗职工平均工资的比重，能够反映出退休群体与在职群体之间的收入差距。

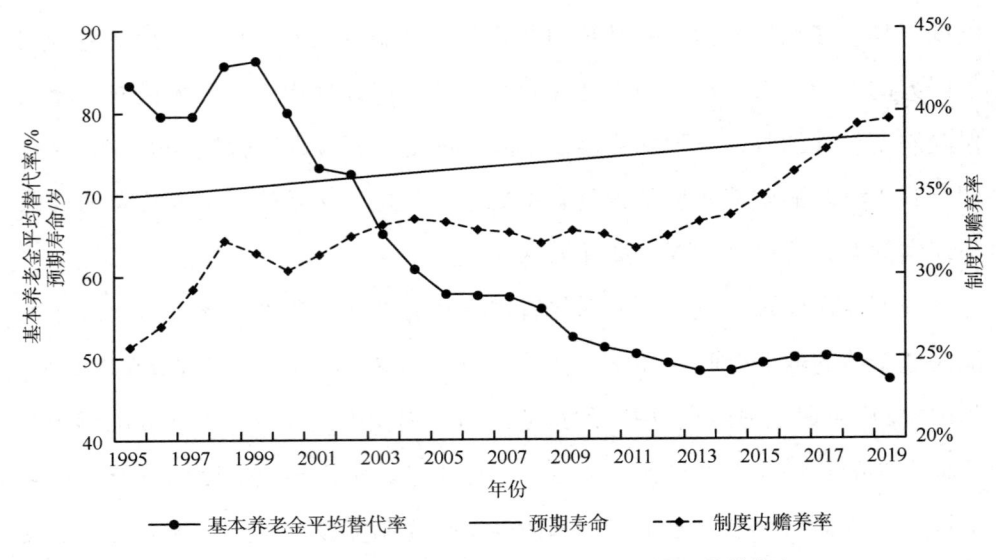

图 9.2　预期寿命、制度内赡养率和基本养老金平均替代率

资料来源：基本养老金平均替代率和制度内赡养率的数据是根据国家统计局发布的年度数据（1995~2019 年）计算而得

生育决策影响收入不平等。已有文献通常基于外生生育率假设来研究预期寿命延长或养老保险制度的收入分配效应（王维国等，2019；康传坤和楚天舒，2014；徐俊武和黄珊，2016；Zhang et al.，2003；Glomm and Ravikumar，1992），却忽视了生育决策在其中发挥的作用，这为本书提供了进一步拓展的空间。事实上，随着二孩和三孩政策的相继实施，家庭已经具有一定的生育选择空间，中国未来的生育政策可能会进一步放松，因此将生育选择内生化，考虑不同收入家庭的子女数量与质量的差异化决策，能更为完整地理解预期寿命延长如何通过养老保险制度影响收入不平等。

另外，Aaron（1977）指出养老保险制度对收入不平等的影响实际取决于各类经济群体的差异化行为，因此需要研究养老保险制度如何通过影响个体的储蓄与教育决策进而影响收入不平等。既有文献与数据显示，中国不同收入群体间的"储蓄-教育"决策存在显著差异，表现为高收入群体通常倾向于较多的储蓄,而低收入群体的教育投入比重相对偏高。如甘犁等(2018)基于对多个微观数据库的研究发现,中国居民储蓄率在不同收入群体间的分布极不均衡,高收入者的储蓄率要远远高于中低收入者。本章基于2002~2012年的城镇居民按收入分组的收入和消费数据计算出了不同收入家庭的年均储蓄率,如图9.3所示。从图9.3中可以明显看出,随着收入水平的提高,储蓄率呈现出增长趋势。同时,从城镇居民按收入分组的消费支出结构来看,城镇居民收入越低的家庭,其教育支出占可支配收入的比重越高(图9.3)。①此外,2017年中国教育财政家庭调查数据显示,不同收入家庭的教育负担率随着消费的增加而递减,在非义务教育阶段,消费从低到高的四组家庭的平均教育负担率分别为16.6%、11.2%、11.4%和8.8%,这意味着低收入家庭的教育支出比重要明显高于中高收入家庭。通常,养老保险制度内在的收入关联机制和收入再分配功能,以及代际收入转移和跨期平滑效应,势必会对不同收入群体的"储蓄–教育"决策产生不同的影响。但不同的养老保险制度模式和养老金计发方式下的不平等演化是存在差异的,预期寿命延

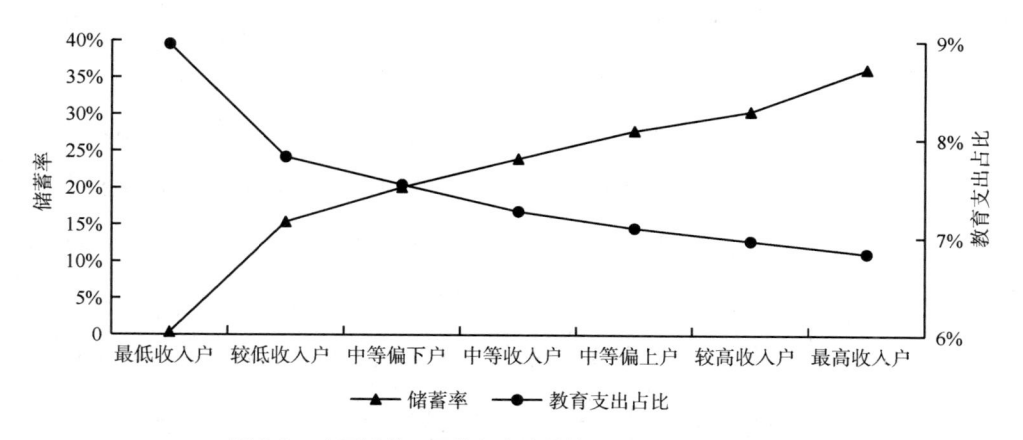

图9.3 中国城镇不同收入家庭的储蓄率和教育支出占比

资料来源:根据国家统计局发布的年度数据(2002~2012年)计算而得

---

① 教育支出的计算采用不同收入群体的人均文教娱乐消费现金支出减去文化娱乐用品消费现金支出的部分。

长对养老保险收入分配效应的影响路径和影响程度也是不同的。然而，鲜有文献结合中国养老保险制度设计中的统账结合模式和基础养老金计发方式，对不同收入群体的"储蓄-教育"决策和收入不平等动态演化进行分析，更没有探讨预期寿命延长在其中的作用，这为本书的研究提供了改进空间。

有鉴于此本章构建了一个纳入预期寿命延长和人力资本异质性的世代交叠模型，细致刻画了中国养老保险制度设计中的统账结合模式和基础养老金计发方式如何通过改变个体的"储蓄-教育"决策和生育决策来影响收入不平等，以及分析预期寿命延长通过养老保险制度影响收入不平等的动态演化。本章从理论上提出了人口老龄化通过养老保险制度设计影响收入不平等的新机制，也从政策上为中国通过优化养老保障制度设计来应对人口老龄化的挑战与缩小收入不平等提供了思路。另外，为厘清完全放开生育政策的收入分配效应，本章分别在外生生育率和内生生育率框架下研究了预期寿命延长、养老保险制度设计对收入不平等的影响。

本章的研究发现如下。第一，在外生生育假设下，养老保险统筹账户养老金的计发办法可以提高低收入群体的相对养老金收入，这不仅会缩小职工退休期的养老金收入差距，还具有储蓄替代效应和人力资本激励效应，通过激励低收入群体更多地对子代进行人力资本投资，从而确定性地缩小不同收入群体的人力资本差距，降低代内收入不平等。不过，在内生生育假设下，生育的"数量-质量"互替机制会使低收入群体的生育数量降幅更大，代内人口结构变化使代内收入不平等的演化方向变得不清晰。第二，无论在外生还是内生生育假设下，养老保险统筹账户养老金计发办法均不影响代际收入不平等。第三，在外生生育假设下，预期寿命延长对代内收入不平等的影响取决于两个方面：一方面，预期寿命延长会降低人力资本激励效应和基础养老金平均替代率，并提高子女抚养成本对储蓄的挤出，可能弱化养老保险调节代内收入分配的功能；另一方面，预期寿命延长会增加基础储蓄率，并降

第九章 预期寿命延长、养老保险制度设计与收入不平等

低基础教育投入占比、储蓄替代效应和子女抚养成本对教育的挤出，也可能强化养老保险调节代内收入分配的功能，后一种效应的影响程度要强于前一种，净效应表现为代内收入不平等随预期寿命的延长而下降。在内生生育假设下，预期寿命延长会挤占家庭用于抚养子女的收入并增强养老金收入对生育的抑制作用，导致低收入群体的生育数量降幅更大，基于"数量–质量"互替机制，子代人力资本差距进一步缩小，预期寿命延长通过养老保险对代内收入不平等的影响方向将变得模糊。第四，在外生生育假设下，一方面，预期寿命延长会增加老年退休者人数，代际人口结构变化对代际收入不平等的影响方向不明确；另一方面，预期寿命延长还会降低基础养老金和个人账户养老金平均替代率，从而使得代际收入不平等上升。在这两方面共同作用之下，预期寿命延长表现为提高代际收入不平等。在内生生育假设下，预期寿命延长对代际收入不平等的影响与外生生育假设下类似，但还会通过降低生育率对代际收入不平等产生影响，净效应并不明确。数值模拟显示，在外生和内生生育假设下，养老保险制度设计都发挥了降低代内收入不平等的功能，代际收入不平等随着预期寿命延长和生育率下降而明显上升，导致养老保险对总体收入分配的正向调节作用弱化，总体收入不平等的下降趋势甚至可能被逆转。本章从理论上提出了人口老龄化通过养老保险制度设计影响收入不平等的新机制，也从政策上为中国通过优化养老保障制度设计来应对人口老龄化的挑战与缩小收入不平等提供了思路，这构成了本章的边际贡献。

本章余下部分结构安排如下：第二节对相关研究文献进行了梳理和回顾；第三节分别在外生生育率框架下和内生生育率框架下构建了本章的理论模型，并进行了相应的模型求解和分析；第四节为参数校准与数值模拟；第五节为主要研究结论和政策建议。

第二节　相关文献回顾

一、预期寿命延长、人口年龄结构变化与收入不平等

回顾预期寿命延长如何影响收入不平等的相关文献，Deaton 和 Paxson（1994）最早基于组群分解方法研究了不同年龄段的收入不平等差异，为区分特定出生年份和年龄增长对收入不平等的影响，他们将收入不平等划分为出生组收入不平等和年龄组收入不平等，研究发现随着年龄增长，随机因素增加会使得同一出生组内的收入差距逐渐拉大，收入不平等程度上升。预期寿命延长意味着整个社会的平均年龄和最高年龄不断增加，这也说明预期寿命延长会通过"年龄效应"提高收入不平等。相关经验研究佐证了这一分析结果，Deaton 和 Paxson（1994）采用美国、英国和中国台湾的数据验证了年龄增长会加剧收入不平等的推论。Takayama 和 Arita（1996）根据日本家计调查数据的研究结果同样显示高年龄组内的收入差距要大于低年龄组。曲兆鹏和赵忠（2008）采用 1988 年、1995 年和 2002 年的中国家庭收入调查数据，并利用方差分解和回归分解方法的研究结果显示，收入不平等随年龄增加而呈迅速增加趋势。随着预期寿命的不断延长，由年龄增加所引致的收入不平等程度的提高必然会越发严峻。

在此基础上，Ohtake 和 Saito（1998）根据方差分解思想将总体收入不平等的变化进一步分解为人口结构效应、出生组效应、年龄组间效应和不可解释部分，深入研究了人口年龄结构变化对总体收入不平等的贡献程度，这有助于分析预期寿命延长通过人口年龄结构变化对收入不平等的影响效应。郭继强等（2014）对 Ohtake 和 Saito（1998）一文中的分解方法进行了改进，他们根据统计学因素分析方法解决了分解不完全问题，使出生组效应和年龄组间效应能够不受人口结构效应的干扰，可以更为准确地度量预期寿命延长

对收入不平等的影响程度。根据这种收入不平等分解方法，Ohtake 和 Saito（1998）研究发现，预期寿命延长等因素引致的人口年龄结构变化对 20 世纪 80 年代日本收入不平等的贡献程度高达 50%左右。刘华（2014）采用 1989～2011 年的农户微观家计调查数据考察了农村人口老龄化对收入不平等的影响，研究发现人口年龄结构老化确实加剧了收入不平等，不过影响程度相对较低，仅可以解释总体收入不平等的 3%～6%。郭继强等（2014）根据修正的分解方法测算出人口年龄结构变化对 1988～2009 年中国城镇收入不平等的解释程度为 16.33%，其中，对 1988～1995 年、1995～2002 年、2002～2009 年的收入不平等贡献程度分别为 26.01%、6.11%和 1.93%。由于预期寿命延长是引起人口年龄结构老化的主要因素，因此，预期寿命延长通过改变人口年龄结构对收入不平等产生的影响显然不可忽视。

董志强等（2012）采用 1996～2009 年的省级面板数据，从经验上证实了预期寿命延长引致的老年抚养比上升对中国收入不平等具有显著的正向影响。蓝嘉俊等（2014）根据 1960～2011 年的多国数据研究发现，老年抚养比每上升 1%，收入不平等上升 0.131%，而且在预期寿命较高的国家，预期寿命延长对收入不平等的提升作用更为明显。另外，董志强等（2012）和蓝嘉俊等（2014）的研究均发现，人口老龄化对收入不平等的提升作用主要来自预期寿命延长。Nielsen 和 Alderson（1997）利用美国 65 岁及以上人口数据的研究发现，预期寿命延长对收入不平等的影响方向并不恒定，在 1970～1980 年，预期寿命延长扩大了收入不平等；在 1980～1990 年，预期寿命延长反而缩小了收入不平等。

总体来看，现有文献大多聚焦于研究预期寿命延长通过人口年龄结构变化等对收入不平等产生的直接影响，较少关注到预期寿命延长对收入不平等产生的间接影响机制。特别地，Miyazawa（2006）研究了预期寿命通过意外遗赠对收入不平等产生的影响，他构建了具有意外遗赠的世代交叠模型，并设定高收入群体可以继承父代遗产,而低收入群体不能获得遗产,研究发现,一方面,预期寿命延长引致的"未雨绸缪"效应会使个体提高预防性储蓄,高收入群体老年期的财富积累提高,这会提高他们子代获得遗产的数额,进而加剧收入不平等;另一方面,预期寿命延长意味着个体的老年期生存概率提高,这会降低高收入群体子代获得遗产的概率,有利于降低收入不平等。数值模拟结果显示,前一种效应要强于后一种效应,预期寿命延长表现为提高收入不平等。Lee 和 Mason(2003)关注到了预期寿命延长通过家庭内部支持体系对收入不平等产生的影响,他们认为预期寿命延长对收入不平等的影响方向主要取决于利他主义程度,基于中国台湾 1978~1998 年的数据,研究发现预期寿命延长降低了收入不平等。

二、预期寿命延长、养老保险制度与收入不平等

von Weizsäcker(1995)首次将养老保险制度设计纳入到预期寿命延长与收入不平等的分析中,他将总体收入不平等划分为退休者和在职者的代内收入不平等以及二者的代际收入不平等这三部分,研究分析了养老保险制度设计对收入不平等的具体影响。养老保险制度是调节中国收入分配的重要制度工具(解垩,2018;王延中等,2016;郭庆旺等,2016),但鲜有文献去探讨预期寿命延长如何通过中国养老保险制度来影响收入不平等,这为本书提供了拓展空间。本章聚焦于中国基本养老保险制度设计中的统账结合模式和养老金计发方式,研究预期寿命延长在包含中国基本养老保险制度的框架下如何影响收入不平等。

在中国统账结合的基本养老保险制度模式中,基本养老保险统筹账户实行现收现付的筹资模式,国内外学者针对现收现付式养老保险的收入分配效应进行了大量理论研究,而且大多基于 Samuelson(1958)构建的世代交叠

模型进行分析。Samuelson（1958）在世代交叠模型中纳入了现收现付制养老保险制度体系，并分析认为在一个完全的消费-信贷的纯粹储蓄型经济中，即经济体中不考虑生产和投资行为时，养老储蓄的利率等于人口增长率。此后，Aaron（1966）在 Samuelson（1958）构建的模型基础上引进了生产和投资行为，结果显示养老储蓄的利率不仅取决于人口增长率，还取决于工资增长率，并得出了著名的艾伦条件。根据 Samuelson（1958）和 Aaron（1966）的研究，现收现付制养老保险具有年轻一代向老年一代的代际收入转移功能，有利于降低代际收入不平等，而且当人口增长率和工资增长率之和大于市场利率时，这种代际收入再分配能够实现帕累托有效配置。中国养老保险个人账户实行完全基金积累制，通常认为，完全基金积累制的个人账户只具有个体终生收入再分配功能，不能实现代际收入转移和再分配（Samuelson, 1958; Diamond, 1977; Casarico and Devillanova, 2008; 何立新, 2007）。而且，从理论上来看，统账结合的部分积累制养老保险和现收现付制养老保险制度类似，都具有年轻一代向老年一代的代际收入转移功能，但部分积累制的代际收入分配程度相对较低。Casarico 和 Devillanova（2008）在一个具有异质性个体和人力资本投资的世代交叠模型中分析了由现收现付制向部分积累制养老保险改革的收入分配效应，研究结果表明基金制的引入降低了现行制度的代际收入再分配程度，并在长期内表现为工资收入不平等和总体收入不平等程度的增加。养老保险制度不仅具有代际收入分配功能，还具有代内收入分配功能，而且通常应表现为高收入群体向低收入群体的收入转移，有利于降低代内收入不平等。

养老金计发方式是养老保险制度实现代内收入分配功能的重要因素（何立新，2007）。von Weizsäcker（1995）的研究发现，预期寿命延长会通过改变退休者规模以及养老金收入来影响收入不平等，而且养老金计发方式决定了预期寿命与收入不平等之间的关系。在不同的养老金计发方式下，养老保险制度对收入不平等的影响路径和方向是不同的。养老金计发方式可分为缴费受益无关联的国民养老金，以及缴费受益部分相关联、缴费受益完全关联的养老金。第一，在现收现付制养老保险制度体系下，国民养老金是指养老金收入与养老保险缴费多少无关，所有个体的老年期养老金收入都相同的模式；缴费受益部分相关联的养老金通常是指个体养老金收入与社会平均工资和在职期的养老保险缴费相关，同时强调代内收入分配和多缴多得的激励机制。第二，在完全基金积累式养老保险制度体系下，通常采用缴费受益完全相关联的养老金计发方式，养老金收入只与个体的养老保险缴费相关，强调个人权益，不具有不同收入群体之间的代内收入分配功能。

传统的现收现付制养老保险制度一般采用国民养老金模式，国民养老金显然可以缩小退休群体的代内收入不平等，Myles（2000）、Brown 和 Prus（2004）的实证分析结果也证实了这一点。在缴费受益部分相关联的养老金计发方式下，个体养老金与社会平均工资和缴费工资双挂钩（von Weizsäcker，1995；Buyse et al.，2015）。相较于国民养老金模式，缴费受益部分相关联的养老金计发方式必然会减弱养老保险对退休者代内收入不平等的降低程度（Buyse et al.，2015）。但是，Korpi 和 Palme（1998）指出国民养老金模式与收入再分配规模之间存在冲突，可能并不利于降低总体收入不平等；缴费受益部分相关联的养老金模式可以对在职参保者产生工作激励，反而起到减少贫困和降低不平等的作用。

在 2005 年的养老保险制度改革中，中国确定了统筹账户的基础养老金在社会平均工资基础上与缴费工资和缴费年限再挂钩的机制，以及养老金待遇调整机制，这不同于国际上通行的国民养老金或者简单的缴费受益部分关联的养老金模式（何立新，2007；郝勇等，2010）。张熠（2010）基于连续时间模型的研究指出，随着预期寿命不断延长，国民养老金和缴费受益关联养老金计发方式下的替代率都必须以相同的速度下降以维持基金收支平衡，而且相对于国民养老金，中国现行养老金计发方式在面临长寿风险时缺乏替代率调整的政策工具和合理方式，更容易陷入支付危机。由于研究重点不同，国内学者在世代交叠模型框架中大多简单设定国民养老金模式（景鹏和郑伟，2019；严成樑，2016；张迎斌等，2013；郭凯明等，2011），并没有去细致刻画中国养老保险统筹账户的基础养老金计发方式。同时，由于养老保险个人账户强调养老金私人权益，通常不具备社会收入再分配的属性（Diamond，1977；Casarico and Devillanova，2008；何立新，2007），而且预期寿命延长不会对养老保险个人账户造成养老金支付压力（程永宏，2005），现有文献大多侧重分析中国养老保险统筹账户的收入分配效应（邵宜航等，2010；郭凯明等，2011；高奥等，2016），以及预期寿命延长对养老保险统筹账户养老金的负面影响（袁志刚，2001；左学金，2001；程永宏，2005；景鹏等，2020），却忽视了预期寿命延长可能同时通过影响统筹账户和个人账户养老金来影响收入不平等。此外，现有文献均没有区分中国养老保险制度设计对在职者、退休者代内和代际收入不平等的影响，以及分析预期寿命延长在其中的作用机制。

同时，现有文献大多基于外生生育率假设来分析预期寿命延长对收入不平等的影响，忽视了预期寿命延长可能通过影响生育率的方式来改变收入不平等。预期寿命呈不断增长趋势，而大多数国家的生育率都经历了从高生育率到低生育率的转变（Guinnane，2010），中国家庭目前的生育率也始终低迷（杨凡和赵梦晗，2013；石智雷，2014；陈卫和张玲玲，2015）。许多学者在包含养老保险制度的框架下研究了养老金收入和家庭生育率之间的关系，大多发现养老金收入增加会抑制家庭生育行为，比如，Boldrin 等（2015）及 Danzer 和 Zyska（2020）从家庭养老和社会养老的替代性视角分析发现养老金收入增加会降低生育率，Fenge 和 Scheubel（2017）认为养老金内部收益过低会使个体的终生收入受损，进而降低生育水平；同时，生育子女会挤占工作时间，导致与工作时间相挂钩的养老金收入减少，促使个体倾向于少生孩子。在中国基本养老保险制度框架下，预期寿命延长会影响个体的养老金收入（von Weizsäcker，1995），而养老金收入又会影响家庭的生育决策，这意味着预期寿命延长可能通过影响养老金收入和家庭生育决策的方式对收入不平等产生深刻影响，这也是本章所要做的重要拓展性工作。

总体来看，已有文献在预期寿命延长对收入不平等的影响，以及养老保险制度设计的收入分配效应研究上进行了大量探讨，但较少关注预期寿命延长如何通过养老保险制度设计来影响收入不平等。而且，现有文献未着重聚焦于中国特色的统账结合养老保险制度模式和养老金计发方式，并探讨完全放开生育政策的收入分配效应，区分中国养老保险制度设计对在职者、退休者代内和代际收入不平等的影响，以及分析预期寿命延长在其中的作用机制，而这些正好给本章留下了改进的空间。

第三节 预期寿命延长、养老保险制度设计影响收入不平等的理论分析

一、外生生育率框架下的模型构建和求解分析

（一）模型构建

本章通过构建三期世代交叠模型来进行分析，模型假定经济系统是封闭的完全竞争市场经济，个体以自身效用最大化为目的进行决策，企业以利润最大化来进行生产，政府在养老保险体系中需满足养老保险统筹账户基金的收支平衡。

鉴于本章聚焦于人口老龄化、养老保险制度设计与收入不平等的内在关系，因此需要构建涵盖异质性行为人的模型来区分不同类型群体的决策差异，

参考 de la Croix 和 Doepke（2003）、Zhang 等（2003）、Cremer 等（2011）、Buyse 等（2015）关于异质性模型的研究设定框架，假定经济体内存在 a 类群体并且每类群体人数相同。每类群体内部的收入具有同质性，群体间的收入具有异质性，而且工资收入差异体现为人力资本水平的差别。根据 de la Croix 和 Doepke（2003）的人力资本函数设定形式，第一期的人力资本外生给定，$j = 1, 2, 3, \cdots, a$，取值越小代表人力资本水平越低，子代的人力资本函数表示为

$$h_{t+1}^j = A\left(q_t^j\right)^\eta \left(h_t^j\right)^\varepsilon \left(\overline{h_t}\right)^{1-\eta-\varepsilon} \quad (9.1)$$

其中，子代的人力资本 h_{t+1}^j 取决于来自父代的教育投入 q_t^j、父代人力资本水平 h_t^j，以及父代的平均人力资本 $\overline{h_t}$；η、ε 和 $1-\eta-\varepsilon$ 分别表示这三者对人力资本形成的作用，ε 越大，表示人力资本的代际传递程度越高；A 表示人力资本积累系数。

此处引入相对人力资本（x_t^j）的概念，即每类群体的人力资本占平均人力资本水平 $\overline{h_t}$ 的比重，具体设定为

$$x_t^j = \frac{h_t^j}{\overline{h_t}} \quad (9.2)$$

1. 个体

个体一生分为三个阶段，分别为少年期、成年期和老年期，假设个体都能存活到成年期，但成年后只能以一定的概率存活到老年期。个体在少年期接受教育，进行人力资本积累；在成年期工作，并将工资收入用于消费、储蓄以及子女的教育投入。个体在成年期需要参加政府统账结合的养老保险计划，将工资的一定比例用于缴纳养老保险费，在老年期可以获得政府提供的养老金收入。在老年期，个体将成年期的储蓄积累和养老金全部用于消费，不留有遗产。结合养老保险制度特点，成年期和老年期也可被称为在职期和

退休期。个体生命周期的预算约束由式（9.3）和式（9.4）给出：

$$C_{1t}^j = (1-\tau_f-\tau_p)w_t h_t^j - s_t^j - n(z_t + q_t^j) \quad (9.3)$$

$$C_{2t+1}^j = R_{t+1}s_t^j + f_{t+1}^j + p_{t+1}^j \quad (9.4)$$

其中，w_t 表示基础工资，个体的工资收入差异体现为人力资本 h_t^j 的不同；C_{1t}^j 和 C_{2t+1}^j 表示个体的成年期和老年期消费；s_t^j 和 q_t^j 分别表示个体的储蓄以及每个孩子的教育投入；n 表示生育子女的数量；z_t 表示每个孩子的抚养成本，参考 Miyazaki（2013）的研究，其文章设定子女抚养成本是相对固定的，每个孩子的抚养成本占同时期社会平均工资的比重为 δ_z，满足 $z_t = \delta_z w_t \overline{h_t}$；$\tau_f$ 和 τ_p 分别表示养老保险个人账户和统筹账户的缴费率；f_{t+1}^j 表示个人账户养老金收入；p_{t+1}^j 表示统筹账户的基础养老金收入；R_{t+1} 表示资金从成年期积累至老年期的收益率。

个体的所有决策是在成年期做出的，成年期个体关心自己的成年期和老年期消费，以及子女的人力资本水平，效用函数如下：

$$U_t^j = \ln C_{1t}^j + \beta\rho\ln C_{2t+1}^j + \gamma\ln h_{t+1}^j \quad (9.5)$$

其中，β 表示老年期消费的时间贴现因子；ρ 表示老年期生存概率，ρ 的值越大表示预期寿命越长；γ 表示父母对子女人力资本关心程度的权重因子。

2. 企业

本章假定完全竞争的市场经济，企业的生产函数采用 Cobb-Douglas 形式，即满足 $Y_t = DK_t^{\alpha}H_t^{1-\alpha}$，$Y_t$、$K_t$、$H_t$ 和 N_t 分别表示总产出、物质资本存量、人力资本水平和劳动人口数量，而且劳动人口数量满足关系式：$N_{t+1} = nN_t$。在企业生产利润最大化的条件下，假设资本在一期内完全折旧，本章求解出物质资本的边际收益 R_t 和劳动的边际收益 w_t。

$$R_t = D\alpha e_t^{\alpha-1} \quad (9.6)$$

$$w_t = D(1-\alpha)e_t^\alpha \quad (9.7)$$

其中，$e_t = k_t/\overline{h_t}$，$k_t = K_t/N_t$，e_t表示人均物质资本和平均人力资本的比值，k_t表示人均物质资本。

3. 养老金计发与收支

基本养老保险个人账户采用基金积累制，和储蓄具有相同的收益率R_{t+1}，个人账户养老金收入表示为式（9.8）：

$$f_{t+1}^j = \tau_f R_{t+1} w_t h_t^j \quad (9.8)$$

关于统筹账户基础养老金计发，2005年，《国务院关于完善企业职工基本养老保险制度的决定》明确规定，"退休时的基础养老金月标准以当地上年度在岗职工月平均工资和本人指数化月平均缴费工资的平均值为基数，缴费每满1年发给1%"。根据计发办法，基础养老金与个体在职期的缴费以及退休期的社会平均工资相挂钩，可以简化表示为，个体退休时点所领取养老金=[(月平均缴费指数+1)/2]×缴费年限×1%×社会平均工资。其中，月平均缴费指数为个体在职时的缴费工资与社会平均工资的比值，也就是前文引入的相对人力资本(x_t^j)。养老金会根据人口结构等进行调整，退休期的养老金收入取决于退休时点领取的养老金以及养老金调整指数，具体计算公式为：个体退休期养老金收入=个体退休时点所领取养老金×养老金调整指数。综上，个体退休期的养老金收入=(1+月平均缴费指数)×缴费年限×1%/2×养老金调整指数×社会平均工资，用公式可表示为式（9.9）。

$$p_{t+1}^j = (1+x_t^j)\pi_{t+1} w_{t+1} \overline{h_{t+1}} \quad (9.9)$$

假定不同类型群体的参保缴费年限是相同的，将基础养老金计发公式中涉及缴费年限及其他不变系数的部分统一成μ来表示，μ=(缴费年限×1%)/2。将基础养老金调整指数设为θ_{t+1}，$\pi_{t+1} = \mu\theta_{t+1}$。参考左学金（2001）、郑伟和孙祁祥（2003）、郑秉文（2011）研究的做法，将养老金平均替代率定义为平均养老金收入与社会平均工资的比值，根据式（9.2）和式（9.9）计算可知基础养老金平均替代率 $b_{p,t+1} = 2\pi_{t+1}$ [①]。

在养老保险统筹账户中，老年人的养老金收入来源于当代年轻人的养老保险缴费，政府部门需要确保基金的当期收支平衡。根据式（9.3）和式（9.9），并考虑个体的老年期生存概率 ρ，可知 $t+1$ 期的养老保险统筹账户基金收入和支出满足式（9.10）。

$$\sum \rho(1+x_t^j)\pi_{t+1}w_{t+1}\overline{h_{t+1}} = \sum \tau_p w_{t+1} h_{t+1}^j \quad (9.10)$$

结合式（9.2），并根据 $b_{p,t+1} = 2\pi_{t+1}$，式（9.10）可简化表示为式（9.11）[②]，并且可以进一步求得基础养老金平均替代率的表达式为式（9.12）。

$$\rho b_{t+1} w_{t+1} \overline{h_{t+1}} = \tau_p n w_{t+1} \overline{h_{t+1}} \quad (9.11)$$

$$b_p = \tau_p n / \rho \quad (9.12)$$

由式（9.12）可知，基础养老金平均替代率和人口结构密切相关。在养老保险缴费率不变的条件下，当老年期生存概率提高或生育率下降，即人口年龄结构老化时，基础养老金平均替代率需要相应下降才能满足基金收支平衡。

4. 市场出清

在封闭的经济系统状态中，下一期的物质资本应为当期所有个体储蓄和养老保险个人账户缴费的和，$\overline{s_t}$ 为当期社会平均储蓄，资本市场出清条件为 $K_{t+1} = \sum(\tau_f w_t h_t^j + s_t^j)$，简化如下：

---

① $b_{p,t+1} = \dfrac{\overline{p_{t+1}}}{w_{t+1}\overline{h_{t+1}}} = \dfrac{2\pi_{t+1}w_{t+1}\overline{h_{t+1}}}{w_{t+1}\overline{h_{t+1}}} = 2\pi_{t+1}$，其中，$\overline{x_t} = 1$。

② 由于 $\sum x_t^j = N_t$，式（9.10）中的 $\sum(1+x_t^j) = 2N_t$，$\sum h_t^j = N_t \overline{h_{t+1}}$，且 $N_{t+1} = nN_t$。

第九章　预期寿命延长、养老保险制度设计与收入不平等　485

$$\overline{s_t} + \tau_f w_t \overline{h_t} = nk_{t+1} \quad (9.13)$$

假设个体的劳动供给无弹性，不同收入群体的劳动供给时间相同①，在年轻时期均供给一单位劳动，劳动市场出清条件表示为

$$H_t = N_t \overline{h_t} = \sum h_t^j \quad (9.14)$$

5. 收入不平等的衡量

收入不平等通常用基尼系数来衡量。基尼系数根据洛伦兹曲线来定义，它将各类群体按照收入从低到高的顺序排列，并计算出相应的累计人口占比和累计收入占比来估计基尼系数。参照分组基尼系数计算方法，基尼系数的具体计算形式如下：

$$G_t = 1 - \sum_{j=1}^{a} \sigma_t^j \left(2\mathrm{bl}_t^j - \mathrm{br}_t^j \right) \quad (9.15)$$

其中，σ_t^j 表示每类群体人数占总人数的比重；br_t^j 表示每类群体收入占总收入的比重；bl_t^j 表示按收入从低到高排序的累计收入占比。基尼系数取值在 0 到 1 之间，取值越大，代表收入不平等的程度越高。除了基尼系数，本章同时采用简单的比值法来衡量收入不平等，两类群体的收入之比越大，则说明他们之间的收入差距越大。

基于组群分解思想和养老保险制度特点，将收入不平等划分为代内收入不平等、代际收入不平等和总体收入不平等。每个时期都存在年轻在职者和老年退休者②，而且第 t 期存在的是出生于第 $t-1$ 期的年轻在职者和出生于第 $t-2$ 期的老年退休者。第一，代内收入不平等是指同一时期出生群体之间的

---

① 本章侧重于分析养老保险对个体储蓄-教育决策的影响，为避免模型的复杂性，不考虑养老保险统筹账户对劳动决策产生的影响。其实，在基础养老金计发方式下，基础养老金收入与缴费年限（劳动供给时间）成正比，具有工作激励效应，已经极大减弱了养老保险对劳动供给的扭曲，因此可以设定个体劳动供给无弹性。

② 由于少年期没有收入来源，因此不考虑少年期。

收入不平等，既包括年轻在职者之间的收入不平等，也包括老年退休者之间的收入不平等。第二，代际收入不平等是指存在于同一时期，但是出生于不同时期的群体之间的收入不平等，主要指年轻人和老年人这两个群体之间的收入不平等。第三，总体收入不平等是指存在于同一时期的所有个体间的收入不平等，总体收入不平等包括代内收入不平等和代际收入不平等。第四，收入不平等的变化是一种时间概念，如收入不平等的下降是指第 $t+1$ 期的收入不平等程度低于第 t 期的收入不平等，这一概念适用于代内、代际和总体收入不平等。

（二）模型求解与分析

成年期个体通过选择最优的储蓄和教育投入来最大化一生的效用水平，根据式（9.5）构建拉格朗日函数，并结合式（9.1）～式（9.4）和式（9.9），本章求解出：

$$\frac{1}{C_{1t}^j} = \frac{\beta\rho R_{t+1}}{C_{2t+1}^j} \qquad (9.16)$$

$$\frac{n}{C_{1t}^j} = \frac{\beta\rho\eta p_{t+1}^j / q_t^j}{C_{2t+1}^j} + \frac{\gamma\eta}{q_t^j} \qquad (9.17)$$

式（9.16）和式（9.17）分别为成年期储蓄和子代教育投入的边际成本和收益等式。式（9.16）的左端为成年期个体进行一单位储蓄的边际成本，表现为成年期消费的减少；右端为储蓄的边际收益，表现为老年期消费的增加。式（9.17）的左端表示一单位教育投入的边际成本；右端为教育投入的边际收益，包括基础养老金收入的增加以及子代人力资本水平的提高这两部分。需要强调的是，根据式（9.2）和式（9.9），个体养老金与子代平均人力资本相联系，并且人力资本与教育投入正相关，这也就意味着子代教育投入的增加会带来养老金水平的提高。

结合式（9.3）～式（9.4）和式（9.16）～式（9.17），求得成年期个体的教育投入、储蓄和消费如下：

$$nq_t^j = \lambda_q w_t h_t^j - \chi_q nz_t + \varphi_q \frac{p_{t+1}^j}{R_{t+1}} \tag{9.18}$$

$$s_t^j = \lambda_s w_t h_t^j - \chi_s nz_t - \varphi_s \frac{p_{t+1}^j}{R_{t+1}} \tag{9.19}$$

$$C_{1t}^j = \lambda_{c1} w_t h_t^j - \chi_{c1} nz_t + \varphi_{c1} \frac{p_{t+1}^j}{R_{t+1}} \tag{9.20}$$

其中，$\lambda_q = \frac{\eta\gamma(1-\tau_p)}{\beta\rho+\eta\gamma+1}$，$\lambda_s = \frac{\beta\rho(1-\tau_p)}{\beta\rho+\eta\gamma+1} - \tau_f$，$\lambda_{c1} = \frac{1-\tau_p}{\beta\rho+\eta\gamma+1}$，$\varphi_q = \frac{\eta(\beta\rho+\gamma+1)}{\beta\rho+\eta\gamma+1}$，$\varphi_s = \frac{\beta\rho\eta+\eta\gamma+1}{\beta\rho+\eta\gamma+1}$，$\varphi_{c1} = \frac{1-\eta}{\beta\rho+\eta\gamma+1}$，$\chi_q = \frac{\eta\gamma}{\beta\rho+\eta\gamma+1}$，$\chi_s = \frac{\beta\rho}{\beta\rho+\eta\gamma+1}$，$\chi_{c1} = \frac{1}{\beta\rho+\eta\gamma+1}$；$\lambda_q$、$\lambda_s$ 和 λ_{c1} 代表基础的子女教育投入比例，以及储蓄率和成年期消费比例，并满足 $\lambda_q+\lambda_s+\lambda_{c1}=1-\tau_p-\tau_f$。$\varphi_q$ 和 φ_{c1} 反映了养老金对子女教育和成年期消费的激励效应，φ_s 反映了养老金对储蓄的替代效应，满足 $\varphi_q+\varphi_{c1}-\varphi_s=0$。$\chi_q$、$\chi_s$ 和 χ_{c1} 分别表示固定的子女抚养成本对家庭子女教育投入、储蓄和成年期消费的挤出程度，满足 $\chi_q+\chi_s+\chi_{c1}=1$。

本章定义平均人力资本增长速度 $1+g_{h,t} = \frac{\overline{h_{t+1}}}{\overline{h_t}}$，参考 de la Croix 和 Doepke (2003) 的文章设定，假定不同工资收入群体间的唯一区别是人力资本的初始水平，故在平衡增长路径上，不同工资收入群体之间不再存在收入差异，取 $x_{t+1}^j = x_t^j = 1$，此条件亦可通过后文公式（9.32）予以证明。①根据式（9.1）和

---

① 平衡增长路径上不存在人力资本异质性所依赖的假设条件为"个体之间的唯一差异为人力资本初始水平的不同"，如果存在天生能力的随机性差异，即在初始人力资本差异中引入随机性能力的冲击，那么平衡增长路径上将存在不平等，但这种不平等只反映了能力的随机性，不是我们关注的重点。另外，文章中所有结论的证明都没有用到"在平衡增长路径上，不同工资收入群体之间不再存在收入差异"这一条件，此处主要是对平衡增长路径进行相应的补充介绍。

式（9.2）可得模型中的平均人力资本增长速度$1+g_{h,t}$满足：

$$1+g_{h,t}=\frac{\overline{h_{t+1}}}{\overline{h_t}}=A\left(\overline{\frac{q_t}{h_t}}\right)^{\eta} \tag{9.21}$$

结合式（9.1），相对人力资本的动态积累方程表示如下，其中$q_{h,t}^j=q_t^j/h_t^j$。

$$x_{t+1}^j=A\left(q_t^j\right)^{\eta}\left(x_t^j\right)^{\eta+\varepsilon}\Big/(1+g_{h,t}) \tag{9.22}$$

基于式（9.18）和式（9.21），人力资本增长速度满足式（9.23）：

$$\frac{n}{A^{1/\eta}}(1+g_{h,t})^{1/\eta}=(1-\alpha)\left[\left(\lambda_q-\chi_q n\delta_z\right)De_t^{\alpha}+\frac{b_p\varphi_q(1+g_{h,t})e_{t+1}}{\alpha}\right] \tag{9.23}$$

根据式（9.6）、式（9.7）、式（9.13）、式（9.19）可以求得$t+1$期的人均物质资本：

$$k_{t+1}=\vartheta w_t\overline{h_t} \tag{9.24}$$

其中，$\vartheta=\dfrac{\alpha\left(\lambda_s+\tau_f-\chi_s n\delta_z\right)}{n\alpha+\varphi_s b_p(1-\alpha)}$。定义人均物质资本增长速度$1+g_{k,t}=\dfrac{k_{t+1}}{k_t}$，结合式（9.7）和式（9.24），可得人均物质资本积累满足：

$$1+g_{k,t}=\vartheta D(1-\alpha)e_t^{\alpha-1} \tag{9.25}$$

定义稳态时人力资本和物质资本的增长速度一样，$g_{h,t}=g_{k,t}=g^*$，满足$e_t=e_{t+1}=e^*$，联立式（9.23）和式（9.25），求得稳态时的平衡增长路径以及单位有效人力资本的表达式如下：

$$e^*=\left\{\left(\frac{A}{\vartheta D(1-\alpha)}\right)^{\frac{1}{\eta}}(1-\alpha)D\left[\left(\lambda_q-\chi_q n\delta_z\right)+b_p\varphi_q\vartheta(1-\alpha)/\alpha\right]\Big/n\right\}^{\frac{\eta}{\alpha(1-\eta)-1}} \tag{9.26}$$

$$1+g^*=\vartheta D(1-\alpha)\left(e^*\right)^{\alpha-1} \tag{9.27}$$

1. 养老保险制度与代内收入不平等

结论 9.1：在外生生育假设下，中国养老保险统筹账户具有正向收入再分配功能，提高了低收入群体的相对养老金收入，这不仅缩小了退休期的基础养老金收入差距，还通过储蓄替代效应和人力资本激励效应促使低收入群体更多地对子代进行教育投入，缩小了子代的人力资本差距，降低了代内收入不平等。[①]

根据式（9.8）可知，养老保险个人账户不存在不同收入群体之间的代内收入再分配功能，退休期的个人账户养老金收入差距与在职期的工资收入差距相同。同时，个人账户养老金不会影响个体缴费之后的"储蓄-教育"决策和子代的代内收入不平等，所以此部分将围绕养老保险统筹账户来分析养老保险制度调节代内收入分配的功能。

1）养老保险统筹账户缩小基础养老金收入差距

基础养老金计发具有收入关联特征，退休者的养老金计发基础主要是其在职时期的缴费工资（或缴费指数），因此他们在退休期的养老金收入差距仍部分依赖于在职期的收入差距水平。但是，基础养老金的收入关联机制并非简单的关联，它还具有明显的正向收入再分配功能，养老金计发公式是以职工缴费指数和1的均值作为计发基数，相当于将所有个体的缴费基数都拉拢到平均值1的附近，因此存在高收入者向低收入者的部分收入转移。相比在职期的收入不平等，他们退休期的基础养老金收入不平等程度会有所降低。以两类群体为例进行分析，高收入者和低收入者退休期的基础养老金收入分别为 p_{t+1}^2 和 p_{t+1}^1，以 p_{t+1}^2 / p_{t+1}^1 表示他们的基础养老金收入差距，并以相对人力

[①] 结论9.1的具体证明公式为：公式（9.28）证明不同群体退休期养老金收入差距缩小；公式（9.29）证明低收入群体对子代进行更高比例的教育投入；公式（9.32）证明代内收入不平等程度下降。结论9.1中的储蓄替代效应强调养老金对低收入者的储蓄替代程度相对较高，对高收入者的储蓄替代程度相对较低；相应地，人力资本激励效应强调养老金对低收入者的人力资本激励程度相对较高，对高收入者的人力资本激励程度相对较低。

资本之比 x_t^2/x_t^1 来表示他们在职期的收入差距，M_t 用于比较他们退休期和在职期的收入差距。根据式（9.9），计算可得

$$M_t = \frac{p_{t+1}^2}{p_{t+1}^1} - \frac{x_t^2}{x_t^1} = \frac{1+x_t^2}{1+x_t^1} - \frac{x_t^2}{x_t^1} = \frac{x_t^1 - x_t^2}{(1+x_t^1)x_t^1} < 0 \quad (9.28)$$

因为 $x_t^1 < x_t^2$，可得 $M_t < 0$。这说明与在职期相比，职工退休期的基础养老金收入差距相对较小。

2）养老保险统筹账户降低子代的代内收入不平等

根据式（9.18）～式（9.20），并结合式（9.2）和式（9.9），容易得出个体年轻期的子代教育投入、储蓄和消费分别占缴费后工资的比重为

$$\delta_{q,t}^j = \lambda_q - \chi_q n\delta_z/x_t^j + \omega_{t+1}\varphi_q(1+x_t^j)/2x_t^j \quad (9.29)$$

$$\delta_{s,t}^j = \lambda_s - \chi_s n\delta_z/x_t^j - \omega_{t+1}\varphi_s(1+x_t^j)/2x_t^j \quad (9.30)$$

$$\delta_{c1,t}^j = \lambda_{c1} - \chi_{c1} n\delta_z/x_t^j + \omega_{t+1}\varphi_{c1}(1+x_t^j)/2x_t^j \quad (9.31)$$

其中，$\delta_{q,t}^j = nq_t^j/w_t h_t^j$、$\delta_{s,t}^j = s_t^j/w_t h_t^j$ 和 $\delta_{c1,t}^j = C_{1t}^j/w_t h_t^j$ 表示个体将工资收入的 $\delta_{q,t}^j$、$\delta_{s,t}^j$ 和 $\delta_{c1,t}^j$ 分别用于教育、储蓄和成年期消费，并且，$\delta_{q,t}^j + \delta_{s,t}^j + \delta_{c1,t}^j = 1 - \tau_p - \tau_f$。引入变量 ω 来表示不因群体异质性而存在差异的其他变量，$\omega_{t+1} = \dfrac{b_p w_{t+1} \overline{h_{t+1}}}{R_{t+1} w_t \overline{h_t}}$ 表示单位平均养老金贴现至成年期后占平均工资收入的比重。对于类型 j 的个体而言，$\dfrac{\omega_{t+1}(1+x_t^j)}{2x_t^j}$ 代表了基础养老金收入 p_{t+1}^j 贴现至成年期后占工资收入 $w_t h_t^j$ 的比重。

根据式（9.29）～式（9.31），在不考虑养老金收入对个体决策产生的影响时，个体的教育投入比例 $\delta_q^j = \lambda_q$，储蓄率 $\delta_s^j = \lambda_s$，成年期消费占比 $\delta_{c1}^j = \lambda_{c1}$，个体决策与收入水平无关。考虑养老金收入后，所有个体的储蓄率下降，教

育投入占比和成年期消费占比增加。具体而言，在不考虑养老金收入时，个体存在固定比例的最优储蓄和老年期消费。在考虑养老金收入之后，由于基础养老金与社会平均工资挂钩，个体通过子女教育投入这一途径可以在老年期获得更多的养老金收入，由此促进了子代教育投入并替代了个体为老年期进行的储蓄，表现为储蓄率降低和教育投入比例提高，本章称之为养老保险的储蓄替代效应和人力资本激励效应。需要说明的是，养老保险个人账户类似于强制性储蓄，使得个体年轻时期的储蓄减少了 $\tau_f w_t h_t^j$，但是个人账户并不会改变缴费后个体的"储蓄-教育"决策。

从人力资本异质性视角来看，当相对人力资本 x 较高时，个体的教育投入比例和消费占比相对较低，而储蓄率相对较高。这意味着在养老保险制度具有现收现付设计的经济体内，高收入群体将更高收入比重用于储蓄，低收入群体则将收入更大比例地用于子代的教育投入和消费。我们可以从基础养老金的正向收入再分配功能来理解不同收入群体的"储蓄-教育"决策，基础养老金以个体工资与社会平均工资的均值为基数，这使得职工退休后的养老金收入都朝着平均水平靠拢，低收入者的养老金水平相对于他们的收入或养老保险缴费水平而言较高，即低收入者的相对养老金收入高。由此，基础养老金对低收入者的储蓄替代程度最高，使得他们更倾向于减少储蓄并对子代进行更多的教育投入。

当低收入者将收入中相对更高的比重用于子代教育投入时，下一代在职者的工资收入差距变小，代内收入不平等程度降低，代际流动性增强。以两类群体为例进行分析，高收入者和低收入者的相对人力资本分别为 x_t^2 和 x_t^1，他们对子代的教育投入占缴费后工资的比重分别为 $\delta_{q,t}^2$ 和 $\delta_{q,t}^1$，他们子代的相对人力资本分别为 x_{t+1}^2 和 x_{t+1}^1。此处以两类群体的相对人力资本之比来衡量代内收入不平等程度，父代和子代在职者的代内收入不平等程度分别为 $\dfrac{x_t^2}{x_t^1}$ 和 $\dfrac{x_{t+1}^2}{x_{t+1}^1}$。结合式（9.1）~式（9.2）和式（9.29），在职者的代内收入不平等变化 V_t 如式（9.32）所示：

$$V_t = \left(\dfrac{x_t^2}{x_t^1}\right) \Big/ \left(\dfrac{x_{t+1}^2}{x_{t+1}^1}\right) = \left(\dfrac{\delta_{q,t}^2}{\delta_{q,t}^1}\right)^{-\eta} \left(\dfrac{x_t^2}{x_t^1}\right)^{1-\eta-\varepsilon} \qquad (9.32)$$

由于满足 $\delta_{q,t}^2 < \delta_{q,t}^1$、$x_t^2 > x_t^1$、$\eta > 0$、$1-\eta-\varepsilon > 0$ 的条件，可知 $V_t > 1$，即子代在职者的代内收入不平等程度低于父代，在职者子代的代内收入不平等程度降低。

在具有正向收入分配、储蓄替代效应及人力资本激励效应的养老保险统筹账户中，子代的在职者代内收入不平等呈现下降趋势，退休者代内收入不平等也同样呈现出下降趋势，养老保险统筹账户发挥着降低代内收入不平等的功能。另外，容易证明 $\dfrac{\partial V}{\partial \varepsilon} < 0$，这表明人力资本代际传递性增强会使代内收入不平等的下降幅度变小。

2. 预期寿命、养老保险制度与代内收入不平等

结论 9.2：在外生生育假设下，预期寿命延长对养老保险统筹账户降低代内收入不平等功能的影响取决于两个方面：一方面，预期寿命延长通过降低基础养老金平均替代率和人力资本激励效应，并提高子女抚养成本对储蓄的挤出，从而弱化养老保险的代内收入分配效应；另一方面，预期寿命延长通过提高基础储蓄率，并降低储蓄替代效应、基础教育投入占比和子女抚养成本对教育的挤出，从而强化养老保险的代内收入分配效应，后一种效应要强于前一种效应。

根据式（9.29）将高收入群体和低收入群体的子代教育投入比例分别设

为 $\delta_{q,t}^2$ 和 $\delta_{q,t}^1$，可得低收入群体与高收入群体的子代教育投入比例之差为式（9.33）中的 I_t。当低收入群体与高收入群体的子代教育投入比例差值 I_t 增大时，$\dfrac{\delta_{q,t}^2}{\delta_{q,t}^1}$ 取值变小，V_t 取值变大，这意味着子代的代内收入不平等下降幅度进一步变大；反之，I_t 减小会使子代的代内收入不平等下降幅度变小。

$$I_t = \delta_{q,t}^1 - \delta_{q,t}^2 = \left[-\chi_q n\delta_z + \frac{(1-\alpha)(\lambda_s + \tau_f)\varphi_q}{\dfrac{n\alpha}{b_p} + \varphi_s(1-\alpha)} \right] \frac{x_t^2 - x_t^1}{2x_t^2 x_t^1} \quad (9.33)$$

由于个体的教育投入决策是在给定收入水平时决定的，故此处可将相对人力资本水平 x_t^2 和 x_t^1 视为已知。根据式（9.33）可知，预期寿命延长通过基础养老金平均替代率 b_p 和基础储蓄率 λ_s，以及表示养老保险储蓄替代效应的 φ_s 和人力资本激励效应的 φ_q 来影响养老保险的代内收入分配功能。另外，为便于分析，我们采用子代教育投入比例差值 I_t 来分析代内收入不平等，但这使得不同收入群体基础的子代教育投入占比 λ_q 相互抵消，结合式（9.29）、式（9.32）和式（9.33）可知，基础的子代教育投入占比 λ_q 也会影响代内收入不平等。

结合前文可得老年期生存概率与基础储蓄率同向变动，与养老保险的储蓄替代效应、人力资本激励效应以及基础养老金平均替代率反向变动（$\dfrac{\partial \lambda_s}{\partial \rho} > 0$，$\dfrac{\partial \varphi_s}{\partial \rho} < 0$，$\dfrac{\partial \varphi_q}{\partial \rho} < 0$，$\dfrac{\partial b_p}{\partial \rho} < 0$）。首先，当预期寿命延长时，个体在成年期会选择多储蓄以应对老年长寿风险（胡翠和许召元，2014；汪伟和艾春荣，2015），基础储蓄率提高并且养老保险对储蓄的替代作用下降。其次，基础养老金能够替代储蓄并使个体将这部分被替代的储蓄用于子代教育，那么储蓄替代效应的下降显然会使得人力资本投资的激励效应变弱。再次，在确保基金当期收支平衡并且缴费确定的养老保险体系中，人口年龄结构老化

必然导致基础养老金平均替代率水平下降。最后，预期寿命延长使得个体更倾向于多储蓄，进而对子代教育投入造成一定挤出，使得基础的子代教育投入占比降低。

第一，养老保险的人力资本激励效应下降。

预期寿命越长，养老保险的人力资本激励效应越小，在职者子代的代内收入不平等下降幅度越小（$\frac{\partial I}{\partial \varphi_q} \cdot \frac{\partial \varphi_q}{\partial \rho} < 0$）。结合式（9.18），$\varphi_q$ 可理解为当基础养老金现值增加一单位时，子代教育投入相应增加 φ_q 单位，φ_q 下降意味着单位基础养老金对子代教育投入的促进作用变小。由于低收入群体的收入水平低，当子代教育投入下降同等单位时，他们的子代教育投入比例下降幅度反而大，而高收入群体的子代教育投入比例下降幅度小，高低收入群体的子代教育投入比例差值变小，这显然不利于低收入群体子代缩小与高收入群体子代的人力资本差距，使得在职者子代的代内收入不平等下降幅度变小。

第二，基础养老金平均替代率下降。

预期寿命越长，基础养老金平均替代率水平越低，在职者子代的代内收入不平等下降幅度越小（$\frac{\partial I}{\partial b} \cdot \frac{\partial b_p}{\partial \rho} < 0$）。结合式（9.18），纳入养老保险制度后的子代教育投入增加值为 $\frac{\varphi_q p_{t+1}^j}{R_{t+1}}$，子代教育投入增加值与个体养老金收入呈正相关。养老金平均替代率下降使得不同收入群体的养老金收入水平下降且下降幅度相同，子代教育投入增加值的下降幅度也相同。不同收入群体的基础教育投入比例相同，他们的子代教育投入比例差别在于纳入养老保险制度后增加的那部分教育投入，因此当这部分教育投入以同等比例下降时，低收入群体与高收入群体的子代教育投入比例差值也将以同等比例变小。当低收入群体与高收入群体的子代教育投入比例差值 I 减小时，在职者子代的代

内收入不平等下降幅度变小。

第三，基础储蓄率提高。

预期寿命越长，基础储蓄率越高，在职者子代的代内收入不平等下降幅度越大（$\frac{\partial I}{\partial \lambda_s} \cdot \frac{\partial \lambda_s}{\partial \rho} > 0$）。由于纳入养老保险制度后的子代教育投入增加值为 $\frac{\varphi_q p_{t+1}^j}{R_{t+1}}$，当基础养老金收入水平提高或者利率水平降低时，养老保险对子代教育投入的促进作用变大。结合式（9.6）、式（9.7）、式（9.13）和式（9.19）可知，基础储蓄率提高会增加基础工资，从而提高基础养老金收入并且降低利率水平，这意味着个体养老金收入现值增加，纳入养老保险制度后增加的那部分子代教育投入相应提高并且不同收入群体的提高比例相同。当低收入群体与高收入群体的教育投入比例差值以一定比例增大，即子代教育投入比例差值 I 增大时，会使得在职者子代的代内收入不平等下降幅度变大。

第四，养老保险的储蓄替代效应下降。

预期寿命越长，养老保险的储蓄替代效应越小，在职者子代的代内收入不平等下降幅度越大（$\frac{\partial I}{\partial \varphi_s} \cdot \frac{\partial \varphi_s}{\partial \rho} > 0$）。结合式（9.19），养老保险的储蓄替代效应变小会使得总储蓄水平提高，与基础储蓄率增加的分析相同，储蓄水平提高会通过增加基础工资来提高基础养老金收入现值，进而使不同收入群体因养老保险制度而增加的那部分子代教育投入以同等比例提高。由于纳入养老保险制度后增加的子代教育投入决定了低收入群体与高收入群体的子代教育投入差别，因此当这部分教育投入以同等幅度提高时，低收入群体与高收入群体的子代教育投入比例差值也将以这一幅度增大，在职者子代的代内收入不平等下降幅度变大。

第五，基础的教育投入占比下降。

预期寿命越长，基础的教育投入占比越小，在职者子代的代内收入不平等下降幅度越大。根据式（9.29）可知，在不考虑养老保险制度的人力资本激励效应时，基础的教育投入占比降低并不会改变代内收入不平等。由于基础养老金收入促使低收入群体更多投资于子代教育，当 λ_q 降低时，养老金收入对低收入群体子代教育投入的激励作用在他们的总教育投入中所占的比重将有所提升，低收入群体和高收入群体子代教育投入占比的比值会提高，这意味着低收入群体的子代教育投入占比相对增加，从而有利于增强养老保险制度对代内收入分配的正向调节作用，降低代内收入不平等。

第六，子女抚养成本对教育的挤出程度下降。

预期寿命越长，子女抚养成本对教育的挤出程度越小，在职者子代的代内收入不平等下降幅度越大（$\frac{\partial I}{\partial \chi_q} \cdot \frac{\partial \chi_q}{\partial \rho} > 0$）。固定的子女抚养成本对低收入群体子代教育投入的挤出程度相对较高，因此当子女抚养成本对教育投入的挤出程度变小时，低收入群体的子代教育投入比例增加的幅度相对更大，低收入群体与高收入群体的子代教育投入比例差值增大，子代在职者的代内收入不平等下降幅度变大。

第七，子女抚养成本对储蓄的挤出程度提高。

预期寿命越长，子女抚养成本对储蓄的挤出程度越高，在职者子代的代内收入不平等下降幅度越小（$\frac{\partial I}{\partial \chi_s} \cdot \frac{\partial \chi_s}{\partial \rho} < 0$）。固定的子女抚养成本对储蓄的挤出程度提高，从而降低了储蓄水平，这会减少物质资本积累和基础养老金收入现值。不同收入群体因养老保险制度而增加的那部分子代教育投入以同等比例降低，低收入群体和高收入群体的子代教育投入比例差值也将同等降低，他们子代的人力资本差距变大，在职者子代的代内收入不平等下降幅度变小。

综上，预期寿命延长会降低基础养老金平均替代率并减弱养老保险对子代教育的激励效应，从而使得子代的代内收入不平等下降幅度变小。同时，预期寿命延长也会提高基础储蓄率并降低储蓄替代效应和基础教育投入占比，从而使子代的在职者代内收入不平等下降幅度变大。在这两方面的共同作用之下，后一种效应的影响程度要强于前一种效应，即预期寿命延长最终表现为强化养老保险调节代内收入分配的功能，代内收入不平等随预期寿命的延长而下降。

3. 预期寿命、养老保险制度与代际收入不平等

结论 9.3：在外生生育假设下，一方面，预期寿命延长会增加老年退休者人数，代际人口结构变化对代际收入不平等的影响方向不明确；另一方面，预期寿命延长还会降低基础养老金和个人账户养老金平均替代率，从而使得代际收入不平等加剧。在这两方面共同作用之下，预期寿命延长表现为提高代际收入不平等。

为便于表示代际收入不平等，本章根据式（9.6）～式（9.8）和式（9.24），求出了个人账户养老金的平均替代率 $b_{f,t+1}$，如式（9.34）所示。在模型参数不发生改变时，个人账户养老金平均替代率为固定值 b_f。

$$b_{f,t+1} = \frac{\overline{f_{t+1}}}{w_{t+1}\overline{h_{t+1}}} = \frac{\tau_f R_{t+1} w_t \overline{h_t}}{w_{t+1}\overline{h_{t+1}}} = \frac{\tau_f \alpha}{\vartheta(1-\alpha)} \quad (9.34)$$

代际收入不平等衡量的是同一时期在职者和退休者之间的收入差距，他们的平均收入分别为缴费后的平均工资收入和平均养老金收入。在职者在缴纳养老保险费后的平均工资收入为 $(1-\tau_f-\tau_p)w_{t+1}\overline{h_{t+1}}$，当期退休者的平均养老金收入为 $(b_p+b_f)w_{t+1}\overline{h_{t+1}}$，同时，在职者和退休者的人数分别为 N_{t+1} 和 ρN_t，根据基尼系数计算公式，可得表示代际收入不平等的基尼系数 G_B。[①]

[①] 计算基尼系数需要将收入群体划分为高收入者和低收入者，结合实际，此处将老年退休群体视为低收入者，将年轻在职群体视为高收入者。

$$G_B = \frac{\rho n\left(1-\tau_f-\tau_p-b_p-b_f\right)}{(\rho+n)\left[n\left(1-\tau_f-\tau_p\right)+\rho\left(b_p+b_f\right)\right]} \quad (9.35)$$

从公式（9.35）可以看出，在模型参数不发生变化时，代际收入不平等保持不变，养老金计发方式本身不影响代际收入不平等，预期寿命延长会加剧代际收入不平等（$\frac{\partial G_B}{\partial \rho}>0$）。

预期寿命延长通过以下三方面提高代际收入不平等：第一，与年轻在职者相比，老年退休群体属于这个社会养老保险体系的低收入群体，预期寿命延长意味着收入相对较低的老年退休群体的人数增加，代际人口结构变化对代际收入不平等的影响是模糊的。第二，预期寿命延长通过降低基础养老金平均替代率 b_p 加剧代际收入不平等。根据公式（9.12）可知，为维持养老保险统筹账户基金收支平衡，预期寿命延长会使得基础养老金平均替代率水平下降，这意味着收入较低的老年退休群体的收入水平下降，代际收入不平等程度上升。第三，预期寿命延长通过降低个人账户养老金平均替代率 b_f 加剧代际收入不平等。结合前文分析，预期寿命延长使得储蓄率及人均物质资本提高，利率水平下降（陈国进和李威，2013；朱超和易祯，2020），个人账户养老金的回报率和平均替代率相应下降。

已有文献通常关注到了预期寿命延长通过养老保险统筹账户养老金平均替代率对收入不平等产生的影响（von Weizsäcker，1995），却忽视了预期寿命延长同样会降低个人账户养老金平均替代率，加剧代际收入不平等，本章在统账结合模式下的研究揭示这一新的理论机制。另外，就现实而言，企业年金、商业保险和个人储蓄模式下的养老金其实类似于基金制的养老保险个人账户，预期寿命延长会使资本收益步入下行通道（Brooks，2002），个人养老金将面临无法升值保险的风险。通过个人账户或类个人账户的制度设计虽然可以缓解政府的养老金支付压力,但在养老金保值增值和调节代际收入分配方面的作用或许并不如预期,因此要谨慎看待个人账户在应对长寿风险与解决养老保障问题中的积极效果。

4. 预期寿命、养老保险制度与总体收入不平等

结论 9.4:在外生生育假设下,当预期寿命等参数不发生改变时,养老保险制度会降低总体收入不平等;预期寿命延长可能增强也可能弱化养老保险制度对总体收入分配的正向调节作用。

总体收入不平等由在职者的代内收入不平等、退休者的代内收入不平等,以及在职者和退休者之间的代际收入不平等这三部分共同决定。我们可以通过比较第 t 期和第 $t+1$ 期的总体不平等来分析总体收入不平等的时期变化,将第 t 期退休者和在职者的代内收入不平等分别表示为 $\dot{A}$ 和 $\dot{B}$,他们之间的代际收入不平等用 $\dot{AB}$ 表示;第 $t+1$ 期退休者和在职者的代内收入不平等分别表示为 $\dot{C}$ 和 $\dot{D}$,代际收入不平等用 $\dot{CD}$ 表示,如表 9.1 所示。

表 9.1　养老保险制度与总体收入不平等

第 t 期	第 $t+1$ 期
退休者($\dot{A}$)	退休者($\dot{C}$)
在职者($\dot{B}$)	在职者($\dot{D}$)

养老保险统筹账户降低了子代(在职者)代内收入不平等,则第 t 期在职者的代内收入不平等程度要高于第 $t+1$ 期,满足:$\dot{B}>\dot{D}$。同时,第 t 期退休者是第 $t+1$ 期退休者的父代,他们在职时的不平等也满足父代高于子代的特征,并且退休期的养老金收入差距只是相对缩小了他们在职期的收入差距,并未改变收入不平等的方向,所以满足:$\dot{A}>\dot{C}$。结合式(9.35),当模型参数(主要指缴费率和人口老龄化相关参数)不变时的代际收入不平等保

持不变，满足 $\dot{AB}=\dot{CD}$。综上，第 t 期的代内收入不平等程度均高于第 $t+1$ 期并且代际收入不平等相同，所以第 t 期的总体收入不平等高于第 $t+1$ 期，养老保险制度使得总体收入不平等呈现下降趋势。

结合前文，预期寿命延长会降低代内收入不平等，并提高代际收入不平等，对总体收入不平等的影响方向无法判别，需要通过后文的数值模拟来分析和判断。

二、内生生育率框架下的模型构建和求解分析

中国的生育政策经历了从独生子女政策到双独二孩政策，再到单独二孩政策的过程，并于 2016 年正式开始实施全面二孩政策，2021 年开始实施三孩政策。生育政策的逐步放开意味着家庭可以增加生育子女的数量，并具有一定的生育选择空间。本节进一步讨论在完全放开生育政策的情形下，预期寿命延长对养老保险收入分配效应的影响。

（一）模型构建

内生生育率与外生生育率框架下的模型设定类似，参考本章第三节的模型构建部分，假定经济体内存在 a 类不同工资收入群体，每类群体内部的收入具有同质性，群体间的收入具有异质性，而且工资收入差异体现为人力资本水平的差别。子代人力资本和相对人力资本函数的设定与本章第三节完全相同，此处不再赘述。

1. 个体

个体一生仍然分为三个阶段，分别为少年期、成年期和老年期，假设个体都能存活到成年期，但成年后只能以一定的概率存活到老年期。与本章第三节模型设定不同的是，在内生生育率框架下，个体在成年期可以自由选择生育子女的数量，个体成年期的预算约束由式（9.36）给出：

$$C_{1t}^j = \left(1 - \tau_f - \tau_p\right) w_t h_t^j - s_t^j - n_t^j \left(z_t + q_t^j\right) \quad (9.36)$$

其中，n_t^j 表示生育子女的数量，其他变量和参数的含义与本章第三节相同，老年期的预算约束与式（9.4）相同，这里不再赘述。

个体的所有决策是在成年期做出的，成年期个体关心自己的成年期和老年期消费，以及子女的数量和人力资本水平，构建效用函数如下：

$$U_t^j = \ln C_{1t}^j + \beta \rho \ln C_{2t+1}^j + \gamma \ln h_{t+1}^j + \zeta \ln n_t^j \quad (9.37)$$

其中，ζ 表示父母对子女数量的权重程度，其他变量和参数的含义与本章第三节相同。

2. 企业

外生和内生生育率的差别设定并不会影响企业部门的决策。在企业生产利润最大化的条件下，假设资本在一期内完全折旧，本文求解出物质资本的边际收益 R_t 和劳动的边际收益 w_t，与本章第三节的式（9.6）和式（9.7）相同，这里不再赘述。

3. 养老金计发与收支

基本养老保险个人账户和统筹账户养老金计发与式（9.8）和式（9.9）的设定相同。在内生生育率框架下，$\overline{n_t}$ 表示平均生育率，与式（9.12）类似，我们求解出基础养老金平均替代率如式（9.38）所示。

$$b_{p,t+1} = \tau_p \overline{n_t} / \rho \quad (9.38)$$

4. 市场出清

参照本章第三节的市场出清公式，资本市场出清条件如式（9.39）所示，具体含义不再赘述，即

$$\overline{s}_t + \tau_f w_t \overline{h}_t = \overline{n}_t k_{t+1} \quad (9.39)$$

假设个体的劳动供给无弹性，不同收入群体的劳动供给时间相同，在年轻时期均供给一单位劳动，劳动市场出清条件表示为

$$H_t = N_t \overline{h}_t = \sum h_t^j$$

（二）模型求解和分析

成年期个体通过选择最优的储蓄、子代教育和生育数量来最大化一生的效用水平，根据式（9.37）构建拉格朗日函数，并结合式（9.1）、式（9.2）、式（9.4）、式（9.9）和式（9.36），本节求解出：

$$\frac{1}{C_{1t}^j} = \frac{\beta \rho R_{t+1}}{C_{2t+1}^j} \quad (9.40)$$

$$\frac{n_t^j}{C_{1t}^j} = \frac{\beta \rho \eta p_{t+1}^j / q_t^j}{C_{2t+1}^j} + \frac{\gamma \eta}{q_t^j} \quad (9.41)$$

$$\frac{z_t + q_t^j}{C_{1t}^j} = \frac{\zeta}{n_t^j} \quad (9.42)$$

式（9.40）和式（9.41）分别为成年期储蓄和子代教育投入的边际成本和收益等式。式（9.40）的左端为成年期个体进行一单位储蓄的边际成本，表现为成年期消费的减少；右端为储蓄的边际收益，表现为老年期消费的增加。式（9.41）的左端表示一单位教育投入的边际成本；右端为教育投入的边际收益，包括基础养老金收入的增加以及子代人力资本水平的提高这两部分。需要强调的是，根据式（9.1）和式（9.9），个体养老金与子代平均人力资本相联系，并且人力资本与教育投入正相关，这也就意味着子代教育投入的增加会带来养老金水平的提高。式（9.42）的左端为生育子女的边际成本，包括抚养成本和教育投入；右端为生育子女带来的边际收益，表现为在利他主义下孩子数量增加带来的个人效用的增进。

结合式（9.9）、式（9.36）和式（9.40）～式（9.42），求得成年期个体的消费、储蓄、子女教育投入和生育孩子数量如下：

$$C_{1t}^{j} = \lambda_{c1} w_t h_t^j + \varphi_{c1} \frac{p_{t+1}^j}{R_{t+1}} \tag{9.43}$$

$$s_t^j = \lambda_s w_t h_t^j - \varphi_s \frac{p_{t+1}^j}{R_{t+1}} \tag{9.44}$$

$$n_t^j q_t^j = \lambda_q w_t h_t^j + \varphi_q \frac{p_{t+1}^j}{R_{t+1}} \tag{9.45}$$

$$n_t^j = \frac{1}{z_t} \left(\lambda_n w_t h_t^j - \varphi_n \frac{p_{t+1}^j}{R_{t+1}} \right) \tag{9.46}$$

其中，$\lambda_{c1} = \frac{(1-\tau_p)}{1+\beta\rho+\zeta}$，$\lambda_s = \frac{\beta\rho(1-\tau_p)}{1+\beta\rho+\zeta} - \tau_f$，$\lambda_n = \frac{(\zeta-\gamma\eta)(1-\tau_p)}{1+\beta\rho+\zeta}$，$\lambda_q = \frac{\gamma\eta(1-\tau_p)}{1+\beta\rho+\zeta}$，$\lambda_{c1}$、$\lambda_s$、$\lambda_n$ 和 λ_q 分别代表成年期的基础消费比例、基础储蓄率、子女的基础抚养成本和教育投入占比，并满足 $\lambda_q + \lambda_n + \lambda_s + \lambda_{c1} = 1 - \tau_p - \tau_f$；$\varphi_n = \frac{(1+\beta\rho+\zeta+\gamma)\eta - \zeta}{1+\beta\rho+\zeta}$，$\varphi_q = \frac{(1+\beta\rho+\zeta+\gamma)\eta}{1+\beta\rho+\zeta}$，$\varphi_s = \frac{1+\zeta}{1+\beta\rho+\zeta}$，$\varphi_{c1} = \frac{1}{1+\beta\rho+\zeta}$，$\varphi_q$ 和 φ_{c1} 分别表示养老金对子女教育和成年期消费的激励效应，φ_s 表示养老金对储蓄的替代效应，φ_n 表示养老金收入对子女数量的影响，满足 $\varphi_q + \varphi_{c1} - \varphi_n - \varphi_s = 0$。需要说明的是，从经济社会发展与生育率不断下降的趋势来看，人们对子女数量的偏好下降，对质量的偏好上升，通常可以满足 $\zeta < (1+\beta\rho+\gamma)\eta/(1-\eta)$，$\varphi_n$ 的符号为正，这意味着养老金收入对家庭生育子女数量造成挤出。

根据式（9.45）和式（9.46），容易求得每个孩子的教育支出 q_t^j。由于

$k_{t+1} = \vartheta w_t \overline{h_t}$,结合式(9.6)、式(9.7)、式(9.9)和式(9.11),可得 $\dfrac{p_{t+1}^j}{R_{t+1}} = \dfrac{(\lambda_s + \tau_f)(1+x_t^j)}{\rho\alpha/\tau_p + \varphi_s(1-\alpha)}\dfrac{(1-\alpha)}{2}w_t\overline{h_t}$,此处定义 $\varGamma = \dfrac{(\lambda_s+\tau_f)}{\rho\alpha/\tau_p + \varphi_s(1-\alpha)}\dfrac{(1-\alpha)}{2}$,

$\dfrac{p_{t+1}^j}{R_{t+1}} = \varGamma(1+x_t^j)w_t\overline{h_t}$,$\varGamma$ 取值越大,老年期的养老金收入水平越高。每个孩子的教育支出 q_t^j 表示如下:

$$q_t^j = z_t\dfrac{\lambda_q x_t^j + \varphi_q \varGamma(1+x_t^j)}{\lambda_n x_t^j - \varphi_n \varGamma(1+x_t^j)} \qquad (9.47)$$

1. 养老保险制度与代内收入不平等

结论 9.5:在内生生育假设下,中国养老保险统筹账户具有正向收入再分配功能,这不仅会提高低收入群体的相对养老金收入并降低退休者代内收入不平等,还会影响在职者代内收入不平等。一方面,养老保险制度通过储蓄替代效应和人力资本激励效应促使低收入群体对每个孩子进行更多的教育投入,从而缩小子代的人力资本差距和在职者代内收入不平等;另一方面,基于"数量-质量"互替机制,低收入群体的生育数量降幅更大,由于代内人口结构变化对代内收入不平等的影响是模糊的,从而使养老保险制度对代内收入不平等的影响方向变得不明确。

根据式(9.43)~式(9.47),并结合式(9.2)和式(9.9),容易得出个体年轻期的子代教育投入、储蓄和消费分别占缴费后工资的比重为

$$\delta_{c1,t}^j = \lambda_{c1} + \varphi_{c1}\varGamma(1+x_t^j)/x_t^j \qquad (9.48)$$

$$\delta_{s,t}^j = \lambda_s - \varphi_s\varGamma(1+x_t^j)/x_t^j \qquad (9.49)$$

$$\delta_{q,t}^j = \dfrac{\delta_z}{x_t^j}\dfrac{\lambda_q x_t^j + \varphi_q\varGamma(1+x_t^j)}{\lambda_n x_t^j - \varphi_n\varGamma(1+x_t^j)} \qquad (9.50)$$

$$n_t^j = \frac{\lambda_n x_t^j}{\delta_z} - \frac{\varphi_n \Gamma(1+x_t^j)}{\delta_z x_t^j} \qquad (9.51)$$

其中，$\delta_{q,t}^j = q_t^j / w_t h_t^j$，$\delta_{s,t}^j = s_t^j / w_t h_t^j$，$\delta_{c1,t}^j = C_{1t}^j / w_t h_t^j$，指个体将工资收入的 $\delta_{q,t}^j$ 用于每个孩子的教育支出，并将工资收入的 $\delta_{s,t}^j$ 和 $\delta_{c1,t}^j$ 分别用于储蓄和成年期消费。

根据式（9.48）~式（9.49），在不考虑养老金收入对个体决策产生的影响时，个体的储蓄率 $\delta_s^j = \lambda_s$，成年期消费占比 $\delta_{c1}^j = \lambda_{c1}$，个体决策与收入水平无关。考虑养老金收入后，所有个体的储蓄率下降，成年期消费占比增加。根据公式（9.50）容易证明考虑养老金收入之后，所有个体对每个孩子的教育投资占比提高。[①]具体而言，在不考虑养老金收入时，个体存在固定比例的最优储蓄和老年期消费。在考虑养老金收入之后，由于基础养老金与社会平均工资挂钩，个体通过子女教育投入这一途径可以在老年期获得更多的养老金收入，由此促进了子代教育投入并替代了个体为老年期进行的储蓄，表现为储蓄率降低和教育投入比例提高，本章称之为养老保险的储蓄替代效应和人力资本激励效应。需要说明的是，养老保险个人账户类似于强制性储蓄，使得个体年轻时期的储蓄减少了 $\tau_f w_t h_t^j$，但是个人账户并不会改变缴费后个体的"储蓄–教育"决策。

1）生育质量（人力资本）差异维度下的代内收入不平等

从生育质量差异来看：根据公式（9.50）可知，当相对人力资本 x 较低时，个体的教育投入比例 δ_q 相对较高[②]，即低收入群体对每个孩子的教育投

[①] $\dfrac{\partial \delta_q}{\partial \Gamma} = \text{sign}(\varphi_q \lambda_n + \varphi_n \lambda_q) = \text{sign}[(1+\beta\rho+\zeta)\eta\zeta] > 0$。

[②] x_t^j 越小，$\delta_{q,t}^j$ 越大，$\delta_{q,t}^j$ 为 $\dfrac{\delta_z}{x_t^j}$ 和 $F_t^j = \dfrac{\lambda_q x_t^j + \varphi_q \Gamma(1+x_t^j)}{\lambda_n x_t^j - \varphi_n \Gamma(1+x_t^j)}$ 的乘积，容易证得 x_t^j 越小，$\dfrac{\delta_z}{x_t^j}$ 和 F_t^j 取值都越大。

入占比相对更高。同时,当相对人力资本 x 较高时,个体的消费占比相对较低,储蓄率相对较高。这意味着在具有养老保险统筹账户的经济体内,高收入群体将更大比例的收入用于储蓄,低收入群体则将更大比例的收入用于子代的教育投入和消费。我们可以从基础养老金的正向收入再分配功能来理解不同收入群体的"储蓄-教育"决策,基础养老金以个体工资与社会平均工资的均值为基数,这使得职工退休后的养老金收入都朝着平均水平靠拢,低收入者的养老金水平相对于他们的收入或养老保险缴费水平而言较高,即低收入者的相对养老金收入高。由此,基础养老金对低收入者的储蓄替代程度最高,使得他们更倾向于减少储蓄并对子代进行更多教育投入。

当低收入者将收入中相对更高的比重用于子代教育投入时,下一代在职者的工资收入差距变小,代内收入不平等程度降低,代际流动性增强。以两类群体为例进行分析,高收入者和低收入者的相对人力资本分别为 x_t^2 和 x_t^1,他们对子代的教育投入占缴费后工资的比重分别为 $\delta_{q,t}^2$ 和 $\delta_{q,t}^1$,他们子代的相对人力资本分别为 x_{t+1}^2 和 x_{t+1}^1。此处以两类群体的相对人力资本之比来衡量代内收入不平等程度,父代和子代在职者的代内收入不平等程度分别为 $\dfrac{x_t^2}{x_t^1}$ 和 $\dfrac{x_{t+1}^2}{x_{t+1}^1}$。结合式(9.1)、式(9.2)和式(9.50),在职者的代内收入不平等变化 V_t 如式(9.52)所示:

$$V_t = \left(\frac{x_t^2}{x_t^1}\right) \Big/ \left(\frac{x_{t+1}^2}{x_{t+1}^1}\right) = \left(\frac{\delta_{q,t}^2}{\delta_{q,t}^1}\right)^{-\eta} \left(\frac{x_t^2}{x_t^1}\right)^{1-\eta-\varepsilon} \quad (9.52)$$

由于满足 $\delta_{q,t}^2 < \delta_{q,t}^1$、$x_t^2 > x_t^1$、$\eta > 0$、$1-\eta-\varepsilon > 0$ 的条件,可知 $V_t > 1$,即子代在职者的代内收入不平等程度低于父代,在职者子代的代内收入不平等程度降低。

2）生育数量差异维度下的代内收入不平等

假定存在两类不同收入群体，将第 t 期的低收入群体和高收入群体的人数占比分别表示为 $l_{1,t}$ 和 $l_{2,t}$，低收入群体的人数占比变化表示为 B_t：

$$B_t = \frac{l_{1,t+1}}{l_{1,t}} = \frac{N_{1,t+1}}{N_{t+1}} \Big/ \frac{N_{1,t}}{N_t} = \frac{n_t^1}{\overline{n_t}} = \frac{\lambda_n x_t^1 - \varphi_n \Gamma(1/x_t^1 + 1)}{\lambda_n - 2\varphi_n \Gamma} \quad (9.53)$$

其中，$N_{t+1} = \overline{n_t} N_t$、$N_{1,t+1} = n_t^1 N_{1,t}$、$\overline{n_t} = \frac{\lambda_n - 2\varphi_n \Gamma}{\delta_z}$。由于文章中假定低收入群体的相对人力资本 $x_t^1 < \overline{x_t} = 1$，而且 $\frac{1}{x_t^1} > 1$，容易看出：当 $\varphi_n > 0$ 时，公式（9.53）中的 $B_t < 1$，即低收入群体的人数占比呈现下降趋势。具体地，根据公式（9.45）可知，基本养老保险制度同样会使低收入者（高收入者）的终生收入增加（减少）$\frac{1-x_t^1}{2} \cdot \frac{b_p w_{t+1} \overline{h_{t+1}}}{R_{t+1}}$，这笔收入的 φ_q 比例会提高（降低）低收入者（高收入者）对子女的总教育投入 $n_t^j q_t^j$。终生收入的增加使得低收入者更多投资于每个孩子的教育 q_t^1，同时终生收入的减少会使高收入者减少对每个孩子的教育投入 q_t^2。在"数量-质量"互替机制作用下，低收入家庭增加对每个孩子的教育投入 q_t^1 的同时会减少生育孩子的数量 n_t^1，高收入家庭减少对每个孩子的教育投资 q_t^2 则有利于提高他们生育孩子的数量 n_t^2，这会使低收入群体的生育数量降幅更大，并通过改变代内人口结构影响代内收入不平等。人口结构变化对收入不平等的影响是不确定的，因此"数量-质量"互替机制带来的代内人口结构变化对代内收入不平等的影响方向是模糊的。

从"储蓄-教育"决策来看，基础养老金通过储蓄替代效应和人力资本激励效应会降低所有个体的储蓄率并提高每个孩子的教育投入占比，而且低收入群体倾向于更少储蓄，并更多投资于每个孩子的教育，从而有利于降低在职者代内收入不平等。同样，由于"数量-质量"互替机制的存在，低收入群体的生育数量降幅更大,这种代内人口结构变化最终会使得在职者代内收入不平等的影响方向变得不确定。

2. 预期寿命、养老保险制度与代内收入不平等

结论9.6:在内生生育假设下,预期寿命延长不仅通过降低基础养老金平均替代率和人力资本激励效应,从而弱化养老保险的代内收入分配效应,还通过增加基础储蓄率并降低储蓄替代效应和基础教育投入占比,从而强化养老保险的代内收入分配效应。此外,预期寿命延长还会挤占家庭用于抚养子女的收入并增强养老金收入对生育的抑制作用,导致低收入群体的生育数量降幅更大,基于"数量-质量"互替机制,子代人力资本差距进一步缩小。总体来看,预期寿命延长对养老保险代内收入分配效应的影响方向是不确定的。

1)生育质量(人力资本)差异维度下的代内收入不平等

根据式(9.50)将高收入群体和低收入群体的子代教育投入比例分别设为 $\delta_{q,t}^2$ 和 $\delta_{q,t}^1$,可得低收入群体与高收入群体的子代教育投入比例为式(9.54)中的 I_t',当 $\dfrac{\delta_{q,t}^2}{\delta_{q,t}^1}$ 取值变小时,V_t 取值变大,这意味着子代的代内收入不平等下降幅度进一步变大;反之,$\dfrac{\delta_{q,t}^2}{\delta_{q,t}^1}$ 取值变大会使子代的代内收入不平等下降幅度变小。[①]

$$I_t' = \frac{\delta_{q,t}^2}{\delta_{q,t}^1} = \frac{x_t^1}{x_t^2} \cdot \frac{\lambda_q x_t^2 + \varphi_q \Gamma(1+x_t^2)}{\lambda_n x_t^2 - \varphi_n \Gamma(1+x_t^2)} \frac{\lambda_n x_t^1 - \varphi_n \Gamma(1+x_t^1)}{\lambda_q x_t^1 + \varphi_q \Gamma(1+x_t^1)} \quad (9.54)$$

由于个体的教育投入决策是在给定收入水平时决定的,故此处可将相对

---

① 式(9.50)中,不考虑养老保险制度时,$\delta_{q,t}^j = \dfrac{\delta_z}{x_t^j} \dfrac{\lambda_q}{\lambda_n} = \dfrac{\delta_z \gamma \eta}{x_t^j (\zeta - \gamma \eta)}$,可见预期寿命延长并不会影响每个孩子的教育投入占比,因此,如果预期寿命延长使得 $\dfrac{\delta_{q,t}^2}{\delta_{q,t}^1}$ 的取值发生变化,那必然是养老保险制度产生的影响。

人力资本水平 x_t^2 和 x_t^1 视为已知。由于 $\Gamma = \dfrac{(\lambda_s + \tau_f)}{\rho\alpha/\tau_p + \varphi_s(1-\alpha)} \cdot \dfrac{(1-\alpha)}{2}$，根据式（9.54）可知，预期寿命延长通过人力资本激励效应的 φ_q、养老保险对生育率的影响 φ_n、子女的基础抚养成本 λ_n 和基础教育投入 λ_q，以及与养老金收入相关的参数 Γ（Γ 具体包含了基础养老金平均替代率 b_p 和基础储蓄率 λ_s，表示养老保险储蓄替代效应的 φ_s）来影响养老保险的代内收入分配功能。

容易证明 $\dfrac{\partial \varphi_q}{\partial \rho} < 0$、$\dfrac{\partial \lambda_n}{\partial \rho} < 0$、$\dfrac{\partial \lambda_q}{\partial \rho} < 0$、$\dfrac{\partial \varphi_n}{\partial \rho} > 0$、$\dfrac{\partial b_p}{\partial \rho} < 0$、$\dfrac{\partial \lambda_s}{\partial \rho} > 0$、$\dfrac{\partial \varphi_s}{\partial \rho} < 0$；$\dfrac{\partial I'}{\partial \varphi_q} < 0$、$\dfrac{\partial I'}{\partial \lambda_n} > 0$、$\dfrac{\partial I'}{\partial \lambda_q} > 0$、$\dfrac{\partial I'}{\partial \varphi_n} < 0$、$\dfrac{\partial I'}{\partial b_p} < 0$、$\dfrac{\partial I'}{\partial \lambda_s} < 0$、$\dfrac{\partial I'}{\partial \varphi_s} > 0$，进而判断出 $\dfrac{\partial I'}{\partial \varphi_q} \cdot \dfrac{\partial \varphi_q}{\partial \rho} > 0$、$\dfrac{\partial I'}{\partial \lambda_n} \cdot \dfrac{\partial \lambda_n}{\partial \rho} < 0$、$\dfrac{\partial I'}{\partial \lambda_q} \cdot \dfrac{\partial \lambda_q}{\partial \rho} < 0$、$\dfrac{\partial I'}{\partial \varphi_n} \cdot \dfrac{\partial \varphi_n}{\partial \rho} < 0$、$\dfrac{\partial I'}{\partial b_p} \cdot \dfrac{\partial b_p}{\partial \rho} > 0$、$\dfrac{\partial I'}{\partial \lambda_s} \cdot \dfrac{\partial \lambda_s}{\partial \rho} < 0$、$\dfrac{\partial I'}{\partial \varphi_s} \cdot \dfrac{\partial \varphi_s}{\partial \rho} < 0$。

第一，预期寿命延长会提高个体的基础储蓄率 λ_s，并通过增加物质资本积累和子代社会平均工资提高个体老年期的基础养老金收入，进而增强养老保险制度的代内收入分配效应，子代的人力资本差距和代内收入不平等进一步降低（$\dfrac{\partial I'}{\partial \lambda_s} \cdot \dfrac{\partial \lambda_s}{\partial \rho} < 0$）。第二，预期寿命延长使得个体更倾向于多储蓄，养老保险的储蓄替代效应会减弱，这有利于提高整个社会的储蓄水平和物质资本积累，进而提高子代社会平均工资和基础养老金收入，增强养老保险对代内收入分配的正向调节作用，代内收入不平等进一步降低（$\dfrac{\partial I'}{\partial \varphi_s} \cdot \dfrac{\partial \varphi_s}{\partial \rho} < 0$）。第三，预期寿命延长会使基础养老金平均替代率下降，个体老年期的养老金收入水平降低，养老保险的代内收入分配效应减弱，这可能会提高代内收入

不平等（$\frac{\partial I'}{\partial b_p} \cdot \frac{\partial b_p}{\partial \rho} > 0$）。第四，预期寿命延长减弱了养老保险的储蓄替代效应，这意味着人力资本激励效应也会相应减弱，进而不利于促进低收入群体更多地投资子代教育，代内收入不平等可能会提高（$\frac{\partial I'}{\partial \varphi_q} \cdot \frac{\partial \varphi_q}{\partial \rho} > 0$）。第五，预期寿命延长使得个体更倾向于多储蓄，这挤占了家庭用于子女教育的收入。不考虑养老金的人力资本激励效应时，λ_q 减小并不会影响不同群体用于每个孩子教育投入的比值，即不影响代内收入不平等；然而，基础养老金收入促使低收入群体更多投资于每个孩子的教育，λ_q 减小会使低收入群体和高收入群体用于每个孩子教育投入的比值增加，即低收入群体对每个孩子的教育投入会相对提高，进而有利于降低代内收入不平等（$\frac{\partial I'}{\partial \lambda_q} \cdot \frac{\partial \lambda_q}{\partial \rho} < 0$）。

与外生生育假设下不同的是，预期寿命延长还会通过降低子女抚养成本占比，增强养老金收入对生育的抑制作用来增强养老保险缩小子代人力资本差距的作用。一方面，预期寿命延长提高了个体的储蓄水平，进而挤占了家庭用于抚养子女的收入。从公式（9.51）可以看出，如果不考虑基础养老金收入对生育的挤出，λ_n 减小并不会影响不同收入群体的生育率比值；由于养老金收入对低收入群体生育数量的挤出程度更高，在考虑基础养老金收入对生育数量的抑制作用后，λ_n 减小会使高收入群体和低收入群体生育子女数量的差距变大，低收入群体生育数量的降低幅度更大，这有利于提高低收入群体对每个孩子的教育投入，增强养老保险对代内收入分配的正向调节作用（$\frac{\partial I'}{\partial \lambda_n} \cdot \frac{\partial \lambda_n}{\partial \rho} < 0$）。另一方面，预期寿命延长增强了养老金收入对生育数量的抑制作用。由于基础养老金收入促使低收入群体更多投资于每个孩子的教育并更少生育，当养老金收入对生育数量的抑制作用增强时，低收入群体对每个

孩子的教育投入会进一步提高，在职者子代的代内收入不平等下降幅度变大（$\frac{\partial I'}{\partial \varphi_n} \cdot \frac{\partial \varphi_n}{\partial \rho} < 0$）。

2）生育数量维度下的代内收入不平等

根据式（9.53），低收入群体人数占比变化与λ_n、φ_n和Γ相关，在$\varphi_n > 0$的条件下，容易证明$\frac{\partial \lambda_n}{\partial \rho} < 0$、$\frac{\partial \varphi_n}{\partial \rho} > 0$、$\frac{\partial \Gamma}{\partial \rho} > 0$；$\frac{\partial B}{\partial \lambda_n} > 0$、$\frac{\partial B}{\partial \varphi_n} < 0$、$\frac{\partial B}{\partial \Gamma} < 0$，即$\frac{\partial B}{\partial \lambda_n} \cdot \frac{\partial \lambda_n}{\partial \rho} < 0$、$\frac{\partial B}{\partial \varphi_n} \cdot \frac{\partial \varphi_n}{\partial \rho} < 0$、$\frac{\partial B}{\partial \Gamma} \cdot \frac{\partial \Gamma}{\partial \rho} < 0$。通过上述结果可以判断出预期寿命延长有利于进一步降低低收入群体的人数占比。一方面，预期寿命延长通过降低养老保险的储蓄替代效应和基础养老金平均替代率，以及提高基础储蓄率等渠道，最终使个体老年期的养老金收入水平相对提高，这增强了养老金收入对生育率的负面影响。结合结论9.5，当养老金对生育率的抑制作用增加时，高收入群体和低收入群体之间的生育差距会扩大，低收入群体的人数占比进一步降低。另一方面，预期寿命延长会提高储蓄率，导致抚养成本对家庭生育的挤出效应增强。由于基础抚养成本是相对固定的，基础抚养成本对低收入家庭生育数量的挤出程度更强，因此低收入群体生育率的下降幅度更大，人数占比也会相应降低。

总的来说，预期寿命延长不仅通过降低基础养老金平均替代率、基础的教育投入占比和人力资本激励效应，从而弱化养老保险的代内收入分配效应，还通过增加基础储蓄率并降低储蓄替代效应，从而强化养老保险的代内收入分配效应。此外，在内生生育率假设下，预期寿命延长还会降低抚养成本在家庭收入中的比重并增强养老金收入对生育的抑制作用，使得不同收入群体的生育率下降且低收入群体的生育率降幅更大，在"数量–质量"互替机制下，低收入群体对每个孩子的教育投入相对增加，低收入群体子代的人力资本水平相对提高，高收入群体和低收入群体子代的人力资本差距进一步缩小。

由于低收入群体的生育数量降幅更大，低收入群体的人数占比也会相应降低。低收入群体人数占比下降对代内收入不平等的影响方向不明确，因此预期寿命延长对养老保险调节代内收入分配功能的影响方向是模糊的。

3. 预期寿命、养老保险制度与代际收入不平等

结论 9.7：在内生生育假设下，养老保险统筹账户养老金计发办法不影响代际收入不平等。当 $\zeta < (1+\beta\rho+\gamma)\eta/(1-\eta)$ 时，一方面，预期寿命延长不仅会增加老年退休者人数，还会降低生育率和年轻在职者人数，代际人口结构变化对代际收入不平等的影响方向是模糊的。另一方面，预期寿命延长会降低基础养老金和个人账户养老金平均替代率，进而增大代际收入不平等。在这两方面的共同作用之下，预期寿命延长对代际收入不平等的影响方向并不明确，其取决于具体参数取值。

根据公式（9.51）可以求得第 t 期的平均生育率水平，在模型参数不发生变化的情况下，平均生育率水平为固定值 $\bar{n}$。[①]

$$\bar{n}_t = \frac{\lambda_n - 2\varphi_n \Gamma}{\delta_z} \qquad (9.55)$$

预期寿命延长对平均生育率的影响：在 $\varphi_n > 0$ 的条件下，由上文可知 $\frac{\partial \lambda_n}{\partial \rho} < 0$、$\frac{\partial \varphi_n}{\partial \rho} > 0$、$\frac{\partial \Gamma}{\partial \rho} > 0$；$\frac{\partial \bar{n}}{\partial \lambda_n} > 0$、$\frac{\partial \bar{n}}{\partial \varphi_n} < 0$、$\frac{\partial \bar{n}}{\partial \Gamma} < 0$。由此判断出 $\frac{\partial \bar{n}}{\partial \Gamma} \cdot \frac{\partial \Gamma}{\partial \rho} < 0$、$\frac{\partial \bar{n}}{\partial \lambda_n} \cdot \frac{\partial \lambda_n}{\partial \rho} < 0$、$\frac{\partial \bar{n}}{\partial \varphi_n} \cdot \frac{\partial \varphi_n}{\partial \rho} < 0$，即预期寿命延长会降低平均生育率。预期寿命延长对生育率的具体影响路径为：第一，养老金会挤出储蓄

---

① 由于 $\frac{p_{t+1}^j}{R_{t+1}} = \Gamma(1+x_t^j)w_t\bar{h}_t$，公式（9.51）可以改写为：$n_t^j = \frac{1}{z_t}\left[\lambda_n w_t h_t^j - \varphi_n \Gamma(1+x_t^j)w_t\bar{h}_t\right]$，两边同时求和可得 $\sum_{i=1}^{N_t} n_t^j = \sum_{i=1}^{N_t} \frac{1}{z_t}(\lambda_n w_t h_t^j - 2\varphi_n \Gamma w_t \bar{h}_t)$。由于 $\sum_{i=1}^{N_t} n_t^j = N_t \bar{n}_t$、$\sum_{i=1}^{N_t} h_t^j = \sum_{i=1}^{N_t} \bar{h}_t = N_t \bar{h}_t$，可以得到 $\bar{n}_t$ 的表达式：$\bar{n}_t = \frac{w_t \bar{h}_t}{z_t}(\lambda_n - \varphi_n \Gamma) = \frac{\lambda_n - 2\varphi_n \Gamma}{\delta_z}$。

并激励个体投资于教育、降低生育率，预期寿命延长会提高养老金收益，进而强化这一影响机制。第二，预期寿命延长会促使个体增加成年期储蓄，挤占生育子女的抚养成本，进而降低生育数量。第三，预期寿命延长会增强养老金收入对生育率的影响，促使生育水平进一步下降。在 $\varphi_n < 0$ 的条件下，难以确定预期寿命延长对平均生育率的影响。

为便于表示代际收入不平等，本章求出了个人账户养老金的平均替代率 $b_{f,t+1}$，如式（9.56）所示。在模型参数不发生改变时，个人账户养老金平均替代率为固定值 b_f。

$$b_{f,t+1} = \frac{\overline{f_{t+1}}}{w_{t+1}\overline{h_{t+1}}} = \frac{\tau_f R_{t+1} w_t \overline{h_t}}{w_{t+1}\overline{h_{t+1}}} = \frac{\tau_f \alpha}{\vartheta(1-\alpha)} \quad (9.56)$$

代际收入不平等衡量的是同一时期在职者和退休者之间的收入差距，他们的平均收入分别为缴费后的平均工资收入和平均养老金收入。在职者在缴纳养老保险费后的平均工资收入为 $(1-\tau_f-\tau_p)w_{t+1}\overline{h_{t+1}}$，当期退休者的平均养老金收入为 $(b_p+b_f)w_{t+1}\overline{h_{t+1}}$，同时，在职者和退休者的人数分别为 N_{t+1} 和 ρN_t，根据基尼系数计算公式，可得表示代际收入不平等的基尼系数 G_B。

$$G_B = \frac{\rho \overline{n}(1-\tau_f-\tau_p-b_p-b_f)}{(\rho+\overline{n})\left[\overline{n}(1-\tau_f-\tau_p)+\rho(b_p+b_f)\right]} \quad (9.57)$$

从公式（9.57）可以看出在模型参数不发生变化时，代际收入不平等保持不变，养老金计发方式本身不影响代际收入不平等。在 $\varphi_n > 0$ 的条件下，预期寿命延长会降低生育率，进而降低基础养老金平均替代率和个人账户养老金平均替代率，并影响代际收入不平等，具体介绍如下。[①]

预期寿命延长对代际收入不平等的影响路径：第一，与年轻在职者相比，

---

① 在 $\varphi_n < 0$ 的条件下，预期寿命延长对生育率的影响方向不确定，所以无法判断预期寿命延长对基础养老金和个人账户养老金平均替代率，以及代际收入不平等的影响方向。不过，如文中所述理由，家庭越来越重视子女质量而非数量，$\varphi_n < 0$ 的条件通常是不满足的。

老年退休群体属于这个社会养老保险体系的低收入群体，预期寿命延长意味着收入相对较低的老年退休群体的人数增加，这对代际收入不平等的影响方向是模糊的。第二，预期寿命延长会影响整个社会的生育水平，生育率下降意味着收入相对较高的年轻在职群体人数减少，这同样会影响代际收入不平等。第三，预期寿命延长通过影响基础养老金平均替代率 b_p 来改变代际收入不平等。基础养老金平均替代率水平下降，这意味着收入较低的老年退休群体的收入水平下降，代际收入不平等程度增加。第四，预期寿命延长通过影响个人账户养老金平均替代率 b_f 来改变代际收入不平等。预期寿命延长降低了个人账户养老金平均替代率，进而会提高代际收入不平等。结合前文分析，预期寿命延长会通过影响储蓄率、生育率及人均物质资本来改变利率水平（陈国进和李威，2013；朱超和易祯，2020），个人账户养老金的回报率和平均替代率也会相应发生变化。

4. 预期寿命、养老保险制度与总体收入不平等

结论 9.8：在内生生育假设下，养老保险制度设计对总体收入不平等的影响方向不确定；预期寿命延长可能增强也可能弱化养老保险制度对总体收入分配的调节作用。

总体收入不平等由在职者的代内收入不平等、退休者的代内收入不平等，以及在职者和退休者之间的代际收入不平等这三部分共同决定。根据结论 9.5 和结论 9.6 可知，中国养老保险统筹账户养老金计发办法会提高低收入群体的相对养老金收入，进而降低退休者代内收入不平等，但对在职者代内收入不平等的影响方向不明确，且不影响代际收入不平等。因此，中国养老保险制度设计对总体收入不平等的影响方向在理论层面是无法判断的。根据结论 9.7 可知，预期寿命延长通过养老保险制度对代内收入不平等和代际收入不平等产生的影响都是模糊的，预期寿命延长对总体收入不平等的影响方向也将无法判别。

第四节 参数校准与数值模拟

一、参数校准

根据已有文献研究，三期世代交叠模型的每期长度在 25~30 年。刘永平和陆铭（2008a）、康传坤和楚天舒（2014）分别将三期世代交叠模型每期的长度设定为 25 年和 30 年。考虑到寿命有不断延长的趋势，本章将每期长度设为 30 年。另外，数值模拟部分采用基尼系数来衡量收入不平等程度。

根据汪伟（2012）、高奥等（2016）研究的参数设定，本章将产品生产函数中的资本产出弹性 α 设定为 0.4。参考刘永平和陆铭（2008a）的模型参数校准，本章将老年期消费的年度时间贴现因子设为 0.99，由于每期 30 年，贴现因子 β 等于 0.74。根据汪伟（2016）对三期世代交叠模型参数的设定，本章假定父母同等看重子女教育支出与自己成年期的消费，将教育贴现因子 γ 设为 1，人力资本积累系数 A 设定为 6.8。父母的教育投入和他们自身的人力资本水平在子代人力资本生产函数中的产出弹性分别为 η 和 ε，de la Croix 和 Doepke（2003）、汪伟（2016）、高奥等（2016）将 η 的取值分别校准为 0.635、0.628 和 0.576，以此为参考，本章将 η 的取值设为 0.6。在不考虑平均人力资本在子代人力资本形成中的作用时，表示人力资本代际传递性的 ε 取值应在 0.4 左右；考虑平均人力资本的作用后，de la Croix 和 Doepke（2003）校准后的 ε 临界值为 0.246，本章将 ε 的初始值设为 0.25。贺菊煌（2002）根据分年龄死亡率数据，将中年期至老年期的死亡率设为 0.158，即存活率为 0.842，汪伟（2016）将老年期生存概率校准为 0.84，基于此，本章将老年期生存概率的基准值设为 0.84。参考汪伟（2016）对生育率的设定，将生育率的基准值设为 0.75（相当于 1.5 的总和生育率）。2019 年政府工作报告指出各地可下调城镇职工基本养老保险单位缴费比例至 16%，因此将统筹账户缴费率设为 0.16，同时将养老保险个人账户缴费率设为 0.08。

关于初始的相对人力资本取值，为方便分析，本章假定经济中共存在两类群体，分别为低收入群体和高收入群体，他们的人力资本存在差异。本章以 2013 年的中国家庭收入调查数据来衡量不同群体的平均工资占比，根据城镇住户问卷中的"2013 年这份工作的收入总额"问题，本章获取了职工工资数据，并删除了年收入位于 2000 元以下的样本数据，最后共得到有效样本数据 10 012 个。但是，微观数据在调查时通常存在高收入群体缺失的问题，对高收入群体的人数占比及工资收入，以及社会平均工资等存在低估。本章的样本数据测算出 2013 年的平均工资收入为 38 879 元，而国家统计局的数据显示当年的在岗职工平均工资为 52 388 元，充分说明该样本数据存在高收入群体缺失问题。罗楚亮（2019）根据中国家庭收入调查数据和富豪榜推算出 2013 年年收入 12 万元以上的高收入群体人数占比为 7.58%，平均收入为 285 517 元。基于此，本章对样本数据进行相应补充，补充后的样本数据为 10 557 个，职工平均工资为 51 612 元/年，与国家统计局的数据较为接近。根据补充后的样本数据，本章将个体按照收入顺序排列并分为高、低收入两类，计算出低收入和高收入两类群体的平均工资分别为 20 325 元和 82 892 元，则两类群体初始的相对人力资本分别为 0.39 和 1.61。

严成樑和王红梅（2018）将抚养子女的参数成本设为 0.25，本章考虑子女抚养成本应支付至 18 岁成年，而本章设定一期为 30 年，故将抚养子女占社会平均工资的比重设为 0.15，校准后的生育率也较为接近 0.75。从经济社会发展与生育率不断下降的趋势来看，人们对子女数量的偏好下降，对质量的偏好上升，参数 ζ 取值应不小于 γ，本章设定父母对子代人力资本和子女数量具有相同的偏好,参数 ζ 取值为 1。①结合其他参数取值,可知满足 $\zeta<(1+\beta\rho+\gamma)\eta/(1-\eta)$。具体参数含义与取值见表 9.2。

表 9.2 参数校准值

参数	含义	取值
α	产品生产函数中的资本产出弹性	0.4
β	时间贴现因子	0.74
γ	子代人力资本贴现因子	1
A	人力资本积累系数	6.8
D	物质资本积累系数	6.8
η	教育投入在人力资本形成中的作用程度	0.6
ε	人力资本的代际传递程度	0.25
τ_p	养老保险统筹账户缴费率	0.16
τ_f	养老保险个人账户缴费率	0.08
ρ	老年期生存概率	0.84
(x^1, x^2)	初始的相对人力资本	(0.39, 1.61)
ζ	子女数量偏好程度	1
δ_z	子女抚养成本占社会平均工资的比重	0.15

二、外生生育率框架下的模拟结果及分析

(一)预期寿命、养老保险制度与代内、代际收入不平等

图 9.4(a)给出了在不同预期寿命情形下第 2 期的在职者代内收入不平等的变化,从中可以看出随着预期寿命延长,在职者代内收入不平等呈现出下降趋势,预期寿命延长会通过养老保险制度来降低代内收入不平等。例如,在生育率为 0.75 的情境下,当老年期生存概率从 0.5 增加至 1 时,第 2 期在职

---

① 根据其他参数取值,ζ 取值必须大于 3.93 才能满足 $\zeta<(1+\beta\rho+\gamma)\eta/(1-\eta)$,本章设定父母对子女人力资本的重视程度为 1,对个体数量的重视程度大于 3.93 不符合实际,因此,满足 $\zeta<(1+\beta\rho+\gamma)\eta/(1-\eta)$。

者的代内收入基尼系数从 0.2842 下降至 0.2809 左右。图 9.4（b）给出了不同预期寿命情形下的代际收入不平等变化，从中可以明显看出随着预期寿命延长，代际收入不平等呈现出快速上升的趋势。例如，在生育率为 0.75 的情境下，当老年期生存概率从 0.5 增加至 1 时，代际收入基尼系数从 0.04 提高至 0.21 左右。

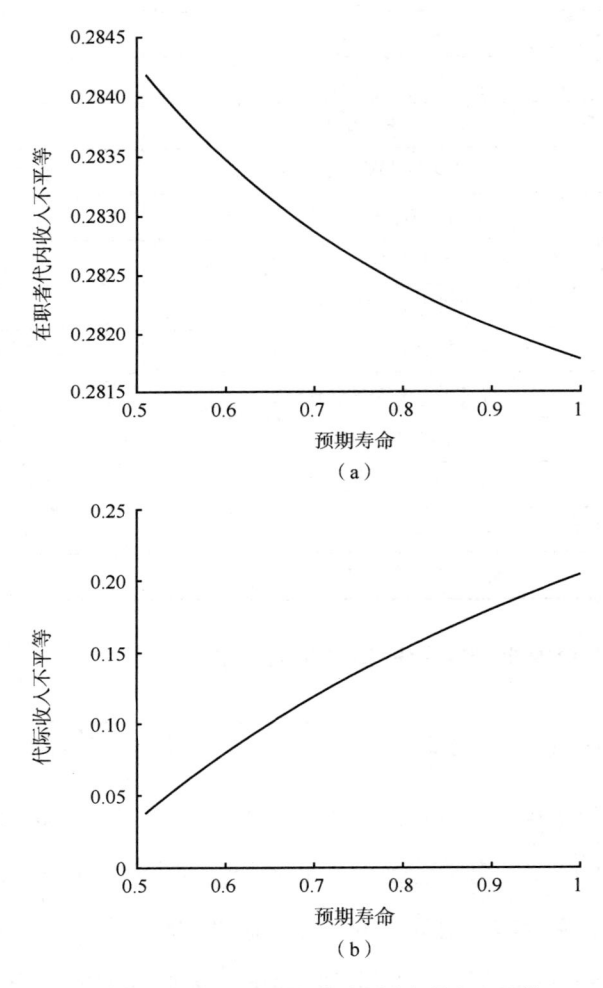

图 9.4 预期寿命、养老保险制度与收入不平等

（二）预期寿命、养老保险制度与总体收入不平等

图 9.5 为不同预期寿命增速情形下总体收入不平等的演化路径。其中，老年期生存概率基准值为 0.84，增速分别设定为 0、0.01 和 0.02。一方面，在老年期生存概率为 0.84 和生育率为 0.75 的基准值下，总体收入不平等呈现出明显的下降趋势，这反映了养老保险制度对总体收入不平等的降低作用。另一方面，比较不同预期寿命增速情形下的总体收入不平等，随着老年期生存概率增速提高，总体收入不平等的下降幅度变小，预期寿命延长弱化了养老保险对总体收入分配的正向调节作用，甚至逆转了总体收入不平等的下降趋势。

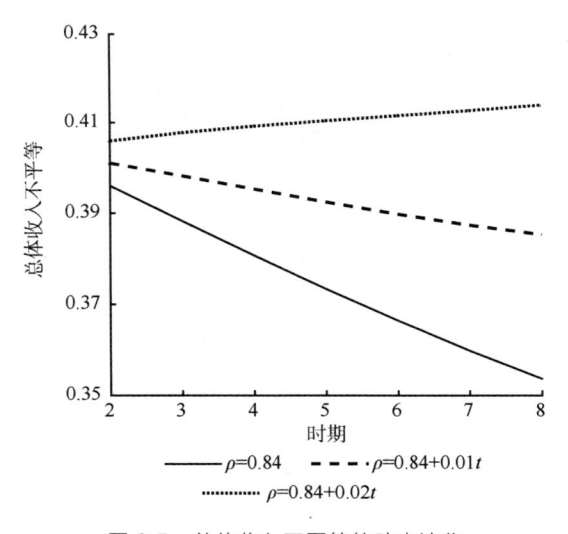

图 9.5　总体收入不平等的动态演化

（三）敏感性分析

本小节选取参数 ε 进行敏感性分析，模拟结果如图 9.6 所示。人力资本代际传递程度对代内收入不平等产生着重要影响，因此本小节通过改变参数 ε 的取值来考察其对收入不平等的影响，并结合预期寿命变化来分析本章的

研究结论是否稳健。其中，参数 ε 的取值分别为 0、0.1、0.2 和 0.3，老年期生存概率增速分别为 0、0.01 和 0.02。

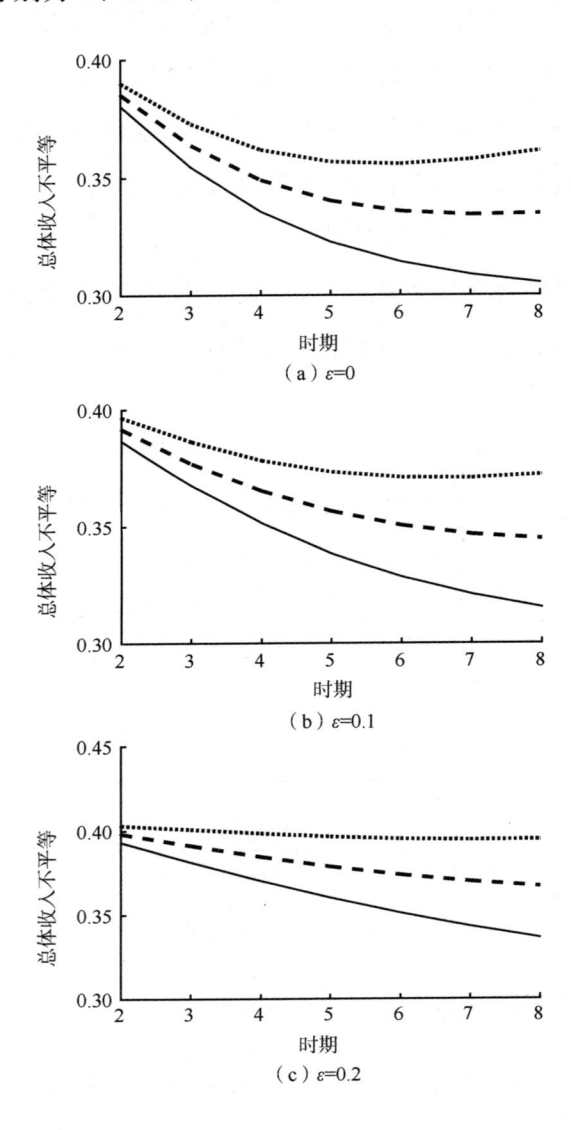

(a) $\varepsilon=0$

(b) $\varepsilon=0.1$

(c) $\varepsilon=0.2$

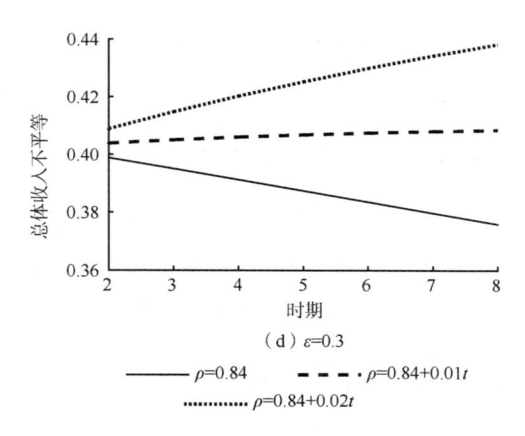

图 9.6　人力资本代际传递程度的敏感性分析

根据图 9.6 模拟情境并结合前文理论分析结果，有三方面因素在影响总体收入不平等。第一，养老保险制度本身会降低总体收入不平等；第二，预期寿命延长会通过养老保险制度提高总体收入不平等（图 9.5）；第三，人力资本代际传递性的增强会提高总体收入不平等。人力资本的代际传递性越强，社会的代际流动性就越小，那么代内收入不平等的下降速度就越慢，总体收入不平等则相对提高。从图 9.6 中可以看出，人力资本代际传递性增强会提高总体收入不平等，如当参数 ε 从 0 增加至 0.3 时，表示第 8 期总体收入不平等的基尼系数从 0.30 左右提高至 0.38 左右。而且，当老年期生存概率增速不断提高时，总体收入不平等呈现出更快的上升态势，甚至可能会逆转养老保险制度本身降低总体收入不平等的趋势，这与图 9.5 的模拟结果相同。可见，在预期寿命快速提高和人力资本代际传递性增强的双重作用之下，养老保险制度本身降低总体收入不平等的作用已然被压制，总体收入不平等的上升趋势加快。

三、内生生育率框架下的模拟结果及分析

在内生生育假设下，图 9.7（a）给出的是在预期寿命延长情境下第 2 期的代内和代际收入不平等的变动情况。从中可以看出，与外生生育假设下的

模拟结果相同，预期寿命延长同样会降低代内收入不平等，并提高代际收入不平等。当老年期生存概率从 0.6 增加至 1 时，第 2 期在职者代内收入基尼系数从 0.021 左右下降至 0.017，代际收入基尼系数从 0.06 左右提高至 0.23。从图 9.7（b）可以看出，养老保险制度使得总体收入不平等呈现下降趋势。然而，随着预期寿命不断延长且速度变快，总体收入不平等的下降趋势被逆转。在老年期生存概率为 0.84 时，总体收入不平等呈下降趋势，而当老年期生存概率分别以每期 0.01 和 0.02 的增速变动时，总体收入不平等呈现上升趋势。

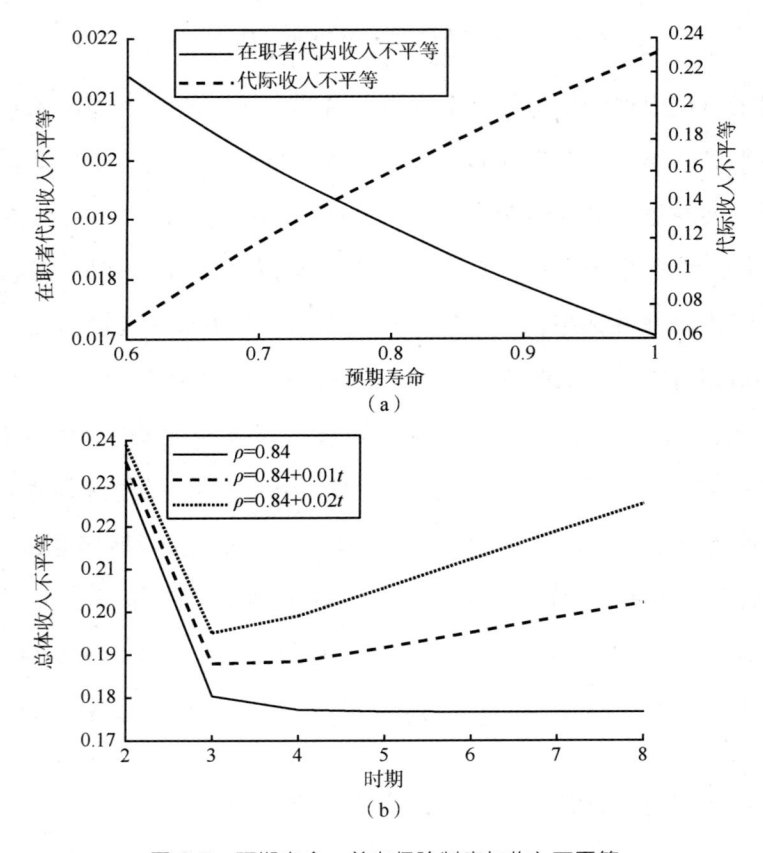

图 9.7 预期寿命、养老保险制度与收入不平等

在内生生育率框架下，预期寿命延长依然会弱化养老保险制度对总体收

入分配的正向调节作用，甚至会改变收入不平等的下降趋势，这与外生生育框架下的结论是一致的。另外，通过比较图 9.4、图 9.5 和图 9.7 的模拟结果，并结合现实参数可以判断出：与外生生育框架相比，内生生育框架下的代内和总体收入不平等程度都更低，代际收入不平等差别较小，这反映出在预期寿命延长和养老保险制度设计的收入分配效应下，家庭自由选择生育子女数量有利于降低整个社会的收入不平等。

第五节　本章结论与启示

本章构建了一个纳入老年期生存概率和人力资本异质性的三期世代交叠模型，分析了中国统账结合养老保险制度的基础养老金收入关联机制如何通过改变个体的"储蓄－教育"决策和生育决策来影响收入不平等的演化，并在此基础上探讨了预期寿命如何通过养老保险影响代内、代际和总体收入不平等的动态演化。结合理论分析和数值模拟结果，本章主要得出以下研究结论。

第一，在外生生育假设下，养老保险统筹账户养老金的计发办法可以提高低收入群体的相对养老金收入，这不仅会缩小职工退休期的养老金收入差距，还具有储蓄替代效应和人力资本激励效应，通过激励低收入群体更多地对子代进行人力资本投资，从而确定性地缩小不同收入群体的人力资本差距，降低代内收入不平等。不过，在内生生育假设下，生育的"数量－质量"互替机制会使低收入群体的生育数量降幅更大，代内人口结构变化使代内收入不平等的演化方向变得不清晰。第二，无论在外生生育假设还是内生生育假设下，养老保险统筹账户养老金计发办法均不影响代际收入不平等。第三，在外生生育假设下，预期寿命延长对代内收入不平等的影响取决于两个方面：一方面，预期寿命延长会降低人力资本激励效应和基础养老金平均替代率，并提高子女抚养成本对储蓄的挤出，这可能弱化养老保险调节代内收入分配的功能；另一方面，预期寿命延长会提高基础储蓄率，并降低基础教育投入占比、储蓄替代效应和子女抚养成本对教育的挤出，这也可能强化养老保险调节代内收入分配的功能，后一种效应的影响程度要强于前一种，净效应表现为代内收入不平等随预期寿命延长而下降。在内生生育假设下，预期寿命延长会挤占家庭用于抚养子女的收入并增强养老金收入对生育的抑制作用，导致低收入群体的生育数量降幅更大，基于"数量-质量"互替机制，子代人力资本差距进一步缩小，预期寿命延长通过养老保险对代内收入不平等的影响方向将变得模糊。第四，在外生生育假设下，一方面，预期寿命延长会增加老年退休者人数，代际人口结构变化对代际收入不平等的影响方向不明确；另一方面，预期寿命延长还会降低基础养老金和个人账户养老金平均替代率，从而使代际收入不平等上升。在这两方面共同作用之下，预期寿命延长表现为提高代际收入不平等。在内生生育假设下，预期寿命延长对代际收入不平等的影响与外生生育假设下类似，但还会通过降低生育率对代际收入不平等产生影响，净效应并不明确。数值模拟显示，在外生生育假设和内生生育假设下，养老保险制度设计都发挥了降低代内收入不平等的功能，代际收入不平等随着预期寿命延长和生育率下降明显上升，导致养老保险对总体收入分配的正向调节作用弱化，总体收入不平等的下降趋势甚至可能被逆转。

以上研究结果表明，在长寿风险的冲击下，中国养老保险制度的正向收入分配调节作用正在弱化。关于如何应对长寿风险通过养老保障制度对收入分配产生的不利影响，本章有以下几点思考：①中国未来的养老保险制度设计应当充分发挥养老保险制度激励人力资本投资的功能，在基础养老金收入关联机制上进一步向低收入群体倾斜，提高低收入群体的养老金收入，这样可以降低其预防性养老储蓄，促使其更多地投资于子代教育，缩小其子代与高收入群体子代的人力资本差距，有效降低代内收入不平等。同时，养老金收入与子代人力资本相挂钩，养老保险收入再分配程度提高可以进一步激励低收入群体更多地投资于子代教育，并通过"质量–数量"决策来缓解低收入群体因生育子女数量过多而带来的收入不平等。②由于预期寿命延长带来的养老金替代率下降是收入不平等加剧的重要原因，因此未来的政策设计应重点关注这一问题。一方面，中国可以通过人口政策的进一步调整和实施生育鼓励政策修复失衡的人口年龄结构，延缓老龄化进程；另一方面，可以利用国有资产的划拨等手段充实社保基金，对老年人的养老金收入进行动态调整，确保养老金平均替代率水平不下降甚至有所上升，这样有助于缩小代际收入不平等。③虽然养老保险制度可以降低社会总体收入不平等，但本章的数值模拟发现，当人力资本的代际传递性较强时，社会总体收入不平等仍会相对较高。因此，面对长寿风险的冲击，中国在对养老保险制度变量与参数进行调整的同时，还需要促进教育公平，通过改善人力资本的代际传递性，避免人力资本和收入差距的恶性因果循环。

第十章
预期寿命延长、技能偏向型技术进步与收入不平等

第一节 问题的提出

改革开放以来，中国经济虽然实现了高速增长，但是也产生了较为严峻的收入不平等问题。根据国家统计局公布的数据，全国居民人均可支配收入基尼系数自1990年以来持续上升，虽说在2008年达到0.491的峰值后有所下降，但近年来又有所抬头，2019年基尼系数仍处在0.465的高点，相比1990年提高了0.12（图10.1）。并且，与世界上其他国家相比，中国居民收入的基尼系数也明显处于较高水平。[1]收入差距过大会给经济发展带来诸多潜在问题，过高的收入不平等会加大经济社会的不确定风险，减少社会总体投资水平，特别是减少家庭的教育投资（Alesina and Perotti, 1996; Perotti, 1994），从而影响人力资本积累。同时，收入差距过大也会制约消费需求，影响到内需潜力的释放，进而阻碍中国经济的转型升级和持续健康发展。过高的收入差距还会严重制约共同富裕目标的实现。随着中国经济逐步迈入高质量发展阶段，缩小收入分配差距是促进社会公平正义的必然要求。习近平总书记在中国共产党成立100周年大会上强调，实现共同富裕是全体中华儿女的共同愿望，要着力解决发展不平衡不充分问题，缩小收入分配差距，推动全体人

---

[1] OECD数据显示，2017年美国可支配收入基尼系数为0.390；英国为0.357；意大利为0.334；加拿大为0.310；法国为0.301。

第十章　预期寿命延长、技能偏向型技术进步与收入不平等　527

民共同富裕取得更为明显的实质性进展；党的二十大报告指出，中国式现代化是全体人民共同富裕的现代化，并再次强调要通过缩小收入分配差距促进共同富裕。因此，如何进一步降低收入不平等显然成为当下亟待研究的重要课题。

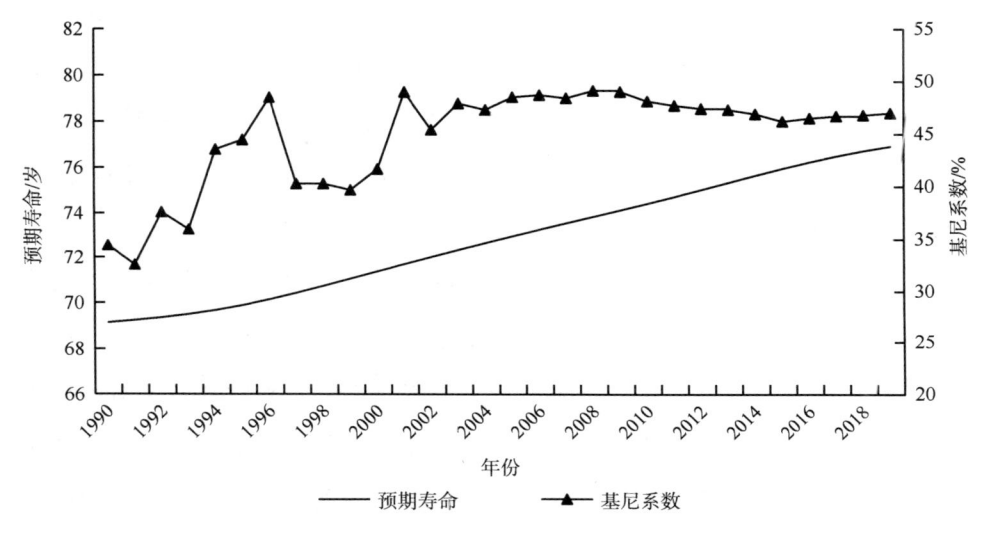

图 10.1　预期寿命和基尼系数变化趋势
资料来源：基尼系数源自国家统计局网站，预期寿命的数据源自世界银行数据库

值得注意的另一个问题是中国目前正处在预期寿命不断提高以及人口老龄化程度快速加深的阶段，一方面，中国人口总死亡率不断下降，从新中国成立以来的 18‰ 下降到 2020 年的 7.07‰，人口预期寿命也不断延长（图 10.1）。另一方面，伴随着生育率的低迷和劳动年龄人口的缩减，整个社会的老年抚养负担不断加重，2020 年 60 岁及以上老年人口占总人口的 18.7%，65 岁及以上人口占到总人口的 13.5%。同时，老年抚养比高达 19.7%，相比 1990 年增加了近 11.4 个百分点。[①]在预期寿命不断延长的形势下，这必然造成劳动力供给总量的持续紧缩和劳动力供给结构的变化，随之会影响到要素禀赋结

---

① 老龄化相关数据来自国家统计局网站。

构和产业结构的调整，进而通过改变劳动或资本等不同要素的相对回报水平影响居民收入不平等（Krueger and Ludwig, 2007）。

理论上看，预期寿命的延长对收入不平等存在直接和间接两个方面的影响。从直接作用来看，根据持久收入假说，同一年龄段的群体内部，由于其受教育水平、工作技能和经验积累等个体差异，其收入水平也存在着明显差异，并且这种差异随着年龄增加和预期寿命的延长而扩大（Deaton and Paxson, 1994）。同时，预期寿命延长使得人口年龄结构发生明显变化，不同年龄段的群体之间面临的经济社会发展环境不同。随着技术进步水平的变化，收入水平也存在很大不同，因此，当不同年龄段相对人口规模发生转变时，收入不平等程度必然会相应改变。从间接作用来看，预期寿命延长带来的人口年龄结构的变化，一方面会直接影响劳动力资源供给，导致劳动力相对价格的提高，引发资本对劳动的替代效应；另一方面，随着预期寿命延长，在预防性储蓄动机驱动下，理性行为人也会重新调整经济资源的跨期配置，协调生命周期的储蓄、消费和教育决策，因此可能进一步改变劳动力内部的技能组成，影响高技能和低技能劳动力的供给结构。具体而言，预期寿命延长意味着维持老年期消费和健康所需的资源增加，由寿命延长带来的"未雨绸缪"的预防性储蓄动机导致储蓄率上升（汪伟，2010b；汪伟和艾春荣，2015），对子女的教育和人力资本投资相应存在挤出作用，进而降低子代的培养质量，由此影响劳动力的技能结构。

从技术进步来看，现实中的技术进步通常不是要素中性的，而是偏向于某类要素，比如资本、劳动或知识技能等（Hicks, 1932）。早期技术偏向的研究视角，聚焦在不同要素之间，比如资本-劳动要素之间的技术进步偏向性，然而，随着时间推移和教育水平的提高，人们发现在现实情况中，劳动力内部结构的分化趋势日益明显，受教育程度较高的劳动者和受教育程度低的劳动者之间的工资差距，以及高技能和低技能劳动力的相对收入份额差异越来越大（Berman and Machin，2000；Acemoglu and Autor，2011）。因此，技术进步的技能偏向性逐渐成为学术界研究的主要问题。一些文献研究表明，中国技术进步存在显著的技能偏向性，高技能劳动力和低技能劳动力存在显著的替代关系，高技能劳动力的工资增速明显超过低技能劳动力工资的上升速度（王忠，2006；宋冬林等，2010；王林辉等，2014）。从图 10.2 显示的变动趋势来看，中国历年高技能和低技能劳动力平均工资的比值一直是显著大于 1 的水平[①]，虽然在 2004 年达到峰值后有所下降，但近年来又呈现明显的上升趋势，并且，与以基尼系数衡量的收入不平等程度的变动趋势大致保持一致，因此，技术进步的技能偏向性造成不同技能的劳动力工资差距的扩大，也会进而导致收入不平等的提高。可见，在技术进步存在技能偏向的情况下，预期寿命的延长不仅会直接改变劳动力技能供给结构影响收入不平等，也会通过技能偏向型技术进步进一步对工资不平等乃至整个居民收入不平等产生不可忽视的影响（图 10.3）。

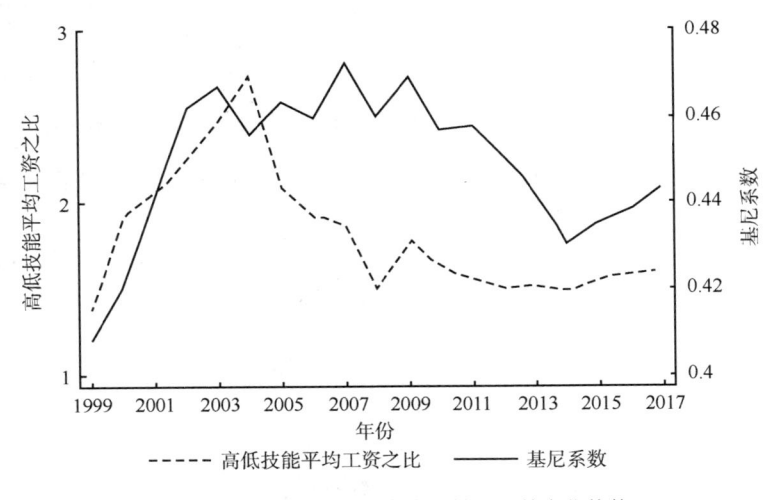

图 10.2 技能工资比和基尼系数变化趋势

资料来源：根据各省区市的技能工资计算整理，具体计算详见实证部分

[①] 高、低技能人员数及其平均工资的计算参照本章实证部分的做法。

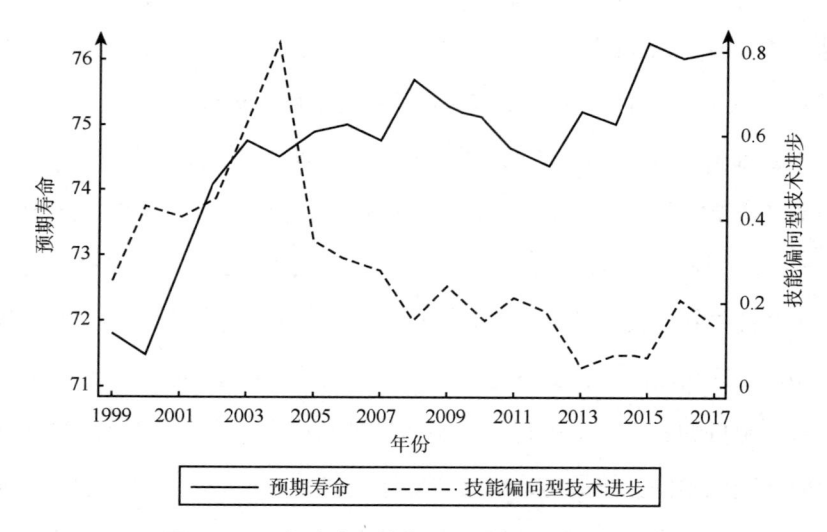

图 10.3 预期寿命和技能偏向型技术进步变化趋势
资料来源：根据各省区市估算的指标计算整理，具体计算详见实证部分

本章主要从理论和实证层面，研究预期寿命延长和技能偏向型技术进步对收入不平等的具体影响。本章余下部分作如下安排，第二节为相关文献的回顾；第三节为理论机制分析，主要通过构建三期世代交叠模型进行分析；第四节为实证研究，主要运用中国省级面板数据来检验预期寿命延长、技能偏向型技术进步对收入不平等的具体作用；第五节为结论和政策建议。

第二节　相关文献回顾

一、预期寿命延长与收入不平等

与本章研究主题密切相关的一支文献是有关预期寿命延长对收入不平等的影响。早期的研究多聚焦收入不平等形成背后的"年龄效应"。比如，Paglin（1975）最早量化研究了人口的"年龄效应"对收入不平等的影响，运用美国家庭人口数据和基尼系数分解方法，发现年龄差异的扩大提高了收入不平等，但他忽略了组内和组间不平等的相互作用,这可能导致基尼系数的计算出现偏差。Mookherjee 和 Shorrocks(1982)对其进行了修正,并采用英国的家庭支出调查数据(Family Expenditure Survey)进行实证分析发现,在 1965～1980年,家庭收入的总体不平等上升的趋势几乎完全是由年龄效应的上升带来的,年龄效应占总体不平等的 16%～30%,组间不平等变动很小。

Deaton 和 Paxson(1994)基于持久收入假说,将"年龄效应"的研究逐步拓展到考虑不同出生年龄段人口的"组内"和"组间"的不平等,他们认为个人的最优跨期选择即当期的消费,取决于上一期的消费水平和不确定冲击的加总。因此,在不确定性冲击外生独立的假设下,总体消费和收入方差的对数可分解为不同出生组的不平等和各期不确定冲击的累积这两项,并且随着年龄的提高,不确定冲击的累积会造成组内收入不平等扩大。Deaton 和 Paxson(1997)则使用来自中国台湾、泰国、英国和美国的家庭调查数据,支持了上述理论的预测,即组内收入不平等随着年龄增加而提高,人口增长率的降低和老年人口的增多会加剧总体收入不平等。Ohtake 和 Saito(1998)进一步将对数方差形式的不平等指数进行分解,将组内不平等从整体收入不平等中剥离出来,分解为各个年龄段人口占总人口的比重和控制了出生组之后各个年龄段人口的对数方差的加权,从而分析出人口年龄结构变动对收入不平等的具体贡献程度。

后续研究在"年龄效应"的基础上,逐步延伸到预期寿命延长引致的人口老龄化对收入不平等的影响。部分研究认为预期寿命延长引致的人口老龄化会提高收入不平等。比如,Karunaratne(2000)以不同年龄段的相对收入份额来测度收入不平等,使用斯里兰卡的数据研究发现,随着老年人口数的增加,收入不平等程度将提高,在 1963～1987 年,55 岁以上年龄段的相对收入份额增加了 3%,导致总的基尼系数增加了 2%。Cameron(2000)基于 DiNardo 提出的半参数方法,将累积分布函数和 Lorenz 曲线反映的收入不平等的变化进行分解,发现在1984～1990年老龄化对爪哇收入不平等提高的贡献为5.8%。蓝嘉俊等(2014)使用来自1970～2011年的76个国家和地区的面板数据的实证研究表明,人口老龄化确实显著加剧了收入不平等,并且主要来自预期寿命提高对收入不平等的影响。同样地,利用1975年到2015年的跨国面板数据,Luo等(2018)也认为预期寿命延长导致的人口老龄化提高了收入不平等,主要原因在于劳动收入份额相对资本而言分布更加均匀,老龄化对劳动供给、工资和劳动生产率产生了负面影响,降低了劳动收入份额,从而加剧了收入不平等。Zhang等(2021)根据中国人口老龄化分布的区域特征,使用自上而下和自下而上的循环链接将宏观经济变量连接到微观家庭模拟模型,实证结果表明,随着人口老龄化和劳动人口减少,收入不平等将上升。Sung(2010)从理论和实证上探讨了人口老龄化对季度收入不平等和年度收入不平等的影响,由于老年人无法成功地重返劳动力市场,人口老龄化和老年人口比例增加意味着收入的流动性降低。人口老龄化对季度收入流动性有两个方面影响:一种是通过对协方差产生的影响,较低的收入流动性增加了季度收入间的相关性,增加了协方差项,并最终提高了年度收入不平等;另一种是通过随时间变化的样本权重产生的影响,通过分解年度收入的标准化方差与平均季度收入标准化方差的比值,发现1994年至2009年间,比值总变化的约7.7%至39.7%是由韩国人口老龄化的样本权重变化引起,这意味着如果没有人口老龄化,年度收入不平等可以得到很大程度的缓解。

  国内一些学者运用宏观和微观数据,发现在中国预期寿命快速提高的背景下,老龄化和收入不平等间存在显著正向关系。比如,曲兆鹏和赵忠(2008)、Zhong(2011)以及刘华(2014)都利用中国微观层面数据(中国家庭收入调查、中国营养与健康调查数据和农户微观家计调查数据)考察了农村人口老龄化对收入不平等的影响,结果都表明农村人口老龄化扩大了收入不平等。

郭继强等（2014）则利用因素分析法改进 Ohtake 和 Saito（1998）的方法，避免了组内和组间不平等受到年龄效应的干扰，并利用城镇住户调查数据研究发现，人口老龄化解释了中国收入不平等变动的 16.33%。董志强等（2012）在一个包含老年人和年轻人两类群体的经济体中，通过构建一个简单的理论模型研究了人口老龄化对收入不平等的作用，研究发现当老年人群体收入不平等较高时，人口老龄化将通过提高老年人口占比加剧整体收入不平等，反之则反是，在此基础上，他们进一步运用省级面板数据，证实了老龄化对中国收入不平等具有显著的正向作用。Chen 等（2018）从理论和实证角度研究了人口老龄化对不平等的影响，他们首先建立一个具有不确定寿命的两周期 OLG 模型，其中，在青年期，青年工人不同生产率水平造成了同年龄段的组内收入不平等；而在老年期，高技能工人仍可以就业并赚取工资，低技能工人唯一收入就是年轻时的储蓄。因此，人口老龄化最终会加剧总体收入不平等，他们进一步采用 1989~2011 年 CHNS 数据验证了这一结论。

另外有一些文献认为预期寿命延长引致的老龄化对收入不平等的作用不明显或者方向不确定。比如，Jatti（1997）使用卢森堡收入研究（Luxembourg Income Study，LIS）数据库中的发达国家收入数据来分析加拿大、荷兰和美国等 5 个国家的收入不平等变化趋势，发现收入不平等增加主要归因于户主之间收入不平等的增加，此外，配偶收入在家庭总收入中的占比提高也一定程度上提高了收入不平等，而人口年龄结构的变化对收入不平等的影响不明显。同样地，Barreti 等（2000）使用澳大利亚统计局家庭支出调查数据发现，在 1975~1993 年，澳大利亚收入不平等的基尼系数上升了 17%，而人口趋势的影响特别是人口老龄化的影响仅占不平等总体增长中的一小部分。Bishop 等（1997）则基于美国 1976~1989 年的当前人口调查（Current Population Survey）微观数据研究发现，人口年龄变化对收入不平等的影响比较微弱，并呈现逐年下降的趋势。Schultz（1997）针对 1976~1995 年中国台湾地区的家庭收入数据发现，老年人的收入不平等要显著高于年轻人的收入不平等，即年龄结构老化增加了组内不平等，但是，这一作用仅在年龄在35至54岁之间的人群中才是明显的，并且随着年龄的增长，收入不平等的增加幅度很小。

Lam（1997）通过一般均衡模型认为，人口年龄结构对收入不平等的影响是不确定的，当经济达到稳态时，年轻人口比重增加会对收入不平等产生两方面作用，一方面，由于年轻人口的平均收入水平较低，年轻人口增加会提高组间不平等；但另一方面也会使得组内不平等缩小。Chu和Jiang（1997）将家庭收入分为工资性收入、财产性收入和自营性收入等，使用特定的基尼系数来源分解方法和洛伦兹比较方法，分析了年龄构成变化对收入不平等的边际和总体影响，并且利用中国台湾地区的数据发现，在不同时间段内的老龄化对收入不平等的影响方向并不一致。Nielsen和Alderson（1997）研究了1970年、1980年和1990年美国约3100个县的家庭收入分配不平等的决定因素，发现65岁以上人口占比对收入不平等的影响方向在其样本期间发生了逆转，从1970年的正面影响转变成1990年的负面影响。

此外，还有一些文献分析了人口结构老化影响收入不平等的一些重要机制，包括遗赠储蓄行为、家庭支持结构与公共转移体系。例如，Miyazawa（2006）认为遗赠行为是人口老龄化影响收入不平等的一个重要渠道。他发现，遗产与工资之比在财富分配中起着至关重要的作用，死亡率下降减少了意外遗赠的概率，遗产与工资之比会随之下降，人口老龄化会加剧代际收入不平等。此外，他还利用Bentham-Lerner社会福利函数进行分析，发现死亡率下降会直接通过提高老年消费的边际价值影响代内收入不平等，也会间接通过经济增长速度影响代际收入不平等，对总的收入不平等的净效应为正。Lee和Mason（2003）从家庭支持体系的角度出发，基于家庭交叠模型研究了人口年龄结构对收入不平等的影响，他们认为，在利他主义程度较强情形下，老年人口数增加会增加工作人口对其父母的资源投入份额，资源会更加平均分配，此时人口老龄化会降低家庭内部收入差异，反之则会扩大收入不平等。von Weizsäcker（1995）从公共转移与收入再分配政策的视角出发，在现收现付制的养老金体系下将人口分为工作组和退休组，发现人口老龄化会通过改变不同组别的相对规模和相对收入水平，对收入不平等产生影响，但其影响方向并不明确。

此外，由于预期寿命延长与生育率变动密切相关，还有一些文献研究生育率对收入不平等的影响。比如，Boulier（1975）认为快速增长的人口会提高收入不平等，因为高生育率会使利润、租金等资本回报相对于劳动报酬的比重上升，由于资本分布相对更集中，所以收入不平等程度会扩大。Winegarden（1978）针对生育率与收入不平等之间的相互作用进行了定量分析，运用52个国家的跨国面板数据和两阶段最小二乘估计方法发现，较低的生育率下人口增速的放缓会降低收入不平等，反之人口快速增长会拉大收入不平等。Repetto（1978）建立了包括生育率方程在内的联立方程模型发现，生育率会通过一系列微观和宏观经济机制影响收入不平等，生育率较高家庭的孩子较少受到父母的照料，受教育程度也较低，因此扩大了人力资本差异。同时，高生育率和人口快速增长会降低人力资本和物质资本的相对回报率，使得收入分配更加集中；此外，该文基于68个国家的数据验证了生育率的提高会增加收入不平等程度。Dahan 和 Tsiddon（1998）通过构建具有内生生育率的世代交叠模型指出，在经济发展的早期阶段，平均生育率增加会导致人力资本水平下降，低技能劳动力数量增多会导致工资下降，高低技能相对工资的增加加剧了收入不平等；到了后期阶段，低收入者生育率下降，更加注重人力资本投资，高技能劳动力供给增加使得收入分配更加平均。Kremer 和 Chen（2002）认为，由于教育成本高昂和抚养孩子的时间很长，因此，高技能的家庭比低技能的家庭面临更高的机会成本，后者往往比前者有更多的孩子，且与有较少孩子的高技能家庭相比，有大量孩子的低技能家庭的平均受教育水平更低，由此产生的教育不平等将导致未来的收入差距加大。他们同时利用经验分析得出，女性群体之间的生育差异与同期收入不平等之间存在正相关关系。

二、技能偏向型技术进步与收入不平等

有关技能偏向型技术进步的概念，最早起源于 Hicks（1932）的研究，Hicks 认为现实中技术进步并非完全中性的，而是会偏向某一类要素，并认为生产要素相对价格的变动是推动要素生产技术变动的主要原因。早期技术偏向的研究视角，聚焦在不同要素之间，比如资本与劳动要素之间的技术进步偏向性，然而，随着时间推移和教育水平的提高，人们发现在现实情况中，劳动力内部结构的分化趋势日益明显，受教育程度较高的劳动者和受教育程度低的劳动者之间的工资差距，以及高技能和低技能劳动力的相对收入份额的差异越来越大（Berman and Machin，2000；Acemoglu and Autor，2011）。因此，学术界越来越关注技术进步的技能偏向性，以及技能偏向型技术进步产生的经济影响。就中国而言，技能溢价的现象也显著存在，这已经成为学界的共识（姚先国等，2005；宋冬林等，2010；董直庆等，2013；王林辉等，2014）。比如，王林辉等（2014）利用标准化的贝叶斯方法，测算了中国 1990~2010 年技术进步的技能偏向水平，发现在样本期间中国的技术进步明显偏向于高技能劳动，并且变化强度逐年减弱。

可见，技能偏向型技术进步是影响工资技能溢价的关键因素，也会因此对收入不平等产生不可忽视的作用。从国外的已有文献来看，研究视角主要聚焦于技能偏向型技术进步如何影响技能溢价，大多数文献认为，技能偏向型技术进步引致的劳动力供给和需求的变化，可以很好地解释技能溢价的变

化趋势。Davis 和 Haltiwanger（1992）指出，在 20 世纪 80 年代技能工人和非技能工人的收入差距逐渐扩大，主要原因在于技能偏向型的技术变化增加了高技能工人相对回报。Katz 和 Murphy（1992）利用简单的供求框架分析了 1963～1987 年美国工资结构的变化，发现大学毕业生工资溢价的变化与大学毕业生供应增长率的波动密切相关。Bound 和 Johnson（1992）分析了美国 20 世纪 80 年代高等教育工人的相对工资大幅提高的现象，认为主要是技术变革的技能偏向导致劳动力需求的技能结构变化所导致。Berman 等（1994）则关注 20 世纪 80 年代美国制造业内部需求从非技能劳动力向技能劳动力的转移情况，认为技能偏向型技术变革是这一转变的主要原因。

Krueger（1993）较早地运用微观数据进行了研究，他使用人口调查数据来检查工人是否在工作中使用计算机与其工资的关系，在控制了一系列个人层面的变量后，发现在工作中使用计算机的工人相对其他工人会多赚取 10%～15%的工资。计算机的使用也解释了 20 世纪 80 年代技能溢价增长的 33%～50%。随后，大量研究都以计算机使用程度来度量技能偏向型技术进步，采用不同的微观数据对技能偏向型技术进步与工资溢价的关系进行了实证检验。比如，Doms 等（1997）利用横截面估计，结果表明使用大量新技术或者自动化技术（如可编程控制器、计算机自动化设计和数控机器）的工厂，其雇用高等教育、专业人员和精密工艺等高技能工人相对较多，并且工资较高。Entorf 和 Kramarz（1998）使用个人及其公司数据匹配的面板数据来研究新技术使用对工资的影响，通过横截面估计和个体固定效应估计，实证结果表明，有能力的工人偏向于使用基于计算机的新技术，他们的生产率也相应提高，从而提高了工资。同样地，Autor 等（1997）以计算机化来衡量技能偏向型的技术变革，针对美国 1940～1996 年高、低技能劳动力相对供给和工资的总体变化进行了分析，在工作中使用计算机的工人获得了 17%～20%的工资溢价，这不仅扩大了不同技能之间的工资差距，也增加了企业对高技能劳动的相对需求程度。

　　Bartel 和 Sicherman（1999）将 1979～1993 年行业层面的技术变革与工人特征相匹配，考察了技术进步与技能溢价之间的关系。他们发现，行业层面的技术变革增加了对高技能工人的先天能力或其他未观察到的特征的需求，导致更多有能力的工人进入了这些行业，从而增加技能溢价。Haskel 和 Heden（1999）将英国新收入调查面板数据集（New Earnings Survey Panel Data Set）的私人数据、劳资关系调查的数据与工业普查数据、海关贸易数据相匹配，建立了英国 1980～1989 年 80 个行业的面板数据。通过实证研究表明，样本期间英国制造业的平均技能溢价提高了约 13%，计算机技术的引入对技能溢价增长的贡献高达 50%。Fernandez（2001）基于一家食品加工厂的案例进行研究，通过工厂的设备更新这一自然实验设计，避免技能偏向型技术进步与技能工资之间的内生性问题，以此来解释技能偏向型技术进步对企业内部工资不平等变化的影响，研究发现，随着设备的全面更新，对技能劳动力的需求也随之增加，并且设备更新重组后的工资不平等程度更大。Moore 和 Ranjan（2005）通过建立包含两种中间品的一般均衡模型，来分析全球化和技能偏向型技术进步对不同技能劳动力的影响，发现全球化提高了技能密集型产品的相对价格，而技能偏向型技术进步的提高，也使得高技能劳动力相对边际产品价值上升，这两者的共同作用，不仅增加了不同技能劳动力之间的工资不平等，也降低了高技能工人的失业率。Siegel（1999）与先前使用行业水平数据进行的研究不同，他运用了关于技术使用类型和劳动力构成的公司层面数据，研究表明，偏向型技术采用与不断扩大的工资差距密切相关。

　　但是，也有文献表明，技能偏向型技术进步对技能溢价的解释有限或者方向不确定。DiNardo 和 Pischke（1997）使用德国的职业调查截面数据，使用计算机的工人确实获得了较高的技能溢价，但是这种技能溢价对于使用电话、钢笔或铅笔等书写材料的工人也同样存在，研究结果表明技能溢价与计算机技术的使用关系不大，可能是由某些未观察到的技能因素造成的。Card 和 DiNardo（2002）重新检验了技能偏向型技术进步对总体工资不平等以及各组之间工资差异的变化的影响。他们发现，尽管以计算机衡量的技术进步不断发展，但工资差距在 20 世纪 90 年代得以稳定。技能偏向型技术进步也不能解释工资不平等的其他方面的演变，包括性别和种族之间的工资差距等。Iacopetta（2008）通过构建一个个人可以选择设备质量和更换工具时间的理论框架，指出更快的信息技术变革并不一定会扩大工资不平等，只有当技术进步采取产品改进的形式时，才会发生这种情况，相反地，降低成本的创新有利于减少不平等，他证实了自 20 世纪 70 年代以来，耐用品价格的迅速下降有利于减少收入不平等。Weiss（2008）认为技能偏向型技术进步不一定会导致工资不平等加剧，以往的研究忽视了生产要素的边际收益等于边际生产率乘以产出品价格，低技能工人虽然不能直接从直接提高生产率受益，但可以通过诱发商品价格变化而间接受益。特别是，如果有互补性消费需求，低技能产品的相对价格上升可能抵消了相对生产率的下降，从而提高了低技能人员的相对工资，他的理论模型分析表明，技能偏向型技术进步与技能溢价呈现出先升后降的关系，这与 20 世纪 80 年代和 20 世纪 90 年代的工资变化保持一致。

也有一些国内文献关注技能偏向型技术进步对工资不平等与收入不平等的影响，比如，姚先国等（2005）利用企业微观数据测算得出，中国制造业企业的技术进步呈现出明显的技能偏向型特征，这种特征既增加了制造业企业对高技能劳动力的需求，也提高了高技能劳动力的相对收入份额。邵敏和刘重力（2010）采用工资不平等指数分解的框架，对 2002～2007 年中国工业行业工资不平等的变化和原因进行了研究，发现行业层面技术进步能够解释总体工资不平等变动幅度的 51.13%，随着行业出口贸易规模的上升，技能偏向型技术进步的程度提高使得高技能的相对工资更高，从而扩大了行业内工资不平等。许志成和闫佳（2011）构建了一个包含教育效率的动态模型，发现当教育效率满足一定条件时会影响技术进步的速度，最终使得技术进步率与工资不平等之间出现"先升后降"的关系。董直庆等（2013）发现中国技能和非技能劳动存在替代效应，通过估计技能溢价的实际水平，他们发现，技能偏向型技术进步会导致技能溢价的程度不断提高，并且对劳动者报酬差距的作用不断强化。陆雪琴和文雁兵（2013）通过理论分析表明，技能溢价不仅会受到技术进步偏向的影响，不同技能劳动力间的替代弹性和相对供给规模也是影响技能溢价的重要因素。同时，他们以全要素生产率指数度量了技术进步偏向，利用中国省级面板数据进行验证，发现1997~2002年技术进步偏向与技能溢价呈现"先升后降"的关系，而在2003~2010年这一关系完全倒转。陈勇和柏喆（2018）则在技能偏向型技术进步基础上，结合集聚效应对工资差距进行了研究，他们采用1998~2013年中国家庭收入调查微观数据发现，地区间的工资差距扩大主要来自技能偏向型技术进步的作用，而集聚效应下高技能劳动者工资的上涨，进一步扩大了地区工资差距。

三、技能偏向型技术进步的影响因素

至于技能偏向型技术进步的成因和影响因素，早期的研究视角聚焦在技能劳动的相对供给以及国际贸易的作用。Kiley（1999）研究了不同技能劳动力相对供应与技能溢价之间的关系，他在内生性技术选择模型中分析发现，高技能劳动力相对供应的短期增加虽然能够在一定程度上缓解技能溢价，但这也会通过提高研发投入水平促进技术进步，由于技术进步与高技能劳动力之间存在互补性，从而扩大了技能劳动力间的工资差距。Acemoglu（2002）的研究同样发现，在技术进步保持不变的条件下，高技能劳动力供给的相对增加会降低短期内的技能溢价；但长期来看，高技能劳动力供给的增加也会

影响技术进步，这会反过来增加对高技能劳动力的需求，增加高技能人员的工资，从而提高技能溢价。此外，这篇文章还指出，国际贸易是引起技能偏向的技术变革的重要原因。同样地，Gancia 和 Bonfiglioli（2008）从实证角度将南北贸易与技术变革的方向联系起来，与低工资、低知识产权国家的进口贸易增加降低了美国制造业行业的研发投资，由于制造业相对属于中低技能行业，也就是说进口贸易增强了行业间技术进步的高技能偏向。Thoenig 和 Verdier（2003）则提出了南北贸易背景下防御性技术偏向变革的动机，即当全球化引发技术模仿的威胁日益增加时，企业往往会通过偏向高技能工人的技术创新来应对这种威胁。Görg 和 Strobl（2002）基于 20 世纪 90 年代加纳的制造业企业数据发现，通过增加外国机器的引入，以及技术密集型资本货物的进口或出口活动，确实引起了技能偏向型的技术变化，从而为当地技术工人相对工资的增长提供了解释。Freeman 和 Kleiner（2005）指出，中国进口竞争增加解释了 15% 水平的欧洲国家技能偏向型技术进步的变化。Neto 等（2019）则将工会与技能偏向型的技术进步相结合，发现在存在工会的情况下，集体谈判结构可能会导致更高的技能溢价水平。

国内有关研究则相对较少，宋冬林等（2010）从进口投资的视角切入，发现进口设备的引入显著提高了中国技能偏向型技术进步的水平。杨飞（2013）通过理论和实证分析表明，技能偏向型技术进步的方向取决于不同技能劳动间的替代弹性和劳动禀赋结构，高技能劳动相对供给上升显著地促进了技能偏向性。杨飞（2017）进一步通过内生化模型和 1995～2009 年行业面板数据进行理论和实证分析，认为市场化导致技能偏向型技术进步并提高了技能溢价。还有的文献将制度因素和技能偏向型技术进步结合起来，比如，沈春苗和郑江淮（2019a）分析了制度环境改善对技能偏向型技术进步的作用和影响机制。此外，沈春苗和郑江淮（2019b）还从中国企业"走出去"这一现实出发，将中国企业对外直接投资（outward foreign direct investment，OFDI）与技能偏向型技术进步联系起来，基于 2003～2015 年中国对 OECD 成员国 OFDI 流量数据进行实证研究，发现 OFDI 逆向技术溢出对国内技能偏向型技术进步产生了明显的负向作用。

综上，从理论上看，在保持技术不变的情况下，高技能劳动力相对供应的增加会降低技能溢价，但长期来看，技能供应的增加也会反过来引起技术的变化，增加对技能的需求。由此可以看出，预期寿命延长作为影响劳动力相对供给规模的重要因素，势必会通过改变要素之间的相对稀缺程度，从而影响到技术进步的偏向，尤其是预期寿命延长不仅会影响劳动力整体供给，也会通过资源跨期配置改变劳动力内部不同技能的供给结构，影响技术进步的技能偏向和收入不平等。纵观国内已有文献，现有研究大多忽略了预期寿命延长对收入不平等的间接作用，关于预期寿命延长如何影响技术进步的技能偏向性的研究尚未看到，也没有文献探讨预期寿命延长如何通过技能结构，影响技能偏向型技术进步对收入不平等的边际作用，这给了我们进一步研究的空间。

第三节　预期寿命延长、技能偏向型技术进步与收入不平等理论模型

本节在 Acemoglu（2002）的基础上引入预期寿命延长，构建一个三期世代交叠模型，将预期寿命延长、技能偏向型技术进步和收入不平等纳入同一理论框架进行分析。模型的基本框架如下。

一、生产部门

代表性企业使用物质资本和雇佣劳动进行生产，我们假定企业雇用两类

劳动力，分别为低技能劳动力和高技能劳动力，企业生产函数采用柯布-道格拉斯和常数替代弹性（constant elasticity of substitution，CES）函数的复合形式，总产出 Y_t 的表达式如下：

$$Y_t = \left\{\left[\left(A_L L_t\right)^\sigma + \left(A_H H_t\right)^\sigma\right]^{1/\sigma}\right\}^{1-\alpha} K_t^\alpha \tag{10.1}$$

其中，K_t 表示物质资本存量；α 表示物质资本产出弹性，$0<\alpha<1$；L_t 和 H_t 分别表示低技能型和高技能型劳动力数量；A_L 和 A_H 分别表示低技能型和高技能型劳动力的技术回报率（生产率）；σ 表示生产过程中高低技能劳动力的替代弹性，$0<\sigma<1$。假定技术进步具有技能偏向性，即技术进步使得高技能劳动者比低技能劳动者有着更高的技术回报率，满足 $A_H/A_L>1$。

根据生产者利润最大化的一阶条件，可得出两类劳动者工资和利率的表达式如下：

$$w_t^H = (1-\alpha)\, k_t^\alpha A_H^\sigma H_t^{\sigma-1}\left[(A_L L_t)^\sigma + (A_H H_t)^\sigma\right]^{\frac{1-\sigma}{\sigma}} \tag{10.2}$$

$$w_t^L = (1-\alpha) k_t^\alpha A_L^\sigma L_t^{\sigma-1}\left[(A_L L_t)^\sigma + (A_H H_t)^\sigma\right]^{\frac{1-\sigma}{\sigma}} \tag{10.3}$$

$$R_{t+1} = \alpha k_t^{\alpha-1} \tag{10.4}$$

其中，$k_t = K_t \Big/ \left\{\left[(A_L L_t)^\sigma + (A_H H_t)^\sigma\right]^{\frac{1}{\sigma}}\right\}$。由式（10.2）和式（10.3），高技能和低技能劳动力平均工资之比可表示为

$$\Omega_t = \frac{w_t^H}{w_t^L} = \left[\frac{A_H}{A_L}\right]^\sigma \left(\frac{H_t}{L_t}\right)^{\sigma-1} = \left[\frac{A_H}{A_L}\right]^\sigma \left(\frac{1-\theta_t}{\theta_t}\right)^{1-\sigma} \tag{10.5}$$

其中，θ_t 表示经济体中的劳动力技能结构，我们以高技能劳动力的比重来进行度量，$\theta_t = \dfrac{H_t}{H_t + L_t}$。而根据基尼系数的定义，存在两类人的经济体中的收入不平等程度可表示为

$$G_t = \frac{H_t L_t \left(w_t^H - w_t^L\right)}{\left(H_t + L_t\right)\left(w_t^H H_t + w_t^L L_t\right)} = \frac{\theta_t (1-\theta_t)}{\theta_t + \dfrac{1}{\Omega_t - 1}} \quad (10.6)$$

从上式可以看出，在技能结构不变的情况下，高技能和低技能劳动力平均工资之比 Ω_t 与收入不平等 G_t 呈现正向关系，这表明两类技能劳动力的技能溢价程度越高，收入不平等越大。我们设定技能偏向型技术进步 $d = \dfrac{A_H}{A_L}$，d 越大，说明技术进步的技能偏向程度越高，在式（10.5）基础上对技能偏向型技术进步程度 d 求导，可得出：

$$\frac{\partial G}{\partial d} = \frac{\theta_t (1-\theta_t)}{\left[\theta_t(\Omega-1)+1\right]^2} \frac{\partial \Omega}{\partial d} = \frac{\theta_t (1-\theta_t)}{\left[\theta_t(\Omega-1)+1\right]^2} \left(\frac{1-\theta_t}{\theta_t}\right)^{1-\sigma} \sigma d^{\sigma-1} > 0 \quad (10.7)$$

因此，可以看出，技能偏向型技术进步与收入不平等之间呈现明显的正向相关关系，可得出本章理论部分的第一个结论。

结论10.1：$\dfrac{\partial G}{\partial d} > 0$，随着技能偏向型技术进步程度提高，收入不平等提高。

二、个体

假设个体一生共经历三个时期：少年期、成年期和老年期。个体在少年期出生并被动接受父母提供的教育；个体在成年期进入劳动力市场并获得工资收入，将其用于消费、储蓄与子女教育；个体在老年期退休并将其成年期的储蓄及回报全部用于消费，不留有遗产；个体的决策都是在成年期做出。

代表性行为人的终生效用不仅取决于成年期和老年期的消费水平，还关注生育孩子的数量及质量，即父母具有利他主义倾向。本节假设父母关心子女的质量（教育水平），父母在成年期对孩子进行教育投入。孩子在接受教育后进入劳动力市场，而是否成为高技术工人不仅取决于其接受的教育，还取决于其学习能力。借鉴郭凯明等（2013）的分析，我们假定学习能力是天生的禀赋，对于每个小孩 j 来说，成为技术工人的必要条件表示为

$$e_t^j \geqslant \mu_t^j, \quad \mu_t^j = x^j \pi \tag{10.8}$$

其中，e_t^j 表示孩子所接受的教育投入；x^j 表示孩子的学习能力，如果学习能力越强其取值越小，意味着孩子越容易成为高技能劳动力。因此，上式表明只有禀赋 $x^j \leqslant e_t^j / \pi$ 的小孩成为高技能劳动力。为简化模型，我们假设禀赋是无法观测的指标，父母在给孩子投入教育前不知道孩子的实际禀赋，在 0 到 1 的区间内服从均匀分布。i 表示劳动力类型，$i = H$ 表示高技能劳动力类型，$i = L$ 表示低技能劳动力类型。$\phi^i = e_t^i / \pi$ 代表孩子成为高技能劳动力需要满足一定的条件，同时，它也反映了孩子接受教育后的质量水平。

我们假设代表性行为人的效用函数为

$$U_t^i = \ln C_{1,t}^i + \beta \rho \ln C_{2,t+1}^i + \eta \ln e_t^i \tag{10.9}$$

其中，$C_{1,t}^i$ 表示年轻期消费；$C_{2,t+1}^i$ 表示老年期的消费；ρ 表示行为人从成年期进入老年期的生存概率，也就是本章研究的核心变量预期寿命；η 表示父母对子女教育的偏好程度；β 表示时间偏好因子，$\beta \in (0,1)$。

代表性行为人在成年期工作获得劳动报酬，同时，也要抚养子女，对其进行时间投入和教育投入。假设孩子数量为 n，每个孩子的抚养时间为 v。参照郭凯明等（2013）的文章设定，教育成本由平均工资 $\overline{w_t}$ 决定，当投入教育为 e_t^i 时，相应的教育成本为 $e_t^i \overline{w_t}$，$\overline{w_t} = \dfrac{w_t^H H_t + w_t^L L_t}{H_t + L_t}$。个体成年期的储蓄为 s_t^i，储蓄积累到老年期的利率为 R_{t+1}。老年期存活的个体分享进入老年期之前死亡个体的储蓄，预期回报率为 R_{t+1} / ρ。代表性行为人在成年期和老年期的预算约束条件，分别可表示为

$$C_{1,t}^i = (1 - vn) w_t^i - s_t^i - e_t^i \overline{w_t} n \tag{10.10}$$

$$C_{2,t+1}^i = R_{t+1} s_t^i / \rho \tag{10.11}$$

代表性行为人在成年期进行两类决策，一是选择对子女的教育投入 e_t^i，二是进行养老储蓄 s_t^i，以此来最大化自身效用。由此，通过对效用函数最大化的一阶条件进行求解，我们可以得到

$$\frac{1}{C_{1,t}^i} = \frac{\beta R_{t+1}}{C_{2,t+1}^i} \tag{10.12}$$

$$\frac{\overline{w_t n}}{C_{1,t}^i} = \frac{\eta}{e_t^i} \tag{10.13}$$

根据式（10.10）～式（10.13），进一步求得个体的成年期储蓄和对子代的教育投入：

$$s_t^i = \frac{\beta\rho(1-vn)w_t^i}{1+\beta\rho+\eta} \tag{10.14}$$

$$e_t^i = \frac{\eta}{1+\beta\rho+\eta} \frac{(1-vn)w_t^j}{\overline{w_t n}} \tag{10.15}$$

三、市场出清

假设物质资本在期末完全折旧，资本市场的出清条件为下一期的物质资本为当期低技能型和高技能型个体储蓄之和：

$$K_{t+1} = s_t^L L_t + s_t^H H_t \tag{10.16}$$

其中，s_t^L 和 s_t^H 分别表示低技能型和高技能型个体的储蓄。

四、劳动力技能结构的动态变化

根据式（10.15）可以看出，老年期生存概率 ρ 会影响个体对子女的教育投入，即预期寿命水平越高，老年期所需要的消费资源随之上升，从而需要

增加成年期的储蓄，导致对教育投入的挤出。预期寿命延长使得家庭教育投入的决策发生变化，势必会影响到下一代的劳动力结构，根据上文设定，我们用 λ_t^i 表示类型 i 家庭中的子女成为高技能工人的比例，当家庭的数量很多时，由大数定理可知 $\lambda_t^i = e_t^i / \pi$。于是，下一期的低技能工人数和高技能工人数分别为

$$L_{t+1} = n(1-\lambda_t^L)L_t + n(1-\lambda_t^H)H_t \qquad (10.17)$$

$$H_{t+1} = n\lambda_t^L L_t + n\lambda_t^H H_t \qquad (10.18)$$

由式（10.17）和式（10.18），我们可以得出劳动力技能结构（高技能工人的人数占比）的动态变化满足：

$$\theta_{t+1} = \frac{H_{t+1}}{H_{t+1}+L_{t+1}} = \left[e_t^L(1-\theta_t) + e_t^H \theta_t\right]/\pi \qquad (10.19)$$

当经济达到稳态时，劳动力结构 θ 变为一个常数，结合式（10.15）和式（10.19），我们可知平衡增长路径下的劳动力技能结构为

$$\theta^* = \frac{\eta}{1+\beta\rho+\eta} \frac{(1-vn)}{n\pi} \qquad (10.20)$$

由上式右边可知，$\dfrac{\partial \theta^*}{\partial \rho} < 0$，人均预期寿命的延长，会对家庭子女教育投入产生"挤占效应"，导致经济体中高技能劳动力比重减少，技能结构逐渐低端化。

上述分析表明，预期寿命延长降低了高技能劳动力比重，对劳动力技能结构产生了显著的负面影响，那么，我们进一步要分析的是，预期寿命延长对于收入不平等会产生何种影响呢？为简化分析，我们首先假定技能偏向型技术进步 $d_0 = \dfrac{A_H}{A_L}$ 是不变的常数，此时，预期寿命延长会通过影响技能结构及高低技能劳动力的相对比重，直接影响收入不平等。进一步地，我们将方

程（10.20）代入式（10.5）和式（10.6）当中，可以得出稳态时高低技能平均工资之比和总体收入不平等的表达式变为

$$\Omega^* = d^\sigma (\frac{1-\theta^*}{\theta^*})^{1-\sigma} = \left[\frac{A_H}{A_L}\right]^\sigma \left[\frac{(1+\beta\rho+\eta)n\pi}{\eta(1-vn)} - 1\right]^{1-\sigma} \quad (10.21)$$

$$G^* = \frac{\theta^*(1-\theta^*)\left[d_0^\sigma(1-\theta^*)^{1-\sigma}\theta^{*\sigma-1} - 1\right]}{d_0^\sigma(1-\theta^*)^{1-\sigma}\theta^{*\sigma-1} - \theta^* + 1} \quad (10.22)$$

由式（10.21）易知 $\frac{\partial \Omega^*}{\partial \rho} > 0$，这说明预期寿命延长显著降低了劳动力中高技能劳动力的比例，此时预期寿命延长引致的"结构效应"扩大了收入不平等。进一步地，将收入不平等的表达式（10.22）对预期寿命求一阶导数可得

$$\begin{aligned}\frac{\partial G^*}{\partial \rho} &= \frac{\partial G^*}{\partial \theta^*} \cdot \frac{\partial \theta^*}{\partial \rho} = \frac{\partial \left[\frac{d_0^\sigma(1-\theta^*)^{1-\sigma}\theta^{*\sigma} - \theta^*}{d_0^\sigma(1-\theta^*)^{-\sigma}\theta^{*\sigma} + 1}\right]}{\partial \theta^*} \cdot \frac{\partial \theta^*}{\partial \rho}\\ &= \frac{\left[d_0^\sigma\left(\frac{1-\theta^*}{\theta^*}\right)^{-\sigma}\right]^2 + \sigma d_0^\sigma\left(\frac{1-\theta^*}{\theta^*}\right)^{-\sigma} - \sigma d_0^\sigma\left(\frac{1-\theta^*}{\theta^*}\right)^{-\sigma-1} - 1}{\left[d_0^\sigma\left(\frac{1-\theta^*}{\theta^*}\right)^{-\sigma} + 1\right]^2} \cdot \frac{\partial \theta^*}{\partial \rho} \quad (10.23)\\ &= \frac{(\Omega^* - \sigma)\frac{\theta^*}{1-\theta^*} - \left(\frac{1}{\Omega^*} - \sigma\right)\frac{1-\theta^*}{\theta^*}}{\left[\Omega^* \frac{1-\theta^*}{\theta^*} + 1\right]^2} \cdot \frac{\partial \theta^*}{\partial \rho}\end{aligned}$$

从上式最右边可看出，由于高技能比重 θ^* 通常远低于低技能劳动力比重 $1-\theta^*$，并且 $0 < \sigma < 1$；所以 $(\Omega^* - \sigma)\frac{\theta^*}{1-\theta^*} - \left(\frac{1}{\Omega^*} - \sigma\right)\frac{1-\theta^*}{\theta^*} < 0$，而 $\frac{\partial \theta^*}{\partial \rho} < 0$；据此，我们可以提出本节的第二个结论。

结论10.2：预期寿命延长会对家庭子女教育投入产生"挤占效应"，导致经济体中高技能劳动力减少，进而扩大了收入不平等。

五、技能偏向型技术进步内生的情形

在存在技能偏向型技术进步情形下,高技能劳动相对低技能劳动者而言,技术回报率更高。而在技能偏向型技术进步是内生决定时,即高技能劳动力的生产率由劳动力技能结构决定,高技能劳动力的供给变化会改变高技能密集型中间品相对于低技能密集型中间品的相对价值,从而通过"价格效应"和"市场规模效应"共同影响技能偏向型技术进步(Acemoglu,2002)。在此,我们省略劳动力技能结构影响技能偏向型技术进步的细节,为简化分析,参照郭凯明等(2013)一文的设定,我们将低技能工人的生产率 A_L 标准化为1,技能偏向型技术进步程度可表示为

$$d = A_H / A_L = \tau(\theta_t)^\varphi \tag{10.24}$$

其中,τ 表示外生的技术水平;$0<\theta_t<1$;φ 表示高、低技能劳动力的要素替代弹性。式(10.24)表明,技能偏向型技术进步的方向不仅取决于劳动力技能结构的变化,还取决于高、低技能劳动力之间的要素替代弹性(杨飞,2017)。

这里存在两种情形:如果 $\varphi>0$,高技能劳动力和低技能劳动力之间是替代关系,高技能劳动力比重提高所产生的"价格效应"大于"市场规模效应",此时会提升高技能劳动密集型部门中间品的市场价值,从而提高技能偏向型技术进步,即满足 θ_t 越大,d 越大。如果 $\varphi<0$,则高技能劳动力和低技能劳动力之间是互补关系,高技能劳动力比重的提高反而会降低技能偏向型技术进步,即 θ_t 越大,d 越小。将式(10.20)和式(10.24)代入式(10.21)中,可得到技能偏向型技术进步内生时的不同技能劳动力平均工资之比表达式:

$$\Omega^* = \left[\tau\left(\frac{\eta}{1+\beta\rho+\eta}\frac{1-vn}{n\pi}\right)^\varphi\right]^\sigma \left[\frac{(1+\beta\rho+\eta)n\pi}{\eta(1-vn)}-1\right]^{1-\sigma} \tag{10.25}$$

根据式（10.25）可证得：

$$\frac{\partial \Omega^*}{\partial \rho} = \frac{\partial \theta^*}{\partial \rho} \left[\sigma \left(\frac{1-\theta^*}{\tau \theta^{*\varphi+1}} \right)^{1-\sigma} - \frac{(1-\sigma)}{\theta^{*2}} \left(\frac{1-\theta^*}{\tau \theta^{*\varphi+1}} \right)^{-\sigma} \right] \quad (10.26)$$

可知，在技能偏向型技术进步内生化的情况下，预期寿命延长对于技能劳动力平均工资之比的影响方向是模糊的。我们进一步可以推出，稳态时的收入不平等指标可表示为

$$G^* = \left[1 - \frac{\eta(1-vn)}{(1+\beta\rho+\eta)n\pi} \right] \Bigg/ \left[\frac{1}{\frac{\eta(1-vn)}{(1+\beta\rho+\eta)n\pi} \left\{ \left[\tau \left(\frac{\eta(1-vn)}{(1+\beta\rho+\eta)n\pi} \right)^{\varphi} \right]^{\sigma} \left[\frac{(1+\beta\rho+\eta)n\pi}{\eta(1-vn)} - 1 \right]^{1-\sigma} - 1 \right\}} + 1 \right] \quad (10.27)$$

$$\begin{aligned}
\frac{\partial G^*}{\partial d} &= \frac{\theta^*(1-\theta^*)}{[\theta^*(\Omega^*-1)+1]^2} \left(\frac{1-\theta^*}{\theta^*} \right)^{\sigma-1} \sigma d^{\sigma-1} \\
&= \frac{\theta^*(1-\theta^*) \left(\frac{1-\theta^*}{\theta^*} \right)^{\sigma-1} \sigma (\tau \theta^{*\varphi})^{\sigma-1}}{\left\{ \theta^* \left[(\tau \theta^{*\varphi})^{\sigma} \left(\frac{1-\theta^*}{\theta^*} \right)^{1-\sigma} - 1 \right] + 1 \right\}^2} \\
&= \frac{\sigma \tau^{\sigma-1} (\theta^*)^{2-\sigma+\varphi\sigma-\varphi} (1-\theta^*)^{\sigma-2}}{[\tau^{\sigma}(\theta^*)^{\varphi\sigma+\sigma}(1-\theta^*)^{-\sigma}+1]^2}
\end{aligned} \quad (10.28)$$

可以看出，在技能偏向型技术进步内生的情形下，会通过影响技能结构的渠道，进而改变技能偏向型技术进步对收入不平等的边际作用，从式（10.28）等号右边可以看出，如果在 $\varphi > 0$ 且 $0 < \sigma < 1$ 情形下，分子项中表明产生了"工资收敛效应"，即预期寿命延长提高可能在一定程度上降低了劳动力中高技能工人的生产率，从而弱化了降低技能偏向对收入不平等的边际作用；分母项则表明产生了"结构效应"，即预期寿命延长提高了低技能劳动力的相对比重，造成劳动力结构中低技能比重的上升，低技能劳动力供给的相对

第十章 预期寿命延长、技能偏向型技术进步与收入不平等　551

增加扩大了不平等。进一步地，我们在式（10.28）的基础上，对预期寿命求偏导可得

$$\frac{\partial G^*}{\partial d \cdot \partial \rho} = \frac{\partial \left\{ \dfrac{\sigma \tau^{\sigma-1} \left(\theta^*\right)^{2-\sigma+\varphi\sigma-\varphi} \left(1-\theta^*\right)^{\sigma-2}}{\left[\tau^{\sigma} \left(\theta^*\right)^{\varphi\sigma+\sigma} \left(1-\theta^*\right)^{-\sigma} + 1\right]^2} \right\}}{\partial \theta^*} \cdot \frac{\partial \theta^*}{\partial \rho}$$

$$= \left\{ \frac{2\theta^* \Omega^* \left[\varphi(1+\sigma)(1-\theta^*) + \sigma\theta^*\right]}{1-\theta^*} - \left[2-\sigma + \varphi(1-\theta^*)^2\right] \left(\frac{\theta^* \Omega^*}{1-\theta^*} + 1\right) \right\}$$

$$\cdot \left[\sigma\tau^{\sigma-1} \left(\theta^*\right)^{1-\sigma+\varphi\sigma-\varphi} \left(1-\theta^*\right)^{\sigma-3}\right] \cdot \left[\tau^{\sigma} \left(\theta^*\right)^{\varphi\sigma+\sigma} \left(1-\theta^*\right)^{-\sigma} + 1\right] \cdot \left(-\frac{\partial \theta^*}{\partial \rho}\right)$$

（10.29）

因此，当满足 $\dfrac{2\theta^* \Omega^* \left[\varphi(1+\sigma)(1-\theta^*) + \sigma\theta^*\right]}{1-\theta^*} \left[2-\sigma + \varphi(1-\theta^*)^2\right] \left(\dfrac{\theta^* \Omega^*}{1-\theta^*} + 1\right) > 0$ 时，引入预期寿命之后，会降低高技能劳动力的比重，强化技能偏向型技术进步对收入不平等的正向作用。由此提出本节的第三个结论。

结论 10.3：在同时存在预期寿命延长和技能偏向型技术进步的经济中，预期寿命延长对收入不平等的作用并不确定；当满足一定条件时，预期寿命延长会扩大技能偏向型技术进步对收入不平等的边际作用。

六、参数校准和数值模拟

在三期世代交叠模型中，我们设定每期长度为30年，这与大多数文献的设定相同（刘永平和陆铭，2008b；汪伟，2012；汪伟和咸金坤，2020）。同时，参考刘永平和陆铭（2008b）的文章设定，将老年期消费的年度时间贴现因子设为0.99，由于每期为30年，通过计算可得出老年期的时间消费贴现因子 β 为0.74。参考汪伟和咸金坤（2020）的文章设定，将每个子女的抚养时间 v 设为0.15；由于老年期处于60～90岁阶段，而且中国60岁老人的平

均余寿在当前为 19.55 年[①]，因此设定老年期生存概率 ρ 等于 0.65（=19.55/30）。从生育率来看，汪伟（2017）将总和生育率设定为 1.5，以此为参考，此部分将生育率 n 设为 0.75（=1.5/2）。

σ 代表了高技能和低技能工人的替代弹性，参考郭凯明等（2013）的文章设定，我们将其校准为 0.53。参考高奥等（2016）的文章设定，将子女（教育）效用的贴现因子设为 0.3。参数 π 越大，个体成为高技能工人的概率越低，参考郭凯明等（2013）的做法，我们将 π 设定为 1。根据理论模型设定，参数 τ 代表了外生技术进步时的技能偏向技术进步程度，郭凯明等（2013）将它设定为 2，鉴于缺少直接的经验证据，我们将 τ 的基准取值设为 1.5，并在相应范围内改变 τ 的取值来进行研究。由于参数 φ 的取值也缺少相关借鉴，我们取较为适中的值 0.5，并在后文改变 φ 的取值来进行稳健性分析。表 10.1 给出了模型参数的具体取值。

表 10.1 模型参数取值

参数	β	ρ	n	σ	v	η	π	τ	φ
取值	0.74	0.65	0.75	0.53	0.15	0.3	1	1.5	0.5

资料来源：参照现有文献整理

（一）技能偏向型技术进步与收入不平等

图 10.4 展现了技能偏向型技术进步与收入不平等的关系，从图 10.4 可以明显看出，随着技能偏向型技术进步程度的提高，收入不平等也呈现出明显的上升趋势。比如，当技能偏向型技术进步程度从 1.5 提高至 2.5 时，收入基尼系数从 0.173 提高至 0.239 左右。图 10.4 与理论部分的结论 10.1 相对应。

---

① 数据来源于《世界人口展望》2017 修订版。

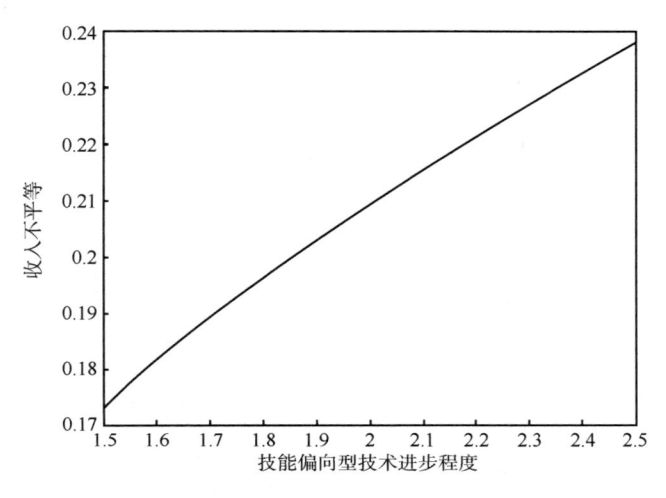

图 10.4　技能偏向型技术进步与收入不平等

资料来源：根据 MATLAB 软件计算，图 10.5～图 10.15 同

（二）预期寿命延长、劳动力技能结构与收入不平等

在不存在技能偏向型技术进步的情形下，本部分考察了预期寿命延长对劳动力市场中的劳动技能结构、高低技能工人的平均工资比以及收入不平等的影响，如图 10.5～图 10.7 所示。首先，从图 10.5 可以看出，随着预期寿命延长，高技能工人的人数占比呈下降趋势，根据理论分析，预期寿命延长使得个体倾向于更多储蓄且更少投资于子女教育，对家庭的子女教育投入产生了"挤占效应"，从而降低了经济体内的高技能工人人数占比。然后，图10.6 为预期寿命延长与平均工资之比的关系图，由于预期寿命延长促使高技能工人人数占比降低，进而提升了劳动力市场中的平均工资之比，当预期寿命（以老年期生存概率度量）从 0.5 增加至 1 时，高低技能工人的平均工资之比从 2.29 提高至 2.58 左右。最后，在预期寿命延长的背景之下，劳动力市场中的劳动技能结构和高低技能工人的平均工资之比发生了改变，使得收入不平等基尼系数也发生了相应变化。从图 10.7 中可以明显看出，预期寿命延长使得收入不平等呈增加趋势，当老年期生存概率从 0.5 增加至 1 时，收入基尼系数从 0.17 增长至 0.178 左右。图 10.5～图 10.7 与理论部分的结论 10.2 相对应。

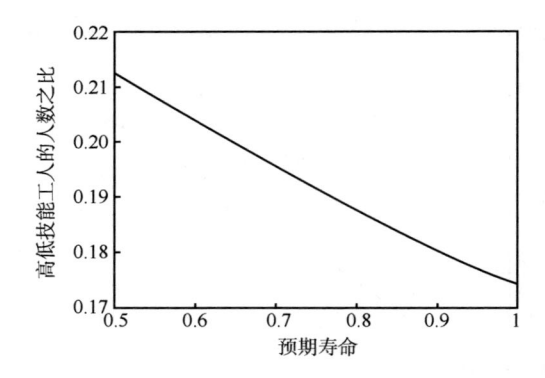

图 10.5　预期寿命延长与劳动力技能结构

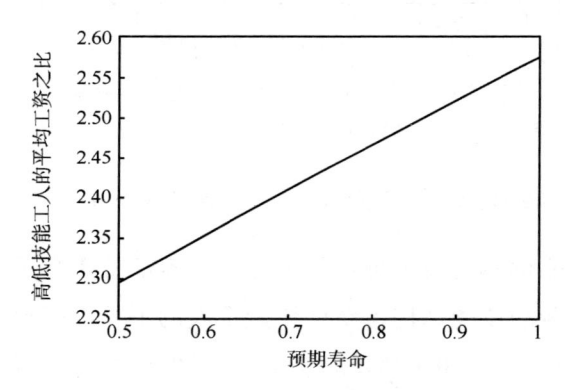

图 10.6　预期寿命延长与平均工资之比

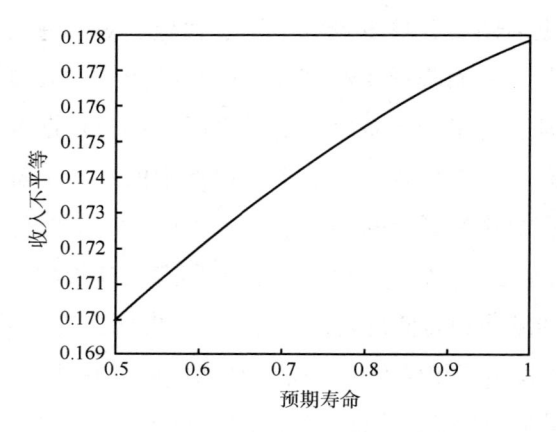

图 10.7　预期寿命延长与收入不平等

（三）预期寿命延长、技能偏向型技术进步与收入不平等

接下来，我们分析存在技能偏向型技术进步情形下的预期寿命延长对收入不平等的影响。由于技能偏向型技术进步不影响劳动力技能结构，所以技能偏向型技术进步内生化时的劳动力技能结构变化仍如图 10.5 所示，即预期寿命延长会降低高技能工人的人数占比。在技能偏向型技术进步内生决定时，预期寿命延长对平均工资和收入不平等的影响如模拟图 10.8 和图 10.9 所示。

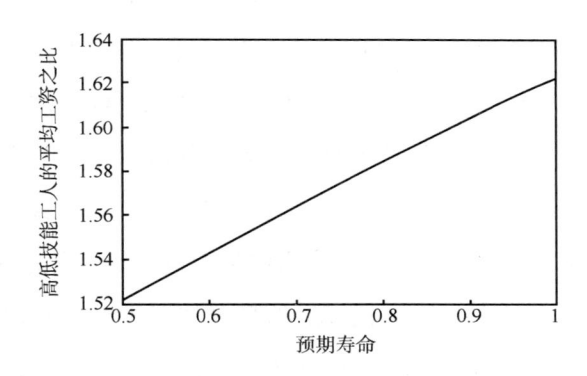

图 10.8　预期寿命延长与平均工资之比（技能偏向型技术进步内生）

根据图 10.8 可知，预期寿命延长依然会提高高低技能工人的平均工资之比，当老年期生存概率从 0.5 增加至 1 时，平均工资之比从 1.5242 提高至 1.6217。另外，将图 10.6 和图 10.8 对比可以看出，在技能偏向型技术进步由外生转为内生化时，高技能劳动力供给的减少使得高技能劳动密集型部门中间品的市场价值降低，高技能和低技能工人的平均工资之比相对有所下降，这就是理论部分定义的"工资收敛效应"。

结合前文，在不考虑技能偏向型技术进步时，预期寿命延长引起的高技能工人人数占比下降会提高平均工资比和收入不平等，即预期寿命延长引起的"结构效应"会提高收入不平等；在考虑技能偏向型技术进步时，预期寿

命延长不仅通过"结构效应"来提高收入不平等，还通过"工资收敛效应"来降低平均工资比和收入不平等。所以，在技能偏向型技术进步内生决定时，从理论层面难以明确预期寿命延长对收入不平等的影响方向，结合现实参数的模拟结果如图 10.8 所示。

由于参数 τ 与技能偏向型技术进步程度相关且取值不确定，故图 10.9 展现了不同参数 τ 取值下的预期寿命延长与收入不平等关系图。从图 10.9 可以看出：①在参数 τ 取值为 1.5 时，预期寿命延长会提高收入不平等，这意味着预期寿命延长通过"结构效应"来提高收入不平等的作用更明显，超过"工资收敛效应"对收入不平等的降低作用。②在参数 τ 取值为 1.8 时，收入不平等呈先增后减的倒"U"形，而且老年期生存概率取值为 0.8 左右时的收入不平等程度最高，这意味着在老年期生存概率取值低于 0.8 时，"结构效应"占据主导，在老年期生存概率取值高于 0.8 时，"工资收敛效应"占主导。③在参数 τ 取值为 2 时，收入不平等同样呈现倒"U"形的变化曲线，随着预期寿命延长，收入不平等先增后减，而且老年期生存概率取值为 0.65 时的收入不平等程度最高。④在参数 τ 取值为 2.5 时，预期寿命延长使得收入不平等呈下降趋势，这意味着预期寿命延长通过"工资收敛效应"降低收入不平等占主导，超过了"结构效应"对收入不平等的提升作用。可见，随着参数 τ 的提高，预期寿命延长通过"结构效应"提高收入不平等的作用在减弱，而"工资收敛效应"降低收入不平等的作用在增强。结合现实参数，当老年期生存概率取值为 0.65 时，如果参数 τ 取值低于 2，预期寿命延长会提高收入不平等；反之，当参数 τ 取值高于 2，预期寿命延长会降低收入不平等。

第十章　预期寿命延长、技能偏向型技术进步与收入不平等　557

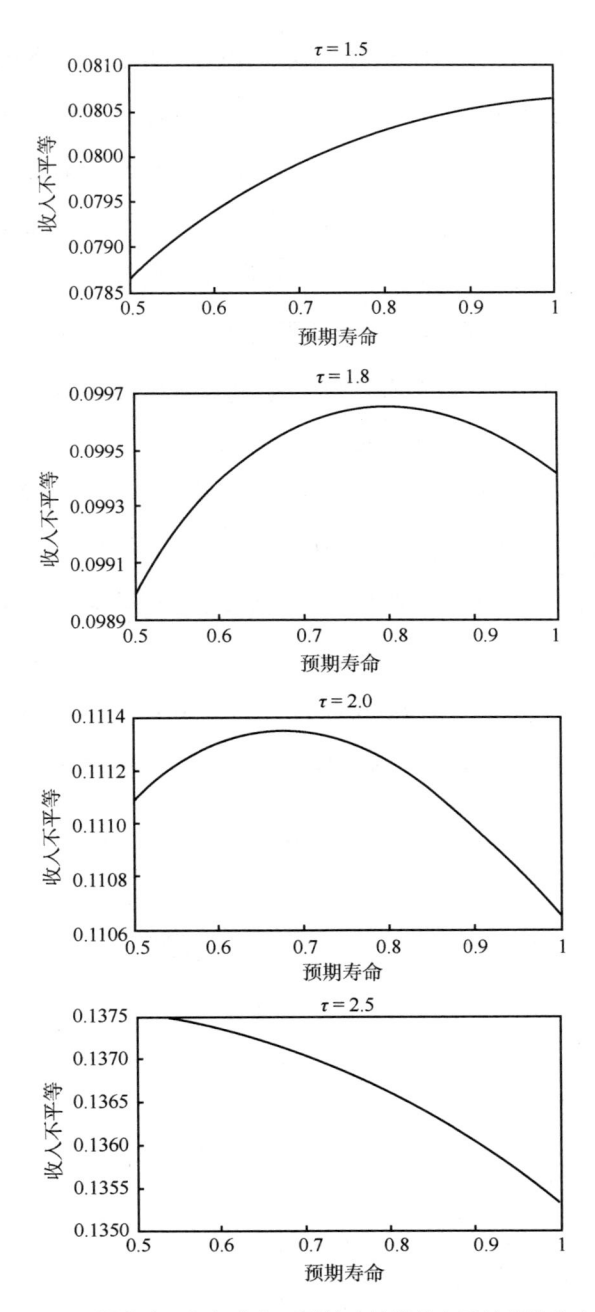

图 10.9　预期寿命延长与收入不平等（技能偏向型技术进步内生）

另外，当参数 τ 取值为 1.5 时，我们比较分析了外生和内生技能偏向型技术进步时的预期寿命和收入不平等关系。通过比较分析可知，预期寿命延长虽然都提高了收入不平等程度，但是，技能偏向型技术进步内生时的收入不平等基尼系数显然较低。这也验证了在技能偏向型技术进步内生时，预期寿命延长会通过"工资收敛效应"来降低收入不平等。

为进一步描述预期寿命延长、技能偏向型技术进步和收入不平等的关系，图 10.10 和图 10.11 展现了预期寿命延长如何影响技能偏向型技术进步对收入不平等的边际作用。图 10.10 模拟了当参数 τ 取值为 1.5～2.5 时，老年期生存概率 ρ 取值分别为 0.65、0.75 和 0.85 时，收入不平等的变化趋势。根据图 10.10 可知，技能偏向型技术进步显著提高了收入不平等；并且，随着预期寿命延长，这种提高作用会进一步强化。为更好地展现预期寿命延长扩大了技能偏向型技术进步对收入不平等的边际作用，我们将老年期生存概率的取值范围设为 0.5～1，模拟了三维图（图 10.11）。从图 10.11 可以明显看出，随着预期寿命不断延长，技能偏向型技术进步提高收入不平等的程度也会进一步加强。

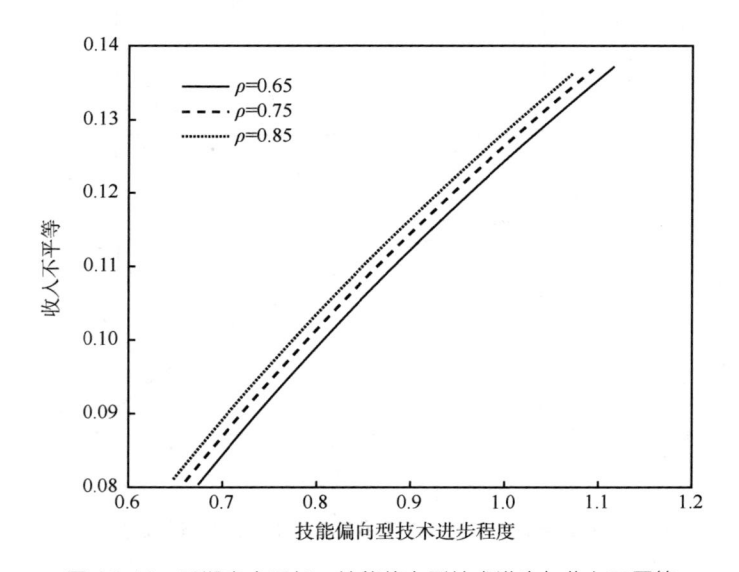

图 10.10　预期寿命延长、技能偏向型技术进步与收入不平等

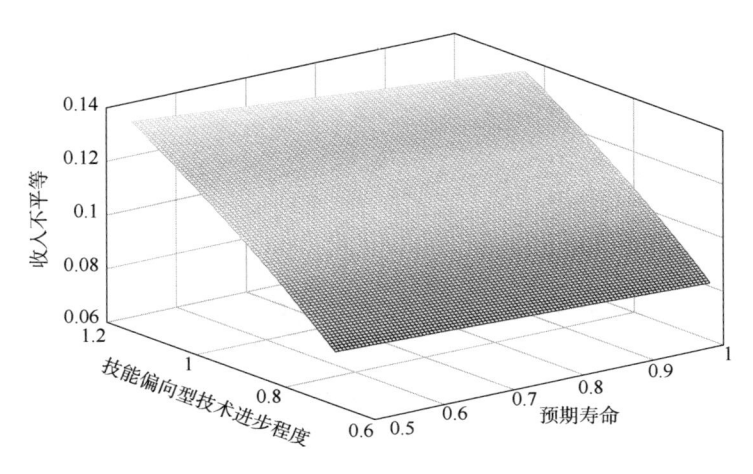

图 10.11　预期寿命延长、技能偏向型技术进步与收入不平等

上述结果可以从以下两个方面解释：一方面，预期寿命延长使得高技能工人的人数占比下降，在"市场规模效应"主导下，高技能劳动力下降使得技能偏向型技术进步程度减弱，有利于降低收入不平等。但是，这是通过减弱技能偏向型技术进步程度来缩小收入不平等的，收入不平等沿着图 10.10 中的实线本身移动，即这种"工资收敛效应"并不会改变技能偏向型技术进步本身对收入不平等的提升作用。另一方面，预期寿命延长使得高技能工人的人数占比下降，高低技能工人的平均工资之比下降，"结构效应"使得收入不平等程度提高，表现为图 10.10 中的实线向虚线移动。因此，在预期寿命更高的情境下，技能偏向型技术进步对收入不平等的提升程度更高，即预期寿命延长扩大了技能偏向型技术进步对收入不平等的边际作用。

（四）高-低技能劳动替代弹性的收入分配效应

σ 代表了高技能和低技能劳动的替代弹性，参数 σ 取值越大，说明两类劳动力的替代弹性越高。根据式（10.7），参数 σ 决定了技能偏向型技术进步和劳动技能结构对平均工资比的影响程度，参数 σ 取值越大，技能偏向型技术进步对平均工资比的影响力度越大，劳动技能结构变化对平均工资比的影响力度越小。我们在外生和内生技能偏向型技术进步的情境下，模拟了不同 σ 取值时的预期寿命和收入不平等关系，如图 10.12 和图 10.13 所示。

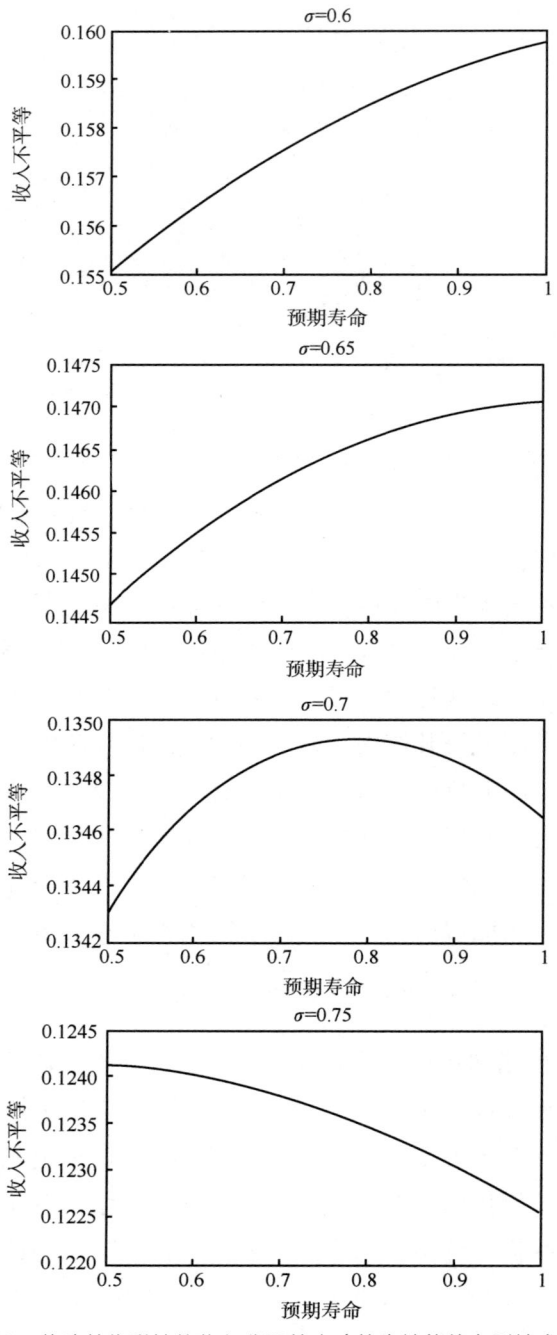

图 10.12　劳动替代弹性的收入分配效应（外生技能偏向型技术进步）

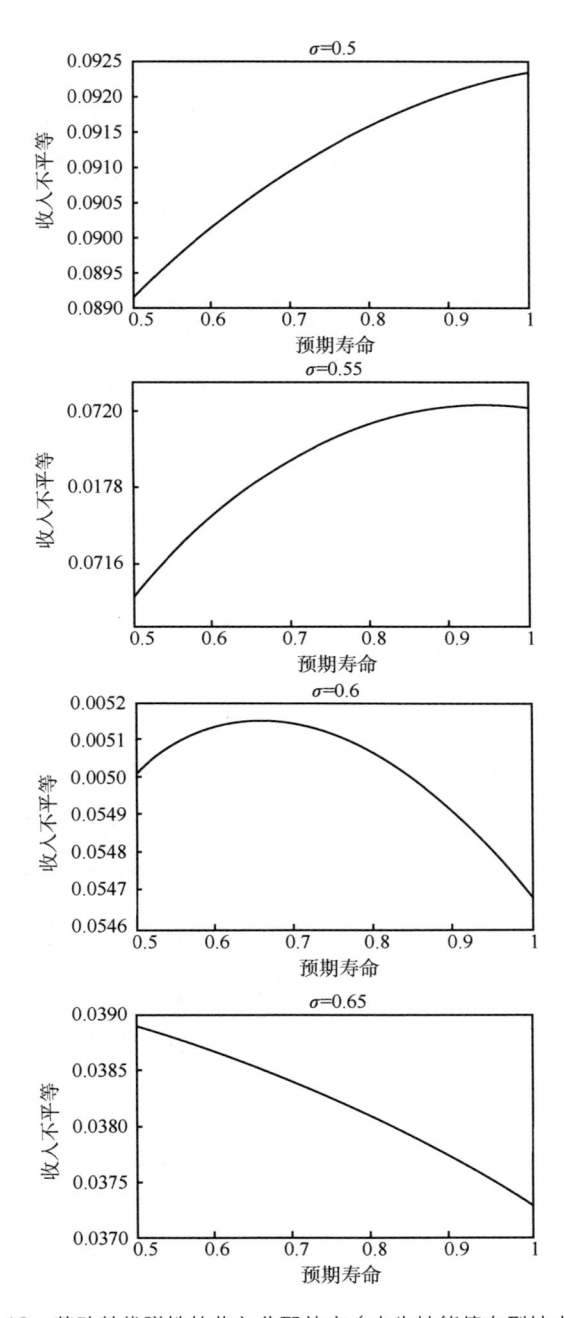

第十章　预期寿命延长、技能偏向型技术进步与收入不平等　561

图 10.13　劳动替代弹性的收入分配效应（内生技能偏向型技术进步）

根据图 10.12 的模拟结果，在老年期生存概率从 0.5 增长至 1 的范围内，当 σ 取值分别为 0.6 和 0.65 时，预期寿命和收入不平等之间呈现正向关系；而当 σ 取值为 0.7 时，收入不平等呈倒"U"形变化曲线，老年期生存概率取值为 0.8 左右时，收入不平等程度达到最高；当 σ 取值为 0.75 时，收入不平等随着预期寿命延长反而呈现出下降趋势。

在外生技能偏向型技术进步情境下，预期寿命延长对收入不平等的影响包括两方面：一方面，预期寿命延长降低了高技能工人的人数占比，这本身可能会降低收入不平等；另一方面，高技能工人人数占比的下降会提高平均工资比，进而会提高收入不平等。在现实参数 σ 取值为 0.53 时，后一种影响程度要高于前一种，表现为预期寿命延长会提高收入不平等。然而，随着劳动替代弹性 σ 的增加，前一种效应的影响程度在增强，后一种效应的影响程度在减弱，使得收入不平等随着预期寿命延长呈现出倒"U"形甚至是下降的变化曲线。

在技能偏向型技术进步内生的情境下，不同劳动替代弹性下的预期寿命和收入不平等的关系如图 10.13 所示。结合理论分析，平均工资比由技能偏向技术型进步程度和劳动技能结构决定，而技能偏向型技术进步程度又受到劳动技能结构的影响。随着预期寿命延长，高技能工人的人数占比下降，技能偏向型技术进步程度也随之降低，平均工资比相对下降，"工资收敛效应"会降低收入不平等。因此，结合上文关于外生技能偏向型技术进步时的分析，预期寿命延长不仅通过上述两方面来影响收入不平等，还会通过"工资收敛效应"来降低收入不平等。参数 σ 取值越大，技能偏向型技术进步程度对平均工资比的影响力度越大，预期寿命延长通过"工资收敛效应"来降低收入不平等的作用程度越强。所以，随着劳动替代弹性的增长，收入不平等可能呈现出倒"U"形或下降趋势。

（五）稳健性分析

我们改变参数 φ 的取值来进行稳健性分析，并比较分析"市场规模效应"和"价格效应"对收入不平等的影响，如图 10.14 和图 10.15 所示。当技能偏向型技术进步内生决定，满足参数 $\varphi>0$ 时，"市场规模效应"占主导，高技能工人人数占比与技能偏向型技术程度成正比；满足参数 $\varphi<0$ 时，"价格效应"占主导，高技能工人人数占比与技能偏向型技术进步程度成反比。由于预期寿命延长使得高技能工人的人数占比下降，在 $\varphi>0$ 时，预期寿命延长使得技能偏向型技术进步程度减弱；在 $\varphi<0$ 时，预期寿命延长使得技能偏向型技术进步程度增强。

所以，图 10.14 的模拟结果显示，随着预期寿命不断延长，$\varphi=0.5$ 时的技能偏向型技术进步程度呈下降趋势，而 $\varphi=-0.5$ 时的技能偏向型技术进步程度呈上升趋势。图 10.15 所示为 $\varphi=-0.5$ 时的预期寿命、技能偏向型技术进步和收入不平等的关系图，从图 10.15 可以看出，预期寿命延长同样扩大了技能偏向型技术进步对收入不平等的边际作用。"市场规模效应"和"价

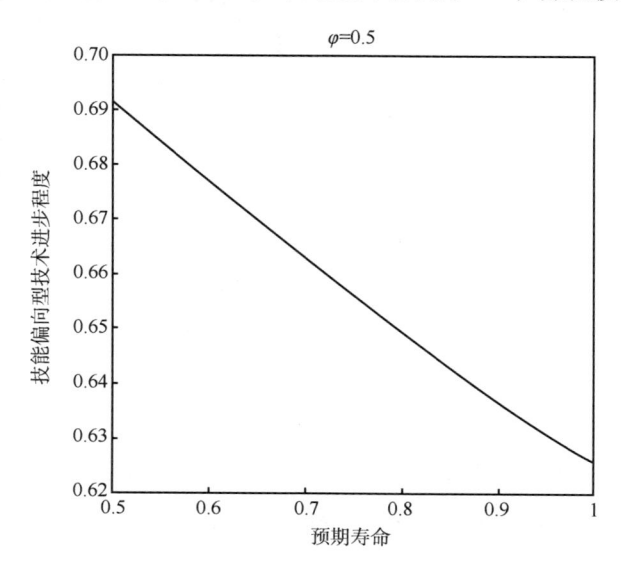

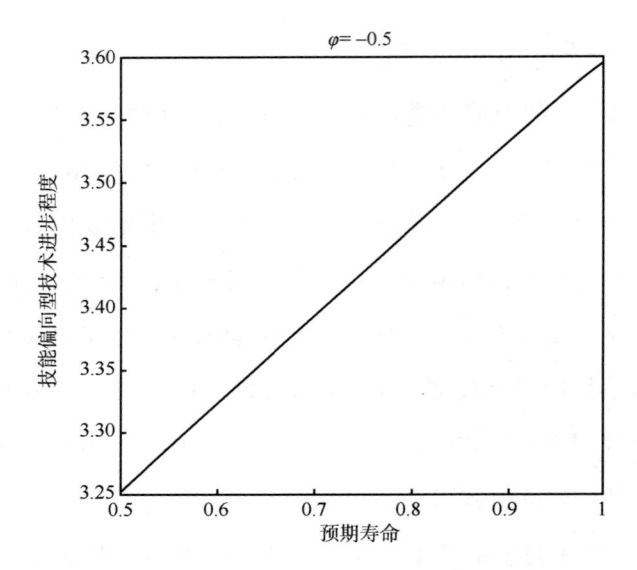

图 10.14 预期寿命延长与技能偏向型技术进步程度

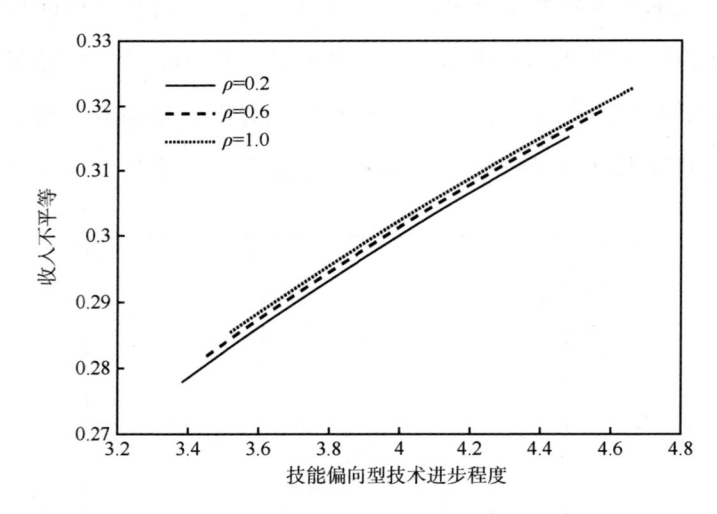

图 10.15 预期寿命延长、技能偏向型技术进步与收入不平等（φ=-0.5）

格效应"都是通过"工资收敛效应"来影响收入不平等，只会使得收入不平等在实线上移动，预期寿命延长依然通过"结构效应"来扩大技能偏向型技术进步对收入不平等的边际作用。可见，参数φ的取值并不会改变前文的研究结论。

第四节　预期寿命延长、技能偏向型技术进步与收入不平等实证分析

根据上文的理论分析所提出的三个结论，接下来本节利用 1999～2017 年中国 29 个省、自治区、直辖市层面的宏观数据来进行实证检验，主要分为三个部分，第一部分首先验证技能偏向型技术进步对收入不平等的影响，第二部分则分别检验地区预期寿命延长是否影响了劳动力技能结构，造成了"低端化"效应，以及高技能劳动力比重的下降如何影响收入不平等，在此基础上，第三部分进一步检验预期寿命延长是否改变了技能偏向型技术进步对收入不平等的边际作用，即检验预期寿命与技能偏向型技术进步对收入不平等的交互作用。

一、计量模型设定

首先，本节的第一部分所要检验的是技能偏向型技术进步对收入不平等的影响，根据上一节理论模型部分的分析和结论 10.1，本节设定的基本计量回归模型如下：

$$\text{INEQ}_{pt} = \alpha_0 + \alpha_1 \text{sdtech}_{pt} + \lambda_j \sum_{j=1}^{n} Z_{jpt} + \mu_p + \varepsilon_{pt} \quad (10.30)$$

其次，本节的第二部分所要检验的是预期寿命延长通过改变技能结构对收入不平等的影响，根据以上理论模型部分的分析和结论 10.2，设定的计量回归模型如下：

$$\text{skill}_{pt} = \beta_0 + \beta_1 \text{lifeexp}_{pt} + \lambda_j \sum_{j=1}^{n} Z_{jpt} + \mu_p + \varepsilon_{pt} \quad (10.31)$$

$$\text{INEQ}_{pt} = \delta_0 + \delta_1 \text{skill}_{pt} + \lambda_j \sum_{j=1}^{n} Z_{jpt} + \mu_p + \varepsilon_{pt} \quad (10.32)$$

最后，第三部分所要检验的是预期寿命延长是否改变了技能偏向型技术进

步对收入不平等的边际作用，根据以上理论模型部分的分析和结论 10.3，主要通过引入预期寿命和技能偏向型技术进步的交互项进行验证，计量回归模型如下：

$$\text{INEQ}_{pt} = \gamma_0 + \gamma_1 \text{lifeexp}_{pt} + \gamma_2 \text{sdtech}_{pt} + \gamma_3 \text{sdtech}_{pt} \times \text{lifeexp}_{pt} \\ + \lambda_j \sum_{j=1}^{n} Z_{jpt} + \mu_p + \varepsilon_{pt} \qquad (10.33)$$

其中，p 表示省份（直辖市或自治区）；t 表示年份；INEQ 表示各地区的收入不平等程度，采用各省份（直辖市或自治区）的基尼系数和泰尔指数来度量；lifeexp 表示预期寿命水平；skill 表示技能结构，鉴于数据的可得性，我们采用各地区专业技术人员占总从业人口的比重，以及就业人员中专科及以上文化程度就业人员比重这两个指标来表示地区高技能劳动力所占比重，以此近似衡量技能结构，数据主要来自 EPS（Economy Prediction System，经济预测系统）全球统计数据库、《中国科技统计年鉴》和《中国劳动统计年鉴》。[①] sdtech 表示技术进步的技能偏向型指数，我们在下文中进行具体设定。Z 表示其他一些控制变量集合，我们参照已有文献，从经济发展水平、通货膨胀、城市化、产业结构等方面进行了选取，变量设定具体方式见下文。此外，μ_p 表示地区固定效应，以排除地区层面其他不可观测的因素对收入不平等的影响；ε_{pt} 表示随机扰动项。

二、数据与变量

（一）被解释变量的度量及选取

本节采用 1999～2017 年基尼系数和泰尔指数来度量各地区的收入不平

[①] 1999～2007 年各地区专业技术人员数的数据来自《中国劳动统计年鉴》，但是 2007 年之后《中国劳动统计年鉴》不再公布各地区专业技术人员数，因此，我们采用《中国科技统计年鉴》中的各地区国有单位专业技术人员数占地区国有单位总从业人员数来近似替代度量各地区专业人员比重；各地区就业人员专科及以上教育程度占比具体包括专科、本科和研究生教育程度从业人员占总从业人员数比重。

等程度。其中，我们搜集运用各省（区、市）统计年鉴公布的从高到低等分的不同收入组的收入数据，参考田卫民（2012）的计算方法，测算了基尼系数和泰尔指数来度量收入不平等。[①]从本节所测算的各省（区、市）基尼系数的年度均值来看（图10.16），1999~2017年大致呈现出先增后降的倒"U"形趋势，并且2014年之后又有抬头的迹象，与国家层面公布的基尼系数相比保持相一致的趋势。

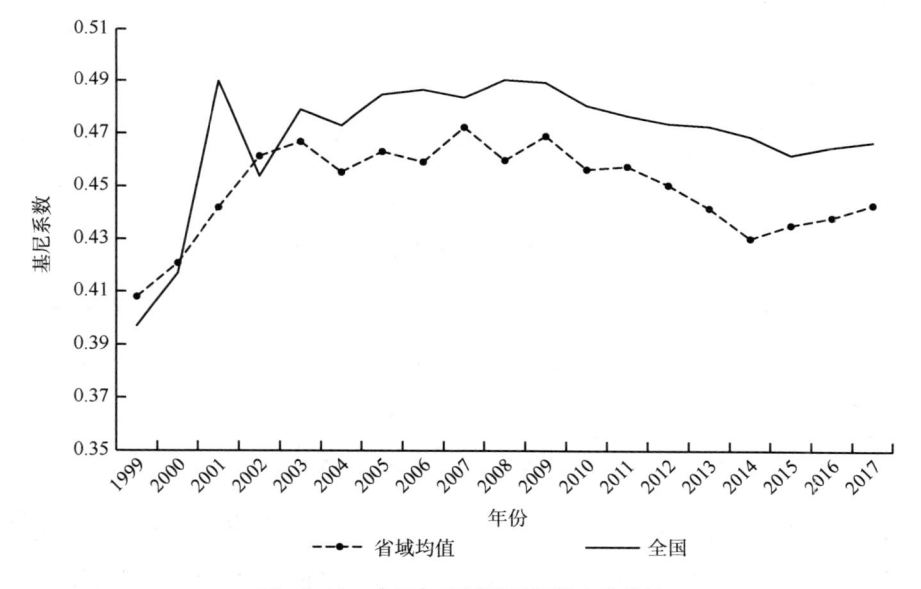

图 10.16　全国与省域基尼系数变动趋势

同时，分地区来看，收入不平等的分布呈现出"东低西高"、从沿海到内地逐渐升高的基本态势，即样本期间东、中部地区的平均基尼系数显著低于西部地区，尤其是新疆、宁夏、青海、甘肃和云南这些地区的样本区间的平均基尼系数均超过0.5的水平，远高于全国0.45的均值，也远高于北京（0.34）和上海（0.33）这些发达地区，可见，西部地区低收入人口占比仍然较多，

---

① 部分省（区、市）和年份数据缺失，本节采用线性插补法进行补齐，以此得到19年29个省（区、市）的面板数据。

相对东中部收入差距相对更大，不平等问题更为严峻。从1999~2017年基尼系数的增长幅度来看，山西、河南、海南、甘肃、内蒙古、上海、山东、云南和宁夏9个地区的收入不平等保持稳定，甚至略微有所下降；而其他地区的收入不平等都有所上升，其中，以河北省上升幅度最大，1999~2017年间基尼系数增长高达0.23。

（二）核心解释变量的度量与处理

1. 预期寿命指标的构建

本节核心解释变量包括预期寿命和技能偏向型技术进步两个变量。本节实证部分所需要的是各省域层面的预期寿命面板数据，研究期内，国家统计局只公布了2000年和2010年人口普查年份的截面数据，因此数据受到限制。鉴于此，本节采取多重插补法对各省（区、市）的预期寿命进行拟合，具体而言，《中国人口平均预期寿命研究》（苟晓霞，2018）指出，在经济社会发展的不同阶段，人均预期寿命的高低都与出生率、死亡率和自然增长率这一系列指标密切相关。因此，我们采用各省（区、市）的出生率、死亡率和自然增长率以及老年人口占比这四个指标估算各省（区、市）分年度的人均预期寿命缺失值。从估算结果的均值来看（表10.2），与世界银行公布的中国历年平均预期寿命数据十分接近，变动趋势也较为相似（图10.17）。2000~2017年各省（区、市）预期寿命的均值从71.46岁提高到77.14岁，增加了5.68岁，年均增长率达0.45%。

表 10.2 各省（区、市）2000年和2017年预期寿命比较

地区	2000年预期寿命/岁	2017年预期寿命/岁	增加值/岁
北京	76.10	81.10	5.00
天津	74.91	80.28	5.37

续表

地区	2000年预期寿命/岁	2017年预期寿命/岁	增加值/岁
河北	72.54	77.09	4.55
山西	71.65	76.78	5.13
内蒙古	69.87	78.98	9.11
辽宁	73.34	81.35	8.01
吉林	73.10	78.64	5.54
黑龙江	72.37	78.97	6.60
上海	78.14	83.56	5.42
江苏	73.91	79.22	5.31
浙江	74.70	81.44	6.74
安徽	71.85	81.21	9.36
福建	72.55	74.98	2.43
江西	68.95	76.70	7.75
山东	73.92	75.99	2.07
河南	71.54	74.80	3.26
湖北	71.08	77.16	6.08
湖南	70.66	75.20	4.54
广东	73.27	74.57	1.30
广西	71.29	74.05	2.76
海南	72.92	73.13	0.21
四川	71.20	79.62	8.42
贵州	65.96	74.22	8.26
云南	65.49	72.89	7.40
陕西	70.07	76.07	6.00
甘肃	67.47	75.21	7.74
青海	66.03	72.47	6.44

续表

地区	2000年预期寿命/岁	2017年预期寿命/岁	增加值/岁
宁夏	70.17	76.50	6.33
新疆	67.41	74.83	7.42
均值	71.46	77.14	5.68

资料来源：作者通过 stata 软件计算整理

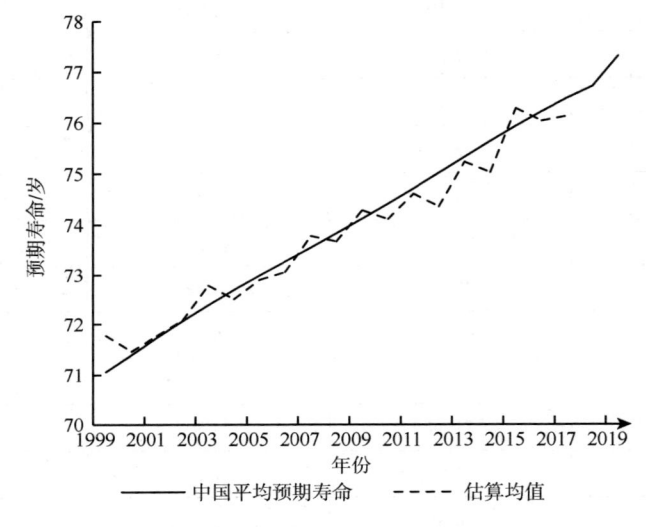

图 10.17 预期寿命和各省（区、市）估算均值

图 10.18 构建了分省（区、市）的二维图，根据 2017 年预期寿命水平和 2000~2017 年的预期寿命增长幅度，可以将所有省级区域大致归纳为四种类型的地区：第一种以安徽、内蒙古、黑龙江、辽宁、四川、浙江为代表，人均预期寿命的绝对水平较高且增幅较大；第二种以北京、上海、天津、吉林、江苏为代表，人均预期寿命处于高水平但是趋于稳定，增长幅度较为平缓；第三种以陕西、宁夏、甘肃、新疆、贵州、云南、青海、江西、湖北等为代表，人均预期寿命的增幅较大，但是绝对值仍然不高，处于较低水平；第四种以海南、广西、广东、福建、河南、山东、河北、山西、湖南为代表，人均

预期寿命绝对值较低,并且增幅不大。

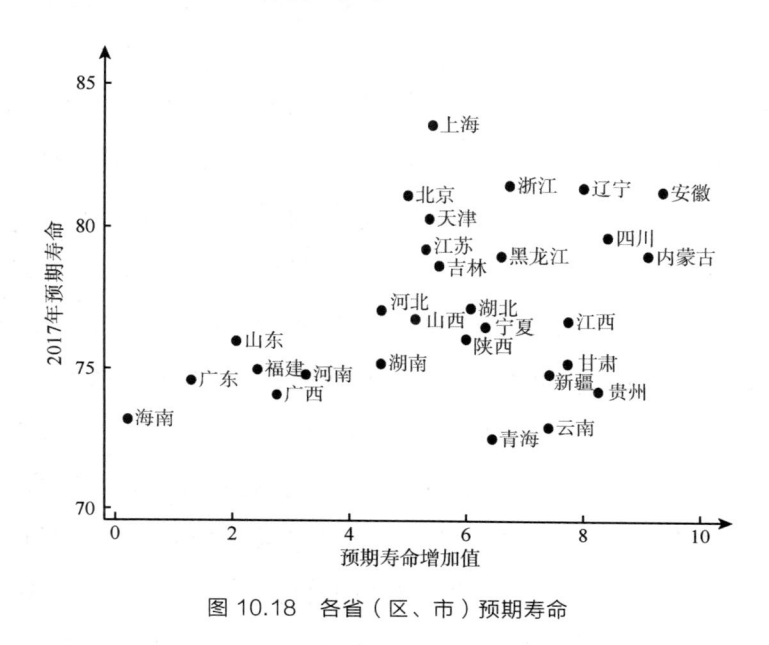

图 10.18　各省(区、市)预期寿命

2. 技能偏向型技术进步指数的测度

从既往文献来看,有关技能偏向型技术进步的研究维度存在较大差异,衡量的方法也不相一致。国外的研究多集中在产业层面或者行业层面进行研究,采用行业层面的信息技术水平(如计算机普及率等指标)来进行度量(Michaels et al.,2010;Autor and Dorn,2013)。国内的相关研究既有行业层面也有在宏观层面对技能偏向型技术进步进行测度,比如,宋冬林等(2010)和杨飞(2017)都采用全要素生产率作为衡量技能偏向型技术进步程度的指标进行了研究。但是,根据本节理论部分所提出的模型和技能偏向的定义,技术进步使得高技能劳动者比低技能劳动者有着更高的技术回报率,因此,技术进步的技能偏向型指数(sdtech)应当用高技能和低技能平均工资的相对变化来表示,根据式(10.5)可得

$$\text{sdtech} = \frac{A_H}{A_L} = \left(\frac{w_t^H}{w_t^L}\right)^{\frac{1}{\sigma}} \Big/ \left(\frac{H}{L}\right)^{\frac{\sigma-1}{\sigma}} = \left(\frac{w_t^H}{w_t^L}\right)^{\frac{\delta}{1-\delta}} \Big/ \left(\frac{\theta}{1-\theta}\right)^{\frac{1}{1-\delta}} \quad (10.34)$$

其中，w_t^H 和 w_t^L 分别表示高技能和低技能劳动者的平均工资；θ 表示技能结构，即高技能劳动者的比重；δ 表示高技能、低技能劳动力的替代弹性。由此可见，以上文献所采用的方法都不能准确地度量出省域层面技术进步的技能偏向型水平，主要原因是省域层面缺少衡量按技能划分的劳动力投入和劳动者报酬的相关数据。潘文卿等（2017）则利用世界投入产出数据库（World Input-Output Database，WIOD）进行了近似衡量，他们采用世界投入产出数据库公布的中国各个行业数据，通过与各省（区、市）分行业"城镇单位"高、低技能劳动投入和报酬进行加权求和。在此基础上，再根据"标准化供给面系统法"估算出省域层面的技术进步的技能偏向型指数。但是WIOD提供的分行业高技能和低技能劳动获取的投入比例和报酬比例只到2009年，年份区间较早，后续2014版本就不再公布这一数据，因此不适合本节的研究。

鉴于此，我们参考沈春苗和郑江淮（2019b）的做法，用近似替代的估算方法得到1999~2017年的各省（区、市）高、低技能人员数及其平均工资。具体的步骤如下：首先，以各省（区、市）科技人员作为高技能劳动力的替代，采用其平均工资来近似度量高技能劳动力的平均工资，主要根据《中国科技统计年鉴》提供的分地区科技活动人员数和科技活动人员劳务支出计算得出[①]；其次，根据分地区6岁及以上人口中大专及以上学历人口占比作为地区整体高技能劳动力的比重，与各省（区、市）年末就业人口数相乘作为高技能劳动力数量，再依此得到各省（区、市）高技能劳动力的工资总额。

---

① 1999~2008年是分地区科技活动人员数和科技活动人员劳务支出，2009~2017年所采用的指标是R&D人员数和劳务费。

最后，根据《中国统计年鉴》公布的劳动者报酬总额相关数据，减去高技能劳动力的工资总额求出低技能劳动力工资总额，再除以低技能劳动力数量算出低技能劳动力平均工资。

根据式（10.34）的表示，我们不仅需要各省（区、市）高、低技能人员数及其平均工资，还需要各省（区、市）的高技能和低技能劳动力的替代弹性 $\delta = 1/(1-\sigma)$，我们采用"标准化供给面系统法"进行估算。具体而言，利用高技能和低技能劳动力的价格为其边际产出，在此基础上构建三方程系统，再采用非线性似无相关回归（nonlinear seemingly uncorrelated regression）的方法对联立方程进行估计。[①]在非线性联立方程的构建过程中，涉及规模因子、高-低技能劳动替代弹性和高技能劳动要素份额等多个初始值的设定，并且这些参数的设定直接决定估计结果的准确性。有鉴于此，本节综合考虑了已有文献的做法（León-Ledesma et al.，2010），我们将规模因子初始值取 1；替代弹性的初始值采用式（10.1）中 CES 生产函数的一阶条件估计结果，以各个地区样本期内的高技能劳动的收入份额的平均值作为初始值，其他参数的初始值均设为 0.01。表 10.3 报告了各省（区、市）替代弹性的估计结果，其中，北京、天津、上海、内蒙古、辽宁、吉林、浙江、福建、海南、宁夏、新疆这 11 个省区市替代弹性小于 1，其中包含不少东部较发达的省市，与潘文卿等（2017）的估算结果类似，这表明，在一些经济发达的地区，高技能和低技能劳动之间存在"互补性"。而其他 18 个省区替代弹性均显著大于 1，其中包含河南、河北、山西、江西、安徽等中部省份，高技能和低技能劳动之间呈现出明显的替代关系。

---

① 联立方程的构建和各类参数初始值的设定，参考潘文卿等（2017）的做法。

表 10.3 各省（区、市）替代弹性的估计结果

北京	天津	河北	山西	内蒙古	辽宁	吉林	黑龙江
0.312***	0.361***	2.649***	1.916***	0.423***	0.415***	0.317***	2.126***
（4.82）	（5.47）	（11.89）	（25.26）	（5.57）	（5.08）	（4.92）	（29.04）
上海	江苏	浙江	安徽	福建	江西	山东	河南
0.322***	3.534***	0.436***	2.430***	0.388***	2.215***	2.619***	2.246***
（5.21）	（35.53）	（4.25）	（10.04）	（4.81）	（21.66）	（10.00）	（7.50）
湖北	湖南	广东	广西	海南	四川	贵州	云南
2.445***	2.457***	3.813***	2.263***	0.401***	2.466***	1.811***	2.110***
（15.16）	（11.77）	（28.73）	（16.66）	（5.45）	（7.23）	（24.73）	（18.51）
陕西	甘肃	青海	宁夏	新疆			
2.005***	1.786***	1.441***	0.432***	0.362***			
（23.03）	（33.29）	（63.94）	（5.62）	（5.46）			

注：括号内为 Z 值

***表示 p 值的显著水平为 1%

（三）控制变量

根据既有对收入不平等影响因素的研究思路，本章控制变量的选取主要聚焦在经济发展水平、通货膨胀、城市化、产业结构、对外贸易度、人力资本水平和人口年龄结构这七个方面。具体地，根据 Kuznets（1955）提出的理论，收入分配与经济发展程度间的关系呈现出倒"U"形趋势，而后续研究发现发达国家的收入分配状况随经济发展呈现"先上升、后下降再上升"的"N"形走势，显然经济发展水平是影响收入不平等的重要因素。本节选择了人均地区生产总值（PGDP）度量地区经济发展程度，为了体现经济发展水平对收入不平等的非线性作用，实证模型中还加入了人均 GDP 的二次项。

另外一个不可忽视的因素是，中国一直以来属于以投资为主导的经济增长模式，理论上认为政府通过货币增发刺激生产性投资的手段促进经济增长，由此所引发的通货膨胀会导致货币贬值和居民实际收入下降，相当于将收入

从以工资为主要收入的劳动者手中间接转移给生产者，形成额外的收入转移效应，因此，过高的通货膨胀会加大收入分配差距（Heer and Süssmuth, 2007；黄智淋和赖小琼，2011）。因此，本节以 GDP 平减指数（inflat）来表示地区的通货膨胀水平。

同时，中国的收入不平等主要源自城乡间的收入不平等，已有研究表明城市化对于城乡收入差距有着重要影响，从而会影响到总体收入不平等（陆铭和陈钊，2004；周云波，2009）。本节采用城镇人口占地区常住人口的比重（Urban）来表示城市化水平。各地区人口年龄结构采用总抚养比进行度量，具体是指 1999~2017 年 29 个省、直辖市或自治区 15 岁以下人口和 65 岁及以上老人之和占 15~64 岁工作人口的比重，数据来源于国家统计局网站及中经网数据库。此外，本节还进一步地采用第二产业增加值占 GDP 的比重（Industry）度量产业结构、进出口总额占 GDP 的比重（Open）度量对外贸易程度、高等院校在校学生数占总人口比重（Hcap）近似度量地区人力资本水平，以此来控制产业结构、对外开放和人口集聚程度等其他宏观因素对地区收入不平等的影响。以上数据均从国家统计局网站以及各省区市各年度统计年鉴获取。我们还加入了地区虚拟变量来控制地区层面不随时变的外部因素对收入不平等的影响。表 10.4 报告了计量模型所用变量的描述性统计。

表 10.4 描述性统计

	变量符号	变量名称	处理方法	均值	最小值	最大值
因变量	IINEQ	收入不平等	基尼系数	0.449	0.297	0.574
			泰尔指数	0.382	0.203	0.626
自变量	lifeexp	预期寿命	人均预期寿命	74.620	64.057	83.935
	skill	技能结构	高技能劳动力所占比重	0.092	0.009	0.476
	sdtech	技能偏向型技术进步	见上文处理步骤和式（10.34）	0.287	0.006	2.538

续表

	变量符号	变量名称	处理方法	均值	最小值	最大值
控制变量	LnPGDP	经济发展程度	人均GDP（取对数）	9.963	7.814	11.768
	Industry	产业结构	第二产业增加值/地区生产总值	38.981	11.840	56.492
	Urban	城市化	城镇人口/年末常住总人口	−0.983	−3.793	1.145
	Open	对外开放度	进出口贸易总额/GDP	47.188	14.253	89.600
	Hcap	人力资本	高等院校在校生数/常住人口	0.043	0.005	0.226
	inflat	通货膨胀	GDP平减指数（名义GDP/实际GDP）	2.086	−3.200	10.087
	Age	人口年龄结构	总抚养比/%	37.778	22.424	54.230

三、实证结果分析

（一）技能偏向型技术进步和收入不平等的回归结果分析

表10.5报告了技能偏向型技术进步对收入不平等的回归结果。无论是以基尼系数还是泰尔指数作为收入不平等的度量指标，技能偏向型技术进步指数的估计系数显著为正，在加入了诸多控制变量后，上述估计结果依然非常稳健，说明技能偏向型技术进步与收入不平等之间呈现出明显的正向关系。通常而言，技能偏向型技术进步会带来明显的技能溢价，使得高技能和低技能劳动力的相对工资水平提高，但是，技能溢价也会反过来增加高技能劳动力的供给，这一定程度上又会降低高技能劳动力的绝对工资水平（Acemoglu，2002；徐舒，2010）。但是，通过回归系数不难发现，可以判断当前我国技能偏向型技术进步的技能溢价作用占据主导，显著提高了收入不平等。回归结果支持了理论部分提出的第一个结论。

表 10.5 基准回归结果：技能偏向技术进步与收入不平等

被解释变量	（1）	（2）	（4）	（5）
	基尼系数	基尼系数	泰尔指数	泰尔指数
sdtech	0.0062** （2.3736）	0.0085*** （4.2386）	0.0069* （1.9959）	0.0176*** （4.5689）
LnPGDP		0.2015*** （2.9528）		0.2824** （2.2982）
LnPGDP^2		−0.0112*** （−3.0425）		−0.0148** （−2.1729）
Industry		0.0002 （0.3909）		0.0005 （0.4965）
Age		0.0008 （1.4045）		0.0012 （1.4405）
Urban		0.8169* （1.7119）		0.4558 （0.5403）
Hcap		−0.2128 （−1.1885）		−0.1615 （−0.5517）
Open		0.0018** （2.2073）		0.0028* （1.9052）
inflat		−0.0006 （−0.8446）		−0.0010 （−0.8718）
地区固定	是	是	是	是
观测值	551	551	551	551
R^2	0.670	0.675	0.635	0.636

注：括号内所示为 t 值

***、**、*分别表示 p 值的显著水平为 1%、5%和 10%

但是随着时间的推移，一方面，高技能人群内部的工资将逐步趋同；另一方面，中国对于不同技能的劳动力需求也在发生转变。实际上，近年来不同技能劳动力之间的工资差距慢慢呈现出收缩趋势，以农民工为代表的低技能劳动力的工资也在不断提高。企业技术变迁弱化了原先高度依赖高技能劳动力的模式，促进低技能劳动力与资本设备的互补性上升，不断提高对低技能劳动力的相对需求，从而使得技能溢价的上升趋势得到缓解（郭凯明等，2013）。同时，随着中国城乡之间劳动力转移的持续推进，农村剩余劳动力的规模也在不断减少,相对供给的减少也会使得低技能工资水平提高,因此，未来技能偏向型技术进步对收入不平等的影响可能发生反转。但是目前来看，技能偏向型技术进步显著扩大了收入不平等。

(二) 预期寿命、技能结构和收入不平等的回归结果分析

根据本节理论部分的推演,预期寿命的延长会降低父母对子女的整体教育投入水平,从而降低高技能者的比例。我们首先检验预期寿命的延长是否影响了高低技能劳动力的相对规模,从图 10.19 和图 10.20 的散点图来看,随着预期寿命的提高,专业技术人员的比重和劳动力受教育程度也随之下降;并且技能结构与收入不平等之间也呈现出明显的负相关性。具体地从表 10.6 的回归结果来看[①],前两列预期寿命对技能结构的回归系数显著为负,说明预期寿命的延长显著降低了专业技术人才的比重,并且对从业人员的教育程度(专科及以上从业人员比重)产生了明显的抑制作用。后两列的估计结果表明,随着高技能人才比重的下降,收入不平等程度提高。以上回归结果支持了本节的理论推断,即预期寿命的延长确实改变了劳动力技能结构,从而造成了技能结构的低端化,而高技能比重的降低扩大了收入不平等。

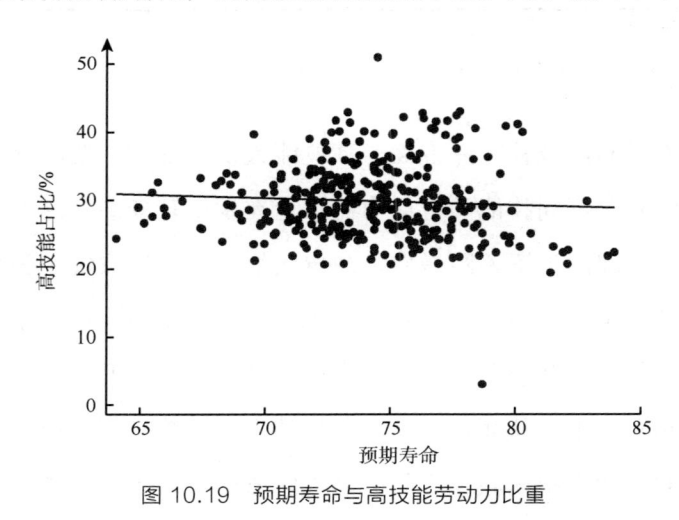

图 10.19 预期寿命与高技能劳动力比重

---

① 这里预期寿命对技能结构的回归,由于人力资本水平和人口结构可能与其存在共线性问题,控制变量中只加入了影响技能结构的经济发展、产业结构、城市化、对外开放这四个因素。

第十章　预期寿命延长、技能偏向型技术进步与收入不平等　579

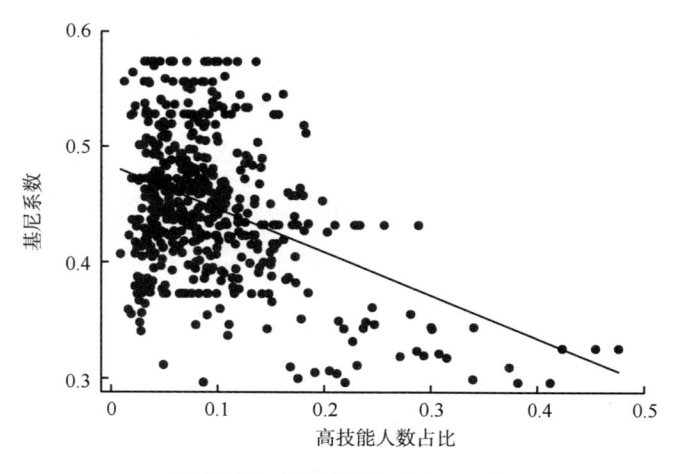

图 10.20　技能结构与收入不平等

表 10.6　基准回归结果：预期寿命延长、技能结构与收入不平等

被解释变量	专业技术人员比重		专科及以上教育程度		收入不平等	
lifeexp	−0.3066** (−2.3407)	−0.3440*** (−2.6310)	−0.3520** (−2.4682)	−0.2166** (−2.3027)		
skill					−0.3721*** (−10.0802)	−0.2072** (−2.4362)
LnPGDP		−14.9816* (−1.6941)		−43.6445*** (−5.5051)		0.2204*** (3.1513)
LnPGDP^2		0.4325 (0.9582)		2.3929*** (5.9049)		−0.0104*** (−2.8888)
Industry		−0.0800 (−1.1033)		−0.3628*** (−11.1768)		−0.0007** (−2.1575)
Urban		0.1611*** (2.7288)		0.2568*** (7.5436)		−0.0008* (−1.9497)
Open		−82.8141*** (−4.6624)		1.4349 (0.2515)		−0.2678*** (−4.1561)
地区固定	是	是	是	是	是	是
观测值	551	551	551	551	551	551
R^2	0.625	0.665	0.812	0.824	0.156	0.240

注：最后两列 skill 采用的是专科及以上教育程度来进行度量；括号内所示为 t 值

***、**、*分别表示 p 值的显著水平为 1%、5%和 10%

进一步地,我们直接用预期寿命延长对收入不平等进行回归,表 10.7 报告了预期寿命与收入不平等的回归结果。可以看出,无论是使用基尼系数还是泰尔指数作为总体收入不平等的度量指标,预期寿命的估计系数均为正,在不加入控制变量的情况下,预期寿命的回归系数都在 1%的显著性水平下显著,而且,加入前文所述的一系列控制变量后,相应的回归系数也仍然显著为正,这表明预期寿命延长的确加剧了收入不平等。此外,从控制变量的回归结果来看,人均地区生产总值一次项系数显著为正,二次项系数显著为负,符合 Kuznets(1955)提出的经济发展与收入不平等的倒"U"形假说。城市化水平对收入不平等的估计系数显著为正,这与现有文献的研究结论相同(陆铭和陈钊,2004;钟笑寒,2008;周云波,2009)。人力资本的影响系数也显著为正,说明平均受教育年限的增加提高了教育回报率,从而提高了收入不平等程度(白雪梅,2004)。通货膨胀水平上升提高了收入不平等,与理论预期一致,也与 Heer 和 Süssmuth(2007)、黄智淋和赖小琼(2011)等文献的研究结论吻合。

表 10.7 基准回归结果:预期寿命与收入不平等

被解释变量	(1)	(2)	(3)	(4)
	基尼系数		泰尔指数	
lifeexp	0.0031[***] (4.6762)	0.0023[**] (2.5328)	0.0067[***] (6.6007)	0.0039[**] (2.3572)
LnPGDP		0.1367[***] (2.6133)		0.1668[*] (1.7688)
LnPGDP^2		−0.0081[***] (−3.0721)		−0.0095[**] (−1.9802)
Industry		0.0004 (0.9511)		0.0007 (1.0327)
Urban		0.0008[*] (1.8019)		0.0012 (1.6242)
Hcap		0.8125[*] (1.6892)		0.5044 (0.5819)

续表

被解释变量	（1）	（2）	（3）	（4）
	基尼系数		泰尔指数	
Open	−0.1754 （−1.3801）		−0.1044 （−0.4557）	
Inflat		0.0017* （1.9589）		0.0027* （1.6920）
Age		−0.0008 （−1.3394）		−0.0012 （−1.2050）
地区固定	是	是	是	是
观测值	551	551	551	551
R^2	0.031	0.115	0.046	0.101

注：括号内所示为 t 值

***、**、*分别表示 p 值的显著水平为 1%、5%和 10%

（三）预期寿命和技能偏向型技术进步对收入不平等的交互作用

上述回归结果表明，当前预期寿命延长与技能偏向型技术进步均显著提高了收入不平等。接下来我们检验预期寿命延长和技能偏向型技术进步对收入不平等的交互作用。

根据理论部分的分析，在考虑技能偏向型技术内生的情形下，预期寿命延长既可能通过劳动力技能供给效应提高收入不平等（结构效应），也可能通过弱化技能偏向型技术进步来降低收入不平等（工资收敛效应）。在技能偏向型技术进步内生情况下，这两个效应决定了技能偏向型技术进步影响收入不平等的边际作用的大小。进一步地，我们实证检验预期寿命延长和技能偏向型技术进步对收入不平等的交互作用，回归结果见表 10.8。可以看出，在同时加入预期寿命、技能偏向型技术进步及二者的交互项之后，交互项的系数为 0.0025，并且在 5%的显著性水平下显著，这表明随着预期寿命的延长，劳动力技能结构中高技能劳动力的比重随之降低，并且高技能劳动力相对供给的降低所带来的收入不平等的扩大作用占据主导,由此强化了技能偏向技术进步的收入不平等的正向作用。

表 10.8 基准回归结果:预期寿命、技能偏向型技术进步与收入不平等

被解释变量	(1)	(2)	(3)	(4)
	基尼系数			
lifeexp	0.0033*** (5.2522)	0.0021** (2.3925)	0.0015 (1.6510)	0.0016 (1.6150)
sdtech	0.0077*** (3.1430)	0.0076*** (3.7472)	0.0067** (2.5987)	0.0046* (1.7250)
lifeexp×sdtech			0.0035*** (3.6249)	0.0025** (2.6573)
LnPGDP		0.1558** (2.0788)		0.1468* (1.9157)
LnPGDP^2		−0.0089** (−2.2395)		−0.0084** (−2.0644)
Industry		0.0003 (0.5561)		0.0003 (0.4998)
Urban		0.0007 (1.2613)		0.0005 (0.9372)
Hcap		0.6944 (1.4063)		0.6312 (1.2675)
Open		−0.1665 (−0.9497)		−0.1740 (−0.9428)
Inflat		0.0016* (1.9998)		0.0010 (1.1810)
Age		−0.0008 (−1.1021)		−0.0003 (−0.3743)
地区固定	是	是	是	是
观测值	551	551	551	551
R^2	0.041	0.122	0.026	0.089

注:括号内所示为 t 值

***、**、*分别表示 p 值的显著水平为 1%、5%和 10%

四、异质性回归分析和稳健性检验

（一）分不同地区和时间进行分析

由于中国经济发展存在明显的地区性差异，因此，有必要分不同地区来探讨预期寿命和技能偏向型技术进步对收入不平等的差异化影响并进行分析。[①]同时，2008 年世界金融危机的发生，不仅对全球的宏观经济产生了剧烈冲击，也对中国经济的外部环境和内部产业结构造成不可忽视的影响，从而可能通过改变国民经济生产过程中劳动力需求、就业结构以及行业工资水平等传导渠道影响到最终的收入分配格局。有鉴于此，本节也通过以 2008 年金融危机为时间节点进行分组回归，表 10.9 报告了分地区和时间的回归结果。

表 10.9 异质性分析：地区和时间异质性

被解释变量	（1）东部地区	（2）中西部地区	（3）2008～2017 年	（4）1999～2008 年
lifeexp	0.0027* (1.8276)	0.0002 (1.7147)	0.0027** (2.2742)	-0.0002 (-0.1545)
lifeexp×sdtech	0.0058 (1.1334)	0.0028** (2.5547)	0.0026** (2.1957)	0.0037 (1.3580)
sdtech	0.0068 (0.6712)	0.0060* (1.8206)	0.0093 (1.5443)	-0.0004 (-0.0540)
控制变量	是	是	是	是
地区固定	是	是	是	是
观测值	198	322	261	290
R^2	0.148	0.108	0.131	0.211

注：括号内所示为 t 值。

**、*分别表示 p 值的显著水平为 5%和 10%

[①] 本节按照东、中、西部地区来进行分地区回归分析。其中，东部地区包括北京、天津、辽宁、吉林、河北、山东、上海、江苏、浙江、福建、海南和广东 12 个省或直辖市；中部地区包括山西、内蒙古、黑龙江、安徽、江西、河南、湖北、湖南 8 个省或自治区；西部地区包括广西、四川、贵州、云南、陕西、甘肃、青海、宁夏和新疆 9 个省或自治区。

可以看出，东部地区预期寿命和技能偏向型技术进步交互项的系数为0.0058且不显著，而中西部地区交互项的系数为 0.0028，并通过 5%的显著性检验。这表明预期寿命和技能偏向型技术进步对收入不平等的共同作用在中西部地区表现得更为明显；可能的原因在于，一方面，由于中国人口迁移格局呈现出中西部向东部流动的主要特征，中西部地区的年轻劳动力大量向东部地区转移，导致中西部地区技能结构更加偏向低端化；另一方面，中西部相对东部地区而言，其产业结构属于偏向劳动密集型的产业布局，导致高技能劳动力的工资溢价效应更加明显，由此加剧了中西部地区的收入不平等。同时，分时间阶段来看，预期寿命与技术进步技能偏向型对于收入不平等的交互作用主要体现在 2008 年金融危机之后，这表明金融危机确实在较大程度上影响了地区的宏观经济环境和就业结构，加剧了中国各个地区的收入不平等程度。

（二）分劳动收入份额高低进行分析

上文分析提到，预期寿命的延长会改变资本和劳动要素的相对供需结构，会对劳动供给、工资和劳动生产率产生一定的负面影响，从而导致劳动收入份额下降。由于劳动收入份额通常比资本收入分配更为平均，预期寿命延长可能会通过降低劳动收入份额的渠道进一步加剧收入不平等（Boulier，1975；Luo et al., 2018）。因此，我们猜测在劳动收入份额较低的省区市，预期寿命延长会在更大程度上加剧技能偏向对收入不平等的影响。我们按照劳动收入份额的高低进行了分组回归，各省区市分年度的劳动收入份额以劳动报酬占 GDP 的比重衡量，表 10.10 报告了回归结果。可以看出，无论是否加入控制变量，预期寿命以及预期寿命和技能偏向型技术进步的交互项系数，均在劳动收入份额较低的样本内显著为正。

表 10.10 异质性分析：劳动收入份额异质性

被解释变量	（1）	（2）	（3）	（4）
	劳动收入份额较低		劳动收入份额较高	
lifeexp	0.0027** (2.1797)	0.0011 (0.9619)	−0.0001 (−0.0635)	0.0007 (0.4685)
lifeexp×sdtech	0.0038*** (2.9239)	0.0028** (2.4185)	0.0052 (0.9070)	0.0071 (1.3185)
sdtech	0.0047 (1.5552)	0.0054 (1.3549)	0.0007 (0.0522)	0.0001 (0.0061)
控制变量	否	是	否	是
地区固定	是	是	是	是
观测值	277	277	243	243
R^2	0.697	0.729	0.721	0.737

注：括号内所示为 t 值。

***、**分别表示 p 值的显著水平为 1%、5%。

（三）按死亡率、教育程度和财政支出结构进行分析

根据上文理论模型部分的分析，在生育率外生给定的情况下，预期寿命延长导致对子女的教育支出产生挤占作用，从而造成劳动力技能结构的"低端化"，提高了收入不平等程度。因此，我们试图猜测死亡率越低的情况下，预期寿命对高技能劳动力比重的挤出效应是否加剧了，由此加大了预期寿命对收入不平等的负面作用？如果地区受教育程度越高，是否会减弱预期寿命对技能结构的影响，降低负面影响？以及财政支出结构中社保支出比重的扩大，是否可能缓解预期寿命对教育支出的挤占作用？

表 10.11 前两列从地区死亡率高低的角度区分进行了分组回归，从结果可以看出，在死亡率较低的地区，预期寿命与技能偏向型技术进步的交互项系数显著为正，而在死亡率较高的地区则不显著，即在死亡率较低的地区，预期寿命延长带来的劳动力技能结构的"低端化"效应更加明显。进一步地，

由于技能结构的变动主要取决于人力资本投资的水平，本节继续根据地区受教育程度，以及社会保障支出占财政支出比重分为高低两组进行分析。从地区后四列结果来看，预期寿命与技能偏向型技术进步的交互项系数在地区受教育程度较低，以及社保支出占比较低的地区表现得更加显著。这表明，社保支出占比高的地区，预期寿命延长对教育支出的挤占作用相对较低，从而缓解了对劳动力结构的负面效应。

表 10.11 异质性分析：死亡率、社保支出及地区教育程度异质性

被解释变量	（1）	（2）	（3）	（4）	（5）	（6）
	死亡率		社会保障支出占比		地区教育程度	
	高	低	高	低	高	低
lifeexp	0.0024* （1.8241）	0.0004 （0.2671）	0.0029** （2.8578）	0.0007 （0.4944）	0.0009 （0.6128）	0.0005 （0.3780）
lifeexp×sdtech	0.0079 （1.6043）	0.0026** （2.5281）	0.0022 （1.6365）	0.0024** （2.2049）	0.0010 （0.1902）	0.0029*** （3.0368）
sdtech	0.0060 （0.8821）	0.0022 （0.4925）	0.0024 （0.4450）	0.0063** （2.3453）	0.0031 （0.3617）	0.0006 （0.1151）
控制变量	是	是	是	是	是	是
地区固定	是	是	是	是	是	是
观测值	255	265	234	286	290	230
R^2	0.105	0.103	0.199	0.064	0.118	0.194

注：括号内所示为 t 值

***、**、*分别表示 p 值的显著水平为 1%、5%和 10%

此外，就本章研究主题而言，预期寿命属于相对外生的变量，本节也采用了地区固定效应控制了不可观测因素的潜在作用，并且控制了一系列影响收入不平等的宏观变量，但是仍旧可能存在遗漏变量，导致地区预期寿命、技能偏向型技术进步与收入不平等之间存在一定的内生性问题。有鉴于此，我们进一步地采用系统广义矩估计（generalized method of moment，GMM）

方法以排除内生性问题，具体采用因变量和自变量的一阶滞后项和二阶滞后项，作为工具变量进行稳健性估计。同时，我们以泰尔指数作为收入不平等的替代指标进行稳健性检验。表 10.12 报告了稳健性检验的回归结果，其结果与基本回归结果保持一致，预期寿命和技能偏向型技术进步的交互项系数显著为正，上述估计加强了实证结果的可信度。

表 10.12 稳健性检验结果

被解释变量	（1）	（2）	（3）	（4）
	使用系统 GMM 估计		替换收入不平等指标	
lifeexp	−0.0098*** (−10.5651)	−0.0037 (−1.4936)	0.0025 (1.4997)	0.0025 (1.4997)
lifeexp×sdtech	0.0170*** (5.0521)	0.0093** (2.2418)	0.0045** (2.4834)	0.0045** (2.4834)
sdtech	0.0080* (1.7167)	0.0199*** (2.9281)	0.0111*** (2.9014)	0.0111*** (2.9014)
控制变量	否	是	否	是
地区固定	是	是	是	是
AR（1）	0.000	0.001		
AR（2）	0.314	0.507		
观测值	520	520	520	520

注：括号内所示为 t 值

***、**、*分别表示 p 值的显著水平为 1%、5%和 10%

第五节 结论与启示

党的十九大报告指出，我国社会主要矛盾已经转化为人民日益增长的美好生活需要和不平衡不充分的发展之间的矛盾。二十大报告进一步提出，中国式现代化是全体人民共同富裕的现代化。因此，如何进一步缩小收入不平等，显然是政府和学术界目前亟待解决的重大理论与现实问题。无论是从理论还是从现实来看，人口老龄化和技术进步的技能偏向性很可能是影响收入不平等的重要因素。本章从预期寿命延长和技能偏向型技术进步的双重视角出发，将二者与收入不平等纳入统一的分析框架进行了理论和实证研究。

通过构建包含 CES 生产函数的三期世代交叠模型，本章的理论研究得到了以下三个基本结论：①技能偏向型技术进步会加剧收入不平等；②预期寿命延长会对家庭子女教育投入产生"挤占效应"，导致经济体中高技能劳动力减少，进而扩大了收入不平等；③在同时存在预期寿命延长和技能偏向型技术进步的经济中，预期寿命延长对收入不平等的影响方向不确定；当满足一定条件时，预期寿命延长会强化技能偏向型技术进步对收入不平等的正向作用。

本章采用 1999~2017 年中国 29 个省、自治区、直辖市面板数据，实证研究表明：①技能偏向型技术进步程度提高的确加剧了收入不平等；②预期寿命延长改变了劳动力技能结构，造成了技能结构的低端化，最终提高了收入不平等；③预期寿命延长和技能偏向型技术进步存在交互效应，预期寿命延长强化了技能偏向型技术进步的溢价作用。分地区和时间来看，这种强化作用在中西部地区以及在 2008 年金融危机之后表现更为明显，并且主要体现在死亡率较低、劳动收入份额较低、受教育程度较低以及社保支出占比较低的地区。

本章的研究结论对于预期寿命快速提高的中国具有重要的现实意义和政策启示。既往研究在分析导致收入不平等的原因时过于关注经济体制视角，而忽视了预期寿命延长通过技术进步的技能偏向型对收入不平等的影响。中国当前正处于预期寿命快速提高和经济结构转型的叠加期，预期寿命的延长会放大技术进步偏向对于收入不平等的影响。本章的研究加深了对收入不平等形成机制的理解，为下一步中国缩小收入不平等提供政策启示。随着预期寿命的不断提高，既要避免其对家庭教育投入的挤出，防止劳动力技能结构走向"低端化",降低预期寿命延长对收入分配的不利影响。同时,也要缩小低技能劳动者与高技能劳动者的技能差距,缓解技术进步导致的收入差距扩大。综上所述,本章提出以下三点政策建议。

由于预期寿命延长是收入不平等上升的重要原因,因此未来的政策设计应重点关注这一问题。政府应着力减轻过重的家庭养老负担,比如政府可以加大基本公共养老服务的供给,这样既有利于降低收入不平等,也有利缓解预期寿命延长对家庭教育投入的"挤出",避免劳动力的技能结构走向"低端化"。

由于中国收入不平等程度的扩大与技能偏向型技术进步有着非常密切的关系,因此政府需要采取适当的政策措施弱化技术进步的技能偏向性。比如政府可以加大对低技能劳动力的技能培训,提高低技能劳动力的技能水平,缩小其与高技能劳动者的技能差距,这有利于缓解市场化和技术进步导致的收入差距扩大。

由于预期寿命延长会通过强化技能偏向型技术进步的溢价作用来扩大收入不平等,但这种交互作用在受教育程度较高以及社会保障支出占比较高的地区不明显。政府应优化财政支出结构和扩大社会保障支出比重,进一步完善社会保障体系建设。同时通过改革收入分配制度,尽量降低预期寿命延长对收入分配的不利影响。

第十一章
长寿风险、养老金收支与养老保险制度参数动态调整

第一节 问题的提出

养老保险体系的财务可持续性对经济社会发展至关重要。从宏观层面来看，其可能直接影响到一个国家的经济状况和政府收入（Mourao and Vilela，2020）；在微观层面上，则与家庭储蓄行为和生育决策的改变等密切相关（Curtis et al.，2017；Lugauer et al.，2019）。因此，养老保险体系的财务运行状况目前已经成为世界各国政府在社会保障方面的关注重点，中国同样也不例外。自 2000 年以来，中国在人口老龄化和高龄化问题上一直面临着严峻的形势。中国在享受着长寿带来的众多好处的同时，也可能面临日趋严重的长寿风险，即平均实际寿命超过预期寿命后衍生出的一系列风险（MacMinn et al.，2006；Stallard，2006；Deng et al.，2012；金博轶，2012；段白鸽，2015）。

聚焦到养老保险基金方面，受生育率低迷、预期寿命延长以及经济增速放缓等多重因素的影响，长寿风险使得中国在高生育率低寿命背景下建立的养老金财务体系的收支平衡逐渐难以为继。以城镇职工基本养老保险基金为

第十一章　长寿风险、养老金收支与养老保险制度参数动态调整　591

例,该系统自 2014 年开始出现当期赤字后(具体如图 11.1 和图 11.2 所示)[①],现阶段已经给政府带来了沉重的财务负担。来自人力资源和社会保障部的统计数据显示,在 2002~2017 年,政府对城镇职工养老保险的财政补贴已经从 408.2 亿元持续上涨至 8004 亿元,年平均增长率高达 21.94%,明显超过了同期财政收入的增长速度（15.89%），并且其在财政总收入中的所占比重也由 2002 年的 2.16%提高到 2017 年的 4.64%。[②]

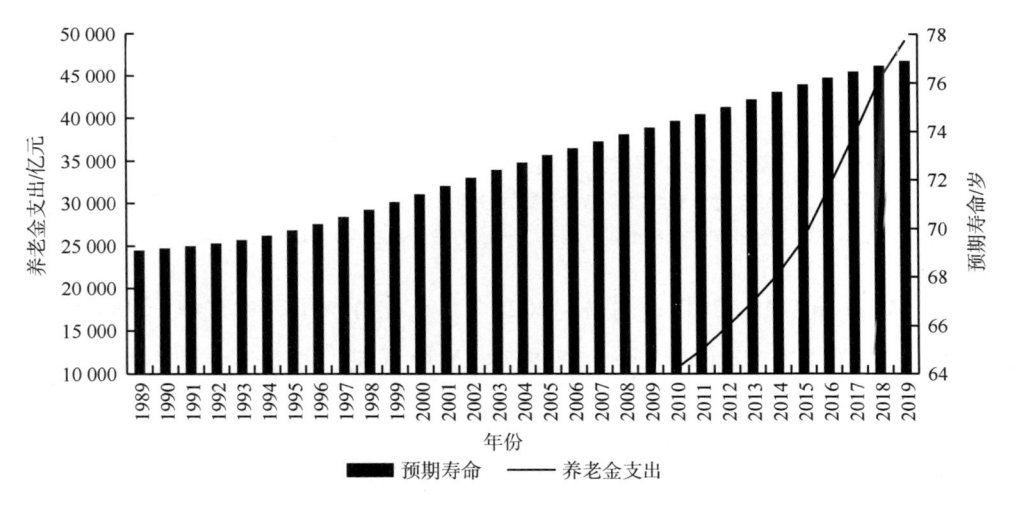

图 11.1　全国层面平均预期寿命和养老金支出情况分布
资料来源：预期寿命和养老金支出数据分别来源于世界银行数据库、中国国家统计局

另外，较多学者也利用双随机 Lee-Carter 死亡率模型、随机预测模型和精算模型等测算了人口老龄化、长寿风险影响下未来养老金的收支缺口，所得结果基本上都支持现有制度不变的情况下中国养老金未来将会面临严重偿付危机的观点（王晓军和米海杰，2013；刘学良，2014；王晓军和姜增明，

---

① 《人力资源和社会保障事业发展统计公报》显示，2014 年城镇职工基本养老保险基金的实际征缴收入为 20 434 亿元，基金支出为 21 755 亿元，当期赤字缺口为 1321 亿元。截至 2017 年底，该缺口进一步扩大至 4649 亿元。

② 需要说明的是，由于 2018 年以后实施了企业职工基本养老保险基金中央调剂制度，所以统计公报中不再对财政补贴和实际征缴收入等数据进行实时更新。

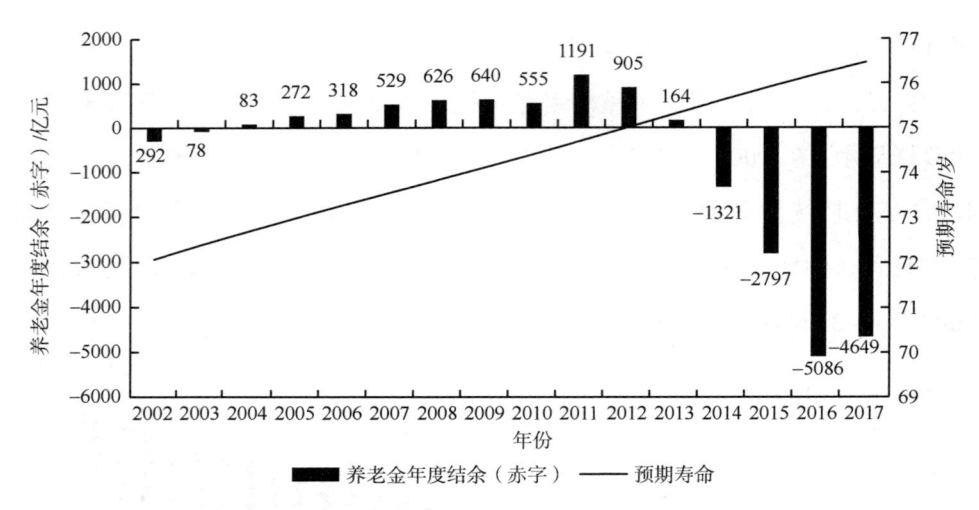

592　长寿的宏观经济效应及对策研究

图 11.2　全国层面平均预期寿命和养老金年度结余情况分布

资料来源：预期寿命和养老金年度结余（赤字）数据分别来源于世界银行数据库、中国国家统计局。其中，年度结余（赤字）为当年实际征缴收入与基金支出的差额，2018 年及以后数据未更新的原因同上

2016；Zhao and Mi，2019；谢琳，2020）。在此背景下，中央政府为了确保对那些已退休职工发放养老金的承诺得以如期兑现，2017 年党的十九大报告和 2019 年国务院政府工作报告中都明确提出了社会保险基金（涵盖城镇职工基本养老保险基金）应该继续坚定可持续的发展目标。那么未来随着中国老龄化程度的日益加深，究竟该如何设计出一套相对合理的制度安排，既能够促使政府妥善摆脱长寿风险冲击造成的养老金收支失衡局面，又要较好地推动中国经济保持平稳增长，最终实现整个社会保障体系的持续健康发展，这些将是本章需要重点解决的问题。

本章的基本分析思路如下：首先以有限数据双随机 Lee-Carter 死亡率模型为基础，分别构建总人口预测模型、养老保险缴费人口和受益人口预测模型[①]，估算中国在 2020～2050 年的总人口、养老保险缴费人口以及养老金待遇领取人口的规模；随后基于养老保险基金的收支预测模型，预测未来中国

---

① 本章模型构建在 2020 年之前，2020～2022 年的实际数据与预测数据出入不大，模型的预测是准确的。

可能面临的养老金收支缺口;最后讨论相关制度(政策)参数的动态调整对未来养老金实现收支平衡目标等方面的影响,从而有针对性地提出可行的政策方案。

第二节 相关文献回顾

一、长寿风险的量化与管理

随着人口老龄化程度的加剧,长寿风险已经成为当前中国在经济社会发展过程中面临的重大现实问题。关于长寿风险的定义与内涵,国内外学者已经进行了广泛而深入的讨论。总的来说,学者们基本认为长寿风险主要来源于未来死亡率的非预期改善,具体表现为个人或总体人群未来的平均实际寿命高于预期寿命后产生的风险(MacMinn et al.,2006;金博轶,2012)。进一步,长寿风险由于既体现在个体层面,又孕育于总体层面之中,所以被划分成个体长寿风险和聚合长寿风险。其中,前者是指个人寿命由于比财务规划中的假设更长,导致其退休后的消费超过了自身所积累财富后面临的风险(段白鸽,2015);聚合长寿风险则是指一个群体的平均生存年限超过了预期年限后衍生出的风险(Stallard,2006)。与前者可以通过参保等亲分散风险相比,后者通常无法利用大数法则来实现风险分散,实质上是一种典型的系统性风险(MacMinn et al.,2006;Cairns et al.,2006b;单戈和王晓军,2017)。

梳理关于长寿风险的研究成果后发现,目前相关文献主要聚焦于保险寿险行业,例如讨论怎样对长寿风险展开测度,以及如何有效管理长寿风险等。其中,前者的核心工作是围绕死亡率进行建模并利用人口数据完成死亡率的中长期预测,而后者则更多地涉及长寿风险证券化等内容。具体来看,针对长寿风险的量化,由于死亡率的预测直接关乎一国养老保险基金能否实现精算平衡，因而自 Lee 和 Carter（1992）构建 Lee-Carter 模型开创了动态死亡率外推模型的先河后，该方法最近 30 年来一直盛行于整个死亡率的预测过程。例如，Bongaarts（2005）以 Lee-Carter 模型为基础，开发出一套转移 Logistic 模型，得以预测出未来成年人死亡率随时间变动的新趋势。Li 等（2013）在 Lee-Carter 模型中加入旋转项，并将其与人口平均预期寿命进行关联建模，为死亡率的年龄模式提供了比较可信的预测结果。Majer 等（2013）也发现 Lee-Carter 模型可以推广到多状态生命表的情景中，并预测出与残疾相关的健康预期。Wiśniowski 等（2015）利用扩展形式的 Lee-Carter 模型，即贝叶斯人口预测模型，进一步考虑了出生率、死亡率、人口迁移以及跨年龄和性别等不确定性因素的影响。黄匡时（2015）提出了加入旋转项的 Lee-Carter 模型，填补了中国在死亡率长期预测工作上的不足，并应用到生命表的拓展中。张志强和杨帆（2017）通过将 PC 模型[①]中的第一个主成分得分与 Lee-Carter 模型中的时间因子展开比较，发现二者反映的死亡率变化趋势基本保持一致，这也从侧面证实了后者的预测精度与稳定性。赵明等（2019）则通过利用 1950~2018 年的死亡率数据构建随机死亡率模型，对中国养老保险基金体系面临的长寿风险情况展开测算。

就长寿风险的管理而言，现阶段无论是人寿保险公司经办的年金业务还是养老金计划，抑或政府主导推动的社会养老保险计划，在很大程度上都遭遇了聚合长寿风险，对这一问题的深入思考推动着长寿风险证券化研究成果的与日俱增（French and O'Hare，2013；Wong et al.，2017b）。长寿风险证券化，简言之，就是指在准确预测死亡率的基础上，在资本市场发售与死亡率相关联的金融产品或衍生品，从而将寿险企业遭遇的长寿风险转移到资本市场（Deng et al.，2012）。具体来看，Blake 和 Burrows（2001）开创性地

[①] 解释变量为主成分得分的对数中心死亡率回归模型（logarithmic central mortality regression model）称为经典 PC 模型（张志强和杨帆，2017）。

提出可发行生存债券来对冲聚合长寿风险，该债券的票息随生存概率的变化而波动，进而实现套期保值目标。Lin 和 Cox（2005）从理论上探讨了年金产品和长寿产品的互换机制，并设计、推导出触发型长寿债券的息票公式，丰富了长寿债券的市场定价理论。Yuh 和 Yang（2011）采用包含分期缴纳保费、延期支付年金等现实约束因素的优化模型，系统考察了长寿风险下个体购买最优年金计划的决策，结果证实年金是管理长寿风险的有效工具之一，且随着预期寿命延长，年金变得尤为关键，其直接决定了终生效用最大化目标能否实现。Bravo 和 Nunes（2021）则在连续时间仿射跳跃扩散模型（同时考虑了队列死亡率和利率）下，采用傅里叶变换方法对欧式长寿期权进行定价，结果表明长寿互换价格将随着长寿风险扩散后的市场价格上升，尤其对老年群体的影响会格外显著。此外，随着理论的不断发展与完善，长寿风险证券化的实践经验也日渐丰富。

二、长寿风险与养老金收支缺口

在全球各国平均预期寿命持续延长、长寿风险快速积累的大背景下，学者们围绕各国养老金的收支情况展开了讨论。例如，Verbič 等（2006）、Blake 和 Mayhew（2006）、Jimeno 等（2008）、Díaz-Giménez 和 Díaz-Saavedra（2009）、Bisetti 和 Favero（2014）、Lisenkova 和 Bornukova（2017）、Kluge 等（2019）、Fredriksen 等（2019）以及 Petreski B 和 Petreski M（2021）评估了斯洛文尼亚、英国、西班牙、意大利、白俄罗斯、挪威和北马其顿等欧洲国家的公共养老金偿付能力，发现在现有制度参数不发生变化的情况下，上述各国养老保险基金的赤字规模基本上都会随着老龄化程度加深而呈现出持续扩大的趋势。

中国的养老金收支状况也不容乐观。例如，根据柳清瑞和苗红军（2004）

的测算，到2040年中国养老金缺口达到峰值9683.43亿元，负债相当于当年GDP的1.58%。于洪和钟和卿（2009）模拟了我国养老保险基金在三种情形下的财务运行状况，发现受老龄化的影响，养老金收支缺口将不断加大，未来中国养老金的财务可持续性将遭受巨大压力。艾慧等（2012）也认为未来统筹账户养老金的财务可持续性难以为继，其提供的测算结果显示，养老保险基金将于2023年后开始出现累计赤字，且赤字将在2038年达到峰值8.22万亿元。刘学良（2014）测算的结果显示，2023年后养老金将出现赤字且不断扩大，到2029年养老金累计结余会基本消耗殆尽，到2050年养老金当期赤字相当于同期GDP的8.7%，累计赤字相当于同期GDP的101.9%。田月红和赵湘莲（2016）利用基础养老金长期财务随机预测模型，发现养老金在2020年开始就会出现年度收支缺口且逐渐扩大，2025年后产生累计赤字，到2085年累计赤字的中值高达1812万亿元。王晓军和姜增明（2016）借助偿付能力资本需求的思想，将死亡率预测模型与精算模型有机结合，经过测算后发现，到2050年城镇职工统筹账户养老金的累计赤字将高达4.85万亿元，其折现值占2014年GDP的31.93%，是同期公共财政支出的1.34倍。曾益等（2019a）的测算结果也显示，养老保险基金自2019年起已经出现收不抵支的境况，且由于基金支出的年平均增速超过基金收入，因而导致累计赤字的时点出现在2024年，到2050年底，累计赤字规模将达到170.32万亿元。谢琳（2020）利用有限数据双随机Lee-Carter模型对长寿风险进行测度，探讨了其在当前制度下对城镇职工养老保险基金偿付能力的作用效果。测算结果表明，养老金将于2023年开始遭遇偿付能力不足的风险，在2018~2050年预计会背负40.92万亿元的长期存量债务，折现后约为2017年GDP的49.47%。

在个人账户养老金方面，虽然学者们也采用了不同的精算模型和参数设定，但测算结果基本上与上述统筹账户养老金面临的窘境一致，即长寿风险下个人账户所积累资金被挪用后导致的"空账"现象日益明显（王燕等，2001；

贾康等，2007；彭浩然等，2009）。例如，胡仕强和许谨良（2011）指出长寿风险给个人账户养老金偿付能力带来的压力大于统筹账户养老金。金博轶（2013）指出预期寿命延长将造成中国个人账户养老金出现收不抵支的局面，且伴随着时间的推移，这种收支缺口的规模会持续扩大。杨再贵和石晨曦（2016）利用保险精算模型评估了个人账户养老金的长期财务状况，发现未来应付城镇企业职工的个人账户养老金在2015年初的精算现值约为22.89万亿元，其中财政负担高达8.16万亿元，相当于参保职工缴费负担中个人账户养老金的55.37%，导致基金的财务可持续性严重受损。王增文（2017）对1997～2015年城镇职工养老保险个人账户的超额支出展开测算，发现在基准情形下，长寿造成的超额给付额约为133.56万亿元，这种"长寿差"支出在总超额支出中的所占比重达到95%以上。穆怀中和李辰（2020）利用Lee-Carter模型，测算出2019～2050年长寿风险对城镇职工个人账户养老金的冲击效应，结果显示，女性职工由于面临平均预期寿命大于男性职工，且缴费周期短和受益周期长等客观情况，导致女性职工的个人账户缺口规模始终更大。即使通过优化预期寿命和养老金调整指数等手段削弱了长寿风险的影响后，其对女性职工个人账户养老金收支平衡的冲击效应仍然相对更大。

三、长寿风险下养老金收支失衡局面的解决办法

从上述学者得到的测算结果来看，由于受长寿风险持续增大的影响，未来全球大多数国家的公共养老金制度都很有可能面临严重的偿付危机。为此，国内外学者分别从调整生育政策；延长退休年龄；调整养老保险征缴体制；完善中央调剂制度，加快全国统筹步伐；鼓励人口迁移；降低养老保险替代率或提高养老保险投资收益率等方面出发，提出了一系列维持养老金财务可持续性的改革措施。

（一）调整生育政策

在全球低生育现象已成常态化的背景下，随着女性社会经济地位的不断提高，鼓励生育的重要性和紧迫性也日渐凸显。Bongaarts（2004）利用七个OECD国家的数据进行测算后发现，总和生育率每增加0.1，将有助于确保2050年的养老金支出比率下降4%。Chen（2018）通过构建一个具有外生和内生退休年龄的世代交叠模型并进行模拟发现，生育率提升能否有助于增加养老金的可持续性关键取决于退休决策的性质。简言之，在外生退休年龄的情况下，提高生育率更有可能增加养老金收入，而在内生退休年龄的情况下，这种变化往往会导致养老金收入减少。

关于我国生育政策调整对养老金收支的影响，Zeng（2007）采用简单人口预测模型得到的模拟结果显示，二孩政策比一孩政策在缩小养老金收支缺口方面具有显著优势。从曾益等（2016）提供的未来75年养老金精算结果来看，如果符合"单独二孩"政策规定的夫妇生育二孩，则养老保险基金出现累计赤字的时间将推迟9年左右，到2090年时，中国养老金缺口的规模将缩小71.85%；如果符合"全面二孩"政策规定的夫妇生育二孩率保持在54%以上，那么养老保险基金在2090年以前不会出现累计赤字，可见在其他条件不变的情况下，后者对缓解中国养老金偿付危机的效果远远大于前者。唐运舒和吴爽爽（2016）比较了悲观、折中和乐观三种情形下"全面二孩"政策对养老金实现收支平衡的作用效果，发现其对养老金当期赤字的弥补比例虽然分别达到36%、52%和68%，但从长期来看，并不会从根本上扭转养老金收支缺口持续扩大的趋势。张鹏飞和陶纪坤（2017）、石人炳和陈宁（2017）也分别对上述结论展开检验，发现"全面二孩"政策对缓解养老金收支压力的效果还受到生育保障力度的制约。此外值得注意的是，新生婴儿离长大成为劳动人口，并进入劳动力市场仍有很长一段时间，导致生育政策调整对未来养老金财务运行状况的影响会不可避免地产生时滞效应，为此还有必要同时出台其他的配套性政策。

（二）延长退休年龄

由于延长工作年限既有助于增加养老保险基金的征缴收入，又有助于减少当期的基金支出，因而在应对养老金赤字问题的过程中，改变原有的退休年龄条款便成为一个直接有效的干预手段（Cremer and Pestieau，2003；Zeng，2011）。Galasso（2008）评估了德国、法国、英国、意大利、西班牙和美国等六个国家在老龄化背景下实施延迟退休方案的政治可行性，发现该方案之所以能够得到政治支持，主要是因为老龄化引致的负收入效应降低了现存养老保障制度的盈利能力。Díaz-Giménez 和 Díaz-Saavedra（2009）以西班牙为例，采用一般均衡的多期世代交叠模型模拟了内生退休年龄对公共养老金的影响，发现在现有制度安排下，养老保险基金将于 2028 年被耗尽，而如果将退休年龄往后推迟三年，便能确保养老金制度的财务可持续性一直维持到 2050 年。Bielecki 等（2016）采用世代交叠模型模拟测算了延迟退休年龄在待遇确定型、名义缴费确定型和基金缴费确定型三种养老金制度下的影响，发现其作用效果主要来自寿命延长，而并不依赖于具体的养老金制度安排。İmrohoroğlu 等（2019）同样是基于世代交叠模型并利用日本的数据发现，如果将退休年龄延长到 67 岁，并且以养老金替代率削减 10%作为辅助手段，那么这种组合措施至少能在短期内确保养老金制度维持正常运转。当然，也有学者提到对于受到人口老龄化程度严重困扰的发达国家来说，如果认定退休年龄属于外生时，那么从长远来看，强制提高退休年龄并不是保持现收现付制养老金预算平衡的合适举措（Fanti，2014；Magnani，2016）。

结合中国的实际情况来看，由于现阶段的平均预期寿命已经稳步提升到

77岁以上，而女工人、女干部以及男性的退休年龄却仍保持在20世纪70年代末期制定的50岁、55岁和60岁标准，所以大多数学者主张将目前的退休年龄调整为国际上的通用标准（即男性和女性均为65岁退休），从而确保养老金制度实现帕累托改进目标。例如，曾益等（2013）利用精算模型得到的模拟结果显示，仅将女性的退休年龄延长至60岁，便可以促使统筹账户养老金出现赤字的时间往后推迟11年左右；当男性和女性的退休年龄分别延长至65岁和60岁时，赤字出现的时点将有望推迟23年；如果将男性和女性的退休年龄统一延长至65岁时，则能够确保养老金出现收不抵支的时间推迟26年以上。刘学良（2014）的测算发现，在退休年龄延迟的情景下，中国城镇职工基本养老保险基金出现累计赤字的时点至少能推迟到2042年，且到2050年时累计赤字额最多占当年GDP的27.42%。Ren等（2019）利用人口预测模型和养老金收支缺口精算模型，进一步讨论了三种延迟退休政策方案下中国在2018~2055年的养老金收支情况，发现退休年龄每延长一年后就可以确保养老金体系平均增加570亿~10 910亿元的基金收入，据此认为实施延迟退休政策对养老金收支平衡具有显著的积累效应。邱牧远等（2020）构建一个75期的世代交叠模型，从比较静态和转移动态两个维度出发，考察了延迟退休对养老金收支平衡的影响，发现延迟退休方案不仅具有额外的人力资本投资激励效应，而且从长期来看也有助于增加产出，所以主张将其作为实现积极老龄化目标的杠杆政策，应尽快出台正式方案并组织实施。

此外，一些研究，如张熠（2011）、余立人（2012）、杨一心和何文炯（2016）等则对延迟退休政策的效果持谨慎态度。他们指出虽然延迟退休政策有助于增加养老保险的缴费年限，缩短受益年限，进而促使基金收入增加，但囿于现行的养老金制度设计，即月度养老金发放标准随时间推移相应提高后也会导致基金支出增加，所以养老金的支付压力从长期来看可能并不会从根本上得到缓解。

（三）调整养老保险征缴体制

筹资环节是养老保险制度平稳运行的基础，而筹资机构的选择更是直接决定了养老保险基金的征缴效率。但是在现存的养老保险征缴体制中，养老保险经办机构与税务部门一直并存，形成了二元征缴局面。那么究竟由哪一方主体主导征收工作会更有助于实现养老保险制度的财务可持续性呢？目前学术界仍未达成共识。具体来看，刘军强（2011）采集了1999~2008年全国范围内各省级单位征缴主体的变迁信息，构造面板数据后进行实证分析发现，税务部门征收养老保险费用有助于扩大制度的覆盖面，进而促使基金收入规模持续增长。郑春荣和王聪（2014）利用双重差分方法考察了税务部门和社保经办机构在征收社会保险费（含养老保险费，以下同）上的成本差异，结果显示即使在不实施社会保险费改税的前提下，由前者来负责征收工作也很有可能会产生规模效应和协同效应，使得征收成本下降，筹资效率大幅提升。然而，彭雪梅等（2015）通过对全国31省区市2002~2011年社会保险费的足额征缴率和制度扩面率进行计算，发现由社保经办机构征收的效果总体上比税务部门更好，尤其是在提高社会保险费的足额征缴率方面。

事实上，上述两种征缴方式都具有各自的优势，双方相持不下的主要原因还是与征缴工作对应的权力以及征缴过程中所拥有的资金流、人事队伍编制等密切相连。2018年7月，中共中央办公厅、国务院办公厅印发《国税地税征管体制改革方案》，明确提出今后征收各项社会保险费（含养老保险费）的工作统一交由税务部门负责，这也意味着中国社会保险费的征缴体制改革迈入新阶段。在此背景下，曾益等（2019b）进行测算发现，社会保险费的征缴体制改革将通过提高征缴率，大幅改善中国养老保险基金未来的财务运行状况。例如，与降低缴费率的政策情景相比，他们发现征缴体制改革会促使基金出现累计赤字的时点向后延长1～11年。唐珏和封进（2019）则从微观企业的角度出发，利用中国工业企业数据库探讨了征缴体制改革对企业参保缴费行为的影响。实证结果显示，税务部门高效的征收能力将促使企业的实际缴费率上浮3%，参保概率提升大约5个百分点，并且在税收征收能力较强的地区，这一政策调整方案还会取得更为突出的作用效果。刘辉和刘子兰（2020）同样利用中国工业企业数据库，以2004～2007年云南和浙江两省各地级市的社保征缴体制改革作为准自然实验，采用双重差分方法识别了征缴体制改革对企业社保合规程度的影响，发现随着征缴主体的征收强度增大，企业的参保概率和缴费率均会出现明显提高。许红梅和李春涛（2020）进一步以2011年出台的《中华人民共和国社会保险法》作为准自然实验，利用2000～2015年A股上市公司的数据估计了社会保险费征收对企业避税程度的影响，结果表明，税务部门征收社会保险费有助于降低企业的信息不对称现象，增加企业的避税成本，因而能够对企业的避税行为发挥较强的抑制作用。由此可见，调整养老保险征缴体制不仅有助于增加养老保险基金的收入，还能够进一步扩大基金的制度覆盖范围。

（四）完善中央调剂制度，加快全国统筹步伐

由于经济发展水平、人口流动、人口结构、征缴管理、历史负担等方面存在差异，各省（区、市）的养老保险收支状况分化明显，广东、北京、江苏等东部省市的养老保险结余较多，而东三省等人口外流严重的省份则出现巨大的赤字。从金博轶和闫庆悦（2015）提供的测算结果来看，养老金收不抵支和收支结余并存的局面在未来几十年内很可能会一直持续。针对各地区基金财务运行状况的差异，国务院于2018年6月正式印发了《关于建立企业职工基本养老保险基金中央调剂制度的通知》。中央调剂制度作为实现基础养老金全国统筹目标的第一步，通过统一调配各地区间的基金规模，无疑能

在很大程度上缓解部分省（区、市）遭遇的养老金支付危机，进而推动养老保险制度的持续健康发展。

那么时至今日，中央调剂制度对于缓解养老金支付困境的效果到底如何呢？石晨曦和曾益（2019）构建一套精算模型，仿真模拟了中央调剂制度对于各省（区、市）未来养老金收支状况的作用效果，结果显示，中央调剂制度实施后全国范围内约有19个省（市）的养老金累计赤字额首次出现下降。边恕和张铭志（2019）将省际养老金结余均衡视为中央调剂制度的最优政策目标，进而对最优调剂比例展开探讨。结果显示，省际养老金结余差距与调剂比例之间呈现"U"形特征，当结余差距处于最低点时所对应的最优调剂比例是4.54%。房连泉和魏茂淼（2019）也对中央调剂制度在未来10年内的再分配效果展开分析，结果表明，尽管在实施中央调剂制度后，用来反映全国养老保险基金备付月数不均衡情况的基尼系数会有所下降，但各省（区、市）养老金两极分化的趋势并不会发生改变。

正因为如此，目前陆续有学者提出加快养老金全国统筹步伐，以期尽快妥善解决好各地区之间养老金收支不平衡的问题。例如，赵仁杰和范子英（2020）利用2008~2012年的全国税收调查数据，评估了养老金省级统筹对企业养老保险缴费率的影响后发现，由于地区之间现阶段受到经济竞争的驱动，采取养老金省级统筹的做法仍然会显著降低本地企业的实际缴费率，并且统筹力度越大，这种负面影响还会表现得越明显。张松彪等（2021）基于养老金精算模型得到的测算结果证实，在其他条件不变的情况下，养老金实现全国统筹后对于缓解城镇职工基础养老金缺口具有显著的正向影响。

（五）鼓励人口迁移

一般而言，当某地区的老年抚养比上升速度越快时，通常会越容易造成当地的养老金收支缺口发生进一步恶化。而人口迁移，特别是年轻人口、高技能人口等人群的大幅涌入，则有助于通过改变原有的人口空间分布状态，降低本地区的人口老化速度，从而促使养老金收支状况得到一定程度的改善。

梳理国外学者的研究成果后发现，Storesletten（2003）利用净现值方法分析了瑞典移民规模与政府财政负担（含养老金收支负担）的关系，发现人口迁移能缓解欧洲福利国家中婴儿潮一代年老后带来的财政压力，但具体效果主要取决于20～30岁的年轻移民数量。Kirdar（2012）利用包含内生性回流迁移与储蓄决策的动态随机模型，以及来自五个国家移民的追踪数据进行研究，发现德国养老金制度从移民中获得的净收益始终为正，且并不会受到移民抵达时的年龄、国籍以及移民规模等因素的影响。Pianese等（2014）发现女性移民由于生育率高于本地居民，这也促使她们至少在中期内可以大幅提高意大利养老金制度的财务可持续性。di Liddo（2018）则证实了移民技能水平在改善本地居民养老金福利过程中的重要作用。此外在定量研究方面，Han（2013）基于1981～2009年欧洲14个国家的跨国面板数据，采用误差修正模型考察了人口迁移对养老金制度可持续性的影响，发现与贝弗里奇模式不同，在实行俾斯麦式养老金制度的国家中，人口迁移通过大幅增加养老保险的缴费人数，能够有效缓解养老金制度的运行压力。d'Albis等（2019）则利用OECD中19个国家1980～2015年的数据，发现人口迁移还可以通过减少政府的人均转移支付等渠道来改善财政收支平衡。

从国内学者的研究来看，陈沁和宋铮（2013）以第五次和第六次人口普查数据为基础，得到的数值模拟结果显示，在人口迁入的情景下，未来养老金债务规模将会大幅下降，具体以2054年的养老金收支平衡度为例，其可能要比无人口迁入的情景高出大约36%。殷宝明和刘昌平（2014）发现，人口迁移由于缓解了迁入地的人口老龄化程度，可能给该地区的基本养老保险制度带来大量的养老金红利，因而容易成为化解现收现付制基本养老保险制度财务危机的有效途径之一。而 Hu 等（2021）通过构建精算模型和计量经济学模型，并采用中国 31 省（区、市）2002～2018 年的面板数据，系统考察人口迁移对迁入地区养老金偿付能力的影响后发现，在缴费人数效应和缴费基数效应的共同作用下，两者之间并不是一种简单的线性关系，而是很有可能呈现出显著的倒"U"形特征。

（六）降低养老金替代率或提高养老保险投资收益率

尽管降低养老金待遇能够在一定程度上缓解养老金的收支压力，但是福利刚性的存在使得养老金待遇通常难以下调（柳清瑞和金刚，2011），并且降低退休人员养老金待遇也容易引发老年群体的不满（彭浩然和陈斌开，2012），所以大多数学者主要是从理论层面探讨该方案的合理性。例如，Lisenkova 和 Bornukova（2017）以白俄罗斯为例，经过测算后发现在现行的替代率（平均养老金约为平均工资的 40%）下，2050 年以前公共养老金计划的赤字规模将会呈现持续扩大的趋势，他们从维持养老保险基金正常运转的角度出发，提出了要么降低替代率，要么增加缴费率的建议。国内研究方面，刘学良（2014）通过模拟养老金替代率从 40% 下降至 35% 的情景，发现降低替代率不但有助于缩小养老金的当期收支缺口，还能推迟累计赤字到来的时点。齐红倩和杨燕（2020）则利用面板平滑转换回归模型讨论了老龄化背景下决定养老金累计结余率高低的因素，发现平均替代率会对累计结余率产生显著的负面影响；分地区来看，特别是在老龄化程度较高的省份，这种负向效应通常会表现得更为突出。当然，上述政策方案的作用效果也在很大程度上受到费率设定的制约。

关于提高养老保险的投资收益率，王晓军和赵明（2015）针对其与延长退休年龄政策具有某种程度的替代效应，主张将其视为缓解未来养老金支付压力的一种备选方案，他们通过进一步的定量分析发现，投资收益率的提升对于低退休年龄者养老金支付压力的改善效果最为明显。路锦非（2016）围绕基本养老保险的制度性质、资产周期匹配、风险耐受区间以及投资比例的分配等方面展开实证分析后，得出中国基本养老保险基金在可承受风险下的长期投资期望收益率约为6%，可见现阶段仍需加大基金投资运营的力度，提高投资收益率，从而满足保值增值目标的需要。景鹏和胡秋明（2017）的测算结果也较好地佐证了上述结论的可靠性。

综上所述，几乎可以认为现有文献已经为分析长寿风险与养老金收支平衡的关系奠定了良好基础。但是上述研究仍然在以下方面有待改进：①应该将最新的政策改革方案引入分析框架，例如，国办发〔2019〕13号文件（《国务院办公厅关于印发降低社会保险费率综合方案的通知》）中提到的统筹账户养老保险基金缴费率下调至16%等内容，从而增加与现实情形的契合度；②考虑到人口迁移对养老保险基金财务可持续性具有重要影响，因而在涉及未来人口预测的过程中，有必要高度重视人口迁移的影响，即不能简单地将未来人口净迁移率设定为零；③一些学者在测算未来养老金收支缺口的过程中由于没有及时将财政补贴从基金收入中予以剔除，这样的做法很有可能会导致评估结果过分乐观，而无法为政府部门提供真实的养老金财务运行状况。因此，本章拟通过结合养老保险缴费率下调等多个最新的政策方案，以城镇职工基本养老保险为例，运用有限数据双随机Lee-Carter死亡率预测模型和保险精算模型模拟2019~2050年长寿风险对养老金财务运行状况的作用效果，并试图将生育政策调整、退休年龄延迟、征缴体制改革等潜在方案分别引入模型，论证其可能发挥的作用效果，最终为制订城镇职工基本养老保险基金可持续发展的决策方案提供科学依据。

第三节　模型与方法

一、长寿风险度量模型

长寿风险不同于其他风险，其主要源自人口死亡率长期以来的下降趋势（赵明和王晓军，2015）。所以目前围绕长寿风险展开的系列研究，实际上也都是在死亡率预测的基础上进行。关于死亡率预测方法，大致可以划分为静态死亡率模型与动态死亡率（随机死亡率）模型两种。其中，静态死亡率模型是最早出现的一类死亡率预测模型，此方面相关的研究成果主要包括：de Moivre 模型、Gompertz 指数模型、Weibull 模型、Heligman-Pollard（HP）模型以及 Carriere（1992）构建的生存函数混合模型等。这些模型仅考虑了死亡率的年龄因素，忽略了时间波动效应，导致其不能刻画死亡率的动态演变特征，且无法有效估测未来死亡率的变动趋势情况，所以需要发展动态化的预测模型以提高预测精度。

（一）有限数据双随机 Lee-Carter 模型介绍

Lee 和 Carter（1992）首次构建了一个简洁易行的离散动态死亡率预测模型（Lee-Carter 模型），他们将死亡率分解成年龄效应、时间效应与年龄改善效应，采用奇异值分解最小化残差平方和的方法对参数进行估计，同时也利用美国 20 世纪 90 年代的时间序列数据展开预测。此后，这种方法逐渐演变成运用最为广泛的随机死亡率预测方法之一（Santolino，2020）。当然，陆续有学者发现该方法在处理死亡率数据方面过于简单，甚至与当下的实际情形不符（Booth，2006；Bohk-Ewald et al.，2017；Camarda and Basellini，2021），为此他们不断对这一经典模型进行扩展、改进与应用研究。例如，Bongaarts（2005）提出了一个转移 Logistic 模型，用来预测未来成年人死亡率的长期趋势；Li 等（2013）构建了死亡率下降年龄模式的旋转模型，增强了长期死亡率预测结果的可信度；Wong 和 Tsui（2015）利用一个新的生存函数对不同年龄段的预期寿命展开预测后发现，该模型的测算效果要相对优于 Lee-Carter 模型和转移 Logistic 模型；等等。

然而，由于中国人口死亡率的历史数据较少，应用以经典 Lee-Carter 方法为核心的随机死亡率预测模型仍然受到多种因素的制约（王晓军和赵明，2014）。具体来看，王晓军和任文东（2012）指出利用经典 Lee-Carter 模型展开分析，至少需要 20 年连续的分年龄死亡率数据才能对时间因子进行较好的预测。但是目前人口死亡统计数据的年限短，质量较差，并且抽样数据风险暴露数占总人群的比例也严重不足，这些很有可能导致死亡率在相近年龄和不同年度出现不规则波动（范勇和朱文革，2016）。不仅如此，即使在普查数据中，新生婴儿和高龄人口死亡数据也存在一定程度的漏报和瞒报现象（赵明和王晓军，2020）。因此，从帮助国家积极应对老龄化问题提供客观依据的角度出发，不能盲目采用经典方法对中国死亡率的长期变化趋势做出预测。

基于上述客观事实，本章拟通过利用有限数据双随机 Lee-Carter 模型对死亡率展开测算，并构建出全要素区间估计方法，以期对长寿风险展开相对准确的度量。具体如下。

首先假设不连续年份 $T_1, T_2, \cdots, T_n$ 等共 T 年的分年龄别死亡率数据分别表示为 $d_{x,T_1}, d_{x,T_2}, \cdots, d_{x,T_n}$，按照 Lee-Carter 模型中对 α_x 的定义，可得 α_x 的估计值为

$$\widehat{\alpha_x} = \frac{1}{N} \sum_{i=1}^{N} \ln(d_{x,T_i}) \tag{11.1}$$

进而对死亡率残差矩阵 $\ln(d_{x,T_i}) - \widehat{\alpha_x}$ 完成奇异值分解，将得到的分年龄改

善效应 β_x 与时间效应 k_{T_i} 的估计值分别表示为 $\widehat{\beta_x}, \widehat{k_{T_1}}, \widehat{k_{T_2}}, \cdots, \widehat{k_{T_N}}$。至于时间效应 k_{T_i}，则借鉴王晓军和任文东（2012）的做法，采用带漂移项的随机游走模型进行拟合，据此得到

$$\widehat{k_{T_i}} - \widehat{k_{T_{i-1}}} = d(T_i - T_{i-1}) + (\varepsilon_{T_{i-1}+1} + \varepsilon_{T_{i-1}+2} + \cdots + \varepsilon_{T_i}), i = 2, 3, \cdots, N \quad (11.2)$$

其中，$\varepsilon \sim N(0, \sigma^2)$，$\sigma$ 是常数。一旦 i 取不同值时，$T_i - T_{i-1}$ 也将不再为固定值，并且 $\varepsilon_{T_{i-1}+1} + \varepsilon_{T_{i-1}+2} + \cdots + \varepsilon_{T_i}$ 的方差也很有可能不再保持一致。因此，在漂移项 d 和方差 σ^2 的整个估计过程中无法适用经典的 Lee-Carter 模型。同时，从式（11.2）中 $\varepsilon_{T_{i-1}+1} + \varepsilon_{T_{i-1}+2} + \cdots + \varepsilon_{T_i}$ 的期望值为 0，可进一步得到漂移项 d 的无偏估计量是

$$\hat{d} = \frac{\sum_{i=2}^{N}\left(\widehat{k_{T_i}} - \widehat{k_{T_{i-1}}}\right)}{\sum_{i=2}^{N}(T_i - T_{i-1})} = \frac{\widehat{k_{T_N}} - \widehat{k_{T_1}}}{T_N - T_1} \quad (11.3)$$

通过将漂移项 d 的无偏估计量代入到式（11.2）中，可得 ε 方差 σ^2 的估计量是

$$\hat{\sigma}^2 = \frac{\sum_{i=2}^{N}\left[\left(\widehat{k_{T_i}} - \widehat{k_{T_{i-1}}}\right) - d(T_i - T_{i-1})\right]^2}{T_N - T_1 - \left[\sum_{i=2}^{N}(T_i - T_{i-1})^2\right]/(T_N - T_1)} \approx \frac{\sum_{i=2}^{N}\left[\left(\widehat{k_{T_i}} - \widehat{k_{T_{i-1}}}\right) - \hat{d}(T_i - T_{i-1})\right]^2}{T_N - T_1 - \left[\sum_{i=2}^{N}(T_i - T_{i-1})^2\right]/(T_N - T_1)}$$

$$(11.4)$$

将式（11.3）和式（11.4）进行联立后，可以得到漂移项 d 标准误的估计量：

$$\sqrt{\mathrm{var}(\hat{d})} = \sqrt{\frac{\mathrm{var}\left[\sum_{i=1}^{N}\left(\varepsilon_{T_{i-1}+1} + \varepsilon_{T_{i-1}+2} + \cdots + \varepsilon_{T_i}\right)\right]}{(T_N - T_1)^2}} = \sqrt{\frac{\sigma^2}{T_N - T_1}} \approx \frac{\hat{\sigma}}{\sqrt{T_N - T_1}} \quad (11.5)$$

利用上述估计值对时间效应 k_{T_i} 进行外推，即在 $t = T_N + n$ 时，可得到 k_{T_i} 外

推后的表达式是

$$\widetilde{k_{T_N+n}} = \widetilde{k_{T_N+n-1}} + d + \varepsilon_{T_N+n} = \widehat{k_{T_N}} + nd + \sum_{j=1}^{n}\varepsilon_{T_N+j} \qquad (11.6)$$

其中，针对漂移项 d 本身就是一个随机变量的情况，因而也将 d 的随机扰动项 δ_i 代入，即 $d = \hat{d} + \delta_i$。而 $\delta_i \sim N[0, \mathrm{var}(\hat{d})]$，代入式（11.6）后可以得到

$$\widetilde{k_{T_N+n}} = \widetilde{k_{T_N+n-1}} + \hat{d} + \delta_i + \varepsilon_{T_N+n} \qquad (11.7)$$

一旦样本规模足够大时，忽略 d 的随机扰动项 δ_i 也是合理的。但是，中国分性别分年龄死亡率的样本规模较小，因此不仅不能忽略随机扰动项 δ_i，还要将其内嵌于随机游走模型中，以利用双随机过程更准确地预测出 k_t 的变动趋势。我们将式（11.7）继续进行外推后，可以得到

$$\widetilde{k_{T_N+n}} = \widetilde{k_{T_N+n-1}} + \sum_{i=1}^{n}(\hat{d} + \delta_i) + \sum_{j=1}^{n}\varepsilon_{T_N+j} = \widetilde{k_{T_N+n-1}} + n\hat{d} + \sum_{i=1}^{n}\delta_i + \sum_{j=1}^{n}\varepsilon_{T_N+j} \qquad (11.8)$$

其中，$\sum_{i=1}^{n}\delta_i \sim N[0, n\mathrm{var}(\hat{d})]$，$\sum_{j=1}^{n}\varepsilon_{T_N+j} \sim N(0, n\hat{\sigma}^2)$。在式（11.8）的基础上继续展开随机模拟，将会外推得到 k_{T_N+n} 的点估计值与区间估计值。此外要注意的是，出于能确保得到 d_{x,T_N+n} 的最优估计结果的考虑，参考 Bell（1997）的做法，本章主要选择在最新的死亡率观测值 d_{x,T_N} 的基础上进行外推，这样便能对未来死亡率的点估计值与区间估计值展开预测。具体过程中利用的估计方法是

$$\ln(d_{x,T_N+n}) = \ln(d_{x,T_N}) + \widehat{\beta_x}\left(\widetilde{k_{T_N+n}} - \widetilde{k_{T_N+n-1}}\right) \qquad (11.9)$$

（二）模型的全要素区间估计

一般来说，采用有限数据双随机 Lee-Carter 模型得到了 k_{T_N+n} 的点估计值与区间估计值后，只需要代入式（11.9）就基本上能够得到未来死亡率的点估计与区间估计预测值。但是从严谨的角度来看，特别是在区间估计过程中，

第十一章 长寿风险、养老金收支与养老保险制度参数动态调整

这种做法仅考虑了方差主要影响因素的波动情况，而没有对全部影响因素的波动情况进行充分考虑，所以很有可能会低估长寿风险。因此，本章特别将有限数据双随机 Lee-Carter 模型在时间层面上外推到 n 期的表达式设定成：

$$\ln(d_{x,T_N+n}) = \ln(d_{x,T_N}) + \beta_x(k_{T_N+n} + k_{T_N}) + \varepsilon_{x,T_N+n} \quad (11.10)$$

其中，$\ln(d_{x,T_N+n})$ 的期望值是 $E[\ln(d_{x,T_N+n})] = \ln(d_{x,T_N}) + nd\beta_x$，$\ln(d_{x,T_N+n})$ 的方差是 $\mathrm{var}[\ln(d_{x,T_N+n})] = n\beta_x^2[\mathrm{var}(d) + \sigma^2]$。同时，基于正态分布可加性的性质得到，$\ln(d_{x,T_N+n})$ 也服从正态分布，并且有 $\ln(d_{x,T_N+n}) \sim N\{\ln(d_{x,T_N}) + nd\beta_x, n\beta_x^2[\mathrm{var}(d) + \sigma_e^2] + \sigma_\varepsilon^2\}$。需要说明的是，在对模型展开外推的过程中，$\beta_x, d, \mathrm{var}(d), \sigma_e^2, \sigma_\varepsilon^2$ 都可以利用其上述估计值 $\widehat{\beta_x}, \hat{d}, \mathrm{var}(\hat{d}), \widehat{\sigma_e^2}, \widehat{\sigma_\varepsilon^2}$ 测算得到。简言之，可以将上述模型进行外推后得到的结果视为全要素区间估计结果。

另外，因为 $\ln(d_{x,T_N+n})$ 服从 $\ln(d_{x,T_N+n}) \sim N\{\ln(d_{x,T_N}) + nd\beta_x, n\beta_x^2[\mathrm{var}(d) + \sigma_e^2]\}$ 的分布，因而在置信水平 $(1-p)$ 下，也可以将 $\ln(d_{x,T_N+n})$ 的等尾区间估计表示为

$$\ln(d_{x,T_N}) + n\hat{d}\beta_x - z_{\frac{p}{2}}\sqrt{n\widehat{\beta_x}^2[\mathrm{var}(\hat{d}) + \widehat{\sigma_e^2}] + \widehat{\sigma_\varepsilon^2}}$$

$$\ln(d_{x,T_N}) + n\hat{d}\beta_x + z_{\frac{p}{2}}\sqrt{n\widehat{\beta_x}^2[\mathrm{var}(\hat{d}) + \widehat{\sigma_e^2}] + \widehat{\sigma_\varepsilon^2}} \quad (11.11)$$

类似地，在置信水平 $(1-p)$ 下，式（11.9）中 $\ln(d_{x,T_N+n})$ 的等尾区间估计也可以表示为

$$\ln(d_{x,T_N}) + n\hat{d}\beta_x - z_{\frac{p}{2}}\sqrt{n\widehat{\beta_x}^2[\mathrm{var}(\hat{d}) + \widehat{\sigma_e^2}]}$$

$$\ln(d_{x,T_N}) + n\hat{d}\beta_x + z_{\frac{p}{2}}\sqrt{n\widehat{\beta_x}^2[\mathrm{var}(\hat{d}) + \widehat{\sigma_e^2}]} \quad (11.12)$$

将式（11.12）与式（11.11）进行对比后，容易发现前者仅考虑了主要波动因素的影响，所以又将其命名为主因素区间估计方法。相比全要素区间估计，正因为该方法忽略了波动项 σ_ε^2 的存在，所以很有可能会导致区间估计值遭受低估。尤其是在运行高尾区间估计时，低估这种风险后造成的不利影响可能会更大。

（三）基于 VaR 思想的长寿风险测度模型

对于未来死亡率水平，通常都采用根据死亡率预测居中值加以测度的方法。然而，有学者发现采取这种做法得到的预测值可能在很大程度上会忽视长寿风险造成的影响，导致真实的死亡率被低估。在此背景下，Plat（2011）提出人口死亡率度量过程中风险被低估的在险价值（value-at-risk，VaR）框架，考察了随机死亡率模型在统一框架下的适用情况，并提供了测度一年期长寿风险的随机模拟方法。鉴于 VaR 方法可以较好地反映未来一定概率情形下长寿风险的最大值（死亡率的最小值），于是本章在构建有限数据双随机 Lee-Carter 模型的基础上，引入了在险价值这种作为欧盟第二代偿付能力（Solvency Ⅱ）标准的风险测度方法，并应用到长寿风险的度量上。相应的数学表达式为

$$\operatorname{Prob}(\text{Loss} > \text{VaR}) = 1 - \alpha \quad (11.13)$$

其中，Loss 表示某一项金融资产（组合）在未来某个特定时期下发生的潜在损失额；α 是置信水平，借鉴王晓军和姜增明（2016）以及谢琳（2020）的做法，将其设定为 95%。

据此可以用预测的未来死亡率的分位点值对长寿风险展开测度，继而得到基于 VaR 思想的长寿风险测度模型，可以表示成

$$\ln\left(\widehat{d_{x,T_N+n}}\right) = \ln\left(d_{x,T_N}\right) + n\hat{d}\widehat{\beta_x} - z_{1-\alpha}\sqrt{n\widehat{\beta_x}^2\left[\operatorname{var}(\hat{d}) + \widehat{\sigma_e^2}\right] + \widehat{\sigma_\varepsilon^2}} \quad (11.14)$$

进一步来看，在式（11.14）的基础上，以 2019 年作为评估年为例，能够得到外推 n 年后长寿风险情形下的死亡率预测值，据此可以构建出城镇职工基本养老保险的长寿风险测度模型。

最后需要补充说明的是，尽管 VaR 方法难以判断尾部极端风险发生时的损失情况，但赵明和王晓军（2015）的研究结果也显示，人口死亡率发生尾部极端风险的概率较小，所以不会从根本上影响预测结果的可靠性。

二、人口预测模型

（一）总人口预测模型

总人口预测是测算未来养老金能否实现收支平衡目标的重要前提。根据对生育率、死亡率、人口迁移等参数的设定，即可对中国未来的人口规模展开预测。假设城镇地区新出生人口为

$$u_t^{g,0} = \sum_{n=15}^{49} u_t^{f,n} \times b_t^{u,n} \times r^{u,g} \qquad (11.15)$$

其中，g 表示性别，男性为 $g=m$；女性为 $g=f$；n 表示年龄；$u_t^{g,0}$ 反映了城镇地区在 t 年性别为 g 的新生婴儿数量，主要通过对 15～49 岁城镇育龄妇女人数 $u_t^{f,n}$、生育率 $b_t^{u,n}$ 和出生性别比 $r^{u,g}$ 三者的乘积展开求和后得到。

至于城镇地区其他类型人口的数量，则可以根据下述数学表达式进行计算得到：

$$u_{t+1}^{g,n+1} = u_t^{g,n}\left[1 - d_t^{u,g}(n)\right] + r_t^{g,n} m^g(n) \qquad (11.16)$$

其中，$r_t^{g,n}$ 表示 t 年时性别为 g 年龄为 n 岁的城镇现存人口数量；$d_t^{u,g}(n)$ 则表示城镇在 t 年时性别为 g 年龄为 n 岁人口的死亡率；$m^g(n)$ 表示性别为 g 年龄为 n 岁的农村人口迁移到城镇地区的概率。当 t 年 n 岁的城镇现存人口数量加上迁入人口规模，再扣除掉死亡人口数量后即可得到 $t+1$ 年时 $n+1$ 岁

的城镇人口数量。此后,将式(11.15)和式(11.16)进行联立,并基于2020年第七次全国人口普查数据,即可预测出未来一段时期内的总人口情况。

(二)缴费人口和受益人口的预测模型

现阶段,城镇职工基本养老保险制度的覆盖人群主要由缴费人口(在岗职工)和受益人口(离退休职工)两部分组成。关于缴费人口的计算公式如下:

$$p_t = \sum_{n=w}^{k-1} u_t^n c_t \qquad (11.17)$$

其中,p_t表示养老保险缴费人口数量,通过计算工作年龄为w到$k-1$的城镇劳动人口和该部分人群中缴纳养老保险费用人口比例c_t(即养老保险制度覆盖率)的乘积,可以得到相应的结果。[①]

关于受益人口数量,考虑到目前机关事业单位人员和企业职工的养老保险制度已基本实现并轨,因而进行简化处理,即将t年新增性别为g的养老保险受益人口数量用$z_t^{g,k}$表示,即

$$z_t^{g,k} = u_t^{g,k} \cdot s_t^g \qquad (11.18)$$

其中,k表示职工的退休年龄,即正式享有养老金待遇的时间。通过计算当年达到退休年龄的城镇人口数量$u_t^{g,k}$和进入养老金受益人口比例s_t^g的乘积,即可得到新增受益人口数量。

假设$z_t^{g,n}$表示在t年性别为g年龄为n岁的城镇职工养老保险受益人口数量($n \geq k$),那么,移算方程的数学表达式为

$$z_{t+1}^{g,n+1} = z_t^{g,n} \left[1 - d_t^{u,g}(n)\right] \qquad (11.19)$$

其中,关于t年的职工养老保险总受益人口,即指那些从进入退休年龄

[①] 参考谢琳(2020)的做法,假设所有城镇职工(含机关事业单位人员和企业职工)均会在20岁时被纳入社会养老保险制度的覆盖范围。

后直到存活至 100 岁的受益人口之和。

（三）养老金的未来收支结余预测

针对财政补贴在现行城镇职工基本养老保险制度中主要发挥"兜底"的作用，即只有在基金出现收支失衡局面时才会开始出现，因此出于谨慎预测未来养老金财务运行状况的考虑，本章拟在测算城镇职工基本养老保险基金年度总收入的过程中剔除财政补贴部分，而仅由当期征缴收入构成。其中，当期征缴收入主要取决于在岗职工的参保人数、实际（法定）缴费基数、征缴率和缴费率等。具体来看，第 t 年城镇职工基本养老保险基金收入 TPI_t 的测算思路是：第 t 年 n 岁的在岗职工参保人数 $L_{t,n}^{ie}$ 乘以 t 年的实际缴费基数 AP_t，再乘以 t 年的缴费率 C_t（含社会统筹账户和个人账户），其中实际缴费基数又等于法定缴费基数 AW_t 和征缴率 PR_t 的乘积，e 表示参保年龄，r 表示退休年龄。采用数学表达式即

$$\mathrm{TPI}_t = \left(\sum_{n=e}^{r-1} L_{t,n}^{ie}\right) \cdot \mathrm{AP}_t \cdot C_t = \left(\sum_{n=e}^{r-1} L_{t,n}^{ie}\right) \cdot \mathrm{AW}_t \cdot \mathrm{PR}_t \cdot C_t \quad (11.20)$$

由于养老保险基金的年度总支出很大程度上取决于参保离退休职工人数和当年发放的养老金待遇水平，所以城镇职工基本养老保险基金年度总支出的计算思路为：第 t 年参保离退休职工人数乘以第 t 年发放的养老金待遇水平。值得说明的是，在预测未来一定时期内城镇职工领取养老金待遇的过程中，应该以评估年度（2019 年）的城镇职工人均养老金待遇水平为基础，并且未来人均养老金待遇增长率有必要根据未来工资增长率的一定比例做出相应调整，最终将城镇职工养老金待遇预测模型设定为

$$\mathrm{PB}_t = \mathrm{PB}_{t-1} \cdot (1 + \mathrm{WG}_{t-1} \delta) = \mathrm{PB}_{t_0} \cdot \prod_{i=t_0}^{t-1}(1 + \mathrm{WG}_t \delta) \quad (11.21)$$

$$PB_{t_0} = \frac{TPE_{t_0}}{\sum_{n=r}^{u-1} L_{t_0,n}^{ir}}$$ （11.22）

其中，PB_t 表示第 t 年城镇职工养老金待遇的发放标准；WG_{t-1} 表示第 $t-1$ 年的平均工资增长率；δ 表示养老金调整指数；t_0 是评估年度。TPE_{t_0} 表示评估年度的养老保险基金支出额；u 表示领取养老金待遇人口的最大存活年龄；$L_{t_0,n}^{ir}$ 表示第 t_0 年时年龄为 n 岁的参保离退休人数。据此可以得到城镇职工基本养老保险基金的年度总支出 TPE_t 为

$$TPE_t = \left(\sum_{n=e}^{r-1} L_{t,n}^{ie} \right) \times PB_t$$ （11.23）

最后，设定 A_t 代表第 t 年的养老金累计结余（或赤字），r_{t+1} 表示保值增值率。所以，城镇职工养老保险基金的动态收支方程可以写成：

$$A_{t+1} = A_t \cdot (1+r_t) + (TPI_{t+1} - TPE_{t+1}) \times (1+r_{t+1})$$ （11.24）

第四节　长寿风险对养老金收支的影响与预测

在上述一系列测算模型的基础上，接下来只需要选取恰当的数据，并对涉及人口、经济和制度环境等多方面的参数展开比较合理的设定，那么基本上就可以模拟出长寿风险对中国城镇职工养老保险基金收支平衡状况的作用效果。

一、数据选取与模型参数设定

（一）死亡率数据选取

迄今为止，中国一共在全国范围内开展了七次人口普查和四次 1%人口

抽样调查（每五年一次）。然而，考虑到 1953 年和 1964 年的两次人口普查报告中没有提供分年龄别死亡率数据，所以本章主要选取其他五次人口普查和四次 1% 人口抽样调查中的统计数据展开分析。具体来看，就是在利用有限数据双随机 Lee-Carter 方法对分年龄、分性别死亡率进行建模后，随即对未来的人口死亡率展开预测。此外需要说明的是，在人口死亡率预测过程中，年龄区间主要表示为 0～100 周岁及以上。针对统计数据中已经超过 100 周岁的年龄组，则进行了相应的合并处理。

（二）核心参数设定

1. 生育率

从 20 世纪 70 年代开始，中国的总和生育率就呈现出持续下降的态势。20 世纪 70 年代初，中国的总和生育率高达 5.81，在改革开放初期的 1981 年迅速下降到 2.61，1990 年开始更是进一步下降到人口更替水平以下，此后生育率继续下降，到 2010 年第六次人口普查时下降到 1.18，2020 年第七次人口普查公布的数据略有上升，为 1.3。然而，关于中国的总和生育率到底下降到了何种程度，学界存在不同看法。大部分学者认为由于生育率普查中存在瞒报、漏报以及谎报等情况，官方公布的数据可能在很大程度上被低估，真实的总和生育率应当在 1.4～1.6（陈沁和宋铮，2013；王金营和戈艳霞，2013；刘学良，2014）。此外，考虑到近年来政府加快了生育政策的调整，在 2013 年底和 2015 年底分别放开了单独家庭和非独家庭生育二孩，2021 年又放开所有家庭生育三孩，虽然生育政策放松带来的效果有限，但总和生育率在未来可能会有所上升。据此，将基准情形下的总和生育率设定为 1.6。

2. 死亡率

参考王晓军和姜增明（2016）以及谢琳（2020）的做法，关于长寿风险背景下 2020～2050 年人口死亡率的数据，主要是通过上述改进后的 Lee-Carter 模型预测得到。

3. 出生人口性别比

第七次全国人口普查报告显示，2020 年的出生性别比为 111.3：100。但是将历年《中国教育统计年鉴》中的小学入学人口男女性别比与《中国人口和就业统计年鉴》中对应年龄人口的男女性别比展开对比，发现上述出生人口的性别概率很有可能被高估。于是同样参考了刘学良（2014）的做法，校正后得到出生性别概率为 107：100，且假设该指标在 2020～2050 年内始终保持不变。

4. 人口迁移率

借鉴刘学良（2014）等的设定，假设人口迁移现象主要发生在 1～50 岁的人群之间，那么就可以将分年龄、分性别的迁移概率设定为扣除死亡人口数量后城镇 g 性别、年龄为 $n+1$ 岁的人口在 $t+1$ 年时的增幅，再除上农村地区 t 年 g 性别、年龄为 n 岁的人口数量。

5. 城镇在岗职工缴费人数和离退休职工受益人数

《中国统计年鉴 2020》中的数据显示，截至 2019 年底，城镇在岗职工参保人数已经达到 3.12 亿人。假设此类人群的年龄结构和对应年龄段的城镇总人口保持一致，则可以根据在岗职工人数与对应年龄段城镇总人口数量之比，得到分性别在岗职工参保人数占城镇对应年龄总人口的比重。参考刘学良（2014）的设定，假设男性和女性职工未来在这一指标上的比重分别会提升至 63.45%、61.94%，且此后不再发生变化。至于离退休职工受益人数，假设在 2010 年以后，城镇离退休职工的受益比例每年会保持 1% 的增速，直到男性和女性的比例分别提升至 80.73%、70.13% 为止。

（三）其他参数设定

（1）退休年龄。设定城镇地区的男性职工退休年龄为60岁，女性职工为55岁。

（2）城镇职工基本养老保险覆盖率：截至2019年底，中国城镇职工基本养老保险的覆盖率为70.46%，而发达国家几乎已经处于90%左右。为此，参考谢琳（2020）的设定，即预测中国在2040年时的养老保险制度覆盖率也可能会处于90%左右，之后保持不变，中间年份采用线性插值法加以处理。

（3）GDP增长率。参考陆旸和蔡昉（2014）以及王晓军和姜增明（2016）的模拟结果，即受到人口结构变化的影响，中国平均潜在经济增长率在2018~2020年为6.70%，2021~2025年为6%、2026~2030年为5%，2031~2050年为4%。

（4）工资增长率。《中国统计年鉴2021》的数据显示，截至2019年底，我国劳动者报酬占GDP的比重约为45%，而全球其他国家的劳动者报酬占GDP的比重大多集中在60%~85%，这说明当前我国劳动者报酬的占比相较世界各国明显偏低。未来几十年，随着资本深化和收入分配格局的改变，我国的劳动者报酬会有所上升，因而参考谢琳（2020）的做法，基准情形下假设工资增长率在2019~2050年始终会比GDP增长率高出11个百分点。

（5）养老金调整指数。尽管中国在现阶段尚未构建好一整套养老金待遇水平的正常调整机制，但预计未来发放的养老金待遇会按照工资增长率的一定比例加以调整。参考Verbič等（2006）、王晓军和米海杰（2013）以及景鹏和胡秋明（2017）等的做法，基准情形下设定养老金调整指数为工资增长率的80%。

（6）养老金投资收益率。根据全国社会保障基金理事会原理事长戴相龙提供的数据，现阶段中国高达90%以上的养老保险基金都存储在银行账户，导致养老保险基金基本上只可以获取一年期的固定存款利息收益。结合中国人民银行近年来发布的银行一年期定期存款利率介于1.5%～3.5%的实际数据，并参考刘学良（2014）的设定标准，将基准情形下养老金年投资收益率设为3%。

（7）养老保险缴费率。《国务院办公厅关于印发降低社会保险费率综合方案的通知》中提出，目前城镇职工基本养老保险统筹账户缴费率可下调至16%。据此可知，现阶段个人账户和统筹账户汇总后法定的养老保险缴费率为24%，且假定未来一段时期内的缴费率始终保持不变。

（8）养老金替代率。自20世纪90年代以来，养老金的平均替代率就出现不断下降，已经从1990年的72%降至2010年的45.82%，2019年以社会平均工资计算的替代率进一步滑落到44.19%。所以基准情形下假定未来养老金替代率将会降至40%，此后一直保持稳定。

（9）征缴率。根据《中国统计年鉴2018》中提供的数据，计算出实际缴费基数与法定缴费基数的比值[①]，即可得到2017年养老保险费用的实际征缴率为62.47%。进一步结合李波和苗丹（2017）关于征缴体制改革能够促使城镇职工基本养老保险基金征缴率提升2.02%的结论，并参考曾益等（2019b）的做法，假定未来的实际征缴率为64.49%且在预测周期内不会发生变化。

二、人口规模和养老金收支结余的预测结果

（一）分年龄、分性别死亡率的预测结果

整理好过去八期的分年龄、分性别人口死亡率数据后，再将其嵌入到

[①] 城镇职工基本养老保险制度的法定缴费基数实际上就是城镇单位职工在上年度的平均工资。

有限数据双随机 Lee-Carter 模型之中，便能够大致预测出 2020～2050 年分年龄、分性别的人口死亡率情况。具体过程如下，首先对年龄效应 α_x 展开估计，之后再对死亡率残差矩阵 $\ln(d_{x,T_i}) - \widehat{\alpha_x}$ 进行奇异值分解，便可以得到年龄改善效应 β_x 与时间效应 k_{T_i} 的估计值分别为 $\widehat{\beta_x}, \widehat{k_{T_1}}, \widehat{k_{T_2}}, \cdots, \widehat{k_{T_N}}$。图 11.3 和图 11.4 详细展示了男性和女性分年龄人口死亡率的有关参数估计结果。此外，本章对模型拟合后的残差进行了检验，结果发现残差基本上没有呈现出显著的趋势（图 11.5），在上述参数估计基础上本章计算出我国 2020～2050 年的人口死亡率（图 11.6）。总体来看，时间效应 k_{T_i} 的预测结果应该是比较理想的。在这一基础上，利用带漂移项的双随机游走模型和 R 软件进行编程，通过随机模拟 1000 次后，即可外推得到 k_{T_N+n} 的估计值。再结合上述模型，最终便能够得到 2020～2050 年分年龄、分性别人口死亡率的预测结果。

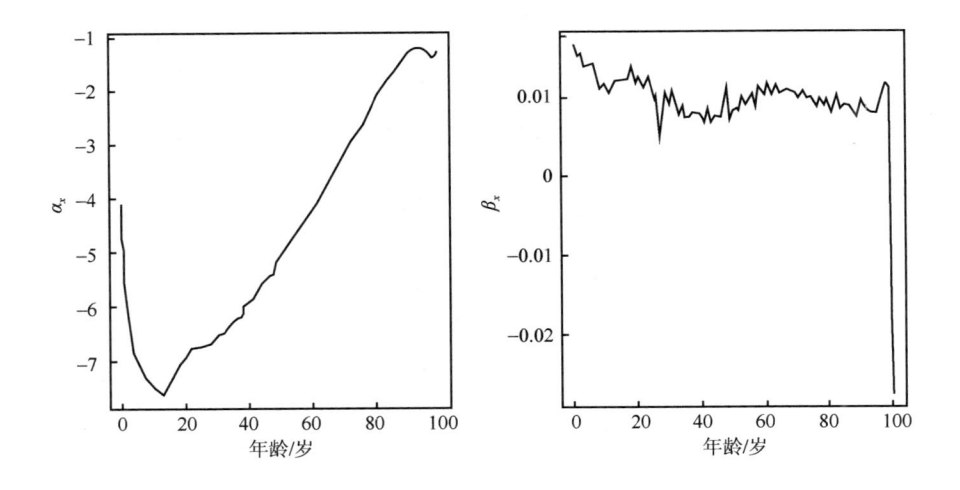

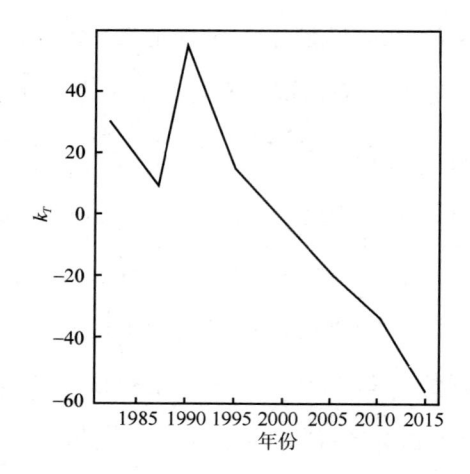

图 11.3 分年龄男性 a_x, β_x, k_T 的估计结果

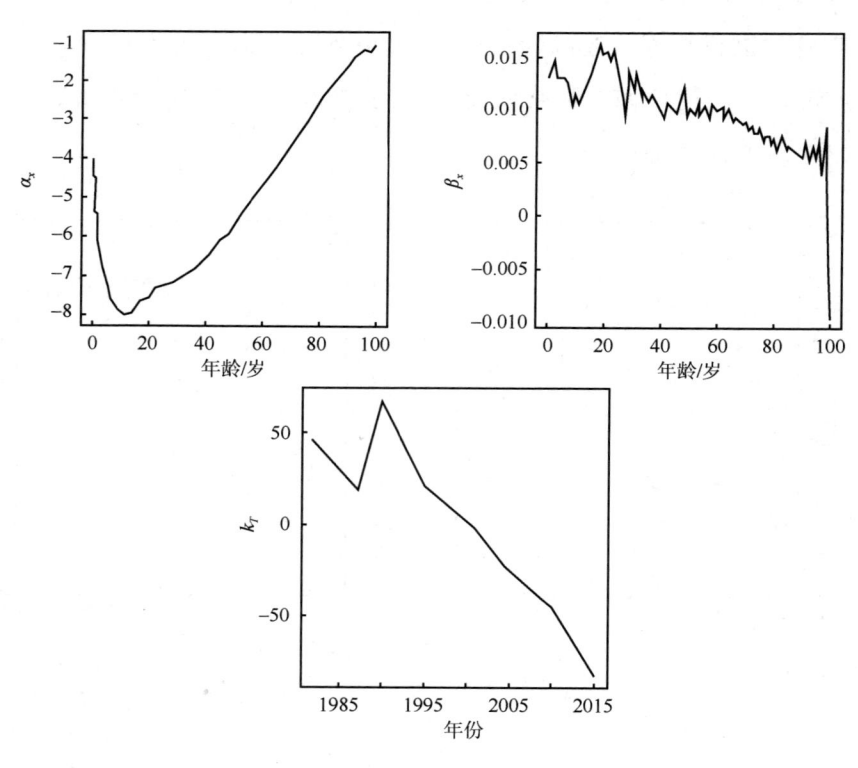

图 11.4 分年龄女性 a_x, β_x, k_T 的估计结果

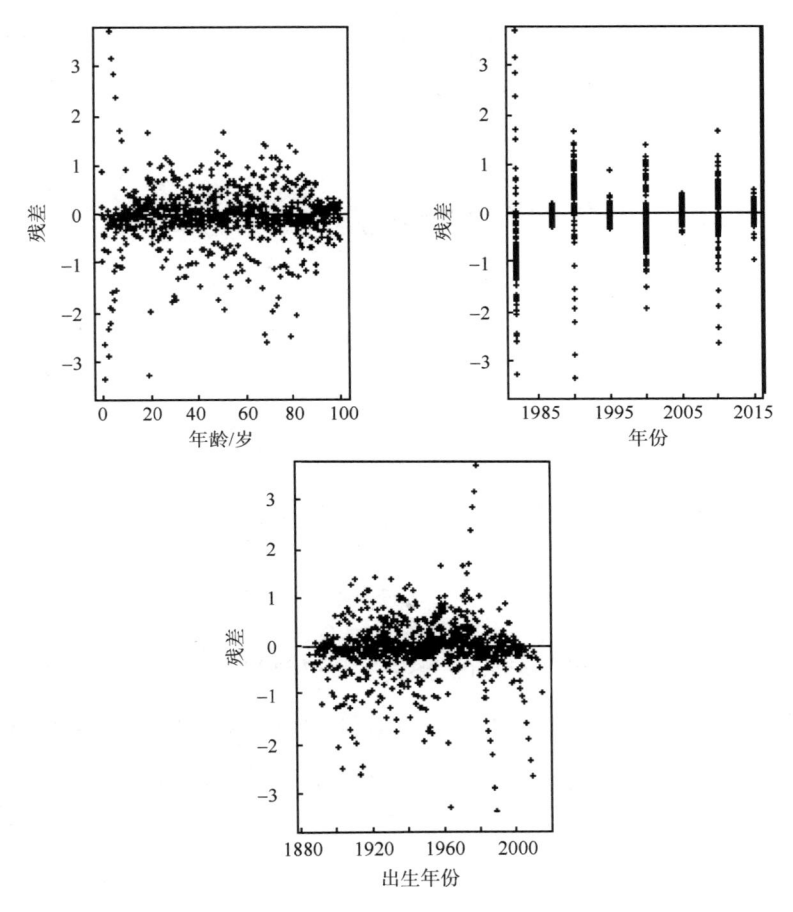

第十一章 长寿风险、养老金收支与养老保险制度参数动态调整 623

图 11.5 模型拟合后的残差检验结果

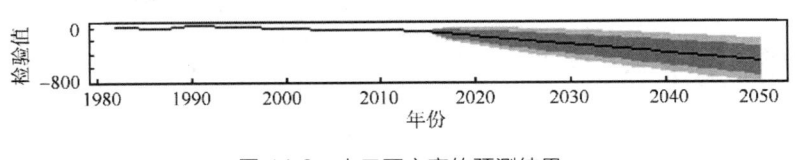

图 11.6 人口死亡率的预测结果

（二）总人口、缴费和受益人口预测结果

图 11.7 展示了 2020~2050 年总人口规模的预测结果。可以发现，这基本上与刘学良（2014）的预测结果保持一致。具体来看，中国的人口总量将

于 2026 年达到峰值，即 14.21 亿人，此后总人口规模将开始呈现逐年下降的趋势，预计到 2050 年时会降至 12.68 亿人。

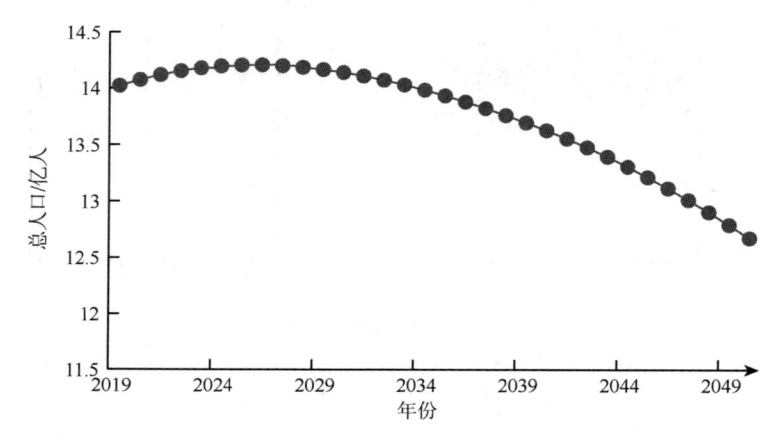

图 11.7　总人口规模的变化趋势预测

城镇职工养老保险制度未来的缴费人口和受益人口数量如图 11.8 所示。可以发现，在现存退休年龄制度不发生改变的情况下，即使随着城镇化率和养老保险覆盖率等不断提升，但由于劳动年龄人口数量的明显减少，养老保

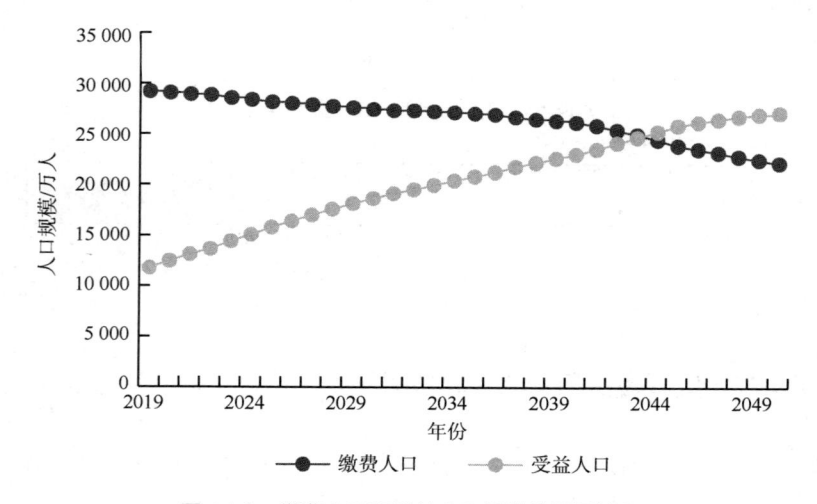

图 11.8　缴费人口和受益人口规模的预测结果

险制度的缴费人口规模在未来一段时期内仍旧会出现下降趋势。至于受益人口数量，随着老龄化、高龄化程度的日趋加深，其规模在接下来的几十年内则很有可能会继续呈现出上升趋势。

（三）养老金未来收支预测结果

基准情形下，2020～2050 年的城镇职工基本养老保险基金的收支和结余情况如表 11.1 所示。总体来看，2020～2050 年城镇职工基本养老保险基金的收支规模均会呈现出持续扩大的趋势。具体来看，养老保险基金已于 2020 年就开始出现当期赤字，并且基金支出的年均增长速度（7.30%）超过了基金收入的年均增长速度（4.72%），因而致使基金的累计结余额会在 2023 年被消耗完毕且于当年出现累计赤字的局面（累计赤字规模预计会高达 1.60 万亿元）。此后，随着养老金制度的受益人口增幅大于缴费人口增幅，累计赤字规模会不断扩大，预计在 2050 年底时很有可能会达到 446.51 万亿元。可见如果不尽快出台其他政策措施进行干预，现行城镇职工养老保险基金的财务运行体系无疑会在 2023 年之后面临崩盘的情形。值得一提的是，上述预测结果中无论是针对累计赤字出现的时点，还是 2050 年底的累计赤字规模，均要比张心洁等（2018）以及曾益等（2019a）报告的结果更为严重。对该现象背后的潜在原因展开分析发现，除了受到未来劳动人口数量会逐渐减少的影响外，还在很大程度上与长寿风险引致老年人口数量持续攀升有密切关联。

表 11.1 基准情形下城镇职工基本养老保险基金未来的收支结余情况

年份	基金收入 /亿元	基金支出 /亿元	当期结余 /亿元	累计结余 /亿元	累计结余率 /%
2020	39 946.50	53 072.48	−13 125.98	42 742.24	107.00
2021	42 802.75	59 022.35	−16 219.60	27 318.32	63.82

续表

年份	基金收入/亿元	基金支出/亿元	当期结余/亿元	累计结余/亿元	累计结余率/%
2022	45 703.13	64 877.57	−19 174.44	8 388.20	18.35
2023	48 393.11	72 337.24	−23 944.13	−16 022.61	−33.11
2025	54 612.32	88 436.76	−33 824.44	−82 017.56	−150.18
2030	71 839.72	132 041.32	−60 201.60	−360 990.24	−502.49
2035	91 081.09	179 208.95	−88 127.86	−832 906.98	−914.47
2040	112 400.81	240 820.03	−128 419.21	−1 573 883.78	−1 400.24
2045	131 113.39	328 923.72	−197 810.33	−2 735 082.84	−2 086.04
2050	155 485.05	419 626.12	−264 141.07	−4 465 064.50	−2 871.70

注：累计结余率用累计结余和当期基金收入的比值表示；如果当期结余和累计结余出现负值时，则分别表示当期赤字和累计赤字的局面开始出现；本年度累计结余等于上年度累计结余（含息）与当期结余（含息）的累加，例如 2021 年的累计结余=2020 年累计结余×1.03+2021 年当期结余×1.03，下同

第五节 长寿风险与养老保险制度参数动态调整

一、总和生育率提升方案

最近十多年以来，中国的生育政策已经经历了从"双独二孩"政策向"单独二孩"政策再向"全面二孩"政策、"全面三孩"及其配套政策逐步调整的动态过程。考虑到生育政策调整将会在一定程度上提高总和生育率，所以本章参考杨华磊等（2020）的做法，设定一种最为乐观的高生育率的情景，即假定生育率会朝着更替率水平反弹，那么未来的生育水平将会达到最为乐观的生育水平，即 2.0。在此背景下，随着新增人口逐步进入劳动力市场，并被大量纳入到城镇职工基本养老保险制度的覆盖范围后，不仅缴费人数和基金池的收入均会有所增加，还能够促使现存养老保险基金系统中的退职比

下降①，从而有望在一定程度上改善基金的财务运行状况。具体测算结果如表 11.2 所示。

表 11.2 政策生育水平下城镇职工基本养老保险基金未来的收支结余情况

年份	基金收入 /亿元	基金支出 /亿元	当期结余 /亿元	累计结余 /亿元	累计结余率 /%
2020	39 946.50	53 072.48	−13 125.98	42 742.24	107.00
2021	42 802.75	59 022.35	−16 219.60	27 318.32	63.82
2022	45 703.13	64 877.57	−19 174.44	8 388.20	18.35
2023	48 393.11	72 337.24	−23 944.13	−16 022.61	−33.11
2025	54 612.32	88 436.76	−33 824.44	−82 017.56	−150.18
2030	71 839.72	132 041.32	−60 201.60	−360 990.24	−502.49
2035	91 081.09	179 208.95	−88 127.86	−832 906.98	−914.47
2040	115 451.56	240 820.03	−125 368.46	−1 568 569.25	−1 358.64
2045	143 245.82	328 923.72	−185 677.90	−2 684 269.04	−1 873.89
2050	179 944.79	419 626.12	−239 681.33	−4 301 889.82	−2 390.67

结果表明，生育水平提高的确能够在一定程度上改善城镇职工养老保险基金的收支结余情况，但即使在最为乐观的生育率水平，其整体上的作用效果微乎其微。具体来看，在基准情形中，到 2050 年底城镇职工基本养老保险制度覆盖的缴费人口规模预计为 2.21 亿人，受益人口规模为 2.70 亿人。即使放开生育管控后的生育率提升到 2.0，城镇职工基本养老保险制度的缴费人口在 2050 年底也只会进一步增加到 2.56 亿人，并且生育政策调整带来的影响效应还具有典型的迟滞性特征。换言之，只有等到 2039 年及以后，"全面三孩"政策下的新增人口才有可能逐渐成为真正意义上的城镇职工基本养老保险缴费人口，因而在 2038 年以前，即使总和生育率能够达到政策生育水

---

① 退职比为离退休人员中之前已经缴纳养老保险费的人数与在岗职工中缴纳养老保险费的人数之比。

平，也很难对职工养老保险基金的收支失衡局面产生积极影响（2038年以前的结果与表11.1中报告的数值一致）。从2039年起，等到新增人口逐渐被纳入到城镇职工基本养老保险基金系统后，虽然他们会不断地向基金池注入收入，能够使得2050年的累计赤字规模小于基准情形中的测算结果，但是仍然无法有效帮助城镇职工基本养老保险基金扭转收支失衡的不利局面。这也意味着生育政策调整在实现养老金体系财务可持续目标过程中发挥的作用相当有限。当然，如果站在一个更长时间的维度来看，生育水平提高仍有可能会通过一些其他途径来促使其正面效应得到增强，例如，较高的生育水平具有缓解人口老龄化速度、延长人口红利等一系列潜在优势。

二、退休年龄和养老金领取年龄延长方案

鉴于现阶段中国仍旧是按照1978年5月出台的《国务院关于工人退休、退职的暂行办法》确定在岗职工的退休年龄，即男性职工的法定退休年龄为60岁，女性职工为50岁，女性干部为55岁。上述退休年龄标准不仅远低于日本、美国以及欧洲地区的大多数国家，而且也与中国普通民众的平均预期寿命已经稳步提升到78岁以上等实际情况不相符合。为此，随着2013年党的十八届三中全会召开以来，特别是《中华人民共和国国民经济和社会发展第十四个五年规划和2035年远景目标纲要》以及2021年的中央政府工作报告中都明确提出了要尽快推动实施"逐步延迟法定退休年龄"的政策。从理论层面来看，一方面，延迟法定退休年龄能够增加现阶段养老保险基金的缴费人数且延长参保人群的缴费年限，有望促使基金池中的收入继续增加；另一方面，延迟法定退休年龄也有助于减少养老金待遇的领取人数，有效地减轻基金支出压力，最终通过开源节流的方式，使得基金的财务运行状况能够有所好转。

第十一章 长寿风险、养老金收支与养老保险制度参数动态调整

迄今为止，考虑到延长退休年龄的政策在中国迟迟没有正式实施，所以本章主要参考杨华磊等（2019b）的做法，共设计了两套延迟退休的政策模拟方案，以期比较全面地分析这项政策措施对未来养老保险基金收支的影响。第一种是渐进延迟退休方案；第二种为即时延迟退休方案。具体来看，渐进延迟退休方案是指每间隔一年会有一组队列人口退出劳动力市场，即每年将退休年龄往后延长半岁，例如在第一年达到54岁的队列人口会退出劳动力市场，第二年没有队列人口退出，第三年则是55岁的队列人口退出劳动力市场，直到2039年，64岁的队列人口才会开始逐渐退出劳动力市场，且此后将各队列人口退出劳动力市场的年龄一直固定在64岁不变。即时延迟退休方案则表示为第一年达到54岁及以上的在岗职工队列人口会开始退出劳动力市场，之后暂且没有达到退休标准的队列人口则统一要求进入64岁以后才能够退出劳动力市场。

表11.3和表11.4分别报告了两种延迟退休政策方案下2020~2050年的城镇职工基本养老保险基金收支结余的测算结果。总的来说，由于即时延迟退休方案相对更为激进，所以基金的累计结余规模和累计结余率在整个预测周期内均会一直表现为正值。具体来看，表11.3中的测算结果显示，在实施渐进延迟退休的方案下，即使城镇职工基本养老保险基金仍然会从2020年开始就面临当期收不抵支的局面，不过与基准情形相比，由于这种情景下基金收入的年平均增长速度（6.03%）大于基金支出的年平均增长速度（5.62%），将很有可能使得基金推迟到2024年才出现累计结余被耗尽的情况，且累计赤字规模只有8289.34亿元（基准情形下2023年则高达1.60万亿元）。并且到2050年底，渐进延迟退休方案下的累计赤字规模和累计赤字率也将分别只有基准情形下的10.01%、6.79%。由此可见，渐进延迟退休方案在帮助养老金摆脱收支失衡困境中能起到较为明显的作用。

表 11.3 渐进延迟退休方案下城镇职工基本养老保险基金未来的收支结余情况

年份	基金收入 /亿元	基金支出 /亿元	当期结余 /亿元	累计结余 /亿元	累计结余率 /%
2020	39 946.50	53 072.48	−13 125.98	42 742.24	107.00
2021	44 082.25	55 127.67	−11 045.42	32 647.72	74.06
2023	51 358.54	63 545.47	−12 186.94	6 818.33	13.28
2024	54 928.53	69 794.76	−14 866.23	−8 289.34	−15.09
2025	60 225.36	72 228.05	−12 002.69	−20 900.79	−34.70
2030	83 421.07	100 743.91	−17 322.84	−105 769.44	−126.79
2035	113 929.64	120 903.20	−6 973.57	−186 137.66	−163.38
2040	150 098.55	149 116.01	982.55	−233 586.60	−155.62
2045	188 246.18	196 435.07	−8 188.88	−293 569.50	−155.95
2050	229 079.81	256 936.31	−27 856.50	−446 822.20	−195.05

表 11.4 即时延迟退休方案下城镇职工基本养老保险基金未来的收支结余情况

年份	基金收入 /亿元	基金支出 /亿元	当期结余 /亿元	累计结余 /亿元	累计结余率 /%
2020	38 209.66	49 330.72	−11 121.06	44 807.30	117.27
2021	42 136.33	51 174.93	−9 038.59	36 841.77	87.43
2024	55 556.91	56 577.10	−1 020.18	27 696.98	49.85
2025	60 793.68	58 298.22	2 495.45	31 098.21	51.15
2030	89 681.22	69 285.25	20 395.97	121 232.55	135.18
2035	114 095.25	105 922.96	8 172.29	221 187.51	193.86
2037	124 909.17	122 436.84	2 472.33	242 852.02	194.42
2038	130 372.42	131 242.98	−870.56	249 240.90	191.18
2040	142 951.00	149 116.01	−6 165.00	254 049.90	177.72
2045	179 282.08	196 435.07	−17 152.99	226 918.14	126.57
2050	218 171.25	256 936.31	−38 765.06	101 395.92	46.48

表11.4则展示了实施即时延迟退休方案下城镇职工基本养老保险基金未来收支结余状况的测算结果。从中可以发现，尽管当期赤字同样于2020年就

开始上演，但是会在2025～2037年出现短暂消失，此后又将再次恢复，这意味着当期赤字产生时点存在明显的间断性特征。分析该现象背后的原因，很有可能和这段时期内缴费人数规模增加带来的收入增加不足以弥补当期赤字，或者说仅仅只能弥补一段时期内的当期赤字情况有关（曾益等，2019a，2019b）。另外，从累计结余规模和累计结余率均大于零的情况来看，基本上也可以认为基金可能面临累计赤字的现象在整个预测周期内不会发生。由此可见，相对于渐进延迟退休方案来说，即时延迟退休方案在改善城镇职工基本养老保险基金财务可持续性方面取得的效果可能会更好，但即时延迟退休方案由于过于激进在具体实施过程中可能会遭遇阻力。

三、养老保险基金征缴体制调整方案

在2018年以前，中国社会保险费用的征缴模式基本上可以被划分为三种类型：社保全责征收、税务代征以及税务全责征收（刘辉和刘子兰，2020）。其中，社保全责征收模式是指社保经办机构既要负责缴费基数的登记、申报与核定，又要负责社会保险费用的征缴、追欠、处罚以及记账等；税务代征模式是指用人单位的社会保险缴费基数由社保经办机构负责核定，而社会保险费用的征收职能则由税务机关承担；税务全责征收模式则指的是税务机关同时承担缴费基数的申报、核定以及社会保险费用的征收工作。

2018年7月，中共中央办公厅、国务院办公厅正式印发了《国税地税征管体制改革方案》，其中明确提出今后各项社会保险费（含养老保险费）的征收工作统一交由税务机关负责，可见社会保险费的征缴体制改革即将迈入新阶段。[1]聚焦到养老保险基金方面，其征缴体制改革就是指将缴费基数核

---

[1] 尽管现阶段税务机关向企业征缴各项社会保险费用的工作推进速度相对较慢，但是国务院办公厅在2019年发布的13号文件中明确提出"成熟一省、移交一省"的工作要求，以期实现征缴工作的有序衔接。

定和社会保险费用征收两大业务职能从原来的养老保险经办机构剥离出来，正式移交到税务机关。现阶段由于社保征缴机构和各类企业单位之间存在明显的信息不对称现象，导致很大一部分企业并没有足额缴纳甚至出现了逃缴养老保险费的情形，人力资源和社会保障部提供的统计数据显示，2017年城镇职工基本养老保险的实际征缴率仅达到62.47%。有学者研究发现，一旦养老保险征缴体制改革正式实施，通常会削弱企业的避税动机，有效提高企业养老保险费的实际征缴率（唐珏和封进，2019；刘辉和刘子兰，2020；许红梅和李春涛，2020），从而使得城镇职工基本养老保险基金的财务运行状况出现大幅改善。

基于此，本章将对基准情形下的养老保险征缴率进行调整，以考察征缴力度加大对基金收支缺口的改善效果。根据李波和苗丹（2017）以及曾益等（2019b）的观点，养老保险费征缴体制改革实质上就是一种税务代征模式，而64.49%恰好可以被视作这种模式下的征缴率。鉴于现阶段大部分中欧和东欧国家都采用税务全责征收模式[①]，所对应的征缴率基本达到了70%~80%，所以本章将该模式下的征缴率设定成80%。此外，为了进一步检验实际征缴率提高对城镇职工基本养老保险基金的影响，本章也将税务全责征收模式下的实际征缴率设定为一种极端情形，即100%。

表11.5和表11.6报告了税务全责征收模式下实际征缴率分别为80%、100%情形时养老保险基金财务运行状况的测算结果。总的来说，无论是将未来的实际征缴率设定成哪种情形，城镇职工基本养老保险基金在2025~2029年都不可避免地会出现收支失衡的现象，到2050年时累计赤字规模均将达到207.63万亿~342.17万亿元。具体来看，当实际征缴率设定为80%时，累计赤字最早会出现在2025年，这与基准情形下收支失衡现象出现在2023年相

[①] 当然，中国也有海南、青海、福建、内蒙古、广东、湖南、浙江以及宁夏等少数省区采取了税务全责征收模式。

比，往后推迟了两年，同时 2050 年底的累计赤字规模也将由 446.51 万亿元下降至 342.17 万亿元。

表 11.5 征缴率为 80%情形下城镇职工基本养老保险基金未来的收支结余情况

年份	基金收入/亿元	基金支出/亿元	当期结余/亿元	累计结余/亿元	累计结余率/%
2020	49 553.73	53 072.48	−3 518.75	52 637.69	106.22
2021	53 096.91	59 022.35	−5 925.43	48 113.62	90.61
2024	63 847.64	79 916.73	−16 069.09	14 027.53	21.97
2025	67 746.71	88 436.76	−20 690.05	−6 862.39	−10.13
2030	89 117.35	132 041.32	−42 923.97	−188 872.39	−211.94
2035	112 986.31	179 208.95	−66 222.64	−524 015.63	−463.79
2040	139 433.48	240 820.03	−101 386.55	−1 079 982.60	−774.55
2045	162 646.48	328 923.72	−166 277.24	−1 999 681.82	−1 229.47
2050	192 879.58	419 626.12	−226 746.54	−3 421 725.50	−1 774.02

表 11.6 征缴率为 100%情形下城镇职工基本养老保险基金未来的收支结余情况

年份	基金收入/亿元	基金支出/亿元	当期结余/亿元	累计结余/亿元	累计结余率/%
2020	61 942.16	53 072.48	8 869.69	65 397.77	105.58
2021	66 371.14	59 022.35	7 348.79	74 928.96	112.89
2023	75 039.72	72 337.24	2 702.48	88 631.52	118.11
2024	79 809.55	79 916.73	−107.18	91 180.07	114.25
2025	84 683.39	88 436.76	−3 753.37	90 049.50	106.34
2030	111 396.68	132 041.32	−20 644.63	33 071.96	29.69
2031	117 588.08	140 898.77	−23 310.68	10 054.11	8.55
2032	123 397.02	149 512.94	−26 115.92	−16 543.66	−13.41
2035	141 232.89	179 208.95	−37 976.06	−125 703.12	−89.00
2040	174 291.85	240 820.03	−66 528.18	−443 101.65	−254.23
2045	203 308.10	328 923.72	−125 615.62	−1 051 389.07	−517.14
2050	241 099.48	419 626.12	−178 526.64	−2 076 349.62	−861.20

继续将实际征缴率设定为 100%的极端情形后，可以发现其对养老保险基金财务运行状况的改善效果要比 80%的情形下更为理想。例如，城镇职工基本养老保险基金至少在 2024 年以前不会面临当期收不抵支的情况；累计赤字产生的时点也能够进一步推迟到 2032 年；到 2050 年底的累计赤字规模和累计赤字率更会分别下降至 207.63 万亿元、861.20%。总之，即使在没有出台其他政策加以干预的情形下，仅单独通过加快征缴体制改革步伐来提高企业的实际征缴率，也能达到提高养老保险基金财务可持续性的目的。

四、实施一揽子组合计划

将上述表 11.2 至表 11.6 的测算结果加以汇总后可以发现，相对于基准情形（表 11.1），即使只是单独优化某项制度（政策）参数，也能够在一定程度上改善城镇职工基本养老保险基金的财务运行状况。对所有模拟方案的作用效果进行比较后发现，从大到小依次排列为：退休年龄即时延迟、退休年龄渐进延迟、征缴率提高至 100%、征缴率提高至 80%以及将总和生育率提高至 2.0。具体以延迟退休方案为例，和现存退休年龄制度保持不变的情形相比，无论是实施渐进延迟退休还是即时延迟退休方案，都会在很大程度上增加缴费人数、减少受益人数、延长缴费年限和缩短待遇领取时间，最终促使养老保险基金收入增加和支出减少。到 2050 年底，渐进延迟退休方案下的累计赤字规模将能够从 446.51 万亿元下降至 44.68 万亿元，而即时延迟退休方案更是可以实现扭亏为盈的目标，可见其在未来很有可能帮助养老金体系摆脱支付危机。

考虑到对上述制度参数展开优化，将会在很大程度上帮助政府尽快找出城镇职工基本养老保险基金制度改革的切入点。于是接下来本章选择从统筹全局的视角出发，将这些参数整体纳入统一的精算分析框架，继而形成四套一揽子组合计划，以更为系统地考察不同组合方案的运行效果。

表 11.7 报告了实施一揽子计划下 2020～2050 年养老保险基金收支结余的测算结果。具体来看，首先以调整生育政策为例，虽然在第一种方案下当期收支失衡的局面仍旧会于 2020 年开始出现，但是从累计赤字规模和累计赤字率方面来看，其不仅会远远小于基准情形下的测算结果，更要优于单独调整某项制度参数后给养老保险基金收支结余带来的改善效果（表 11.2 和表 11.5）。与此同时，相对于第一种方案，由于第二种方案中的组合内容表现更为激进，所以其对养老保险基金财务可持续性的正面效果也会得到进一步增强。例如，在该方案下，当期收不抵支的情形将推迟至 2024 年才会开始出现，累计赤字规模和累计赤字率到 2050 年时也将分别降至 182.33 万亿元、653.46%。

表 11.7　一揽子组合计划下城镇职工基本养老保险基金未来的收支结余情况

组合模式	年份	当期结余/亿元	累计结余/亿元	累计结余率/%
（1）政策生育水平+实际征缴率为 80%	2020	−3 518.75	52 637.69	106.22
	2024	−16 069.09	14 027.53	21.97
	2025	−20 690.05	−6 862.39	−10.13
	2030	−42 923.97	−188 872.39	−211.94
	2040	−97 602.08	−1 073 389.92	−749.48
	2050	−196 404.18	−3 219 306.92	−1 442.20
（2）政策生育水平+实际征缴率为 100%	2020	8 869.69	65 397.77	105.58
	2023	2 702.48	88 631.52	118.11
	2024	−107.18	91 180.07	114.25
	2030	−20 644.63	33 071.96	29.69
	2040	−61 797.60	−434 860.80	−242.91
	2050	−140 598.69	−1 823 326.39	−653.46

续表

组合模式	年份	当期结余/亿元	累计结余/亿元	累计结余率/%
（3）渐进延迟退休+实际征缴率为80%	2020	−3 518.75	52 637.69	106.22
	2022	−3 109.66	52 169.82	89.67
	2023	164.91	53 904.78	84.61
	2024	−1 655.79	53 816.47	78.98
	2025	2 481.66	57 987.07	77.62
	2026	−569.95	59 139.63	74.56
	2027	4 215.37	65 255.65	75.76
	2030	2 740.12	82 479.54	79.70
	2040	37 081.61	350 048.10	188.00
	2050	27 237.74	878 572.10	309.17
（4）渐进延迟退休+实际征缴率为100%	2020	8 869.69	65 397.77	105.58
	2030	28 611.13	325 224.83	251.42
	2040	83 631.02	1 102 639.59	473.75
	2050	98 281.26	2 587 655.65	728.47

其次是关于延迟退休政策，可以发现即使在第三种方案下，当期收不抵支现象出现的时点也会存在典型的间断性特征（原本只会在即时延迟退休方案中得以体现），并且养老保险基金财务系统在整个预测周期内基本上能实现累计结余（改善效果比单独实施即时延迟退休方案更加理想）。值得一提的是，由于该方案在现实环境中具有较强的可行性，因此未来如果采用这套组合方案，意味着潜在的养老金支付危机同样能够得到有效化解，进而使得城镇职工基本养老保险基金具有较好的财务可持续性。关于第四种方案，由于设计该方案的出发点实际上是在第三种方案的基础上，进一步加入了极端情形的考虑，所以对未来养老保险基金收支结余状况的改善自然也会表现出更为明显的效果。

第六节 结论与启示

本章在利用有限数据双随机 Lee-Carter 死亡率模型对长寿风险背景下未来中国人口规模展开预测的基础上，通过构建养老金精算模型，测算了中国城镇职工基本养老保险基金在 2020～2050 年的收支结余状况。研究结果表明：①如果现行的养老保险制度参数不进行调整，未来随着长寿风险的进一步增大，城镇职工基本养老保险基金很有可能在 2023 年消耗殆尽，并在之后出现赤字，到 2050 年底时，累计赤字规模会高达 446.51 万亿元。②单独改善生育率、退休年龄以及养老保险征缴率等人口和制度参数中某一个，虽然能够在一定程度上缓解未来养老保险基金的支付压力，但基金池在大多数情况下仍然会面临收支失衡的局面。③实施一揽子组合计划后，不仅会推迟养老金当期赤字到来的时点，在降低累计赤字规模和累计赤字率方面也能取得显著的改善效果，甚至还可以帮助养老保险基金摆脱未来很有可能遭遇的偿付困境。综上所述，在长寿风险与日俱增的严峻形势下，尽快推动实施组合型的政策调整方案，将会有希望促使城镇职工基本养老保险基金财务体系在未来较长的一段时期内保持平稳运行。结合上述研究结论，本章具体从以下几个方面提出相应的政策建议。

第一，加快推出延长退休年龄的政策方案，面向晚退休职工建立配套的转移支付机制。考虑到当前部分网站和媒体等舆论机构开展的大型调查结果显示，多数职工现阶段对延迟退休政策持反对态度，背后的关键原因在于此类人群非常担忧因推迟退休而牺牲老年闲暇后，自身健康状况能否满足更长年限的工作要求，以及未来退出劳动力市场后能否领取到足额的养老金待遇等问题（杨华磊等，2019a）。而结合上述测算结果来看，延长职工的退休年龄和养老金待遇领取年龄是一项非常有效的措施，其对于缓解未来养老保险基金的支付压力，甚至妥善摆脱养老金收支失衡局面等都具有突出的效果。

为此，现阶段有必要将工作重心放在以下方面，从而推动延迟退休政策方案的尽快落地并组织实施。具体来说：①充分利用门户网站和新闻媒体等信息传播媒介做好延迟退休年龄方案的宣传工作，逐步增强在岗职工对现存社会养老保险基金财务体系的信任感和认同度，从而为降低职工对延迟退休政策抵触情绪营造良好氛围；②在完善延迟退休政策方案的过程中，应该对不同行业、不同部门乃至不同人群的受益情况进行充分考虑，制订出差异化的退休年龄推迟方案，即尽可能根据劳动人口自身的工作意愿来确定退休时间的选择空间，而并非采取"一刀切"的做法；③继续增加缴费年限和养老金待遇领取标准的关联程度，并对选择继续工作后缴费年限延长的职工提供相应的补偿，例如提高此类人群的养老金替代率或基础养老金的年度增长率等；④做好老龄人力资源开发工作，切实保障好已经退休人员重返劳动力市场后继续平等就业的权利，并明确相应的帮扶救济手段与政策；⑤按照《"健康中国2030"规划纲要》的要求，稳步有序推进健康老龄化战略，例如通过加大公共医疗卫生服务设施投资和人才队伍建设，进一步提升普通职工的健康素养。

第二，加快社会保险费征管制度建设，扎实推进征缴体制改革工作。部分学者的研究结论已经指出，社会保障领域的征缴体制改革能够在不影响养老保险基金财务可持续性的前提下，通过做实缴费基数，进而为政策缴费率出现下调空间创造良好的外部条件（郑秉文，2018b；郭瑜和张寅凯，2019）。并且从前文的分析结果中也可以比较清晰地看出，实施征缴体制改革后将会通过逐步提高养老保险基金的实际征缴率，从而推迟养老金开始出现赤字的时点以及缩小赤字规模，最终促进城镇职工基本养老保险基金财务系统的可持续运行。在此背景下，为了确保这项政策方案能够真正做到有法可依、有章可循，有必要从以下方面出发，着手建立相应的配套性支持方案。①继续健全现有社会保障方面的法律法规。考虑到中国在现阶段只正式出台了一部具有框架性质的《中华人民共和国社会保险法》，导致各方利益主体的需求通常难以得到有效满足，因而首先需要加快立法速度，通过具体出台《养老保障法》等一系列精细化的法规，从而为在全国范围内建立统一的制度提供充分的法治保障。②逐步在全国范围内建成统一的税务全责征收模式，切实增强养老保险费用的征缴力度。例如，在前述法律体系的支撑下，制定并公布养老保险费用的具体征缴流程，然后利用全国税务信息管理平台具有的资源集中优势，以及专业化的稽核队伍，确保各部门之间能够实现信息的互联互通，从而降低征缴成本、提高征缴效率。③清晰界定税务机关负责核准缴费基数，以及征缴社会保险费用等相关职能，尽快实现征缴工作职能的法定化目标。例如，在征缴体制改革的现实背景下，采用立法形式明确好税务机关的法律地位和职权范围，规范其与相关机构（部门）的职能分工安排，将会在很大程度上避免多部门共管协调困难，甚至诸多环节相互衔接不畅等现象的发生。④在逐步推进征缴体制改革提升企业遵缴率和改善基金结余的过程中，还要重视养老保险缴费率的下调空间，以确保企业的经营负担不会大幅增加。

第三，在全面三孩政策已经完全实施的背景下，应该加快生育友好型社会的建设步伐，尽快设计出配套的生育支持方案。尽管从上文中的测算结果来看，调整生育政策的作用效果在短期内可能比较微弱，但考虑到在更长时间的维度中，生育水平提高既有助于直接延缓人口老化的速度，也能够间接引发新一轮的人口红利，因而有必要以此为抓手，进一步强化放松生育管控的作用效果。具体来说，①继续完善现有法律法规，为育龄女性提供全方位的产假支持，从而帮助其较好地解决工作与家庭之间的矛盾冲突；②鉴于二孩、三孩生育过程中可能会给家庭增添新的压力，例如因父母年龄偏大而无法给予孙辈充足的照料支持、育龄女性家庭因为要同时背负赡养老人和抚养子女的双重责任，也会导致经济负担加重等，为此还有必要在产假安排的基础上继续提供育儿假等时间支持，以及在经济层面延长育儿津贴的发放时间等；③充分借助互联网等大数据平台帮助育儿期女性切实提升职业素养，最大限度上确保其不至于因为生育孩子而完全与职场脱离，以及为其尽快重返职场提供可靠的技术培训；④加快学前教育项目及其相关的基础设施建设，例如逐步增加公办幼儿园数量、切实提高幼师队伍素质等，从而妥善解决子女托幼困难等问题。

第四，加快推进征缴扩面，尽快实现城镇职工养老保险基金全国统筹，并配套建设好多元化的筹资机制。上文中的研究结果已经表明，在没有出台其他政策方案加以干预的情形下，城镇职工基本养老保险基金财务体系将在2023年开始出现累计赤字现象，且支付压力在此后也会呈现出逐年增长的趋势，随时可能面临崩盘风险。在此背景下，鉴于现阶段中国仍然没能在全国范围内实现职工养老保险基金的统筹目标，导致东部、中部、西部以及东北地区之间的养老金收支结余存在明显差异，进而造成养老保险基金难以通过大数法则调剂收支缺口以及无法发挥基金投资的规模效应。为此，需要继续重视以下方面的工作：①增加公共财政对养老保险基金的投入力度，例如通过国有资产划拨等手段充实社保基金，以发挥好政府兜底养老金财务责任的作用；②切实提高统筹层次，在实施养老保险基金中央调剂制度的过程中，也要加快推进基金从省级统筹向全国统筹过渡的速度；③在养老金入市政策已经逐步推广的情形下，需要以确保养老保险基金安全性为前提，继续依托多元化的投资组合方案一方面促进经济平稳增长，另一方面实现基金保值增值目标，最终缩小养老保险基金未来的潜在收支缺口。

第十二章
长寿风险的识别、量化与管理

第一节　问题的提出

寿命的延长与人口老龄化会带来一系列社会问题，其中之一就是长寿风险。长寿风险是指在未来死亡率不确定的情况下，在个人或群体未来存活的年数或平均实际寿命高于预期所引发的风险。具体来看，长寿风险可以分为个体长寿风险和聚合长寿风险。

个体长寿风险主要表现为个人的实际寿命超出预期，但却没有储备足够的资金来保障退休之后的基本生活，最后导致储蓄耗尽生活陷入困境。现实生活当中的绝大多数人并不是完全理性的，尽管人们知道应当为老年生活进行一定的储蓄，但由于人们很难准确预估自身的寿命并做好充足的养老金储备，因此，随着个体寿命的延长，养老金不足的情况就有可能发生，加之随着时间的推移，储蓄存款因通货膨胀导致的损失也会增大，这又会进一步加剧寿命延长对个体晚年生活的负面冲击。一般来说，个人可以通过子女赡养来降低自己面临的长寿风险，或是选择参加政府的养老保险计划或商业年金计划等来转移长寿风险。

聚合长寿风险则表现为一个群体的平均实际寿命超出了预期寿命，导致政府或寿险公司无法对被保险人进行正常偿付，这类风险是系统性风险，通常无法通过大数法则来进行分散。随着聚合长寿风险的增加，从企业层面上看，寿险公司的偿付压力会增大，资金链断裂和企业破产的风险都会上升。从政府角度来看，目前我国的基本养老保险具有待遇确定型的特征，并且养老金的给付会随社会平均工资的上涨而增加，在这一情况下，寿命延长势必会导致养老金的给付年限延长和给付数量增加，而由于缴纳养老保险费的年轻人数量在减少，容易导致养老金收不抵支的问题，这便需要政府投入大量财政补贴。2013 年我国养老保险基金支出为 19 819 亿元，2020 年增加到 54 656 亿元[①]，2020 年全国社会保险基金收入共 75 863.50 亿元，其中财政补贴收入就有 21 015.52 亿元，占比超过 1/4[②]，加之保险寿险公司的养老金计划发生偿付危机时也需要政府兜底，因此，聚合长寿风险给政府带来了巨大的财政负担。

长寿风险不仅会影响个人退休后的基本生活、寿险机构的盈利和偿付能力以及养老保险制度的财务可持续性，而且会对社会的医疗保险体系产生巨大冲击。国家卫健委数据显示，2018 年我国的人均预期寿命为 77 岁但健康预期寿命却只有 68.7 岁，这意味着老年人生命周期的最后阶段有相当长的一段时期是在不健康的状态中度过的，在预期寿命延长而健康余寿增长缓慢的情况下，医保方面的给付压力势必会进一步上升。为了更好地应对长寿风险，我国必须尽快建立完善的长寿风险管理体系。国际货币基金组织发布的《全球金融稳定报告 2012》中也指出，长寿风险已经在不断积累，如果不尽快采取措施，可能会造成公共和私人资产负债表当中的巨大漏洞，从而影响金融稳定和政府的财政可持续性；而且越晚开始应对，长寿风险的影响就会越大，也就越难解决，因此，应建立政府、个人和企业三者之间的风险分担机制。

---

① 数据来源：《2013 年度人力资源和社会保障事业发展统计公报》《2020 年度人力资源和社会保障事业发展统计公报》。

② 数据来源：中华人民共和国财政部《2020 年全国社会保障基金收入决算表》。

解决长寿风险首先需要衡量其暴露程度，也就是先要对长寿风险进行量化，即利用数据和各种统计方法来估测长寿风险的大小和可能造成的影响，然后再据此制订或调整社会保障计划和养老金计划。由于长寿风险主要来源于人均预期寿命的延长，因此通常可以用死亡率或生存率来衡量其大小，其中，对死亡率的预测非常重要，一个准确度较高的死亡率预测值将有助于更好地识别和量化长寿风险，从而为政府部门制订社会保险计划或保险公司进行人寿保险定价提供有效的参考。

从死亡率的预测方法来看，首先，一部分学者是通过分析造成死亡率变动的因素来对死亡率进行预测。比如，经济的发展、医疗技术的进步、环境保护政策的实施和新药品的发明等会导致死亡率的降低，而环境污染加剧、战争或者流行病的出现会导致死亡率的上升，通过加总各因素的影响从而预测死亡率的大小。然而，该方法的难点在于需要在每个潜在影响因素与死亡率之间构建模型，但由于各个影响因素之间具有相关性，比如医疗技术的发展依赖于经济状况，经济基础差的国家或地区医疗水平往往也一般，因此这一方法很可能会造成对死亡率的错误估计。其次，大多数学者是通过构建死亡率模型来对未来的死亡率进行预测，也被称为外推法，该方法目前在大多数国家获得广泛运用，也是本章重点介绍的方法。与前一类方法不同的是，外推法并不试图解释有哪些外部因素会对死亡率造成影响，而是使用历史数据当中的信息来预测未来的死亡率，其中的一些模型是假设历史趋势会长期持续，也有一些是尝试根据历史趋势推导出更加复杂的、与时间因素相关的新模型用于预测。

从死亡率模型来看，现有的死亡率模型可以大致总结为两类：静态死亡率模型和随机动态死亡率模型，后者又包括离散型和连续型两种。静态模型中，死亡率仅仅与年龄相关，因此往往只用少量年份的数据进行分析，而不考虑时间变动的影响，也就是说该模型假定历史数据中的趋势会一直持续下去，利用历史数据来确定参数。而随机动态死亡率模型则考虑了时间变动对死亡率的影响，在这类模型当中，未来的变化并不一定要符合历史趋势。静态模型的产生时间较早，主要有 de Moivre 模型（1725年）、Gompertz 指数模型（1825年）、Weibull 模型（1939年）以及 HP 模型（1980年）等；随机动态死亡率模型中最主要的是 Lee-Carter 模型，也有许多学者对 Lee-Carter 模型进行了扩展，另外还有年龄–时期–队列（age-period-cohort，APC）模型和 CBD（Cairns-Blake-Dowd）模型等。

应对长寿风险的关键不仅在于对长寿风险的量化，而且需要找到管理长寿风险的有效方法。目前，我国的长寿风险管理方法还处于初步探索阶段，相比之下，发达国家在长寿风险管理方面的理论研究和实践经验都已十分丰富，大多形成了较为成熟的长寿风险管理模式或方法。总体上看，国际上对于长寿风险的管理主要分为四个方向：自留长寿风险、自然对冲、改变产品设计和将长寿风险转移到资本市场即长寿风险证券化（艾蔚，2010）。随着精算技术的提高和资本市场的日益完善，近几年来，在资本市场中分担长寿风险在国际上逐渐引起重视，长寿风险证券化的实践应用越来越多。

本章首先系统梳理了目前国内外学者有关长寿风险量化和管理方面的研究进展，然后详细探讨了长寿风险的识别量化问题，其中最关键的就是死亡率模型的建立，并利用我国的数据进行分析，接下来结合我国的资本市场现状提出一些管理长寿风险的工具，最后进行总结并给出一些具有实践意义的启示。

第二节 相关文献回顾

一、长寿风险的识别与量化文献综述

长寿风险指的是死亡率在长期内的不确定性，也可认为是长期内个体或

某个群体的实际存活概率高于预期的风险（Cairns et al.，2006b）。长寿风险可以从个人和整体两个角度来看（郭金龙和周小燕，2013）。从个体层面看，长寿风险是指预期寿命延长导致个体毕生的储蓄不足以负担生存年限内的支出，以至于老年期的正常生活难以为继，该风险一般可以通过子女的赡养以及购买各种养老保险、企业年金等来进行分散。从群体层面看，长寿风险则是一个群体实际存活年数超过预期寿命而引发的风险，称为聚合长寿风险，该风险一般难以分散，也就是说，即便人们都参加养老保险或购买企业年金等，这类风险也并不会降低（封铁英和罗天恒，2017），因为此类长寿风险实际上是一种系统性风险（陈翠霞等，2017），会直接影响提供养老保险的寿险机构（比如保险公司和政府）的给付能力（Boyer and Stentoft，2013）。Blake 等（2009）则认为长寿风险有三种，一是由于社会进步造成人们预期寿命提高所带来的趋势风险，二是由于选择预测死亡率的模型不恰当而导致的模型风险，三是由于偶然事件的发生造成实际死亡率偏离预期所带来的随机变动风险。

长寿风险的识别与量化主要是通过建立死亡率模型来实现的，已有研究主要分为静态死亡率模型和随机动态死亡率模型两类。静态死亡率模型的产生时间较早，研究成果也比较丰富，这方面的早期成果主要有 de Moivre 模型（de Moivre，1725）、Gompertz 指数模型（Gompertz，1825）、Weibull 模型（Weibull，1939）等。de Moivre 于 1725 年提出的模型（又称 DML 模型）是第一个对死亡率或生存曲线进行预测的模型，该模型假设个体存在一个极限年龄，且满足均匀分布，即 $\mu(x)=\dfrac{1}{w-x}, 0 \leq x < w$。随后，Gompertz（1825）提出的指数模型则假设死亡率是按指数规律增长，即 $\mu_x = BC^x$。这一模型在预测年轻人群（40 岁以下）的死亡率时表现不佳，但在预测高龄人群死亡率时比较准确，因此应用比较广泛。在此基础上，部分学者对该模型进

行了拓展，比如，1860 年，Makeham 在模型中加入了表示非正常死亡的常数项，用以解释死力当中与年龄无关的部分，即 $\mu_x = A + BC^x$；1932 年，Perks 又进一步把模型扩展为 $\mu(x) = \dfrac{A + BC^x}{1 + DC^x}$；随后，Forfar 等（1988）在这两个模型的基础上提出了 Gompertz-Makeham 模型。此外，也有学者认为随着年龄的增长，死力并非以指数形式增长，而是呈幂函数形式增长，因此，将死亡率模型构建为 $\mu(x) = Ax^B$（Weibull，1939）。Heligman 和 Pollard（1980）建立了 HP 模型，将死亡率分为幼儿、成人和老年时期三个部分，并且利用战后澳大利亚的死亡率数据来进行参数估计。Perks（1932）首先发现 Logistic 模型，即 $\mu_x = \dfrac{\alpha e^{\beta x}}{1 + \alpha e^{\beta x}} + \gamma$，Thatcher（1999）指出对高龄人群而言，γ 可以忽略不计，因此模型可以改写成 $\mathrm{logit}(\mu_x) \approx \ln(\alpha) + \beta x$ 的形式。Wetterstrand（1981）肯定了 Gompertz 模型在预测死亡率方面的重要性，并用该模型来描述了 30～90 岁人口的死亡率。Carriere（1992）则提出了 Carriere 模型来分析美国死亡率数据，并得到了较好的拟合结果。Renshaw 等（1996）提出了广义线性模型的建模结构，其中包括死亡率的年龄变化和死亡率的基本趋势，Sithole 等（2000）利用该模型考察了领取养老金者和退休人员的死亡率趋势。Coale 和 Kisker（1990）提出了适用于预测高龄人口死亡率的 C-K（Coale-Kisker）模型，但孙佳美和郭利涛（2012）则指出该模型只适合样本较少的情况，并运用改进后的 C-K 模型对日本 1970～2009 年的数据进行拟合，发现相比传统的 C-K 模型，改进后的 C-K 模型拟合度更优。

另外，在后期的研究中，很多学者发现不同年龄阶段适用的死亡率模型是不同的。一些学者认为 Gompertz 模型并不适用于预测高龄人口的死亡率，因为 85～90 岁人群的死亡率上升会比预期更慢。比如，Thatcher 等（1998）搜集了 13 个国家 80 岁以上官方死亡统计数据并对七个模型进行验证，发现

Gompertz 模型、Weibull 模型和 HP 模型对高龄人口死亡率的估计过高，Logistic 模型和 Kannisto 模型是这几个模型当中预测效果最好的。曾毅和金沃泊（2004）也做了类似的研究，他们利用中国 1990 年人口普查数据中的 80～96 岁人口死亡与存活人数数据，对这几种模型进行拟合，最终发现只有两个参数的 Kannisto 模型的效果最好。

然而静态死亡率模型只是根据过去的死亡率数据确定参数，但现实中的死亡率并非一成不变，未来死亡率的变动趋势有可能不同，因此，越来越多的学者将研究的重心放在随机动态死亡率模型上。在动态死亡率模型中，最为经典的是 Lee-Carter 模型，该模型在预测未来的死亡率趋势时充分考虑了时间效应，通过对 1900～1989 年美国的数据进行分析发现这一模型可以解释美国 93%的死亡率数据变化。此后，大量学者对该模型进行了扩展改进。比如，Wilmoth（1996）利用 Lee-Carter 模型研究日本死亡率并预测未来的状况，他提出可以用加权最小二乘法（weighted least square）来估计模型的参数。Brouhns 等（2002）认为 Lee-Carter 模型在利用奇异值分解法进行估计时所做的同方差的假定是不现实的，因此通过泊松模型来对原有模型做了改进。Cossette 等（2007）通过泊松模型和二项分布两种方法并结合加拿大魁北克省的人口数据进行死亡率预测，经过比较后发现，泊松回归方法的效果更佳，并且利用这些数据可以有效地评估各种养老金计划的成本。Delwarde 等（2007）利用负二项回归模型对 Lee-Carter 模型的参数进行了估计。Cairns 等（2009）用各种死亡率模型分别分析英国的英格兰、威尔士地区和美国 60～89 岁的男性数据，希望能够确定各种模型的优劣，发现 Lee-Carter 模型在年龄效应方面更加灵活，CBD 模型在使用时需要假定年龄效应是平滑的，但是它拥有比 Lee-Carter 模型更为丰富的时期效应。Debonneuil（2010）发现 Lee-Carter 模型加上队列效应可以很好地预测死亡率趋势。张秋芸（2015）利用 Lee-Carter 模型对死亡率进行预测，通过加权最小二乘法对芬兰 1971～

2012年男性死亡率数据拟合并对模型的参数进行估计，而关于时间因子的估计则采用了广义差分法和差分自回归移动平均（autoregressive integrated moving average，ARIMA）模型，结果显示广义差分法的效果更好。也有很多学者采用Lee-Carter模型对中国的数据进行研究，比如，王建平和涂肇庆（2003）将Lee-Carter模型中的死亡率修改为瞬时死亡率，利用香港数据来推测香港未来50年的死亡率，所得到的预期寿命比香港官方预测的数据更高。赵明和王晓军（2015）用Lee-Carter模型和Gompertz模型预测我国分性别人口的死亡率，并利用所得结果量化了我国养老金系统的长寿风险，发现女性的长寿风险问题更为严峻。李志生和刘恒甲（2010）以1992~2007中国分年龄的死亡率数据为基础，利用Lee-Carter模型参数估计的四种方法来测算死亡率，发现加权最小二乘法的拟合及预测效果最好，并根据该结果预测了未来几年的人口预期寿命。田梦和邓颖璐（2013）在Lee-Carter模型的基础上，引入了双指数跳跃扩散模型（double exponential jump diffusion model）对中国1982~2009年的年龄别死亡率数据进行分析，得到了较好的拟合结果。姜增明和单戈（2016）利用联立有限数据双随机Lee-Carter模型对我国不同退休群体的基本养老金领取水平进行了测算，并评估了2015~2050年长寿风险对基本养老保险的影响。

目前发达国家广泛应用的大多数模型都是基于丰富的历史数据来构建的，考虑到国外一般有几十甚至上百年的统计数据，而中国关于人口死亡率方面的数据年限比较短，因此，很多国内学者对相关模型进行了改良。比如，韩猛和王晓军（2010）指出样本量太少会导致预测结果不稳定，为此，创建了一个双随机模型来改进，研究发现我国男性和女性的预期寿命都有增长，且长寿风险对我国企业职工基本养老保险的影响很大。王晓军和黄顺林（2011）通过贝叶斯信息准则对目前广泛使用的七个模型进行了比较，发现CBD模型的其中一个扩展模型最适合中国的数据，并利用其对未来死亡率进行预测。

张连增和段白鸽(2012)介绍了广义线性模型(generalize linear model, GLM)，并将其中的负二项回归和泊松回归应用到分析我国的死亡率预测当中。金博轶(2012)认为，通过马尔可夫链蒙特卡罗方法(Markov chain Monte Carlo, MCMC)对 Currie 模型进行参数估计就可以弥补样本数据的不足。王晓军和姜增明(2016)采用有限数据的双随机 Lee-Carter 模型去避免数据不足的缺陷，并且发现延迟退休年龄可以有效削弱长寿风险的冲击。米红和贾宁(2016)也指出 Lee-Carter 模型不适合历史数据较少的国家而且不能对历史死亡率进行逆预测，因此通过构建 Lee-Carter-MY 模型测算了"大跃进"期间非正常死亡人口数量。

近年来相关的研究有了更深入的发展，不少学者试图利用连续随机模型来预测死亡率，这类模型类似于远期利率和市场利率模型。Milevsky 和 Promislow(2001)首次运用风险中性定价的方法来对死亡率风险进行定价，在此基础上，Dahl(2004)提出了随机死亡率强度的概念，Dahl 和 Møller(2006)提出了测量死亡率强度的方程，Schrager(2006)基于仿射期限结构模型构建了随机死亡率模型，并用荷兰的数据检验，发现总体上拟合良好。Biffis(2005)首次引入金融市场和死亡模型来建立连续型保险市场模型，通过仿射跳跃扩散过程来描述人口因素与金融风险的演化，进而提出死亡率-仿射随机动态模型，并以实际数据对模型进行了预测和比较。

另外，部分学者利用已有的死亡率模型评估了长寿风险可能产生的影响。Olivieri 和 Pitacco(2003)在考虑长寿风险的情况下计算了即时年金的偿付能力，Brouhns 等(2005)利用 1950~2000 年比利时人口的相关数据，通过泊松对数双线性模型预测未来死亡率，并用 Bootstrap 方法推导预期剩余寿命和单笔年金保费，从而对长寿风险进行量化。Milevsky 和 Young(2007)在考虑了死亡风险的情况下计算出人们购买年金的最佳年龄。Plat(2011)利用荷兰数据建立模型并拟合，从而估计死亡率趋势，并在此基础上确定长寿和死亡风险的一年在险价值。金博轶（2012）通过《中国人口统计年鉴》的数据，运用MCMC方法对Currie模型进行参数估计，并利用得到的结果度量了年金产品的长寿风险，同时指出保险公司需要考虑死亡率的改变，否则会面对较大的长寿风险。赵明和王晓军（2015）利用GlueVaR方法度量了我国养老金系统的长寿风险。Plat（2009）认为，将死亡率模型应用到量化保险组合上是有难度的，因为大部分模型都是用国家层面的数据进行拟合，这样的数据年限长且人口众多，而在实践中保险投资组合的相关死亡率数据往往只有5~15年，而且参与人数没有那么多。

总的来看，当前并没有一个完美无缺的死亡率模型，对于如何选择合适的死亡率模型方面，部分学者给出了相应的判断标准。比如，Cairns等（2008）提出了五点判断标准：①死亡率为正值；②符合历史数据；③预测结果符合生物学逻辑，比如模型中不应该出现老年人口的死亡率随年龄增长反而下降的情况；④模型应该足够全面，这样才能更好地帮助我们分析现实问题；⑤可以使用解析方法或快速数值方法对衍生品进行估价。Hunt和Blake（2014）提出了六点判断标准：①能够完整反映历史数据中的信息；②能够解释死亡率变化背后的医学、社会和经济方面的原因；③参数要尽可能少一些；④模型应该是稳健的；⑤模型应该适用于整个年龄范围，不管是年轻群体还是老年群体；⑥模型应该包括队列效应，并且应该与年龄和时期效应明确区分。另外，也有学者指出用来量化保险组合的模型应当尽可能简洁，因为保险组合的相关数据往往有限（Plat，2009）。

二、长寿风险的管理文献综述

预期寿命延长所引发的长寿风险给寿险企业带来了新的挑战与机遇，已有学者对长寿风险资本市场管理工具进行了丰富的探讨。整体上看，长寿风险的管理方法大致可分为四个方向：自留长寿风险、自然对冲、改变产品设计和将长寿风险转移到资本市场即长寿风险证券化（艾蔚，2010）。目前，大多数现存养老金机构和寿险机构采用前两种方式，后两种方式还处于摸索阶段，尽管如此，大多数学者还是一致认为长寿风险证券化在长期来看具有很大的发展前景（葛小波，2007；李梧铭等，2015）。

（一）自留长寿风险

自留长寿风险是指企业或者机构在经营过程中预期可能会产生长寿风险时，通过审查自身的经济状况来内部消化长寿风险。王志刚等（2014）认为，中短期内自留长寿风险的资本需求不高，寿险企业完全可以自行承担并消化长寿风险，不必通过依托于外部的资本力量来进行调节。陈钰滢（2019）指出，当人们不能判别长寿风险的性质时，寿险企业选择自留长寿风险会存在低估资金需求的可能，一旦长寿风险实际发生，将会对寿险企业造成较大的负面冲击。张钦（2012）认为，寿险公司难以利用自身力量在短时间内筹备可以应对长寿风险的巨额资金，且筹集资金的过程也会产生巨大的成本，从而导致寿险企业的低效率，加之长寿风险会影响到资金链的正常运作，因此可能会对公司整体的运营产生较大的负面影响。

自留长寿风险分为被动接受和主动接受两个方面。当寿险企业对于长寿风险难以精准地识别与量化，不能对长寿风险的具体内容和规模进行分析，且多数企业与机构没有能力对长寿风险进行恰当的管理并采取有效的防范措施进行化解风险的时候，企业或机构就会选择被动接受的方式来自留长寿风险。量级较小的企业或机构可以衡量自己的长寿风险的规模大小，以此来对长寿风险做出具体的风险分析，相较于转移长寿风险，这些企业往往会采取主动的措施来自留长寿风险。

（二）自然对冲

自然对冲是指寿险企业在现有的市场环境和制度下，通过调整企业内部的产品组合以对冲不同的产品风险，实现对长寿风险的管理。Cox 和 Lin（2007）认为，将年金产品和寿险产品相结合，可以有效管理寿险企业的长寿风险。比如，寿险企业中的人寿保险产品和年金产品对寿险企业的资产负债影响是完全相反的，对年金产品来说，在死亡率下降与未来人口的预期寿命延长的情况下，寿险公司所需给投保人的养老金增加了，由此长寿风险便给寿险公司带来了损失，反之，则会给寿险公司带来收益。因此，寿险公司可以采取主动管理的方式，将两种寿险产品的业务进行组合以对冲所面临的实际风险，从而达到降低长寿风险的目的。裴晓影（2008）考察了保险公司中的寿险产品和年金产品的对冲管理，发现通过对寿险产品和年金产品的合适配比能够有效管理长寿风险。Wong 等（2017a）使用随机死亡率和利率模型评估了人寿产品和年金产品，并根据保险公司偿付能力的概率对不同类型的人寿保险产品和风险管理措施进行了评估，研究发现中等期限（约 20～30 年）的寿险产品和年金产品能更好地实现长寿风险的自然对冲。Mao 等（2008）则指出通过出售变额年金可以有效对冲寿险公司的长寿风险。段白鸽和栾杰（2017）从男女性别的角度进行对比，发现男性投保者的长寿风险更大，其原因是女性寿险产品的定价和准备金一般都比男性更低，以至于保险期间女性准备金的对冲效应会明显大于男性。谢世清（2011）则提出长寿债券和死亡率债券之间也存在自然对冲的可能性，这为寿险公司管理长寿风险提供了新的思路。

另外，在长寿风险自然对冲策略中，不仅需要把控哪两种产品可以进行风险对冲，更要对两种产品的配置比例进行分析，以便能够更好地应对长寿风险。Tsai 等（2010）通过有条件的风险价值最小化模型（conditional value-at-risk minimization）来优化保险公司的产品组合，并据此计算出最优产品组合对冲长寿风险的各项参数比例。Gatzert 和 Wesker（2014）考察了自然对冲对寿险企业的风险水平和风险管理的影响，发现道德风险会影响自然对冲的效果，由于投保人可能存在道德风险，寿险产品和年金产品的最佳配比可能会在保险前后发生变化，因此寿险企业原先制定的最优比例可能并不能达到预期的最佳效果。曾燕等（2015）通过构建基于价格调整的自然对冲模型，探讨了利用价格工具实现自然对冲的最佳配比，同时给出了寿险产品和年金产品最优的定价策略。

在保险市场不发达的情况下，自然对冲是多数寿险企业管理长寿风险的重要方法，然而也有研究指出，自然对冲策略在应对长寿风险时仍然存在一定的局限性。钱进（2019）指出，在自然对冲时，也可能会由于期限错配而造成沉没成本增多、经营风险加大等问题。陈钰滢（2019）指出，虽然自然对冲的可操作性较高，但如果长寿风险的性质无法直接判断，那么寿险企业选择自留长寿风险可能会低估资金需求，一旦发生长寿风险，寿险企业将会面临巨大的偿付压力。因此，利用自然对冲来管理长寿风险的实际操作过程中可能存在诸多的不确定性。

（三）改变产品设计

寿险公司可以通过设计寿险产品和进行股票投资来管理长寿风险，具体包括对风险较高的保单确定更高的费率、确定其最高支付的年龄、承保完全相反的死亡率套期、投资收益与生存率相关的公司股票这四种方法（张钦，2012）。然而，各种方法都有利弊，例如，对风险较高的保单费率的确定和最高支付年龄的确定对寿险企业来说操作难度很大，这可能会导致寿险公司设计的相关产品很难真正投放到市场中。张元萍和王力平（2014）从长寿风险的转移程度和覆盖率两方面对长寿指数延迟年金产品进行了研究，发现长寿指数延迟年金既可以满足投保人的需求又能够有效分担寿险公司面临的长寿风险。陈钰滢（2019）指出改变产品设计的长寿风险管理模式也可能存在一定的问题，因为这很大程度上取决于市场对新型产品的接受程度。改变产品设计的目的在于使长寿风险在保险公司和被保险人之间共同承担，这可能不符合大多数人对于寿险公司产品的预期，人们在选择合意产品时，往往对新型产品的接受程度较低，导致产品的推广时间加长，从而可能会影响长寿风险的管理效果。

（四）长寿风险证券化

长寿风险证券化，简言之，就是在资本市场上发售与死亡率相关联的金融衍生产品。Blake和Burrows（2001）开创性地提出可发行生存债券来对冲聚合长寿风险，该债券的票息依随生存概率的变化而波动，进而实现套期保值。自此之后，关于长寿风险证券化的产品形式、发行定价等方面的研究开始大量涌现。Dowd（2003）对Blake和Burrows提出的生存债券进行了对比分析，肯定了长寿风险证券化的可行性及有效性，并认为生存债券会和其他的金融衍生品一样被广泛运用。葛小波（2007）在详细梳理人寿保险证券化的发展历程和分析已成功发行的相关产品的案例基础上，探讨了我国寿险证券化的可行办法。李梧铭等（2015）对我国长寿风险证券化的可行性进行分析，指出我国目前的资本市场发展程度还难以实现寿险证券化，但在资本市场日趋成熟的条件下，通过寿险证券化也可以有效分散和转移寿险企业的长寿风险。

目前，长寿风险证券化的产品设计主要包括生存债券（也称为死亡债券或长寿债券）、生存互换、生存期货、生存期权等。生存债券是指其息票的支付或本金的返还与生存率相关联的债券。通过发行一系列与生存率相关的债券，可以将寿险企业的长寿风险转移到广阔的资本市场，利用资本市场的力量来降低长寿风险所带来的损失，以达到分散长寿风险的目的。生存债券的核心在于通过发行各种与生存率相关的金融衍生品给资本市场的投资者，将寿险企业承担的长寿风险转移到资本市场，从而使聚集在寿险企业中的长寿风险分散出来，达到减轻寿险企业承担的风险和增加资本市场中金融产品多元化的目的。Blake 等（2006）在考虑了债券是否作为长寿风险的套期保值工具、寿险产品类型、所使用的死亡率指数和支付函数与生存函数的关系后，将生存债券分为对冲聚合长寿风险的经典生存债券、可作为复杂的定制生存债券的零息票生存债券、与利率相关且与死亡率无关的本金有风险的生存债券、随着时间延续票息支付额逐渐增加的反向生存债券、不同长寿风险有不同期望回报的抵押生存债券。此外，他们还指出了生存价差债券和延期生存债券等生存债券的差异。Mayhew 和 Smith（2011）认为，在长寿风险逐渐转向资本市场后，通常会给年龄较大的投保人造成长寿风险，应当将年龄、通货膨胀和利率一起作为生存债券的重要分析因素。Lin 和 Cox（2005）研究了长寿风险证券化的另一种形式，即生存互换，不仅从理论层面探讨了年金产品和长寿产品的互换机制，而且推导出了触发型长寿债券的息票公式，丰富了长寿债券的市场定价理论。Blake 等（2006）通过借鉴金融期货的机制与原理，证实了生存期货对冲长寿风险的可行性，指出生存期货在理论上是一种与基础资产、死亡率相关的标准化合约，而在实践中可以设计两种类型的生存期货产品，一类是将已有的生存债券作为标的，另一类则是根据长寿风险的特征，把死亡率指数作为标的。同时，Blake 等（2006）也提出了生存顶和生存底、生存互换期权、内嵌期权等形式的生存期权，并对生存期权的定价和管理的可行性进行了分析。

第三节　长寿风险的识别与量化

准确预测死亡率是识别与量化长寿风险的关键，目前比较常用的就是外推法，即利用历史数据当中的信息推测未来的死亡率，这主要是通过建立死亡率模型来实现的，目前的死亡率模型可以大致分为静态死亡率模型和随机动态死亡率模型两类。本节首先对两类死亡率模型的具体估计方法及其优缺点进行简要介绍，接下来运用相关方法对我国的死亡率的未来变化趋势进行预测。

一、静态死亡率模型

这类模型的参数是根据已有的死亡率数据来确定的，由于不考虑时间因子所以不需要很多不同年份的数据。最早的静态死亡率模型是十分简单的 de Moivre 模型，随着时间的推移，有更多的学者进行了这方面的研究，并陆续提出了 Gompertz 指数模型、Weibull 模型和 Makeham 模型等，下面主要介绍 HP 模型。

Heligman 和 Pollard 于 1980 年提出了 HP 模型，形式如下：

$$\frac{q_x}{p_x} = A^{(x+B)^C} + De^{-E(\ln x - \ln F)^2} + GH^x \qquad (12.1)$$

其中，p_x 表示年龄为 x 的人在一年内生存的概率；q_x 则表示他们在一年内死亡的概率，A、B、C、D、E、F、G、H 均为待估参数，这个公式适用于所有的年龄范围。模型中第一项 $A^{(x+B)^C}$ 衡量的是婴幼儿死亡率下降的趋势，这是随着年龄的增长儿童逐渐适应了外部环境并且免疫力提高导致的，参数 C 衡量的就是这种儿童适应外部环境的比率；第二项 $De^{-E(\ln x - \ln F)^2}$ 描述的是男性和女性的意外事故死亡率和孕妇死亡率，出现在死亡率曲线上时表现为一个明显的凸起部分，参数 D 衡量事故的严重程度；第三项 GH^x 则是 Gompertz 指数，反映了随着年龄的增长，人的身体也会衰老、退化从而死力呈几何级数增长，参数 G 衡量死亡率的基准水平，严格来说是人在 0 岁时的死亡率，而参数 H 反映死亡率的增长率。通过最小化 $S^2 = \sum_{x=0}^{85}\left(\dfrac{\hat{q}_x}{q_x}-1\right)^2$ 来进行参数估计，其中 $\hat{q}_x$ 是根据公式估计的 x 岁时的死亡率，q_x 是观察到的实际死亡率。

Forfar 和 Smith（1985）发现对于高龄人群而言，传统的 HP 模型得到的死亡率偏高，对此，他们对模型进行了一定改进，具体形式如下：

$$q_x = \frac{f(x)}{1+f(x)} \quad (12.2)$$

$$f(x) = A^{(x+B)^C} + De^{-E(\ln x - \ln F)^2} + \frac{GH^x}{1+GH^x} \quad (12.3)$$

二、随机动态死亡率模型

由于静态死亡率模型在刻画死亡率的动态演变过程方面存在一定缺陷，当未来死亡率趋势发生改变时，模型的估计就可能不再准确，因此近些年来静态死亡率模型的应用逐渐减少，动态死亡率模型开始受到广泛关注。

与静态死亡率模型不同的是，动态死亡率模型的主要特点在于其充分考虑了时间因素带来的死亡率改善，从而能够得出更为准确的预测结果。动态死亡率模型没有假设未来死亡率的变化一定要符合历史趋势，这与现实情况更为吻合，因此近年来的应用更为普遍。

动态死亡率模型可以分为两种，分别是离散型和连续型。前者中最重要的是 Lee-Carter 模型并且运用最为广泛。这个模型是 1992 年由 Lee 和 Carter 提出，在预测未来死亡率时最早考虑了时间因素，其具体形式如下：

$$\ln(m_{x,t}) = \alpha_x + \beta_x k_t + \varepsilon_{x,t} \text{ 或 } m(x,t) = e^{\alpha_x + \beta_x k_t + \varepsilon_{x,t}} \quad (12.4)$$

其中，$m(x,t)$ 表示 x 岁的人群在第 t 年时的中心死亡率；α_x 表示 x 岁的人群的死亡率当中与年份 t 无关的那一部分；k_t 表示死亡率随时间变化的速率，反映出时间对死亡率的影响程度；β_x 是 k_t 的系数，衡量年龄对 k_t 变化的敏感度，死亡率在特定时点 t 上下降多少取决于个人年龄 x，各年龄组死亡率上升或下降的速率满足：$\dfrac{\mathrm{d}\ln m_{x,t}}{\mathrm{d}t}=\beta_x\dfrac{\mathrm{d}k_t}{\mathrm{d}t}$，当 β_x 取负值时说明该年龄组死亡率呈上升趋势；$\varepsilon_{x,t}$ 表示误差项，代表模型没有捕捉到的其他与年龄相关的历史影响，并且假设它服从正态分布。在对 Lee-Carter 模型进行估计时我们需要找到该方程的解，原本该模型的系数存在无数种解，为了使得其解唯一确定，Lee 和 Carter（1992）对其进行了标准化，令 $\sum_{x}\beta_x=1,\sum_{t}^{T}k_t=0$。

在 Lee 和 Carter（1992）的研究当中，他们利用奇异值分解法对美国人口死亡率数据进行拟合，得到了比较满意的结果。他们发现 k_t 服从带漂移的随机游走过程，基于时间序列模型他们随后预测了 k_t 的未来值，然后将估计的参数值代入到模型当中，就可以对未来死亡率进行预测。Lee 和 Carter 发现根据这种方法预测出的数值与 1989 年的实际死亡率十分吻合，并利用时间序列分析方法给出了 1990～2065 年美国特定年龄死亡率的长期预测。

总的来说，Lee-Carter 模型的应用需要遵循以下三个步骤，首先是利用历史数据对参数 α_x,β_x,k_t 进行估计，再根据自回归移动平均模型预估参数 k_t 在未来年份的值，最后用得到的结果预测未来的死亡率。Lee-Carter 模型的参数估计方法有很多，包括奇异值分解法、最小二乘法、加权最小二乘法和极大似然法等，接下来将一一介绍。

1. 奇异值分解法

Lee 和 Carter（1992）首先对 Lee-Carter 模型进行标准化，得到 α_x 的估计值，即 $\ln m_{x,t}$ 随时间变化的平均值：

$$\hat{\alpha}_x = \sum_t^T \frac{\ln m_{x,t}}{T} \quad (12.5)$$

接下来将模型变形得到统计量矩阵 $[Z_{x,t}]$，$[Z_{x,t}] = [\ln m_{x,t} - \hat{\alpha}_x]$，对该矩阵进行奇异值分解，$\text{SVD}[\ln m_{x,t} - \hat{\alpha}_x] = \sum_{i=1}^r \rho_i U_{x,i} V_{x,i}$，就可以求出 β_x 和 k_t 的估计值。

然后是对 k_t 的估计值进行调整，以得到更精确的值，调整原则为年份 t 当中总死亡人数的真实值等于期望值，具体如下所示：

$$D_t = \sum_x E_{x,t} e^{\hat{\alpha}_x + \hat{\beta}_x \hat{k}_t} \quad (12.6)$$

其中，D_t 表示死亡人数；$E_{x,t}$ 表示死亡风险暴露程度，对 k_t 的估计值进行第二阶段的调整可以有效地避免预测死亡数和实际死亡数之间的巨大差异。

2. 最小二乘法

根据标准化条件，我们可以求出 α_x 和 k_t 的估计值如下：

$$\hat{\alpha}_x = \frac{1}{T} \sum_t^T \ln(m_{x,t}), \quad \hat{k}_t = \sum_x [\ln m_{x,t} - \hat{\alpha}_x] \quad (12.7)$$

可以建立回归方程：$\ln m_{x,t} - \hat{\alpha}_x = \beta_x \hat{k}_t + \varepsilon'_{x,t}$。最小二乘法的原理是使残差平方和最小化，也就是要使得 $\sum_{t,x} (\ln m_{x,t} - \hat{\alpha}_x - \hat{\beta}_x \hat{k}_t)^2$ 最小，由此可以求得 $\hat{\beta}_x$ 的估计值：

$$\hat{\beta}_x = \frac{\sum_t^T \hat{k}_t (\ln m_{x,t} - \hat{\alpha}_x)}{\sum_t^T \hat{k}_t^2} \quad (12.8)$$

最小二乘法是这四种方法当中最简便的一种。

3. 加权最小二乘法

这种方法下对 α_x 和 k_t 的估计与最小二乘法相同，只是需要对残差平方和进行加权处理。Wilmoth（1996）的研究表明，$\ln m_{x,t}$ 的方差与死亡人数 $D_{x,t}$ 的倒数近似相等，因此可以用 $D_{x,t}$ 来作为权重，加权后的残差平方和如下所示：

$$\sum_{t,x} D_{x,t} \left(\ln m_{x,t} - \hat{\alpha}_x - \hat{\beta}_x \hat{k}_t \right)^2 \qquad (12.9)$$

令其最小就可以得到 $\hat{\beta}_x$ 的估计值为

$$\hat{\beta}_x = \frac{\sum_{t}^{T} D_{x,t} \hat{k}_t \left(\ln m_{x,t} - \hat{\alpha}_x \right)}{\sum_{t}^{T} D_{x,t} \hat{k}_t^2} \qquad (12.10)$$

4. 极大似然法

Brouhns 等（2002）假定死亡人数 $D_{x,t}$ 服从泊松分布假设：

$$D_{x,t} \sim \text{Poisson}(E_{x,t} m_{x,t}) \qquad (12.11)$$

$$m_{x,t} = e^{\alpha_x + \beta_x k_t} \qquad (12.12)$$

其中，$D_{x,t}$ 表示死亡人数；$E_{x,t}$ 表示风险暴露数，由此可以写出如下的极大似然函数：

$$L(\alpha, \beta, k) = \sum_{x,t} \left\{ D_{x,t}(\alpha_x + \beta_x k_t) - E_{x,t} e^{\alpha_x + \beta_x k_t} \right\} + C \qquad (12.13)$$

其中，C 表示常数，接下来需要用到参数迭代方法，假设初始值为 $\hat{\alpha}_x^{(0)} = 0, \hat{\beta}_x^{(0)} = 1, \hat{k}_t^{(0)} = 0$（也可以用随机值），迭代公式如下：

$$\hat{\alpha}_x^{(v+1)} = \hat{\alpha}_x^{(v)} - \frac{\sum_{t} \left(D_{x,t} - \hat{D}_{x,t}^{(v)} \right)}{-\sum_{t} \hat{D}_{x,t}^{(v)}}, \hat{\beta}_x^{(v+1)} = \hat{\beta}_x^{(v)}, \hat{k}_t^{(v+1)} = \hat{k}_t^{(v)} \qquad (12.14)$$

$$\hat{k}_t^{(v+2)} = \hat{k}_t^{(v+1)} - \frac{\sum_{x} \left(D_{x,t} - \hat{D}_{x,t}^{(v+1)} \right) \hat{\beta}_x^{(v+1)}}{-\sum_{x} \hat{D}_{x,t}^{(v)} \left(\hat{\beta}_x^{(v+1)} \right)^2}, \hat{\alpha}_x^{(v+2)} = \hat{\alpha}_x^{(v+1)}, \hat{\beta}_x^{(v+2)} = \hat{\beta}_x^{(v+1)}$$

$$(12.15)$$

$$\hat{\beta}_x^{(v+3)} = \hat{\beta}_x^{(v+2)} - \frac{\sum_t \left(D_{x,t} - \hat{D}_{x,t}^{(v+2)}\right)\hat{k}_t^{(v+2)}}{-\sum_t \hat{D}_{x,t}^{(v+2)}\left(\hat{k}_t^{(v+2)}\right)^2}, \hat{\alpha}_x^{(v+3)} = \hat{\alpha}_x^{(v+2)}, \hat{k}_t^{(v+3)} = \hat{k}_t^{(v+2)}$$

（12.16）

当似然函数取最大值时停止迭代，此时的参数值就是 α_x、β_x 和 k_t 的估计值。

Brouhns 等（2002）使用比利时人口死亡率数据估计模型参数的值，发现泊松模型在高龄人群（90 岁以上）中表现更好，相比于奇异值分解法模型其可变性略大，并且与 Lee-Carter 模型相比，泊松模型给出的预期寿命和年金的预测值更低。金博轶（2013）在该模型的基础上增加了一个惩罚项，得出了更加平滑的结果。

我们介绍了四种对 Lee-Carter 模型进行参数估计的方法，事实上还有许多学者选择其他方法估计其参数，由此可见 Lee-Carter 模型的应用有多么广泛，它甚至被美国人口普查局当作基准方法。Lee-Carter 模型的优点在于考虑了时间变动对死亡率的影响，而且比较简单，容易运用，拟合效果也好，适用于对全年龄的研究，已有的研究表明 Lee-Carter 模型在预测美国以外其他国家的人口死亡率时也能够得到相对准确可靠的结果。但是缺点也是存在的：①该模型假设误差是同方差的，然而我们都知道这个假设并不现实，因为老年人口死亡率的对数值比青年人死亡率的对数值的变化大得多（Brouhns et al., 2002）；②该模型是一个单因素模型，没有考虑各个年龄段死亡率改善的差异，导致所有年龄段的死亡率改善都是完全相关的，且使用该模型会导致求出的年龄效应缺乏平滑性（Cairns et al., 2008）；③许多学者发现当数据比较缺乏时，该模型的预测效果不那么令人满意。

三、我国人口死亡率的变化趋势与预测

（一）数据来源

本节将利用中国的相关数据进行实证分析，所用的数据是 1997~2019 年各年度的数据，其中包括年总人口数、死亡人口数以及死亡率数据，根据年龄分为 19 个组，每 5 岁为一组，由于缺少高龄人口具体数据，所以 90+ 的人口分在同一组当中，所有数据均来自国家统计局发布的《中国人口统计年鉴》《中国人口和就业统计年鉴》以及第五次和第六次全国人口普查。根据上述数据，我们可以大致分析近 20 年来我国各年龄组人口死亡率的情况。如图 12.1 所示，1997 年到 2019 年间，死亡率整体上都呈现下降的趋势，并且老年组下降的幅度比幼年组要大得多，死亡率下降特别是老年人口死亡率的变动幅度显然更大，这也导致了我国人口平均预期寿命的不断延长。从图 12.2 可以看出，在人的一生当中，幼年时期的死亡率比较高，随后逐渐降低，青少年时期降至最低，而后随着年龄的增长，死亡率又不断升高。

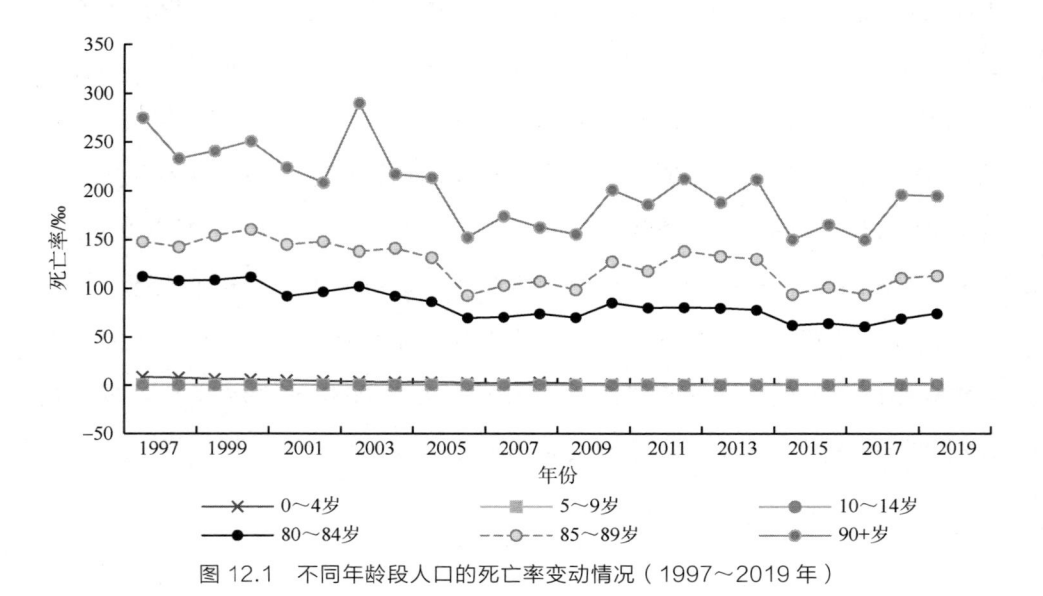

图 12.1　不同年龄段人口的死亡率变动情况（1997~2019 年）

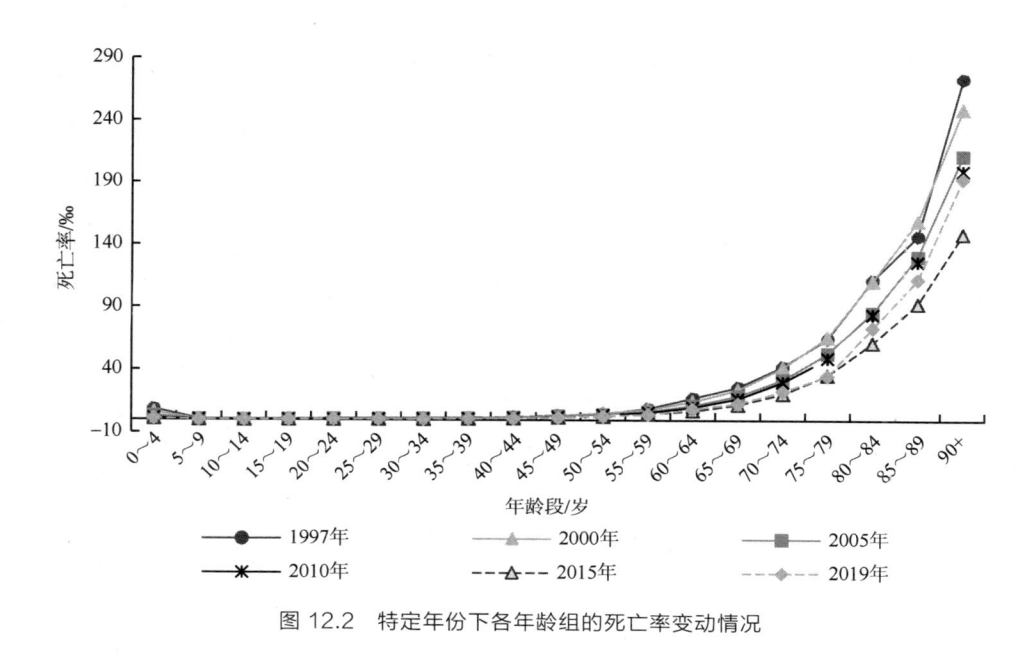

图 12.2　特定年份下各年龄组的死亡率变动情况

（二）HP 模型的参数估计

前文已经详细介绍了 HP 模型的相关估计方法，在这一节中我们将利用中国的数据对 HP 模型进行参数估计。为了扩大样本数，本节使用的数据是 2015～2019 年各年度 0～89 岁男性、女性的年总人口数和死亡人口数，由于缺少 90 岁及以上人口每一年龄的具体数据，这里不考虑对 90 岁以上人口进行拟合，参考孙佳美（2013）的方法，将数据按年进行加总得到总人口数 L_x 和总死亡人口 d_x，这样就能够求出中心死亡率 $m_x=d_x/L_x$，从而可以得到 $q_x=m_x/(1+0.5\times m_x)$，利用 R 软件进行数据分析，可以得到参数估计的结果。

表 12.1 是根据中国 2015～2019 年数据对 HP 模型进行拟合后得到的参数估计值，HP 模型中第一部分 $A^{(x+B)^C}$ 反映婴幼儿时期的情况，参数 A 表示儿童死亡水平，我们可以看出，男性的 A 值略高于女性，说明在儿童时期男性的死亡率略高于女性；参数 C 反映了死亡曲线下降的速度，我们可以看到男

性的 C 值更高，说明在儿童时期，男性死亡率下降的速度比女性要快。HP 模型的第二部分 $De^{-E(\ln x - \ln F)^2}$ 反映青少年时期意外死亡的情况，D 反映曲线的离散程度，E 反映曲线下降速度，男性的 D 值较高，而女性的 E 值显著高于男性，这说明男性因意外事故死亡的概率高于女性。死亡率的最高点出现在什么年龄可以由 F 值显示出来，从表 12.1 中的数据我们可以看出，我国男性意外死亡的高峰年龄在 19 岁左右，女性意外死亡的高峰年龄则在 24 岁左右。HP 模型的第三部分 GH^x 代表中老年时期，男性的 G 值高于女性说明中老年期男性死亡率更高[①]，而对于 H 值，男性略低于女性。

表 12.1 HP 模型的参数估计值

参数	估计值 男性	估计值 女性
A	0.0008	0.0005
B	−0.9059	−0.9713
C	0.1322	0.0927
D	0.0002	0.0000
E	1.6052	8.4449
F	19.4387	24.6237
G	0.0000	0.0000
H	1.0997	1.1003

表 12.2 显示了 HP 模型的损失函数值，男性的损失函数值低于女性，说明男性的拟合效果更好。进一步对 HP 模型拟合得到的死亡率和实际死亡率进行对比，如图 12.3 和图 12.4 所示，HP 模型对男性死亡率的拟合效果还是比较好的，但是有些低估了女性高龄人口的死亡率。可见，HP 模型对于女性高龄人口死亡率数据的拟合效果并没那么好。

[①] 男性与女性的 G 值差异出现在小数点第五位及以后。

表 12.2 HP 模型的损失函数值

	男性	女性
损失函数值	1.5404	2.9363

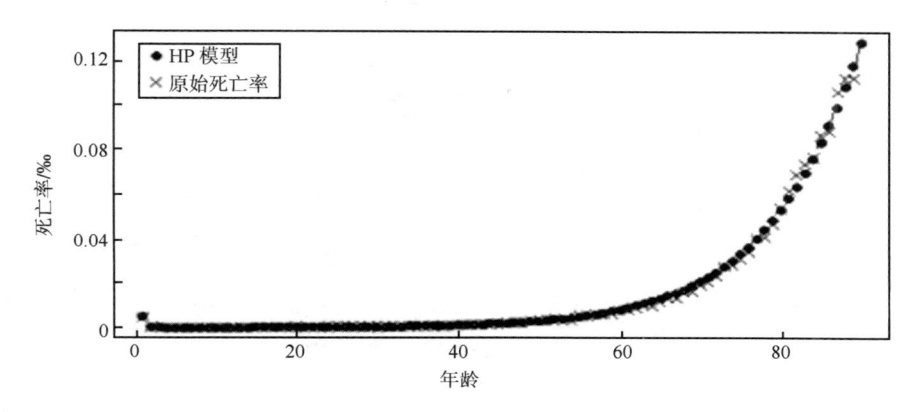

图 12.3 中国男性 2015～2019 年死亡率 HP 模型的拟合结果

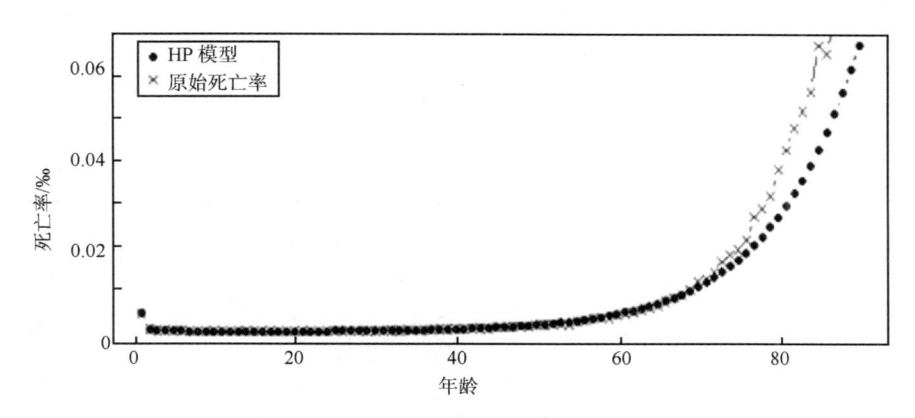

图 12.4 中国女性 2015～2019 年死亡率 HP 模型的拟合结果

（三）Lee-Carter 模型的拟合

本节我们运用 Lee-Carter 模型进行参数估计与预测。所使用的数据是我国 1996～2019 年 0～89 岁人口数、死亡人口数以及死亡率数据,孙佳美(2013)对数据进行了分组处理,但是考虑到每个年龄组内不同年龄人口的死亡率是不同的,因此本章不进行分组处理。我们用1996~2016年的数据来估计模型的参数,余下的三年被设定为预测年,用来检验模型的预测效果。我们分别用奇异值分解法、加权最小二乘法和极大似然法来估计模型当中的参数 α_x 和 β_x,所得结果如表12.3所示,它们的变动趋势分别见图12.5和图12.6。

表 12.3 Lee-Carter 模型参数 α_x,β_x 的估计值

年龄	α_x 奇异值分解法	α_x 加权最小二乘法	α_x 极大似然法	β_x 奇异值分解法	β_x 加权最小二乘法	β_x 极大似然法
0	−4.5055	−4.7841	−4.8718	0.0329	0.0494	0.0499
1	−6.6258	−6.4878	−6.5211	0.0173	0.0210	0.0210
2	−7.0312	−7.0067	−7.0451	0.0226	0.0242	0.0242
3	−7.1870	−7.3251	−7.3644	0.0195	0.0243	0.0243
4	−7.4714	−7.5673	−7.6025	0.0265	0.0220	0.0220
5	−7.7559	−7.7091	−7.7402	0.0224	0.0192	0.0192
6	−7.9331	−7.8092	−7.8355	0.0151	0.0163	0.0163
7	−7.9283	−7.9114	−7.9381	0.0185	0.0162	0.0162
8	−8.0301	−7.9379	−7.9627	0.0187	0.0155	0.0155
9	−8.0111	−7.9902	−8.0101	0.0022	0.0119	0.0118
10	−7.8510	−7.9412	−7.9581	0.0090	0.0101	0.0101
11	−8.2122	−8.0019	−8.0173	0.0180	0.0091	0.0091
12	−8.1294	−7.9941	−8.0071	0.0086	0.0076	0.0077
13	−8.1114	−8.0040	−8.0183	0.0180	0.0086	0.0086
14	−7.9580	−7.9535	−7.9694	0.0117	0.0098	0.0097
15	−7.9224	−7.8255	−7.8418	0.0170	0.0096	0.0096
16	−7.7365	−7.7855	−7.8034	0.0118	0.0107	0.0107
17	−7.6959	−7.6745	−7.6933	0.0225	0.0113	0.0113
18	−7.4687	−7.5681	−7.5920	0.0179	0.0146	0.0146
19	−7.3197	−7.5100	−7.5370	0.0146	0.0158	0.0158
20	−7.3936	−7.4046	−7.4332	0.0199	0.0177	0.0177
21	−7.1570	−7.3951	−7.4230	0.0149	0.0170	0.0170
22	−7.2484	−7.3367	−7.3656	0.0155	0.0176	0.0176
23	−7.2443	−7.2871	−7.3129	0.0188	0.0160	0.0160
24	−7.2663	−7.2348	−7.2609	0.0179	0.0163	0.0162

续表

年龄	α_x 奇异值分解法	α_x 加权最小二乘法	α_x 极大似然法	β_x 奇异值分解法	β_x 加权最小二乘法	β_x 极大似然法
25	−7.2937	−7.2037	−7.2291	0.0270	0.0160	0.0160
26	−7.2284	−7.2261	−7.2511	0.0132	0.0157	0.0157
27	−7.1993	−7.1823	−7.2075	0.0173	0.0160	0.0160
28	−7.1380	−7.1635	−7.1879	0.0194	0.0155	0.0155
29	−6.9776	−7.0768	−7.0997	0.0164	0.0141	0.0141
30	−6.9148	−7.0313	−7.0557	0.0192	0.0155	0.0155
31	−6.9225	−6.9753	−6.9957	0.0159	0.0128	0.0128
32	−6.9152	−6.9167	−6.9376	0.0109	0.0131	0.0131
33	−6.8363	−6.9073	−6.9267	0.0131	0.0123	0.0122
34	−6.7564	−6.7974	−6.8151	0.0110	0.0111	0.0111
35	−6.6698	−6.7121	−6.7300	0.0095	0.0112	0.0112
36	−6.7359	−6.6959	−6.7116	0.0116	0.0099	0.0099
37	−6.6831	−6.6204	−6.6371	0.0092	0.0106	0.0106
38	−6.5552	−6.5647	−6.5808	0.0094	0.0101	0.0101
39	−6.3884	−6.4679	−6.4830	0.0068	0.0095	0.0095
40	−6.3456	−6.3490	−6.3642	0.0085	0.0097	0.0096
41	−6.2975	−6.3347	−6.3485	0.0103	0.0087	0.0087
42	−6.2484	−6.1985	−6.2101	0.0035	0.0074	0.0073
43	−6.1697	−6.1680	−6.1796	0.0070	0.0072	0.0072
44	−6.1234	−6.0828	−6.0935	0.0113	0.0067	0.0067
45	−6.0693	−5.9687	−5.9797	0.0055	0.0068	0.0068
46	−5.9173	−5.9348	−5.9466	0.0055	0.0075	0.0075
47	−5.8801	−5.8552	−5.8682	0.0088	0.0082	0.0082
48	−5.7667	−5.7039	−5.7119	0.0084	0.0049	0.0050
49	−5.6282	−5.6269	−5.6370	0.0080	0.0065	0.0065
50	−5.5697	−5.5042	−5.5162	0.0046	0.0077	0.0077
51	−5.4949	−5.4837	−5.4941	0.0065	0.0068	0.0068
52	−5.4107	−5.4002	−5.4135	0.0047	0.0085	0.0085
53	−5.3706	−5.3142	−5.3268	0.0063	0.0076	0.0077
54	−5.2355	−5.1866	−5.1987	0.0055	0.0076	0.0076
55	−5.1418	−5.1329	−5.1464	0.0075	0.0086	0.0086

续表

年龄	α_x 奇异值分解法	α_x 加权最小二乘法	α_x 极大似然法	β_x 奇异值分解法	β_x 加权最小二乘法	β_x 极大似然法
56	−5.0522	−5.0627	−5.0745	0.0054	0.0075	0.0075
57	−5.0111	−4.9642	−4.9783	0.0051	0.0089	0.0089
58	−4.8459	−4.8660	−4.8791	0.0090	0.0083	0.0083
59	−4.7459	−4.7362	−4.7501	0.0080	0.0089	0.0089
60	−4.6382	−4.6039	−4.6202	0.0082	0.0105	0.0105
61	−4.5926	−4.5424	−4.5558	0.0091	0.0086	0.0086
62	−4.4286	−4.4313	−4.4453	0.0095	0.0091	0.0091
63	−4.3311	−4.3680	−4.3817	0.0085	0.0088	0.0088
64	−4.2630	−4.2198	−4.2329	0.0098	0.0084	0.0084
65	−4.1622	−4.1198	−4.1337	0.0081	0.0090	0.0090
66	−4.0320	−4.0818	−4.0957	0.0084	0.0090	0.0090
67	−3.9735	−3.9368	−3.9498	0.0076	0.0084	0.0084
68	−3.8376	−3.8341	−3.8494	0.0088	0.0099	0.0099
69	−3.7019	−3.6790	−3.6937	0.0086	0.0095	0.0095
70	−3.6022	−3.5315	−3.5460	0.0088	0.0092	0.0092
71	−3.4962	−3.4897	−3.5036	0.0089	0.0090	0.0089
72	−3.4046	−3.3407	−3.3548	0.0087	0.0091	0.0091
73	−3.3251	−3.2692	−3.2824	0.0073	0.0084	0.0084
74	−3.2539	−3.1724	−3.1846	0.0076	0.0077	0.0078
75	−3.1161	−3.0730	−3.0848	0.0071	0.0075	0.0075
76	−3.0524	−3.0258	−3.0401	0.0073	0.0092	0.0092
77	−2.9009	−2.8828	−2.8932	0.0062	0.0065	0.0065
78	−2.8388	−2.7711	−2.7826	0.0073	0.0074	0.0074
79	−2.7308	−2.6532	−2.6663	0.0059	0.0084	0.0084
80	−2.6162	−2.4895	−2.5017	0.0065	0.0076	0.0076
81	−2.4967	−2.4435	−2.4550	0.0077	0.0074	0.0074
82	−2.4676	−2.3469	−2.3587	0.0060	0.0075	0.0075
83	−2.3504	−2.2657	−2.2771	0.0069	0.0072	0.0072
84	−2.2740	−2.1716	−2.1820	0.0067	0.0066	0.0066
85	−2.1977	−2.1062	−2.1166	0.0060	0.0065	0.0065
86	−2.1193	−2.0384	−2.0482	0.0048	0.0062	0.0062

续表

年龄	α_x 奇异值分解法	α_x 加权最小二乘法	α_x 极大似然法	β_x 奇异值分解法	β_x 加权最小二乘法	β_x 极大似然法
87	−2.0661	−1.9482	−1.9581	0.0039	0.0063	0.0063
88	−1.9559	−1.8512	−1.8609	0.0041	0.0061	0.0061
89	−1.8465	−1.7660	−1.7752	0.0045	0.0058	0.0058

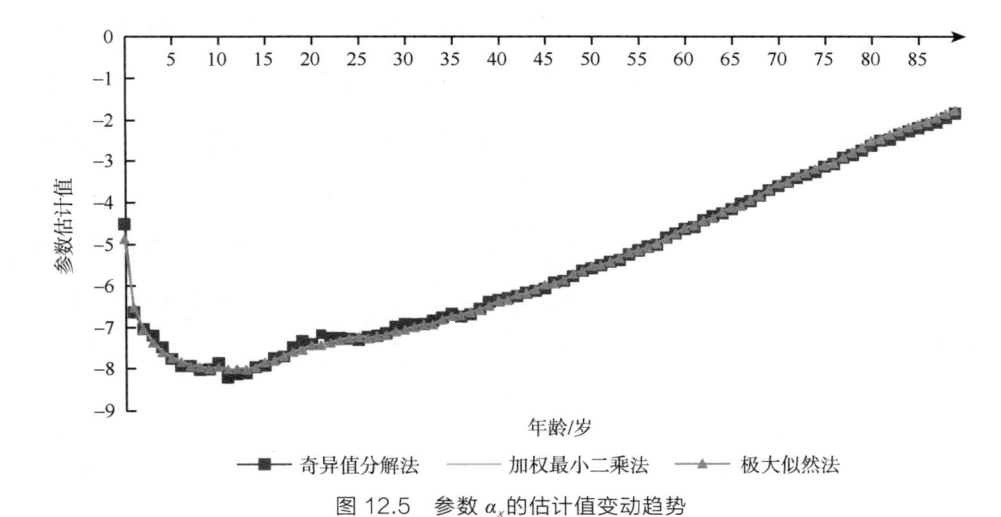

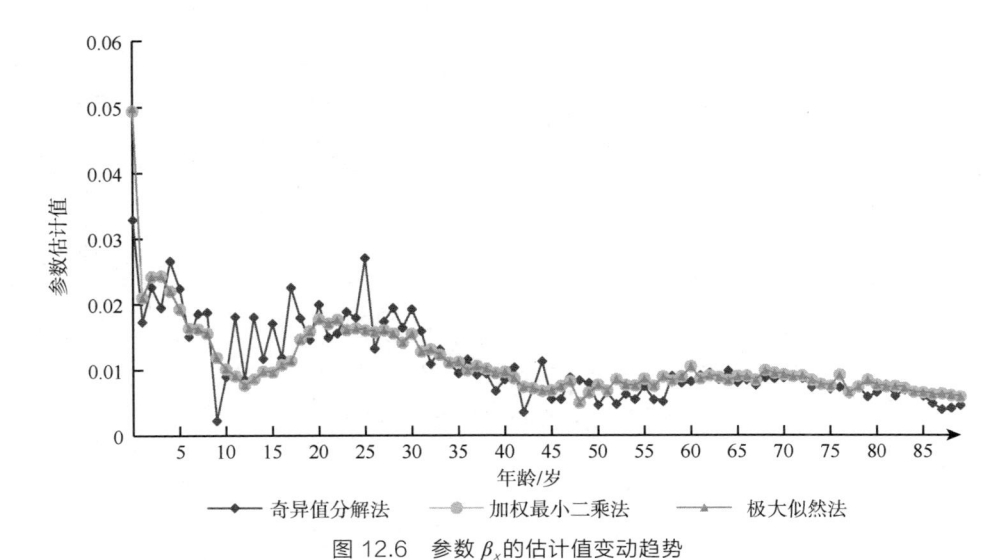

图 12.5 参数 α_x 的估计值变动趋势

图 12.6 参数 β_x 的估计值变动趋势

α_x 代表各年龄死亡率对数的平均值，如图 12.5 所示，三种估计方法得到的 α_x 都是先减小后增大的，死亡率的趋势是一样的。由于生育风险以及婴幼儿免疫力差，刚出生的幼儿死亡率较高，随着年龄的增长，免疫力逐渐增强，死亡率随之降低，青少年时期死亡率最低，随后由于衰老，死亡率又会逐渐升高。

β_x 是 k_t 的系数，衡量死亡率对 k_t 变化的敏感度，β_x 均为正值说明各年龄人口的死亡率都是下降的，β_x 越大说明下降的幅度越大。从图 12.6 可以看出三种估计方法得到的 β_x 都呈下降趋势且趋于 0，说明高龄人口对时间因子不那么敏感。

表 12.4 和图 12.7 分别展示了参数 k_t 的估计值和其对应的变动趋势，从中可以看出，1996 年至 2016 年间，随着时间的推移，k_t 呈降低趋势，这与实际死亡率随时间推移而不断降低的趋势相吻合。

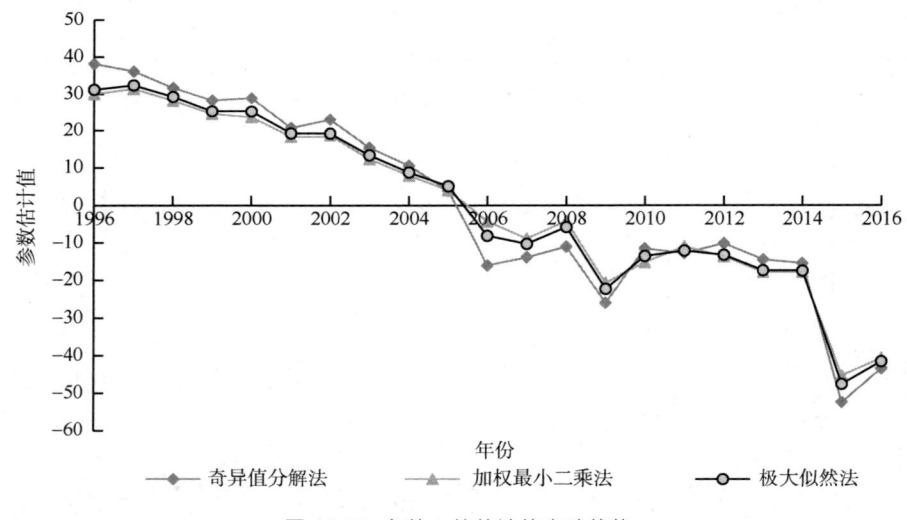

图 12.7 参数 k_t 的估计值变动趋势

表 12.4　Lee-Carter 模型参数 k_t 的估计值

年份	奇异值分解法	加权最小二乘法	极大似然法
1996	38.1587	29.9882	31.1912
1997	36.1243	31.3862	32.3560
1998	31.6452	28.1640	29.2293
1999	28.2338	24.4824	25.2268
2000	28.8302	23.5765	25.1390
2001	20.6000	18.2152	19.1468
2002	22.8880	18.6596	19.1162
2003	15.3472	12.3112	13.3380
2004	10.5808	7.9320	8.7813
2005	3.9293	4.1005	5.1492
2006	−16.0040	−4.3595	−8.1808
2007	−13.8485	−8.9136	−10.3066
2008	−11.0139	−4.2105	−5.8341
2009	−25.9236	−20.6059	−22.1959
2010	−11.4734	−15.0971	−13.4601
2011	−12.6945	−10.8974	−12.0127
2012	−10.0482	−13.5338	−13.1419
2013	−14.3650	−17.6830	−17.2547
2014	−15.3260	−17.7377	−17.3585
2015	−52.4090	−45.1941	−47.4966
2016	−43.3221	−40.5830	−41.4321

通过比较我们发现，用 ARIMA（2,3,1）模型来预测 k_t 是最优的，由此我们预测了 2017～2019 年的死亡率，并计算预测死亡率与实际死亡率之间的平均绝对百分比误差（mean absolute percentage error，MAPE）值。由表 12.5 可得，加权最小二乘法和极大似然法的估计效果较好，其中，极大似然法估计的误差最小。进一步把用极大似然法估计得到的 2017 年的死亡率与实际死

亡率进行对比，结果如图 12.8 所示，不难发现，极大似然法得到的死亡率拟合值与真实值非常接近，再次说明了该估计方法的拟合效果很好。

表 12.5　三种参数估计方法的 MAPE 值

奇异值分解法	加权最小二乘法	极大似然法
11.727 360 8	9.694 068 1	9.515 265 9

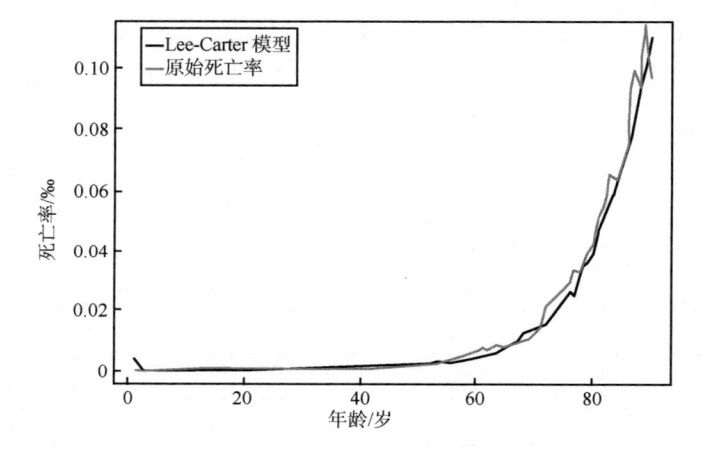

图 12.8　2017 年的死亡率估计值与真实值对比

接下来我们利用 1996～2019 年的数据，通过极大似然法估计参数并预测未来的死亡率，死亡率的预测如表 12.6 所示。从表 12.6 中我们可以看出，未来我国的死亡率还会进一步地降低，我国的人口平均预期寿命还会持续上升，长寿风险也会加剧，因此我们必须尽早采取措施。

表 12.6　死亡率估计值（2020～2024 年）

年龄	2020 年	2021 年	2022 年	2023 年	2024 年
0	0.001 079	0.000 996	0.000 925	0.000 885	0.000 866
1	0.000 644	0.000 623	0.000 604	0.000 593	0.000 587

续表

年龄	2020 年	2021 年	2022 年	2023 年	2024 年
2	0.000 335	0.000 323	0.000 311	0.000 305	0.000 301
3	0.000 243	0.000 233	0.000 225	0.000 220	0.000 218
4	0.000 210	0.000 203	0.000 196	0.000 192	0.000 191
5	0.000 204	0.000 198	0.000 192	0.000 189	0.000 187
6	0.000 208	0.000 202	0.000 197	0.000 194	0.000 193
7	0.000 189	0.000 184	0.000 180	0.000 177	0.000 176
8	0.000 190	0.000 185	0.000 181	0.000 179	0.000 178
9	0.000 208	0.000 204	0.000 201	0.000 198	0.000 197
10	0.000 235	0.000 231	0.000 228	0.000 225	0.000 224
11	0.000 232	0.000 228	0.000 225	0.000 223	0.000 223
12	0.000 245	0.000 242	0.000 239	0.000 238	0.000 237
13	0.000 235	0.000 232	0.000 229	0.000 227	0.000 226
14	0.000 236	0.000 232	0.000 229	0.000 227	0.000 226
15	0.000 269	0.000 265	0.000 262	0.000 259	0.000 258
16	0.000 267	0.000 263	0.000 259	0.000 256	0.000 255
17	0.000 291	0.000 286	0.000 281	0.000 279	0.000 277
18	0.000 285	0.000 278	0.000 272	0.000 269	0.000 267
19	0.000 286	0.000 279	0.000 272	0.000 268	0.000 267
20	0.000 295	0.000 287	0.000 279	0.000 275	0.000 273
21	0.000 305	0.000 297	0.000 290	0.000 285	0.000 283
22	0.000 317	0.000 308	0.000 300	0.000 295	0.000 293
23	0.000 354	0.000 345	0.000 337	0.000 333	0.000 330
24	0.000 371	0.000 361	0.000 353	0.000 348	0.000 345
25	0.000 387	0.000 377	0.000 368	0.000 363	0.000 360
26	0.000 383	0.000 373	0.000 365	0.000 360	0.000 357
27	0.000 395	0.000 384	0.000 376	0.000 370	0.000 368
28	0.000 411	0.000 401	0.000 392	0.000 386	0.000 384

续表

年龄	2020 年	2021 年	2022 年	2023 年	2024 年
29	0.000 473	0.000 462	0.000 453	0.000 447	0.000 444
30	0.000 470	0.000 458	0.000 448	0.000 442	0.000 439
31	0.000 554	0.000 542	0.000 532	0.000 526	0.000 523
32	0.000 579	0.000 567	0.000 556	0.000 550	0.000 546
33	0.000 606	0.000 594	0.000 583	0.000 577	0.000 574
34	0.000 709	0.000 697	0.000 685	0.000 679	0.000 675
35	0.000 769	0.000 755	0.000 743	0.000 735	0.000 732
36	0.000 825	0.000 812	0.000 800	0.000 793	0.000 790
37	0.000 864	0.000 849	0.000 836	0.000 828	0.000 824
38	0.000 932	0.000 917	0.000 903	0.000 895	0.000 891
39	0.001 053	0.001 037	0.001 023	0.001 014	0.001 010
40	0.001 177	0.001 158	0.001 142	0.001 132	0.001 127
41	0.001 243	0.001 226	0.001 210	0.001 201	0.001 196
42	0.001 502	0.001 484	0.001 468	0.001 458	0.001 454
43	0.001 560	0.001 542	0.001 526	0.001 516	0.001 511
44	0.001 730	0.001 711	0.001 694	0.001 684	0.001 679
45	0.001 931	0.001 910	0.001 891	0.001 879	0.001 873
46	0.001 948	0.001 925	0.001 904	0.001 891	0.001 885
47	0.002 045	0.002 018	0.001 994	0.001 979	0.001 972
48	0.002 715	0.002 693	0.002 674	0.002 662	0.002 656
49	0.002 755	0.002 726	0.002 700	0.002 684	0.002 677
50	0.002 971	0.002 934	0.002 901	0.002 881	0.002 871
51	0.003 146	0.003 111	0.003 081	0.003 062	0.003 053
52	0.003 188	0.003 145	0.003 106	0.003 082	0.003 071
53	0.003 586	0.003 542	0.003 502	0.003 478	0.003 466
54	0.004 097	0.004 047	0.004 002	0.003 975	0.003 962
55	0.004 148	0.004 091	0.004 039	0.004 008	0.003 993

续表

年龄	2020 年	2021 年	2022 年	2023 年	2024 年
56	0.004 652	0.004 595	0.004 545	0.004 514	0.004 500
57	0.004 840	0.004 770	0.004 708	0.004 670	0.004 652
58	0.005 484	0.005 411	0.005 345	0.005 306	0.005 287
59	0.006 089	0.006 001	0.005 923	0.005 876	0.005 853
60	0.006 528	0.006 419	0.006 321	0.006 262	0.006 233
61	0.007 481	0.007 378	0.007 285	0.007 229	0.007 202
62	0.008 210	0.008 091	0.007 984	0.007 919	0.007 888
63	0.008 833	0.008 708	0.008 596	0.008 528	0.008 496
64	0.010 432	0.010 292	0.010 166	0.010 090	0.010 053
65	0.011 238	0.011 076	0.010 930	0.010 842	0.010 800
66	0.011 665	0.011 496	0.011 344	0.011 253	0.011 209
67	0.013 828	0.013 642	0.013 474	0.013 373	0.013 324
68	0.014 417	0.014 188	0.013 984	0.013 860	0.013 800
69	0.017 117	0.016 856	0.016 623	0.016 482	0.016 414
70	0.020 013	0.019 715	0.019 448	0.019 287	0.019 210
71	0.021 143	0.020 839	0.020 567	0.020 402	0.020 323
72	0.024 412	0.024 056	0.023 737	0.023 545	0.023 452
73	0.026 903	0.026 537	0.026 210	0.026 012	0.025 917
74	0.030 473	0.030 092	0.029 750	0.029 544	0.029 444
75	0.033 997	0.033 585	0.033 216	0.032 993	0.032 885
76	0.033 337	0.032 846	0.032 407	0.032 142	0.032 014
77	0.042 789	0.042 337	0.041 932	0.041 686	0.041 568
78	0.046 193	0.045 643	0.045 148	0.044 849	0.044 705
79	0.049 908	0.049 233	0.048 629	0.048 264	0.048 088
80	0.060 632	0.059 886	0.059 218	0.058 813	0.058 617
81	0.064 168	0.063 406	0.062 721	0.062 307	0.062 107
82	0.070 479	0.069 634	0.068 875	0.068 416	0.068 194

续表

年龄	2020 年	2021 年	2022 年	2023 年	2024 年
83	0.077 263	0.076 369	0.075 566	0.075 080	0.074 845
84	0.087 042	0.086 120	0.085 292	0.084 790	0.084 547
85	0.093 149	0.092 171	0.091 293	0.090 760	0.090 503
86	0.100 869	0.099 857	0.098 947	0.098 395	0.098 128
87	0.110 075	0.108 957	0.107 953	0.107 343	0.107 049
88	0.122 483	0.121 287	0.120 211	0.119 559	0.119 244
89	0.134 615	0.133 349	0.132 210	0.131 519	0.131 186

第四节 传统长寿风险管理办法

一、自然对冲

长寿风险的自然对冲是指通过在企业内部调整产品的组合，用与某种产品的收益负相关的产品进行组合，来冲销组合产品潜在的风险损失的一种长寿风险管理策略（高建伟，2018）。与自留长寿风险不同，自然对冲可以有效分散系统性风险和非系统性风险，通过把寿险公司的风险承受能力和资本市场的各类产品相结合，来降低长寿风险。而在寿险公司的产品业务中，寿险产品和人身保险产品在面临长寿风险的同时，其对寿险公司的收益影响恰好相反。通过对实际死亡率和预期死亡率进行比较，发现人身保险产品和寿险产品给寿险公司带来的影响结果正好相反。随着我国面临的长寿风险逐渐增加，寿险公司也必须应用有效的管理办法来应对长寿风险，然而长寿风险的自然对冲的难点在于产品组合的最优配置问题，而产品组合的配置又受到利率的影响。虽然我国的资本市场正在逐渐完善成熟，但是由于我国的寿险公司在计算现值时采取的是目前既定的利率而不是随着市场变动的利率，因此，我国寿险公司在调整产品组合时对各种组合的比例设定可能存在问题。

而且，长寿风险的自然对冲往往是通过寿险公司内部化解的，这便对寿险公司的整体资金流提出了要求，并且由于长寿风险始终留在寿险公司内部，能否有效分散长寿风险很大程度上依赖于寿险公司所选择的风险管理方法，这意味着要想实现长寿风险的自然对冲仍然需要找到有效的风险管理办法。

二、再保险

再保险是指原保险人在原保险合同的基础上为了转移保险的偿付压力和责任而与再保险公司签订一系列再保险合同的行为。通过对长寿风险进行再保险，寿险企业可以将长寿风险转移给再保险公司，不仅可以起到分散风险的效果，而且有助于扩大承保能力和增加流动资金等。通常来说，再保险包括超额损失再保险（excess of loss reinsurance）和停止损失再保险（stop loss reinsurance）（高建伟，2018）。

一方面，超额损失再保险是对寿险产品持续期的末尾进行再保险，即再保险人对保险人支付超过特定年龄后所需支付的年金，由于此类再保险是将长寿风险中风险最高的部分进行再保险，因此，再保险公司可能会因为人口基数过大而面临较高的支付风险，随着老年人口规模的增加，通过超额损失再保险来管理长寿风险也会对再保险公司的规模和现金流提出更高的要求，老龄化程度的加深一定程度上会削弱公司的盈利能力。比如，中国最大的两家再保险公司即中国财产再保险有限责任公司和中国人寿再保险有限责任公司在2017年的赔付支出就高达142.76亿元和99.97亿元，而其盈利率则分别为–4.05%和–3.79%。[①]相较于国外成熟的再保险市场来说，我国的再保险市场发展还不充分，相关机构对再保险公司的投资管理水平较低，并且再保险公司所面临的赔付压力较大，因此，当前我国的再保险市场和再保

---

① 数据来源：《中国保险年鉴2017》。

险企业可能都还难以承受日益累积的长寿风险。

另一方面，停止损失再保险是对寿险产品的资产价值和未来所需偿付的准备金进行比较，最终由再保险公司支付这两者之间的差额部分。停止损失再保险的核心在于如何计算未来寿险公司所需偿付的准备金和现有资产之间的差额，这也是再保险公司评价长寿风险大小的重要依据。对于再保险公司来说，想要获得较为准确的预测数据，就必须对寿险公司内部已经实施的寿险合约进行仔细调查，一般而言，这一类型的再保险业务大多数是由寿险公司的附属再保险公司来承担。然而，由于我国尚未形成完善的再保险市场，寿险公司也缺乏再保险业务的运行经验，因此，在我国想要通过停止损失再保险来应对长寿风险还面临很多困难。一是寿险公司再保险需求较大但再保险供给不足的问题，尽管截至2019年，我国境内已经有5家中资再保险公司和10家外资再保险公司[①]，但考虑到我国本身人口基数较大，预期寿命的持续增加在提高寿险公司赔付压力的同时也会进一步拉高寿险公司对再保险的需求，从而引发再保险方面的供不应求问题。二是我国再保险公司的成立、管理与运营发展缓慢的问题，不仅再保险公司的成本管理费用控制能力和资金投资管理能力较弱，而且由于我国再保险市场的发展时间本身比较短，市场的成熟程度很低且监管机制尚未健全，很大程度上也影响了再保险业务对冲长寿风险的效果。

第五节　新型长寿风险管理方法：长寿风险证券化

一、长寿风险证券化的发展

自20世纪以来，全球巨灾事件的发生频率和损失程度与日俱增，与死亡

---

① 数据来源：中国银行保险监督管理委员会。

率相关的巨灾债券应运而生。Goshay 和 Sandor（1973）首次提出了可以将巨灾事件的风险转移到资本市场，用巨灾风险证券化的形式来缓解保险公司的巨大赔付压力，他们就保险市场中的风险能否在资本市场中得以转移的问题进行了研究，提出了可以将资产再保险的风险转移到资本市场，通过各种金融衍生品来分散再保险市场中的各种风险，以达到缓解保险公司的赔付压力的目的，由此，巨灾保险期货和巨灾保险期权的相关概念应运而生。1992 年后，巨灾债券开始付诸实施。其中，瑞士再保险公司在 2003 年 12 月首次发行的瑞士再保险公司债券是历史上首个纯死亡率指数风险债券，相比于其他债券，此类债券具有高透明度和无须担保机构增强信用等特点，而由于瑞士再保险公司发行的是死亡率指数相关债券，所以在一定程度上也减缓了发行者与投资者之间的信息透明问题的负面影响。

借鉴巨灾债券的成功经验，人们意识到保险业长寿风险的管理也可以使用资本市场来转移长寿风险，以减轻在死亡率逐渐降低的社会中寿险企业和年金企业的偿付压力。按照给付方式的不同，长寿债券可分为连续型和触发型两大类，且两者在运行机制上存在诸多不同。首先，连续型长寿债券的票息支付金额与特定人群的生存率相关，随着生存率的变动而变动。Blake 和 Burrows（2001）为规避长寿风险而设计的生存债券，将未来一个特定人群的实际生存率作为未来的息票率，正因如此，这类生存债券最终演化成为现在的长寿债券，所以有时生存债券也被叫作长寿债券。而触发型长寿债券则是对债券的票息支付做了一个生存率阈值的规定，其债券的价值和票息由生存率是否超过某个阈值来决定。其次，两类债券的购买者和风险承担者也有所区别。连续型长寿债券的购买者是依赖于使用长寿债券以对冲长寿风险的年金保险公司，而触发型长寿债券的购买者则是想要在资本市场中获取投机机会的投资者。而且两类债券的风险承担者不尽相同，由于连续型长寿债券在市场中是由机构来承担供给和需求，所以其风险也是由其发行主体来承担。

相较而言，触发型长寿债券的长寿风险则是在资本市场中由众多投机者分担，使保险公司的长寿风险得以在资本市场中分散。

长寿风险债券虽然在理论上具有较强的可实施性，但是由于现实中各种因素的影响，其在资本市场中的实现却并不容易。由于长寿风险债券的票息或面值和死亡率有关，所以在投放市场时，必须考虑现实中死亡率的波动和周期因素。而在学者们对人口死亡率做出各种建模后，人们不仅开始对长寿风险债券的设计与死亡率预测进行研究，也开始对此类债券现实市场投放的各类影响因素做出相应研究，比如市场参与者、债券的定价方式、投放规模等。然而，在现实中，人们对此类风险债券的了解甚少，导致长寿风险债券的应用市场依旧没有得到发行者的高度信赖和投资者的支持，因而长寿债券的推广发行受到限制，此类市场也并没有得到迅速发展。至今国际保险市场上发行过的长寿债券也只有欧洲投资银行（European Investment Bank，EIB）发行的 EIB 长寿债券和瑞士再保险公司发行的 Kortis 长寿债券。其中，EIB 长寿债券由于其持续时间长，不能完全对冲各类养老金、年金的长期风险，导致该长寿债券最终发行失败；Kortis 长寿债券与之相比则具有多种优势，比如由于其为触发型债券，风险管理效率高于 EIB 这类连续型债券，而且与 EIB 长寿债券不同的是其面值总额较低，可以给予债券投资者更低的初始资金压力，以上种种促使 Kortis 长寿债券最终成功在市场上发行。由此可以得出，相较于连续型长寿债券，触发型长寿债券的理论基础更加扎实，而且从现实实践上来说，触发型长寿债券也更加符合包括发行者和投资者在内的多方人员的相关利益，实施起来也更加便捷。

除此之外，长寿互换和 q 远期合约也是抵御长寿风险的金融工具。自 2004 年欧洲投资银行推出的 EIB 长寿债券发行失败以后，人们便开始考虑将长寿风险转移到相关的衍生工具上，长寿互换就是转移长寿风险的金融衍生工具之一。长寿互换是人们根据一些特定人群的预期生存率和实际生存率之间的差异来进行现金流交换的一种合约。同长寿债券,它能将长寿风险转移到承受风险能力更强的资本市场中来分散长寿风险;不同的是,长寿互换有初始成本更低和操作更简单等优势,这使其在市场中更具吸引力,也促使长寿互换成为长寿风险证券化发展中最迅速的产品之一。且由于长寿互换属于非标准化合约,而长寿债券和 q 远期合约属于标准化合约,因而长寿互换也可以和长寿债券、q 远期合约相互配合,形成组合产品以应对长寿风险。标准化合约由于其信息透明度高和流动性高的特点,在市场交易中可以将各种需求和供给信息及时准确地反映给交易者,使此类长寿风险管理工具更符合交易者的需要。而非标准化合约作为给投资者和规避风险的人增加其在交易中的可操作性和效率的合约,可以有效降低风险,所以标准化合约和非标准化合约相互配合可以更好地对长寿风险进行有效管理。

同样随着 2004 年欧洲投资银行 EIB 长寿债券的发行失败,2008 年 J.P.摩根将 q 远期合约引入长寿风险中,开启了在寿险领域和资本市场中成功应用长寿风险证券化的先河。同时,q 远期合约也是一种以标准化的死亡率指数为支付基础的金融衍生工具。相较于长寿债券,q 远期合约的运行机制更加简洁,而且最重要的特点就是其交易成本较低、可操作性较强,因此 q 远期合约能更好地与其他的长寿风险管理工具相互配合,构成产品组合以应对长寿风险。随着长寿风险管理工具研究的不断深入,q 远期合约也被世界各国的学者广泛研究,其发展前景也被大众所看好。

二、中国推行长寿风险证券化的必要性与可行性

(一)必要性

偿付危机将对我国寿险企业和公共财政造成持久而巨大的压力。2030~2050 年是中国人口老龄化最严峻的时期,老年人口抚养比将保持在 40%~

50%，人口总抚养比也将随之大幅攀升至60%～70%；2051～2100年中国将进入稳定的重度老龄化阶段，老年人口规模稳定在3亿～4亿，老龄化水平稳定在31%左右。[①]如果仅保持现状不做改变，这样的偿付危机将会持续20年，对整个经济体而言将是一个巨大的隐患。而且长寿风险会使寿险公司所依据的生命表中数据的可靠性减弱，因为不确定性因素的出现，使人们对未来死亡率的预测产生偏差，导致寿险公司的实际支出远远超过预期。

长寿风险证券化有助于寿险公司的资金运营。一方面，长寿风险证券化有助于寿险公司的资金周转，提高公司的整体运营效率。长寿风险证券化能够帮助寿险公司提前获得保单的净价值，为公司的再投资提供资金，还可以帮助寿险公司获得长期费用摊销，有助于提高公司整体的资金流动性。另一方面，长寿风险证券化还可以通过融资增加寿险公司的投资金额，增加其承保能力。比如通过发行长寿债券以更低的成本筹集到可用资金，或通过将死亡率风险转移给特殊目的机构（special-purpose-vehicle，SPV）或资本市场的债券投资者以增强其承保能力。

（二）可行性

由于长寿风险证券化在我国还未达到具体实践的阶段，所以短期内我国发行长寿债券的可能性较低，但是在长期存在发行长寿债券的可行性。首先，我国资本市场正逐渐发展完善。随着市场经济的不断发展，我国的资本市场已经有了多种类型的资产证券化实例，这可以为我国进行长寿风险证券化提供具有实践意义的指导。其次，我国的专业人才和技术已经有所积累。目前我国已经建立了包括精算规定、总精算制度等一整套精算制度体系，精算考试体系和精算制度也在努力完善中。中国精算师协会培养了一大批优秀的精

[①] 全国老龄工作委员会，2006年，《中国人口老龄化发展趋势预测研究报告》。

算人才，可以为实现我国长寿风险证券化的实践提供人才储备。我国的寿险精算技术水平不断接近世界先进水平，可满足未来我国长寿风险证券化的需要。

我国的相关法律条款也为我国进行长寿风险证券化提供了宽松的制度条件。首先，中国银保监会对保险公司的监管向保险公司的偿付能力监管进行转变，而对其市场能力监管显得较为宽松，为中国发行长寿债券提供了相对宽松的政策环境，也使得投资者对保险机构所发行的证券化产品更加信任。其次，金融创新领域的相关法律对金融市场创新有一定的法律支持，可以给金融市场创新提供更广阔的环境，这对降低寿险企业的交易成本起到一定作用。最后，不断完善的信息公开和披露制度也为我国长寿债券的发行提供了更加可靠的政策支持。

三、中国的长寿债券研究

在长寿风险证券化的发行历史上，迄今为止市场上出现的长寿债券只有2004年欧洲投资银行发行的EIB长寿债券和2010年瑞士再保险公司发行的Kortis长寿债券，其中前者属于连续型长寿债券，而后者属于触发型长寿债券，由于各种原因，只有瑞士再保险公司发布的Kortis长寿债券真正发行成功。中国在人口老龄化日益严重的情况下，想要成功发行长寿债券，可以参考触发型Kortis长寿债券的运行机制：首先，由国内实力雄厚的寿险企业设立SPV，然后，让债券投资者向SPV资本公司购买长寿债券，SPV再将投资者的债券本金投资于国债等低风险且可以保证收益的投资标的，作为抵押资产；接下来，寿险企业与其成立的SPV再签订场外协议，每年支付一定的保费以对长寿风险进行保险，此时，对于债券投资者来说，再购买债券并一直到债券到期结束，可以获得一个与利率和死亡率联合相关的息票支付，而这个息票支付的金额来源便是作为抵押资产的固定收益所得，这也是长寿债券区别于其他债券的一个主要方面；最后，在债券到期时，确认一个由官方权威发布的死亡率指数差异指标，即"长寿风险分歧指数"其生存率指数高于预先设定的阈值的话，SPV 将会卖掉部分作为抵押资产的国债对寿险企业进行赔付，对此债券投资的投资者的本金则会受损；而如果其生存率指数低于预先设定的阈值，则债券投资者获得全额本金。基于上述机制，在中国人口老龄化日益严重的背景下发行长寿风险证券，可以从以下几点着手研究。

（一）中国的资本市场

长寿风险证券化的基础平台是发达的资本市场，想要发行稳定可行的长寿债券，就必须有一个发达的资本市场。我国资本市场经过 30 多年的发展，已经具备一定的规模，各项制度也趋于完善。截至 2020 年末，沪深股市总市值已达 79.72 万亿元，市场规模巨大，进行的相关金融交易也逐渐丰富。其中，证券市场的监管方式、资产定价发行技术、发行程序等都日趋成熟，且随着金融市场的放开，我国的资本市场也逐渐走向全球化的道路。在中国资本市场逐渐成熟的情况下，借助于成熟的资本市场，保险公司也能研发更有竞争力的投资性保险产品，对中国的各个领域内的保险市场进行拓展，也可以将保险市场的风险分散到资本市场，化解赔付风险。

市场经验显示，资产证券化将大量社会资金转移进资本市场，对降低企业融资成本起到了显著的作用，而资产证券化的过程也为长寿风险证券化提供了相当大的借鉴价值，随着我国资产证券化的实践经验逐渐丰富，一些成功的实践经验也为中国尝试长寿风险证券化奠定了基础。但我国证券的期限却比较单一，不能适应长寿风险证券化的发行要求。长寿债券的期限多为长期债券，只有通过长期债券才能将不确定的长寿风险分散到资本市场，但是我国资本市场的长期债券数量较少，主要分布为国债，其所能借鉴的经验也较少。

中国的长寿风险证券化也应该提供更多的市场参与主体。对于中国的长寿风险，如果由政府作为发行主体则并不合适，因为政府已经承担了较多的社会风险，所以应该效仿 Kortis 长寿债券选择保险公司作为发行主体，这样不仅可以分散寿险企业所面临的偿付压力，而且可以让寿险企业面对长寿风险时能选择更多资产组合的长寿风险管理工具。而对于投资主体来说，我国的投资者多为个人投资者，缺乏足够的机构投资者，由于我国对长寿风险证券化的认识和研究还并不充足，投资者对这方面的认识也有所欠缺，所以国内的相关机构可以对其进行宣传推广。长寿债券作为与通胀利率风险相关性低而与死亡率指数相关性高的债券，可以作为多数投资者的资产组合中用来对冲部分金融产品风险的工具，其对于大部分投资者来说都具有一定吸引力。

（二）中国的寿险企业

中国的保险行业已经积累了一定的资本和经营经验，具备长寿风险证券化相关的行业实力和市场发行能力。我国保险行业发展迅速，自从 1949 年新中国成立了第一家全国性大型综合国有保险公司——中国人民保险公司以来，中国的保险保费一直处于较高的水平，2020 年中国保险行业保费收入达 47 762 亿元，其总资产规模也超过 20 万亿元，成为继银行、信托行业后总资产超过 20 万亿元的金融行业。而且我国保险业也形成了中国人寿、太平洋保险、中国平安和新华人寿等一批实力雄厚的寿险公司，它们在长寿风险证券化方面都具备发行实力，加上由于我国目前已经进入人口老龄化加速阶段，各个寿险公司都面临着养老金的偿付和赔付压力，都在积极寻求探索可以对长寿风险进行管理的有效工具。然而对于长寿风险债券的发行来说，不仅需要寿险公司具有雄厚资本实力，更需要寿险公司能够设立 SPV 为风险证券化提供保障，没有 SPV 的中心载体的保障，将难以成功发行债券。当前，我国 SPV 的金融监管主体与运营监管不明确，导致 SPV 的正常运营也受到多方面的限制，在其向债券投资者销售债券和息票支付中也会出现交易不明确现象。总的来看，我国保险业和欧美较为成熟的保险业相比在制度建设上还存在一定的差距，所以对于长寿风险证券的发行来说，还有一些难度。

（三）中国的长寿风险分歧指数难以确定

由于触发型长寿债券的核心在于预先设定的触发阈值高低与生存率指数的比较，而与阈值相比较的生存率指数需要通过测定特定人群的死亡率降低程度的相对差异来体现，这在我国的大环境下显得较为困难。首先，我国高龄老年人口数量较大，根据历次人口普查公布的数据，在 1990 年，80 岁以上的老人总数为 801 万，在 2000 年为 1201 万，而在 2010 年则突破了 1700 万，在 2020 年达到 2640.2 万。其次，中国的人口老龄化在空间分布上具有不平衡性，主要体现在两个方面：农村和城市之间、东部和西部之间的人口老龄化差异。从城乡差异来看，第六次人口普查资料显示，城镇的 65 岁及以上老年人口占总人口的比例为 9.3%，农村则为 8.3%，农村青壮年人口向城市转移导致农村人口老龄化越来越严重；从地区差异来看，我国东部地区如江苏等地在 20 世纪 90 年代就进入了老龄型社会，而上海更是早在 20 世纪 70 年代末就进入了老龄型社会；相比而言，西部地区如新疆、甘肃等地区人口老龄化现象并不严重，才刚刚迈入人口老龄化社会的门槛，但人口的跨区域转移使得地区间人口结构也在发生巨大变化。这种城乡和地区之间人口年龄结构的不平衡性，给衡量长寿债券的生存率指数所需的特定人群选择带来了困难。

（四）中国的死亡率模型建模困难

由于中国的保险业发展时间并不长，对于全国人口的死亡率数据掌握不够全面，加上目前并没有一个可以很好契合中国人群的死亡率模型，使得死亡率风险预测困难。构建适合用来预测和度量我国人口死亡率的模型对发行长寿风险债券来说十分重要，因为它不仅关系着长寿债券的息票支行，还关系着长寿债券的定价偏差，如果无法准确预测人口死亡率，长寿债券从定价到发行都会让寿险企业面临亏损的风险。除此之外，建立契合中国情况的死亡率指数体系较为困难，长寿风险证券化需要适合我国在人口老龄化背景下的权威死亡率风险指数作为触发标的，对是否将债券投资者的本金及票息收入进行扣减和扣减多少起着至关重要的作用。并且由于我国的人口死亡率分布不均匀，寿险公司对其的认定标准不一，所选取的特定人群也不相同，所以死亡率风险指数的建立也会受到较大阻碍。

（五）中国的长寿债券定价困难

首先，中国保险行业的生命表过于陈旧，其死亡率相较于人群实际死亡率来说偏差较大，不能对特定人群进行有效的寿命预测以建立确切的死亡率风险指数，寿险公司如果将这样的生命表作为依据将会导致产品设计有较大误差。其次，中国人口在数量上较多，在空间分布上不均匀，导致各寿险企业依据的生命表缺乏地区和人群代表性，从而对长寿债券的定价产生较大的误差影响；最后，由于需要采用触发型长寿债券，用死亡率指数作为触发标的，这不仅需要在死亡率指数上做好建模预测，更需要用死亡率指数对长寿债券进行定价研究，而由于缺乏长寿风险证券化和长寿债券费率厘定的精算相关专业性人才，我国的长寿债券定价也面临困难。

（六）中国的高储蓄率

自 2000 年进入老龄化社会后，中国的国民储蓄率经过一段上升期后至2010年达到峰值，其后始终维持在高位，并没有出现明显的下降趋势，2020年中国国民储蓄率仍然高达 45.7%。中国的高储蓄率与长寿风险息息相关（Hurd et al.，1998；Pieroni and Aristei，2006）。随着预期寿命的不断提高，人们日益担忧养老资源可能不足的风险，这会激发人们未雨绸缪的预防性储蓄动机，成为老龄化社会仍然能够保持高储蓄率一个重要原因。一些研究认为，储蓄的变化与人们选择应对长寿风险的工具之间存在联系（Slavov et al.，2017）。人们会思考如何将储蓄转化为投资以提高收益，如通过投资于资本市场来分散长寿风险。

而对于寿险企业来说，由于被保险人的预期寿命提高，其偿付与赔付压力增加，因而不得不寻求可以有效应对长寿风险的工具，其中，长寿风险证券化因其交易成本低、价格透明度高和设计灵活性强等优势，受到寿险企业的青睐。中国的高储蓄率给长寿风险证券化提供了更为便捷的一个通道。寿险企业将长寿风险转移到资本市场，例如发行长寿债券等管理长寿风险的工具，给人们提供了更多的选择机会，投资者可以在资本市场上购买长寿债券或 q 远期合约，这让居民的储蓄又可以更有效地流入资本市场，更好地缓解寿险企业的偿付或赔付压力。

整体来看，当前我国长寿风险证券化还处在探索阶段，相关的理论依据、监管措施依旧还不完善，同时我国的保险业的整体发展相比欧美国家较为滞后，寿险业的长寿风险管理更是处于摸索阶段，也没有引起政府的足够重视，导致长寿风险证券化尚未得到长足发展。

四、中国的长寿互换研究

长寿互换是指交易双方签订协议，对于一个特殊人群基于生命表精算得出的死亡率和实际死亡率之间的差额进行固定支付现金流和浮动支付现金流交换的合约。长寿互换通过将交易双方各自的比较优势进行完全利用，可以使交易双方互惠共赢，达到市场利益最大化。在典型的长寿互换合约中，寿险公司作为寻求分散或转移长寿风险者，是在现金流交易中作为支付固定现金流的一方，而资本市场的投资者作为寻求资本市场中的投资机会者，则是在现金流交易中作为支付浮动现金流的一方，即寿险公司作为长寿风险规避者支付与预期生存率成正比的固定金额，而投资者作为风险承担者支付与实际生存率成正比的浮动金额。当特定人群的预期生存率低于实际生存率时，寿险公司作为长寿风险规避者达到其目的，获得交易现金流之间的差额，从而实现长寿风险的分散或转移，相反，当特定人群的预期生存率高于实际生存率时，投资者获得预期收益而寿险公司也不需要承担长寿风险所带来的偿付压力。

在老龄化日益严峻的形势下，我国可以参考已有的长寿互换机制。首先，由国内资产雄厚的寿险公司和相关投资银行签订一系列的长寿互换协议，其中包括确定长寿互换中需要依据的生存率指数和作为长寿风险规避者所需支付的固定现金流；其次，由中介机构比如投资银行提供中介服务，将长寿风险通过签订一系列协议分散和转移给资本市场的投资者；最后，签订相关的协议之后，在长寿互换的协议期限内，寿险公司将向投资银行定期支付固定的现金流来对长寿风险进行分散，而投资银行则定期向寿险公司支付由预期生存率和实际生存率的偏差所确定的浮动现金流，以此来进行长寿互换。

长寿互换的核心是固定现金流和浮动现金流的确定。寿险公司作为长寿风险规避者来说支付的定期固定现金流是依据已有的保险业生命表中特定人群预期生存概率和长寿互换协议中预期浮动现金流的大小来确定的。而长寿互换的价格，就是固定现金流和预期浮动现金流的差额，这样能确定长寿风险规避者的固定现金流进行定期支付，且存在盈利的可能性。而资本市场的投资者作为浮动现金流的支出者，所支出的浮动现金流是根据实际的生存率指数来确定的，而这一实际生存率所指向的则是在长寿风险中特定人群每年的实际生存率指数，最后由寿险公司的总赔付额和这一实际生存率指数得出浮动现金流的金额。由于特定人群的实际生存率需要每年更新，所以对于浮动现金流的确定也存在着不确定性，使得存在实际生存率高于预期的可能性，由此资本市场的投资者存在着盈利的机会。

（一）中国保险公司生命表

由于中国保险业起步较晚，保险公司发布的生命表数据不完善，使得在长寿互换协议中所需依据的生存率指数不精确。我国保险业第一张经验生命表由中国人民银行依据 1990~1993 年全国寿险公司的保单业务数据编制得出，但由于当时我国保险业发展不充分，参保人数在全国范围分布不均匀，所以得到的全国整体生存率数据并不准确。后来我国又分别依据 2000~2003 年和 2010~2013 年的全国寿险公司的保单业务数据编制出了两份中国人寿保险业的经验生命表，这为中国寿险企业对生存率的确定、寿险证券化的定价和各类寿险产品的设计起到了至关重要的作用。但是相较于国外，如日本、欧洲等国家和地区的保险业经验生命表来说，我国的生命表存在全国人口各个地区参保人分布不均、投保人群体较为集中等问题，使我国生命表的代表性不够，而依据此生命表计算所得到的寿险产品的设计和定价则会出现偏差。未来想要在我国实施长寿互换，就必须对中国保险公司的生命表进行准确、及时地更新,才能保证长寿互换的固定现金流和浮动现金流得到准确的计算,并使得整个长寿互换协议能够真正有效地实施。

（二）长寿互换的参与者

长寿互换的参与者主要有作为长寿风险规避者的寿险公司、资本市场中长寿风险的投资者以及为二者提供中间流动资金支付的中介机构。

首先,对于寿险公司来说,随着我国人口老龄化越来越严峻,养老金支付压力不断增大,对于分散长寿风险更加急迫,其作为长寿风险的规避者,在长寿互换中是固定现金流的支付方,所要做的是通过长寿互换将固定现金流与浮动现金流进行互换,以降低未来长寿风险所带来的不确定性影响。在人口老龄化背景下,寿险公司对于风险管理可以采取的两种措施都因我国人口结构变化而产生困难:第一,我国寿险的投保人群的年龄结构差异化较大,从而使得寿险公司无法应对不同年龄段的长寿风险不平衡,给寿险公司产品定价造成困难；第二,由于我国不同地区之间的长寿风险相关性较低,不同地区给寿险公司带来的长寿风险具有较大差异,对于不同地区的长寿互换所需要应对的目标人群也不同,导致寿险公司在不同地区实施长寿互换需要更大的现金流。

其次,对于长寿风险的投资者来说,其在长寿互换中通过特定人群的生存率波动实现浮动现金流的互换而获得长寿风险的溢价,长寿互换是一种资本市场中与其他宏观经济因素冲击不相关的投资产品。在目前我国的资本市场,人们对现有的资产组合缺乏恰当的风险对冲产品,而与生存率相关的长寿互换恰好对应资本市场投资者的需求。

最后,对于为固定现金流和浮动现金流提供服务的金融中介机构,通常国际上是以投资银行作为代表。投资银行在长寿互换中不直接承担长寿风险,而仅仅为长寿互换协议中的双方提供交易服务并赚取服务费用。在我国的资本市场中,投资银行的体量相较于国外的跨国投资银行还有较大差距,所以对于长寿互换协议的固定现金流和浮动现金流的交换能否提供有效的中介服务存在疑问。

第六节 结论与启示

我国人口平均预期寿命在过去的几十年里迅速提高,由此给个人、政府和保险寿险企业带来的长寿风险需要引起我们的高度重视。

长寿风险的量化当中,最为关键的就是死亡率模型的建立以及利用死亡率模型对未来进行预测,本章系统性地梳理了死亡率模型的研究进展。早期的静态死亡率模型都比较简单,仅仅考虑了年龄变化带来的死亡率变化,模型当中没有引入与时间相关的变量,这很明显存在问题,因此静态死亡率模型渐渐地不再常用,取而代之的是动态死亡率模型。自 1992 年 Lee-Carter 建立的离散动态死亡率模型问世以后,其因简单实用迅速得到了广泛运用。但是缺点在于同方差假设不符合现实情况,而且在数据不足的情况下效果不好,因此有些学者试图对其进行改进,针对其参数估计提出了除奇异值分解法之外的方法。近些年来我国学者也开始对长寿风险的量化展开研究,利用我国的数据对模型进行拟合并估计我国人口的未来死亡率。连续型随机死亡率模型起步较晚,因此相关的研究比较少。不管是哪一类死亡率模型,都是通过历史数据利用外推法来预测未来死亡率,基本都没有考虑医疗技术的突破等意外因素对寿命的可能影响。总的来说目前还没有一个完美的死亡率模型,各种模型都各有优缺点,因此在运用死亡率模型时应该根据各国情况对模型进行修改,并选择合适的参数估计方法。

本章利用中国的数据对 HP 模型进行了参数估计,发现 HP 模型对我国男性死亡率数据拟合得较好，但对高龄女性人口的相关数据拟合状况不佳。另外本章还通过奇异值分解法、加权最小二乘法和极大似然法对 Lee-Carter 模型进行参数估计并进行一系列研究，发现极大似然法的效果最好。因此，本章进一步利用极大似然法的参数估计值确立了我国的死亡率模型，并用来预测 2020~2024 年我国的死亡率变动趋势，结果显示我国各年龄人口的死亡率还会进一步降低，长寿风险还会进一步上升。

预期寿命的提高反映了经济社会的发展，但是也会带来严重的长寿风险，目前我国政府和企业对长寿风险的重视程度还不够。长寿风险的应对已经是一个迫在眉睫的问题，由于长寿风险是在不断积累当中，是一个具有长期性和全局性的问题，所以必须早做准备，否则会带来非常严重的后果。长寿风险的量化至关重要，养老保险计划的制订以及年金待遇支付的标准等都与之息息相关，因此我国应尽快开展相关的研究，选择适合我国的死亡率模型对长寿风险进行精准量化，以此制定行之有效的政策。

自从 20 世纪 90 年代以来，西方发达国家逐渐探索出了长寿风险的资本市场管理工具，来应对长寿风险带来的资金不足、融资成本过高和风险难以应对等问题。利用特定的资本市场工具，如长寿风险证券化等，不仅可以为寿险公司在资本市场中提供分散长寿风险的工具，还可以促进传统再保险市场价格机制的形成，更可以为寿险企业提供更加强大的承保能力与发展能力。

作为寿险公司进行融资和风险管理的重要工具，长寿风险证券化在近些年发展迅猛。从 2004 年 EIB 长寿债券发行到 2010 年 12 月由瑞士再保险公司发布的 Kortis 长寿债券，无一不体现了人们对于长寿风险证券化的积极探索与研究。而推动长寿风险证券化，不仅使寿险公司可以通过证券化盘活资金，降低融资成本，增强企业自身的承保能力，还可以吸引更多投资者进入资本市场通过购买长寿风险证券化产品一起分散和转移长寿风险。

随着我国经济社会的发展和老龄化进程的加快，我国的寿险企业也逐渐面临着长寿风险的问题,加上我国正处于发展动力换挡升级阶段,保险业并不如西方发达社会那么成熟,对于如何管理长寿风险提出了更高的标准与需求。在传统的长寿风险管理策略中,自然对冲和再保险由于对系统性的风险难以控制,且其风险都分布在寿险公司内部,导致寿险公司的偿付压力并没有减少。于是在我国实行新型长寿风险管理模式——长寿风险证券化的想法应运而生,而长寿风险证券化主要包括发行长寿债券和进行长寿互换。本章认为中国想要发行长寿债券,可以借鉴 2010 年 12 月由瑞士再保险公司发布的 Kortis 长寿债券的运行机制,并结合我国的现实,从资本市场、寿险企业、长寿风险分歧指数、死亡率模型建立、长寿债券定价等方面进行分析。而开展长寿互换,则需要对长寿互换的参与者和中国保险公司生命表等方面进行分析。随着人口老龄化越来越严重,中国应实施长寿风险证券化以应对长寿风险。从目前的实际情况进行综合判断,在短期内想要成功实施长寿风险证券化还不太可能,但从中长期来看,随着保险行业和资本市场的融合发展,中国实施长寿风险证券化的条件将日益成熟。

第十三章
长寿风险的应对策略

　　随着经济社会的发展和医疗卫生水平的不断提高，人们的健康状况得到改善，长期来看人口预期寿命将会进一步延长，这势必会累积更多的长寿风险。一方面，随着老年人口死亡率的下降，老年人口规模会不断扩大，对养老金和养老服务的需求将大幅增加，使得政府的养老金支付压力激增，养老金的收支缺口可能会扩大，从而对经济增长不利；另一方面，人们的实际寿命与预期寿命可能会不一致（汪伟等，2018），生命周期内的不确定性增加会改变个人及家庭在储蓄、消费、代际支持及人力资本投资等方面的决策，进而对劳动生产率、国民储蓄率、劳动力供给、技术进步以及收入不平等多个方面造成影响，最终影响宏观经济的运行。在当前我国"未富先老"的特殊国情下，如果未来几十年间人们的实际寿命进一步延长，且长期高于预期寿命，那么不论是国家、企业还是个人都将面临前所未有的长寿风险。在此情境下，我们对长寿引发的宏观经济效应应当予以高度重视。

　　长寿风险的增加对我国未来经济与人口政策的制定和调整提出了新的要求与挑战。从宏观经济运行的角度来看，我国正处于产业结构调整的经济转型时期，预期寿命的持续增长将会大量消耗用于发展经济的物力和财力，如果不能在物质基础、养老资源、人力资本、制度与思想建设等方面做好准备，那么寿命延长将会给未来经济运行造成巨大困扰。然而，换一个角度来看，寿命延长一定程度上反映了经济社会的发展、人民生活水平的改善和健康水平提高，由于劳动力要素是影响经济增长的重要因素之一，因此，预期寿命延长后，劳动者身体素质的改善也为我国提高劳动生产率、优化产业结构、加快技术创新和转变经济增长方式提供了新的契机。可以说，对我国而言，预期寿命的延长既是挑战又是机遇，如果能够较好地把握预期寿命延长的背景下宏观经济运行的客观规律，并厘清长寿所引发的宏观经济效应，明晰不同政策环境下预期寿命延长对经济增长的影响路径，那么将有助于我们更为有效地解决人口结构快速转型给经济发展所带来的困境。关于中国应对长寿风险的政策取向，本书首先总结了主要发达国家在应对长寿风险方面的可取经验，然后着眼于我国的经济社会现状，从"避害"和"趋利"两个维度进行了分析与探讨。从国际经验上看，发达国家比我国更早进入老龄化社会，在应对长寿风险方面进行了长期的政策探索，一定程度上为我国应对长寿风险提供了"他山之石"或是"前车之鉴"。从中国的具体国情来看，"避害"主要反映为个体及企业利用资本市场的投融资便利性和各种金融工具的可及性来有效分散与转移长寿风险；而"趋利"则体现在继续延续传统人口红利期和开拓经济增长新源泉两个方面，一是通过调整生育政策、改革退休制度和优化养老保险制度等方式，来继续挖掘促进经济增长的劳动力存量优势；二是在要素瓶颈日益凸显以及原有的经济增长优势逐渐衰退的情况下，从人力资本积累、技术进步以及提升劳动生产率的角度探讨开拓未来经济增长源泉的可行路径，以期达到既"治标"又"治本"的目的，从而推动宏观经济的持续健康发展。

第一节 应对长寿风险的国际经验

一、通过资本市场分散与转移长寿风险的国际经验

发达国家通过资本市场来转移长寿风险的策略主要体现在养老保险基金

投资和长寿风险证券化这两个方面。前者主要是指将养老保险基金投资于资本市场，也就是养老金入市，一般而言，养老保险基金投资的首要目的是提高养老保险基金的收益率，以实现养老保险基金的保值增值，从而缓解长寿带来的养老金支付压力；同时，由于养老保险基金本身具有长期性、稳健性、规模庞大等特点，如果能在资本市场有效地运用养老金，充分发挥其"长期价值投资者"的功能，那么养老金入市还能起到稳定股市的作用，从而有助于促进资本市场的健康发展。后者主要是指寿险公司在资本市场上发行与长寿风险相关的金融衍生品，其实质是利用资产证券化的手段把寿险产品中的长寿风险转移到资本市场中去，从而有助于降低个体寿命延长给寿险公司造成的损失。

（一）养老保险基金投资方面

在养老保险基金投资运营方面，发达国家针对不同类型的养老金往往采取了不同的投资管理策略。整体来看，各国对基础养老金的投资普遍都比较谨慎保守，而对企业年金和个人自愿储蓄的养老保险基金等补充养老金的投资管理则相对灵活。

一方面，对于基础养老金而言，多数国家仍然是由政府进行统一的投资管理，而且为保障投资的安全性，大部分国家不允许基础养老金直接进入资本市场，基础养老金的投资对象通常被限制为由政府发行的特定债券或实体资产，这一模式的优点在于较好地保障了资金的安全性与收益的稳定性，但投资收益率往往不高。比较典型的国家是美国和德国，例如，美国的联邦社会保障基金只能投资于国债等风险极低的金融工具，而德国的基础养老金投资则更偏向实体资产，主要集中在房地产和基础设施建设两个领域。此外，也有部分国家在基础养老金投资运营方面的市场化程度较高，这些国家通常设立了独立于政府部门的养老保险基金管理机构来负责养老金的投资运营，且投资范围不局限于单一市场，一般是国内外投资相结合，因此，这一模式在提高养老金投资收益方面往往更有优势。比如，日本设立政府养老投资基金（Government Pension Investment Fund）作为公共养老金的专门投资机构，对公共养老金的投资采取了委托投资为主、直接投资为辅的策略，投资范围不局限于国内资本市场的股票、债券及其他金融资产，还有相当比例的养老金投放在海外资本市场，这为日本基本养老保险基金迅速成长为全球最大的养老基金起到了十分重要的促进作用；类似地，加拿大和瑞典也通过政府专门设立的基金管理机构将基础养老金广泛投资于国内外的资本市场，且平均来看，都取得了较高的投资收益。

另一方面，对于企业年金和个人养老金而言，近年来主要发达国家普遍采取了市场化运营的模式，但由于各国的资本市场发达程度以及投资理念不同，政府在养老金投资中所扮演的角色有所不同，从而导致养老金投资的资产配置有一定差异。比如，美国在养老金投资上更为重视灵活性与收益性，政府对基金投资的限制较少，因此美国的职业养老金和个人养老金都有较高比例用于投资股票等权益类基金，职业养老金中投资于股票型与混合型基金的资产占入市养老金总资产的比例接近90%，而个人养老金对股票等权益类基金的投资比重同样高达80%[1]，这在很大程度上增强了养老金的保值增值能力，有效缓解了长寿风险所带来的养老金给付压力，但由于权益类基金的投资比重很高，养老金收益及规模受资本市场波动的影响也很大。相比之下，一些欧洲国家则更重视养老保险基金投资的安全性与流动性，政府对某些投资方向的投资额度进行了明确约束，因此这些国家的养老金投资于股票的比例明显较低。比如，瑞士政府规定投资于国内和国际股票市场的资产比重分

---

[1] 资料来源：美国投资公司协会(The Investment Company Institute, ICI)发布的 The US Retirement Market Fourth Quarter 2021。

别不能高于50%和25%，法国政府规定在股票市场和房地产市场的投资比重分别不得超过65%和10%，德国政府规定在股票市场、房地产市场和用于跨国投资的资产占比分别不得超过30%、25%和5%（王怡等，2012）。同样地，日本、新加坡等亚洲国家也对投资于股票市场的资金进行了限制。虽然，较为严格的投资额度限制可能降低了养老金投资的收益率，但收益稳定性却得到了提高。

总的来看，发达国家对基础养老金的投资管理仍然主要以保值为首要目标，而对补充养老金的投资则更加注重增值，投资方式也更为多样化。但从整体的发展趋势来看，养老金投资的市场化程度会随着资本市场的不断成熟而进一步提高，投资对象与方式也会向多元化发展。因此，如何平衡养老金投资的风险与收益、把握好资本市场的投资趋势，可能是养老金入市后需要重点关注的问题。

（二）长寿风险证券化方面

在长寿风险证券化方面，长寿债券、长寿互换和q远期合约是发达国家运用较多的长寿风险证券化工具。

首先，长寿债券的出现时间相对较早，国际上的长寿债券主要分为连续型和触发型两类。连续型长寿债券的主要特点是债券面值或息票率会随着目标人群的生存概率发生连续性变动（Blake and Burrows，2001），从而一定程度上能够分散长寿风险。2004年欧洲投资银行发行的面额为5亿英镑的EIB长寿债券，是全球首支连续型长寿债券。然而，由于债券期限的设定无法较好地对冲养老基金长期累积的长寿风险，加之债券面值过高、基差风险较大等因素（Biffis and Blake，2009），该债券未能吸引到足够的投资者，最终发行失败。触发型长寿债券的主要特点是债券的息票率与投资者是否满足触发条件有关，如果在债券期限内，个体的生存概率没有超过既定水平，那么投资者便可以获得全部的票面利息与本金，否则将会损失部分利息与本金。2010年，瑞士再保险公司发行了面额为5千万美元的Kortis长寿债券，相比EIB长寿债券而言，该债券在债券期限、票面金额和风险对冲方面都更具优势，因此得以成功发行。

其次，长寿互换是根据目标群体的生存概率指数来设计的一种非标准化合约，进行互换的一方以固定的现金流去交换另一方会随生存率指数浮动的现金流以达到对冲风险的目的（Dowd et al., 2006）。相比长寿债券而言，长寿互换的发行成本更低且灵活性更强，不仅可以根据投资者特殊的长寿风险管理需求来设计合约，而且能够针对不同年龄段人群的长寿风险暴露灵活调整其死亡率的期限结构，因此，长寿互换在实际运用中也更为广泛，目前，英国、德国、瑞士和加拿大等发达国家均采用了长寿互换的方式来降低长寿风险对养老保险的负面影响。

最后，q远期合约是J.P.摩根针对死亡率风险设计的一种金融衍生产品，交易双方根据固定死亡率和以Life Metrics死亡率指数计算得到的浮动死亡率来确定现金偿付金额。由于使用了标准化的市场指数进行计算，q远期合约几乎没有基差风险，并且还能够避免保险公司的内部操纵。与长寿互换相比，q远期合约的成本更低、灵活性更大，通过设计远期合约组合不仅能实现长寿风险的完全对冲，而且也能对冲其他交易中的死亡率风险，相比之下q远期合约在拓展性和风险对冲能力上都更具优势（谢世清和赵仲匡，2014）。

总的来看，长寿风险证券化是长寿风险管理方面的一个重要创新，目前，国际上已有部分发达国家开始运用相关的金融衍生产品来转移社保基金和年金保险公司面临的长寿风险，并取得了一定效果。从上述三类长寿风险证券化产品来看，q远期合约在对冲长寿风险方面的表现最佳，只不过由于它是根据死亡率指数设计的，因此其实际效果很大程度上依赖于精算技术是否成熟。这说明，为发挥长寿风险证券化产品抵御风险的作用，可能需要从完善资本市场、建设专业化金融机构、培养精算人才等多方面入手，为推进长寿风险的证券化创造良好的条件。

二、通过鼓励生育应对长寿风险的国际经验

从生育政策的调整来看，发达国家大多没有实施过限制生育数量的政策，因此各国在鼓励生育方面往往是通过间接干预的方式（即出台鼓励生育的一揽子政策）来促进生育率回升，以避免少子化问题引发更大的长寿风险。目前，各国的生育支持或家庭支持政策主要涉及对家庭提供经济和非经济支持两个方面，前者主要包含了生育津贴、育儿补贴和儿童税收优惠等方面的政策，其主要特点是通过提高家庭的可支配收入来降低家庭的育儿负担，从而达到鼓励生育的效果；后者主要涉及儿童托育方面的公共服务支持、薪酬产假制度以及女性就业保护等方面的内容，其主要特点是通过补偿家庭育儿时间来缓解父母的照料负担，减少个人在工作与育儿方面的冲突，从而促进生育率提高。

（一）经济支持方面

在经济支持方面，直接提供现金支持或进行税收减免是发达国家鼓励生育政策的主要内容。

一方面，大多数发达国家都广泛运用了以育儿补贴为主的现金补贴政策来鼓励生育。政府一般会根据家庭的不同类型来提供多样化的生育津贴或育儿补贴，其中不仅包括向所有生育家庭提供的一般性儿童津贴，而且还有专门向残疾儿童家庭、低收入家庭、单亲家庭等社会弱势群体提供的特殊补贴。比如，英国和法国在向所有生育家庭发放基本育儿津贴的基础之上，也提供

专门的残疾儿童津贴、单亲家庭津贴等；德国不仅为 18 岁以下儿童提供无条件领取的儿童金，而且还面向低收入家庭发放补充儿童津贴，并在新冠疫情期间还增设了紧急儿童津贴，以补贴那些受疫情影响而需要在家照料孩子的父母。①另一方面，税收优惠政策也是一些国家鼓励生育的重要政策工具。比如，美国、韩国和新加坡基于家庭中未成年子女的年龄和数量设计了不同类型的税收抵免政策；德国对家庭支付的儿童托育费、教育费和家政服务费进行一定额度的税收减免；韩国对儿童教育费和医疗费进行税收抵免；日本则是直接免除了个人在生育休假期间的社会保险费。

整体上看，不论是育儿补贴还是儿童税收优惠政策，都能够有效降低家庭的育儿负担，且从发达国家的实施效果来看，至少在短期内，各国的生育率确有回升，这说明为家庭提供育儿方面的经济支持是提升生育水平的可行办法。

（二）非经济支持方面

在非经济支持方面，发达国家主要是从补偿家庭育儿时间的角度出发，一是通过增加普惠性的市场托育服务供给来满足家庭的托育需求，解决女性就业与育儿之间的冲突；二是通过薪酬产假制度和相关保护女性就业权利的政策法规来降低生育的机会成本。

在托育服务支持方面，主要发达国家大多通过质优价廉且形式多样的托育服务机构来满足不同家庭的儿童照料需求，减少父母尤其是女性在工作与儿童照料之间的冲突。其中，最为典型的国家是法国，该国鼓励生育政策上的最大亮点是形成了相对成熟的托育服务支持体系，不但由政府投资扩大了公立托育机构规模，还借助民间力量来填补公共托育服务的供给缺口，比如，

---

① 资料来源：根据各国政府网站公布的相关文件整理得到。

由企业或父母牵头成立早教和托育服务中心、全日制或半日制儿童活动中心等。而且，不论家庭选择哪一类托育机构，政府均会对其支付的托育费用进行补贴。在政府与民间力量共同推动下，不同家庭的托育需求也得以更好地满足，结果是家庭生育意愿和生育率均有所回升。此外，也有部分国家通过"幼保一体化"改革来解决托育服务的供给问题。比如，瑞典通过多年的改革，现已能为 0 至 6 岁儿童提供连贯性较好、灵活度较高的高质量儿童照料与教育服务，从而有效缓解了父母在就业与家庭之间的冲突，促进了家庭生育意愿的提高。近年来，日本、新加坡等国也纷纷效仿瑞典的经验，逐步开展"幼保一体化"的托育服务改革，只不过，由于具体国情和政策实施时点不同，政策效果的差异较大。

在薪酬产假制度以及女性就业保护方面，大多数发达国家不仅设立有传统的带薪产假制度，同时也针对女性就业或生育后的再就业问题出台了配套的政策或法规。从产假方面看，OECD 国家带薪产假的期限在 18 周左右，大多高于国际劳工组织提出的 14 周带薪产假的国际标准，而且产假期间的薪酬补偿也通常较高，一些国家甚至提供全薪补偿，比如，德国对产假期间的收入补偿均达到 100%。[1]然而，由于产假制度本身也可能加剧劳动力市场上的性别不平等，为此，一些国家通过调整生育休假制度或出台相关法律法规为职业女性提供更好的生育保障，一方面，通过出台陪产假和育儿假政策来鼓励父亲参与育儿过程，减轻母亲的照料负担，弱化女性产假政策引起的性别不平等问题。比如，英国、法国、丹麦等 OECD 国家大多设置了 2 周以上的全薪陪产假，日本男性享有全球最长的全薪陪产假，法国则规定了陪产假的强制休假天数为 7 天；欧洲国家尤其是北欧国家的带薪育儿假普遍较长，其中瑞典、丹麦等国的育儿假均超过 1 年。不过，即使多数国家的生育休假待

---

[1] 资料来源：OECD Family Database。

遇已经很慷慨，但从使用频率上看，大部分假期仍然主要是女性在使用。另一方面，通过出台保护女性就业的法律法规来直接干预企业的用工行为，依法保障职业女性的生育与就业权利。比如，韩国政府先后出台的《职业中断女性再就业促进法》和《劳动基准法》，不仅为因生育中断职业的女性的再就业提供了法律层面的保障，而且细化了产后女性加班和休假方面的相关规定，较好地维护了女性的生育与就业权利。

总体上看，提供托育服务支持和带薪产假制度都能一定程度上缓解家庭的育儿负担，但由于较长的产假时间与保障女性就业权利之间本身存在一定的矛盾，产假制度可能会强化劳动力市场上的性别歧视，从而提高女性的就业门槛，因此，提供托育服务支持往往比带薪产假政策更能起到鼓励生育的效果。而且，在老龄化社会中，托育服务的有效供给也有助于女性劳动参与率的提高，从而达到提振生育和提高劳动参与率的双重目的。当然，随着有男性参与的生育休假政策的建立完善、保护女性就业权利的相关法规的陆续出台，产假政策也可能发挥出更大的积极影响。

三、通过劳动力市场改革应对长寿风险的国际经验

人口寿命的普遍延长往往会引发劳动力短缺、社会养老负担增加等一系列社会问题，从劳动力市场来看，发达国家通过较为完善的就业促进政策有效提高了老年人的劳动参与率，并在一定程度上缓解了长寿风险对劳动力市场的冲击。整体上看，大多数国家主要是从调整退休制度和优化老年人就业环境两个方面出发来促进老年劳动力供给的提高。一方面，各国对退休制度的改革主要体现在延迟退休政策上，通过适当延长退休年龄和调整养老金的领取规则可以提高老年群体的劳动参与率，最终实现增加劳动力存量并缓解养老金支付压力的目标。另一方面，通过构建老龄就业友好型社会，不仅可

以为延迟退休政策的实施营造更好的社会环境,有助于提高实际退休年龄,而且良好的就业环境本身也能够为老年人带来更多的就业机会与激励,从而更有利于老年人力资源的开发利用,促使长寿风险转化为长寿红利。此外,也有一些国家(主要是欧洲国家)还通过鼓励移民的政策来缓解本国的劳动力老化和短缺问题。

(一)退休制度改革方面

目前,大多数发达国家退休制度改革的重心主要放在如何延长退休年龄上,各国在延迟退休政策上的具体做法为:一是普遍提高了允许劳动者提前退休的最低年龄或正常退休年龄,二是通过调整养老金领取规则来鼓励个体主动延迟退休。

从退休年龄上看,大多数国家采取了渐进性或阶段式提高退休年龄的延迟退休政策。比如,英国的延迟退休政策分为"三步走",第一步是在2016年至2018年间将女性退休年龄延长至65岁,第二步是在2018年至2020年间将所有劳动者的退休年龄提高到66岁,第三步是在2026年至2028年间继续提高到67岁并最终在2046年提高到68岁;日本也出台了渐进、强制性地提高退休年龄至65岁的政策,具体做法是从2013年和2018年开始分别对男性和女性的退休年龄进行调整(每3年提高1岁),并最终在2030年全部调整完毕;德国的退休年龄本身比较高,因此其延迟退休年龄的方案是从2012年到2029年将退休年龄从65岁提高到67岁;澳大利亚的延迟退休方案是在2005年至2023年间将退休年龄从60岁提高到67岁。[①]此外,一些国家还设计了更为灵活的弹性退休制度,比如,美国在退休年龄上没有采取"一刀切"的模式,而是根据劳动者的出生时期对退休年龄(领取全额养老金的年龄)

---

① 资料来源:孙文凯,延迟退休:若干年后的选择,《中国社会科学报》2014年7月9日第618期。

进行动态调整，并且同时允许老年人在 62 岁提前退休或延迟到 70 岁退休，一定程度上尊重了人们的退休意愿；瑞典在把正常退休年龄提高到 65 岁以后，也采取了类似的弹性退休政策，规定老年人既可以提前到 61 岁退休，也可以工作到 70 岁再退休。[①]与普通的延迟退休年龄方案相比，弹性退休政策为劳动者的退休决策提供了更多的选择机会，因此政策实施的阻力往往更小。

从养老金领取规则上看，部分国家通过养老金制度的激励与约束机制来鼓励劳动者主动选择延迟退休。一些国家同时设置了养老金的奖励与惩罚政策，比如，美国对提前退休者的养老金每年减发 5%、对延迟退休者的养老金每年增发 8%；德国规定每提前一年退休，养老金减少 3.6%，延迟退休则养老金待遇增加 6%；日本和韩国与之类似。而另一些国家则侧重于对延迟退休的劳动者提供养老金奖励，比如英国、澳大利亚、德国、荷兰、丹麦等根据延迟退休的年龄设定了养老金的增发额度。

总体上，发达国家在退休制度改革方面的主要特点是"小步慢跑"且有区别地提高退休年龄，并同时通过调整养老金领取规则来激励与约束人们的退休行为。一方面，较为平缓地、分阶段地提高退休年龄能够为劳动者和劳动力市场提供充足的适应时间，降低延迟退休政策实施的阻力；另一方面，通过调整养老金领取规则有利于对老年人延迟退休形成正向激励，从而可以让寿命延长的劳动者分担部分老龄化成本，在保障退休者的养老金待遇的同时又能起到缓解养老金支付压力的效果。

（二）构建老龄就业友好型社会方面

为有效促进老年人就业，除了从制度层面上延迟退休年龄和调整养老金

[①] 资料来源：Pension at a Glance 2015: Retirement-income Systems in OECD and G20 Countries, OECD 2015, Chapter 11, 200-390。

激励与约束机制以外,还需要构建老龄就业友好型社会,减少老年人的就业障碍,从而保障老年人有能力并且有机会继续留在劳动力市场或重返劳动力市场。发达国家构建老龄就业友好型社会的相关政策主要涵盖了两个方面的内容:一是从消除老年人的就业雇佣障碍出发,通过减少对老年人就业的不公平待遇、增加就业岗位来为老年人进入劳动力市场提供便利条件;二是从打破老年人自身就业瓶颈出发,通过提供职业培训和发展老年教育来提升老年人的工作能力,增加老年人的就业机会。

在消除老年人的雇佣障碍方面,一是通过出台保障老年就业的法律法规,依法禁止劳动力市场上的年龄歧视。比如,韩国出台了《雇佣促进法》和《雇佣保险法》,不仅以法律形式禁止企业以年龄为理由解雇或拒绝招收高龄人员,而且根据不同产业的特点分别规定了企业对高龄劳动者的基准雇佣率。与之类似,美国的《禁止歧视老年人就业法》、英国的《禁止年龄歧视法》、日本的《老年人再就业法》和《高龄者雇佣安定法》、新加坡的《退休与重新雇佣法令》等也明确规定了企业雇用老龄员工的法律义务与责任。二是通过增设或指定就业岗位、设立高龄人员就业信息服务平台、提供高龄人员雇佣奖励等政策,来增加老年人的就业机会。比如,韩国在公共部门和民间部门分别选定了 47 种和 83 种职业作为准高龄者和高龄者的优先就业岗位[①],而且对于高龄人员雇佣率较高的企业还给予丰厚的财政补贴;日本设立了"银发人力资源中心"(Silver Human Resources Center),为老年劳动者提供就业咨询服务,帮助老年人二次就业,并通过"高龄人员雇佣专项资金"奖励为老年人创造工作机会的企业;美国建立了社区服务就业项目,为 55 岁以上的贫困高龄劳动者提供非全日制的社区服务岗位。

在打破老年人自身就业瓶颈方面,各国主要是通过向老年人提供继续教

---

① 资料来源:2008 年《雇佣上禁止年龄歧视及高龄者雇佣促进法》。

育和职业培训机会的方式来帮助老年人提升工作技能,适应社会发展需求。比如,法国、英国和瑞士等国通过设立第三年龄大学(University of the Third Age)或老年大学,向达到退休年龄的老年人提供大学教育机会,一定程度上促进了老年人力资本的积累;韩国开展了老年劳动者的职业能力开发项目,为老年群体提供业务技能培训和素质教育等短期免费培训,并且还对提供老年求职者进修培训的中小企业给予经费支持;美国推出了"老年群体就业服务规划",为年龄高于55岁且有强烈工作意愿的低收入老年人提供免费的、多层次的就业培训,并且还向符合条件的创业者提供无息或低息贷款支持其创业;日本制订了中长期终身学习计划并确立了学习成果评价制度,从中央到地方都有专门负责终身学习的部门及专业培训人员,不仅为老年群体提供了各种学习机会和学习项目,而且对其学习成果予以专业认定,使老年人也能够拿到大学同等学力文凭。

总体上,发达国家在促进老龄就业方面的核心思想是为老年人就业"增权赋能"。一方面,出台保障老年人就业权利的政策法规和增设适合老年劳动者的就业岗位,有助于消除劳动力市场上的年龄歧视,保护老年人的就业权利并增加其就业机会,从而起到"增权"的效果;另一方面,为老年人创造接受继续教育和职业培训的条件,有利于提升老年人的工作能力和竞争力,从而起到"赋能"的效果。

四、通过优化养老保险制度设计应对长寿风险的国际经验

在人口老龄化的背景下,预期寿命延长对现收现付养老保险制度的财务可持续性带来了较大冲击。为此,发达国家从养老保险制度体系、养老保险征收管理体制以及养老保险制度参数调整等方面进行了一系列改革与调整,以缓解养老保险基金收不抵支的危机。

（一）养老保险制度体系方面

在发达国家养老保险制度体系改革的过程中,世界银行提出的"三支柱"养老保险结构模式得到了广泛实践,大多数国家调整了原来的单一支柱公共养老金体系,逐步构建起以基本养老保险、企业养老保险和个人储蓄养老保险共同支撑的三支柱体系。发达国家对三支柱养老保险制度体系的具体实践主要体现在三支柱体系的构建和对养老保险的统筹管理两个方面。

在三支柱体系的构建方面,首先,发达国家大多缩减了现收现付制模式下的公共养老金规模,并在原先的公共养老金制度框架中引入了基金制的元素。比如,英国通过公共养老金私有化改革,逐步降低了现收现付制公共养老金的给付水平,逐步将现收现付制的养老金转化为对低收入群体的"兜底"保障,并通过设立个人账户和低费率的储蓄制度来鼓励个体选择个人养老金计划;瑞典的公共养老金计划分为三个层次,其中的第二、三层次的养老金采取了个人名义账户和个人积累账户相结合的形式,两个账户中的养老金分别是以现收现付制和积累制来运行,随着时间的推移,现收现付部分的养老金比重逐渐下降。其次,各国普遍提高了企业补充养老保险的覆盖率,使得企业年金或职业年金开始成为养老保险体系中的重要支柱。比如,英国在国家职业储蓄信托计划中引入自动注册制,促使雇员能够自动加入职业年金计划,大幅提高了职业年金的覆盖率,同时,政府还出台了雇主匹配供款和税收优惠等政策以避免雇员退出职业年金计划,保障职业年金的参保率,资料显示已有高达 45%的英国人参加了职业年金计划[①],职业年金逐渐成为养老保险体系中的重要支柱;美国在雇主养老金计划中大力推行了缴费确定型职业年金计划,该计划的最大亮点是个人可以自主选择个人账户中资产的投资

---

① 资料来源:人民网《发达国家如何养老:职业年金很重要 退休金金额不固定》,2013 年 11 月 11 日。

方式并获取相应的收益,而且在缴费当期还享受免税待遇,这在很大程度上提高了职业年金计划的吸引力,目前美国职业年金计划已成为养老保险制度的核心,资金规模占比已经超过养老金总规模的50%。[①]最后,各国也通过积极发展第三支柱个人养老金计划,弥补公共养老金替代率下降造成的福利损失并缓解公共养老金的财政负担。比如,英国的个人自主投资养老金计划(Self-invested Personal Pension)和存托养老金计划(Stakeholder Pension Scheme)、美国的个人退休金账户(Individual Retirement Account)、澳大利亚的自愿型超级年金计划(Voluntary Superannuation)以及日本的个人缴费确定型养老金计划(Individual-type Defined Contribution Pension Plan)和个人储蓄账户(Nippon Individual Savings Account)等均吸引了相当数量的参保者,使得本国个人养老金规模快速壮大。

在养老保险的统筹管理方面,发达国家大多设立了专门机构对养老保险进行统一管理。比如,美国设立了社会保障总署,对退休和养老金计划等工作进行统一管理,并且,通过建立社保公共服务平台实现了"就业–税费征缴–专户监督–投资增值与经办"一体化服务;法国设立了"社会保险和家庭津贴征收联盟"和其地方经办机构来负责社保项目的征收工作,并由社会保障机构中心管理局对包括养老金在内的所有社保资金进行统一划拨;澳大利亚通过家庭和社区服务部来统一管理包括养老金支付在内的各项公共服务事务,并借助中央公共服务平台来实现各项业务的一体化办理;日本设立了具有独立法人性质的年金机构来负责国民年金的管理,并采取"管办分离、一体化执行"的管理模式;德国设立了养老保险联盟作为公共养老金计划的经办机构,并由联邦保险局来监督其相关工作。

总体上看,尽管各国在多支柱养老保险体系的构建与统筹管理模式的选

---

① 资料来源:美国投资公司协会。

择上有一定差异，但各国对养老保险制度体系的调整或改革都共同指向了优化养老金结构、提高制度效率并促进养老保险制度的财务可持续性的目标。

（二）养老保险征收管理体制方面

养老保险的征收管理会直接影响养老保险金收入及其稳定性，建立可靠的养老保险征收管理体制不仅有利于充实养老保险金收入，而且也能一定程度上缓解长寿风险对养老保险制度的冲击。整体上看，养老保险的征收管理体制主要包含了征管机构和征缴模式两方面的内容。

一方面，从征管机构来看，目前，发达国家负责养老保险征管的部门主要有三类：社保部门、税务机关、基金管理公司或其他独立自治机构。在现收现付制养老保险制度初步建立时期，大多数国家养老保险的征收主要是交由社保部门来负责，而随着养老保险制度的改革，一些国家开始将税务机关也纳入到征收机构之中。结合各国养老保险征收机构的发展过程来看，征管机构及征缴模式的选择很大程度上与养老保险金的征收形式是"费"还是"税"有关。具体上看，以雇主与雇员共同缴费的养老保险计划为主的国家主要是以社保部门作为征收主体，比如比利时、奥地利、瑞士和波兰等欧洲国家；对于以征税形式的养老保险计划为主的国家，则主要是税务机关来负责征收，比如美国、瑞典和英国等；此外，法国养老保险的征收机构与其他欧洲国家略有不同，养老保险金主要是由基金管理公司负责征收，国家通过设立"社会保险和家庭津贴征收联盟"及其地方经办机构来对各地养老保险金进行征收管理。

另一方面，从征缴模式上看，主要包括"分征""代征"和"混征"三类。比如，德国和比利时是由社保部门全权负责征管工作，英国和美国是由税务机关代征以后统一交由社保部门进行养老金给付，荷兰则是将不同的保险项目交由不同机构进行征管（郑秉文和房连泉，2007）。

总体上看，发达国家普遍设立了专门的机构统一负责养老保险金的征管工作，并且政府大多根据养老保险制度的发展以及养老保险金的"费"与"税"的性质对养老保险的征管体制进行了及时调整。不难发现，无论是选择哪一类型的征管模式，其目的都在于更好地保障养老保险金的征缴效率，从而起到稳定养老保险基金收入来源的效果。

（三）养老保险制度参数调整方面

对养老保险制度参数进行调整是解决养老保险收支不平衡的一个较为直接的方式。为减轻人口寿命延长带来的养老金支付压力，近年来，发达国家主要对养老保险制度内的缴费率、养老金待遇和退休年龄等方面的制度参数进行了调整。

一是通过逐步提高养老保险的缴费率来增加养老金收入。比如，加拿大从1998年开始不断上调了公共养老金的缴费率，规定在六年时间内，雇主与雇员的联合缴费率加速上升到9.9%，此后不再改变；日本在2004年的公共养老金和年金改革中明确给出了缴费率提高的目标，规定到2017年国民年金缴费率中由个人负担的部分要从13.3万日元逐步提高至16.9万日元，而企业和个体共同负担的厚生年金缴费率则从13.58%逐步提高到18.3%（孔铮，2009）。

二是通过适度降低基础养老金待遇来减少养老金支出。比如，日本从2009年开始逐步下调养老金替代率，据估测，日本老年家庭的养老金替代率将从2009年的62.3%下降至2025年的55.2%；法国则通过改变缴费年限和养老金给付标准的方式来降低养老金替代率，政府先是规定从2003年起把领取全额基本养老金的缴费年限从37.5年逐步上调至40年，并降低养老金给付标准，即从工作期间收入最高10年的平均工资的50%调整为25年平均工资的50%，随后又将缴费年限进一步延长至2020年的41.5年（孔铮，2009）。

三是通过提高退休年龄，增加养老保险缴费年限，来补充养老金收入。首先是提高法定退休年龄，比如英国先将女性的法定退休年龄提高到与男性一致，然后再进一步提高整体的退休年龄；德国和荷兰根据预期寿命的延长来上调法定退休年龄。其次是鼓励老年劳动者延迟退休，推迟领取养老金，比如，荷兰、瑞典等国鼓励那些有工作意愿的老年职工延迟退休；德国积极鼓励老龄雇员返岗，并为老年人提供工作时间较短、灵活性较高的"迷你工作"；美国和瑞典等对提前和延迟退休者分别采取了部分扣除和适当增加养老金的方式，以鼓励劳动者延迟退休。

此外，为了减少养老保险制度参数调整的政策风险和阻力，一些发达国家还在参数调整中引入了自动调整机制（automatic adjustment mechanism），即在人口老龄化、经济波动和财政收支变化时对制度参数进行自动调整，从而化解长寿风险对养老金制度稳定性的冲击。比如，瑞典采用了与偿付能力挂钩的自动调整机制，根据养老金制度内资产与负债的平衡率并结合与社会平均工资增长率关联的"收入指数"来调节在名义账户制度下的养老金待遇（Palmer，2000）；芬兰采用了与预期寿命挂钩的自动调整机制，通过预期寿命系数来调整个人退休时的初始养老金（Barr，2013）。

总体上，在养老保险制度的改革中，提高缴费率、降低养老金待遇和延迟退休是化解养老金收支不平衡问题的三把钥匙。目前，发达国家对养老保险制度参数的调整方式正在从传统依靠行政政策调整逐步向自动调整转变。在预期寿命持续延长和经济不确定增加的情况下，长寿风险对养老保险制度的影响会长期持续，可以预见，未来养老保险制度的参数调整将会更为频繁，这意味着自动调整机制可能在养老保险制度参数调整中具有更大的应用价值。

五、通过开拓新的经济增长源泉应对长寿风险的国际经验

在预期寿命延长和老龄化程度加深的趋势下，推动宏观经济增长的引擎正在发生改变。与我国相比，发达国家更早步入老龄化社会，在抵御长寿风险与促进经济增长方面进行了长期探索并积累了相对丰富的经验，不同国家在差异化的国情下存在一些共同思路，大多数国家主要是从刺激老年消费、增加人力资本积累和推动技术进步三个方面入手来挖掘长寿背景下的经济增长点。

（一）刺激老年消费方面

大力发展由老年消费驱动的老龄产业或"银发经济"是应对长寿风险的重要战略之一。发达国家主要是通过发展以老年商品和养老服务为核心的老龄产业，来满足老年群体的消费需求并刺激其潜在需求，从而带动经济增长。

一方面，通过出台全国性的养老服务战略规划，为发展老龄产业或"银发经济"提供良好的制度环境，从而有助于充分释放老年消费潜力。其中，比较具有代表性的国家是日本和法国。20世纪八九十年代，日本先后制定了被称为"黄金计划"和"新黄金计划"的《推进老年人保健福利10年战略》和《新的推进老年人保健福利10年战略》，为引导该国老龄产业的发展做出了重要战略部署；并且，政府还通过实施《介护保险法》，逐步建立起具有"混合市场"性质的护理保险制度，利用民间资本和政府力量来推动养老照护服务行业的发展（彭希哲和陈倩，2022）。法国成立了全国家庭服务署，对养老服务市场的建设与发展进行统一管理，并通过制订家庭服务业促进计划，把发展养老服务业正式纳入国家战略规划；并且，政府还出台了《安度晚年（2007—2009）》和《高龄互助（2007—2012）》两项全国性的养老规划，来进一步鼓励养老产业的发展（杨钊，2014）。

另一方面，通过培育老龄市场与发展老龄产业，满足老年群体的消费需求，从而为经济增长提供动力。发达国家在发展老龄产业中各具亮点，比如，日本构建了较为完善的老年护理服务体系，不仅根据老年人的健康状况提供不同类型的医疗与照护服务，而且通过培养专业人员来保障养老服务的质量，很大程度上满足了老年人多层次的养老服务需求，进而推动养老照护产业成为经济增长的重要支柱；美国的老龄产业也十分发达，以房养老、老年社区、老龄超市和老年金融等方面的发展均较为成熟，其中，"以房养老"模式催生下的养老地产行业是美国老龄产业的重要组成部分；法国老龄产业发展的主要特点是医养结合和智慧养老服务，不仅通过建立以居家为主的多元化医养结合服务体系为老年人提供更为精准的养老服务，而且将养老服务与人工智能技术结合起来，发展智慧养老服务，从而更好地满足了老年家庭的照护需求，提升了老年消费。

总体上看，发达国家首先是从顶层设计上为养老产业发展提供有力的政策支撑，并进一步通过培育老龄市场和发展老龄产业，刺激老年群体的消费需求，从而为经济发展创造新的增长点。这说明，在收入稳定的中老年人口规模不断扩大的情况下，老年群体的消费需求和潜在购买力具有很大的开发潜力，老年消费成为推动经济增长的新动力。

（二）增加人力资本积累方面

人力资本是推动经济增长的引擎，发达国家主要是通过公共教育投资和开发老年人力资源来促进人力资本积累。一方面，人力资本积累主要是通过接受正规教育实现的，公共教育投资无疑是提高人力资本水平最为直接的方式；另一方面，寿命延长使得拥有健康体魄和丰富工作经验的老年群体数量增多，充分挖掘这部分群体的人力资源优势也将有助于增加人力资本积累。

在公共教育投资方面，发达国家主要是通过建立公共教育服务体系和调整教育经费投入规模来促进人力资本水平的整体提升。一方面，大多数国家形成了较为完备且各具特色的公共教育服务体系。比如，美国的公共教育投资体系主要是以社区需求为导向，公立学校向所在社区的居民提供从幼儿园到高中阶段的义务教育，并根据社区需求及时调整教育方案；英国公共教育服务体系的构建以公平与优质为主要目标，政府向所有学生提供高标准的教育环境与财政支持，并注重缩小弱势学生与同龄人之间的教育成就差距；日本的公共教育服务体系具有明显的法制性特征，通过构建以《日本国宪法》《教育基本法》和《学校教育法》为主的三层次公共教育服务法律体系，为推进教育资源的均衡配置和促进教育质量的提升提供了重要保障；德国的公共教育服务体系具有较强的融通性，在企业和学校共同培养的"双元"制教学模式下，职业教育和学术教育的地位相对平等并且融通性较强，不仅有助于减少对职业教育的歧视，而且有利于培养出企业对口或市场需要的专业技术人才。另一方面，发达国家的教育经费投入规模普遍较高，其中，中小学阶段的教育经费支出占据主导，而高等教育阶段的生均经费投入较高。在教育经费投入力度上，大多数发达国家的公共教育支出占 GDP 的比重长期处于 4.5% 以上，其中，丹麦、挪威等北欧国家高达 7% 以上，而美国、日本、法国、英国和德国等国的教育经费占比则在 5% 左右[1]，充足的教育经费投入很大程度上加快了人力资本的积累速度，从而推动了各国经济的跨越式发展。在教育经费配置结构上，中小学教育的财政支出比重大约是高等教育的 2 倍，挪威、丹麦等北欧国家的中小学教育经费占比高达 4.8% 以上，大多数国家则介于 3%~4%（陈纯槿和郅庭瑾，2017）；高等教育阶段生均经费较高的国家是美国、英国和瑞典，且近年来生均经费支出还呈现出不断上升的趋势，

---

[1] 资料来源：世界银行数据库。

比如，2005～2015年，美国高等教育阶段生均经费从29 700美元增加到31 000美元。[①]

在开发老年人力资源方面，发达国家主要通过鼓励延迟退休和发展老年教育事业来对现有人力资本形成有效补充。从鼓励延迟退休上看，无论是英国、德国、法国和美国等欧美国家，还是日本、韩国等亚洲国家，都普遍采取了提高法定退休年龄、出台保障老年人就业权利的法律法规、创造老年就业岗位等方式来鼓励有继续工作意愿的老年人留在劳动力市场。从发展老年教育事业来看，美国、丹麦、日本和韩国等发达国家不仅通过老年教育立法的形式为老年教育事业的发展提供了法律保障，而且还在此基础上设立了多层次的老年教育机构以提高老年人的人力资本水平。比如，美国在社区建立的老年大学和通过企业开展的退休准备教育、丹麦在各个城镇和乡村建立的老年教育机构、日本的老年学院和长寿大学、韩国在大学里设立的终身教育学院以及在中小学内设立的老年学堂等，这些教育机构的设立为老年人提供了更多的学习机会，在提高老年人力资本水平的同时也增强了老年群体在劳动力市场的竞争力，在促进劳动力"扩量提质"方面具有十分重要的作用。

总体上看，在劳动年龄人口萎缩的情况下，发达国家通过公共教育投资和开发老年人力资源有效促进了人力资本积累并推动了经济增长。这说明，即使在老龄化背景下，传统的劳动力要素仍然是经济增长的重要源泉，只不过，在人口增量有限、存量不足的情况下，提升劳动力质量或人力资本积累对推动经济增长变得更为重要。

（三）推动技术进步方面

在长寿风险下，技术进步与创新是推动生产率提升和促进经济增长的另

[①] 资料来源：OECD国家数据库。

一个重要因素。一方面，寿命延长加快了人口老龄化进程，导致靠物质资本和劳动要素投入驱动的经济增长逐渐式微，技术创新在推动经济增长中的地位变得愈发重要。另一方面，在新工业革命引领下，以人工智能和机器人替代劳动力的趋势日益明显，顺应这一趋势才能更好地应对长寿风险并实现经济的可持续增长。为此，发达国家通过制定经济发展战略、鼓励研发投入、加强人才队伍建设和发展人工智能等方式来推动技术进步，主要体现在以下几个方面。

一是结合本国优势制定经济发展战略，推动自主创新体系的形成与发展。比如，日本采取了技术引进战略，在"引进–消化–再创新–再输出"的作用路径下，不但利用国外先进技术补齐了本国技术水平落后的短板并实现了第二次世界大战后国民经济的快速恢复与发展，而且还促使本国在人工智能、机器人及汽车工业领域形成了自身独特的技术优势；类似地，韩国提出了"科技立国"的经济发展战略，不仅鼓励本国企业与国外企业共同开发新技术，且倡导"研发模式从模仿变创造"，从而加快了高新技术产业的本土化；美国出台了"再工业化"战略，在发挥信息技术与软件方面的比较优势的情况下，通过大力扶持先进制造业来抢占市场先机，从而实现了本国工业的发展并推动了实体经济的复苏；德国则推出了"工业 4.0"计划，同样是充分利用了本国的人才优势和技术基础来推动先进制造业的发展。

二是通过财政支持政策来鼓励企业加大研发投入，促进科技创新。比如，日本通过机器设备折旧制度和 IT 投资优惠政策来降低企业的税收负担，提高资本性投入较大的科技型企业的设备更新换代能力，从而有助于促进企业更新设备并增加技术投资；韩国通过技术开发准备金制度，以提留准备金的形式保障了企业技术研发和创新的资金需求，从而有利于促进技术创新；美国通过《减税与就业法案》，将企业所得税最高税率从35%降至21%，大幅降低了企业的运营成本，有利于鼓励企业增加研发投资；德国通过设立欧洲复兴计划（European Recovery Program）创新贷款、高科技种子基金等来增加企业融资的便利性，一定程度上激励了企业在新产品研发与科技创新方面进行投资。

三是加强人才队伍建设，为技术进步提供后备力量。比如，日本十分重视人才的自主培养和研发团队的建设，不仅通过"战略基础研究计划""创造科学推进事业计划"等为本国领军人才和创新团队的培养提供资金支持，而且还通过学术振兴会为国内外优秀青年人才提供科研资助；美国将科技人才的培养与保留作为人才建设的主要目标，不仅通过《STEM[①]教育五年战略规划》、"技术雇佣计划"等大力培养科学、技术、工程和数学方面的专业人才，还通过丰厚的科研经费支持和高薪来引进国外科技创新人才；德国以"管产学研"相结合为出发点，不仅通过"精英计划项目""2020高校计划"等培育本国的科技人才，而且还利用德意志研究联合会、洪堡基金会等提供的资助计划来吸引国外优秀的科技人才，从而为本国技术进步提供后备人才保障。

四是促进人工智能技术发展，有效推动新一轮技术变革。比如，美国在政策上全方位部署了人工智能各领域的发展战略，先是在《美国国家创新战略》中提出在精准医疗、大脑计划、自动驾驶汽车、智慧城市、先进教育五个领域发展人工智能技术，随后在"美国人工智能计划"中进一步将研究领域扩大到国防与医疗领域，形成了一个较为全面的发展布局；日本以发展机器人为主要战略部署，逐步推动人工智能技术在制造业、服务业、医疗护理和交通等领域的广泛应用，从而促进超智能社会的建设；德国将人工智能与本国工业发展优势相结合，以工业人工智能为核心，从技术研发、人才培养和财政支持方面推动人工智能技术在智能工厂、智能生产和智能物流领域的

---

① STEM 是科学（science）、技术（technology）、工程（engineering）、数学（mathematics）四门学科英文首字母的缩写。

应用，从而打造人工智能"德国制造"品牌。

总体上看，无论是顶层设计上的战略规划，还是具体的研发投入、人才与技术发展政策，发达国家均是在结合本国产业发展的特点与比较优势的基础上来布局或调整相关政策，从而充分发挥了技术进步对经济增长的促进作用。这说明，在进行技术创新的过程中，不仅要顺应科技革命的主流趋势，借鉴与吸收科技发展的成果，而且要立足于国情，找到科技进步与本国经济增长的契合点。

第二节　我国应对长寿风险的策略选择

一、通过资本市场分散与转移长寿风险

（一）长寿风险对养老保险基金运营管理的机遇与挑战

从整个社会的角度来看，庞大的老年人口数量和不断提高的实际寿命会使养老金的需求增加且支付期延长，导致养老金储备不足，给政府带来巨大的财政压力。我国目前已经形成了以基本养老保险为主，以企业年金为补充，以个人储蓄性养老保险为更高需求的"三支柱"养老体系（郑秉文，2018a）。但在较长一段时期内，三大支柱的发展很不平衡，主要体现在基本养老保险的给付压力非常大，而企业年金、个人储蓄性养老保险的发展则相对滞后。并且，养老金的管理与运作也面临着基金征收困难、筹资规模有限、个人账户尚未做实等诸多问题。在上述多重难题下，未来养老保险基金的可持续性目标将面临长寿风险的严峻挑战，仅依靠养老保险体系自身难以有效抵御日益增加的长寿风险。

随着我国现代金融体系的建立与日益完善，资本市场的广度和深度大为

拓展，为资本市场分散长寿风险创造了条件。如果能将养老保险基金引入资本市场，把资本市场上多样化的金融衍生产品以及融资便利的优势和"三大支柱"养老保险的结构优势有机结合，那么不仅可以丰富养老金筹资渠道，提高养老金保值增值的能力并缓解养老金的给付压力，从而帮助政府有效分散和转移日益累积的长寿风险，一定程度上弥补现有养老保险制度的缺陷；而且，也可以为资本市场注入庞大的长期资金，增添资本市场活力，并向市场释放出利好的信号，进而推动经济发展。《中国养老金发展报告2020》指出，当前我国养老基金与资本市场的发展已经呈现出良性互动关系（中国社会科学院，2020），这在一定程度上为利用资本市场分散长寿风险创造了良好的客观条件。

（二）通过资本市场转移长寿风险的对策

1. 加快基本养老保险基金的市场化运营

对于我国的基本养老保险基金而言，推进市场化运营管理，优化养老基金在资本市场的投资结构，对抵御长寿风险及弥补养老金缺口具有重要意义。长期以来，我国政府采取的是统一管理的投资营运模式，以确保养老金投资管理的安全性，但这一方式也造成了政府对基本养老保险基金的完全垄断，缺乏市场机制的有效调节。并且从养老金的投资方向上看，目前基本养老金可投资的金融资产种类还很单一，且有明确的投资比例限制。在市场经济迅速发展的趋势下，基本养老保险基金将很难抵御未来的通胀风险和利率风险，更无法有效利用资本市场的便利性来实现养老保险基金的保值增值。随着我国资本市场的不断规范与完善，养老金的市场化运营可以继续推进，借助市场机制的作用来提高养老金投资运营的收益。另外，在保证养老金安全的前提下，也可以一定程度上放开养老保险基金的投资范围，从原来的国债、银行存款等扩展到流动性较高且收益较为稳定的其他债权和蓝筹股票等,最终将养老保险基金转化为资本市场的长期投资者。通过推进养老金入市,一方面为资本市场提供庞大的增量资金,激发市场活力,另一方面也可以更好地实现养老基金保值增值的目标,增强养老金未来的支付能力,从而有效缓解长寿风险给养老保险体系带来的负面冲击。

2. 与资产管理机构通力配合,推动企业年金与资本市场的有效对接

长期以来,受基本养老保险缴费率过高、税收优惠力度不足、企业及员工保障意识较弱等主客观因素的影响,我国企业年金的发展速度较为缓慢,且存在规模较小、参保率较低、缺乏有效的投资机制等问题,企业年金减轻基本养老保险压力的辅助作用很难充分发挥。相比企业独自对年金进行运营管理而言,保险公司等资产管理机构更具专业化优势,如果企业与相关资产管理机构相配合,共同管理或是直接委托专业机构来管理企业年金,将有助于实现企业年金与资本市场的对接,不但可以提高企业年金的运营管理效率,一定程度上克服目前筹资能力较弱的缺陷,而且有助于分担长寿风险攀升给基本养老保险金带来的给付压力。

一方面,从年金产品的设计来看,保险公司具有丰富的经验和专业化的团队,可以通过对死亡率的更精准预测及时调整年金合同条款,或是设计相应的年金产品来更好地满足企业对冲长寿风险的需求。因此,在企业年金的设计与管理上,应积极鼓励保险公司的参与,这不仅可以提高企业年金对企业以及职工的吸引力,促进年金市场的发展,而且能够为个人账户基金的资本化运营创造良好条件。

另一方面,从年金的投资渠道来看,保险公司等相关的资产管理机构作为资本市场上的机构投资者,对市场风险的敏感度更高且信息相对更完备,可以为企业年金的投资品种和投资份额提供更为有效且精细的建议。因此,应充分利用资产管理机构的专业化优势,来调整和优化企业年金的投资品种,比如,剔除部分底层资产不透明、收益率一般、市场容量较小以及管理难度较大的产品,并适度提高投资权益类资产比例上限,以此来提高企业年金的投资运营效率和投资收益率,从而为分散长寿风险提供积极的辅助作用。可见,通过企业年金与资本市场的对接将有助于实现企业年金的保值增值。

3. 通过长寿风险证券化对冲商业寿险的风险

对于个人储蓄性养老保险而言,参保个体通过购买寿险产品可以将部分长寿风险转嫁给保险公司,而保险公司则可以通过自留风险、自然对冲、重新设计寿险产品以及长寿风险证券化等方式来转移长寿风险。目前我国的养老保险机构和寿险公司大多采取自留风险和自然对冲的方式来化解长寿风险。但随着预期寿命的持续延长,人们对个人储蓄性养老保险的需求大幅增加,会使更多的长寿风险转移到保险公司内部,传统的风险分散方式可能会失效。因此,重新设计寿险产品和长寿风险证券化可能对分散长寿风险更为有效。考虑到寿险产品的设计和推广周期较长且成本较高,而长寿风险证券化则主要依托产险技术的发展,相比之下成本更低,并且分散和对冲长寿风险的效果往往更好,因此利用长寿风险的证券化来应对长寿风险可能是未来寿险公司更为可取的手段。结合发达国家经验来看,目前资本市场中运用较为广泛的长寿风险证券化产品是长寿债券、长寿互换和 q 远期合约。对比不同的长寿债券,触发型长寿债券的风险分散能力更强,因此可以参照瑞士再保险公司的 Kortis 长寿债券(触发型)并结合我国资本市场的运行特征来设计相应的触发型长寿债券,有效分散寿险公司的长寿风险。而相比长寿债券而言,长寿互换发行成本更低且灵活性更强,在我国资本市场结构日益完善、保险精算技术进一步提高以后,设计适合我国人口寿命变化的长寿互换产品也是我国管理长寿风险的有效方式之一。而如果进一步与 q 远期合约进行比较,q

远期合约的成本更低、灵活性更大并且还有较强的拓展性，对冲风险的能力更为突出。然而，由于现阶段我国对人口死亡率的预测数据尚缺乏准确性，并且保险公司目前使用的《中国人身保险业经验生命表（2010—2013）》数据也明显滞后于人口死亡率的不断变化，无法满足 q 远期合约定价环节上对死亡率的要求，这意味着当前我国还不具备发行 q 远期合约的客观条件。在未来金融技术不断成熟的情况下，通过改善死亡率的预测方法（比如利用动态死亡率模型）来构建有效的死亡率指标，可能是我国未来利用 q 远期合约产品分散长寿风险需要完成的首要任务之一。

4. 规范资本市场的运营与管理，实现养老金投资与资本市场"共赢"

随着我国养老保险基金规模的不断扩大，养老金入市的进程也在加速推进。诚然，将养老金引入资本市场进行投资管理可以有效充实养老金，缓解因预期寿命延长和人口老龄化加剧所带来的养老金给付压力。但也应注意到，我国资本市场结构尚未完善，相关的风险防御体系和监管制度还不健全，并且市场波动性较大，无法为养老金大规模入市提供安全性保障。因此，尽管规模庞大的养老金可以为资本市场的发展提供较为稳健的长线资金支持，但受制于投资环境的不成熟和专业投资机构的缺位，短期来看，养老金入市很难达到保值增值的既定目标，资本市场也难以分享到养老金入市带来的红利。由此可见，规范资本市场的运营与管理应是加快未来养老金入市步伐的先行之举。一方面，应建立起专门针对养老保险基金投资运用的风险防控制度和市场监管体系，明确不同盈利模式下的投资风险并做好风险管控；另一方面，在保障投资安全性的前提下，依托机构投资者的专业化投资团队，积极探索适合养老保险基金的投资管理模式，比如可以通过不同类型资产的投资组合设计来分散市场风险、提高权益类资产的投资力度来增加收益、利用投资回报考核体系来保障收益等，进而实现养老金投资的保值增值目标。而由于养老金主要投向业绩优良的蓝筹股等,更大规模的养老金入市也将有效推动股票的价值评估,促进资本市场向价值投资和长期投资转型,从而实现养老金投资与资本市场的"共赢"。

二、通过鼓励生育应对长寿风险

(一)长寿风险对我国生育政策调整的机遇与挑战

自20世纪70年代以来,我国的总和生育率就呈现出持续下降态势,目前我国总和生育率已降至1.3,处于国际通用的"高度敏感警戒线"1.5以下,在未来较长的一段时期内,如果生育率持续走低,我国可能会跌入"低生育率陷阱"。与之相伴的是我国人口平均预期寿命不断延长和我国老年人口的绝对数量与所占比重不断增加,人口发展已经呈现出"高龄少子化"趋势,在少子化叠加下的长寿风险会对宏观经济产生更大的负向冲击。

我国出现的"高龄少子化"现象与过去40多年实施的计划生育政策有着很大关系,长期以来实行的独生子女政策限制了大多数家庭的生育选择,并经过较长的历史时期导致了生育率水平不断下降的现状。因此,近年来政府试图通过放开生育政策来鼓励人们生育更多的子女,提高社会整体的生育率水平,以缓解"高龄少子化"问题给经济社会带来的巨大压力。在生育政策调整的初期,国家通过"双独二孩"政策和"单独二孩"政策放松了对独生子女夫妻的生育约束,但收效甚微。近几年来实施的"全面二孩"政策在更大范围放宽了对家庭生育行为的约束,生育率在政策施行的头两年得到了明显提高,且出生人口中的二孩占比明显提高,这意味着放宽生育政策一定程度上能够缓解寿命延长和人口结构快速转变的负面影响,2021年以来,随着"全面三孩"政策的落地实施和相关生育支持配套政策的陆续出台,政府鼓励生育的态度变得更为明确,这不仅为人口生育率的回升创造了良好的政策环境，而且也从人口结构调整方面为抵御长寿风险提供了一定的政策支持。可见，生育政策调整对抵御长寿风险的重要性不言而喻。

（二）通过鼓励生育应对长寿风险的对策

1. 逐步放松生育政策，以优化人口结构和促进经济增长

生育政策的放开对人口结构的优化和经济增长具有积极意义。在过去 40 年间，我国经济的迅速发展受益于劳动年龄人口数量增长带来的人口红利，但在预期寿命延长和社会老龄化进程加快的情况下，传统人口红利的比较优势正在逐渐消失（蔡昉，2020b）。如果不能有效提高生育率，对未来劳动力数量进行有效补充，那么经济增长将面临劳动力短缺的巨大冲击。从人力资本积累角度看，生育政策的放松有利于提高家庭生育子女的数量，从而使家庭人力资本投资规模整体提高，不仅有利于提高家庭未来的收入能力，从而更有效地抵御寿命继续延长引发的风险，而且家庭人力资本积累的增加也将促进社会整体人力资本积累的提高。人力资本存量的提高将有助于缓解预期寿命延长和劳动人口年龄结构老化对经济增长带来的负向冲击。

近年来的生育政策调整虽然没有改变生育率持续走低的格局，但不可否认，放松生育政策仍然在一定程度上使人口年龄结构失衡的状况得到了缓解，第七次全国人口普查数据指出我国"二孩"生育率得到了明显提升，可见放松生育政策确实在提高实际生育水平方面发挥了一定的成效，从长期来看，这将有助于人口红利期的继续延长。因此，循序渐进放松生育政策，加大对三孩生育政策的宣传力度，并选择适当时机将生育选择权完全交由家庭，将是未来生育政策调整以促进经济增长的一个主要着力点。

2. 建立健全生育支持体系，降低家庭的生养成本

尽管当前生育政策的调整在缓解人口结构失衡问题方面起到了积极作用，

但仅凭放宽生育，仍然很难扭转低生育的困局，日益攀升的生育养育教育成本和"一老一小"的照料负担很大程度上制约了我国居民生育的积极性。因此，在放开生育政策的同时，应建立健全与生育政策配套衔接的家庭生育支持体系，减轻家庭的生育成本和照料负担，提高人们的生育意愿和生育水平，这也是生育政策调整能够达到预期效果的关键所在。

一方面，生育、养育和教育子女的经济成本增加是目前造成我国育龄人口"不愿生"的主要原因，因此，加大对家庭生育的财政支持力度，减轻家庭养育负担是提高生育积极性最为直接的办法。从国际经验看，直接提供现金支持或进行税收减免是分担家庭生育成本并刺激家庭生育意愿的主要方式，因此我国也可以设计类似的鼓励生育政策，通过多样化的育儿津贴与儿童税收优惠政策来有效降低家庭生育和养育子女的成本，并结合当前放开三胎的政策，对多孩家庭采取梯度生育补贴，以此来提高家庭生育二孩或三孩的意愿。另外，在发放津贴的同时，也应辅之以税收优惠政策，比如对生育二孩或三孩的家庭可以在教育、医疗、住房等方面给予更高的减免额，对不同生育意愿的家庭提供更具针对性的激励和保障。

另一方面，我国家庭的幼儿照料负担较重，大部分地区育儿机构的供给不足，照料子女的时间成本较高是部分家庭尤其是双职工家庭生育积极性不高的重要原因。因此，政府应建立更多的育儿保障机构，并完善公共托幼服务体系，以满足放开生育政策之后家庭日益增加的托儿照料需求，缓解家庭的照料负担。为此，可以借鉴法国、瑞典等国的经验，通过设立社区儿童支持系统、为学龄前儿童提供普惠性的保育场所、完善儿童医疗服务体系等方式来营造良好的育儿环境，满足家庭的托儿照料需求。同时，考虑到女性在劳动力市场上生育子女的机会成本较高，生育之后难以在短时期内迅速返岗的问题，也应通过法律或制度设计来保障女性的就业权利，打消其生育子女的顾虑，比如建立完善的产假制度体系、扩大生育保险的覆盖范围、出台针对职业中断女性再就业的法律法规等。此外，也应对企业采取适当的生育税收优惠，减少对育龄女性的就业歧视，从另一个角度来看，这也可以促进生育成本在国家、企业、家庭之间的有效共担。

另外，应当注意到，在"高龄少子化"背景下，日益累积的长寿风险也会增加家庭的赡养负担，使得成年子女家庭的预算约束收紧，进而影响到家庭的生育决策。尤其是对于夫妻双方为独生子女的家庭而言，抚幼与养老压力的叠加会进一步降低人们的生育意愿。因此，生育政策的调整也应考虑家庭资源的代际分配问题，推进涵盖赡养老人、病残照料、婴幼儿照料、青少年教育等服务功能的多位一体的社区家庭发展支持机构的建设，这不仅可以缓解家庭的养老压力，而且能够进一步减少人们生育子女的后顾之忧。

3. 提供差异化的生育保障服务，引导家庭生育意愿的合理释放

生育政策调整的作用效果取决于家庭的生育意愿以及实际生育子女的数量是否真正提高，而不同生育意愿引致的生育行为会进一步对家庭福利水平和收入差距产生影响。预期寿命延长对不同收入群体的影响具有异质性，会使高收入群体增加储蓄以备养老之需，而低收入群体则更多倾向于养儿防老。当生育意愿能够完全释放时，不同收入群体之间的收入差距可能扩大。为此，应当为不同收入群体提供差异化的生育补助和育儿服务，公共教育支出更大幅度向低收入家庭倾斜，并为低收入家庭的老年人提供更多配套的养老服务支持，缩小不同收入家庭的人力资本差距和收入差距。提供差异化的生育保障服务，不仅能够更好地满足家庭的生育需求，而且有助于化解长寿风险所引致的收入不平等或收入差距扩大问题。此外，在落实放开三孩的生育政策过程中，不但要鼓励具备经济基础且愿意生育的家庭积极生育，同时也有必要告知收入较低的二孩家庭继续生育需承受的经济负担。

三、通过劳动力市场改革应对长寿风险

（一）长寿风险对劳动力市场改革的机遇与挑战

在预期寿命持续延长和人口老龄化进程加速的态势下，传统的人口红利窗口正在关闭。对比第七次全国人口普查和第六次全国人口普查数据可见，十年间我国的劳动年龄人口减少了四千多万，劳动年龄人口的持续缩减给经济增长带来了巨大的下行压力。从劳动力供给的角度来看，一方面，劳动年龄人口总量的减少将导致劳动力成本上升，资本替代劳动力的速度加快，资本边际报酬下降，使得我国由投资需求支撑的经济增长面临严峻考验；而另一方面，年轻劳动力数量的相对减少会使人力资本改善速度变慢（蔡昉，2020b），进而影响宏观经济的增长潜力。在未来我国人口预期寿命持续延长的趋势下，如何挖掘人口优势，将长寿风险转化为长寿红利并成为促进经济增长的新引擎，是劳动力市场改革的难点所在。

在预期寿命增加的情况下，如果退休年龄能够随着预期寿命同步增加，使工作时间和退休时间的相对长度保持稳定，那么预期寿命延长可能并不会对劳动力市场形成较大的冲击。近年来，随着预期寿命的提高，发达国家普遍对法定退休年龄进行了调整，而我国的法定退休年龄一直维持20世纪70年代的老标准，但预期寿命则比20世纪70年代增长了近17岁。预期寿命延长后，法定退休年龄并没有相应提高，这意味着很大一部分老年劳动力资源没有得到充分利用，劳动者的退休年龄还有较大的调整空间，因此，改革退休制度可能是应对长寿风险的一个突破口。

同时，也应注意到近年来伴随预期寿命的延长，我国出现了劳动者受教育年限延长但工作年限反而缩短、退休年龄提前的现象，老年人的劳动参与率不但没有随着寿命的延长而显著提高反而普遍下降，高技能劳动者不愿延

迟退休和低技能劳动者再就业难度大可能是目前劳动力市场上老年劳动力较少的重要原因。因此，在劳动力短缺的压力下，如何进行劳动力市场改革并创造良好的就业环境以调动老年人劳动参与的积极性，是目前劳动力市场改革过程中亟待解决的重要问题。

（二）通过劳动力市场改革应对长寿风险的对策

1. 引入弹性退休制度，提高人力资源的利用效率

我国的法定退休年龄长期处于较低的水平，在人均预期寿命和平均受教育年限不断延长的趋势下，过低的退休年龄不仅浪费了我国的人力资源，同时也加剧了劳动力短缺问题。而且，长期以来我国"一刀切"的退休政策要求达到法定退休年龄的老年人强制退出工作岗位，很大程度上剥夺了老年群体根据自身状况灵活选择退出劳动力市场的权利，进而抑制了老年人参与劳动的积极性。因此，应改革僵化的退休制度，采取相对灵活的弹性退休年龄制度，允许劳动者在一定范围内自主决定老年期的劳动供给和退休年龄。劳动者可以根据身体状况、所处行业及薪酬待遇等选择进入或退出劳动力市场，这样不仅可以提高人力资源的配置效率，增加有效劳动的供给，同时也有助于老年人福利的帕累托改进，通过制度弹性提高人们对长寿风险的应对能力。

同时，应当注意到，近年来我国政府不断释放出延迟退休的意向，但民众的反对意见较为强烈，使得延迟退休的方案迟迟没有正式出台。考虑到退休制度改革牵动着广大劳动者的切身利益，因此，弹性退休制度设计也需尽量做好各方利益的协调工作。一方面，在改革方案出台和实施之间安排一定的缓冲时期，给不同经济主体提供充足的时间来消化政策，这也有助于退休年龄改革效果的充分释放；另一方面，制度设计不但要根据我国劳动力市场的变化规律进行统筹规划，而且也要给不同地区及用人单位适当的退休年龄调整权限，促使不同受教育程度或技能水平的老年人被安排在合适的岗位上，起到优化人力资源配置的效果。

此外，在长寿风险日益攀升的背景下，退休制度改革已是大势所趋，政府应向民众普及退休制度改革的相关知识，使民众充分理解并认识到延迟退休年龄是顺应预期寿命延长和养老保险降费改革的必经之路，消除人们对退休政策调整的误解，减少退休制度改革的阻力。

2. 审慎安排相关配套措施，提高老年人劳动参与积极性

老年人的劳动供给决策不仅受到退休制度的影响，同时也受到自身教育水平、健康状况、抚幼负担、闲暇偏好、就业环境等多方因素的影响，近年来我国出现了预期寿命延长、受教育年限提高而人们却提前退休的反常现象，意味着在现有的制度安排下老年人参与劳动的积极性并不高。如果一味地强制延迟退休，可能会引起民众的抵触和不满，最终适得其反。从发达国家退休制度改革的相关经验来看，养老金激励与惩罚机制对老年人劳动参与决策的影响很大，因此，应审慎安排相关配套措施，对人们延迟退休形成正向激励，引导人们自愿延迟退休。

一方面，退休制度改革和养老保险制度能否有效配合是退休制度改革成败的关键因素。从目前我国的实际情况来看，在预期寿命延长的情况下，延迟退休年龄和适当降低养老保险缴费率的共同作用将显著提高劳动者老年期的劳动供给。因此，退休年龄的调整应当与养老保险缴费率的调整协同推进，建立退休年龄与养老保险缴费率的联动调整机制，通过合理设计不同退休年龄群体的养老保险缴费率、缴费年限、待遇条件、养老金领取规则等，在尽量减少社会福利损失的情况下，提高老年劳动者继续工作的意愿，减少非正常"提前退休"现象的发生。

另一方面，生育政策和其他各项经济改革都将影响劳动者的退休行为，政府有必要尽快出台一系列配套措施或办法以避免各项改革同时进行造成的政策冲突。比如，在生育政策放开后，家庭生育子女数量会相应提高，对老年人隔代照料需求的增加可能抑制其重返劳动力市场，应采取提供更多的公共育儿服务等措施化解生育政策调整与退休制度改革的冲突；针对老年劳动力与年轻劳动力之间可能存在的就业挤压问题，应积极构建延迟退休年龄和促进青年群体就业的良性互动机制，在利用老年劳动力的人力资本外溢效应提高劳动生产率的同时，也充分保障青年劳动者的就业机会与权利；另外，退休年龄延迟在一定程度上会将政府的养老压力转嫁给企业，从而加剧企业"养老"负担，政府应对雇用老年劳动者的企业提供相应补助，减轻企业的支付压力。

3. 积极创造就业岗位，为老年群体营造良好的就业环境

就业岗位的多样性以及就业环境的便利性是老年人能够继续留在劳动力市场的客观条件。近几年受到中美贸易战、新冠疫情冲击等多方因素影响，劳动力市场的就业形势不容乐观，老年劳动者的就业能力相对不足，失业问题更为严峻。因此，应针对老年群体创造更多的就业岗位和灵活的就业方式，以解决老年人群就业困难、失业风险较大的问题，为老年群体继续就业提供良好的条件。

首先，以立法形式保障老年劳动者的平等就业权利，比如参照发达国家，设立针对老年劳动者的《就业促进法》来减少劳动力市场的年龄歧视现象，为优化我国老年劳动者的就业环境、建立老年人口继续就业的长效机制奠定坚实的法律基础。其次，应适当增设适合老年劳动者再就业的工作岗位，借鉴日韩等国的经验，将部分技术含量低、偏向公共服务类的岗位设立为延迟退休岗位，或对不同行业分配高龄劳动者的基准雇佣率，增加老年劳动者的就业机会。最后，应为老年群体提供更为灵活的就业方式和便利的工作设施，

目前我国已有较为丰富的低龄老年群体，其中不乏大量的医生、教师、高级工程师以及科技人员等高素质劳动者，鼓励用人单位提供灵活的就业岗位或工作时间安排不仅能够有效平衡这一群体的工作与家庭生活，调动其继续工作的积极性，同时也一定程度上壮大了灵活就业队伍，为劳动力市场增添活力。

四、通过优化养老保险制度设计应对长寿风险

（一）长寿风险对养老保险制度设计的机遇与挑战

我国养老保险制度的建立开始于20世纪50年代初期，经过不断地调整与改革，现阶段形成了社会统筹和个人账户相结合的养老保险模式。养老保险制度的逐步完善使更多离退休人员能够更好地享受经济社会发展的成果，但是伴随近年来生育率的持续下降和人均预期寿命的不断提高，社会养老负担也在持续上升，养老金收支不平衡问题日益凸显。在未来长寿风险进一步攀升的情况下，我国养老保险体系能否正常运行将面临巨大考验。

一方面，预期寿命的持续延长和老龄化问题的加剧对我国养老保险制度的财务可持续性产生了巨大冲击。尽管当前我国养老保险制度采用的是以现收现付为主兼具基金累积制性质的统账结合模式，相比单一的现收现付制或完全累积制而言，在应对人口老龄化、抵御长寿风险上具有一定优势。但由于我国养老金保险制度改革起步较晚，养老金的管理与运作面临诸多问题，因此，现行的养老保险制度难以有效抵御我国日益增加的长寿风险。而且，我国目前的养老金计发模式的收入调节效应较弱，缺乏替代率调整的政策工具，在预期寿命继续延长的趋势下，更容易陷入支付危机（张熠，2010）。另一方面，预期寿命延长使得老年人口占比增加，养老保险制度内赡养率会随之提高，从而影响到未来人们领取的养老金收入，从而可能造成代际间的收入不平等。而且，在现收现付的养老保险制度体系下，如果维持现有的缴费率水平，制度内赡养率的提高会进一步导致养老金平均替代率水平的下降，养老金平均替代率的下降不仅会损害老年群体的福利水平，更会加剧代际收入不平等程度，最终影响到经济发展。

在预期寿命持续延长和人口老龄化进程加快的情况下，养老保险基金支出的增长趋势在短期内无法缓解，提高征缴效率、减少养老基金流失并挖掘养老金收入的潜在增长空间可能是养老保险制度设计中的重要突破口。另外，如何将长寿风险考虑到养老保险制度参数的调整当中，提高养老保险制度的收入调节作用和财务可持续性也是目前养老保险制度改革中亟待解决的重要问题。

（二）优化养老保险制度设计应对长寿风险的对策

1. 推进征缴体制改革并健全协调机制，减少养老保险基金流失

养老保险费征缴是养老保险基金积累的主要渠道，也是养老保险制度平稳运行的基础，提高基金征缴效率将有助于堵塞征缴漏洞，缩小养老保险基金收支缺口。多年来我国社会保险基金一直是社保部门和税务部门共同参与的"二元"主体征缴模式，征缴机构定位不清使得企业欠缴、缴费基数不实、征缴率偏低等问题突出，导致养老保险基金的流失很大。当前，社会保险费征缴体制改革明确了税务部门统一征收社保费的模式，从顶层设计上解决了征缴主体不一致的问题，但由于我国社会保险费影响面较广，而且省际间的征缴状况差异较大，短期内实现税务机关的全面征缴难度很大。因此，目前的首要任务是大力推进征缴体制改革的全面实施，不仅利用税务机构的专业化团队及工具提高征缴效率并做实养老保险缴费基数，而且通过修订和完善

《中华人民共和国社会保险法》并出台相关精细化法规，规范养老保险费的征收流程并提高法律监管力度。同时，也通过与生育政策、退休制度等其他公共政策的协同组合增强缴费改革的作用效果，有效缓解预期寿命进一步延长后可能出现的养老金偿付危机。

在养老保险基金税务全责征收模式逐步落实的情况下，征缴力度的加强将有助于减少企业缴费不合规现象，但同时也可能会给企业带来较大的缴费负担。尤其是在养老保险基金的实际征缴率提高的情况下，部分中小微企业可能因无力承担缴费负担的激增而破产。因此，应重视征缴体制改革带来的养老保险降费空间，适当下调部分企业的缴费率，减少缴费制度改革给企业生存发展带来的负面冲击。

2. 建立健全养老保险的中央调剂制度，尽快落实全国统筹

由于我国目前的养老保险尚未实现全国统筹，随着税务部门统一征收工作的逐步开展，两者间可能会出现制度衔接不畅等问题。因此，应完善养老保险基金的中央调剂制度，统一调配全国范围内的养老保险基金，在缓解人口流动造成的部分省份养老金赤字压力过大问题、解决地方养老金支付困境的同时，也有助于养老金在收、统、支三个方面的统一管理，并更好地把控养老保险基金的财务状况。

首先，应尽量减少养老金统筹的地方利益冲突，提高地方开展统筹工作的积极性。一方面要引导地方政府树立养老金全国统筹的全局观和长周期视角，对养老金全国统筹改革目标进行正确解读，另一方面应适当对地方政府进行财政放权，减少养老金盈余地区的利益损失，提高统筹的积极性。其次，建议设立全国统筹的垂直管理机构，实现中央与地方的有效对接。从国际经验上看，美国的联邦社会保障总署、法国的"社会保险和家庭津贴征收联盟"等机构的设立都有效推进了养老金的全国征收和省级垂直管理工作，我国也可以成立类似的垂直管理机构来解决目前养老金管理碎片化的问题。最后，应积极构建一体化的信息管理与服务平台，为统筹工作的顺利开展提供技术支持。随着我国流动人口规模的持续壮大，劳动者社保关系的转接以及养老金的征缴、发放与管理工作的难度也在不断增大，通过统一的信息管理平台不仅有助于各方数据的采集与整合，促进社保关系接续的自动化管理，减轻相关部门的工作量，而且也有利于中央政府及时掌握地方养老金收支状况，提高养老金的管理效率。

3. 完善基础养老金收入关联机制，增强养老保险的收入再分配功能

养老保险制度是调节收入分配的重要制度工具之一，然而在预期寿命持续延长的背景下，老年人口规模不断扩大，对我国在未考虑长寿风险情况下建立起来的养老保险体系形成了很大冲击，养老保险制度调节收入分配的功能被弱化，随着预期寿命的持续延长和生育率的进一步下降，总体收入不平等的下降趋势甚至会被逆转。而且在三孩政策实施以后，家庭子女数量的增加可能会进一步降低较低收入家庭对子女的平均教育支出，扩大高低收入家庭子代人力资本水平差距，从而加剧收入不平等程度。因此，未来我国的养老保险制度设计应重点关注养老保险制度对人力资本投资的影响，在基础养老金收入关联机制上进一步向低收入群体倾斜，有效提高低收入群体的养老金收入，达到减轻家庭养老负担并提高家庭教育投资的作用效果，进而缩小不同收入家庭子代之间的人力资本差距，降低代内收入不平等程度。

同时，由于预期寿命延长引致的养老金替代率下降是代际收入不平等上升的重要原因，因此，未来的养老金制度设计应避免出现养老金替代率较低的情况。比如，可以利用国有资产的划拨等手段充实养老保险基金，使养老金的平均替代率水平可以维持甚至有所提高，从而减少长寿风险对代际收入不平等的消极影响。

应当注意的是，虽然通过养老保险制度设计可以一定程度上降低社会总体的收入不平等程度，但当人力资本的代际传递性较强时，社会总体的收入不平等程度仍会维持在一个相对较高的水平。因此，在对养老保险制度的相关参数进行调整的同时，还应当注重与公共教育政策相配合，促进教育机会公平，提高低收入家庭对子代进行教育投资的积极性，降低人力资本的代际传递，从而更好地发挥养老保险对社会收入分配的调节作用。此外，在生育政策进一步放开的背景下，家庭未来生育子女数量的增加可能会对家庭资源产生稀释作用，增加公共教育资源的供给，也将有利于促进低收入家庭的人力资本积累，使养老保险的收入再分配功能能够充分发挥。

4. 推进养老保险制度参数调整，提升养老保险制度的财务可持续性

日益攀升的长寿风险将使未来较长一段时期内养老保险基金的财务可持续性面临巨大挑战，除了对养老保险制度进行结构性改革以外，实现养老保险基金的收支平衡目标还取决于各项制度参数是否能够有效调整与配合。在我国现行的养老保险体系中，一些制度参数的设计还存在较大问题，如法定退休年龄过低、缴费年限较少、缺少待遇指数化机制和财务动态调整机制等（房连泉，2019），这意味着进行养老保险制度参数改革可能是解决养老保险财务困境的有效措施。因此，应大力推进养老保险制度参数的调整，有效缓解长寿风险日益攀升带给我国养老保险制度的赤字压力。比如，落实弹性退休制度改革，引导劳动者自愿推迟退休年龄；对养老保险缴费率进行分层设计，充分考虑不同收入群体及不同用人单位的诉求；构建养老金的精算平衡体系来化解养老金的财务困局等。

五、通过开拓新的经济增长源泉应对长寿风险

（一）长寿风险对宏观经济增长的机遇与挑战

改革开放的 40 多年来，较为年轻的人口结构所带来的丰富劳动力资源和较高的国民储蓄率带来的物质资本的快速积累，共同推动了中国经济的快速增长。然而，近年来，在人口预期寿命延长、老龄化程度加深的形势下，推动经济增长的传统动能正在逐渐式微。一方面，人口年龄结构的老化使得我国劳动力数量与结构的优势逐渐丧失，过去依靠低廉劳动力的比较优势来提高产能并带动经济增长的路径将越来越行不通。从国际经验看，通过生育政策调整、劳动力市场改革以及养老保险制度的优化可以一定程度上发挥我国老年劳动力资源的潜在优势，延续人口红利期。但是，也应注意到，依托劳动力的无限供给来驱动经济增长的模式在长期内是难以为继的，如果仅从延长红利窗口期的角度来进行制度改革，可持续性较差。在长寿风险不断扩大的长期趋势下，我国经济增长的动能亟待转换。另一方面，伴随预期寿命的延长，处于负储蓄状态下的老年人口规模会不断扩大，社会和家庭的养老负担加剧将进一步增大国民储蓄率的下行压力，使得原来高储蓄率背景下的资本积累优势不断减弱。根据前面的经验研究显示，我国人口的预期寿命与国民储蓄率之间呈倒"U"形关系，年龄拐点在 76 岁左右，目前我国人口的预期寿命明显超过了该拐点，这说明当前的国民储蓄率已经开始进入下行通道。由于较高的国民储蓄是物质资本积累的源泉，因此，如果未来的储蓄率持续走低，那么物质资本积累和经济增长都将受到巨大影响。总体上看，伴随预期寿命的进一步提高，长期内，劳动力的数量与结构优势、高储蓄率下的资本积累优势都会消失殆尽，很难为长期的经济增长提供有力支撑，那么，若想从根本上化解长寿风险的负面冲击，中国需要加快新旧动能转换，开拓新的经济增长源泉。从人口转变趋势和经济增长理论来看，"银发经济"、人力资本积累和技术创新将成为未来中国经济增长新的动力源泉。

首先，随着老年人口规模的扩大，老年群体的消费需求和潜在购买力将会带动老龄产业或"银发经济"的快速发展，进而为未来经济增长注入新的活力。未来二三十年，我国将进入人口老龄化的深度发展期，未来庞大的老年群体将形成日益庞大的潜在消费市场，这便为老龄产业的快速壮大提供了广阔的市场空间和发展机遇。准确把握人口年龄结构转变引起的市场需求变化，对于拉动我国内需、促进经济转型具有重大意义（汪伟等，2015）。然而，也应注意到"银发经济"兴起面临的一些现实障碍，比如我国老年群体的储蓄偏好普遍较高、劳动参与率较低、养老保险体系欠完善等主客观因素在一定程度上抑制了老年消费的提高。为此，在把发展"银发经济"作为新的经济增长点的同时，也应通过政策组合提高老年人的消费能力，通过更好的制度设计来解除人口老龄化对消费需求的束缚（蔡昉，2020b），从而保障"银发经济"的蓬勃发展。

其次，人力资本是推动经济增长的引擎，增加人力资本积累有助于突破我国经济增长的人口结构约束，为抵御未来长寿风险提供内生动力。一方面，预期寿命的延长为人们受教育年限的延长创造了有利条件，而劳动力人口平均受教育程度的提高不但可以直接提高劳动生产率，而且也会促使人口红利的收获路径发生改变，通过释放人才红利来缓解老龄化对生产率和经济增长的负面冲击。同时，寿命普遍延长的情况下，人们的健康状况也会随之改善，劳动力身体素质的整体提升会进一步增强人力资本拉动经济增长的作用效果。但是，另一方面，预期寿命延长也会加剧家庭养老负担，目前的市场教育融资模式可能会进一步束紧家庭预算约束，抑制一部分家庭的教育投资积极性，从而对人力资本积累和经济增长不利（汪伟和咸金坤，2020）。因此，适当调整教育融资模式，提高人力资本投资的积极性，也是提升整体人力资本水平和推动经济增长方式转变的重要一环。

最后,技术创新是推动生产率提升和促进经济增长的另一个重要因素。我国的技术进步存在明显的技能偏向性(宋冬林等,2010),劳动力市场上的高技能劳动者和低技能劳动者具有较强的替代关系,长期以来我国高技能劳动者的工资水平和工资增长速度都远远高于低技能劳动者。由于我国不同年龄的劳动者之间受教育水平的差异较大,随着预期寿命的延长,劳动人口年龄结构老化可能会使高技能劳动者的相对规模变小,不仅会强化与低技能劳动者的收入差距,长此以往可能还会出现"劣币驱逐良币"的现象,导致高技能劳动者不断减少,从而对技术创新产生抑制效应,最终不利于经济增长。而且,在产业结构升级对企业技术创新要求不断提高的背景下,未来劳动力市场对高技能劳动者的需求还会进一步增加,促使高技能劳动者的收入继续快速上涨,从而扩大不同技能劳动者之间的工资差距,使收入不平等程度加深,这又会最终影响到宏观经济的正常运行。因此,如何通过制度设计来"扬长避短",利用好预期寿命对技术创新的积极影响来促进经济增长,同时又避免寿命延长对技术进步以及收入不平等程度的负面影响,是目前亟待解决的重要问题。

(二)通过开拓经济增长源泉应对长寿风险的对策

1. 释放老年人的消费潜力,发展"银发经济"

预期寿命延长会加剧人口年龄结构的老化,引导最终消费的规模和产品或服务构成相应发生变化,使之反映老年人的消费习惯、偏好和消费能力。由于我国的人口基数巨大,即使是预期寿命的小幅增加也会使老年群体规模迅速扩大,从而可能形成庞大的老年消费市场并催生"银发经济"的蓬勃发展。"银发经济"至少存在老年人专用产品、健康服务业、养老设施和护理服务、老年人金融和其他特色服务等四大增长领域。其中既包括衣食住行等方面的产品消费需求，又包括老年服务需求，还包括文化、教育、艺术、体育、休闲、娱乐等方面的精神消费需求。发达国家人口老龄化的经验表明，老龄人口的增加和老年市场的扩大会带来新的消费与经济增长点。然而，正如前文指出的，中国"银发经济"的兴起仍然面临一些障碍。因此，在积极培育老龄市场和大力发展老龄产业的同时，中国应当在经济政策上做好准备。一方面，通过提高老年劳动参与率，完善养老保险体系，扩大养老保险的覆盖范围，增加老年人的可支配收入，提高老年人的消费能力；另一方面，通过完善养老金融体系，比如，借鉴发达国家的经验，推广"以房养老"等"倒按揭"方式将老年人的金融资产置换成现金流，从而充分释放老年群体的消费潜力。

2. 加快人力资本积累，为经济增长创造内生动力

1）建立以公共教育为主的融资模式，引导社会力量参与人力资本投资

在公共教育融资模式下，预期寿命延长通过提高受教育年限促进人力资本积累与经济增长，而在市场教育融资模式下，虽然预期寿命延长也会提高人均受教育年限，但会降低家庭教育投资率，使得经济增长呈现倒"U"形变化。在老龄化程度较深的情况下，公共教育融资模式比市场教育融资模式对经济增长的正向影响更大（汪伟和咸金坤，2020）。因此，政府应调整目前的教育融资模式，选择适当的时机转向以公共教育为主的教育融资模式，缓解家庭教育投资负担，从而促进人力资本的有效积累，推动经济增长。

同时，也应注意到，随着高等教育规模的不断扩大，高等教育投资需求会大幅增加，导致国家财政负担加重，仅依赖于公共教育融资显然不可行。因此，应进一步创新高等教育的融资模式，在不增加家庭经济负担（尤其是相对贫困家庭负担）的情况下，提高个体接受更高层次教育的机会。一方面，

不断完善个人、企业以及教育基金会的捐款渠道，积极引导社会资本进行教育投资，并支持社会力量兴办教育机构，促进教育成本的有效分摊；另一方面，建立不同教育阶段收费标准的动态调整机制，针对高等教育的不同阶段调整公共教育支持的力度，将教育经费支出向高中和大学阶段倾斜，而对于研究生及以上的阶段，则可以适当降低国家投资的比重，积极引导企业和社会进行教育投资，以减轻高等教育的财政支出压力。

2）延长义务教育年限，加快构建终身教育体系

相比发达国家而言，我国居民的平均受教育年限仍然存在较大的提升空间，加之预期寿命的延长为劳动者接受更长年限的教育和培训提供了现实的可能，如果能够进一步提升居民整体的受教育水平，将有利于形成"人口质量红利"，促进经济增长。因此，政府可以适当延长义务教育年限，比如把高中阶段的教育纳入义务教育范围，从而提高家庭对下一代进行高等教育水平投资的积极性，促使未来年轻劳动力的人力资本水平以及劳动生产率的整体提升。而对于已经结束正规教育的成年人而言，则可以借鉴日、韩的经验，通过构建终身教育体系，为劳动者创造继续教育的机会，最终实现劳动者素质的全面提高。一方面，通过立法的形式对公民终身教育的权利和义务进行规范；另一方面，建立和完善终身教育体系的配套措施，比如开设专门机构进行终身教育的师资培训、设立"学分银行制度"来认证终身教育成果、为低学历群体尤其是低学历老年人制定专门的终身教育项目并鼓励大学为其提供免费职业培训等，为提高成年人的人力资本水平营造良好的环境。

3. 加大研发投入和科研基础设施建设，促进技术创新

技术进步与创新是推动经济增长的重要因素之一，在人口预期寿命继续延长和老龄化程度加深的情况下，劳动力要素日益短缺对我国经济发展带来的负面影响，一定程度上可以利用提高科技创新能力来弥补。比如日本就通

过加大研发投入、完善科研建设和发展人工智能技术等手段有效缓解了预期寿命延长及深度人口老龄化给技术进步和经济增长带来的负面冲击。相比之下,我国在科研投入、科研基础设施建设和科技创新能力等方面还不及日本,但我国人口的预期寿命和老龄化程度也更低,具备很大的发展潜力和提高空间。因此,我国应继续增加研发投入并积极推进科研基础设施建设,促进科技人才的培养并壮大科研人员队伍,补齐我国在技术创新领域方面的短板,推动经济增长方式从要素驱动向创新驱动的转型,利用"技术红利"有效提高全要素生产率,从而为抵御未来的长寿风险做好充分准备。此外,考虑到人口年龄结构老化的情况下,劳动力短缺问题会日益凸显,因此,也应鼓励企业对人工智能技术的运用,在促进技术进步的同时有效化解劳动力供给可能不足的风险。

同时,也应注意到,在预期寿命延长引致劳动力技能结构发生变化的情况下,技能偏向型技术进步会加剧不同技能劳动者之间的收入不平等程度,不仅会损害低技能劳动者的福利水平,长期来看,收入不平等加剧也不利于未来经济的持续增长。因此,在大力推进技术创新的同时,也应在各项政策设计中兼顾公平问题,比如加大对低技能劳动者的技能培训、给低技能劳动者提供更好的社会保障支持等,避免技术进步给低技能劳动者造成较大的福利损失。

第三节 结论与启示

目前,我国正处于预期寿命不断延长、生育率下降和经济结构转型的关键时期,人口年龄结构的快速转变与产业结构调整、养老金体系改革、生育政策调整等同时推进,也与养老保险基金缺口扩大、劳动力成本上涨、收入不平等程度加深等问题相互交织,如果没有与预期寿命延长和人口结构转变相配合的制度调整，那么未来长寿风险将会进一步累积，给宏观经济的正常运行带来巨大的挑战。

根据上述分析可见，在预期寿命延长的情况下，通过改革和完善相关制度，可以一定程度上将"长寿风险"转化为"长寿红利"。关于应对长寿风险的政策取向：一是从资本市场风险管理、生育政策调整、劳动力市场改革与养老保险制度设计等方面出发，积极应对长寿风险的挑战。从资本市场风险管理来看，通过养老金入市和金融衍生品设计有助于分散和对冲长寿风险、壮大养老保险基金规模，并实现养老保险基金的保值增值目标；从生育政策的调整来看，通过逐步放松对家庭的生育约束，建立和完善家庭生育支持体系，有助于提高家庭的生育意愿和实际生育率，缓解"高龄少子化"压力，为长寿背景下的经济增长提供富有生产性的未来劳动力资源；从劳动力市场改革来看，通过弹性退休制度改革，有助于老年人力资源的充分利用，增加有效劳动供给，降低人口老龄化对劳动力市场的负面影响；从养老保险制度设计来看，通过推进征缴体系改革和优化养老保险制度参数，不仅有利于减少养老保险基金流失，提高养老保险的财务可持续性，而且可以增强养老保险的收入再分配作用，降低收入不平等程度。二是在物质资本积累、劳动力数量与年龄结构优势等推动经济增长的传统动能正在逐渐式微的情况下，以加快新旧动能转换为出发点，从发展"银发经济"、加快人力资本积累和推动技术进步等方面来制定或调整相关政策，开拓新的经济增长源泉。首先，顺应人口预期寿命延长和人口结构转变的趋势，通过发展以老年消费驱动的老龄产业或"银发经济"，满足日益庞大的老年群体的消费需求并释放其消费潜力，从而为经济增长注入新的动力；其次，通过优化教育融资模式、延长义务教育年限和构建终身教育体系等，促进人力资本积累和提升劳动生产率；最后，通过加大研发投入和科研基础设施建设，为提升科技创新能力和推动技术进步提供有力支撑并促进经济增长方式从要素驱动向创新驱动转变，从而找到长寿时代经济发展的有效增长路径。

总体上看，预期寿命延长是未来中国经济发展面临的一个不可回避的事实，通过合理的制度设计，建立起预期寿命延长与物质资本积累、人力资本积累、劳动力供给、生育政策、养老保险制度设计之间的良性互动关系，将有利于提高宏观经济对长寿风险冲击的反应速度和修复能力，从而更好地应对长寿风险的挑战，推动中国经济的高质量发展。

第十四章
总结与未来研究展望

第一节 总　　结

　　本书将预期寿命延长、微观经济主体的行为决策与宏观经济特征事实有机结合，运用世代交叠模型、参数校准与数值模拟、面板数据模型等方法与技术，系统研究了预期寿命延长通过影响储蓄、人力资本积累、生育、劳动生产率、老年劳动供给、收入不平等、养老金收支与养老保险制度设计所产生的宏观经济效应，深入探讨了长寿风险的识别、量化与管理，并在相关理论与实证研究结果的基础上，提出了应对长寿风险的政策与建议。本书的主要研究结论可以总结如下。

　　本书从理论和实证两个方面讨论了预期寿命延长对储蓄、物质资本积累以及经济增长的影响。首先，在理论分析部分，通过构建一个生命周期（寿命）延长但退休年龄固定的随机世代交叠模型，将家庭的消费、储蓄行为引入到模型中，同时本书还将家庭养老抚幼等因素考虑在内，通过模型求解，推导出均衡条件下储蓄率和物质资本积累以及经济增长率对应的方程，再利用重新构建的反映死亡率变化的新生命表和数值模拟的方法给出均衡时储蓄率、物质资本积累以及经济增长率方程的数值解。通过数值模拟，本书研究发现，预期寿命延长对国民储蓄率和物质资本积累速度的影响是不确定的，当预期寿命大约在76岁以下时,预期寿命延长将会提高储蓄率和物质资本积累速度,而当预期寿命超过76岁时,预期寿命延长将会降低储蓄率和物质资本积累速度,预期寿命对经济增长也有类似的影响,其对应的拐点在77岁。本书还利用1997年至2017年中国31个省区市的面板数据,使用工具变量方法进行实证检验,获得了同理论分析基本一致的结论,并且在样本期内,预期寿命延长对国民储蓄率、物质资本积累速度和经济增长具有显著的正向影响。此外,本书还对地区异质性进行了分析,发现受地区人口结构、经济等因素影响,预期寿命延长的储蓄、物质资本积累与经济增长效应在东部地区更为明显。以上研究结论表明,尽管中国高储蓄率可能还会持续一段时间,但在长寿的冲击下,中国的高储蓄优势正在丧失,这意味着传统的高储蓄(高投资)、高增长模式难以为继。因此,要有效应对长寿风险,中国的当务之急是开拓未来的增长源泉、加快增长动力转换。

本书构建了一个三期世代交叠模型,在模型中同时考虑人力资本积累的时间和物质投入、社会保障制度等现实因素,分别在市场教育和公共教育融资模式下考察了由预期寿命延长引致的人口老龄化如何影响人力资本积累和经济增长,并对两者做出比较分析。无论是基于外生还是内生生育框架,本书的理论分析与数值模拟都发现:在市场教育融资模式下,预期寿命延长会提高人均受教育时间,但同时会降低家庭教育投资率,对经济增长的影响呈现出倒"U"形关系;在公共教育融资模式下,每个家庭的教育支出由政府外生给定,预期寿命延长主要通过提高人均受教育时间促进人力资本的积累与经济增长;当预期寿命较低时,市场教育融资模式能够产生高于公共教育融资模式下的经济增长速度,但当预期寿命上升到某一个临界值以后,合理税率下的公共教育融资模式则反过来能够获得高于市场教育融资模式下的经济增长速度。此外,本书还发现,在内生生育情形下,预期寿命延长会降低生育率,但公共教育融资模式下的生育率更高。本书的研究,从人口转变的视角解释了中国 20 世纪 90 年代开始的公共教育向市场教育融资模式的转轨为什么有效地促进了经济增长，丰富了转型经济中人口老龄化通过人力资本积累影响经济增长的机制。笔者认为，在公共政策方面，政府可以提高公共教育投资比例，并对当前的市场教育融资模式进行改革，选择适当的时机转向以公共教育为主的教育融资模式。上述改革，可以减轻老龄化冲击下的家庭教育负担，提高人力资本积累速度，有利于经济持续增长。

  本书通过构建带有随机死亡率的世代交叠模型，从理论上分析预期寿命延长和生育政策调整如何影响我国家庭的储蓄和人力资本投资决策，进而影响宏观层面的经济增长。基于我国国情，模型假设家庭生育受到计划生育政策的约束，家庭内部存在双向代际转移，成年父母出于自利和利他动机对子女进行人力资本投资并在老年期获得子女的转移支付。在对模型进行求解的基础上，本书利用近年来各年龄人口实际死亡率情况重新构建新生命表，并结合当前中国的其他现实经济参数对模型进行了数值模拟，得出了如下结论：①预期寿命延长会激励家庭进行人力资本投资，从而促进人力资本积累；预期寿命延长会带来未雨绸缪的"储蓄效应"，同时也会加重养老负担从而对储蓄形成挤出，储蓄率呈先上升后下降的倒"U"形的变化趋势；随着预期寿命的延长，经济增长率也呈先上升后下降的倒"U"形变化趋势，当前我国平均预期寿命已到达拐点，长寿时代的经济下行压力会逐渐增大；②生育政策放松一方面会提高人力资本投资水平，另一方面会降低储蓄率、不利于物质资本积累，这两方面的影响此消彼长，经济增长率随生育率的提高先上升后下降，数值模拟结果显示，在当前的现实参数下，理想的总和生育率区间为 1.5~1.7，生育率过高或过低都会降低经济增速；在预期寿命不断延长的态势下，进一步放松生育政策使生育率处于 1.5 至 1.9 的区间内，将有利于经济增长；③代际转移比例过高或过低均不利于经济增长，代际转移比例过低，则家庭对子代教育投资的动力不足，不利于人力资本的积累；代际转移比例过高则会导致金融财富过多地集中在老年人手中，也不利于经济的长期增长，代际转移比例的理想区间为 0.3 至 0.4；④适当延迟退休年龄，将平均退休年龄设置在 61~62 岁，有利于经济增长。本书的研究结论为当前我国逐步放开生育管控以应对"高龄少子化"的政策方案提供了理论依据。在当前我国总和生育率较低的情况下，通过放松计划生育政策并充分鼓励生育，将生育水平提高至理想区间，能够有效缓解日益加大的经济下行压力。另外，合理设计代际转移比例、鼓励老年人延迟退出劳动力市场，也是应对长寿风险切实可行的手段。

本书对预期寿命与劳动生产率之间的关系展开了研究，在宏观层面，我们使用劳均生产总值衡量各省区市的劳动生产率，研究了预期寿命对劳动生产率的影响，根据门限值分段进行回归后，我们发现当预期寿命水平较低时，预期寿命延长会提高劳动生产率，当预期寿命达到较高的水平时，预期寿命继续延长则会降低劳动生产率。预期寿命门限阈值为 71.54 岁，当预期寿命大于 71.54 岁时，预期寿命与劳动生产率之间大致呈现出倒"U"形关系，我国目前仍处在倒"U"形曲线的左半边。此外，本书发现，随着预期寿命的增长，微观个体的年龄-劳动生产率曲线的拐点向后推移。本书认为，"随着预期寿命延长劳动生产率下降的拐点推后"这一现象的可能解释包括如下两个方面：其一，预期寿命延长后人们选择接受更高水平的教育，从而提高自身的劳动生产率；其二，伴随着预期寿命的延长，人们的健康状况得到了改善，现在处于中老年年龄段的劳动力群体很可能具有相较过去同年龄段劳动力群体更高的劳动生产率，这对"50 岁相当于 30 岁"的观点提供了劳动生产率角度的解释。以上两方面的结论表明，年龄较大的劳动力群体仍然具有较高的劳动生产率，这为充分利用老年劳动力资源提供了现实的可能。

基于历史数据和相关文献，本书发现包括中国在内的世界许多国家都普遍存在着一个反常现象，即劳动者预期寿命延长、受教育年限提高却提早退休。为此，本书构建了一个包含预期寿命延长、人力资本投资、退休年龄选择与生育政策放松的一般均衡世代交叠模型，尝试解释这一反常现象，并结合中国现实经济参数进行了数值模拟。研究发现：由于人力资本投资能够在更长的生命周期内取得更高的投资回报，随着预期寿命延长，劳动者会在少年期接受更多的教育；人力资本积累、有效工资率上升和利率下降引起的收入效应会超过替代效应，从而引起劳动者对老年期的闲暇需求上升，提早退休意愿增强，最终会导致终生劳动供给时间下降；如果不考虑现实经济中一般均衡效应的影响，在局部均衡模型下预期寿命延长对劳动者的退休年龄和终生劳动供给的影响可能存在严重高估。进一步，本书发现放松生育控制政策也会使劳动者享受更多闲暇时间的意愿增强，选择提前退休。本书还考察了劳动者退休行为的异质性，发现随着预期寿命的延长，富人和穷人都表现出提前退休意愿，但相对穷人而言，富人的退休年龄和终生劳动供给更低。本书研究结论很好地吻合了特征事实，有益于厘清劳动者在老年期的退休决策机理，为如何推进退休制度改革提供了理论依据。笔者认为简单地延迟退休年龄并不是科学的做法，应注重通过延迟退休激励措施来引导劳动者，特别是高收入者、高人力资本者延迟退休，避免人力资源浪费。同时，在设计延迟退休政策时，政府也要关注生育政策的影响，尽量降低生育政策放松对延迟退休的负面影响。

　　本书构建了一个包含体制性结构与劳动者退休决策异质性的动态一般均衡世代交叠模型，着重考察了预期寿命、养老保险降费对老年劳动供给和社会福利的影响，并结合中国的现实经济参数进行了数值模拟、敏感性及动态转移路径分析。得到了以下结论：①由于体制外劳动者的老年劳动供给具有灵活性，降低养老保险费率能促使他们延迟退休，有利于提高社会老年劳动供给。如果体制内劳动者也能灵活选择老年劳动时间或者法定退休年龄延迟，降低养老保险费率可以使更多的劳动者在老年期提供劳动，这也意味着社会老年劳动供给的增加幅度将更大。②预期寿命延长对社会老年劳动供给的影响不确定,取决于养老保险费率下调幅度。如果缴费率降至(12%,20%]范围内,预期寿命延长会引致社会老年劳动供给上升;而缴费率降至12%及以下,预期寿命与社会老年劳动供给之间呈倒"U"形关系,目前生存寿命已处于拐点的右边,这意味着养老保险降费存在政策目标上的"下限"。③本书证实了养老保险降费改革能否实现社会福利的帕累托改进和有效利用老年劳动力资源的双重政策目标,不仅取决于养老保险费率的下调幅度,而且依赖于退休年龄的上调幅度。相应的定量分析也表明缴费率越低,社会福利水平越高,并且相对于不存在退休年龄调整机制,存在退休年龄调整机制经济所对应的社会福利水平更高。④在基准模型中引入老年劳动效率并不会对本书研究结论产生影响,并且老年劳动效率越高,体制外劳动者越倾向于延迟退休,社会老年劳动供给的上升幅度越大,反之则体制外劳动者的退休年龄越早,社会老年劳动供给下降越多。⑤在合理的参数设定下,养老保险降费提高了转移路径上稳态的劳均资本存量、社会老年劳动供给、社会平均成年期消费和老年期消费。预期寿命延长也提高了转移路径上的劳均资本存量和社会平均老年期消费,但使老年劳动供给和社会平均成年期消费呈现先下降、后上升的转移路径。本书的政策启示是,随着预期寿命的延长和社保降费改革政策的有序推进,一方面政府部门应改革僵化的退休年龄制度,适时推出弹性退休政策体系,允许劳动者在一定范围内灵活选择退休年龄,以实现劳动者福利的帕累托改进;另一方面也应探索建立养老保险降费与退休年龄的联动调整机制,通过经济激励引导劳动者在政策目标退休年龄退休,达到"珠联璧合"的实施效果。

本书构建三期世代交叠模型研究了预期寿命延长、生育政策放松对收入不平等程度的动态影响,并结合我国的现实经济数据进行了数值模拟。研究发现:在预期寿命延长和生育政策放松后,养老偏好、养老抚幼负担、意外遗赠的相对差异使得不同收入群体对子女的教育投资存在差异，这会使以人力资本水平衡量的子代收入不平等程度发生变化。相比寿命更低的低收入群体，预期寿命延长会更多地挤出高收入群体对子代的教育投入，两类群体子代的收入不平等下降；进一步，本章证实了当生育政策放松后，生育率的上升会使所有收入群体对每个孩子的平均教育投入（教育支出占家庭收入的比重）下降，但低收入群体相比高收入群体下降幅度更大，这意味着相比生育政策放松前，子代收入不平等的下降幅度会变小；此外，数值模拟结果显示，当成年子女向老年父母的代际收入转移增加时，两类收入群体子代的人力资本和工资差距缩小，收入不平等程度下降。本书的研究有助于理解在预期寿命延长和生育政策放松的背景下，不同收入群体差异化的子女教育投资决策对收入不平等的动态影响；同时也可以为中国通过优化生育政策来应对人口老龄化的挑战与缩小收入不平等提供政策参考。本书认为，在生育政策调整的过程中如何修正失衡的人口结构并同时缓解收入不平等，关键在于提高低收入群体子代的人力资本积累水平，一方面政府在逐步放开生育数量限制的同时应该推进教育公平与优质教育资源供给向低收入群体适当倾斜，加大对低收入家庭的转移支付，切实缓解低收入群体生育多个孩子时面临的生育、养育与教育负担，这样可以引导低收入家庭更多地投资子代教育，从而有利于缩小低收入家庭与高收入群体的收入差距；另一方面政府也应当高度重视养老保障制度建设，切实降低家庭的养老负担。养老保障制度建设可以调节收入分配，也有利于降低低收入家庭的预防性养老储蓄，提高低收入家庭对子代的教育投入，从而有助于改善经济中的收入不平等状况。

本书构建了一个纳入老年期生存概率和人力资本异质性的三期世代交叠模型，分析了中国"统账结合"养老保险制度的基础养老金收入关联机制如何通过改变个体的"储蓄-教育"决策和生育决策来影响收入不平等的演化，并在此基础上探讨了预期寿命如何通过养老保险影响代内、代际和总体收入不平等的动态演化。结合理论分析和数值模拟结果，本书主要得出以下研究结论。第一，在外生生育假设下，养老保险统筹账户养老金的计发办法可以提高低收入群体的相对养老金收入，不仅会缩小职工退休期的养老金收入差距，还具有储蓄替代效应和人力资本激励效应，通过激励低收入群体更多地对子代进行人力资本投资，从而会确定性地缩小不同收入群体的人力资本差距，降低代内收入不平等。不过，在内生生育假设下，生育的"数量-质量"互替机制会使低收入群体的生育数量降幅更大，代内人口结构变化使代内收入不平等的演化方向变得不清晰。第二，无论在外生还是内生生育假设下，养老保险统筹账户养老金计发办法均不影响代际收入不平等。第三，在外生生育假设下，预期寿命延长对代内收入不平等的影响取决于两个方面：一方面，预期寿命延长会降低人力资本激励效应和基础养老金平均替代率，并提高子女抚养成本对储蓄的挤出，可能弱化养老保险调节代内收入分配的功能；另一方面，预期寿命延长会增加基础储蓄率，并降低基础教育投入占比、储蓄替代效应和子女抚养成本对教育的挤出，也可能强化养老保险调节代内收入分配的功能，后一种效应的影响程度要强于前一种，净效应表现为代内收入不平等随预期寿命延长而下降。在内生生育假设下，预期寿命延长会挤占家庭用于抚养子女的收入并增强养老金收入对生育的抑制作用，导致低收入群体的生育数量降幅更大，基于"数量-质量"互替机制，子代人力资本差距进一步缩小，预期寿命延长通过养老保险对代内收入不平等的影响方向将变得模糊。第四，在外生生育假设下，一方面，预期寿命延长会增加老年退休者人数，代际人口结构变化对代际收入不平等的影响方向不明确；另一方面，预期寿命延长还会降低基础养老金和个人账户养老金平均替代率，从而使得代际收入不平等上升。在这两方面共同作用之下，预期寿命延长表现为提高代际收入不平等。在内生生育假设下，预期寿命延长对代际收入不平等的影响与外生生育假设下类似，但还会通过降低生育率对代际收入不平等产生影响，净效应并不明确。数值模拟显示，在外生和内生生育假设下，养老保险制度设计都发挥了降低代内收入不平等的功能，代际收入不平等随着预期寿命延长和生育率下降明显上升，导致养老保险对总体收入分配的正向调节作用弱化，总体收入不平等的下降趋势甚至可能被逆转。本书不仅提出了预期寿命延长通过中国养老保险制度设计影响收入不平等的新机制，还为中国通过优化养老保障制度设计来应对长寿风险的挑战与缩小收入不平等提供了思路。笔者认为，养老保险制度设计应充分发挥激励人力资本投资的功能，在基础养老金收入关联机制上进一步向低收入群体倾斜，有效降低代内收入不平等；同时应建立起科学的养老金动态调整机制，确保养老金平均替代率维持在适当水平，以减弱长寿风险对代际公平的负面影响。

  本书通过构建包含 CES 生产函数的三期世代交叠模型，将预期寿命延长、技能偏向型技术进步与收入不平等置于同一理论框架内，着重考察了预期寿命延长如何通过技能偏向型技术进步影响收入不平等，并运用 1999~2017 年中国省级面板数据测算了技能偏向型技术进步指数和收入不平等指标，对理论分析部分得到的结论进行了实证检验。研究发现：随着技能偏向型技术进步的提高，收入不平等程度上升；预期寿命延长对家庭教育投入存在"挤出效应"，导致经济体中高技能劳动力比重减少，造成了劳动力技能结构的"低端化"，从而提高了收入不平等；进一步地，本书发现预期寿命延长和技能偏向型技术进步对收入不平等存在明显的交互效应，预期寿命延长会通过影响技能结构强化技能偏向型技术进步对收入不平等的边际作用。这种强化作用在时间和地区层面上呈现出明显的差异性，在金融危机之后表现得更为显著，并且主要体现在中西部地区以及死亡率较低、劳动收入份额较低、受教育程度较低和社会保障支出占比较低的地区。本书研究结论深化了对收入不平等形成机制的理解，对于预期寿命不断提高的中国如何进一步缩小收入不平等具有重要的政策启示。从未来的政策设计来看，中国既需要关注到预期寿命延长对收入分配的负面影响,降低预期寿命延长对家庭教育投入的"挤出"作用,避免劳动力技能结构走向"低端化";同时需要缩小高技能劳动者与低技能劳动者的技能差距,防止技能偏向型技术进步导致收入差距扩大。

本书在利用有限数据双随机 Lee-Carter 死亡率模型对长寿风险背景下未来中国人口规模展开预测的基础上,通过构建养老金精算模型,测算了中国城镇职工基本养老保险基金在 2020～2050 年的收支结余状况。研究结果表明:①如果现行的养老保险制度参数不进行调整,未来随着长寿风险的进一步增大,城镇职工基本养老保险基金很有可能在 2023 年消耗殆尽,并在之后出现赤字;②单独改善生育率、退休年龄以及养老保险征缴率等人口和制度参数中某一个,虽然能够在一定程度上缓解未来养老保险基金的支付压力,但基金池在大多数情况下仍然会面临收支失衡的局面;③实施一揽子组合计划后,不仅会推迟养老金当期赤字到来的时点,在降低累计赤字规模和累计赤字率方面也能取得显著的改善效果,甚至还可以帮助养老保险基金妥善摆脱未来很有可能遭遇的偿付困境。本书的政策启示是,在长寿风险与日俱增的严峻形势下,政府需要尽快推动实施组合型的政策调整方案,一方面是面向晚退休职工提供配套的转移支付机制,削弱他们对延迟退休政策的抵触情绪;另一方面是以构建统一的征缴模式和征缴流程等为抓手,推动征缴体制改革工作有序开展;此外,也要继续加快生育友好型社会的建设步伐和养老保险扩面征缴工作的推进速度;多措并举下以确保城镇职工基本养老保险基金财务体系在未来能够保持平稳运行。

本书根据我国的死亡率数据对长寿风险进行量化,研究表明,近年来我国各年龄人口死亡率都呈下降趋势,运用 HP 模型对 2015～2019 年分性别死亡率数据进行拟合,得到的结果与实际数据相吻合;运用 Lee-Carter 模型对数据进行分析,分别采用奇异值分解法、加权最小二乘法和极大似然法对模型进行参数估计,比较预测了死亡率与实际死亡率之间的绝对误差,发现极大似然法的预测更准确；在此基础上，进一步运用1996～2019年的数据，采用极大似然法估计模型的参数，对2020～2024年的死亡率进行预测，发现各年龄人口的死亡率仍会持续下降。本书还对长寿风险如何进行有效的管理进行了研究，通过对国外较为成熟的长寿风险管理模式进行分析发现，可以将长寿风险转移至资本市场来分散寿险公司的偿付压力，即长寿风险证券化。本书认为，结合中国的现实情况发行长寿债券，可以借鉴由瑞士再保险公司发布的Kortis长寿债券的运行机制，从中国的资本市场、寿险企业、长寿风险分歧指数、死亡率模型建立、长寿债券定价等方面进行分析，由于人口分布不均和基数较大、死亡率数据不精确等，中国在短期内实施寿险证券化比较困难，但从中长期来看，中国实施长寿风险证券化的条件将日趋成熟。

  本书依据前面章节的分析，结合国际经验和我国宏观经济运行的实际情况，从资本市场风险管理、生育政策调整、劳动力市场改革和养老保险制度设计等方面分别提出了应对长寿风险的对策建议，并进一步从发展"银发经济"、加快人力资本积累和推动技术创新等角度，阐述了开拓未来经济增长新源泉、实现经济增长动能转变的经验与启示，从而较为全面、系统地为我国应对长寿风险、提高经济发展质量提出对策建议。

  从资本市场风险管理来看，通过基本养老保险的市场化运营、资产管理机构协助参与企业年金设计以及长寿风险证券化，可以有效缓解养老金缺口压力，提高养老金保值增值的能力，达到分散长寿风险的效果，同时，养老金入市也可以为资本市场注入长期活水，从而促进养老金投资与资本市场的良性互动；从生育政策的调整来看，通过逐步放松生育约束，建立和完善生育支持体系，并对不同收入群体提供差异化的生育保障服务，可以降低家庭的生育成本，从而有助于提高家庭的生育意愿和生育率，增加未来劳动力数量并提高人口结构的生产性；从劳动力市场改革来看，通过实施渐进延迟退休政策及其配套改革，可以引导人们自愿延迟退休，从而有效利用老年劳动力资源，缓解长寿引发的劳动力短缺问题；从养老保险制度设计来看，通过推进征缴体系改革、健全中央调剂制度和养老保险制度参数调整，可以在缓解养老保险财务困境的同时兼顾收入分配的公平性，进而降低长寿风险对社会保障体系和居民福利水平的负面冲击。从经济增长的新旧动能转换来看，物质资本积累、劳动力数量与年龄结构优势等推动经济发展的传统动能正在逐渐式微，长远来看，发展"银发经济"、加快人力资本积累和推动技术进步是未来经济增长的主要动力源泉。一方面，顺应人口预期寿命延长和人口结构转变的趋势，发展以老年消费驱动的老龄产业或"银发经济"，有助于满足日益庞大的老年群体的消费需求并释放其消费潜力，从而为经济增长注入新的动力；另一方面，通过优化教育融资模式、延长义务教育年限和构建终身教育体系等，有助于促进人力资本积累和提升劳动生产率，而加大研发投入和科研基础设施建设则是提升科技创新能力和推动技术进步的重要保障，有助于实现经济增长方式从要素驱动向创新驱动转变，提高经济增长的效率和质量，进而为抵御未来长寿风险的冲击提供更为坚实的后盾。

总体上看，通过合理的制度设计和政策调整，建立起预期寿命延长与物质资本积累、人力资本积累、劳动力供给、生育政策、养老保险制度设计之间的良性互动关系，将有利于提高宏观经济对长寿风险冲击的反应速度和修复能力，从而推动中国经济的高质量发展。

第二节 未来研究展望

中国的人口老龄化已经进入了快速发展阶段。人口老龄化对经济社会发展影响深远，党的十九届五中全会和《中华人民共和国国民经济和社会发展第十四个五年规划和2035年远景目标纲要》提出，要实施积极应对人口老龄化国家战略。预期寿命延长是人口老龄化的一个重要特征，长寿风险已经成为一类新型的、日益严重的社会风险,如何识别、管理和应对其产生的社会冲击,确保经济社会安全运转是一个极其重要的理论与现实问题。长寿的宏观经济的影响机制非常复杂,既需要理清楚宏观经济效应产生的微观机理,又需要讨论政策和制度层面存在的风险隐患,而且这些问题错综复杂需要构建一个完整的分析框架,在研究预期寿命延长通过劳动和资本、消费与储蓄、养老与退休、收入和增长、政府支出和资本市场等产生的宏观经济效应时,需要考虑地区的经济发展程度、生育政策、城市化、养老保险制度转轨等相关因素,既有研究尚未建立起劳动供给、就业与退休、消费与储蓄、资本积累、养老保障制度、经济增长与长寿风险应对策略之间的互动机制。显然,在此方面进行深入的探索将更具有创新性和应用性的意义。尽管本书对其宏观经济效应进行了多维度的分析,但我们对这一问题的认知仍然有待深化。预期寿命延长对经济社会发展的冲击与应对还需要从顶层系统设计的角度建立一个分析框架,从长寿风险管理角度来深入研究我国养老保险制度及配套政策的改革。

  预期寿命延长对经济社会发展的影响,需要多学科进行综合研究。预期寿命延长对经济社会发展的影响与应对既是一个理论层面的问题,又是一个应用层面的问题。因此,研究的方法既要理论经济学的研究方法,也要有应用经济学的研究方法,还要用到管理学的方法。未来的研究需要整合多学科方法,将理论经济学、应用经济学和管理学的相关学科分析方法进行融合,以宏观经济学、人口经济学等理论经济学科理论,结合公共经济学、劳动经济学、保险精算学、计量经济学、统计学等应用经济学科理论与方法以及社会保障学、风险管理学等管理学理论与方法展开研究。

  在关键性的问题上,研究方法需要进一步创新。比如在研究人口老龄化对消费、储蓄、人力资本投资、劳动供给、就业、收入与经济增长的影响时,死亡率不确定情形下的数值模拟与参数校准,需要突破以往人口经济学研究方法的局限。本书在基准的世代交叠模型中引入预期寿命延长、生育政策调整、延迟退休、养老保障制度、不确定性等因素，在长寿风险的量化上对传统动态死亡率建模方法进行了改进，但死亡率和预期寿命的预测需要更加精准；当前与长寿风险相关的政策改革如养老保险降费、放开生育三孩、延迟退休年龄等政策已经或正在酝酿推出，这方面的政策评估研究亟待展开，这方面的内容在本书中还没有较好地体现，留待以后深入研究。

当前，针对我国的大国经济特征和地区差异，从长寿风险管理角度来深入探讨我国养老保险制度设计及其关联改革的宏观经济效应的研究仍然比较欠缺。关于我国养老保险改革转轨成本如何消化、降费改革、缴费基数调整、国有资本的划拨比例、三支柱结构优化、社保基金全国统筹改革等问题尚待系统、全面地解读，需要给出清晰的解决方案或结论，比如，不同制度与参数选择作用于宏观经济的运行机制或渠道有哪些？以及如何规避或者减缓这些成本的冲击等？在延迟退休年龄以应对长寿风险的问题上，到底我国退休年龄应提高到多少岁才算合理？退休年龄应采取分类提高还是普遍提高，它们各自又会对长寿风险管理产生什么样的影响？最优的国有资本的划拨比例是多少？这方面尽管本书有的做了一些讨论，但仍有待完善，有的还未来得及讨论，有待未来进一步研究。

预期寿命延长还可能通过改变劳动力资源的数量和结构影响产业结构，使得企业会利用机器人、人工智能替代劳动力,借助数字经济进行转型升级。同时，预期寿命延长意味着社会中对养老服务的需求增加，这会为养老产业的发展提供机遇。另外，劳动人口的高龄化也是长寿风险的一个重要表现，这会改变一国或地区的比较优势，"年龄升值型"要素禀赋相对较高，有利于"年龄升值"要素密集型行业的发展，但会削弱"年龄贬值型"要素密集型行业的比较优势。因此，宏观经济政策如何顺应这一趋势，因势利导，帮助企业实现转型升级、产业结构高级化,是政府与学界需要深入思考的问题。

具体来说，政府应思考通过运用宏观经济政策工具来充分利用和挖掘预期寿命延长带来的产业结构升级效应，激发微观企业活力，助力企业转型升级，提升经济发展质量；同时，也需要思考如何推出合理的政策正确引导和吸引民间资本参与，扶持养老产业发展；政府还应当根据预期寿命延长带来的比较优势转变有针对性地制定和实施宏观经济政策，从而获得新的比较优势。以此为基础，寻找未来中国具有比较优势的行业，并结合中国目前经济发展现状，系统性地提出哪些行业具备实施政策的潜在机会，从而为政府有目的地引导产业结构转型、挖掘比较优势提供决策依据。这方面的工作在本书研究中尚未展开，是未来的一个重要研究方向。

在长寿风险的量化及证券化研究方面，既有文献研究集中在寿险保险行业上，而探讨长寿风险量化的宏观经济效应文献却寥寥无几，这也凸显出研究的紧迫性与重要性。具体到我国学者的研究状况，一方面，针对我国人口死亡统计数据相对粗糙的问题，亟待通过改进现有的死亡率建模方法获得精确的预测数据；另一方面，对长寿风险证券化的研究尚处于介绍国外理论发展动态与实践经验方面，缺乏对我国证券化的深入研究；如何创新金融产品来"分享"长寿风险，其作用机制或渠道又有哪些？尽管本书进行了一些梳理与探讨，但这些问题还有待深入研究。

参考文献

艾慧，张阳，杨长昱，等. 2012. 中国养老保险统筹账户的财务可持续性研究——基于开放系统的测算. 财经研究，38（2）：91-101.

艾蔚. 2010. 人口老龄化背景下长寿风险管理方法的探讨. 海南金融，（11）：41-44.

白雪梅. 2004. 教育与收入不平等：中国的经验研究. 管理世界，（6）：53-58.

边恕，张铭志. 2019. 职工养老保险制度中央调剂最优比例研究——基于省际基金结余均衡的政策目标. 中国人口科学，（6）：32-45，126-127.

蔡昉. 2004. 人口转变、人口红利与经济增长可持续性——兼论充分就业如何促进经济增长. 人口研究，28（2）：2-9.

蔡昉. 2010. 人口转变、人口红利与刘易斯转折点. 经济研究，〔4〕：4-13.

蔡昉. 2020a. 中国应为下一个人口转折点未雨绸缪吗?. 经济与管理研究，（10）：3-13.

蔡昉. 2020b. 如何开启第二次人口红利?. 国际经济评论，（2）：4，9-24.

蔡昉. 2022. 打破"生育率悖论". 经济学动态，（1）：3-13.

蔡昉，王德文，都阳，等. 2002. 技术效率、配置效率与劳动力市场扭曲——解释经济增长差异的制度因素. 经济学动态，（8）：32-37.

蔡昉，王美艳. 2012. 中国人力资本现状管窥——人口红利消失后如何开发增长新源泉. 人民论坛·学术前沿，（4）：56-65，71.

蔡昉，王美艳. 2021. 如何解除人口老龄化对消费需求的束缚. 财贸经济，42（5）：5-13.

蔡萌，岳希明. 2016. 我国居民收入不平等的主要原因：市场还是政府政策?. 财经研究，（4）：4-14.

蔡兴. 2015. 预期寿命、养老保险发展与中国居民消费. 经济评论，（6）：81-91，107.

陈斌开，陆铭，钟宁桦. 2010. 户籍制约下的居民消费. 经济研究，（S1）：62-71.

陈纯槿，郅庭瑾. 2017. 世界主要国家教育经费投入规模与配置结构. 中国高教研究，（11）：77-85，105.

陈翠霞，王绪瑾，周明. 2017. 我国长寿风险的评估模型与管理策略综述——基于人口发展新常态视角. 保险研究，（1）：46-55.

陈东升. 2020. 长寿时代的理论与对策. 管理世界，（4）：66-85，129.

陈国进，李威. 2013. 人口结构与利率水平研究. 中国人口科学，（5）：68-77，127.

陈华帅，曾毅. 2013. "新农保"使谁受益：老人还是子女?. 经济研究，（8）：55-67，160.

陈欢，张跃华. 2019. 养老保险对生育意愿的影响研究——基于中国综合社会调查数据（CGSS）的实证分析. 保险研究，（11）：88-99.

陈沁，宋铮. 2013. 城市化将如何应对老龄化?——从中国城乡人口流动到养老基金平衡的视角. 金融研究，（6）：1-15.

陈卫，段媛媛. 2019. 中国近10年来的生育水平与趋势. 人口研究，43（1）：3-17.

陈卫，张玲玲. 2015. 中国近期生育率的再估计. 人口研究，39（2）：32-39.

陈曦. 2017. 养老保险降费率、基金收入与长期收支平衡. 中国人口科学，

（3）：55-69，127.

陈彦斌,林晨,陈小亮. 2019. 人工智能、老龄化与经济增长. 经济研究,（7）：47-63.

陈勇,柏喆. 2018. 技能偏向型技术进步、劳动者集聚效应与地区工资差距扩大. 中国工业经济,（9）：79-97.

陈宇峰,贵斌威,陈启清. 2013. 技术偏向与中国劳动收入份额的再考察. 经济研究,（6）：113-126.

陈钰滢. 2019. 英国长寿风险的管理方法及其对我国的启示. 成都：西南财经大学.

程杰. 2014. 养老保障的劳动供给效应. 经济研究,49（10）：60-73.

程永宏. 2005. 现收现付制与人口老龄化关系定量分析. 经济研究,40（3）：57-68.

崔红艳,徐岚,李睿. 2013. 对2010年人口普查数据准确性的估计. 人口研究,（1）：10-21.

丁英顺. 2015. 日本开发老年人力资源的经验及启示. 日本问题研究,（3）：27-38.

丁英顺. 2017. 日本老年贫困现状及应对措施. 日本问题研究,31（4）：69-80.

董直庆,王芳玲,高庆昆. 2013. 技能溢价源于技术进步偏向性吗?. 统计研究,30（6）：37-44.

董志强,魏下海,汤灿晴. 2012. 人口老龄化是否加剧收入不平等？——基于中国（1996—2009）的实证研究. 人口研究,（5）：94-103.

杜鹏,孙鹃娟,张文娟,等. 2016. 中国老年人的养老需求及家庭和社会养老资源现状——基于2014年中国老年社会追踪调查的分析. 人口研究,40（6）：49-61.

段白鸽. 2015. 动态死亡率建模与长寿风险量化研究评述. 保险研究,（4）：

35-50.

段白鸽, 栾杰. 2017. 长寿风险对寿险和年金产品准备金评估的对冲效应研究——基于中国人身保险业经验生命表两次修订视角. 保险研究, (4): 15-34.

范叙春, 朱保华. 2012. 预期寿命增长、年龄结构改变与我国国民储蓄率. 人口研究, (4): 18-28.

范勇, 朱文革. 2016. 中国死亡率的抽样误差修正、预测及应用——基于引力模型与日本相应数据. 保险研究, (3): 84-94.

房连泉. 2019. 以降费促改革: 社保征收走向统一化和法制化. 中国社会保障, (8): 24-25.

房连泉, 魏茂淼. 2019. 基本养老保险中央调剂制度未来十年的再分配效果分析. 财政研究, (8): 86-98.

封进. 2013. 中国城镇职工社会保险制度的参与激励. 经济研究, (7): 104-117.

封进. 2019. 人口老龄化、社会保障及对劳动力市场的影响. 中国经济问题, (5): 15-33.

封进, 艾静怡, 刘芳. 2020. 退休年龄制度的代际影响——基于子代生育时间选择的研究. 经济研究, 55 (9): 106-121.

封进, 胡岩. 2008. 中国城镇劳动力提前退休行为的研究. 中国人口科学, (4): 88-94, 96.

封铁英, 罗天恒. 2017. 农村社会养老保险的长寿风险评估与应对策略. 西安交通大学学报 (社会科学版), 37 (3): 73-79.

冯剑锋, 陈卫民, 晋利珍. 2019. 中国人口老龄化对劳动生产率的影响分析——基于非线性方法的实证研究. 人口学刊, 41 (2): 77-86.

甘犁, 赵乃宝, 孙永智. 2018. 收入不平等、流动性约束与中国家庭储蓄率.

经济研究,（12）：34-50.

高奥,谭娅,龚六堂.2016.国有资本收入划拨养老保险、社会福利与收入不平等.世界经济,（1）：171-192.

高建伟.2018.老龄化背景下中国养老保险体系的长寿风险管理理论研究.北京：清华大学出版社.

葛小波.2007.人寿保险证券化初探.济南金融,（2）：63-64.

耿志祥,孙祁祥.2017.人口老龄化、延迟退休与二次人口红利.金融研究,（1）：52-68.

耿志祥,孙祁祥.2020.延迟退休年龄、内生生育率与养老金.金融研究,（5）：77-94.

耿志祥,孙祁祥,郑伟.2016.人口老龄化、资产价格与资本积累.经济研究,（9）：29-43.

苟晓霞.2018.中国人口平均预期寿命研究.北京：清华大学出版社.

谷志远.2011.高校青年教师学术产出绩效影响因素的实证研究——基于个性特征和机构因素的差异分析.高教探索,（1）：129-136.

郭继强,陆利丽,姜俪.2014.老龄化对城镇居民收入不平等的影响.世界经济,（3）：129-144.

郭剑雄.2005.人力资本、生育率与城乡收入差距的收敛.中国社会科学,（3）：27-37,205.

郭金龙,周小燕.2013.长寿风险及管理研究综述.金融评论,（2）：111-122.

郭凯明,颜色.2016.延迟退休年龄、代际收入转移与劳动力供给增长.经济研究,（6）：128-142.

郭凯明,颜色.2017.生育率选择、不平等与中等收入陷阱.经济学(季刊),（2）：921-940.

郭凯明,余靖雯.2017.工资增长、生育率差异与人力资本积累——基于内生生育和退休的动态一般均衡研究. 金融研究，（3）：1-15.

郭凯明, 余靖雯, 龚六堂. 2013. 人口政策、劳动力结构与经济增长. 世界经济，（11）：72-92.

郭凯明, 余靖雯, 龚六堂. 2021. 退休年龄、隔代抚养与经济增长. 经济学（季刊），（2）：493-510.

郭凯明, 张全升, 龚六堂. 2011. 公共政策、经济增长与不平等演化. 经济研究，（S2）：5-15.

郭庆旺, 陈志刚, 温新新, 等. 2016. 中国政府转移性支出的收入再分配效应. 世界经济，39（8）：50-68.

郭庆旺, 贾俊雪. 2005. 中国全要素生产率的估算：1979—2004. 经济研究，40（6）：51-60.

郭庆旺, 贾俊雪. 2009. 公共教育政策、经济增长与人力资本溢价. 经济研究，（10）：22-35.

郭庆旺, 贾俊雪, 赵志耘. 2007. 中国传统文化信念、人力资本积累与家庭养老保障机制. 经济研究，（8）：58-72.

郭瑜, 张寅凯. 2019. 严征缴能否降低城镇职工养老保险费率?. 保险研究，（2）：101-113.

郭志刚. 2012. 重新认识中国的人口形势. 国际经济评论，（1）：6, 96-111.

韩猛, 王晓军. 2010. Lee-Carter 模型在中国城市人口死亡率预测中的应用与改进. 保险研究，（10）：3-9.

郝勇, 周敏, 郭丽娜. 2010. 适度的养老保险保障水平：基于弹性的养老金替代率的确定. 数量经济技术经济研究，（8）：74-87.

何立新. 2007. 中国城镇养老保险制度改革的收入分配效应. 经济研究，42（3）：70-80, 91.

何凌霄, 南永清, 张忠根. 2015. 老龄化、健康支出与经济增长——基于中国省级面板数据的证据. 人口研究, (4): 87-101.

贺菊煌. 2002. 个人生命分为三期的世代交叠模型. 数量经济技术经济研究, 19 (4): 48-55.

胡翠, 许召元. 2014. 人口老龄化对储蓄率影响的实证研究——来自中国家庭的数据. 经济学 (季刊), (3): 1345-1364.

胡仕强, 许谨良. 2011. 长寿风险、养老金体制与资本积累. 财经研究, (8): 125-134.

胡伟华. 2013. 人力资本代际转移研究进展. 经济学动态, (6): 142-150.

黄匡时. 2015. Lee-Carter 模型在模型生命表拓展中的应用——以中国区域模型生命表为例. 人口研究, 39 (5): 37-48.

黄玲丽. 2019. 预期寿命、居民储蓄率与经济增长. 时代金融, (8): 159-162.

黄乾. 1999. 孩子质量数量替代与持续低生育率. 人口学刊, (3): 50-53.

黄志国, 李秀芳, 陈孝伟. 2019. 代际利他主义者的跨期决策——基于人口结构变化的分析. 南开经济研究, (2): 42-61.

黄智淋, 赖小琼. 2011. 中国转型期通货膨胀对城乡收入差距的影响——基于省际面板数据的分析. 数量经济技术经济研究, 28 (1): 117-129.

贾康, 张晓云, 王敏, 等. 2007. 关于中国养老金隐性债务的研究. 财贸经济, (9): 15-21, 128.

贾男, 甘犁, 张劼. 2013. 工资率、"生育陷阱"与不可观测类型. 经济研究, (5): 61-72.

贾珅. 2020. 从国际比较预判我国到 2035 年经济增长的可达目标与支柱性政策. 管理世界, (1): 37-44, 232.

姜增明, 单戈. 2016. 长寿风险对基本养老保险影响的测度. 经济与管理研究, 37 (11): 30-38.

蒋萍, 田成诗, 尚红云. 2008. 人口健康与中国长期经济增长关系的实证研究.

中国人口科学，（5）：44-51，95-96.

金博轶. 2012. 动态死亡率建模与年金产品长寿风险的度量——基于有限数据条件下的贝叶斯方法. 数量经济技术经济研究，29（12）：124-135.

金博轶. 2013. 我国人口死亡率建模与养老金个人账户的长寿风险分析. 统计与决策，（23）：22-25.

金博轶，闫庆悦. 2015. 养老保险统筹账户收支缺口省际差异研究. 保险研究，（6）：89-99.

金刚. 2018. 企业职工养老保险参数偏离及对统筹基金均衡缴费率的影响效应. 人口与发展，24（2）：14-21.

景鹏，胡秋明. 2016. 生育政策调整、退休年龄延迟与城镇职工基本养老保险最优缴费率. 财经研究，（4）：26-37.

景鹏，胡秋明. 2017. 企业职工基本养老保险统筹账户缴费率潜在下调空间研究. 中国人口科学，（1）：21-33.

景鹏，王媛媛，胡秋明. 2020. 国有资本划转养老保险基金能否破解降费率"不可能三角". 财政研究，（2）：80-95，128.

景鹏，郑伟. 2019. 国有资本划转养老保险基金与劳动力长期供给. 经济研究，54（6）：55-71.

景鹏，郑伟. 2020. 预期寿命延长、延迟退休与经济增长. 财贸经济，41（2）：39-53.

景鹏，周佩，胡秋明. 2021. 预期寿命、老年照料与经济增长. 经济学动态，（2）：110-125.

康传坤，楚天舒. 2014. 人口老龄化与最优养老金缴费率. 世界经济，（4）：139-160.

康书隆，余海跃，王志强. 2017. 平均工资、缴费下限与养老保险参保. 数量经济技术经济研究，（12）：143-158.

孔铮. 2009. 发达国家公共养老金制度分析及其政策启示. 西北人口, 30（4）: 23-26, 32.

赖德胜. 2001. 计划生育与城乡收入差距. 中国人口科学, （3）: 70-75.

蓝嘉俊, 魏下海, 吴超林. 2014. 人口老龄化对收入不平等的影响: 拉大还是缩小?——来自跨国数据（1970—2011年）的经验发现. 人口研究, 38（5）: 87-106.

李昂, 申曙光. 2017. 社会养老保险与退休年龄选择——基于CFPS2010的微观经验证据. 经济理论与经济管理, （9）: 55-70.

李波, 苗丹. 2017. 我国社会保险费征管机构选择——基于省级参保率和征缴率数据. 税务研究, （12）: 20-25.

李超. 2016. 老龄化、抚幼负担与微观人力资本投资——基于CFPS家庭数据的实证研究. 经济学动态, （12）: 61-74.

李佳. 2015. 长寿风险对教育和退休决策的影响. 统计研究, 32（2）: 51-59.

李婧, 许晨辰. 2020. 家庭规划对储蓄的影响: "生命周期"效应还是"预防性储蓄"效应?. 经济学动态, （8）: 20-36.

李竞博, 高瑗. 2020. 我国人口老龄化对劳动生产率的影响机制研究. 南开经济研究, （3）: 61-80.

李竞博, 原新. 2020. 如何再度激活人口红利——从劳动参与率到劳动生产率: 人口红利转型的实现路径. 探索与争鸣, （2）: 131-139, 160.

李军. 2013. 人口老龄化影响经济增长的作用机制分析. 老龄科学研究, 1（1）: 22-33.

李军, 刘生龙. 2017. 人口老龄化对经济增长的影响: 理论与实证分析. 北京: 中国社会科学出版社.

李猛. 2020. 预期寿命延长对储蓄率的影响研究. 中国人口科学, （1）: 29-40, 126-127.

李实. 2015. 中国收入分配格局的变化与改革. 北京工商大学学报（社会科学版）, 30（4）: 1-6.

李实, 罗楚亮. 2011. 中国收入差距究竟有多大?——对修正样本结构偏差的尝试. 经济研究, （4）: 68-79.

李文星, 徐长生, 艾春荣. 2008. 中国人口年龄结构和居民消费: 1989—2004. 经济研究, 43（7）: 118-129.

李梧铭, 陈婉茜, 尚勤. 2015. 中国长寿风险证券化探索. 金融经济, （6）: 115-117.

李志生, 刘恒甲. 2010. Lee-Carter 死亡率模型的估计与应用——基于中国人口数据的分析. 中国人口科学, （3）: 46-56, 111.

梁超. 2017. 计划生育影响了收入不平等吗?——基于 CFPS 数据的经验分析. 人口与经济, （1）: 116-123.

梁玉成. 2007. 市场转型过程中的国家与市场——一项基于劳动力退休年龄的考察. 中国社会科学, （5）: 129-142, 207.

廖少宏. 2012. 提前退休模式与行为及其影响因素——基于中国综合社会调查数据的分析. 中国人口科学, （3）: 96-105, 112.

林忠晶, 龚六堂. 2007. 退休年龄、教育年限与社会保障. 经济学（季刊）, （1）: 211-230.

刘长生, 简玉峰. 2011. 寿命预期、教育资本与内生经济增长. 当代财经, （4）: 15-25.

刘华. 2014. 农村人口老龄化对收入不平等影响的实证研究. 数量经济技术经济研究, （4）: 99-112, 144.

刘辉, 刘子兰. 2020. 社会保险费征缴体制改革会提高企业的社保合规程度吗?——基于中国工业企业数据库的分析. 经济社会体制比较, （4）: 41-51.

刘军强. 2011. 资源、激励与部门利益: 中国社会保险征缴体制的纵贯研究

（1999—2008）. 中国社会科学，（3）：139-156，223.

刘仁和，陈英楠，吉晓萌，等. 2018. 中国的资本回报率：基于 q 理论的估算. 经济研究，53（6）：67-81.

刘生龙. 2009. 收入不平等对经济增长的倒 U 型影响：理论和实证. 财经研究，35（2）：4-15.

刘生龙，胡鞍钢，郎晓娟. 2012. 预期寿命与中国家庭储蓄. 经济研究，（8）：107-117.

刘小鸽. 2016. 计划生育如何影响了收入不平等？——基于代际收入流动的视角. 中国经济问题，（1）：71-81.

刘小鸽，魏建. 2016. 计划生育是否提高了子代收入?. 人口与经济，（1）：117-125.

刘小勇. 2013. 老龄化与省际经济增长倒 U 型关系检验. 中国人口·资源与环境，（5）：98-105.

刘学良. 2014. 中国养老保险的收支缺口和可持续性研究. 中国工业经济，（9）：25-37.

刘永平，陆铭. 2008a. 从家庭养老角度看老龄化的中国经济能否持续增长. 世界经济，31（1）：65-77.

刘永平，陆铭. 2008b. 放松计划生育政策将如何影响经济增长——基于家庭养老视角的理论分析. 经济学（季刊），7（3）：1271-1300.

刘子兰，郑茜文，周成. 2019. 养老保险对劳动供给和退休决策的影响. 经济研究，54（6）：151-167.

刘遵义. 2003. 关于中国社会养老保障体系的基本构想. 比较，（6）：3-28.

柳清瑞，金刚. 2011. 人口红利转变、老龄化与提高退休年龄. 人口与发展，（4）：39-47，63.

柳清瑞，苗红军. 2004. 人口老龄化背景下的推迟退休年龄策略研究. 人口学刊，（4）：3-7.

卢德之. 2017. 论资本与共享：兼论人类文明协同发展的重大主题. 北京：东方出版社.

卢新德. 1993. 韩国实施"科技立国"战略的新动向及其启示. 世界经济,（1）：66-72.

陆铭，陈钊. 2004. 城市化、城市倾向的经济政策与城乡收入差距. 经济研究，（6）：50-58.

陆雪琴，文雁兵. 2013. 偏向型技术进步、技能结构与溢价逆转——基于中国省级面板数据的经验研究. 中国工业经济，（10）：18-30.

陆旸，蔡昉. 2014. 人口结构变化对潜在增长率的影响：中国和日本的比较. 世界经济，（1）：3-29.

陆旸，蔡昉. 2016. 从人口红利到改革红利：基于中国潜在增长率的模拟. 世界经济，39（1）：3-23.

路锦非. 2016. 合理降低我国城镇职工基本养老保险缴费率的研究——基于制度赡养率的测算. 公共管理学报，13（1）：128-140，159.

罗楚亮. 2019. 高收入人群缺失与收入差距低估. 经济学动态，（1）：15-27.

罗凯. 2006. 健康人力资本与经济增长：中国分省数据证据. 经济科学,（4）：83-93.

毛毅. 2013. 死亡率、生育率与经济增长. 暨南学报（哲学社会科学版），2（169）：112-122.

米红，贾宁. 2016. 中国"大跃进"时期的非正常死亡人口研究——基于改进的Lee-Carter分年龄死亡率预测模型. 人口研究，40（1）：22-37.

穆怀中，李辰. 2020. 长寿风险对城镇职工基本养老保险个人账户收支平衡的冲击效应. 人口与发展，26（6）：2-12，51.

牛建林. 2015. 受教育水平对退休抉择的影响研究. 中国人口科学，（5）：

58-66，127.

欧阳峣，傅元海，王松. 2016. 居民消费的规模效应及其演变机制. 经济研究，51（2）：56-68.

潘珊，龚六堂. 2015. 中国税收政策的福利成本——基于两部门结构转型框架的定量分析. 经济研究，（9）：44-57.

潘文卿，吴天颖，马瑄忆. 2017. 中国高技能-低技能劳动的技术进步偏向性及其估算. 技术经济，36（2）：100-108.

裴晓影. 2008. 长寿风险的管理——年金与寿险业务的风险对冲. 北京：对外经济贸易大学.

彭浩然，陈斌开. 2012. 鱼和熊掌能否兼得：养老金危机的代际冲突研究. 世界经济，（2）：84-97.

彭浩然，邱桓沛，朱传奇，等. 2018. 养老保险缴费率、公共教育投资与养老金替代率. 世界经济，（7）：148-168.

彭浩然，申曙光. 2007. 现收现付制养老保险与经济增长：理论模型与中国经验. 世界经济，（10）：67-75.

彭浩然，申曙光，宋世斌. 2009. 中国养老保险隐性债务问题研究——基于封闭与开放系统的测算. 统计研究，26（3）：44-50.

彭希哲，陈倩. 2022. 中国银发经济刍议. 社会保障评论，（4）：49-66.

彭雪梅，刘阳，林辉. 2015. 征收机构是否会影响社会保险费的征收效果？——基于社保经办和地方税务征收效果的实证研究. 管理世界，（6）：63-71.

齐红倩，杨燕. 2020. 人口老龄化、养老保障水平与我国养老保险基金结余. 南京社会科学，（8）：11-21.

齐绍洲，严雅雪. 2017. 基于面板门槛模型的中国雾霾（$PM_{2.5}$）库兹涅茨曲线研究. 武汉大学学报（哲学社会科学版），70（4）：80-90.

钱进. 2019. 基于Lee-Carter模型和单因子Ｗ变换的长寿债券定价研究. 北

京：华北电力大学.

邱牧远, 王天宇, 梁润. 2020. 延迟退休、人力资本投资与养老金财政平衡. 经济研究, 55（9）：122-137.

曲丹, 李如兰. 2018. 基于终生收入的职工养老保险代内收入再分配效应研究. 人口学刊, 40（1）：66-78.

曲兆鹏, 赵忠. 2008. 老龄化对我国农村消费和收入不平等的影响. 经济研究, 43（12）：85-99, 149.

任明, 金周永. 2015. 韩国人口老龄化对劳动生产率的影响. 人口学刊, 37（6）：85-92.

单戈, 王晓军. 2017. 应对长寿风险的分红年金：随机精算建模与应用. 数理统计与管理, 36（3）：419-428.

邵敏, 刘重力. 2010. 出口贸易、技术进步的偏向性与我国工资不平等. 经济评论, （4）：73-81, 89.

邵宜航, 刘雅南, 张琦. 2010. 存在收入差异的社会保障制度选择——基于一个内生增长世代交替模型. 经济学（季刊）, （3）：1559-1574.

申曙光, 孟醒. 2014. 财富激励与延迟退休行为——基于 A 市微观实际数据的研究. 中山大学学报（社会科学版）, 54（4）：176-188.

沈春苗, 郑江淮. 2019a. 制度环境改善与技能偏向性技术进步. 产业经济研究, （1）：1-11.

沈春苗, 郑江淮. 2019b. 中国企业"走出去"获得发达国家"核心技术"了吗？——基于技能偏向性技术进步视角的分析. 金融研究, （1）：111-127.

石晨曦, 曾益. 2019. 破解养老金支付困境：中央调剂制度的效应分析. 财贸经济, 40（2）：52-65.

石人炳, 陈宁. 2017. 不同人口变动路径对职工基本养老保险基金收支的影响研究——基于"全面二孩"政策调整后的人口模拟分析. 华中师范大学学报（人文社会科学版），56（5）：35-44.

石智雷. 2014. 计划生育政策对家庭发展能力的影响及其政策含义. 公共管理学报，11（4）：83-94，115，142.

宋冬林，王林辉，董直庆. 2010. 技能偏向型技术进步存在吗？——来自中国的经验证据. 经济研究，45（5）：68-81.

宋健，秦婷婷，宋浩铭. 2018. 性别偏好的代际影响：基于意愿和行为两种路径的观察. 人口研究，42（2）：15-28.

孙佳美. 2013. 生命表编制理论与实验. 天津：南开大学出版社.

孙佳美，郭利涛. 2012. 基于C-K模型及其改进的高高龄人口死亡率模型研究. 统计与决策，（19）：29-31.

孙鹃娟. 2017. 中国城乡老年人的经济收入及代际经济支持. 人口研究，（1）：34-45.

孙文凯. 2014. 延迟退休：若干年后的选择. 中国社会科学报，（5）.

唐珏，封进. 2019. 社会保险征收体制改革与社会保险基金收入——基于企业缴费行为的研究. 经济学（季刊），18（3）：833-854.

唐运舒，吴爽爽. 2016. "全面二孩"政策实施能有效破解城镇职工养老保险基金支付危机吗——基于不同人口政策效果情景的分析. 经济理论与经济管理，（12）：46-57.

田梦，邓颖璐. 2013. 我国随机死亡率的长寿风险建模和衍生品定价. 保险研究，（1）：14-26.

田卫民. 2012. 省域居民收入基尼系数测算及其变动趋势分析. 经济科学，（2）：48-59.

田月红，赵湘莲. 2016. 人口老龄化、延迟退休与基础养老金财务可持续性研究. 人口与经济，（1）：39-49.

万春林, 邓翔, 路征. 2021. 不同生育率情形下养老保险筹资模式比较研究. 经济理论与经济管理, 41（2）: 40-53.

汪伟. 2010a. 经济增长、人口结构变化与中国高储蓄. 经济学（季刊）, 9（1）: 29-52.

汪伟. 2010b. 计划生育政策的储蓄与增长效应: 理论与中国的经验分析. 经济研究, 45（10）: 63-77.

汪伟. 2012. 人口老龄化、养老保险制度变革与中国经济增长——理论分析与数值模拟. 金融研究, （10）: 29-45.

汪伟. 2016. 人口老龄化、生育政策调整与中国经济增长. 经济学（季刊）, （1）: 67-96.

汪伟. 2017. 人口老龄化、生育政策与中国经济增长. 社会科学文摘, （3）: 52-54.

汪伟, 艾春荣. 2015. 人口老龄化与中国储蓄率的动态演化. 管理世界, （6）: 47-62.

汪伟, 郭新强. 2011. 收入不平等与中国高储蓄率: 基于目标性消费视角的理论与实证研究. 管理世界, （9）: 7-25, 52.

汪伟, 靳文惠. 2022. 人口老龄化、养老保险制度设计与收入不平等的动态演化. 世界经济, 45（2）: 137-161.

汪伟, 刘玉飞, 彭冬冬. 2015. 人口老龄化的产业结构升级效应研究. 中国工业经济, （11）: 47-61.

汪伟, 刘玉飞, 史青. 2022. 人口老龄化、城市化与中国经济增长. 学术月刊, 54（1）: 68-82.

汪伟, 刘玉飞, 王文鹏. 2018. 长寿的宏观经济效应研究进展. 经济学动态, （9）: 128-143.

汪伟, 刘玉飞, 徐炎. 2019. 劳动人口年龄结构与中国劳动生产率的动态演化.

学术月刊，51（8）：48-64.

汪伟，吴坤. 2019. 中国城镇家庭储蓄率之谜——基于年龄—时期—组群分解的再考察. 中国工业经济，（7）：81-100.

汪伟，咸金坤. 2020. 人口老龄化、教育融资模式与中国经济增长. 经济研究，（12）：46-63.

汪伟，杨嘉豪，吴坤，等. 2020. 二孩政策对家庭二孩生育与消费的影响研究——基于CFPS数据的考察. 财经研究，（12）：79-93.

王海港. 2005. 中国居民收入分配的代际流动. 经济科学，（2）：18-25.

王建平，涂肇庆. 2003. 香港人口死亡率演变及其未来发展. 人口研究，27（5）：63-72.

王金营，戈艳霞. 2013. 2010年人口普查数据质量评估以及对以往人口变动分析校正. 人口研究，（1）：22-33.

王军，王广州. 2016. 中国城镇劳动力延迟退休意愿及其影响因素研究. 中国人口科学，（3）：81-92，128.

王克. 1987. 中国人口老龄化对未来经济的影响. 人口学刊，（2）：42-45.

王丽莉，乔雪. 2018. 放松计划生育、延迟退休与中国劳动力供给. 世界经济，（10）：150-169.

王林辉，蔡啸，高庆昆. 2014. 中国技术进步技能偏向性水平：1979—2010. 经济学动态，（4）：56-65.

王萍. 2015. 劳动力年龄和教育结构对经济增长的影响研究——基于人力资本存量生命周期的视角. 宏观经济研究，（1）：52-57，115.

王树. 2021. "第二次人口红利"与经济增长：理论渊源、作用机制与数值模拟. 人口研究，45（1）：82-97.

王树，吕昭河. 2019. "人口红利"与"储蓄之谜"——基于省级面板数据的实证分析. 人口与发展，（2）：64-75.

王天宇, 邱牧远, 杨澄宇. 2016. 延迟退休、就业与福利. 世界经济, (8): 69-93.

王维国, 刘丰, 胡春龙. 2019. 生育政策、人口年龄结构优化与经济增长. 经济研究, (1): 116-131.

王小鲁, 樊纲. 2000. 中国经济增长的可持续性——跨世纪的回顾与展望. 北京: 经济科学出版社.

王晓军, 黄顺林. 2011. 中国人口死亡率随机预测模型的比较与选择. 人口与经济, (1): 82-86.

王晓军, 姜增明. 2016. 长寿风险对城镇职工养老保险的冲击效应研究. 统计研究, 33 (5): 43-50.

王晓军, 康博威. 2009. 我国社会养老保险制度的收入再分配效应分析. 统计研究, 26 (11): 75-81.

王晓军, 米海杰. 2013. 养老金支付缺口：口径、方法与测算分析. 数量经济技术经济研究, (10): 49-62, 78.

王晓军, 任文东. 2012. 有限数据下 Lee-Carter 模型在人口死亡率预测中的应用. 统计研究, 29 (6): 87-94.

王晓军, 赵明. 2014. 中国高龄人口死亡率随机波动趋势分析. 统计研究, 31 (9): 51-57.

王晓军, 赵明. 2015. 寿命延长与延迟退休：国际比较与我国实证. 数量经济技术经济研究, 32 (3): 111-128.

王亚章. 2016. 人口老龄化对宏观经济的影响——基于隔代抚养机制的考察. 人口与发展, 22 (3): 13-23.

王延中, 龙玉其, 江翠萍, 等. 2016. 中国社会保障收入再分配效应研究——以社会保险为例. 经济研究, 51 (2): 4-15, 41.

王燕, 徐滇庆, 王直, 等. 2001. 中国养老金隐性债务、转轨成本、改革方式及其影响——可计算一般均衡分析. 经济研究, (5): 3-12, 94.

王怡, 苏扬, 孙国庆. 2012. 养老保险基金投资: 国际经验及启示. 当代经济研究, (7): 74-78.

王有鑫, 赵雅婧. 2016. 人口年龄结构与出口比较优势——理论框架和实证经验. 世界经济研究, (4): 78-93, 135-136.

王增文. 2017. 城镇职工基本养老保险个人账户超额支出: 测度与评价. 社会保障评论, (2): 54-70.

王志刚, 王晓军, 张学斌. 2014. 我国个人年金长寿风险的资本要求度量. 保险研究, (3): 20-32.

王忠. 2006. 技术进步的技能偏向性与工资结构宽化. 中国劳动经济学, (4): 70-91.

魏钦恭, 秦广强, 李飞. 2012. "科学是年轻人的游戏"?——对科研人员年龄与论文产出之间关系的研究. 青年研究, (1): 13-23, 94.

邬沧萍, 王琳, 苗瑞凤. 2003. 从全球人口百年(1950—2050)审视我国人口国策的抉择. 人口研究, 27(4): 6-12.

向志强. 2003. 人力资本生命周期与教育需求. 经济评论, (2): 32-35, 89.

谢琳. 2020. 基于长寿风险的城镇养老保险偿付能力评估. 江西财经大学学报, (1): 71-84.

谢世清. 2011. 长寿风险的创新解决方案. 保险研究, (4): 70-75.

谢世清. 2015. 寿险证券化研究. 北京: 经济科学出版社.

谢世清, 赵仲匡. 2014. q 远期合约: 寿险风险管理的新工具. 证券市场导报, (3): 67-71.

解垩. 2018. 税收和转移支付对收入再分配的贡献. 经济研究, 53(8): 116-131.

徐俊武, 黄珊. 2016. 教育融资体制对代际流动性与不平等程度的动态影响:

基于 OLG 模型的分析. 财经研究，（8）：4-14，26.

徐升艳，周密. 2013. 东中西地区城市不同年龄组劳动生产率的比较研究. 上海经济研究，（3）：135-144.

徐舒. 2010. 技术进步、教育收益与收入不平等. 经济研究，（9）：79-92，108.

徐翔. 2017. 人口老龄化背景下的长期经济增长潜力研究. 金融研究，（6）：17-32.

徐祖辉，谭远发. 2014. 健康人力资本、教育人力资本与经济增长. 贵州财经大学学报，（6）：21-28.

许非，陈琰. 2008. 快速人口转变后的中国长期经济增长——从预期寿命、人力资本投资角度考察. 西北人口，29（4）：1-6.

许红梅，李春涛. 2020. 社保费征管与企业避税——来自《社会保险法》实施的准自然实验证据. 经济研究，55（6）：122-137.

许志成，闫佳. 2011. 技能偏向型技术进步必然加剧工资不平等吗?. 经济评论，（3）：20-29.

严成樑. 2016. 延迟退休、内生出生率与经济增长. 经济研究，（11）：28-43.

严成樑. 2017. 延迟退休、财政支出结构调整与养老金替代率. 金融研究，（9）：51-66.

严成樑，王红梅. 2018. 老年照料、人口出生率与社会福利. 经济研究，（4）：122-135.

阳义南，才国伟. 2012. 推迟退休年龄和延迟领取基本养老金年龄可行吗——来自广东省在职职工预期退休年龄的经验证据. 财贸经济，（10）：111-122.

杨凡，赵梦晗. 2013. 2000 年以来中国人口生育水平的估计. 人口研究，（2）：54-65.

杨飞. 2013. 劳动禀赋结构与技能偏向性技术进步——基于技术前沿国家的

分析. 经济评论,（4）：5-12.

杨飞. 2017. 市场化、技能偏向性技术进步与技能溢价. 世界经济,（2）：78-100.

杨华磊. 2019. 世代更迭、人口政策调整与经济增速. 经济科学,（3）：30-40.

杨华磊, 沈政, 沈盈希. 2019a. 延迟退休、全要素生产率与老年人福利. 南开经济研究,（5）：122-144.

杨华磊, 王辉, 胡浩钰. 2019b. 延迟退休能改善老年人福利？——基于代际支持视角. 经济社会体制比较,（2）：44-55.

杨华磊, 张文超, 沈政. 2020. 多生育降低了产出吗?. 当代经济科学, 42（1）：37-48.

杨继军. 2016. 预期寿命延长对居民储蓄的影响：理论与中国的经验分析. 南京财经大学学报,（2）：11-17.

杨继军, 张二震. 2013. 人口年龄结构、养老保险制度转轨对居民储蓄率的影响. 中国社会科学,（8）：47-66, 205.

杨明旭, 鲁蓓. 2019. 中国2010年分省死亡率与预期寿命——基于各省第六次人口普查资料. 人口研究, 43（1）：18-35.

杨汝岱, 陈斌开. 2009. 高等教育改革、预防性储蓄与居民消费行为. 经济研究,（8）：113-124.

杨耀武, 杨澄宇. 2015. 中国基尼系数是否真地下降了？——基于微观数据的基尼系数区间估计. 经济研究,（3）：75-86.

杨一心, 何文炯. 2016. 养老保险缴费年限增加能够有效改善基金状况吗？——基于现行制度的代际赡养和同代自养之精算分析. 人口研究,（3）：18-29.

杨筠, 张苏, 宁向东. 2018. 受教育水平与退休后再就业：基于CHARLS数据的实证研究. 经济学报, 5（3）：169-196.

杨再贵,陈肖华. 2021. 降费综合方案下企业职工基本养老保险财政风险预警. 保险研究,(1):91-106.

杨再贵,石晨曦. 2016. 企业职工个人账户养老金的财政负担与替代率. 财政研究,(7):80-91.

杨钊. 2014. 法国多样化产业化养老服务模式的发展及启示——兼论我国养老服务产业发展. 当代经济管理,36(7):88-91.

姚先国,周礼,来君. 2005. 技术进步、技能需求与就业结构——基于制造业微观数据的技能偏态假说检验. 中国人口科学,(5):47-53,95,96.

姚洋,崔静远. 2015. 中国人力资本的测算研究. 中国人口科学,(1):70-78,127.

姚毓春,袁礼,董直庆. 2014. 劳动力与资本错配效应:来自十九个行业的经验证据. 经济学动态,(6):69-77.

殷宝明,刘昌平. 2014. 养老金红利:理论与来自中国的实证. 中国软科学,(10):59-70.

尹恒,龚六堂,邹恒甫. 2005. 收入分配不平等与经济增长:回到库兹涅茨假说. 经济研究,40(4):17-22.

尹文耀,姚引妹,李芬. 2013. 生育水平评估与生育政策调整——基于中国大陆分省生育水平现状的分析. 中国社会科学,(6):109-128,206,207.

於嘉,谢宇. 2014. 生育对我国女性工资率的影响. 人口研究,(1):18-29.

于洪,钟和卿. 2009. 中国基本养老保险制度可持续运行能力分析——来自三种模拟条件的测算. 财经研究,35(9):26-35.

于学军. 1995. 中国人口老化的经济学研究. 中国人口科学,(6):24-34.

于也雯,龚六堂 2021. 生育政策、生育率与家庭养老. 中国工业经济,(5):38-56.

余立人. 2012. 延长退休年龄能提高社会养老保险基金的支付能力吗?. 南方

经济，（6）：74-84.

袁蓓. 2010. 人口老龄化对中国经济增长的影响. 武汉：武汉大学.

袁志刚. 2001. 中国养老保险体系选择的经济学分析. 经济研究，（5）：13-19.

袁志刚，宋铮. 2000. 人口年龄结构、养老保险制度与最优储蓄率. 经济研究，（11）：24-32，79.

曾燕，郭延峰，张玲. 2013. 基于长寿风险与 OLG 模型的延迟退休决策. 金融经济学研究，（4）：83-93.

曾燕，曾庆邹，康志林. 2015. 基于价格调整的长寿风险自然对冲策略. 中国管理科学，23（12）：11-19.

曾益，李晓琳，石晨曦. 2019a. 降低养老保险缴费率政策能走多远?. 财政研究，（6）：102-115.

曾益，李晓琳，杨思琦. 2020. 征收体制改革、养老保险缴费率下调空间与企业缴费负担. 经济科学，（2）：74-86.

曾益，任超然，刘倩. 2013. 延长退休年龄有助于改善养老保险的偿付能力吗?——基于精算模型的模拟分析. 经济管理，（5）：108-117.

曾益，魏晨雪，李晓琳，等. 2019b. 征收体制改革、延迟退休年龄与养老保险基金可持续性——基于"减税降费"背景的实证研究. 公共管理学报，16（4）：108-118，173，174.

曾益，张心洁，刘凌晨. 2016. 从"单独二孩"走向"全面二孩"：中国养老金支付危机能破解吗. 财贸经济，37（7）：133-146.

曾毅，冯秋石，赫斯基 T，等. 2017. 中国高龄老人健康状况和死亡率变动趋势. 人口研究，41（4）：22-32.

曾毅，金沃泊. 2004. 中国高龄死亡模式及其与瑞典、日本的比较分析. 人口与经济，（3）：8-16.

翟德华. 2003. 中国第五次人口普查全国人口死亡水平间接估计. 人口与经

济，（5）：65-69，31.

张川川. 2011. 子女数量对已婚女性劳动供给和工资的影响. 人口与经济，（5）：29-35.

张川川，陈斌开. 2014. "社会养老"能否替代"家庭养老"？——来自中国新型农村社会养老保险的证据. 经济研究，49（11）：102-115.

张川川，吉尔 J，赵耀辉. 2015. 新型农村社会养老保险政策效果评估——收入、贫困、消费、主观福利和劳动供给. 经济学（季刊），（4）：203-230.

张继海，臧旭恒. 2008. 寿命不确定与流动性约束下的居民消费和储蓄行为研究. 经济学动态，（2）：41-46，54.

张军. 2002. 资本形成、工业化与经济增长：中国的转轨特征. 经济研究，（6）：3-13.

张军，施少华. 2003. 中国经济全要素生产率变动：1952—1998. 世界经济文汇，（2）：17-24.

张军，吴桂英，张吉鹏. 2004. 中国省际物质资本存量估算：1952—2000. 经济研究，39（10）：35-44.

张连增，段白鸽. 2012. 广义线性模型在生命表死亡率修匀中的应用. 人口研究，36（3）：89-103.

张鹏飞，陶纪坤. 2017. 全面二孩政策对城镇职工基本养老保险收支的影响. 人口与经济，（1）：104-115.

张钦. 2012. 我国寿险业长寿风险证券化策略探究. 成都：西南财经大学. 张琼，白重恩. 2011. 抚养负担、居民健康与经济增长——影响我国县市经济发展的人口特征因素. 财经研究，（7）：17-27.

张秋芸. 2015. Lee-Carter 模型在死亡率预测中的应用. 统计学与应用，4（3）：155-161.

张松彪，刘长庚，邓明君. 2021. 全国统筹有利于化解基础养老金缺口吗. 科学决策，（1）：1-30.

张苏，李泊宁. 2021. 人口老龄化与养老金可持续性研究进展. 经济学动态，（2）：126-142.

张文娟，李念. 2020. 中国高龄老年人认知能力的衰退轨迹及其队列差异. 人口研究，44（3）：38-52.

张晓青. 2009. 人口年龄结构对区域经济增长的影响研究. 中国人口·资源与环境，19（5）：100-103.

张心洁，曾益，石晨曦，等. 2018. 可持续视角下城镇职工基本养老保险的财政兜底责任评估——对"全面二孩"和延迟退休政策效应的再考察. 财政研究，（12）：97-113.

张熠. 2010. 现收现付公共养老金计划收支平衡条件研究——非稳态条件下收入关联制与均等受益制的模拟比较分析. 财经研究，36（9）：48-58.

张熠. 2011. 延迟退休年龄与养老保险收支余额：作用机制及政策效应. 财经研究，37（7）：4-16.

张熠. 2015. 内生退休年龄研究前沿. 经济学动态，（3）：90-103.

张迎斌，刘志新，柏满迎，等. 2013. 我国社会基本养老保险的均衡体系与最优替代率研究——基于跨期叠代模型的实证分析. 金融研究，（1）：79-91.

张颖熙，夏杰长. 2020. 健康预期寿命提高如何促进经济增长？——基于跨国宏观数据的实证研究. 管理世界，（10）：41-53，214，215.

张元萍，王力平. 2014. 长寿指数延迟年金的设计与价值测度. 当代经济科学，36（2）：70-76，126，127.

张志强，杨帆. 2017. 随机死亡率模型的改进与预测. 中国人口科学，（2）：47-59，127.

章元，王驹飞. 2019. 预期寿命延长与中国城镇居民的高储蓄率——来自地级市城镇家庭的证据. 中国人口科学，（2）：16-26，126.

章铮. 2011. 劳动生产率的年龄差异与刘易斯转折点. 中国农村经济, (8): 12-21, 32.

赵明, 米海杰, 王晓军. 2019. 中国人口死亡率变动趋势与长寿风险度量研究. 中国人口科学, (3): 67-79, 127.

赵明, 王晓军. 2015. 基于 GlueVaR 的我国养老金系统长寿风险度量. 保险研究, (3): 13-23.

赵明, 王晓军. 2020. 多人口 Lee-Carter 随机死亡率模型比较与中国应用. 中国人口科学, (2): 81-96, 128.

赵仁杰, 范子英. 2020. 养老金统筹改革, 征管激励与企业缴费率. 中国工业经济, (9): 61-79.

赵文哲, 董丽霞. 2013. 人口结构, 储蓄与经济增长——基于跨国面板向量自回归方法的研究. 国际金融研究, (9): 29-42.

赵昕东, 陈丽珍. 2019. 老龄化对劳动生产率的影响是否存在行业差别?——基于智力型与体力型服务行业的证据. 学习与探索, (6): 118-124.

郑长德. 2007. 中国各地区人口结构与储蓄率关系的实证研究. 人口与经济, (6): 1-4, 11.

郑秉文. 2011. 欧债危机下的养老金制度改革——从福利国家到高债国家的教训. 中国人口科学, (5): 2-15, 111.

郑秉文. 2016. 供给侧: 降费对社会保险结构性改革的意义. 中国人口科学, (3): 2-11.

郑秉文. 2018a. "多层次混合型"养老保障体系与第三支柱顶层设计. 社会发展研究, 5(2): 75-90.

郑秉文. 2018b. 养老保险降低缴费率与扩大个人账户——征缴体制改革的"额外收获". 行政管理改革, (11): 12-21.

郑秉文, 房连泉. 2007. 社会保障供款征缴体制国际比较与中国的抉择. 公共管理学报，4（4）：1-16，121.

郑春荣, 王聪. 2014. 我国社会保险费的征管机构选择——基于地税部门行政成本的视角. 财经研究，40（7）：17-26.

郑伟, 孙祁祥. 2003. 中国养老保险制度变迁的经济效应. 经济研究,（10）：75-85，93.

中国社会科学院. 2020. 中国养老金发展报告 2020. 北京：中国社会科学院第十届社会保障论坛.

钟笑寒. 2008. 城乡移民与收入不平等：基于基尼系数的理论分析. 数量经济技术经济研究,（8）：110-122.

周绍杰, 张俊森, 李宏彬. 2009. 中国城市居民的家庭收入、消费和储蓄行为：一个基于组群的实证研究. 经济学（季刊），8（4）：1197-1220.

周云波. 2009. 城市化、城乡差距以及全国居民总体收入差距的变动——收入差距倒 U 形假说的实证检验. 经济学（季刊），8（4）：1239-1256.

朱超, 易祯. 2020. 自然利率的人口结构视角解释. 经济学动态,（6）：30-46.

邹红, 李奥蕾, 喻开志. 2013. 消费不平等的度量、出生组分解和形成机制——兼与收入不平等比较. 经济学（季刊），12（4）：1231-1254.

邹红, 文莎, 彭争呈. 2019. 隔代照料与中老年人提前退休. 人口学刊, 41（4）：57-71.

邹铁钉, 叶航. 2014. 形式公平与运行效率的替代效应——基于实质公平的养老改革. 经济研究,（3）：115-129.

左学金. 2001. 面临人口老龄化的中国养老保障：挑战与政策选择. 中国人口科学,（3）：1-8.

Aaron H J. 1966. The social insurance paradox. Canadian Journal of Economics and Political Science，32（3）：371-374.

Aaron H J. 1977. Demographic effects on the equity of social security benefits//Feldstein M S, Inman R P. The Economics of Public Services. London: Palgrave Macmillan: 151-173.

Acemoglu D. 2002. Technical change, inequality, and the labor market. Journal of Economic Literature, 40（1）: 7-72.

Acemoglu D. 2008. Introduction to modern economic growth. Levines Bibliography, 147（2）: 89-94.

Acemoglu D, Autor D. 2011. Skills, tasks and technologies: implications for employment and earnings. Handbook of Labor Economics, 4: 1043-1171.

Acemoglu D, Guerrieri V. 2008. Capital deepening and nonbalanced economic growth. Journal of Political Economy, 116（3）: 467-498.

Acemoglu D, Johnson S. 2007. Disease and development: the effect of life expectancy on economic growth. Journal of Political Economy, 115（6）: 925-985.

Acemoglu D, Johnson S. 2014. Disease and development: a reply to Bloom, Canning, and Fink. Journal of Political Economy, 122（6）: 1367-1375.

Adams C W. 1946. The age at which scientists do their best work. Isis, 36: 166-169.

Ahluwalia M S. 1976. Inequality, poverty and development. Journal of Development Economics, 3（4）: 307-342.

Aiyar S, Ebeke C. 2016. The impact of workforce aging on European productivity. IMF Working Paper No 238.

Aksoy Y, Basso H S, Smith R P, et al. 2015. Demographic structure and macroeconomic trends. Birkbeck Working Papers in Economics and Finance.

Alesina A, Perotti R. 1996. Income distribution, political instability, and investment. European Economic Review, 40: 1203-1228.

Andersen T M, Hermansen M N. 2014. Durable consumption, saving and retirement. Journal of Population Economics, 27(3): 825-840.

Anderson G. 2005. Life expectancy and economic welfare: the example of Africa in the 1990s. Review of Income and Wealth, 51(3): 455-468.

Andersson B. 2001. Scandinavian evidence on growth and age structure. Regional Studies, 35(5): 377-390.

Arjona R. 2000. Optimal social security taxation in Spain. Estudios Sobre La Economia Española Working Paper.

Arrow K J, Levin S A. 2009. Intergenerational resource transfers with random offspring numbers. Proceedings of the National Academy of Sciences of the United States of America, 106(33): 13702-13706.

Ashraf Q H, Lester A, Weil D N. 2008. When does improving health raise GDP?. NBER Macroeconomics Annual, 23: 157-204.

Attanasio O P, Rohwedder S. 2003. Pension wealth and household saving: evidence from pension reforms in the United Kingdom. The American Economic Review, 93(5): 1499-1521.

Autor D H, Dorn D. 2013. The growth of low-skill service jobs and the polarization of the US labor market. The American Economic Review, 103(5): 1553-1597.

Autor D H, Katz L F, Krueger A B. 1997. Computing inequality: have computers changed the labor market?. NBER Working Paper No. 5956.

Autor D H, Levy F, Murnane R J. 2003. The skill content of recent technological change: an empirical exploration. The Quarterly Journal of Economics, 118(4): 1279-1333.

Avolio B J, Waldman D A. 1994. Variations in cognitive, perceptual, and psychomotor abilities across the working life span: examining the effects of race, sex, experience, education, and occupational type. Psychology and Aging, 9（3）: 430-442.

Backes-Gellner U, Schneider M R, Veen S. 2011. Effect of workforce age on quantitative and qualitative organizational performance: conceptual framework and case study evidence. Organization Studies, 32（8）: 1103-1121.

Bai C E, Hsieh C T, Qian Y Y. 2006. The return to capital in China. NBER Working Paper, No. 12755.

Bairoliya N, Canning D, Miller R, et al. 2018. The macroeconomic and welfare implications of rural health insurance and pension reforms in China. Journal of the Economics of Ageing, 11: 71-92.

Baldanzi A, Prettner K, Tscheuschner P. 2019. Longevity-induced vertical innovation and the tradeoff between life and growth. Journal of Population Economics, 32（4）: 1293-1313.

Banerjee A, Meng X, Porzio T, et al. 2014. Aggregate fertility and household savings: a general equilibrium analysis using micro data. NBER Working Paper, No. 20050.

Baranov V, Kohler H P. 2018. The impact of AIDS treatment on savings and human capital investment in Malawi. American Economic Journal: Applied Economics, 10（1）: 266-306.

Barr N. 2000. Reforming pensions: myths, truths, and policy choices. IMF Working Paper.

Barr N. 2013. The pension system in Finland: adequacy, sustainability and system design. Finnish Centre for Pensions.

Barr N, Diamond P. 2006. The economics of pensions. Oxford Review of Economic Policy, 22（1）: 15-39.

Barreti G F, Crossley T F, Worswick C. 2000. Demographic trends and consumption inequality in Australia between 1975 and 1993. Review of Income and Wealth, 46(4): 437-456.

Barro R J. 1991. Economic growth in a cross section of countries. The Quarterly Journal of Economics, 106(2): 407-443.

Barro R J, Becker G S. 1989. Fertility choice in a model of economic growth. Econometrica, 57(2): 481-501.

Barro R J, Lee J W. 2013. A new data set of educational attainment in the world, 1950-2010. Journal of Development Economics, 104: 184-198.

Barro R J, Sala-i-Martin X. 2003. Economic Growth. 2nd ed. Cambridge: The MIT Press.

Barro R J, Wolf H C. 1989. Data appendix for economic growth in a cross section of countries. The Quarterly Journal of Economics, 106(2): 407-443.

Bartel A P, Sicherman N. 1999. Technological change and wages: an interindustry analysis. Journal of Political Economy, 107(2): 285-325.

Bauer D, Börger M, Ruß J. 2010. On the pricing of longevity-linked securities. Insurance: Mathematics and Economics, 46(1): 139-149.

Bayer A E, Dutton J E. 1977. Career age and research-professional activities of academic scientists: tests of alternative nonlinear models and some implications for higher education faculty policies. The Journal of Higher Education, 48(3): 259-282.

Beaudry P, Collard F. 2003. Recent technological and economic change among industrialized countries: insights from population growth. Scandinavian Journal of Economics, 105(3): 441-464.

Becker G S. 1960. An economic analysis of fertility//Roberts G B. Demographic and Economic Change in Developed Countries. Princeton: Princeton

University Press: 209-240.

Becker G S. 1981. A Treatise on the Family. Cambridge: Harvard University Press.

Becker G S. 2009. Human Capital: A Theoretical and Empirical Analysis, with Special Reference to Education. Chicago: University of Chicago Press.

Becker G S, Barro R J. 1988. A reformulation of the economic theory of fertility. The Quarterly Journal of Economics, 103（1）: 1-25.

Becker G S, Lewis H G. 1973. On the interaction between the quantity and quality of children. Journal of Political Economy, 81（2）: S279-S288.

Becker G S, Murphy K M, Tamura R. 1990. Human capital, fertility, and economic growth. Journal of Political Economy, 98（5）: S12-S37.

Becker G S, Tomes N. 1976. Child endowments and the quantity and quality of children. Journal of Political Economy, 84（4）: S143-S162.

Bell W R. 1997. Comparing and assessing time series methods for forecasting age-specific fertility and mortality rates. Journal of Official Statistics, 13（3）: 279-303.

Ben-Porath Y. 1967. The production of human capital and the life cycle of earnings. Journal of Political Economy, 75（4）: 352-365.

Berman E, Bound J, Griliches Z. 1994. Changes in the demand for skilled labor within U.S. manufacturing: evidence from the annual survey of manufactures. The Quarterly Journal of Economics, 109（2）: 367-397.

Berman E, Machin S. 2000. Skill-biased technology transfer around the world. Oxford Review of Economic Policy, 16（3）: 12-22.

Bhattacharya M, Smyth R. 2001. Aging and productivity among judges: some empirical evidence from the high court of Australia. Australian Economic Papers, 40（2）: 199-212.

Bielecki M, Goraus K, Hagemejer J, et al. 2016. Decreasing fertility vs increasing longevity: raising the retirement age in the context of ageing processes. Economic Modelling, 52: 125-143.

Biffis E. 2005. Affine processes for dynamic mortality and actuarial valuations. Insurance: Mathematics and Economics, 37 (3): 443-468.

Biffis E, Blake D. 2009. Mortality-linked securities and derivatives. Discussion Paper.

Bils M, Klenow P J. 2000. Does schooling cause growth?. The American Economic Review, 90 (5): 1160-1183.

Bisetti E, Favero C A. 2014. Measuring the impact of longevity risk on pension systems: the case of Italy. North American Actuarial Journal, 18(1):87-103.

Bishop J A, Formby J P, Smith W J. 1997. Demographic change and income inequality in the United States, 1976-1989. Southern Economic Journal, 64 (1): 34-44.

Biyase M, Malesa M. 2019. Life expectancy and economic growth: evidence from the southern African development community. Economia Internazionale/International Economics, 72 (3): 351-366.

Blake D, Boardman T, Cairns A, et al. 2009. Taking the long view. SSRN Electronic Journal, 33 (1): 339-348.

Blake D, Burrows W. 2001. Survivor bonds: helping to hedge mortality risk. Journal of Risk and Insurance, 68 (2): 339-348.

Blake D, Cairns A J G, Dowd K. 2006. Living with mortality: longevity bonds and other mortality-linked securities. British Actuarial Journal, 12 (1): 153-197.

Blake D, Mayhew L. 2006. On the sustainability of the UK state pension system in the light of population ageing and declining fertility. The Economic

Journal, 116 (512): F286-F305.

Blanchard O J. 1985. Debt, deficits and finite horizons. Journal of Political Economy, 93 (2): 223-247.

Blau P M, Duncan O D. 1967. The American Occupational Structure. New York: John Wiley and Sons.

Bloom D E, Canning D, Fink G. 2014a. Disease and development revisited. Journal of Political Economy, 122 (6): 1355-1366.

Bloom D E, Canning D, Graham B. 2003. Longevity and life-cycle savings. The Scandinavian Journal of Economics, 105 (3): 319-338.

Bloom D E, Canning D, Mansfield R K, et al. 2007. Demographic change, social security systems, and savings. Journal of Monetary Economics, 54 (1): 92-114.

Bloom D E, Canning D, Moore M. 2004. The effect of improvements in health and longevity on optimal retirement and saving. NBER Working Paper No.10919.

Bloom D E, Canning D, Moore M. 2014b. Optimal retirement with increasing longevity. The Scandinavian Journal of Economics, 116 (3): 838-858.

Bohk-Ewald C, Ebeling M, Rau R. 2017. Lifespan disparity as an additional indicator for evaluating mortality forecasts. Demography, 54 (4): 1559-1577.

Boldrin M, de Nardi M, Jones L E. 2015. Fertility and social security. Journal of Demographic Economics, 81 (3): 261-299.

Bolin K, Lindgren B, Lundborg P. 2008. Your next of kin or your own career? Caring and working among the 50+ of Europe. Journal of Health Economics, 27 (3): 718-738.

Bongaarts J. 2004. Population aging and the rising cost of public pensions.

Population and Development Review, 30（1）: 1-23.

Bongaarts J. 2005. Long-range trends in adult mortality: models and projection methods. Demography, 42（1）: 23-49.

Bonneuil N, Boucekkine R. 2017. Longevity, age-structure, and optimal schooling. Journal of Economic Behavior and Organization, 136: 63-75.

Booth H. 2006. Demographic forecasting: 1980 to 2005 in review. International Journal of Forecasting, 22（3）: 547-581.

Börsch-Supan A. 2000. Incentive effects of social security on labor force participation: evidence in Germany and across Europe. Journal of Public Economics, 78（1/2）: 25-49.

Börsch-Supan A, Weiss M. 2016. Productivity and age: evidence from work teams at the assembly line. Journal of the Economics of Ageing, 7: 30-42.

Bosi S, Ismaël M, Venditti A. 2016. Collateral and growth cycles with heterogeneous agents. Journal of Macroeconomics, 48: 327-350.

Bosman E A. 1993. Age-related differences in the motoric aspects of transcription typing skill. Psychol Aging, 8（1）: 87-102.

Bosworth B P, Chodorow-Reich G. 2007. Saving and demographic change: the global dimension. Brookings Institution Population Aging Working Paper, No.2.

Bottazzi R, Jappelli T, Padula M. 2006. Retirement expectations, pension reforms, and their impact on private wealth accumulation. Journal of Public Economics, 90（12）: 2187-2212.

Boucekkine R, de la Croix D, Licandro O. 2002. Vintage human capital, demographic trends, and endogenous growth. Journal of Economic Theory, 104（2）: 340-375.

Boucekkine R, de la Croix D, Licandro O. 2003. Early mortality declines at the dawn of modern growth. Scandinavian Journal of Economics, 105(3): 401-418.

Boulier B. 1975. The effects of demographic variables on income distribution. Discussion Paper, No.61.

Boulier B. 1982. Income redistribution and fertility decline: a skeptical view. Population and Development Review, 8: 159-173.

Bound J, Johnson G. 1992. Changes in the structure of wages in the 1980's: an evaluation of alternative explanations. The American Economic Review, 82(3): 371-392.

Boyer M M, Stentoft L. 2013. If we can simulate it, we can insure it: an application to longevity risk management. Insurance: Mathematics and Economics, 52(1): 35-45.

Brandt L, Zhu X D. 2010. Accounting for China's growth. IZA Working Paper, No. 4764.

Bravo J M, Nunes J P V. 2021. Pricing longevity derivatives via Fourier transforms. Insurance Mathematics and Economics, 96: 81-97.

Brooks R. 2002. Asset-market effects of the baby boom and social-security reform. The American Economic Review, 92(2): 402-406.

Brouhns N, Denuit M, van Keilegom I. 2005. Bootstrapping the Poisson log-bilinear model for mortality forecasting. Scandinavian Actuarial Journal, (3): 212-224.

Brouhns N, Denuit M, Vermunt J K. 2002. A Poisson log-bilinear regression approach to the construction of projected lifetables. Insurance: Mathematics and Economics, 31(3): 373-393.

Brown J R, Coile C C, Weisbenner S J. 2010. The effect of inheritance receipt on retirement. The Review of Economics and Statistics, 92（2）: 425-434.

Brown P J, Liu X H, Sneed J R, et al. 2013. Speed of processing and depression affect function in older adults with mild cognitive impairment. American Journal of Geriatric Psychiatry, 21（7）: 675-684.

Brown R L, Prus S G. 2004. Social transfers and income inequality in old age: a multinational perspective. North American Actuarial Journal, 8(4): 30-36.

Burtless G. 2013. The impact of population aging and delayed retirement on workforce productivity. Working Papers Center for Retirement Research at Boston College.

Butrica B A, Johnson R W, Smith K E, et al. 2006. The implicit tax on work at older ages. National Tax Journal, 59（2）: 211-234.

Button J W. 1992. A sign of generational conflict: the impact of Florida's aging voters on local school and tax referenda. Social Science Quarterly, 73(4): 786-797.

Buyse T, Heylen F, van de Kerckhove R. 2015. Pension reform in an OLG model with heterogeneous abilities. Journal of Pension Economics and Finance, 16（2）: 144-172.

Cai H B, Chen Y Y, Zhou L A. 2010. Income and consumption inequality in urban China: 1992-2003. Economic Development and Cultural Change, 58（3）: 385-413.

Cai J, Stoyanov A. 2016. Population aging and comparative advantage. Journal of International Economics, 102: 1-21.

Cai Y. 2010. China's below-replacement fertility: government policy or socioeconomic development?. Population and Development Review, 36(3): 419-440.

Cairns A J G, Blake D, Dowd K. 2006a. A two-factor model for stochastic mortality with parameter uncertainty: theory and calibration. Journal of Risk and Insurance, 73（4）: 687-718.

Cairns A J G, Blake D, Dowd K. 2006b. Pricing death: frameworks for the valuation and securitization of mortality risk. ASTIN Bulletin, 36（1）: 79-120.

Cairns A J G, Blake D, Dowd K. 2008. Modelling and management of mortality risk: a review. Scandinavian Actuarial Journal,（2/3）: 79-113.

Cairns A J G, Blake D, Dowd K, et al. 2009. A quantitative comparison of stochastic mortality models using data from England and Wales and the United States. North American Actuarial Journal, 13（1）: 1-35.

Camarda C G, Basellini U. 2021. Smoothing, decomposing and forecasting mortality rates. European Journal of Population, 37: 569-602.

Cameron L A. 2000. Poverty and inequality in Java: examining the impact of the changing age, educational and industrial structure. Journal of Development Economics, 62（1）: 149-180.

Campbell D W. 2008. Future predictions in Japan's and US's personal saving rates. Boston Mimeo Working Paper, No.09.

Card D, DiNardo J E. 2002. Skill-biased technological change and rising wage inequality: some problems and puzzles. Journal of Labor Economics, 20(4): 733-783.

Carneiro P, Heckman J J. 2002. The evidence on credit constraints in post-secondary schooling. The Economic Journal, 112（482）: 705-734.

Carriere J F. 1992. Parametric models for life tables. Transactions of the Society of Actuaries, 44: 77-99.

Casarico A, Devillanova C. 2008. Capital-skill complementarity and the redistributive effects of social security reform. Journal of Public Economics, 92（3/4）：672-683.

Cattaneo M A, Wolter S C. 2009. Are the elderly a threat to educational expenditures?. European Journal of Political Economy, 25（2）：225-236.

Cervellati M, Sunde U. 2011. Life expectancy and economic growth: the role of the demographic transition. Journal of Economic Growth, 16（2）：99-133.

Cervellati M, Sunde U. 2013. Life expectancy, schooling, and lifetime labor supply: theory and evidence revisited. Econometrica, 81（5）：2055-2086.

Cervellati M, Sunde U. 2015. The effect of life expectancy on education and population dynamics. Empirical Economics, 48（4）：1445-1478.

Chakraborty S. 2004. Endogenous lifetime and economic growth. Journal of Economic Theory, 116（1）：119-137.

Chamley C. 1985. Efficient tax reform in a dynamic model of general equilibrium. The Quarterly Journal of Economics, 100（2）：335-356.

Chang F R. 1991. Uncertain lifetimes, retirement, and economic welfare. Economica, 58（230）：215-232.

Chen H J. 2018. Fertility, retirement age, and pay-as-you-go pensions. Journal of Public Economic Theory, 20（6）：944-961.

Chen H J, Fang I H. 2013. Migration, social security, and economic growth. Economic Modelling, 32：386-399.

Chen T H, Kaufman A S, Kaufman J C. 1994. Examining the interaction of age × race pertaining to Black-White differences at ages 15 to 93 on six horn abilities assessed by K-Fast, K-Snap, and Kait subtests. Perceptual and Motor Skills, 79（3）：1683-1690.

Chen X D, Huang B H, Li S S. 2018. Population ageing and inequality: evidence from China. The World Economy, 41（8）: 1976-2000.

Choukhmane T, Coeurdacier N, Jin K Y. 2013. The one-child policy and household savings. CEPR Discussion Papers, NO. 9688.

Chu C Y C, Jiang L. 1997. Demographic transition, family structure, and income inequality. The Review of Economics and Statistics, 79（4）: 665-669.

Chung J, Park J, Cho M, et al. 2015. A study on the relationships between age, work experience, cognition, and work ability in older employees working in heavy industry. Journal of Physical Therapy Science, 27（1）: 155-157.

Chybalski F. 2011. The resilience of pension systems in the CEE countries to financial and economic crisis: the need for higher diversification. 13th International Conference on Finance and Banking, Silesian University in Opava.

Cipriani G P. 2016. Aging, retirement and pay-as-you-go pensions. IZA Discussion Paper, No. 9969.

Cipriani G P, Makris M. 2006. A model with self-fulfilling prophecies of longevity. Economics Letters, 91（1）: 122-126.

Coale A J, Kisker E E. 1990. Defects in data on old-age mortality in the United States: new procedures for calculating mortality schedules and life tables at the highest ages. Asian and Pacific Population Forum, 4（1）: 1-31.

Cocco J F, Gomes F J. 2012. Longevity risk, retirement savings, and financial innovation. Journal of Financial Economics, 103（3）: 507-529.

Coeurdacier N, Guibaud S, Jin K Y. 2014. Fertility policies and social security reforms in China. IMF Economic Review, 62（3）: 371-408.

Coile C, Gruber J. 2007. Future social security entitlements and the retirement decision. The Review of Economics and Statistics, 89（2）: 234-246.

Cossette H, Delwarde A, Denuit M, et al. 2007. Pension plan valuation and mortality projection: a case study with mortality data. North American Actuarial Journal, 11（2）: 1-34.

Costa D L. 2002. Changing chronic disease rates and longterm declines in functional limitation among older men. Demography, 39（1）: 119-137.

Cox S H, Lin Y J. 2007. Natural hedging of life and annuity mortality risks. North American Actuarial Journal, 11（3）: 1-15.

Crawford V P, Lilien D M. 1981. Social security and the retirement decision. The Quarterly Journal of Economics, 96（3）: 505-529.

Cremer H, Gahvari F, Pestieau P. 2011. Fertility, human capital accumulation, and the pension system. Journal of Public Economics, 95（11/12）: 1272-1279.

Cremer H, Pestieau P. 2003. The double dividend of postponing retirement. International Tax and Public Finance, 10（4）: 419-434.

Currie I D, Durbán M, Eilers P H C. 2004. Smoothing and forecasting mortality rates. Statistical Modelling, 4（4）: 279-298.

Curtis C C, Lugauer S, Mark N C. 2017. Demographics and aggregate household saving in Japan, China, and India. Journal of Macroeconomics, 51: 175-191.

Cutler D M, Poterba J M, Sheiner L M, et al. 1990. An aging society: opportunity or challenge?. Brookings Papers on Economic Activity, （1）: 1-73.

d'Albis H, Boubtane E, Coulibaly D. 2019. Immigration and public finances in OECD countries. Journal of Economic Dynamics and Control, 99: 116-151.

d'Albis H, Lau S H P, Sánchez-Romero M. 2012. Mortality transition and differential incentives for early retirement. Journal of Economic Theory, 147（1）: 261-283.

d'Amato V, di Lorenzo E, Haberman S, et al. 2018. De-risking strategy: longevity spread buy-in. Insurance: Mathematics and Economics, 79: 124-136.

d'Amato V, Haberman S, Piscopo G, et al. 2014. Computational framework for longevity risk management. Computational Management Science, 11: 111-137.

Dahan M M, Tsiddon D. 1998. Demographic transition, income distribution, and economic growth. Journal of Economic Growth, 3(1): 29-52.

Dahl M. 2004. Stochastic mortality in life insurance: market reserves and mortality-linked insurance contracts. Insurance: Mathematics and Economics, 35(1): 113-136.

Dahl M, Møller T. 2006. Valuation and hedging of life insurance liabilities with systematic mortality risk. Insurance: Mathematics and Economics, 39(2): 193-217.

Danesi I L, Haberman S, Millossovich P. 2015. Forecasting mortality in subpopulations using Lee-Carter type models: a comparison. Insurance: Mathematics and Economics, 62: 151-161.

Danzer A, Zyska L. 2020. Pensions and fertility: micro-economic evidence. CESifo Working Paper, No. 8173.

Davey A, Eggebeen D J. 1998. Patterns of intergenerational exchange and mental health. The Journals of Gerontology Series B, 53(2): 86-95.

Davis S J, Haltiwanger J. 1992. Gross job creation, gross job destruction and employment reallocation. The Quarterly Journal of Economics, 107(3): 819-863.

de la Croix D, Doepke M. 2003. Inequality and growth: why differential fertility matters. The American Economic Review, 93(4): 1091-1113.

de la Croix D, Doepke M. 2004. Public versus private education when differential fertility matters. Journal of Development Economics, 73(2): 607-629.

de la Croix D, Licandro O. 1999. Life expectancy and endogenous growth. Economics Letters, 65(2): 255-263.

de Moivre A. 1725. Annuity on Lives. London: Mote and Pearson.

de Nardi M, French E, Jones J B B. 2009. Life expectancy and old age savings. NBER Working Paper, No.14653.

Deaton A, Muellbauer J. 1980. Economics and Consumer Behavior. Cambridge: Cambridge University Press.

Deaton A, Paxson C. 1994. Intertemporal choice and inequality. Journal of Political Economy, 102(3): 437-467.

Deaton A S, Paxson C H. 1995. Saving, inequality and aging: an east Asian perspective. Asia-Pacific Economic Review, 1(1): 7-19.

Deaton A S, Paxson C H. 1997. The effects of economic and population growth on national saving and inequality. Demography, 34(1): 97-114.

Deaton A S, Paxson C H. 1998. Aging and inequality in income and health. The American Economic Review, 88(2): 248-253.

Debonneuil E. 2010. A simple model of mortality trends aiming at universality: Lee Carter+ cohort. Working Paper.

Dedry A, Onder H, Pestieau P. 2017. Aging, social security design, and capital accumulation. Journal of the Economics of Ageing, 9: 145-155.

Delwarde A, Denuit M, Partrat C. 2007. Negative binomial version of the Lee-Carter model for mortality forecasting. Applied Stochastic Models in Business and Industry, 23(5): 385-401.

Deng Y L, Brockett P L, MacMinn R D. 2012. Longevity/mortality risk modeling and securities pricing. Journal of Risk and Insurance, 79(3): 697-721.

Dessing M. 2002. Labor supply, the family and poverty: the s-shaped labor supply curve. Journal of Economic Behavior and Organization, 49(4): 433-458.

di Liddo G. 2018. Immigration and PAYG pension systems in the presence of increasing life expectancy. Economics Letters, 162: 56-61.

Diamond A M. 1986. The life-cycle research productivity of mathematicians and scientists. Journal of Gerontology, 41(4): 520-525.

Diamond P A. 1965. National debt in a neoclassical growth model. The American Economic Review, 55(5): 1126-1150.

Diamond P A. 1977. A framework for social security analysis. Journal of Public Economics, 8(3): 275-298.

Díaz-Giménez J, Díaz-Saavedra J. 2009. Delaying retirement in Spain. Review of Economic Dynamics, 12(1): 147-167.

DiNardo J E, Pischke J S. 1997. The returns to computer use revisited: have pencils changed the wage structure too?. The Quarterly Journal of Economics, 112(1): 291-303.

Dolls M, Doorley K, Paulus A, et al. 2019. Demographic change and the European income distribution. The Journal of Economic Inequality, 17(3): 337-357.

Doms M, Dunne T, Troske K R. 1997. Workers, wages, and technology. The Quarterly Journal of Economics, 112(1): 253-290.

Dong Z Q, Tang C Q, Wei X H. 2018. Does population aging intensify income inequality? Evidence from China. Journal of the Asia Pacific Economy, 23(1): 66-77.

Doshi K. 1994. Determinants of the saving rate: an international comparison.

Contemporary Economic Policy, 12: 37-45.

Dowd K. 2003. Survivor bonds: a comment on Blake and Burrows. Journal of Risk and Insurance, 70 (2): 339-348.

Dowd K, Blake D, Cairns A, et al. 2006. Survivor swaps. Journal of Risk and Insurance, 73 (1): 1-17.

Duffie D, Singleton K J. 1999. Modeling term structures of defaultable bonds. Review of Financial Studies, 12 (4): 687-720.

Dyson T, Murphy M. 1985. The onset of fertility transition. Population and Development Review, 11 (3): 399-440.

Eagly R V. 1974. Contemporary profile of conventional economists. History of Political Economy, 6 (1): 76-91.

Echevarría C A, Iza A. 2006. Life expectancy, human capital, social security and growth. Journal of Public Economics, 90 (12): 2323-2349.

Echevarría O, Cruz A. 2002. Life expectancy, schooling time and endogenous growth. DFAEII Working Papers.

Ehrlich I, Chuma H. 1990. A model of the demand for longevity and the value of life extension. Journal of Political Economy, 98 (4): 761-782.

Ehrlich I, Lui F T. 1991. Intergenerational trade, longevity and economic growth. Journal of Political Economy, 99 (5): 1029-1059.

Entorf H, Kramarz F. 1998. The impact of new technologies on wages: lessons from matching panels on employees and on their firms. Economics of Innovation and New Technology, 5 (2/3/4): 165-198.

Erosa A, Koreshkova T, Restuccia D. 2010. How important is human capital? A quantitative theory assessment of world income inequality. The Review of Economic Studies, 77: 1421-1449.

Eskesen L L. 2002. Population aging and long-term fiscal sustainability in

Austria. IMF Working Papers, No. 02/216.

Euwals R, Trevisan E. 2014. Early retirement and financial incentives: differences between high and low wage earners. IZA Discussion Paper, No. 8466.

Fanti L. 2014. Raising the mandatory retirement age and its effect on long-run income and pay-as-you-go (PAYG) pensions. Metroeconomica, 65(4): 619-645.

Fanti L, Gori L. 2010. Increasing PAYG pension benefits and reducing contribution rates. Economics Letters, 107(2): 81-84.

Fanti L, Gori L. 2012. Fertility and PAYG pensions in the overlapping generations model. Journal of Population Economics, 25(3): 955-961.

Feldstein M. 1974. Social security, induced retirement, and aggregate capital accumulation. Journal of Political Economy, 82(5): 905-926.

Feldstein M. 1999. Social security pension reform in China. China Economic Review, 10(2): 99-107.

Feldstein M, Liebman J. 2006-02-24. Realizing the potential of China's social security pension system. China Economic Times.

Feng J, He L X, Sato H. 2011. Public pension and household saving: evidence from urban China. Journal of Comparative Economics, 39(4): 470-485.

Fenge R, Scheubel B. 2017. Pensions and fertility: back to the roots. Journal of Population Economics, 30(1): 93-139.

Fernandez R M. 2001. Skill-biased technological change and wage inequality: evidence from a plant retooling. Journal of Sociology, 107: 273-320.

Fogel R W. 1994. Economic growth, population theory, and physiology: the bearing of long-term processes on the making of economic policy. The American Economic Review, 84(3): 369-395.

Forfar D O, McCutcheon J J, Wilkie A D. 1988. On graduation by mathematical formula. Journal of the Institute of Actuaries, 115（1）: 1-149.

Forfar D O, Smith D M. 1985. The changing shape of English life tables. Transactions of the Faculty of Actuaries, 40: 98-134.

Fougère M, Harvey S, Mercenier J, et al. 2009. Population ageing, time allocation and human capital: a general equilibrium analysis for Canada. Economic Modelling, 26（1）: 30-39.

Fougère M, Mérette M. 1999. Population ageing and economic growth in seven OECD countries. Economic Modelling, 16（3）: 411-427.

Fredriksen D, Holmoy E, Strøm B, et al. 2019. Fiscal effects of the Norwegian pension reform-A micro-macro assessment. Journal of Pension Economics and Finance, 18（1）: 88-123.

Freeman R B, Kleiner M M. 2005. The last American shoe manufacturers: decreasing productivity and increasing profits in the shift from piece rates to continuous flow production. Industrial Relations: A Journal of Economy and Society, 44（2）: 307-330.

French D, O'Hare C. 2013. A dynamic factor approach to mortality modeling. Journal of Forecasting, 32（7）: 587-599.

Galasso V. 2008. Postponing retirement: the political effect of aging. Journal of Public Economics, 92（10/11）: 2157-2169.

Galor O. 2005. From stagnation to growth: unified growth theory//Aghion P, Durlauf S. Handbook of Economic Growth, 1A: 171-293.

Gancia G, Bonfiglioli A. 2008. North-South trade and directed technical change. Journal of International Economics, 76（2）: 276-295.

Garg K C, Kumar S. 2014. Scientometric profile of Indian scientific output in life sciences with a focus on the contributions of women scientists. Scientometrics, 98（3）: 1771-1783.

Gatzert N, Wesker H. 2014. Mortality risk and its effect on shortfall and risk management in life insurance. Journal of Risk and Insurance, 81(1): 57-90.

Gayane B. 2015. A comparison of PAYG and funded pension systems. Armenian Journal Economics, 1: 53-68.

Giles J, Lei X, Wang Y, et al. 2015. One country, two systems: evidence on reitrement patterns in China. Asian Bureau of Finance and Economic Research Working Paper.

Glomm G, Ravikumar B. 1992. Public versus private investment in human capital: endogenous growth and income inequality. Journal of Political Economy, 100（4）: 818-834.

Goldstein J R, Lee R D. 2014. How large are the effects of population aging on economic inequality?. Vienna Yearbook of Population Research, 12: 193-209.

Gompertz B. 1825. On the nature of the function expressive of the law of human mortality, and on a new mode of determining the value of life contingencies. Philosophical Transactions of Royal Society of London, 115: 513-583.

Goraus K, Makarski K, Tyrowicz J. 2014. Does social security reform reduce gains from increasing the retirement age?. University of Warsaw Faculty of Economic Sciences Working Papers.

Görg H, Strobl E. 2002. Relative wages, openness and skill-biased technological change. IZA Discussion Papers.

Goshay R C, Sandor R L. 1973. An inquiry into the feasibility of a reinsurance future market. Journal of Business Finance, 5（2）: 56-66.

Gradstein M, Kaganovich M. 2004. Aging population and education finance. Journal of Public Economics, 88（12）: 2469-2485.

Graff M, Tang K K, Zhang J. 2008. Demography, financial openness, national savings and external balance. MRG Discussion Paper, No.20.

Gregorutti G. 2008. A mixed-method study of the environmental and personal factors that influence faculty research productivity at small-medium, private, doctorate-granting universities. Andrews University, ProQuest Dissertations Publishing.

Grob U, Wolter S C. 2007. Demographic change and public education spending: a conflict between young and old?. Education Economics, 15(3): 277-292.

Gruber J, Milligan K, Wise D A. 2009. Social security programs and retirement around the world: the relationship to youth employment. NBER Working Paper, No.14647.

Gruber J, Wise D. 1998. Social security and retirement: an international comparison. American Economic Association, 88(2): 158-163.

Gruber J, Wise D. 2002. Social security programs and retirement around the world: micro estimation. NBER Working Paper, No.9407.

Grund C, Westergaard-Nielsen N. 2008. Age structure of the workforce and firm performance. International Journal of Manpower, 29(5): 410-422.

Guest R. 2011. Population ageing, capital intensity and labour productivity. Pacific Economic Review, 16(3): 371-388.

Guinnane T W. 2010. The historical fertility transition: a guide for economists. Journal of Economic Literature, 49(3): 589-614.

Gustman A L, Steinmeier T L. 2005. The social security early entitlement age in a structural model of retirement and wealth. Journal of Public Economics, 89(2/3): 441-463.

Haan P, Prowse V. 2014. Longevity, life-cycle behavior and pension reform.

Journal of Econometrics, 178: 582-601.

Han J S, Lee J W. 2020. Demographic change, human capital, and economic growth in Korea. Japan and the World Economy, 53: 100984.1-100984.12.

Han K J. 2013. Saving public pensions: labor migration effects on pension systems in European countries. Social Science Journal, 50（2）: 152-161.

Hanewald K, Piggott J, Sherris M. 2013. Individual post-retirement longevity risk management under systematic mortality risk. Insurance: Mathematics and Economics, 52（1）: 87-97.

Hansen B E. 1999. Testing for linearity. Journal of Economic Surveys, 13（5）: 551-576.

Hansen C W, Lønstrup L. 2012. Can higher life expectancy induce more schooling and earlier retirement?. Journal of Population Economics, 25(4): 1249-1264.

Hansen C W, Lønstrup L. 2015. The rise in life expectancy and economic growth in the 20th century. The Economic Journal, 125（584）: 838-852.

Hansen C W, Strulik H. 2017. Life expectancy and education: evidence from the cardiovascular revolution. Journal of Economic Growth, 22（4）: 421-450.

Harris A R, Evans W N, Schwab R M. 2001. Education spending in an aging America. Journal of Public Economics, 81（3）: 449-472.

Hashimoto K, Tabata K. 2016. Demographic change, human capital accumulation and R&D-based growth. Canadian Journal of Economics, 49(2): 707-737.

Haskel J, Heden Y. 1999. Computers and the demand for skilled labour: industry-and establishment-level panel evidence for the UK. The Economic Journal, 109（454）: 68-79.

Hatzopoulos P, Haberman S. 2015. Modeling trends in cohort survival probabilities. Insurance: Mathematics and Economics, 64: 162-179.

Hayashi F. 1989. Japan's saving rate: new data and reflections. NBER Working Paper, No.3205.

Hazan M. 2009. Longevity and lifetime labor supply: evidence and implications. Econometrica, 77(6): 1829-1863.

Hazan M, Zoabi H. 2006. Does longevity cause growth? A theoretical critique. Journal of Economic Growth, 11(4): 363-376.

Heer B, Süssmuth B. 2007. Effects of inflation on wealth distribution: do stock market participation fees and capital income taxation matter?. Journal of Economic Dynamics and Control, 31(1): 277-303.

Heijdra B J, Mierau J O. 2011. The individual life cycle and economic growth: an essay on demographic macroeconomics. De Economist, 159(1): 63-87.

Heijdra B J, Reijnders L S M. 2013. Economic growth and longevity risk with adverse selection. De Economist, 161(1): 69-97.

Heijdra B J, Reijnders L S M. 2016. Human capital accumulation and the macroeconomy in an ageing society. De Economist, 164(3): 297-334.

Heijdra B J, Romp W E. 2009a. Human capital formation and macroeconomic performance in an ageing small open economy. Journal of Economic Dynamics and Control, 33(3): 725-744.

Heijdra B J, Romp W E. 2009b. Retirement, pensions, and ageing. Journal of Public Economics, 93(3/4): 586-604.

Heligman L, Pollard J H. 1980. The age pattern of mortality. Journal of the Institute of Actuaries, 107(1): 49-80.

Hicks J R. 1932. The Theory of Wages. London: Macmillan.

Hirazawa M, Yakita A. 2017. Labor supply of elderly people, fertility, and economic development. Journal of Macroeconomics, 51: 75-96.

Hochman O, Lewin-Epstein N. 2013. Determinants of early retirement preferences in Europe: the role of grandparenthood. International Journal of Comparative Sociology, 54（1）: 29-47.

Horioka C Y. 1989. Why is Japan's private saving rate so high? Developments in Japanese Economics: 145-178.

Horioka C Y. 2006. The dissaving of the aged revisited: the case of Japan. NBER Working Paper, No.12351.

Horioka C Y. 2010. Aging and saving in Asia. Pacific Economic Review, 15(1): 46-55.

Horn J L, Cattell R B. 1967. Age differences in fluid and crystallized intelligence. Acta Psychologica, 26（2）: 107-129.

Hosoya K, 細谷 圭, ホソヤ ケイ. 2001. Health, longevity, and the productivity slowdown. Hitotsubashi University, Discussion Paper 25.

Hsu M, Liao P J, Zhao M. 2018. Demographic change and long-term growth in China: past developments and the future challenge of aging. Review of Development Economics, 22（3）: 928-952.

Hu H Y, Wang W, Feng D W, et al. 2021. Relationships between migration and the fiscal sustainability of the pension system in China. PLoS ONE, 16(3): e0248138.

Hu S Q. 2013. Longevity risk and capital accumulation under the current China pension system. Hangzhou: 2013 Sixth International Conference on Business Intelligence and Financial Engineering.

Hubbard R G, Judd K L. 1987. Social security and individual welfare: precautionary saving, borrowing constraints, and the payroll tax. The American Economic Review, 77（4）: 630-646.

Huggett M, Ventura G. 1999. On the distributional effects of social security reform. Review of Economic Dynamics, 2（3）: 498-531.

Hunt A, Blake D. 2014. A general procedure for constructing mortality models. North American Actuarial Journal, 18（1）: 116-138.

Hurd M D. 1990. Research on the elderly: economic status, retirement, and consumption and saving. Journal of Economic Literature, 28（2）: 565-637.

Hurd M D, McFadden D L, Gan L. 1998. Subjective survival curves and life cycle behavior. Wise D A. Inquiries in the Economics of Aging. Chicago: University of Chicago Press, 259-309.

Iacopetta M. 2008. Technological progress and inequality: an ambiguous relationship. Journal of Evolutionary Economics, 18（3）: 455-475.

Ilmakunnas P, Maliranta M, Vainiomäki J. 2000. The roles of employer and employee characteristics for plant productivity. Econometric Society World Congress 2000 Contributed Papers 1349.

Ilmarinen J, Rantanen J. 1999. Promotion of work ability during ageing. American Journal of Industrial Medicine, 36（S1）: 21-23.

İmrohoroğlu S, Kitao S, Yamada T. 2019. Fiscal sustainability in Japan: what to tackle? Journal of the Economics of Ageing, 14（3）: 100205.

İmrohoroğlu S, Kitao S. 2012. Social security reforms: benefit claiming, labor force participation, and long-run sustainability. American Economic Journal: Macroeconomics, 4（3）: 96-127.

Irmen A, Klump R. 2009. Factor substitution, income distribution and growth in a generalized neoclassical model. German Economic Review, 10（4）: 464-479.

Jätti M. 1997. Inequality in five countries in the 1980s: the role of demographic shifts, markets and government policies. Economica, 64(255): 415-440.

Jayachandran S, Lleras-Muney A. 2009. Life expectancy and human capital investments: evidence from maternal mortality declines. The Quarterly Journal of Economics, 124(1): 349-397.

Jensen S E H, Nielsen S B. 1995. Population ageing, public debt and sustainable fiscal policy. Fiscal Studies, 16(2): 1-20.

Jimeno J F, Rojas J A, Puente S. 2008. Modelling the impact of aging on social security expenditures. Economic Modelling, 25(2): 201-224.

Kaganovich M, Zilcha I. 2011. Alternative pension systems and growth. CESifo Working Paper, No.2353.

Kaganovich M, Zilcha I. 2012. Pay-as-you-go or funded social security? A general equilibrium comparison. Journal of Economic Dynamics and Control, 36(4): 455-467.

Kalemli-Ozcan S. 2003. A stochastic model of mortality, fertility, and human capital investment. Journal of Development Economics, 70(1): 103-118.

Kalemli-Ozcan S. 2008. The uncertain lifetime and the timing of human capital investment. Journal of Population Economics, 21(3): 557-572.

Kalemli-Ozcan S, Ryder H E, Weil D N. 2000. Mortality decline, human capital investment, and economic growth. Journal of Development Economics, 62(1): 1-23.

Kalemli-Ozcan S, Weil D N. 2010. Mortality change, the uncertainty effect, and retirement. Journal of Economic Growth, 15(1): 65-91.

Kalwij A, Kapteyn A, de Vos K. 2009. Early retirement and employment of the young. Rand Working Paper Series, No.WR-679.

Kang S J, Rudolf R. 2015. Rising or falling inequality in Korea? Population aging and generational trends. The Singapore Economic Review, 61（5）: 1550089.1- 1550089.26.

Karunaratne H D. 2000. Age as a factor determining income inequality in Sri Lanka. The Developing Economies, 38（2）: 211-242.

Katz L F, Murphy K M. 1992. Changes in relative wages, 1963—1987: supply and demand factors. The Quarterly Journal of Economics, 107（1）: 35-78.

Kelley A C, Schmidt R M. 1995. Aggregate population and economic growth correlations: the role of the components of demographic change. Demography, 32（4）: 543-555.

Kemnitz A, Wigger B U. 2000. Growth and social security: the role of human capital. European Journal of Political Economy, 16（4）: 673-683.

Kiley M T. 1999. The supply of skilled labour and skill-biased technological progress. The Economic Journal, 109（458）: 708-724.

Kim J. 2019. Aging workforce, firm productivity and labor costs in Korea: are older workers costly to firms? Asian Economic Journal, 33（2）: 115-142.

Kinugasa T, Mason A. 2007. Why countries become wealthy: the effects of adult longevity on saving. World Development, 35（1）: 1-23.

Kirdar M G. 2012. Estimating the impact of immigrants on the host country social security system when return migration is an endogenous choice. International Economic Review, 53（2）: 453-486.

Kluge F A, Goldstein J R, Vogt T C. 2019. Transfers in an aging European Union. Journal of the Economics of Ageing, 13: 45-54.

Koning P, Raterink M. 2013. Re-employment rates of older unemployed workers: decomposing the effect of birth cohorts and policy changes. De Economist, 161（3）: 331-348.

Korpi W, Palme J. 1998. The paradox of redistribution and strategies of equality:

welfare state institutions, inequality, and poverty in the western countries. American Sociological Review, 63（5）: 661-687.

Kotlikoff L J. 1989. Some economic implications of life span extension in what determines savings? UCLA Economics Working Paper, No.155.

Kremer M, Chen D L. 2002. Income distribution dynamics with endogenous fertility. Journal of Economic Growth, 7（3）: 227-258.

Krueger A B. 1993. How computers have changed the wage structure: evidence from microdata, 1984—1989. The Quarterly Journal of Economics, 108(1): 33-60.

Krueger D, Ludwig A. 2007. On the consequences of demographic change for rates of returns to capital, and the distribution of wealth and welfare. Journal of Monetary Economics, 54（1）: 49-87.

Künemund H, Motel-Klingebiel A, Kohli M. 2005. Do intergenerational transfers from elderly parents increase social inequality among their middle-aged children? Evidence from the German aging survey. The Journals of Gerontology: Series B, 60（1）: S30-S36.

Kunze L. 2014. Life expectancy and economic growth. Journal of Macroeconomics, 39（A）: 54-65.

Kuznets S. 1955. Economic growth and income inequality. The American Economic Review, 45（1）: 1-28.

Kuznets S. 1973. Modern economic growth: findings and reflections. The American Economic Review, 63（3）: 247-258.

Kyvik S. 1990. Age and scientific productivity. Differences between fields of learning. Higher Education, 19（1）: 37-55.

Lachowska M, Myck M. 2018. The effect of public pension wealth on saving and expenditure. American Economic Journal: Economic Policy, 10（3）:

284-308.

Lacomba J A, Lagos F. 2009. Defined contribution plan vs. defined benefits plan: reforming the legal retirement age. Journal of Economic Policy Reform, 12 (1): 1-11.

Lam D. 1997. Demographic variables and income inequality. Rosenzweig M R, Stark O. Handbook of Population and Family Economics. 1(B). Amsterdam: North-Holland: 1015-1059.

Lassila J, Valkonen T. 2001. Pension prefunding, ageing, and demographic uncertainty. International Tax and Public Finance, 8(4): 573-593.

Lawal N, Osinusi K, Bisiriyu S O. 2020. Maternal mortality, child mortality, life expectancy and economic growth. Jalingo Journal of Social and Management Sciences, (3): 92-110.

Lazear E P. 1979. Why is there mandatory retirement? Journal of Political Economy, 87(6): 1261-1284.

Lee B S. 1990. The effects of income level, income distribution, education and urbanization on fertility rates among 28 administrative regions of China. Korea Journal of Population and Development, 19(1): 91-111.

Lee C. 2007. Long-term changes in the economic activity of older males in Korea. Economic Development and Cultural Change, 56(1): 99-123.

Lee H, Mason A. 2003. Aging, family transfers, and income inequality. Demography-Draft-5.

Lee J W, Kwak D W, Song E. 2022. Can older workers stay productive? The role of ICT skills and training. Journal of Asian Economics, 79: 101438.

Lee R D, Carter L. 1992. Modelling and forecasting the time series of US mortality. Journal of the American Statistics Association, 87(419): 659-671.

Lee R D, Mason D. 2006. What is the demographic dividend. Finance and

Development, 43（3）：16-27.

Lee R, Mason A, Miller T. 2000. Life cycle saving and the demographic transition: the case of Taiwan. Population and Development Review, 26: 194-219.

Leeson G W. 2018. Global demographic change and grandparenthood. Contemporary Social Science, 13（2）：145-158.

Leff N H. 1969. Dependency rates and savings rates. American Economic Review, 59（5）：886-896.

Leibenstein H. 1975. The economic theory of fertility decline. The Quarterly Journal of Economics, 89（1）：1-31.

León-Ledesma M A, McAdam P, Willman A. 2010. Identifying the elasticity of substitution with biased technical change. American Economic Review, 100（4）：1330-1357.

Li B J, Zhang H L. 2017. Does population control lead to better child quality? Evidence from China's one-child policy enforcement. Journal of Comparative Economics, 45（2）：246-260.

Li C J, Lin S L. 2015. Tax progressivity and tax incidence of the rich and the poor. Economics Letters, 134：148-151.

Li H B, Zhang J S. 2007. Do high birth rates hamper economic growth? The Review of Economics and Statistics, 89（1）：110-117.

Li H B, Zhang J, Zhang J S. 2007. Effects of longevity and dependency rates on saving and growth: evidence from a panel of cross countries. Journal of Development Economics, 84（1）：138-154.

Li H B, Zhang J S, Zhu Y. 2008. The quantity-quality trade-off of children in a developing country: identification using Chinese twins. Demography, 45

(1): 223-243.

Li N, Lee R, Gerland P. 2013. Extending the Lee-Carter method to model the rotation of age patterns of mortality decline for long-term projections. Demography, 50(6): 2037-2051.

Liao P J. 2013. The one-child policy: a macroeconomic analysis. Journal of Development Economics, 101: 49-62.

Lin Y J, Cox S H. 2005. Securitization of mortality risks in life annuities. Journal of Risk and Insurance, 72(2): 227-252.

Lindenberger U, Baltes P B. 1994. Sensory functioning and intelligence in old age: a strong connection. Psychology and Aging, 9(3): 339-355.

Lindh T, Malmberg B. 1999. Age structure effects and growth in the OECD, 1950—1990. Journal of Population Economics, 12(3): 431-449.

Lisenkova K, Bornukova K. 2017. Effects of population ageing on the pension system in Belarus. Baltic Journal of Economics, 17(2): 103-118.

Liu J, Cao S. 2011. Productivity growth and ownership change in China. MPRA Working Paper, No.34601.

Liu J, Liu T X. 2020. Two-child policy, gender income and fertility choice in China. International Review of Economics and Finance, 69: 1071-1081.

Liu L, Dong X Y, Zheng X Y. 2010. Parental care and married women's labor supply in urban China. Feminist Economics, 16(3): 169-192.

Liu Y, Qu X, Wang W, et al. 2020. Does population aging hinder the accumulation of human capital? Evidence from China. Frontiers of Economics in China, 15(2): 257-281.

Loayza N, Schmidt-Hebbel K, Servén L. 2000. What drives private saving across the world? The Review of Economics and Statistics, 82(2): 165-181.

Lövdén M, Fratiglioni L, Glymour M M, et al. 2020. Education and cognitive functioning across the life span. Psychological Science in the Public Interest, 21（1）: 6-41.

Lucas Jr R E. 1988. On the mechanics of economic development. Journal of Monetary Economics, 22（1）: 3-42.

Ludwig A, Schelkle T, Vogel E. 2012. Demographic change, human capital and welfare. Review of Economic Dynamics, 15（1）: 94-107.

Lugauer S, Ni J L, Yin Z C. 2019. Chinese household saving and dependent children: theory and evidence. China Economic Review, 57: 101091.

Luo Z, Wan G H, Wang C, et al. 2018. Aging and inequality: the link and transmission mechanisms. Review of Development Economics, 22（3）: 885-903.

MacMinn R, Brockett P, Blake D. 2006. Longevity risk and capital markets. Journal of Risk and Insurance, 73（4）: 551-557.

Maestas N, Mullen K J, Powell D, et al. 2016. 2015 American working conditions survey: first findings. Working Paper WP 2016-342.

Magnani R. 2016. Is an increase in the minimum retirement age always desirable? The case of notional defined contribution systems. Metroeconomica, 67（3）: 578-602.

Mahlberg B, Freund I, Cuaresma J C. 2013. Ageing, productivity and wages in Austria. Labour Economics, 22（9）: 5-15.

Majer I M, Stevens R, Nusselder W J, et al. 2013. Modeling and forecasting health expectancy: theoretical framework and application. Demography, 50（2）: 673-697.

Makeham W. 1860. On the law of mortality and the construction of annuity tables. Journal of the Institute of Actuaries, 8（6）: 301-310.

Malmberg B. 1994. Age structure effects on economic growth—Swedish evidence. Scandinavian Economic History Review, 42（3）: 279-295.

Malmberg B, Lindh T, Halvarsson M. 2008. Productivity consequences of workforce aging: stagnation or a horndal effect? Population and Development Review 34（Suppl）: 238-256.

Manton K G, Lowrimore G R, Ullian A D, et al. 2007. Labor force participation and human capital increases in an aging population and implications for U.S. research investment. Proceedings of the National Academy of Sciences of the United States of America, 104（26）: 10802-10807.

Mao H, Ostaszewski K, Wang Y L. 2008. Risk analysis of mortality improvement: the case of Chinese annuity markets. Geneva Papers on Risk and Insurance-Issues and Practice, 33（2）: 234-249.

Mark J A. 1957. Comparative job performance by age. Monthly Labor Review, 80（12）: 1467-1471.

Martins P S, Novo Á A, Portugal P. 2009. Increasing the legal retirement age: the impact on wages, worker flows and firm performance. IZA Working Paper, No.4187.

Matsuo M, Tomoda Y. 2012. Human capital Kuznets curve with subsistence consumption level. Economics Letters, 116（3）: 392-395.

Mayhew L, Smith D. 2011. Human survival at older ages and the implications for longevity bond pricing. North American Actuarial Journal, 15(2): 248-265.

McEvoy G, Cascio W. 1989. Cumulative evidence of the relationship between employee age and job performance. Journal of Applied Psychology, 74(1): 11-17.

McMillan H M, Baesel J B. 1990. The macroeconomic impact of the baby boom generation. Journal of Macroeconomics, 12（2）: 167-195.

Michaels G, Natraj A, van Reenen J. 2010. Has ICT polarized skill demand? Evidence from eleven countries over 25 years. The Review of Economics and Statistics, 96（1）: 60-77.

Michel P, Pestieau P. 2013. Social security and early retirement in an overlapping-generations growth model. Annals of Economics and Finance, 14（2）: 723-737.

Milevsky M A, Promislow S D. 2001. Mortality derivatives and the option to annuitise. Insurance: Mathematics and Economics, 29（3）: 299-318.

Milevsky M A, Promislow S D, Young V R. 2006. Killing the law of large numbers: mortality risk premiums and the Sharpe ratio. Journal of Risk and Insurance, 73（4）: 673-686.

Milevsky M A, Young V R. 2007. The timing of annuitization: investment dominance and mortality risk. Insurance: Mathematics and Economics, 40（1）: 135-144.

Miller C. 1996. Demographics and spending for public education: a test of interest group influence. Economics of Education Review, 15（2）: 175-185.

Miyazaki K. 2013. Pay-as-you-go social security and endogenous fertility in a neoclassical growth model. Journal of Population Economics, 26（3）: 1233-1250.

Miyazaki K. 2017. Optimal pay-as-you-go social security with endogenous retirement. Macroeconomic Dynamics, 23（2）: 870-887.

Miyazawa K. 2006. Growth and inequality: a demographic explanation. Journal of Population Economics, 19（3）: 559-578.

Miyazawa K. 2009. Does population aging promote economic growth? Doshisha University Working Paper.

Mizuno M, Yakita A. 2013. Elderly labor supply and fertility decisions in aging-population economies. Economics Letters, 121 (3): 395-399.

Modigliani F, Brumberg R. 1954. Utility analysis and the consumption function: an interpretation of cross-section data. Kurihara K K. Post-Keynesian Economics. Brunswick: Rutgers University Press: 388-436.

Modigliani F, Cao S L. 2004. The Chinese saving puzzle and the life-cycle hypothesis. Journal of Economic Literature, 42 (1): 145-170.

Mookherjee D, Shorrocks A. 1982. A decomposition analysis of the trend in UK income inequality. The Economic Journal, 92 (368): 886-902.

Moore M P, Ranjan P. 2005. Globalisation vs skill-biased technological change: implications for unemployment and wage inequality. The Economic Journal, 115 (503): 391-422.

Mourao P R, Vilela C. 2020. "No country for old men"? The multiplier effects of pensions in portuguese municipalities. Journal of Pension Economics and Finance, 19 (2): 247-261.

Munnell A H, Triest R K, Jivan N. 2004. How do pensions affect expected and actual retirement ages? CRR Working Paper, No.2004-27.

Myles J. 2000. The maturation of Canada's retirement income system: income levels, income inequality and low income among older persons. Canadian Journal on Aging, 19 (3): 287-316.

Neto A, Afonso O, Silva S T. 2019. How powerful are trade unions? A skill-biased technological change approach. Macroeconomic Dynamics, 23 (2): 730-774.

Ngepah N. 2012. Long life and productivity in South Africa: long burdensome or long healthy? African Development Review, 24 (4): 371-387.

Nielsen F, Alderson A S. 1997. The Kuznets curve and the great U-turn: income inequality in U.S. counties, 1970 to 1990. American Sociological Review, 61(1): 12-33.

Nishimura Y, Pestieau P, Ponthiere G. 2018. Education choices, longevity and optimal policy in a Ben-Porath economy. Mathematical Social Sciences, 94: 65-81.

Nishiyama S. 2010. The joint labor supply decision of married couples and the social security pension system. Michigan Retirement Research Center Research Paper, No.2010-229.

OECD. 2019. Pensions at a Glance 2019: OECD and G20 Indicators. Paris: OECD Publishing.

Ohtake F, Saito M. 1998. Population aging and consumption inequality in Japan. Review of Income and Wealth, 44(3): 361-381.

Okada K. 2020. Dynamic analysis of demographic change and human capital accumulation in an R&D-based growth model. Journal of Economics, 130(3): 225-248.

Olivieri A, Pitacco E. 2003. Solvency requirements for pension annuities. Journal of Pension Economics and Finance, 2(2): 127-157.

Ono T, Uchida Y. 2016. Pensions, education, growth: a positive analysis. Journal of Macroeconomics, 48(2): 127-143.

Oster S M, Hamermesh D S. 1998. Aging and productivity among economists. The Review of Economics and Statistics, 80(1): 154-156.

Paglin M. 1975. The measurement and trend of inequality: a basic revision. American Economic Review, 65(4): 598-609.

Palmer E. 2000. The Swedish pension reform model: framework and issues. SP Discussion Paper, No.0012.

Papapetrou E, Tsalaporta P. 2020. The impact of population aging in rich countries: what's the future? Journal of Policy Modeling, 42（1）: 77-95.

Pascual-Sáez M, Cantarero-Prieto D, González-Diego M. 2018. Testing the effect of population ageing on national saving rates: panel data evidence from Europe. GEN Working Paper, No.3.

Pecchenino R A, Pollard P S. 2002. Dependent children and aged parents: funding education and social security in an aging economy. Journal of Macroeconomics, 24（2）: 145-169.

Pelz D. C, Andrews F M. 1976. Scientists in organizations: productive climates for research and development. Journal of Criminal Justice, 6（3）: 280-281.

Perks W. 1932. On some experiments in the graduation of mortality statistics. Journal of the Institute of Actuaries, 63（1）: 12-57.

Perotti R. 1994. Income distribution and investment. European Economic Review, 38（3/4）: 827-835.

Petreski B, Petreski M. 2021. Dynamic microsimulation modelling of potential pension reforms in North Macedonia. Journal of Pension Economics and Finance, 20（1）: 49-66.

Pianese A, Attias A, Varga Z. 2014. Dynamic immigration control improving inverse old-age dependency ratio in a pay-as-you-go pension system. Decision Support Systems, 64: 109-117.

Pieroni L, Aristei D. 2006. Regional differences in growth rates: a microdata approach. ERSA Conference Paper.

Piketty T. 2018. Capital in the Twenty-First Century. Harvard: Harvard University Press.

Plat R. 2009. On stochastic mortality modeling. Insurance: Mathematics and Economics, 45（3）: 393-404.

Plat R. 2011. One-year value-at-risk for longevity and mortality. Insurance: Mathematics and Economics, 49(3): 462-470.

Post T, Hanewald K. 2013. Longevity risk, subjective survival expectations, and individual saving behavior. Journal of Economic Behavior and Organization, 86(1): 200-220.

Poterba J M. 1997. Demographic structure and the political economy of public education. Journal of Policy Analysis and Management, 16(1): 48-66.

Preston A E. 1994. Why have all the women gone? A study of exit of women from the science and engineering professions. The American Economic Review, 84(5): 1446-1462.

Prettner K. 2013. Population aging and endogenous economic growth. Journal of Population Economics, 26(2): 811-834.

Prettner K, Canning D. 2014. Increasing life expectancy and optimal retirement in general equilibrium. Economic Theory, 56(1): 191-217.

Prskawetz A, Fent T. 2007. Workforce ageing and the substitution of labour: the role of supply and demand of labour in Austria. Metroeconomica, 58(1): 95-126.

Puhakka M. 2005. The effects of aging population on the sustainability of fiscal policy. Bank of Finland Research Discussion Paper.

Qiao X, Wang L L. 2019. Fertility and old-age labor supply in aging China. China Economic Review, 57: 1-17.

Rabbitt P, Lunn M, Wong D, et al. 2008. Age and ability affect practice gains in longitudinal studies of cognitive change. Journals of Gerontology. The Journals of Gerontology: Series B, 63(4): 235-240.

Ren X, Xi H, Zhai S G, et al. 2019. Research on the accumulation effect of pension income and payments caused by progressive retirement age postponement policy in China. Journal of Aging and Social Policy, 31(2):

155-169.

Renshaw A E, Haberman S. 2006. A cohort-based extension to the Lee-Carter model for mortality reduction factors. Insurance: Mathematics and Economics, 38 (3): 556-570.

Renshaw A E, Haberman S, Hatzopoulos P. 1996. The modelling of recent mortality trends in United Kingdom male assured lives. British Actuarial Journal, 2 (2): 449-477.

Repetto R. 1978. The interaction of fertility and the size distribution of income. The Journal of Development Studies, 14 (4): 22-39.

Richards H, Barry R. 1998. U.S. life tables for 1990 by sex, race, and education. Journal of Forensic Economics, 11 (1): 9-26.

Robinson P, Coberly S, Paul C. E. 1984. Work and retirement. Binstock R H, George L K.Handbook of Aging and the Social Sciences. New York: Van Nostrand Reinhold Co.: 503-527.

Romer P M. 1986. Increasing returns and long-run growth. Journal of Political Economy, 94 (5): 1002-1037.

Romer P M. 1990. Endogenous technological change. Journal of Political Economy, 98 (5): 71-102.

Rönnlund M, Nyberg L, Bäckman L, et al. 2005. Stability, growth, and decline in adult life span development of declarative memory: cross-sectional and longitudinal data from a population-based study. Psychology and Aging, 20 (1): 3-18.

Rosenzweig M R, Zhang J S. 2009. Do population control policies induce more human capital investment? Twins, birth weight and China's "one-child" policy. The Review of Economic Studies, 76 (3): 1149-1174.

Ross C E, Mirowsky J. 2010. Why Education Is the Key to Socioeconomic

Differentials in Health. Nashville: Vanderbilt University Press.

Rubinfeld D L. 1977. Voting in a local school election: a micro analysis. The Review of Economics and Statistics, 59 (1): 30-42.

Rust J, Phelan C. 1997. How social security and medicare affect retirement behavior in a world of incomplete markets. Econometrica, 65(4): 781-831.

Sala-i-Martin X, Doppelhofer G, Miller R I. 2004. Determinants of long-term growth: a Bayesian averaging of classical estimates (BACE) approach. American Economic Review, 94 (4): 813-835.

Salthouse T A. 1984. Effects of age and skill in typing. Journal of Experimental Psychology General, 113 (3): 345-371.

Samuelson P A. 1958. An exact consumption-loan model of interest with or without the social contrivance of money. Journal of Political Economy, 66(6): 467-482.

Samvick A A. 1995. The limited offset between pension wealth and other private wealth: Implications of buffer-stock saving. Mimeo, Dartmouth College.

Samwick A A. 1998. New evidence on pensions, social security, and the timing of retirement. Journal of Public Economics, 70 (2): 207-236.

Sánchez-Romero M, d'Albis H, Prskawetz A. 2016. Education, lifetime labor supply, and longevity improvements. Journal of Economic Dynamics and Control, 73: 118-141.

Santolino M. 2020. The Lee-Carter quantile mortality model. Scandinavian Actuarial Journal, 2020 (7): 614-633.

Schaie K W. 1994. The course of adult intellectual development. The American Psychologist, 49 (4): 304-313.

Schmidt F L, Hunter J E. 1998. The validity and utility of selection methods in personnel psychology: practical and theoretical implications of 85 years of research findings. Psychological Bulletin, 124（2）: 262-274.

Schrager D F. 2006. Affine stochastic mortality. Insurance: Mathematics and Economics, 38（1）: 81-97.

Schultz T P. 1997. Income inequality in Taiwan 1976-1995: changing family composition, aging, and female labor force participation. Working Paper 778, Economic Growth Center, Yale University.

Shafi R, Fatima S. 2019. Relationship between GDP, life expectancy and growth rate of G7 countries. International Journal of Sciences, 8（6）: 74-79.

Shang H L, Haberman S. 2017. Grouped multivariate and functional time series forecasting: an application to annuity pricing. Insurance: Mathematics and Economics, 75（4）: 166-179.

Sheshinski E. 1978. A model of social security and retirement decisions. Journal of Public Economics, 10（3）: 337-360.

Sheshinski E. 2006. Longevity and aggregate savings. Center for Rationality and Interactive Decision Theory Discussion Paper Series, No.403.

Shirahase S. 2015. Income inequality among older people in rapidly aging Japan. Research in Social Stratification and Mobility, 41: 1-10.

Siegel D S. 1999. Skill-biased Technological Change: Evidence from a Firm-level Survey. Kalamazoo: Upjohn Press.

Sin Y. 2005. China: pension liabilities and reform options for old age insurance. The World Bank Working Paper, No.2005-1.

Sinn H W. 2004. The pay-as-you-go pension system as fertility insurance and an enforcement device. Journal of Public Economics, 88（7）: 1335-1357.

Sithole T Z, Haberman S, Verrall R J. 2000. An investigation into parametric models for mortality projections, with applications to immediate annuitants' and life office pensioners' data. Insurance: Mathematics and Economics, 27 (3): 285-312.

Skans O N. 2008. How does the age structure affect regional productivity. Applied Economics Letters, 15 (10): 787-790.

Skinner J. 1985. The effect of increased longevity on capital accumulation. The American Economic Review, 75 (5): 1143-1150.

Skirbekk V. 2004. Age and individual productivity: a literature survey. MPIDR Working Papers, No.WP-2003-028.

Skirbekk V. 2008. Age and productivity potential: a new approach based on ability levels and industry-wide task demand. Population and Development Review, 34: 191-207.

Slavov S, Gorry D, Gorry A, et al. 2017. Social security and saving: an update. NBER Working Paper 23506.

Smith S P. 2016. Ending mandatory retirement in the arts and sciences. The American Economic Review, 81 (2): 106-110.

Soares R R. 2005. Mortality reductions, educational attainment, and fertility choice. The American Economic Review, 95 (3): 580-601.

Solow R M. 1957. Technical change and the aggregate production function. The Review of Economics and Statistics, 39 (3): 312-320.

Stähler N. 2021. The impact of aging and automation on the macroeconomy and inequality. Journal of Macroeconomics, 67: 103278.

Stallard E. 2006. Demographic issues in longevity risk analysis. Journal of Risk and Insurance, 73 (4): 575-609.

Storesletten K. 2003. Fiscal implications of immigration—a net present value calculation. The Scandinavian Journal of Economics, 105 (3): 487-506.

Strulik H, Werner K. 2016. 50 is the new 30—long-run trends of schooling and retirement explained by human aging. Journal of Economic Growth, 21(2): 165-187.

Sturman R. 2001. Extending the boundaries of care: medical ethics and caring practices. American Ethnologist, 28(2): 487-489.

Sung M J. 2010. Population aging, mobility of quarterly incomes, and annual income inequality: theoretical discussion and empirical findings. ADBI Working Paper Series No. 764.

Tacchino J I. 2013. Will baby boomers phase into retirement? Journal of Financial Service Professionals, 67(3): 41-48.

Takayama N, Arita F. 1996. Savings and Wealth Formation—A Microdata Analysis of Household Asset-holdings. Tokyo: Iwanami Shoten.

Thatcher A R. 1999. The long-term pattern of adult mortality and the highest attained age. Journal of the Royal Statistical Society: Series A (Statistics in Society), 162(1): 5-43.

Thatcher A R, Kannisto, James V W. 1998. The Force of Mortality at Ages 80 to 120. Odense: Syddansk Universitetsforlag.

Thoenig M, Verdier T. 2003. A theory of defensive skill-biased innovation and globalization. American Economic Review, 93(3): 709-728.

Tsai J T, Wang J L, Tzeng L Y. 2010. On the optimal product mix in life insurance companies using conditional value at risk. Insurance: Mathematics and Economics, 46(1): 235-241.

Tucker M. 2009. Optimal retirement age under normal and negative market conditions considering social security and private savings. Journal of Financial Planning, 22(7): 42-49.

Tyler J H, Murnane R J, Willett J B. 2000. Do the cognitive skills of school dropouts matter in the labor market? The Journal of Human Resources, 35

（4）：748-754.

United Nations. 2017. World Population Prospects: The 2017 Revision. UN Population Division.

United Nations. 2019. World Population Prospects 2019. UN Population Division.

van der Klaauw W, Wolpin K I. 2008. Social security and the retirement and savings behavior of low-income households. Journal of Econometrics, 145（1-2）：21-42.

van Ewijk C, Draper N, ter Rele H, et al. 2006. Ageing and the sustainability of Dutch public finances. CPB Netherlands Bureau for Economic Policy Analysis.

van Heeringen A P, Dijkwel P A. 1987. The relationships between age, mobility and scientific productivity. Part II: effect of age on productivity. Scientometrics, 11（5）：281-293.

van Ours J C, Stoeldraijer L. 2011. Age, wage and productivity in Dutch manufacturing. De Economist, 159（2）：113-137.

van Solinge H, Henkens K. 2010. Living longer, working longer? The impact of subjective life expectancy on retirement intentions and behaviour. European Journal of Public Health, 20（1）：47-51.

Verbič M, Majcen B, van Nieuwkoop R. 2006. Sustainability of the Slovenian pension system: an analysis with an overlapping-generations general equilibrium model. Eastern European Economics, 44（4）：60-81.

Vere J P. 2011. Social security and elderly labor supply: evidence from the health and retirement study. Labour Economics, 18（5）：676-686.

Verhaeghen P, Salthouse T A. 1997. Meta-analyses of age-cognition relations in adulthood: estimates of linear and nonlinear age effects and structural models. Psychological Bulletin, 122（3）: 231-249.

Villegas A M, Haberman S, Kaishev V K, et al. 2017. A comparative study of two-population models for the assessment of basis risk in longevity hedges. ASTIN Bulletin: The Journal of the International Actuarial Association, 47（3）: 631-679.

Visco I. 2006. Longevity risk and financial markets. In 26th SUERF Colloquium, Lisbon.

Vogel E, Ludwig A, Borsch-Supan A. 2017. Aging and pension reform: extending the retirement age and human capital formation. European Central Bank Working Paper, No.1476.

von Weizsäcker R K. 1995. Public pension reform, demographics, and inequality. Journal of Population Economics, 8（2）: 205-221.

Wakabayashi M, Hewings G J D. 2007. Life-cycle changes in consumption behavior: age-specific and regional variations. Journal of Regional Science, 47（2）: 315-337.

Waldman D A, Avolio B J. 1986. A meta-analysis of age differences in job performance. Journal of Applied Psychology, 71（1）: 33-38.

Wang H, Koo B, O'Hare C. 2016. Retirement planning in the light of changing demographics. Economic Modelling, 52（B）: 749-763.

Wang S S. 2002. A universal framework for pricing financial and insurance risks. ASTIN Bulletin, 32（2）: 213-234.

Warr P. 1993. In what circumstances does job performance vary with ages? European Work and Organizational Psychologist, 3（3）: 237-249.

Weibull W. 1939. Statistical theory of the strength of materials. Ingenioor Vetenskps Akademiens Handlingar, 151（1）: 1-45.

Weinberg B A, Galenson D W. 2005. Creative careers: the life cycles of Nobel laureates in economics. NBER Working Paper, No.11799.

Weiss M. 2008. Skill-biased technological change: is there hope for the unskilled? Economics Letters, 100(3): 439-441.

Wetterstrand W H. 1981. Parametric models for life insurance mortality data: gompertz's law over time. Transactions of the Society of Actuaries, 33: 159-175.

Williamson J B, Deitelbaum C. 2005. Social security reform: does partial privatization make sense for China? Journal of Aging Studies, 19(2): 257-271.

Wilmoth J R. 1996. Mortality projections for Japan: a comparison of four methods. Health and Mortality among Elderly Populations: 266-287.

Winegarden C R. 1978. A simultaneous-equations model of population growth and income distribution. Applied Economics, 10(4): 319-330.

Wiśniowski A, Smith P W F, Bijak J, et al. 2015. Bayesian population forecasting: extending the Lee-Carter method. Demography, 52(3): 1035-1059.

Wong A, Sherris M, Stevens R. 2017a. Natural hedging strategies for life insurers: impact of product design and risk measure. Journal of Risk and Insurance, 84(1): 153-175.

Wong C H, Tsui A K. 2015. Forecasting life expectancy: evidence from a new survival function. Insurance: Mathematics and Economics, 65: 208-226.

Wong T W, Chiu M C, Wong H Y. 2017b. Managing mortality risk with longevity bonds when mortality rates are cointegrated. Journal of Risk and Insurance, 84(3): 987-1023.

Yaari M E. 1965. Uncertain lifetime, life insurance and the theory of the consumer. The Review of Economic Studies, 32(2): 137-150.

Yew S L, Zhang J. 2009. Optimal social security in a dynastic model with human capital externalities, fertility and endogenous growth. Journal of Public Economics, 93(3-4): 605-619.

Yu Y W, Fan Y, Yi J J. 2020. The one-child policy amplifies economic inequality across generations in China. IZA Discussion Paper.

Yuh Y, Yang J. 2011. Optimal annuity planning and longevity risk: evidence from Korea. Applied Economics, 43(11): 1423-1433.

Zeldes S P. 1989. Consumption and liquidity constraints: an empirical investigation. Journal of Political Economy, 97(2): 305-346.

Zeng Y. 2007. Options for fertility policy transition in China. Population and Development Review, 33(2): 215-246.

Zeng Y. 2011. Effects of demographic and retirement-age policies on future pension deficits, with an application to China. Population and Development Review, 37(3): 553-569.

Zeng Y, Hesketh T. 2016. The effects of China's universal two-child policy. The Lancet, 388(10054): 1930-1938.

Zhang H X, Ke L L, Ding D H. 2021. The effect of Chinese population aging on income inequality: based on a micro-macro multiregional dynamic CGE modelling analysis. Emerging Markets Finance and Trade, 57(5): 1399-1419.

Zhang J. 1995. Social security and endogenous growth. Journal of Public Economics, 58(2): 185-213.

Zhang J, Zhang J S. 2004. How does social security affect economic growth? Evidence from cross-country data. Journal of Population Economics, 17(3): 473-500.

Zhang J, Zhang J S. 2005. The effect of life expectancy on fertility, saving, schooling and economic growth: theory and evidence. The Scandinavian Journal of Economics, 107（1）: 45-66.

Zhang J, Zhang J S. 2007. Optimal social security in a dynastic model with investment externalities and endogenous fertility. Journal of Economic Dynamics and Control, 31（11）: 3545-3567.

Zhang J, Zhang J S. 2009. Longevity, retirement, capital accumulation in a recursive model with an application to mandatory retirement. Macroeconomic Dynamics, 13（3）: 327-348.

Zhang J, Zhang J S, Lee R. 2003. Rising longevity, education, savings, and growth. Journal of Development Economics, 70（1）: 83-101.

Zhang J S, Zhang J X. 1998. Social security, intergenerational transfers, and endogenous growth. Canadian Journal of Economics, 31（5）: 1225-1241.

Zhang J S, Zhang J, Lee R. 2001. Mortality decline and long-run economic growth. Journal of Public Economics, 80（3）: 485-507.

Zhao Q, Mi H. 2019. Evaluation on the sustainability of urban public pension system in China. Sustainability, 11（5）: 1418.

Zhao Y. 2009. Bulletin of the Second International Seminar on Health and Retirement in China. National School of Development at Peking University.

Zhong H. 2011. The impact of population aging on income inequality in developing countries: evidence from rural China. China Economic Review, 22（1）: 98-107.

Zimmer Z, Kwong J. 2003. Family size and support of older adults in urban and rural China: current effects and future implications. Demography, 40（1）: 23-44.

索 引

长寿风险

3—5，7—11，24，26，27，29，30，34，41，47—50，55，60—69，72—75，77，78，80—83，87，97，207，212，234，261，386，479，493，499，524，525，590—597，606—608，611—613，616，617，625，626，637，641—645，648—656，672，676—701，704，705，708，711，713，714，717，720—726，728—731，733，734，736—740，743—749，754—760

长寿风险管理

7，69，72—74，642，644，654，676，678，681，685，688，694，700，756，758，759

长寿风险证券化

7，9，63—66，77，593—595，644，651，654，655，678，681—685，687，688，693，694，697，699—701，723，756，760

长寿互换

680，681，689—692，694，699，700，723

长寿债券

65，66，77，595，652，654，655，679—688，693，694，699，700，723，756

财务可持续性

7，74，77，590，596，597，599，601，604，606，631，634—636，638，642，708，711，733，734，737，744

参数校准

71，101，102，133，158，159，193，229，231，232，296，308，310，312，358，377，426，454—456，473，515，517，551，746，758

产业结构

18，57，127，128，265—267，269，273，528，566，574—576，578，583，584，695，696，740，743，759，760

储蓄

3—5，9—12，21，26—32，38，41，49，50，53，60，61，66—69，71，72，74，75，77，79—91，98—100，104—108，111，112，116—127，130，132，134，137，138，140—142，144—146，149，151，152，154，156—159，162—164，

166，168—170，172—174，180，181，
183，184，188，189，191—194，197，
201—207，210—212，216，220—224，
226—229，233，234，236，237，239，
240，242，243，245—247，262—294，
297—299，301，302，304—307，312—
314，322，324，326，328，332，333，
335，340，342，347，350，352，356，
359，360，362，366，367，370—377，
379，380，386，387，389，391，401，
403，404，409，410，412，413，418，
424—428，434，440，443—445，448，
449，451—456，462—466，470—473，
476，477，481—487，489—498，502—
514，523，524，528，533，534，544—
546，553，590，604，641，645，688，
695，697，709，710，720，723，728，
738，739，746—748，752，753，758

储蓄率

5，10，11，12，27，28，31，32，69，74，
75，79—87，89—91，99，100，104—108，
111，112，116—127，134，140，141，
144，149，151，152，156—159，162—
164，166，168—170，173，174，184，
188，191—194，197，203，206，210，
211，221—224，227，229，233，234，
236，237，239，240，242，245，359，
379，380，386，387，403，448，452—455，
462—465，471，472，487，490—493，
495，497，498，503，505—509，511，

514，524，528，688，695，738，746—
748，753

创新

3，12，42，46，49，58，59，73，74，
77，78，123，124，127，212，246，248，
250，253，261，295，539，541，683，
696，700，717—720，739—744，756—
758，760

代际收入不平等

7，53，55，472，473，476，477，479，
480，485，486，497—500，512—514，
517，518，521—525，534，734，736，
753，754

代际转移

31，72，75，147，154，160，180，181，
193，202，203，213，215，220，223—
229，232，233，240—242，244，245，
424—426，428，441，448，449，451—
456，461，462，464，465，748，749

代内收入不平等

7，54，447，455，472，473，476—478，
485，486，488—497，499，500，504—
512，514，517，519，521—524，534，
736，753，754

动态一般均衡模型

295，304，305，310—312，320，322，
323

法定退休年龄

17，41，76，289，291，292，294，312，
354—358，365，367，371，373—379，

387，388，390，391，403，405，415，
417，419，628，713，717，729，730，
737，750

个体异质性模型
336—342

工资收敛效应
550，555，556，558，559，562，564，
581

工作经验
19，23，36，42—46，48，56，250，253，
256，258，260，262，264，284，715

公共教育融资模式
5，132—135，145，147，149，157，158，
160，167—170，172—178，190—193，
196—198，741，747

固定效应模型
69，91，106，119，126，269，272，273，
430

宏观经济效应
3，4，7—10，26，62，63，67—69，73，
74，78，695，696，746，758—760

基尼系数
24，423，428，429，442，467，468，
485，497，513，515，518，521，522，
526，527，529—531，533，534，543，
552，553，558，566—568，575—577，
580—582，603

技能偏向型技术进步
6，7，55，57，59，68，72，76，77，
526，527，529—531，533，535—545，
547，549—553，555—569，571，573，
575—579，581—589，743，754，755

教育
3，5，6，12—15，19，21，23，32—39，
43，46—53，56，57，59，66，68，69，
71，72，75，86，107，108，117，119，
123，128—138，140—142，144—150，
152—185，187—193，195—199，202—
205，207，208，211，212，214—216，
218，219，223—229，232—235，237—
241，243，245，247，248，261—263，
265，266，284，286，288—291，293—
299，301，304—308，310—314，317，
322，324，336，337，342，346，347，
349—351，353，359，424，425，429—
435，437—440，443，444，446—453，
455—463，465，466，470—473，481，
482，485—487，489—497，502—511，
513，515，517，523—526，528，535—
537，540，544—548，552，553，566，
578—580，585，586，588，589，618，
640，702，703，707，708，715—717，
719，727—731，736，737，739—742，
744，747—750，752—755，757

教育投资率
135，152—154，156，158，159，162，
164—166，168，170—172，174，178，
185，189，193，195，197，198，208，
224—227，229，234，235，237—241，
448，459，741，747

结构效应
474，548，550，555，556，559，564，581

经济增长
2—6，8—10，12，16，18，21—23，26，27，31，33，35—38，42，44，45，47，56，60，62，67—69，71，73—75，77，79—82，87—91，99，100，105—108，114—116，119—127，129，130，132—137，142—144，154，156—159，162，166—170，173—179，186，187，189，192，193，196—198，200—213，227—229，233，236—247，249，261，286，294，308，309，315，355，359，364，387，403，421，431，432，434，435，438，534，574，619，695，696，714，715，717，718，720，726，729，738—744，746—749，756—758

静态死亡率模型
63，607，643，645，647，656，657，692

就业
3，16，17，39—41，52，60，69，265，292，310，355，366，377，434，533，566，572，583，584，618，638，662，701—708，710，717，718，727，728，730—733，758

劳动力
2，3，6，7，12，13，15—19，21，25，35—40，42—48，55—60，67，68，71，73—76，88，127，128，130，137，139，145，147，149，162，182，198，205，209，215，232，243，247，250，252—256，260，262—264，266，270，287—289，294，299，300，306，309，313，317，318，335，340，344—346，350，352—362，365，368—370，378，388，390，395，401，409，413，415，417，420，421，430，432，434，435，440，441，442，450，457，459，462，527—529，532，535—551，553—555，559，565，566，572，573，575—578，581，583—586，588，589，598，626，629，637，638，695，696，703—708，717，718，726，727，729，730，732，733，738—740，742—745，749，751，754—757，759

劳动力技能结构
3，7，56，68，74，76，543，546，547，549，553—555，565，578，581，585，588，743，754，755

劳动力市场
12，15，17，35，37—39，43，44，46—48，56，58，67，68，73，75，137，139，145，147，149，182，205，209，215，243，247，266，289，306，313，318，345，346，352—354，356，359，360，362，370，390，395，401，421，435，440，442，450，457，459，462，532，544，553，598，626，629，637，638，

703, 704, 706—708, 717, 727, 729, 730, 732, 733, 738, 740, 744, 749, 756

劳动生产率

3, 4, 6, 8, 10, 12, 18—21, 42—49, 67, 69, 71, 74, 75, 89, 249, 250—256, 258—271, 273—275, 279, 283, 284, 286—288, 334, 363, 421, 435, 532, 584, 695, 696, 732, 739, 742, 744, 746, 749, 757

劳动替代弹性

559—562, 573

老年抚养比

31, 79, 84, 85, 106—108, 117, 119, 265—267, 269, 273, 475, 527, 603

老年劳动供给

4, 6, 10, 15, 18, 67, 68, 71, 74, 76, 78, 306, 319, 324, 328, 329, 333, 337, 340—342, 351, 353, 354, 356—360, 362, 365, 366, 370, 373—377, 379, 381—385, 387—391, 394, 395, 400, 401, 403—412, 415, 416, 419—421, 746, 750, 751

老年生存概率

163, 167, 293, 303, 305, 307, 309—319, 321, 322, 327, 328, 330—332, 337—340, 342, 349, 350, 374, 378—380, 386, 389, 390, 402, 403, 405, 406, 408—413, 415, 416, 452, 463

累计赤字规模

596, 625, 628, 629, 632—635, 637, 755

累计赤字率

629, 634, 635, 637, 755

门限回归模型

270, 271, 273

年龄-劳动生产率曲线

44, 256, 259, 261, 263, 279, 284, 286, 287

帕累托改进

72, 358, 365, 413, 415, 420, 421, 600, 730, 751

全要素生产率

12, 59, 127, 246, 253, 309, 310, 344, 540, 571, 743

人工智能

715, 718—720, 743, 759

人口红利

4, 6, 9, 13, 15, 18, 27, 68, 76, 81, 123, 124, 127, 129, 200, 211, 249, 250, 286, 309, 315, 354, 355, 423, 427, 628, 639, 696, 726, 729, 738, 739

人口老龄化

2, 4, 6, 9, 19, 28, 35, 38, 40, 45, 47, 49, 53—55, 62, 67, 72, 79—81, 83, 123, 127—130, 132, 133, 162, 167, 175, 176, 179, 196—199, 234, 242, 244, 246, 247, 249, 252, 286,

352, 354, 361, 423—425, 427—431, 433—435, 438, 440, 465, 467, 472, 473, 475, 480, 499, 527, 531—535, 588, 590, 591, 593, 599, 604, 628, 641, 681—687, 691, 694, 708, 713, 718, 724, 729, 733, 734, 739, 741, 743, 744, 747, 748, 752, 757, 758

人口年龄结构

3, 5, 6, 8, 10, 11, 26, 31, 32, 34, 35, 42, 45, 48, 49, 62, 68, 84, 117, 123, 124, 166, 200, 202, 206, 209, 211, 214, 238, 246, 247, 249, 250, 252, 263, 286, 425, 428, 474, 475, 484, 493, 525, 528, 531, 533, 534, 574—576, 686, 726, 738, 739, 740, 743

人口增长率

61, 101, 102, 428, 431, 477, 531

人力资本

3—6, 9, 10, 12—15, 19, 21, 23, 32—39, 42, 44—53, 57, 61, 67—69, 71—75, 106—108, 117, 123, 124, 127, 129, 130, 132—138, 140, 142—147, 150, 154—162, 164, 165—168, 170, 172, 174—176, 179, 181, 187—190, 192, 193, 197—199, 201—205, 207—209, 211, 212, 218—220, 226, 228, 229, 231—233, 235—237, 240, 241, 245—248, 261—263, 265—267, 269, 270, 273, 284, 288, 289, 293—298, 301—306, 308—310, 312, 314, 315, 318, 320, 321, 323, 324, 328, 331, 333, 334, 340—342, 344, 346, 347, 349—352, 359, 363, 424—427, 432—435, 437—444, 447, 450, 455—459, 462, 465, 466, 472, 473, 477, 481, 483, 486—489, 491—494, 496, 500—502, 504—511, 515—517, 519, 521, 523—526, 528, 535, 574—576, 578, 580, 586, 600, 695, 696, 708, 714—717, 726, 728, 729, 732, 736, 737, 739, 741, 742, 744—748, 750, 752—754, 756—758

人力资本积累

3, 5, 9, 10, 12, 14, 15, 21, 32—38, 47, 48, 50, 52, 69, 71, 73—75, 124, 129, 130, 132—138, 140, 142—144, 146, 147, 150, 154—156, 158, 161, 164—168, 170, 172, 174—176, 179, 181, 187, 189, 190, 193, 197, 198, 202—205, 207—209, 211, 219, 241, 245, 247, 261, 262, 288, 294, 296, 298, 302, 304, 308—310, 312, 314, 315, 318, 320, 331, 333, 340, 342, 349—351, 439, 440, 455, 456, 481, 515, 517, 526, 696, 714, 715, 717, 726, 737, 739, 741, 744—748, 750, 752, 756, 757

人力资本投资

3—6, 9, 12, 13, 32—39, 46, 49, 50,

索 引 843

53，61，67，68，71，72，74，127，129，132，135—137，172，188，199，202—204，207，208，212，226，228，229，233，236，240，245，248，263，270，289，293—296，301—305，310，320，321，323，324，328，334，344，346，347，351，352，426，432—435，437—439，441，443，466，472，477，493，523，524，528，535，586，600，695，726，736，739，741，748，750，753，754，758

认知能力

6，19，42，46，47，256—260，264

社会福利

3，42，60—62，76，352，357，358，363，365，366，413—417，419—421，534，731，750，751

生命周期

3，4，10，24，26—33，37，41，50，60，61，80，83，84，89，91，92，95，116，117，125，126，132，141，152，172，189，196，206，209，212，215，217，218，233，240，261，262，289，293，294，296，297，304，306，308，322，334，340，354，356—360，375，376，386，391，427，430，440，456，463，482，528，642，695，746，750

生育

3—6，8，9，12，21，32—34，36—38，44，47，49—53，55，56，61，66—68，71—77，86，117，132—135，144，147，149，157，160—162，168，174—177，179—183，185—198，200—203，205，207—215，220，223—229，231—234，236—240，242—247，249，294—296，298，302，309，310，316—320，324—334，351，353，359，363，364，369，371，378，379，391，394，397，398，400，422—427，430—440，450，451，453—456，458—460，463—466，469，470，472，473，479，480，482，484，489，492，497，499—505，507—519，521—525，527，535，536，544，552，585，590，597，598，604，606，613，617，626—628，634，635，637，639，640，670，696，701—704，725—728，731—733，735—738，743—759

生育成本

247，436，727，728，756

生育政策调整

6，9，53，67，71—73，76，197，200，203，207，209—213，223，224，226，227，229，236，245，423，424，426，432，435，438，439，465，598，606，626—628，725—728，732，738，743，744，748，752，756，759

实际退休年龄

6，17，18，289，290，292，294，333，388，421，705

实际征缴率
620，632，634—636，638，735

世代交叠模型
6，27，30，32，34，35，37，38，41，53，55，69，71，72，75，76，82—90，125，132—134，136，137，144，164，197，202—204，206，210—213，245，295—297，300，309，313，314，333，344，351，357—361，363，365，366，368，373，377，390，401，419，426，432，434，435，438，439，465，472，475，477，479，480，515，523，530，535，542，551，588，598，599，600，746—748，750—752，754，759

市场出清
139，142，149，155，182，191，329，370，371，401，402，441，484，485，501，502，546

市场教育融资模式
14，132，133，145，146，148，149，152，153，156—158，162—170，172—176，178—182，187—191，193，196—198，739，741，747，748

收入不平等
4，6，7，10，23，24，49—60，67—69，72，74，76，77，241，423—433，437—439，442，443，447—452，455—459，461，462，465—470，472—480，485，486，488—500，504—515，517—519，521—536，539，542—544，547，548，550—559，562—568，574—589，695，728，734，736，737，740，743，744，746，751—754

收入差距
23，49，51，52，56—59，62，68，423，427，430，433，438，443，466，468，469，472，474，485，489—491，497，499，506，513，523，525，526，536，537，568，575，589，728，740，752，753，755

收入再分配
3，7，41，53—55，68，361，467，468，471，477—479，489，491，504，506，524，535，736，737，744

受教育年限
130，134，135，154，170，262，265，288—291，293，295，296，310，311，320，321，347，350，351，359，580，729，730，731，739，741，742，749

数值模拟
8，35，37，61，71，72，75，85，86，88，90，100，104，120，126，132，133，158，159，163，166，167，170，193，197，198，203，212，229，233，239，244—247，295，308，310，313，316，317，321，323，331，333，337，340，343，346，347，351，357，358，364，365，377，379，387，391，394，403，413，417，419，426，434，438，454—456，458—461，463—465，473，476，

500，515，523—525，551，604，746—748，750—754，758

死亡率

9，37，38，39，41，51，63—66，69，71—73，75，77，78，82，86，88，90，125，126，133，135，164—166，202，203，212，213，215，217，229，230，231，245，361，434，435，515，527，534，568，585，586，588，591—596，606—608，610，612，613，616—618，620，623，637，641，643—650，652—658，661—665，670—672，676，679—687，689，692—695，700，722，724，746，748，754—756，758—760

随机效应模型

69，81，91，106，119，126，269，272

提前退休

6，76，289，291—293，296，306，308，319，328，331—333，341，343，349，351—353，360—362，365，390，705，706，731，750

体制内劳动者

356，357，366，367，369，371，374—377，387，388，391，401，403，405，410，413，419，750

体制外劳动者

356，357，365—367，369，370，372—377，380，383，385，386，388—392，394，395，398，401，403—405，410，412，413，419，420，750，751

统账结合

7，55，62，72，76，86，145，148，160，180，472，476，477，480，481，498，523，733，752

物质资本

3，35，38，52，61，67，87—89，96，100，102，107，108，118，139，142，143，148，155—157，159，167，186，187，192，201，202，204，219，227，228，232，233，236，263，299，300—302，309，310，314，317，320，321，326，330，335，342，344—346，350，363，368—370，377，379，391，392，394，401，409，422，441，482—484，488，498，501，514，535，542，543，546，718，784

物质资本积累

4，10，21，26，27，29，30，32，33，67，69，74，75，81，82，86—91，99，106，108，112—114，118—123，125，126，143，144，155，156，158，166，170，173，189，193，202—204，206，207，210，211，216，224，227—229，237，243，245—247，313，359，361，389，403，455，456，488，496，509，517，738，744—748，757

消费

3，5，10，11，26，27，29，30，37，49，50，60，66，68，72，80，81，84，86，90—93，95，97，99，107，125，

127，136—138，140—142，145，146，
150，152—154，160，164，172，180，
181，183，184，188，189，201，205，
206，208—212，214—218，221，227，
232，237，293，294，297，299，301，
304—308，310，312，322，325，332，
333，335，340—342，347，350—352，
359，360，362，366，367，370，371，
373—377，386，390—392，403，404，
412—415，417—420，424，425，427，
429，430，435，436，440，441，443—
445，449，450，453，455，456，466，
471，477，481，482，486，487，490，
491，501—506，515，526，528，531，
534，539，544—546，551，593，695，
714，715，739，740，741，744，746，
751，757，758

消费率

98，107，108，210，220，221

延迟退休

6，18，30，39—42，46，75，76，138，
146，180，203，243，246，247，288—
290，292—294，306，333，352，353，
355—357，362，365，366，388—390，
392，400，405，409，419—422，599，
600，629—631，634，636—638，649，
704—706，713，717，730—732，749—
751，755，756，759

养老保险

3，4，6—10，24—26，29，33，40，49，
53—55，62，68，69，71，72，76—78，
85，86，89，158，161，179，199，293，
299，352，354，356—358，360—367，
369，371—377，379，380，386—391，
394，400—406，408—410，412，413，
415—420，422，468，469，472，473，
476，478—485，489—501，504—506，
508—514，516，517，519，523，524，
590—606，613—616，619，620，624—
642，645，648，693，696—698，700，
708—713，720—724，731，733—737，
739，741，743，744，750—757，759

养老保险降费

68，76，357，358，364—366，373，374，
377，379，387，388，390，401，405，
409，411—413，417—422，731，735，
750，751，759

养老保险缴费率

71，180，193，353，469，484，603，
606，620，639，722，731，737

养老保险制度

3，4，6—9，25，49，53—55，61，62，
67—69，72—74，76，86，144，167，
352，354，356，360—364，375，387，
391，467，469，470—473，476—481，
483，485，489，491，492，494—497，
499，500，504，507—509，512，514，
517—519，521—525，590，601，603，
605，614，615，619，620，624，626，
627，637，642，696，708—713，721，

索 引 847

731，733，734，736—738，744—746，752，754—759

养老金

3，4，7，29，40，41，53，54，55，60，62，64，67—69，72，74，76，77，121，136，146，148，149，153，181，182，188—190，291—294，333，353，356，361—365，367，369—371，373—376，387—389，391，398，401，404，413，417，418，421，422，428，443，469，470—473，476—499，501—514，523—525，535，590—600，602—606，613—616，619，620，625，628，629，634，636—638，640—643，646—648，650—652，680，685，691，695，697—699，704—706，709—713，720—722，724，725，731—737，741，743，744，746，752—756

养老金收支缺口

60，72，74，593，595，596，598，600，604

养老金替代率

148，160，161，182，193，356，357，373，375，412，420，525，599，605，620，638，710，712，736

银发经济

73，127，205，714，739—741，744，756，757

有效劳动力

299，300，335，344，345，350

预防性储蓄

9，29，81—83，86，87，123，126，130，202，205，206，210，234，243，409，425，476，528，688

预期寿命延长

2—12，15，17—19，21，23，24，28，29—32，34—38，40，41，43—45，48—51，53，55—57，59—61，64，66，67—69，71，72，74—79，81—91，99，106，108，116—129，132—137，142，144，152—154，156，158，159，162—170，174—176，187—190，192，193，197—200，202—207，211，212，223—226，228，233，234，236，244—247，249—251，259—261，264，270，274，275，284，286—289，293—296，304—308，310，311，313—315，318，320—324，327，329，334，337，338，340，341，347，349，350—352，354，356—360，363，365，366，373—377，379，386，389—391，394，400，401，405，406，408，409，411—413，415，420，422，423，425，426，429，433—435，438，439，449，452，453，455—457，461—463，465—467，469，470，472—477，479，480，492，493，496—500，508—514，517—519，521—523，525，526，528，530，531，533，535，542，546—548，550，551，553—559，562—565，579—581，584—586，588—590，595，

597，642，645，650，652，696，708，714，724，726，728，729，731，733，736，738—741，743—751，753—755，757—760

再保险

66，677—680，683，693，694，700，723，756

制度内赡养率

25，469，470，733，734

中央计划者

358，413，414，415，417，418

终生劳动供给

71，293，296，307，308，313，314，322，323，337—344，349，351，352，360，750

资本存量

36，37，48，52，86，88，96，107，108，139，142，143，155，186，187，209，219，262，263，265—267，269，273，299—301，307，308，313—315，330，332，342，350，370，409，410，412，413，414，418，420，441，482，543，726，751

资本回报率

38，97，204，303，305，311，313—315，321，327，328，331，332，337，339，340，342，343，345，346，349—351，367—369，372，375，390，412

资本市场

3，7，8，9，29，62，63，65，66，69，72—74，77，85，139，142，147，149，151，155，182，299，301，302，305—307，312，322，326，330，335，345—347，360，370，371，484，501，546，594，644，650，651，654，655，676，679，680—682，684，685，688—694，696—699，701，720—725，744，756，758

自留长寿风险

65，644，651，653，676

自然对冲

64，65，644，651—653，676，677，694，723

总和生育率

160，161，175，196，200，203，231，239，242，246，309，378，424，455，516，552，598，617，626，627，634，725，748

HP 模型

63，607，644，646，647，656，657，663—665，692，755

Lee-Carter 模型

41，63，66，77，594，596，597，607—612，618，621，644，647—649，657，658，661，665，666，671，693，755

后　记

　　大约在 2006 年攻读博士学位的时候，我就开始关注中国的人口老龄化问题，当时我的主要研究方向还是消费、储蓄与中国经济增长，在研究过程中我发现中国人口转变是理解中国宏观经济运行的一个非常重要的视角。当时我主要关注人口年龄结构变化与计划生育政策的储蓄与经济增长效应，并在大量阅读了相关资料后撰写了几篇论文。2009 年博士毕业不久，我在《经济学（季刊）》第 9 卷第 1 期发表了第一篇这一主题的论文，题目为《经济增长、人口结构变化与中国高储蓄》。接下来，我又在《经济研究》2010 年第 10 期发表了《计划生育政策的储蓄与增长效应：理论与中国的经验分析》，在《经济学动态》2011 年第 3 期发表了综述性论文《人口老龄化的储蓄效应》。其后，我对人口老龄化冲击下养老保险制度变革与中国经济增长的关系进行了思考，2012 年 10 月在《金融研究》上发表了《人口老龄化、养老保险制度变革与中国经济增长——理论分析与数值模拟》一文。这些研究，是我关于人口老龄化的宏观经济效应的一些早期探索。在这之后，我的研究兴趣逐渐转到人口政策与人口老龄化等问题上来，近年来我一直致力于运用现代经济学的理论与方法开展这一领域的研究，并撰写了大量论文，陆续在国内权威期刊上发表。这也激发了我的成就感和进一步研究的兴趣。

　　在先后完成了两个关于消费的国家社会科学基金项目并出版专著以后，我于 2017 年开始申请以人口老龄化为研究主题的国家自然科学基金面上项目和国家社会科学基金重大项目，并成功获得批准，这体现了国家和学界对人口老龄化问题研究的高度重视，对我个人来说，则具有里程碑意义。经过四年多的努力，2021年底，我和团队成员圆满完成了主持的国家社会科学基金重大项目"长寿风险的宏观经济效应及对策研究"（17ZDA049）、国家自然科学基金面上项目"人口老龄化对中国经济增长的影响与应对策略研究"（71773071）。本专著是在上述国家级项目的相关研究成果基础上写成的。2022年我以上述成果为主要内容，申请了《国家哲学社会科学成果文库》并成功入选。衷心感谢全国哲学社会科学工作办公室和学界同仁对我在人口老龄化的宏观经济效应这一领域的多年耕耘的认可，这一殿堂级的荣誉将激励我终生在学术道路上不断进取和努力。

这本著作在系统梳理和总结长寿的宏观经济效应的国内外相关文献和典型事实的基础上，构建了一个完整的分析框架，综合运用多学科视角和前沿分析方法，深入系统地研究了预期寿命延长通过影响储蓄、人力资本投资、生育、劳动供给、劳动生产率、收入不平等、养老金收支与养老保险制度设计所产生的宏观经济效应。著作试图在严谨的理论与实证研究的基础上为中国构建应对长寿风险的长效机制建言献策。著作认为，通过合理的制度设计和政策调整，建立起预期寿命延长与物质资本积累、人力资本积累、劳动力供给、生育政策、收入分配、养老保险制度设计之间的良性互动关系，将有利于提高宏观经济对长寿风险冲击的反应速度和修复能力，从而推动中国经济高质量发展。著作可以看作是我多年来研究长寿的宏观经济效应研究成果的一个系统总结，代表了这方面研究的前沿领域和最新进展，期望这本著作的出版能够产生广泛的学术和社会影响力。

著作共十四章，全文约76万字，从资料收集、研究框架设计、写作、成稿、修改到定稿，前后历时四年多时间，可谓呕心沥血才得以完成。成书之际，我要感谢全国哲学社会科学工作办公室、国家自然科学基金委员会提供的项目研究经费资助。本书的出版获得了《国家哲学社会科学成果文库》出版基金的资助，感谢资助方为本书出版提供的经费和支持，感谢《国家哲学社会科学成果文库》评审专家提出的宝贵修改意见，使得成果得以完善。在我获得国家社会科学基金重大项目"长寿风险的宏观经济效应及对策研究"时，著名宏观经济学家复旦大学袁志刚教授曾作为项目论证专家对项目研究方案的修改完善提出了宝贵意见，项目成果出版之际，又欣然为本书作序，在此我对袁志刚教授表示深深的感谢。我非常感谢刘玉飞博士、王文鹏博士、咸金坤博士、徐乐博士、张少辉博士、靳文惠博士、胡浩钰博士、吴春秀博士、李湉湉博士、崔亚东博士、张睿硕士、于圣洁硕士、郭婧硕士、李嘉明硕士，他们是我近年来指导的研究生，是本书一系列研究的主要合作者，同时也是本书数据、文献和资料的收集者。著作的出版，离不开他们的共同努力。

我非常感谢上海财经大学科研处陈正良副处长，他多次鼓励我申报《国家哲学社会科学成果文库》，这次成果成功入围离不开他和科研处对申报工作的大力支持。这次能申报成功，也有科学出版社魏如萍编辑的一份功劳。早在全国哲学社会科学工作办公室发布通知的半年前，魏如萍编辑就多次和我联系，让我将国家重大项目的研究成果申报成果文库，并向我介绍了多个由科学出版社推荐申报的成功范例，让我对申报的技巧和注意事项有了深入的了解，也增加了我申报的信心。申报期间，新冠病毒奥密克戎在上海大流行，上海封城，学校封校，住宅小区封闭，我无法打印申报材料，科学出版社和魏如萍编辑及其团队无偿提供了材料制作，帮我解决了困难。在成果修订出版期间，科学出版社的编辑又倾注不少心血对书稿进行了细致的编审和校对，提出了许多文字修改意见，使得书稿内容进一步完善，在此我要特别向她和科学出版社表示衷心的感谢。由于本书具有很强的专业性，内容和文字可能存在的不足完全由我本人承担。

在国家重大项目研究和本书的撰写过程中，上海社会科学院左学金教授、山东大学藏旭恒教授、中山大学申曙光教授、中国社会科学院梁华副编审、同济大学程名望教授、中央财经大学杨再贵教授、西南财经大学徐舒教授、华侨大学魏下海教授、中山大学郭凯明副教授、上海财经大学郑春荣教授、中南财经政法大学杨华磊副教授等学界前辈和同仁给予了大力支持与帮助，在此，我一并表示感谢。

本书的研究成果发表在《经济研究》《管理世界》《经济学（季刊）》《世界经济》《学术月刊》等杂志上，一些观点性文章发表在《澎湃新闻》《经济参考报》《中国社会科学报》《社会科学报》，在此要感谢这些杂志、报刊媒体的编辑和审稿人。本书的系列研究工作还得到国家社会科学基金重大项目"全面实施供给侧结构性改革研究"（22ZDA049）、上海市浦江人才计划"人口老龄化对我国教育投资的影响研究"（16PJC034）、上海高校特聘教授（东方学者）计划等项目的资助，在此表示感谢。

在修订书稿出版过程中，我和家人都感染了新冠病毒，特别是我远在湖南老家80多岁的老父老母也未能幸免，有基础疾病的老父多次被送往医院治疗，由于书稿出版在即，我要带病完成书稿的修订工作，未能赶回去床前尽孝，全靠两个姐姐全家帮我承担了照料责任，内心颇为愧疚与不安。书稿修订完成之际，我要深深感谢我的父母和家人对我的宽容和理解。我所取得的每一点成绩，总是伴随着亲人的默默付出，亲人的期望、鼓励、关怀和支持是我在学术道路上不断前行的动力。谨以此书献给我的家人。

最后是我对人生的一些感悟。我30岁才开始到上海财经大学读研究生，36岁才博士毕业，由于进入经济学领域较晚，一直希望通过加倍的努力弥补那逝去的青春，学术道路上的艰辛难以言表。在本书修订完成之际，我即将年满50岁。50岁是知天命的年纪，应当是一个"乐以忘忧，宠辱不惊"的年纪，也常常感叹难以抗拒体力精力下降的自然规律。尽管学术发展一日千里，长江后浪推前浪，但多年来自己一直保持着对学术的执着和热情，这或许是自己这几年来还能在学术上有所建树的原因吧！书稿修订完成之间，正值 2023 年元旦，愿新的一年里疫情早日消散，早日回归正常的工作与生活，愿大家身体健康，愿自己的学术之树长青！谨以此文和诸君共勉！

汪　伟

2023 年 1 月于上海